Johanne Lemieux

LA NORMALITÉ ADOPTIVE

Les clés pour accompagner l'enfant adopté

PRÉFACE DU DOCTEUR
JEAN-FRANÇOIS CHICOINE

Adopteparentalité

Québec Amérique

Catalogage avant publication de Bibliothèque et Archives nationales du Québec et Bibliothèque et Archives Canada

Lemieux, Johanne
Adopteparentalité
(Dossiers et documents)
L'ouvrage complet comprendra 4 v.
Comprend un index.
Sommaire: 1. La normalité adoptive : les clés pour accompagner l'enfant adopté.
ISBN 978-2-7644-2237-3 (v. 1/ version imprimée)
ISBN 978-2-7644-2472-8 (v. 1/ PDF)
ISBN 978-2-7644-2473-5 (v. 1/ ePub)
1. Enfants adoptés - Psychologie. 2. Adoption. 3. Parents et enfants. 4. Condition de parents. I. Titre. II. Titre: La normalité adoptive.
III. Collection: Dossiers et documents (Éditions Québec Amérique).
HV875.L45 2013 155.44'5 C2012-942837-X

SODEC
Québec

Nous reconnaissons l'aide financière du gouvernement du Canada par l'entremise du Fonds du livre du Canada pour nos activités d'édition.

Les Éditions Québec Amérique inc. tiennent également à remercier l'organisme suivant pour son appui financier: Gouvernement du Québec – Programme de crédits d'impôts pour l'édition de livres – Gestion SODEC.

Québec Amérique
329, rue de la Commune Ouest, 3e étage
Montréal (Québec) Canada H2Y 2E1
Téléphone: 514 499-3000, télécopieur: 514 499-3010

Dépôt légal: 1er trimestre 2013
Bibliothèque nationale du Québec
Bibliothèque nationale du Canada

Projet dirigé par Érika Fixot
Mise en pages: François Hénault
Révision linguistique: Annie Pronovost et Chantale Landry
Direction artistique: Célia Provencher-Galarneau
Illustrations: Anouk Noël

www.quebec-amerique.com

Imprimé au Canada

À ma mère, dont le respect et l'amour des enfants
ont motivé chaque mot de ce livre.

TABLE DES MATIÈRES

TABLE DES FICHES PÉDAGOGIQUES ADOPTEPARENTALITÉ

REMERCIEMENTS

Je ne serais ni la femme, ni la maman, ni la professionnelle que je suis sans toute la richesse des échanges humains que j'ai eu la chance de vivre avec tant de personnes. Dans ce livre se cachent des milliers de petits morceaux de chacune de ces personnes. Leur apport officiel ou officieux tisse la trame de ma vie et celle de cet ouvrage.

Mille mercis à mes trois enfants, Marianne, Thomas et Maéva qui ont tant inspiré ce livre, bien avant que je sache que j'allais l'écrire. Merci surtout de votre patience pendant ces mois d'écriture où j'ai souvent dû tourner les coins ronds !

Merci à Jean, mon bien-aimé, qui partage ma vie depuis si longtemps, et qui a su tenir le fort pendant mes absences de corps et d'esprit.

Merci à mon papa de continuer à prendre soin de moi et à m'encourager à poursuivre mes passions.

Merci à Éric d'être le frère et l'oncle que tu es, avec tout ton humour et tes valeurs profondes.

Merci à mes amies qui me suivent, me défendent et m'encouragent dans tous mes projets : ma gang des fidèles Dames de cœur ; une pensée particulière à Sylvie ; une affection spéciale à Isabelle ; un attachement profond à ma belle Lili qui est comme ma sœur.

Merci à Jean-François Chicoine, mon presque jumeau des États-Unis. Nos destins étaient liés et notre complicité née avant même notre venue au monde. Merci pour ta confiance en mes capacités de mener à bien ce projet de collection, merci pour tes coups de gueule, pour nos échanges téléphoniques passionnés et passionnants, pour avoir partagé ta science avec tant de générosité, pour nos projets les plus fous et ceux qui se réalisent pour vrai, pour nos valeurs partagées de la défense des enfants et notre amitié improbable. Merci aussi à la femme de ta vie, Esther, pour m'héberger si chaleureusement lorsque je travaille à Montréal.

Merci à Rémi Baril pour être mon second cerveau gauche, celui qui travaille dans l'ombre en tant que président du *Monde est ailleurs* et qui rend possible l'actualisation de tous nos projets, même au prix de ne pas toujours être apprécié à ta juste valeur. Ce livre et la collection te doivent une fière chandelle.

Merci à Julie Leblanc, sans laquelle l'organisation pratique des choses serait en grand péril, sans qui *Le Monde est ailleurs* n'aurait pas une si jolie voix, et ce, tout en assurant le bien-être de tes quatre petits moineaux.

Merci aux Éditions Québec Amérique :

- À Caroline Fortin et Martine Podesto pour m'avoir fait confiance et s'être ajustée à une auteure assez novice en édition... Merci !
- À Érika Fixot qui, entre l'Île Maurice, Montréal et Regina a été une éditrice merveilleuse par son ouverture d'esprit, son professionnalisme, sa délicatesse et sa patience infinie. Comme quoi on peut être jeune et très sage à la fois.
- Au reste de l'équipe autour de la production : Anouk, Mylaine, Joëlle, Annie, Célia, François, Chantale, Éric, Raphaelle.

Merci à Michelle Bernier, ma complice de la première heure au BCAQ. Ton écoute et ta sagesse me font encore du bien même si on ne se voit pas assez souvent.

Merci à Marie-Paule Mastoumecq qui a joué un rôle inestimable dans mes débuts dans le monde de l'adoption. Elle seule sait à quel point.

Merci à Fabienne Gagnon et Madeleine Granger, mes anciennes complices et colocataires de bureau, spécialement à Fabienne, toujours fidèle en amitié comme dans le travail que nous faisons avec les familles adoptives.

Merci à toute la communauté des parents adoptants bénévoles du Québec qui donnent tous les jours de leur temps. Vous êtes aussi dans ce livre : Claire-Marie Gagnon de la FPAQ, Danielle Marchand et ses acolytes de PÉTALES, Gilles Breton du site Québec-adoption, pour ne nommer que quelques-uns.

Merci aux organismes qui m'ont souvent fait confiance pour mieux préparer les parents : Enfants d'Orient, Soleil des Nations, Enfants du monde, Parents Sans Frontières, l'Association des familles Québec-Asie et quelques autres au Québec ; PÉTALES, L'Envol, La Croisée des chemins, Larisa et la communauté française en Belgique ; la Croix-Rouge luxembourgeoise ; EFA et Médecins du monde en France ; Adoptons-nous et le SSI en Suisse, et bien d'autres que je m'excuse sincèrement d'oublier.

Merci à toute la communauté des parents bénévoles dans le mouvement associatif en Europe, ceux qui rendent possible l'organisation des conférences et des formations lors de mes tournées. Je ne peux pas les nommer tous, vous êtes des centaines, mais vous savez qui vous êtes. Merci encore. J'ai aussi appris beaucoup en vous côtoyant.

Merci à mes fidèles collègues européennes qui sont aussi de ce livre : Françoise Hallet dont les innombrables traductions aident tant de familles, Anne-Marie Crine pour sa détermination à améliorer les choses, Geneviève Gilson toujours au poste, Annie Delplanq toujours trop modeste, Cécile Delannoy toujours infatigable, Nicole Bengelli toujours prête à rire. Merci pour vos visites et vos invitations, j'ai tant appris de vous toutes.

Un merci spécial à Sophie Marinopoulos pour nos échanges parfois musclés, toujours passionnants, ainsi que nos complicités féminines de toutes sortes ! Oui, il y a un peu de *ta* psychanalyse dans ce livre !

Merci à mes proches collaborateurs québécois, ceux et celles qui me supportent et font la promotion de la normalité adoptive un peu partout sur le territoire : Les intervenants du CSSSS de l'ouest de l'Île de Montréal, Sonia Lechasseur, Diane Quevillon, Linda Mulligan, Jeanne d'Arc Roy, Claudette Guillemaine, Geneviève Tardif, Renée-Claude Duval, Lorraine Angers, Armande Beaulieu, Martin Bernard, Marilyne Benoit et bien d'autres que je ne veux pas oublier, mais que je ne peux pas tous nommer : médecins, pédiatres, psychologues, psychoéducateurs, ergothérapeutes, professeurs, travailleurs sociaux en pratique privée ou en établissement (CLSC, DPJ, Commissions scolaires, CPE) qui ont suivi les formations et qui continuent le travail de terrain auprès des familles.

Merci à Marcel Couture encore au poste malgré sa retraite et qui me tient toujours au courant des nouveautés en EMDR. Tu es une mine d'or.

Mes remerciements les plus sincères aux centaines de familles avec qui j'ai travaillé et qui m'ont enseigné le courage, l'humilité, la résilience. Mon expérience, mon expertise se sont construites grâce à vous : vous êtes dans chaque page de cet ouvrage. Merci à celles qui sont toujours en consultation, pour votre patience et votre compréhension durant l'écriture de ce livre.

Un merci vraiment très senti à tous les enfants, adolescents et adultes adoptés que j'ai eu la chance d'accompagner. Vous êtes mes plus grands professeurs.

Un dernier petit clin d'œil à ma petite chatte Java qui a su m'imposer des moments nécessaires de calme durant mes heures interminables d'écriture, en se couchant sur mon clavier !

Johanne Lemieux
Lévis, Québec
Novembre 2012.

PRÉFACE

« Ma preuve, c'est que mes yeux l'ont vue. »

C'est Fitzcarraldo qui dit ça, dans le merveilleux film éponyme de Werner Herzog. D'avoir vu le bateau franchir la montagne remplit notre visionnaire d'une sorte de plénitude qui donne raison à son jusqu'au-boutisme.

Je pourrais dire pareil, à peu d'exaltation près, face à ce livre tant attendu de la travailleuse sociale et psychothérapeute Johanne Lemieux.

« Ma preuve, c'est que mes yeux l'ont lu. »

… et, par-dessus tout, mes yeux l'ont vue, elle, la fille, la femme, la mère, l'amie, la soignante, la professionnelle et l'éducatrice d'exception derrière son livre, au service d'un travail unique mené sur des années d'expérience : l'accompagnement des enfants adoptés et leurs familles, selon les préceptes de son *Adopteparentalité.*

Battante, émouvante et inimitable Johanne Lemieux.

Pour tout dire, quand j'ai découvert ce beau grand château fort sur la couverture de son livre *La Normalité adoptive*, j'ai été soulagé. Quand, d'un chapitre à l'autre, j'ai vu le nombre de clés qu'elle avait combinées à sa façon pour aider les parents à gravir sans ambages le sommet de la parentalité adoptive, j'ai été soulagé. Enfin, quand j'ai vu scotchée sur le ciel, une famille s'épanouir avec rubans et bébé, j'ai été soulagé. Soulagé, parce que sans sa présence physique et ses reparties gorgées de bon sens, entre ses paragraphes, ses gribouillages et ses allégories finement lovées par mes amis éditeurs de *Québec Amérique*, j'avais pu pleinement reconnaître Johanne Lemieux dans l'essentiel de ses *lemieuseries.*

Lemieuserie : nom féminin qui est à l'adoption ce que la sage-femme est à la naissance. Ex. : La théorie des ponts, l'allégorie des mélèzes, l'*Océanfance*, la symbolique des rubans, les douze raisons de dire « non » et ainsi de suite.

Car quiconque a côtoyé Johanne Lemieux, ne serait-ce qu'une minute, en personne, ou en consultation, quiconque l'a entendue de loin, lors de ses cours, conférences, ou formations, sait combien sa verve communicatrice absolument unique n'était pas facile à traduire en mots dans une approche pédagogique suffisamment solide pour qu'elle puisse exister, se faire porteuse et rassembleuse, en l'absence du souffle mobilisateur de la fulgurante personnalité de son auteure.

Et c'est réussi : mes yeux l'ont lue et vue derrière ses mots. Johanne Lemieux, ses formidables outils d'intervention clinique au quotidien existent dorénavant sur papier et en édition électronique. Et je vous l'assure — mon stéthoscope trempe dedans — *La normalité adoptive* est bien un authentique avatar de la travailleuse sociale, un patchwork fidèle de ses meilleures fables pragmatiques et de toutes ses techniques « attachementistes », si incontournables pour la mise en famille douce et apaisante des enfants et des adolescents abandonnés dans le réel ou la psyché.

D'office, malgré les meilleures intentions du monde, les meilleurs parents ne peuvent pas pleinement accueillir les blessures, fractures, retards, séquelles et traumatismes de leurs enfants nouvellement adoptés. La narration rétrospective des souffrances de l'enfant est si lourde à métaboliser qu'ils la croient absurde ou la juge trop envahissante. Il leur faut donc faire avec, modifier leurs lunettes sur la différence, tenir compte du passé pour mieux vivre l'avenir, construire sur le déconstruit, changer — oui, changer — leurs façons de faire, prioriser, réinventer, aller au-delà des narcissismes contemporains, s'appuyer sur des professionnels du *coaching* parental au moment du *penalty* et s'astreindre à un schéma d'interventions au quotidien pour permettre à l'enfant d'émerger au maximum de l'adversité. Pour leur dire comment s'y prendre, quoi faire et comment magnifier leur sens de l'altérité, pour les épauler avec compassion et efficience, ma sorcière bien-aimée de l'adoption a toujours frappé fort. Sa recette syncrétique faite de travail social, de sciences développementales, de neurosciences, de nursing, de pédiatrie, de psychanalyse, d'applications concrètes de la théorie de l'attachement et de pédagogie lumineuse conçue à partir d'images, de métaphores ou d'objets nomades à saisir au passage a fait pâlir d'envie bien des pharisiens des processus théoriques ou trop intellectualisés de l'adoption.

Les moulins à vent, elle connaît. Son œuvre à elle, c'est la farine.

L'œuvre de mon amie Johanne est d'apparence simple, comme le bon pain, mais elle est colossale, profondément ancrée dans une connaissance et une sensibilité unique des relations humaines. Je compte sur les doigts de ma main les experts et les visionnaires qui ont pu bouleverser ma pratique clinique. Elle fait partie de ceux-là. Elle aimerait m'entendre dire qu'elle m'a contaminé. Sans Johanne, ce sont des milliers d'enfants abandonnés, puis adoptés, ainsi que leurs parents que j'aurais privés du meilleur : la possibilité de traiter eux-mêmes les traumatismes d'origine, la capacité de mieux vivre avec la blessure d'abandon et surtout de se faire tuteur de la résilience de son enfant, au-delà des structures poussives et inadaptées mises en place.

Vous aurez compris que j'aime Johanne Lemieux comme une petite sœur. Elle est de Québec, je suis de Montréal. Mais c'est socialement possible. En adoption, on prend la liberté de se réinventer une génétique. Avec Johanne, j'ai pu bâtir une part importante de mon approche clinique et académique. Au CHU Sainte-Justine d'ailleurs, l'essentiel de ce qu'on a partagé ensemble est mis en pratique par mon équipe, d'autant que la pertinence de l'approche s'applique à bien des situations familiales autres qu'adoptives. Également, avec Johanne, Rémi Baril et Julie Leblanc, avec *Le Monde est ailleurs*, nous avons parcouru, et parcourons encore, des centaines d'écoles de parents, d'universités et de ministères pour dire, enseigner et convaincre — je l'espère — du bien-fondé de notre manière de faire avec les enfants *à options*, ce que d'aucuns réfèrent maintenant comme étant «l'approche québécoise».

Un petit velours.

Dans ce premier livre d'une série à venir qui profitera à tous les parents adoptants du monde et à ceux qui les accompagnent avant, pendant et après l'adoption, je retrouve donc ma Johanne, en forme et en résonance affective, et je vous la prête un peu. Mais pour une seule raison, forte, essentielle. Parce que sa science, son humanisme et son talent peuvent décidément changer la vie de votre enfant, et la vôtre, toutes les nôtres. De cela, je suis certain.

Vous voulez une preuve?

Elle a perdu sa mère, j'ai perdu la mienne. Et la majorité de nos petits patients n'ont jamais connu la leur. Entre nos souvenirs et leur mémoire, dans l'adversité, nous résistons tout de même pour que notre vie et la leur ne manquent jamais de sens. Notre preuve, donc, c'est notre chemin interdisciplinaire unique, entre nos patients, nos familles, les enfants, les moments forts, les moments durs, les moments qu'on choisit, ceux où on n'a pas le choix.

Notre preuve, c'est la durabilité, le sourire ravivé de ses parents et la résilience d'un «coco» ou d'une «cocotte». Des amours de volaille, c'est ainsi que Johanne appelle les petits à mettre en famille, qu'on puisse prendre le temps de les élever avant de les éduquer.

Notre preuve, c'est la résistance.

«La normalité adoptive», un acte de résistance.

Jean-Francois Chicoine, pédiatre
Professeur adjoint de clinique à l'Université de Montréal
Directeur de la clinique d'Adoption et de santé internationale au CHU Sainte-Justine
Directeur scientifique à Le Monde est ailleurs
www.lemondeestailleurs.com

AVANT-PROPOS

AVANT-PROPOS

Accueillir l'enfant réel

Après plus de 20 ans d'expériences personnelles et surtout professionnelles comme travailleuse sociale, psychothérapeute, conférencière et formatrice, voici enfin le livre que je rêvais d'offrir aux parents adoptants, aux familles adoptives et à tous les autres acteurs intéressés par le *vrai sujet*, au sens d'individu, de l'adoption : l'enfant adopté réel.

Cet enfant réel existe actuellement à des milliers d'exemplaires. Cet enfant nous parle beaucoup avec ses yeux, son corps, ses comportements comme avec ses silences, ses sourires et ses larmes. Est-ce que nous l'entendons vraiment ? Est-ce que nous le comprenons dans ses forces comme dans ses souffrances ? Avons-nous dépassé le stade du déni de la différence ou de la résistance à cette différence ? Est-ce que nous l'élevons tel qu'il est vraiment ? Lui avons-nous donné la permission d'être lui-même ou l'avons-nous incité à se comporter comme nous le souhaitions ? Le comparons-nous continuellement à du connu, à du pareil, à du « normal », comme nous le faisons toujours devant une réalité nouvelle pour laquelle notre cerveau n'a pas de précédent ? Bref, aujourd'hui, savons-nous mieux comprendre, utiliser et célébrer ce que ces enfants et leurs courageuses familles nous ont appris ?

Pour répondre sérieusement à ces nombreuses interrogations, je souhaite m'adresser directement aux parents, qui sont les acteurs les plus importants du développement de leur enfant. Cette synthèse, que je veux accessible et pratique, résume le fruit de milliers de rencontres, de centaines de lectures, de perfectionnements acquis un peu partout dans le monde, d'essais et d'erreurs, de suivis psychothérapeutiques réussis (et d'autres moins) de centaines de familles adoptives et d'échanges stimulants avec des collègues et complices des deux côtés de l'Atlantique.

Pour moi, l'enfant doit être au cœur de nos préoccupations, et pour ce faire, les parents doivent être au cœur des solutions.

Des mythes naïfs aux mythes catastrophes : où se trouve le juste milieu ?

Combien de fois a-t-on vu à la télévision ces images édulcorées montrant l'arrivée à l'aéroport de parents épuisés, mais euphoriques, ramenant avec eux leur précieux petit cargo ? Ces images me font penser au mythe de la greffe instantanée, de l'attachement mutuel romantique et miraculeux. Elles donnent l'illusion que le travail d'adoption est déjà derrière eux. Le processus administratif est presque terminé, certes, mais le vrai sens de l'adoption, le vrai travail de greffe, qui nécessitent toute la patience et la science d'un jardinier pour réussir, ne font que commencer.

À l'opposé, certains reportages, livres et films ont osé montrer le côté sombre et déstabilisant de l'adoption. On nous y décrit les enfants adoptés comme de petites plantes blessées par leur déracinement et par une vie faite de tempêtes, accueillies par des parents-jardiniers fort mal équipés. Le jardin n'est pas toujours beau à voir. Il risque alors, malheureusement, de faire peur à ceux qui voudraient tenter l'aventure.

Pour en finir avec les légendes urbaines qui véhiculent à la fois l'aura romantique de l'adoption et ses revers négatifs, je propose ici un état des faits tels que nous les connaissons, selon la meilleure compréhension que nous en avons. Mon objectif premier est de donner du processus d'adoption et de la « normalité » adoptive une vision sérieuse, fondée sur une sorte de savoir collectif. C'est à partir de cette normalité adoptive que nous pourrons par la suite définir ce que nous entendons par l'adoption d'un **enfant à besoins spéciaux*** [1]. Ce savoir théorique est primordial, mais il peut entraîner bien des frustrations s'il n'est pas complété par un savoir-faire apte à outiller concrètement les adultes gravitant autour de l'enfant.

Oui, il existe bien un savoir-faire commun à toute parentalité. Je n'ai nullement l'intention de réinventer la roue ! Cependant, j'affirme qu'il existe un savoir-faire spécifique à la parentalité adoptive, qui s'ajoute au savoir-faire commun à tous les parents, et que ce savoir-faire n'est ni étrange ni anormal. Il est simplement utile, voire indispensable dans le cadre de cette normalité adoptive dont il sera question dans cet ouvrage. Ce savoir-faire doit être perçu comme un ensemble de **facteurs de protection*** sans lequel un parent risque de ne pas être le meilleur parent possible pour son enfant, ou de ne pas se sentir compétent auprès de lui.

Comme on le verra, si la majorité des enfants adoptés atteignent avec succès la moyenne de la normalité adoptive, quelques-uns n'y arriveront pas[2]. Ils feront partie des enfants plus difficiles à soigner, trop fragilisés pendant la période préadoption

---

1 Du gras, ainsi qu'un astérisque signalent la première occurrence d'une expression figurant au glossaire.

2 Cette minorité fera l'objet d'un prochain ouvrage à paraître dans la même collection : *Quand l'adoption fait mal.*

ou accueillis maladroitement par des parents dépassés, mal outillés devant la lourdeur de la tâche. La vie de ces enfants aura été marquée par trop de **facteurs de risques*** et trop peu de *facteurs de protection*, autant avant qu'après l'adoption. Mon espoir est que ce livre puisse contribuer à faire diminuer, ne serait-ce que de quelques cas, le nombre des enfants dans cette situation, grâce à l'application de facteurs de protection dès leur arrivée.

Du sujet au Sujet : contexte historique

Au Québec, la fin des années 1980 et le début des années 1990 ont vu l'arrivée massive et nouvelle de centaines d'enfants. À cette époque, il n'existait pas de services psychosociaux, ni de services médicaux préventifs ou curatifs planifiés en fonction de leurs besoins particuliers. Cet état de fait s'explique peut-être par l'ignorance qu'on avait de leur vécu préadoption ou par une tendance à le minimiser. L'arrivée soudaine de cette masse de petits humains criants de besoins de toutes sortes nous a mis au pied du mur. Si, devant ce changement, certains sont longtemps restés dans le déni, d'autres encore dans la résistance, quelques autres, dont je fais partie, sont passés à l'étape de l'exploration de cette nouvelle réalité. Ce groupe ne pouvait plus continuer à s'intéresser intellectuellement et philosophiquement au *sujet* de l'adoption ; il fallait trouver des moyens de s'occuper concrètement du *Sujet* de l'adoption : l'enfant lui-même ! D'abord, à la sortie de l'avion, dans les urgences pédiatriques ; ensuite dans les services d'infectiologie, les cliniques de développement et les centres de réadaptation ; puis dans les bureaux des travailleurs sociaux, des psychologues et des pédopsychiatres. Vinrent ensuite les garderies (centres de la petite enfance [CPE]), les écoles, les centres de réadaptation et, pour une minorité malheureusement statistiquement surreprésentée, la Direction de la protection de la jeunesse (DPJ).

Certes, il y avait eu des adoptions nationales bien avant 1970. Cependant, le peu de connaissances scientifiques, les tabous religieux et les interdits moraux avaient empêché toute prise de conscience sérieuse des particularités des enfants adoptés et de leur famille. On avait observé aussi quelques centaines d'adoptions internationales à la fin des années 1970 et au début des années 1980. Mais ce faible nombre n'avait permis ni aux parents ni aux professionnels de mesurer l'ampleur des défis biopsychosociaux auxquels devaient faire face tous les acteurs impliqués. À cette époque, plusieurs auteurs s'étaient intéressés au sujet de l'adoption du point de vue éthique, historique ou légal, mais rarement du point de vue psychologique et encore plus rarement du point de vue médical, comme le prouve la nature des livres alors publiés des deux côtés de l'Atlantique.

Même si, depuis les années 2000, quelques ouvrages ont comblé un tant soit peu ce vide de la littérature, les parents adoptants disposent encore de peu de livres portant sur leur situation particulière du point de vue du développement et de l'éducation. Encore plus inacceptable : les parents adoptants ont accès à très peu de services tenant compte de la réalité adoptive. Mon premier ouvrage, écrit en collaboration avec Patricia Germain et le Dr Jean-François Chicoine, *L'Enfant adopté dans le monde en 15 chapitres et demi*, publié en 2003, avait apporté un peu d'eau au moulin. Dix ans plus tard, les parents en redemandent et veulent surtout des outils concrets.

Ni enfant fantasme, ni enfant désastre

Force est de constater que malgré 25 années de recherches scientifiques, d'expériences cliniques et parentales, de publications, de reportages, cet enfant adopté n'est toujours pas réel, car il n'est pas réellement compris et encore moins célébré. Encore trop de gens sont restés à l'étape de l'opposition binaire entre l'enfant fantasme et l'enfant désastre.

Entre le geste merveilleux et le geste potentiellement catastrophique ; entre « l'amour peut tout arranger » et « les séquelles du passé de ces enfants-là sont irréparables » ; entre les parents débonnaires d'avant et les parents angoissés de maintenant ; entre l'idée selon laquelle un enfant adopté est exactement pareil à un enfant biologique normal (sous-entendu un succès) et la crainte de le voir demeurer « anormal » pour le reste de ses jours (sous-entendu un échec), je constate que nous sommes passés de fausses croyances naïves à de fausses croyances apocalyptiques !

Résultat : les parents ne s'y retrouvent plus. Les professionnels ne s'y retrouvent plus. Et encore plus triste : les adoptés eux-mêmes ne s'y retrouvent plus ! Ça n'augure rien de bon quand on sait combien il est indispensable d'être solide, apaisant, empathique et cohérent afin de devenir, pour l'enfant, un réel « **tuteur de la résilience*** » — merveilleuse expression du neuropsychiatre français Boris Cyrulnik — dont ces petits humains survivants ont besoin.

À l'instar des parents biologiques, ce sont non seulement les parents adoptants, mais toute la société qui ont dû traverser successivement les étapes du cheminement classique allant de l'enfant fantasmé (cet enfant virtuel, seul dans un orphelinat) à l'enfant rêvé (celui qu'on propose aux parents, avec ou sans photo) pour finalement arriver à l'enfant réel : celui qui dort dans la pièce d'à côté. Ou plutôt, celui qui ne dort pas encore dans la chambre aménagée avec tant de tendresse, car il est encore en état de **choc*** !

La normalité adoptive : un changement de lunettes

Pourtant, il existe bel et bien une différence adoptive. Il existe en situation d'adoption des états fragilisants et des états de résilience qui donnent nécessairement des *tâches* ou *défis supplémentaires* aux enfants et à leurs parents tout au long de leur vie. Dans leur désir de former une famille *normale* avec des enfants *normaux*, parfois même après s'être évertués à adopter un enfant de la même couleur qu'eux, les parents oublient ou veulent trop souvent oublier que le vécu préadoption a donné à leur enfant des **options supplémentaires***.

Un parent qui ne voudrait pas reconnaître les *besoins optionnels* de son enfant par adoption ne pourrait pas devenir pour lui un *tuteur de la résilience*. Acquérir des **habiletés parentales*** comme tous les nouveaux parents, — mais qui tiennent compte aussi de cette normalité adoptive — est réellement une option supplémentaire pour les parents. Sans compassion pour le vécu antérieur à son adoption, ce parent risquerait de victimiser son enfant et de mettre en péril la relation d'attachement, de tendresse et de confiance qui devrait les unir. Le grand défi de l'intervenant et du parent avec qui il fait équipe est de discerner ce qui appartient à l'enfant en tant qu'enfant, c'est-à-dire les émotions, comportements et difficultés d'un enfant ordinaire, de ce qui appartient à cet enfant de par sa situation, soit ses besoins et ses défis reliés à l'**abandon***.

C'est là que réside un des éléments fondamentaux de la normalité adoptive. Les phases d'apprivoisement, d'**adaptation*** et d'attachement que tout nouveau parent doit vivre à l'arrivée d'un enfant se compliqueront d'obstacles supplémentaires dans le cas d'une parentalité par adoption.

Je vous propose un changement de culture en adoption. Rien de moins que de nouvelles lunettes. Si plusieurs auteurs ont utilisé la notion de normalité adoptive dans leurs écrits, aucun, à ma connaissance, n'a approfondi cette notion afin qu'elle devienne *la* norme. Le concept de normalité adoptive se veut un juste milieu, un concept innovateur, rassembleur pour comprendre, utiliser et célébrer le processus d'adoption. Il faut se départir des oppositions pareil/pas pareil, normal/pas normal. Vive la réalité enfin justement comprise ! La normalité adoptive telle que je la conçois doit servir à cesser de classer les enfants adoptés selon qu'ils sont « normaux » ou « anormaux ». Les premiers se seraient supposément bien adaptés, attachés, intégrés. Ils auraient réussi à biffer de leur histoire tout leur vécu préadoption. Ils seraient ainsi devenus « normaux » aux yeux de la majorité, puisqu'ils ressembleraient à tous les enfants biologiques, ceux que j'appelle les **enfants « modèles de base* »**. Les seconds, pour leur part, se divisent en deux catégories. Certains étaient officiellement sans **besoins spéciaux*** au départ, mais par malheur n'ont pas réussi à se montrer pareils à un enfant biologique, et ce, malgré tous les soins et l'amour de leurs nouveaux parents. D'autres « anormaux » sont les enfants adoptés officiellement avec des besoins spéciaux ou, comble de malheur, possédant des besoins particuliers ayant été découverts seulement après l'adoption. À la loterie de l'adoption, les parents de ces derniers, considérés « malchanceux », seront des « perdants » paralysés devant un obstacle dont ils ignoraient même l'existence.

Cette conception de la « normalité » est dévastatrice et inutile. Elle fait bien plus de mal que de bien malgré les bonnes intentions, ainsi que je le constate tous les jours dans ma pratique clinique. Bien sûr, encore là, pas de blâme. Les gens veulent bien faire ; ils partent de ce qu'ils connaissent et croient en la supériorité de la norme. Ils pensent que c'est un compliment de qualifier l'enfant adopté de « pareil comme les autres ». Le concept de normalité adoptive doit servir de base pour faire valoir qu'une adoption réussie est loin d'oblitérer la différence : il faut au contraire la reconnaître, l'utiliser, la célébrer !

Et que dire de ces enfants à besoins spéciaux ?

Dans tous les pays d'accueil, le visage de l'adoption internationale subit présentement des changements profonds. De nombreux facteurs sociologiques et législatifs[3] font en sorte que les délais pour adopter un enfant dit en bonne santé (qu'on devrait désigner comme un enfant dans la normalité adoptive) s'allongent. Si l'adoption volontaire d'enfants dits à besoins spéciaux était encore une exception il y a à peine quelques années, elle devient de plus en plus courante. Devant les temps d'attente toujours plus longs, plusieurs parents se tournent actuellement vers l'adoption d'enfants souffrant de problèmes clairement identifiés par le pays d'origine. Ces besoins spéciaux sont décrits comme des problèmes de santé parfois légers et temporaires, mais souvent très importants et voire même permanents. Leur motivation première est clairement que l'adoption puisse se réaliser rapidement, mais à quel prix ?

Dans ce contexte, nouveau dans le domaine de l'adoption, il devient urgent que les parents et les différents intervenants connaissent et appliquent les facteurs de protection. D'ailleurs, qu'est-ce qu'un enfant à besoins spéciaux ? La définition de ce concept est floue, selon mon expérience de terrain et celle de mes proches collaborateurs. Sous-entend-on que les autres enfants adoptés n'auraient aucun besoin spécial ? Comment saisir ce qu'on signifie par « enfant adopté à besoins spéciaux »,

---

3 La signature de la Convention de La Haye par de nombreux pays d'accueil ces dernières années a fait se multiplier le nombre de parents postulants, alors que le nombre d'enfants adoptables est resté le même ou a diminué dans certains pays d'origine qui essaient de favoriser l'adoption nationale.

si on ne s'entend pas sur ce qu'on considère comme un enfant adopté supposément sans besoins spéciaux ?

Je dis « supposément », car pour la plupart des professionnels et des parents adoptifs, tous les enfants adoptés ont à leur façon des *besoins spéciaux*. Ces besoins sont justement inclus dans cette normalité adoptive que ce livre tentera de définir. Ainsi, il est clair pour ces parents et professionnels qu'un enfant adopté dit « à besoins spéciaux » devrait être considéré comme un enfant ayant encore des besoins normaux d'enfant adopté (la normalité adoptive) une fois la fente palatine réparée, la cardiopathie sous contrôle ou l'hépatite B contrôlée. Jusqu'à présent, c'est très rarement le cas, entraînant parfois des situations insoutenables pour les parents, et loin d'être dans le réel intérêt de l'enfant.

Devant cette nouvelle réalité de l'adoption internationale, avec autant d'enfants adoptables présentant des besoins très spéciaux, comment un parent peut-il réellement faire un choix libre et éclairé, s'il n'a pas de base de comparaison ? Pire encore, s'il considère encore qu'un enfant adopté sans besoins spéciaux est exactement semblable à un enfant biologique « modèle de base », en bonne santé mentale et physique ?

On court ici à la catastrophe. Des signes alarmants nous l'indiquent déjà, les problèmes se présentent aux portes de nos bureaux, de nos hôpitaux. Oui, ces enfants ont besoin de parents. Oui, il faut les accueillir. Oui, fonder une famille heureuse en adoptant un enfant à besoins spéciaux est possible. Mais de grâce, soyons équipés ! Il ne faut pas répéter les erreurs du passé. Il ne faut pas recommencer à nier, minimiser, résister !

À peine étions-nous en mesure de mieux saisir les besoins « normaux » des enfants adoptés et de donner les outils nécessaires aux parents et intervenants pour y subvenir, qu'un autre défi nous est arrivé de façon imprévue. La situation s'installe encore une fois sans une préparation réaliste des professionnels qui auront à soigner ces enfants et sans qu'on ait instauré la préparation obligatoire[4] des premiers répondants : les parents. Les médecins, chirurgiens, infirmières, physiothérapeutes, ergothérapeutes ou orthophonistes qui soignent les pathologies complexes de ces enfants sont tous très compétents, mais sont pour la plupart néophytes en adoption. Ils ne connaissent même pas les facteurs de protection nécessaires à la réussite du projet d'accueillir un enfant dans la normalité adoptive. Comment pourraient-ils décoder les réactions des enfants et appliquer ces fameux facteurs de protection ? Comment pourraient-ils conseiller, soutenir les parents tant dans leur décision d'accepter la proposition d'adoption que durant l'hospitalisation et la réadaptation de l'enfant nouvellement adopté ?

---

4 Selon les recommandations de la Convention de La Haye, des formations préadoption deviendront obligatoires au Québec en 2013. Elles le sont depuis longtemps dans les pays scandinaves, depuis plus récemment en Belgique et quelques autres pays d'Europe.

Actuellement, plusieurs parents se retrouvent désemparés dans nos bureaux, après avoir reçu un choc à l'hôpital ! Pas toujours par manque de **ressources personnelles*** ou de motivation, mais par manque d'accompagnement professionnel sérieux, organisé en préadoption et en postadoption. Car il ne s'agit pas uniquement d'acquérir des connaissances, qui du reste sont souvent difficiles à trouver. Ils n'ont pas été accompagnés dans les étapes normales du changement de perception de la normalité adoptive. Ils ne l'ont pas encore compris, utilisé et célébré, cette réalité. Ils sont donc restés à l'étape de croire qu'un enfant adopté avec des besoins spéciaux se transformera en enfant modèle de base (exactement comme un enfant biologique à entretien ordinaire) dès la chirurgie et le suivi en orthophonie terminés. Personne ou presque ne leur a mentionné que :

- la magie de la chirurgie n'efface pas immédiatement les séquelles secondaires des diverses pathologies que peuvent présenter les enfants adoptés. L'enfant souffre d'un problème de santé qui n'a pas été soigné ou l'a mal été pendant la période préadoption. Les séquelles secondaires vont nécessiter de l'énergie, une grande disponibilité et, osons le dire ici, des moyens financiers importants.
- sous la fente palatine, le sixième doigt ou l'anémie chronique se cache un enfant qui conservera sa normalité adoptive, avec ses avantages et ses défis ; même sans cardiopathie, il demeurera un petit loup **à entretien sophistiqué***, un trésor caché derrière le mur de son château !

Je me tiendrai loin de la tentation bien humaine de pointer du doigt ou de chercher les responsables. Cela ne m'empêche pas de constater l'inertie, les hésitations, la trop grande prudence des autorités, qui tardent à imposer des solutions. Par exemple :

- des formations obligatoires pour les futurs parents, comme dans d'autres pays d'accueil ;
- un suivi préventif effectué par des professionnels compétents ;
- une meilleure formation continue et la supervision des professionnels chargés des évaluations psychosociales ;
- une organisation claire, une accessibilité pour tous des services médicaux préadoption et postadoption ;
- En 2008, un programme de formation en intervention postadoption s'adressant aux professionnels de première ligne a été rédigé puis déposé au Secrétariat à l'adoption internationale du Québec (SAI) par une équipe du CHU Sainte-Justine. Cependant, c'est uniquement au printemps 2012 que certaines équipes en CLSC ont commencé à être formées.

Je choisis plutôt d'investir dans mon lieu de pouvoir. C'est pourquoi, par l'intermédiaire de ce livre et des autres qui vont suivre dans la collection « Adopteparentalité », je m'adresse directement aux parents pour les outiller à soigner le *Sujet* de l'adoption, l'enfant lui-même.

Il faut voir les enfants adoptés dans la normalité adoptive

Une vision nuancée, réaliste, empathique de cet enfant réel avec son instinct de survie et sa différence ne serait-elle pas plus utile que toutes ces croyances tenaces ? Cette vision devrait être basée d'une part sur la réalité scientifique et empirique des *facteurs de risques* réels qu'on ne doit plus nier, mais *surtout*, d'autre part, sur la diffusion des facteurs de protection. Or le fait de comprendre et accepter la normalité adoptive constitue déjà l'un de ces facteurs de protection. Ce nouveau paradigme devrait permettre de concevoir l'adoption sous l'angle des solutions, plutôt que sous l'angle des problèmes. Il racontera à l'enfant pourquoi il a construit son château fort et expliquera aux parents comment trouver les clés pour pouvoir l'en faire sortir !

Le juste milieu est non seulement possible, mais je le vis tous les jours dans mon bureau. Accueillis, outillés, apaisés, les parents et les enfants atteignent ce que l'on aime appeler le bonheur : le bonheur normal d'une famille adoptive normale.

D'où vient la résistance au concept de la normalité adoptive ?

Je dois avouer que malgré de merveilleuses avancées, je me heurte tous les jours à une grande résistance lorsque j'aborde la normalité de la réalité adoptive, autant celle des enfants que de leur famille. J'ai beaucoup réfléchi à cette question ces dernières années. C'est une question complexe dont voici, selon moi, les quatre principaux éléments :

L'ignorance. On ne peut pas savoir ce qu'on ne sait pas.

Il n'y a pas si longtemps, la majorité des gens pensaient que les bébés étaient de simples tubes digestifs qui ne ressentaient pas grand-chose avant d'avoir la capacité de parler. On ne croyait pas que ce qui arrivait avant la parole et les souvenirs conscients pouvait être enregistré et influencer la personnalité d'un être humain. En général, les parents se basent sur ce que leurs propres parents ont fait lorsqu'ils ont à leur tour des enfants. Puis, ils apprennent « sur le tas », par l'expérience, avec ou sans l'aide de spécialistes et selon les valeurs et la réalité de leur temps. La plupart des couples qui souhaitent avoir des enfants s'attendent à devenir des parents biologiques ; ils s'y sont d'ailleurs préparés consciemment ou inconsciemment toute leur vie. La vision de la parentalité et des besoins d'un enfant est donc basée sur ce que j'appelle la sagesse populaire, transmise de génération en génération. Heureusement, notre conception des besoins des bébés s'est modifiée grâce aux connaissances transmises à l'école ou dans les médias. Cette éducation se complète souvent par des cours prénataux, des lectures, des ateliers, des reportages, des discussions entre parents ou par l'observation des enfants de l'entourage (neveux, nièces, enfants des amis, voisins).

Des connaissances scientifiques nouvelles

Nos connaissances scientifiques et empiriques de la réalité de l'adoption sont très récentes : elles datent de quelques décennies à peine. Ces connaissances ont d'abord été rendues possibles par un changement de mentalité sur l'adoption, autrefois cachée, taboue ou secrète. Elles ont ensuite été étayées par l'arrivée massive d'enfants par adoption internationale, qui sont devenus des sujets de fascination médiatique, des sujets nécessitant des soins de santé particuliers, puis des soins spécialisés de santé mentale, affective et développementale. De multiples recherches ont suivi et se poursuivent encore.

Il y a à peine 25 ans, les conditions nécessaires au développement optimal du cerveau humain demeuraient à bien des égards mystérieuses. Les nouveaux instruments d'imagerie médicale ont créé une véritable révolution. Nous connaissons maintenant les facteurs de risques : les séquelles neurologiques causées par la malnutrition, les privations sensorielles, affectives et cognitives en bas âge, les traumatismes physiques et psychologiques, l'impact du **stress chronique*** infantile, qui n'étaient jusqu' alors que soupçonnés, sont devenus des réalités visibles, prouvées et mesurables. Nous connaissons également les facteurs de prévention, de protection, et les traitements nécessaires à une certaine guérison de ces blessures neurologiques. Il y a tant de découvertes publiées en même temps partout sur la planète que même les chercheurs et les professionnels aux aguets n'arrivent pas à digérer toutes les informations. Peut-on demander aux futurs parents adoptants d'être sensibilisés à ces nouvelles réalités, quand souvent, certains intervenants chargés de les accompagner dans leur projet ne sont pas à jour eux-mêmes ? Il en va bien entendu d'une responsabilité individuelle de se renseigner, mais il en va aussi d'une responsabilité collective des autorités de protection de l'enfant et de l'adoption d'offrir ces informations aux parents, en temps et lieu.

Une résistance au changement tout à fait humaine

Tout changement majeur, que ce soit une perte d'emploi, un déménagement ou une nouvelle relation amoureuse, comporte des étapes normales vers l'adaptation :

- le déni de la nouveauté ;
- la résistance à cette nouveauté ;

- l'exploration de cette nouveauté ; puis
- l'intégration de la nouveauté pour arriver à un nouvel équilibre.

L'Univers tout entier réagit par homéostasie : pour que les choses ne soient pas constamment chaotiques, l'Univers a tendance à essayer de maintenir un équilibre passé avant de faire une transition vers une nouvelle réalité.

Comme le reste de la nature, les humains n'aiment pas le changement. C'est vrai en physique nucléaire, dans les habitudes alimentaires, ou encore lorsqu'il s'agit de la conception de ce qu'est un enfant « normal » !

Les parents adoptants ont déjà eu leur lot de changements les ayant obligés à s'adapter sans cesse : infertilité, examens médicaux et essais de procréation assistée, **deuil*** de l'enfant conçu à la maison, exploration parfois anxiogène du monde inconnu et plein de mythes de l'adoption. Et voilà qu'on leur annonce que l'enfant qu'ils souhaitent adopter ou qu'ils ont déjà adopté a des caractéristiques *supplémentaires* comparativement aux enfants modèles de base ? C'est souvent la goutte qui fait déborder le vase. Ils sont saturés de mauvaises nouvelles, et sur le point de renoncer à avoir un jour une famille « normale ». Verront-ils un jour la lumière au bout du tunnel ?

Pour aider les parents à s'adapter positivement à ces nouveaux paradigmes, il faudra surtout leur enseigner les facteurs de protection qu'ils pourront mettre en place afin de minimiser l'intensité des bouleversements inhérents au processus d'adoption. La méthode qui consiste à dresser une liste exhaustive des problèmes possibles et des facteurs de risques, en laissant les parents trouver les solutions eux-mêmes, ne constitue pas une réelle préparation.

Un manque de ressources professionnelles en préadoption et postadoption

Disons-le : l'accès aux informations sérieuses, tant sur la nature des problèmes possibles que sur les solutions souhaitables, est plus facile qu'il y a dix ans. Grâce à Internet, à la publication ou la traduction de quelques excellents ouvrages, aux conférences ou formations offertes par certains organismes publics ou privés, ou par certains organismes d'adoption, on pourrait s'attendre à ce que la majorité des parents adoptants, ainsi que les grands adoptés adultes eux-mêmes, connaissent bien la normalité adoptive. On pourrait également penser que les professionnels de l'enfance — pédiatres, médecins de famille, éducatrices en garderie, enseignants, psychologues, orthopédagogues, travailleurs sociaux, ergothérapeutes, etc. — sont bien au fait de ce qui constitue la normalité adoptive et de ce qui risque de développer des besoins spéciaux.

Au Québec, la réalité est tout autre. Certes, quelques professionnels en pratique privée et d'autres dans les réseaux de la santé et des services sociaux offrent informations, évaluations et interventions de pointe. Malheureusement, la plupart des autres institutions (hôpitaux, services sociaux, services de réadaptation, centres de la petite enfance [CPE], centres locaux de services communautaires [CLSC[5]] censées accueillir adéquatement les enfants adoptés (nationalement et internationalement) sont encore bien mal formées et équipées, voire même totalement ignorantes des besoins réels des enfants eux-mêmes et de leur famille. Le manque d'expertise se fait cruellement sentir, laissant les familles adoptives dans une ignorance et une souffrance inutiles. Il y a encore beaucoup à faire !

Parce que votre enfant a survécu à bien des épreuves, il a un potentiel énorme et des ressources formidables. Sans ce potentiel, l'enfant adopté n'aurait pas su, si petit, construire une armure, comme le mur d'un château fort de protection. Chaque brique de ce mur est faite d'indifférence, d'agression, de chaos émotif ou, pire, de séduction. L'enfant déploie donc un bouclier invisible pour ne pas dévoiler sa vulnérabilité. Son potentiel est bien caché dans les cryptes de son château. Mais comment y avoir accès sans se faire attaquer ? Comment convaincre ce petit être blessé des bonnes intentions des adultes qui frappent à sa porte ?

L'outil que je propose ici est une sorte de trousseau de clés pour que le parent puisse percevoir plus rapidement, plus efficacement son nouvel enfant, le vrai, le réel, au-delà de sa muraille. Ce mur est constitué, rappelons-le, de fines couches de protection installées petit à petit depuis sa naissance pour se protéger lui-même de la souffrance, cette souffrance de ne pas avoir été protégé par au moins un adulte qui l'aimait profondément.

Sans le savoir, le savoir-faire et le savoir-être de la normalité adoptive, le parent, frustré de ne pas comprendre, de ne pas avoir accès à l'enfant au-delà des murs, se sentira au mieux incompétent, au pire complètement rejeté, comme tant de parents admirables que j'ai vus défiler dans mon bureau. Il aura l'impression d'être exclu par l'enfant barricadé dans le château, qu'il rêvait pourtant depuis si longtemps de connaître et d'aimer.

Le parent aura à entrer sans violence dans ce château fort pour commencer son travail de parent bienveillant. Pour cela, il devra rassurer l'enfant suffisamment pour que celui-ci lui ouvre sa porte, comme on abaisse son pont-levis. Grâce à ces nouvelles clés, j'espère que de nombreux enfants percevront enfin les bonnes et douces attentions de leurs parents, qu'ils les laisseront faire leur travail et, surtout, les aimer.

Voici donc le livre que j'aurais aimé lire avant l'arrivée de mes trois enfants par adoption, la plus belle aventure de ma vie.

---

5 Il existe deux projets pilotes sur l'île de Montréal et quelques initiatives spontanées en région.

LA NORMALITÉ ADOPTIVE : LES CLÉS DU BONHEUR POSSIBLE

La différence entre les parents entrant en relation avec un bébé naissant et les parents entrant en relation avec un enfant par adoption

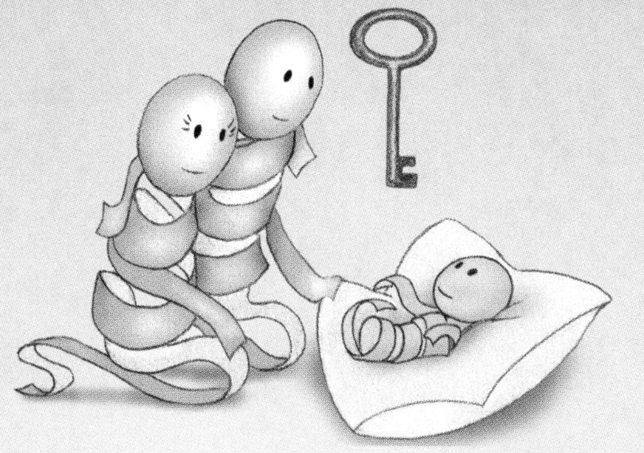

Parent modèle de base Bébé modèle de base

Entre le parent modèle de base et le bébé naissant, il y a une seule clé.

Parents adoptifs Bébé adopté et son château fort

Entre l'enfant adopté et ses parents adoptifs, il y a un château fort et douze portes à franchir qui nécessitent douze grosses clés.

INTRODUCTION

INTRODUCTION

À qui s'adresse ce livre ?

Vous songez à adopter ? Vous êtes sur le point d'accueillir un enfant par adoption ? Vous êtes déjà parent adoptant depuis peu ou depuis longtemps ? Ce livre est fait pour vous. Alors bienvenue sur la planète Adoption, un endroit que l'on croit connaître jusqu'à ce qu'on s'en approche suffisamment pour comprendre qu'il s'agit d'un tout nouveau monde. Un monde où l'on s'aperçoit rapidement que la parentalité est à la fois semblable à celle que l'on connaît traditionnellement, mais aussi différente, sans qu'on sache très bien distinguer ce qui est pareil et ce qui est différent. Un monde où les parents se posent les mêmes questions universelles, avec une tâche supplémentaire cependant : celle de démêler les caractéristiques communes à tous les enfants et celles qui seraient propres aux enfants adoptés.

Ce livre a pour objectif de répondre enfin à cette question qui a trop longtemps suscité deux réponses totalement opposées, comme s'il n'y avait que deux choix possibles : soit l'enfant adopté est *normal*, si son fonctionnement et son développement deviennent identiques aux enfants biologiques, soit il est étrange, *anormal*, voire pathologique, s'il garde certaines caractéristiques que ne partagent pas la majorité des enfants biologiques. Nous proposons donc aux parents une troisième voie, où la normalité de la majorité des enfants adoptés n'est ni biologique, ni pathologique, mais *adoptelogique !*

C'est donc en tenant compte de cette logique adoptive, fondée sur des connaissances scientifiques solides et sur le vécu de milliers de familles adoptives, que les chercheurs ont mis au jour les bases scientifiques nécessaires au concept de normalité adoptive. La normalité adoptive fait partie des nouveaux concepts, d'une nouvelle approche éducative et psychosociale consacrée exclusivement aux parents adoptants : *l'adopteparentalité ou l'art de devenir parent par adoption.*

Pour que les parents soient au cœur des solutions, il fallait impérativement leur transmettre les connaissances nécessaires pour saisir les particularités normales de leur enfant. Mais il fallait surtout leur donner des moyens d'intervention concrets et efficaces.

Bien entendu, si cet ouvrage s'adresse directement aux parents, il peut être d'une grande pertinence pour les professionnels touchés par l'adoption, ainsi que pour tous les autres acteurs gravitant autour des familles adoptives.

*Un nouveau paradigme sous l'angle des solutions : **l'adopteparentalité****

C'est en 1996 qu'a été créée au Québec l'approche psychosociale dite *adopteparentalité*. Devant trop de questions sans réponses claires, il était urgent d'imaginer une façon de mieux comprendre et de mieux vivre la nouvelle réalité de l'adoption nationale et internationale. Le message et véritable mantra de cette approche est : *l'enfant adopté doit être au cœur des préoccupations, mais le parent doit impérativement être au cœur des solutions* !

Les prémices de l'adopteparentalité sont de faire profondément confiance aux parents adoptants enfin outillés. Durant 30 années de pratique du travail social auprès des familles, dont les 20 dernières en préadoption et en postadoption, nous avons vu des miracles se produire, même dans des situations qui semblaient désespérées. Mais ces miracles auraient été impossibles sans une bonne dose de transmission de connaissances aux parents, en les amenant à poser un regard lucide et sans complaisance sur leur situation et sur celle de leur enfant. Une chose est certaine lorsqu'on veut vraiment aider les parents en leur transmettant des connaissances : il ne s'agit pas de leur donner simplement la liste exhaustive des risques en espérant que, par miracle, ils trouvent en eux les solutions adéquates et efficaces pour les enrayer. Ces fameuses listes de problèmes sont susceptibles de provoquer deux réactions humaines diamétralement opposées, mais normales. D'une part, certains nieront que ces informations sont vraies, donc ils ne les entendront pas et n'en tiendront pas compte. D'autre part, cette liste pourrait générer une anxiété et un stress si envahissants que les parents n'agiront que par peur. Ces deux réactions extrêmes constituent en soi des facteurs de risques qui peuvent mener la famille adoptive à l'échec.

C'est pourquoi, dans cet ouvrage, nous nous ferons un devoir de toujours être honnête avec les parents. L'adopteparentalité se fait un devoir de leur donner surtout des solutions. C'est là que réside la clé du succès. Que le projet soit d'escalader l'Everest ou de s'attacher profondément à un enfant blessé pour qu'il puisse enfin prendre racine, il faut avant tout bien connaître l'ensemble des facteurs de risques, mais encore plus les facteurs de protection, c'est-à-dire, dans le cas de l'adoption, les méthodes éducatives appropriées.

Nous constatons que ce qui a fait le succès de cette approche, c'est qu'elle considère réellement les parents adoptants, aussi imparfaits soient-ils — ainsi que le sont tous les êtres humains —, comme les premiers répondants. Ce sont eux qui, en premier, constatent la détresse de l'enfant. Ils sont là, à proximité, ils sont motivés, ils veulent l'aider de la meilleure façon possible. Mais sans outils efficaces, sans compétences pertinentes, ils risquent de nuire plutôt que d'améliorer la situation ; comme des pompiers mal formés, ils peuvent même devenir victimes du feu qu'ils tentent d'éteindre.

L'adopteparentalité venait ainsi combler un vide en transmettant aux parents les découvertes du milieu professionnel touchant de près la réalité récente des nouvelles familles adoptives. Cette approche est à la fois une méthode d'intervention clinique, un outil de guidance parentale et de psychothérapie, mais également une méthode éducative enseignée directement à des groupes de parents.

Ce qui a particulièrement séduit les parents dans cette approche, c'est qu'elle crée d'abord un sentiment d'appartenance. Elle s'adresse à une communauté de personnes qui partagent la même expérience particulière. Elle est destinée aux parents qui auront à accueillir et accompagner des enfants ayant vécu des épreuves semblables, pour ensuite connaître un destin d'exception en trouvant une nouvelle famille souvent à l'autre bout du monde.

L'originalité et la pertinence des outils de l'adopteparentalité proviennent de l'utilisation de concepts imagés, concrets, accessibles. On y aborde des sujets sérieux et lourds avec tendresse et humour. L'adopteparentalité dédramatise les problèmes sans les banaliser, les rend compréhensibles sans les vider de leur réelle profondeur. On n'y aborde pas uniquement les aspects théoriques ; on ne se contente pas non plus de dresser la liste des problèmes éventuels. On explique surtout aux parents les solutions possibles et efficaces susceptibles d'être appliquées dans leur vie quotidienne.

L'adopteparentalité s'inspire des approches thérapeutiques humanistes et systémiques axées sur les solutions et sur la tâche[1] des nouvelles neurosciences[2], des nouvelles méthodes de traitement des chocs post-traumatiques[3] et de la thérapie d'impact[4]. Elle utilise des objets comme des rubans, des poupées gigognes, des dessins de ponts ou des allégories simples pour rendre intelligibles et utilisables des données scientifiques de pointe. Ces outils frappent l'imagination et se fixent pour toujours dans l'esprit du parent à la recherche de vraies solutions. Des techniques éducatives claires, simples

---

1 Voir entre autres les travaux de Virginia Satir et de Salvador Minuchin.

2 Voir entre autres les travaux d'Allan Schore, Jaak Panksepp et Daniel Siegel.

3 Voir les travaux de Francine Shapiro sur la méthode du *Eye Movement, Desensitization, and Reprocessing* (EMDR) (En français : Mouvement des yeux, désensibilisation et retraitement de l'information.)

4 La thérapie d'impact est une approche psychothérapeutique américaine créée par le Dr Edward Jacobs, mais très largement diffusée dans la francophonie par la psychologue québécoise, Danie Beaulieu.

et applicables dans le quotidien sont enseignées, pratiquées et justifiées scientifiquement. On encourage les parents à se lancer, à essayer de nouvelles façons de faire auprès de leurs enfants, tout en les guidant dans leur démarche. Cette approche s'adresse directement aux parents, mais également aux professionnels qui désirent mieux les accompagner et aider plus efficacement les enfants concernés.

L'adopteparentalité se voit à présent reconnue par de nombreux organismes d'adoption, par le Secrétariat à l'Adoption internationale ainsi que de nombreux CLSC[5] et CPEJ[6], qui réclament aux spécialistes de cette approche des conférences, des formations et du perfectionnement. Cette approche connaît une diffusion partout au Québec, mais aussi ailleurs au Canada et en Europe francophone.

La normalité adoptive en quelques mots et en quelques chiffres

D'où vient cette notion de normalité adoptive diffusée par l'adopteparentalité ? Après 25 années d'entretiens avec des enfants adoptés et des parents adoptants, et 25 années d'études cliniques, nous avons pu recenser un certain nombre de constantes, soit un ensemble de caractéristiques développementales, d'enjeux affectifs, de comportements et de questionnements existentiels propres à la majorité des adoptés (ou des enfants ayant vécu un abandon). En adopteparentalité, nous désignons comme normalité adoptive l'ensemble des défis physiques, affectifs, cognitifs et sociaux qui découlent des conditions de vie particulières de l'enfant avant, pendant et après son adoption. Cet ensemble de défis constitue une norme si on les compare aux défis ordinaires, habituels de l'ensemble des enfants non adoptés. Pour arriver à cerner cette normalité adoptive, il faut comparer des éléments comparables, c'est-à-dire comparer un enfant adopté à ses pairs également adoptés avant de le comparer aux non-adoptés. Jusqu'à tout récemment, on faisait exactement le contraire : les enfants adoptés étaient constamment comparés à leurs pairs non adoptés, niant ainsi l'importance de leur vécu préadoption tout à fait particulier.

Nous considérons que 100 % des enfants adoptés se retrouvent dans cette normalité adoptive. La majorité des enfants, adolescents et adultes adoptés, soit environ 70 ou 75 % des cas, présentent *uniquement* ces caractéristiques, alors que les autres, de 25 à 30 % auront en plus des besoins spéciaux plus ou moins exigeants. Ces caractéristiques sont particulièrement intenses et observables dans la première année après l'adoption. Heureusement, le filtre de la première année de la mise en famillle,

5 Centres locaux de services communautaires : ce sont les services de première ligne en santé et en services sociaux au Québec.

6 Centres de protection de l'enfance et de la jeunesse : au Québec, ce sont les services de protection de l'enfant, également chargés des aspects légaux des adoptions nationales et internationales.

surtout si le parent a reçu la formation adéquate et s'il a appliqué les meilleurs facteurs de protection possible, fait de petits miracles. Dans la majorité des cas, si les parents savent faire ce qu'il faut et si l'enfant n'a pas perdu sa capacité physique et **psychique*** de rebondir, la gravité et l'intensité des difficultés s'atténuent durant cette première année, pour laisser place à cette normalité adoptive devenue le quotidien.

Les caractéristiques de la normalité adoptive ne sont ni des pathologies graves, ni des tares, ni des troubles graves et persistants. Elles sont prévisibles et normales chez les gens ayant vécu un ensemble d'épreuves physiques et psychologiques dans leur petite enfance avant d'être adoptés par des familles qui ont enfin répondu correctement à leurs besoins.

On peut aujourd'hui affirmer avec certitude que la majorité des enfants adoptés n'ont pas de pathologies physiques ou psychiques graves susceptibles de nuire à leur développement et à leur bonheur. Ce qui ne veut pas dire pour autant qu'ils font face aux mêmes défis que les enfants biologiques. Avoir été abandonné, traumatisé, transporté d'un continent à l'autre n'est pas un destin facile, surtout au début. Toute la vie préadoption de l'enfant a contribué à le façonner différemment, l'éloignant ainsi de la norme attendue pour une enfance ordinaire et saine. Ce façonnage ne remplace pas les besoins de base de tous les enfants, mais donne des *options supplémentaires*. La nouvelle normalité adoptive est donc constituée des besoins normaux de tous les bébés humains, auxquels s'ajoutent les besoins supplémentaires des enfants abandonnés. *Choisir l'adoption, c'est choisir les options supplémentaires liées à la normalité adoptive.* Encore faut-il bien connaître cette normalité.

Cet ouvrage est donc consacré à cette majorité des enfants adoptés, ceux qui, avec le soutien approprié, s'intègrent, s'attachent et fonctionnent normalement.

Connaître la normalité adoptive avant de s'attarder aux pathologies les plus fréquentes en adoption

Rappelons que parmi les enfants adoptés, un pourcentage, 15 à 20 %, présentera, en plus des caractéristiques de la normalité adoptive, des séquelles permanentes plus graves attribuables à un vécu préadoption particulièrement traumatisant et difficile ou à des problèmes de santé présents dès la naissance. Ce seront des enfants dits « à besoins spéciaux ». Le plus souvent, ces besoins spéciaux ne seront découverts qu'après l'adoption. Ces enfants auront besoin de soins spécialisés, et ce, sur une longue période. Ils seront en dehors de la normalité adoptive. Déjà, un enfant dans la normalité adoptive est à entretien plus sophistiqué qu'un enfant modèle de base ; un enfant adopté à besoins spéciaux est pour sa part à entretien extrêmement sophistiqué. À titre de comparaison, on considère que 10 % des enfants que l'on désigne dans ce livre comme « modèle de base », c'est-à-dire non adopté, ont des besoins spéciaux pour le reste de leur vie (handicap à la naissance, maladie chronique, **traumatisme*** précoce, accident grave, troubles psychiatriques).

C'est un fait : les enfants adoptés constituent une population cliniquement de deux à trois fois plus à risque de conserver des besoins très spéciaux, mais la majorité vont bien après une période indispensable de soins pour récupérer de leur vie préadoption.

Attention : ce premier ouvrage ne s'adresse pas spécifiquement aux parents d'enfants adoptés à besoins spéciaux[7], mais plutôt aux parents des enfants qui correspondent à la normalité adoptive. Pourquoi ? Parce que, justement, on en parle peu, ou du moins pas assez, de cette majorité parmi la minorité d'enfants qui trouvent une famille par adoption. Une majorité qui récupère de façon spectaculaire les retards constatés à leur arrivée, tout en gardant leurs particularités ; *rattrapage spectaculaire, il faut le souligner, ne veut pas dire rattrapage parfait.*

Une meilleure connaissance de la normalité adoptive prend ici toute son importance. Il faut un nouvel étalon de mesure. Ne pas rattraper parfaitement la moyenne des enfants modèles de base, pour un enfant adopté, ne constitue pas un échec, mais une victoire ! Trop de parents oublient d'imaginer ce que serait devenu l'enfant sans leur merveilleuse intervention.

La collection « Adopteparentalité » : l'art de devenir parent par adoption

Mais voilà, malgré la publication d'un premier ouvrage collectif, *L'Enfant adopté dans le monde en quinze chapitres et demi*[8], et d'un petit recueil de textes maison, les parents ayant assisté aux formations ou aux conférences réclamaient que soient mis à leur disposition sous forme de livre les enseignements de l'adopteparentalité.

Dans le présent ouvrage et dans ceux qui suivront, nous répondrons donc aux deux souhaits exprimés par les parents :

Ils veulent savoir, c'est-à-dire comprendre scientifiquement les facteurs de risques dans le vécu préadoption de leur enfant et les facteurs de protection les plus efficaces.

Ils veulent savoir être et savoir faire, c'est-à-dire apprendre quelles sont les attitudes qui feront d'eux de véritables tuteurs de la résilience de ces enfants qu'on doit traiter

---

7 *Quand l'adoption fait mal*, à paraître dans la même collection, sera consacré aux enfants qui gardent des séquelles plus importantes.

8 Jean-François Chicoine, Patricia Germain et Johanne Lemieux. *L'Enfant adopté dans le monde en quinze chapitres et demi*, Montréal, Éditions du CHU Sainte-Justine, 2003.

en survivants plutôt qu'en victimes. Ils veulent connaître et appliquer des méthodes éducatives concrètes, pratiques et réalistes qui deviendront véritablement des facteurs de protection pour le mieux-être de leur enfant et de toute la famille.

C'est donc pour répondre aux besoins des familles adoptives et grâce à une étroite collaboration entre la société *Le Monde est ailleurs* et la maison d'édition Québec Amérique que la collection « Adopteparentalité » est enfin créée.

Si chaque livre de la collection peut se lire de façon indépendante, il est par contre recommandé de commencer par *La Normalité adoptive : les clés pour accompagner l'enfant adopté.* En effet, ce premier livre constitue un survol complet de l'ensemble des enjeux adoptifs. Il se veut une introduction au vocabulaire du domaine de l'adoption en général, et de l'adopteparentalité en particulier. Que votre enfant soit petit ou grand, fraîchement débarqué de l'avion ou arrivé depuis longtemps, vous trouverez dans ce livre des informations pertinentes.

Le deuxième ouvrage s'intitulera *Mieux vivre les premières années après l'adoption.* On y décrira les facteurs de protection à mettre en place surtout durant la première année, puis les deux ou trois années après l'adoption de l'enfant. Des conseils généraux seront fournis, mais également des conseils plus détaillés en fonction de l'âge de l'enfant. Une partie sera consacrée aux enfants arrivés en bas âge (entre 0 et 36 mois), une autre se penchera sur ceux qui ont été adoptés alors qu'ils étaient âgés de plus de 3 ans, et une dernière s'intéressera aux enfants à besoins spéciaux, y compris les fratries, les handicaps temporaires ou permanents ainsi que les besoins médicaux ou sociaux particuliers. Les parents y retrouveront un véritable guide énumérant les étapes attendues dans le cheminement de l'enfant durant ses premières années après l'adoption. On y précisera en détail les gestes à accomplir pour favoriser l'apprivoisement, l'adaptation et l'**attachement de l'enfant*** durant ces années charnières pendant laquelle il doit prendre racine.

Le troisième ouvrage, *L'Adoption : les conditions gagnantes d'un attachement sain de 6 à 18 ans* donnera des conseils et des outils pour mieux vivre avec l'enfant adopté depuis la première enfance et surtout durant l'adolescence, en passant par la période de latence pendant l'école primaire. L'objectif sera de fournir aux parents les moyens à employer pour inciter le jeune adulte à déployer ses propres ailes.

Les trois premiers ouvrages seront donc consacrés à cette fameuse normalité adoptive. Une normalité, rappelons-le, dans laquelle se situent 70 à 75 % des enfants adoptés, qui ne présentent aucune pathologie grave.

Le dernier ouvrage fera un peu exception. *Quand l'adoption fait mal* sera en effet consacré aux enfants adoptés qui, au-delà de leur normalité adoptive commune, présentent des besoins spéciaux supplémentaires. Des besoins qui peuvent faire mal quand les parents ne possèdent pas les connaissances nécessaires, qu'ils ne disposent pas des outils et du soutien qui leur permettraient d'accompagner leur enfant et de soigner ses blessures, blessures qui vont au-delà de la normalité attendue en adoption. On parle ici, par exemple, de troubles envahissants du développement, de troubles de l'attachement, de maladies chroniques, de handicaps physiques ou mentaux ou de maladies rares.

Comment consulter ce livre ?

Ce livre se veut un ouvrage de référence. Une sorte de manuel, de mode d'emploi qu'on consulte dans l'ordre ou le désordre, par chapitre ou selon nos besoins, nos questions.

Cet ouvrage comporte trois parties :

La première partie décrit d'abord le concept de la normalité adoptive sous forme de questions et réponses (chapitre 1). On cherche ensuite à démystifier la réalité du parent adoptif lui-même, qui vit également une normalité adoptive tant dans son cheminement vers l'adoption que dans son quotidien avec l'enfant (chapitre 2).

La deuxième partie (chapitres 3 à 14) passe en revue, un à un, les 12 éléments de la normalité adoptive. Chacune des 12 caractéristiques est en quelque sorte une clé que le parent doit connaître et comprendre pour mieux accompagner son enfant tout au long de son développement. Dans chacun des chapitres de cette deuxième partie, vous retrouverez :

- Des paroles d'enfants qui expriment la nature de la caractéristique traitée dans le chapitre. Il nous semblait important de laisser une place de choix aux mots des enfants, qui sont les premiers concernés par l'adoption. Nous rapportons donc ici des mots touchants, pertinents et parfois surprenants entendus dans l'intimité d'un bureau de consultation[9].
- Une allégorie ou un conte illustrant symboliquement chaque élément abordé. La force de l'adopteparentalité est d'imager des concepts complexes pour les rendre accessibles autant aux adultes qui cherchent à comprendre qu'aux enfants qui cherchent à être compris. Raconter une histoire permet à toutes les composantes du cerveau humain de mieux traiter l'information, autant dans ses aspects rationnels et affectifs que sensoriels.
- Une section « Savoir », dans laquelle sont décrits les savoirs théoriques et scientifiques nécessaires à la compréhension de chacune des 12 clés de la normalité adoptive. Nous souhaitons transmettre aux parents une synthèse des connaissances les plus à jour sur le développement du cerveau humain et ses conséquences sur le développement, la santé physique et la santé mentale des enfants.

---

9 Les noms et certains détails ont été changés afin de préserver la confidentialité.

- Des fiches pédagogiques dans une section appelée « Savoir faire et savoir être » afin de mettre en pratique les savoirs théoriques vus dans la section précédente. Chacune des fiches décrit comment mieux intervenir dans certaines situations grâce à des activités parents-enfants, des questionnaires, des méthodes éducatives précises. Ces outils proposés sous forme de fiches peuvent être lus, relus et éventuellement transmis aux autres acteurs gravitant autour de l'enfant comme la famille élargie, les responsables des services de garde ou les enseignants.
- Une section appelée « Savoir en bref », qui, nous l'avouons, se veut un petit clin d'œil aux nombreux papas qui demandent souvent à leur conjointe de lire les livres et de leur faire ensuite un petit résumé. Ce savoir en bref est une sorte d'aide-mémoire qui reprend les idées principales du chapitre. Chaque « Savoir en bref » comprendra aussi une courte description des facteurs de risques à éviter et des facteurs de protection à favoriser pour chaque élément de la normalité adoptive.

La troisième et dernière partie (chapitre 15) abordera très brièvement les indices à vérifier pour savoir si votre enfant se retrouve dans la normalité adoptive ou s'il présente des besoins spéciaux qui nécessiteraient une intervention urgente ou spécialisée. Cette partie répondra aux besoins des parents inquiets qui constatent que leur enfant possède de nombreux attributs de la normalité adoptive, mais présente en plus des comportements ou des particularités préoccupantes. Tous les parents adoptants souhaitent bien sûr que leur enfant se stabilise dans la normalité adoptive, mais il faut aussi rester réaliste : à cause de leur vécu préadoption, ces enfants sont plus à risque que les enfants non adoptés d'avoir ou de développer certaines pathologies complexes. Ce chapitre donnera des pistes aux parents de ces enfants, les encouragera à aller plus loin dans leurs lectures et les incitera à chercher un professionnel qui pourra mieux évaluer les besoins très spéciaux de leur enfant.

Soulignons également qu'à la fin de chaque chapitre, nous fournirons une bibliographie détaillée.

En conclusion, nous célébrerons cette normalité adoptive et émettrons le souhait qu'elle se fasse de mieux en mieux connaître.

Après la lecture de ce premier ouvrage, vous aurez une meilleure idée des savoirs, savoir-faire et savoir-être à maîtriser pour intégrer positivement une parentalité adoptive faite d'options supplémentaires et de défis à surmonter. Parmi ces défis, certains appartiennent à la normalité adoptive, mais d'autres vont parfois au-delà de cette normalité. En général, la tâche est parfaitement surmontable, à condition de connaître les vraies solutions et de maîtriser les bons outils. Bref, il suffit souvent d'avoir les bonnes clés.

C'est donc un voyage d'apprentissage sur cette planète adoption que nous vous proposons ici. Un voyage qui vous donnera l'espoir, qui vous fournira des solutions dans un univers que peut-être vous ne pensiez jamais visiter. Une famille ni biologique, ni pathologique, mais adoptelogique. Un voyage pour créer une famille heureuse. Enfin!

PREMIÈRE PARTIE :

Normalité adoptive et adopteparentalité

CHAPITRE 1

La normalité adoptive en 12 questions et réponses

La normalité adoptive doit être perçue comme une série de clés offertes aux parents afin qu'ils aient accès au monde intérieur de l'enfant adopté et qu'ils le comprennent mieux. Si la proposition en séduit plusieurs, elle suscite tout de même plusieurs réactions et de nombreuses questions. Comme pour toute façon nouvelle de percevoir une réalité, il est sain et normal que ces questions surgissent. Ce sont habituellement des questionnements spontanés et généraux, mais ils méritent bien entendu de recevoir des réponses franches et claires.

Le présent chapitre vous offre des réponses à une douzaine de questions fréquentes.

Allégorie

Une clé pour la maison

Depuis leur rencontre, Marie-Josée et Jean-François rêvaient d'une maison bien à eux. C'était le grand jour : ils prenaient enfin possession de leur chez-soi. Malheureusement, cette belle soirée d'été tourna vite à la frustration. En effet, malgré toutes leurs tentatives pour ouvrir la porte avec les deux clés fournies par le courtier immobilier, un tour complet de toutes les autres ouvertures pour vérifier s'il s'agissait de la bonne porte, la maison restait close, inaccessible. C'est franchement en colère qu'ils accueillirent le courtier immobilier joint en urgence sur son téléphone cellulaire.

— Je suis sincèrement désolé, dit ce dernier d'un ton penaud. Je viens juste d'être prévenu par le siège social de la compagnie à Toronto. Le temps de traduire les nouvelles instructions, nous avons été prévenus en retard, comme d'habitude! Voici l'adresse de la personne que vous devrez aller consulter pour vous faire installer chacun une clé électronique sous-cutanée. Ah! J'oubliais : cette merveilleuse nouvelle technologie sera à vos frais...

— Mais de quoi parlez-vous? s'exclama Jean-François, en colère. Personne ne nous a prévenus que nous aurions à nous faire installer un bidule électronique sous la peau pour pouvoir déverrouiller les portes de notre maison, et encore moins que nous aurions à payer pour cela!

Marie-Josée finit par interrompre la discussion des deux hommes.

— Bon, ça ne sert à rien de refuser la réalité et de menacer de mettre fin au contrat. Moi aussi, j'aurais bien voulu le savoir avant et me renseigner sur les risques, etc. Mais jamais je ne renoncerai à ce formidable projet de vie qui est enfin à notre portée.

— Vous verrez, ajouta le courtier, dès que vous serez bien installés et heureux de profiter enfin de votre demeure, vous oublierez totalement la frustration de ce soir et les efforts supplémentaires que vous avez dû déployer. Et puis, imaginez les avantages pour la sécurité : la maison vous reconnaîtra de loin et ne s'ouvrira que pour vous!

SAVOIR

QUESTION 1
La normalité adoptive est-elle une notion récente?

Oui et non. Même si certains auteurs comme David Kirk[1], Nancy Newton Verrier[2], David Brodzinsky[3] et Michel Lemay[4], pour ne nommer que ceux-là, ont tenté de sensibiliser le monde de l'adoption depuis plusieurs décennies, la majorité des gens pensaient encore que les personnes et les enfants adoptés peuvent et doivent devenir totalement comme les non-adoptés. Beaucoup de personnes croient encore que, si un enfant ou un adulte adopté présente certains traits

1 David Kirk. *Shared Fate: A Theory of Adoption and Mental Health*, Saanishton (Canada), Ben-Simon Publications, 1988.

2 Nancy Newton Verrier. *L'Enfant adopté: comprendre la blessure primitive*, Bruxelles, De Boeck, 2004.

3 David M. Brodzinsky, Marshall D. Schechter et Robin Marantz Henig. *Being Adopted: The Lifelong Search for Self*, New York, First Anchor Book Edition, 1993.

4 Michel Lemay. *J'ai mal à ma mère*, Paris, Fleurus, 1979.

ou questionnements, ou une certaine insécurité, c'est parce que le geste d'adoption, censé tout guérir, a échoué, et que la personne adoptée a nécessairement des problèmes pathologiques, étranges et anormaux.

Au fil du temps, grâce aux nouvelles découvertes scientifiques, au suivi effectué auprès de milliers de familles et aux échanges cliniques avec plusieurs professionnels, cette notion de normalité adoptive s'est raffinée, précisée. Elle avait besoin d'être plus largement diffusée pour offrir une approche à la fois plus juste et plus utile à tous les acteurs touchés par l'adoption.

? QUESTION 2

Tous les enfants du monde sont uniques. En quoi les enfants adoptés sont-ils plus uniques?

Les enfants adoptés sont au départ des enfants comme les autres, et ont aussi les mêmes besoins. Les parents adoptants ne veulent pas fonder une famille en adoptant un martien ou un nénuphar. Ils souhaitent accueillir un bébé merveilleux et nécessairement imparfait, comme tous les humains, en sachant qu'eux-mêmes ne seront pas parfaits non plus dans leur rôle de parents.

Les besoins des enfants adoptés ne sont ni rares, ni étranges. Il faut plutôt voir la réalité adoptive sous l'angle de niveaux de besoins, plutôt que sous l'angle de la différence de besoins.

Premier niveau : Peu importe que leurs enfants présentent des besoins spéciaux ou non, comme tous les parents, les parents adoptants auront à répondre à leurs besoins fondamentaux (nourriture, soins, amour, éducation, etc.) bref, tout ce qui constitue la **nourriture physiologique***, **sensorielle*** et **affective*** que tous les enfants sont en droit de recevoir.

Deuxième niveau : Les enfants adoptés, comme tous les enfants, sont des personnes avec leurs particularités (état de santé variable, tempérament plus ou moins demandant, etc.). Les parents devront découvrir ces particularités et en tenir compte, comme ils l'auraient fait avec un enfant non adopté.

Notons que la majorité des parents biologiques n'auront à répondre qu'aux deux premiers niveaux de besoins.

Troisième niveau : Les parents adoptants auront également à découvrir les besoins spécifiques de leurs enfants, des besoins normaux et attendus en adoption, mais qui suscitent déjà un *entretien plus sophistiqué*. Blessé, insécurisé, victime de ruptures, l'enfant adopté porte en lui son lot de spécificités. Accepter, comprendre, voire célébrer cette normalité adoptive n'est pas une attitude innée, d'où l'importance de ce livre...

Tous les parents adoptifs auront à répondre au moins à ces trois premiers niveaux de besoins.

Quatrième niveau : Certains enfants adoptés présenteront encore plus de besoins médicaux ou mentaux que la moyenne de leurs pairs adoptés. Ces besoins spéciaux seront soient connus et choisis à l'avance par les parents adoptants, ou malheureusement découverts en postadoption.

Tableau des trois niveaux de besoins possibles d'un enfant biologique

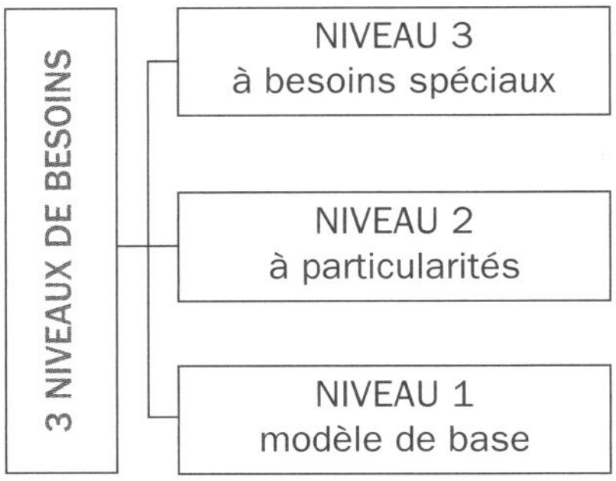

Tableau des quatre niveaux de besoins possibles d'un enfant adopté

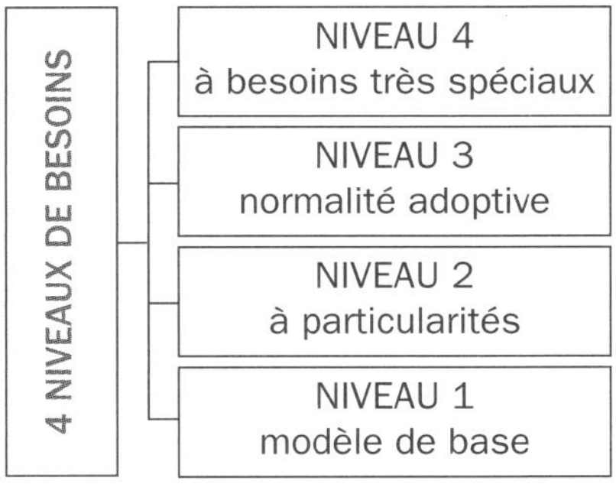

Ces besoins seront parfois des caractéristiques innées que ces enfants auraient présentées même s'ils étaient demeurés avec leur famille biologique, mais d'autres fois constitueront des besoins spéciaux acquis *in utero* ou après la naissance dans le milieu substitut préadoption.

Ces niveaux de besoins successifs donneront inévitablement plus de travail aux parents adoptants. Pour réussir à y répondre, vous devrez non seulement être au fait des problèmes possibles, mais surtout connaître les solutions possibles et souhaitables. En d'autres mots, la normalité adoptive conduit un peu plus de facteurs de risques que la parentalité biologique, d'où l'importance de maîtriser les facteurs de protection à installer.

[?] QUESTION 3
Quelle est l'origine des caractéristiques de cette normalité adoptive?

Le bébé humain est le mammifère ayant le plus grand potentiel de développement, mais également celui qui est le plus fragile. Son corps et surtout son cerveau sont extrêmement immatures à la naissance. La santé mentale et physique d'un jeune bébé est formidablement tributaire de l'acquis, qui pour sa part dépend de l'environnement où il aura à actualiser (ou non...) son potentiel **génétique***. C'est le petit être vivant qui a le plus grand besoin de soins, de protection, de stimulations pour simplement survivre avant de pouvoir devenir totalement autonome.

L'immense majorité des enfants adoptés n'ont pas été suffisamment protégés, soignés, aimés par au moins un adulte adéquat et stable. Ils sont beaucoup plus susceptibles que les enfants biologiques demeurés dans leur famille d'origine adéquate d'avoir souffert de malnutrition alimentaire, sensorielle, affective et relationnelle, cognitive et sociale ainsi que d'évènements potentiellement traumatisants dans la petite enfance. Ces multiples malnutritions mettent en péril la santé physique de l'enfant et le développement de son cerveau. En effet, avant même qu'ils puissent s'exprimer, leur petit cerveau enregistre les choses positives et merveilleuses tout comme les évènements les plus atroces et injustes.

Sans une intervention précoce de mise en famille permanente, adéquate, aimante, ces malnutritions risquent de se poursuivre dans le temps et augmentent les probabilités que ces enfants ne soient jamais capables d'aller au bout de leur potentiel. L'adoption est une forme de protection de l'enfance formidablement efficace pour arrêter les dégâts, pour guérir de la majorité des blessures et pour que ces enfants reprennent un développement optimal. Optimal ne veut pas dire parfait ou sans aucune différence en comparaison avec les non-adoptés.

À ceux qui doutent, posons les questions suivantes : à quoi bon, pour l'immense majorité des parents, mettre tant d'énergie, de soins, de temps et d'amour à élever les enfants si, à long terme, ces soins n'ont aucun impact sur la qualité de la vie future de l'enfant ? À quoi bon voter et appliquer des lois de protection de l'enfance, si un enfant abandonné, négligé et abusé devient de toute façon un citoyen heureux, en bonne santé et productif ?

[?] QUESTION 4
Est-ce que tous les enfants adoptés présentent les caractéristiques de la normalité adoptive ?

Oui, presque tous. Certes, il existe certains enfants particulièrement résilients, génétiquement plus résistants, nés en parfaite santé de parents eux aussi en bonne santé, ayant été placés peu de temps dans une famille d'accueil très adéquate, puis adoptés en bas âge par des parents adoptants eux aussi en bonne santé, très équilibrés, bien renseignés sur la normalité adoptive, bien entourés par des professionnels outillés sur la normalité adoptive et que les hasards de la vie n'ont pas mis à l'épreuve (mort subite du parent, catastrophe naturelle, etc.). Mais même en présence de tous ces facteurs de protection, ces enfants vont quand même présenter quelques-unes des caractéristiques détaillées dans cet ouvrage, même de façon très légère ou temporaire.

Malheureusement, la vie est injuste. La majorité des enfants adoptés n'auront pas bénéficié de tous les facteurs de protection énumérés ci-dessus et auront été exposés à de trop nombreux facteurs de risques. C'est justement pour cela qu'on a dû leur trouver une nouvelle famille.

Retenons cela : être adopté donne à tous des besoins supplémentaires !

[?] QUESTION 5
Est-ce que ces caractéristiques se retrouvent uniquement chez les enfants adoptés ?

Non. D'autres petits et grands humains sont également exposés à des facteurs de risques qui peuvent causer les mêmes défis à long terme. Un enfant, adolescent ou adulte non adopté peut avoir vécu lui aussi de la malnutrition alimentaire, sensorielle, affective, cognitive ou sociale dans sa famille biologique. Il peut aussi avoir vécu des traumatismes physiques ou psychologiques liés à de la violence conjugale, à une maladie grave, à la toxicomanie, à des abus sexuels ou physiques, à un accident grave ou à une catastrophe naturelle, ou encore à la guerre. Ces situations peuvent être causées par la négligence des parents, mais elles sont parfois aussi attribuables au pur hasard de la vie.

Nous savons qu'une certaine proportion des personnes touchées par ces facteurs de risques conservera des séquelles physiques et psychologiques qui nuiront à leur développement et à l'actualisation de leur potentiel. Nous savons également que la majorité des personnes ayant vécu ces situations difficiles dans l'enfance vont survivre, s'adapter et, pour la plupart, devenir fonctionnelles, voire heureuses. Elles sont et seront résilientes. Ces personnes auront bénéficié de la rencontre fortuite de différents facteurs de protection autres que l'adoption. Elles deviendront fonctionnelles et heureuses, mais cela ne veut pas dire qu'elles ne garderont pas certaines marques de ce passé éprouvant, par exemple une estime de soi fragile, de l'insécurité affective, des peurs ou une mauvaise gestion du **stress***, comme c'est le cas dans la normalité adoptive.

Selon les mythes populaires, l'adoption est censée tout effacer, tout réparer. Contrairement aux traumatisés non adoptés, l'enfant adopté, *l'élu*, le chanceux, ne garderait aucune trace de son enfance difficile, puisque l'amour parental agirait comme un baume magique. Le danger de ce mythe, c'est que si l'adopté a encore des séquelles des années après son adoption, on considère que ce n'est pas normal ou pire, que l'*enfant* n'est pas normal. Dès lors, l'entourage et surtout les parents se sentent coupables, incompétents, puisqu'ils n'ont pas réussi à transformer totalement l'enfant afin qu'il devienne en tout point identique à un enfant biologique modèle de base. Voilà le mythe inutilement dévastateur que l'on doit dénoncer.

[?] QUESTION 6
Ces caractéristiques sont-elles toujours intenses, graves et permanentes?

Rarement, surtout si le parent sait quoi faire et comment le faire dès le départ. Si la nature des caractéristiques est assez semblable d'un enfant à l'autre, il est dans la normalité adoptive que ces caractéristiques soient très présentes et très intenses dans la première année après l'arrivée de l'enfant. Si celui-ci arrive avant l'âge de deux ans, l'apaisement a des chances d'être moins long à venir que si l'enfant arrive après cet âge, s'il arrive avec des besoins spéciaux comme un handicap ou encore s'il fait partie d'une fratrie qui a été séparée en vue de l'adoption. C'est du moins ce que laissent supposer nos connaissances actuelles.

Il est très logique de croire que plus les parents et les professionnels auront de connaissances et d'outils d'intervention précoce, plus l'intensité des séquelles va diminuer dans le temps. Un des espoirs de ce livre est justement de contribuer à la diminution générale de l'intensité et de la gravité des situations difficiles grâce à un meilleur dépistage et à des interventions plus rapides.

[?] QUESTION 7
Y a-t-il un réel avantage à mieux connaître la normalité adoptive?

Le savoir, c'est le pouvoir. En comprenant la nature des difficultés et en sachant comment apaiser leurs différentes manifestations, le parent détient un réel pouvoir de changer les choses. On ne peut pas modifier ce qu'on ne connaît pas. On ne peut pas non plus se rassurer comme parent si on ne sait pas ce qui est attendu et normal dans une situation donnée. Plusieurs nouveaux parents adoptants consultent un spécialiste, car certains comportements de leur enfant leur paraissent étranges ou anormaux. Or le parent qui connaît les manifestations liées à la normalité adoptive ne peut qu'être rassuré, donc il se fera d'autant plus rassurant aussi pour l'enfant. Si son enfant est différent des enfants biologiques, il n'y verra pas immédiatement une pathologie grave ; il saura plutôt que son enfant se trouve fort probablement dans la normalité adoptive. Ce faisant, ce parent pourra se concentrer sur la mise en place des facteurs de protection proposés par les spécialistes de la normalité adoptive. Ce concept est donc bien utile pour le parent, qui comprend désormais mieux son enfant. Il peut même se préparer, anticiper d'une certaine manière les réactions de son enfant. Le parent ainsi outillé se sentira plus compétent pour protéger l'enfant et respecter son rythme, ce qui constitue en soi un facteur très favorable à la création du **lien d'attachement***. Cela évitera bien des angoisses. Le parent ne cherchera pas à mettre en place des actions ou des solutions inadaptées à l'enfant et qui peuvent s'avérer de véritables facteurs de risques pour lui.

On ne peut pas mettre en place des solutions adaptées si on en ignore l'existence. Avec en tête ces solutions maintenant mieux connues, et avec l'aide de plusieurs professionnels d'expérience, les parents peuvent réellement diminuer l'intensité et la gravité des manifestations de la normalité adoptive. Certes, elles demeureront présentes, mais affecteront beaucoup moins le développement de l'enfant.

Pour que l'enfant se bâtisse une bonne estime de lui-même, il est de toute première importance que le parent le voie tel qu'il est, et non pas tel qu'il voudrait qu'il soit. Avoir des attentes irréalistes ou les mauvaises attentes envers votre enfant peut s'avérer dévastateur. Cela ne veut pas dire de n'avoir aucune attente, aucune exigence, aucun espoir d'amélioration et de dépassement, mais plutôt qu'en voyant l'enfant tel qu'il est, vous lui donnez la permission de se découvrir et d'être lui-même, authentique, vrai. Une des caractéristiques de l'adopté est une peur exagérée du rejet, la crainte profonde d'être à nouveau abandonné s'il déçoit son parent ou les autres. Beaucoup d'enfants se fabriquent *un faux moi*[5], soit une sorte de masque par lequel il essaie désespérément de paraître ce qu'il pense que les autres veulent qu'il soit. C'est un prix terrible et inutile à payer pour créer des liens avec sa nouvelle famille.

Un autre avantage pour les parents de mieux saisir la normalité adoptive est aussi qu'ils sont ensuite à même de la transmettre à l'enfant, afin que celui-ci se sente *normal* dans sa condition d'adopté, sans honte de ce qu'il ressent. Il faut célébrer cette normalité et non pas la voir comme un défaut à cacher.

[?] QUESTION 8

La gravité et la permanence des problèmes de la normalité adoptive dépendent-elles surtout de l'âge de l'enfant au moment de l'adoption ?

L'âge de l'enfant à son arrivée est souvent vu comme un facteur automatiquement mauvais s'il est adopté alors qu'il est déjà grand, et automatiquement

5 Voir le chapitre 12, *Une estime de soi fragile*.

bon s'il est adopté plus jeune. Ce n'est pourtant pas toujours une équation si simple, car la nature du vécu préadoption est aussi importante que le temps qu'il a duré.

Il est évident que plus une personne est exposée longtemps à des facteurs de risques sans que soient mis en place des facteurs de protection, plus les probabilités que cela cause des problèmes sont élevées. Fumer 20 cigarettes par jour, tout en mangeant bien et en faisant de l'exercice, est moins risqué que de fumer 20 cigarettes par jour en mangeant mal et sans jamais bouger!

Il en va de même en adoption. Prenons par exemple un enfant adopté à 5 ans, mais ayant vécu pendant 4 ans dans sa famille biologique aimante et sécurisante avant de devenir orphelin, puis ayant été placé en orphelinat pendant un an avant d'être adopté. Cet enfant sera moins à risque de conserver des séquelles intenses qu'un enfant adopté à 2 ans, mais né prématurément, abandonné à la naissance et gravement négligé dans un orphelinat surpeuplé, soigné par des nourrices stressées et épuisées ne disposant pas de médicaments et de nourriture en quantité suffisante. Ainsi, plusieurs facteurs de risques et plusieurs facteurs de protection autres que l'âge à l'adoption s'entremêlent dans le vécu préadoption. Nous les détaillerons dans les chapitres suivants.

[?] QUESTION 9

Si les enfants adoptés correspondent à une normalité adoptive, est-ce que cela donne des tâches supplémentaires aux parents adoptants ou demande une autre façon de les élever?

Oui, cela donne des tâches supplémentaires aux parents adoptants. Premièrement, la tâche de fonder une famille autrement, avec toutes les phases de deuil, d'adaptation, de stress et de nouvelles solutions que cela implique. Les parents adoptants devront ensuite acquérir des connaissances qu'ils n'auraient pas eu à apprendre avec un enfant *modèle de base*. Il leur incombera ensuite la délicate tâche d'accueillir un enfant blessé en mettant en place des facteurs de protection, particulièrement durant la première année après son arrivée. Cette forme de parentalité leur demandera une souplesse d'horaire et de déplacement, une disponibilité qui vont au-delà de ce qui est attendu lors d'un congé de maternité ou de paternité traditionnel.

Ils auront ensuite la difficile mission d'élever cet enfant en sachant tenir compte des besoins et des phases de développement habituel d'un enfant biologique en bonne santé, mais également en décodant certains aspects qui constituent des enjeux spécifiques de la normalité adoptive. Tout au long de leur vie avec cet enfant, ils devront mettre en place des facteurs de protection plus soutenus afin de favoriser chez lui la reprise d'un développement optimal à long terme. Ils auront aussi à juger, avec l'aide de professionnels compétents en la matière, si certains problèmes de santé, si certains comportements ou certaines difficultés affectives sortent vraiment du cadre de la normalité adoptive et nécessitent des interventions spécialisées.

Ces tâches supplémentaires justifient à elles seules qu'on vérifie, par une évaluation psychosociale (nommé « agrément » en Europe francophone) la réalité objective de la disponibilité, de la sensibilité, de la solidité affective et de la santé des futurs parents adoptants.

Malgré tout, la normalité adoptive ne change pas totalement la façon d'élever un enfant. Elle donne par contre des repères pour ajuster certaines interventions.

Par exemple, un des facteurs de protection de la parentalité adoptive est d'offrir le plus possible à l'enfant, et encore plus qu'aux enfants *modèles de base*, une stabilité de personnes, de lieux de vie, de routines, de repères. Les enfants adoptés gardent une hypersensibilité aux changements, aux transitions, parce qu'ils ont intégré certains marqueurs post-traumatiques et qu'ils gèrent mal le stress ordinaire. Sachant cela, le parent aura à peser le pour et le contre s'il a à déménager ou à changer de garderie ou d'école pour une raison qui ne semble pas impérative.

Voici un autre exemple : dans les premiers temps après l'arrivée de l'enfant, il serait très risqué d'ignorer totalement un mauvais comportement comme une crise de frustration. C'est pourtant une méthode éducative fortement suggérée pour un enfant *modèle de base*. Cette méthode sera en effet assez efficace et ne causera pas de détresse grave à un enfant qui a déjà un lien d'attachement sain avec son parent. Mais pour un enfant traumatisé qui ne fait pas encore confiance à son parent pour répondre à ses besoins, ce défaut d'attention envers lui alors qu'il fait une colère pourrait s'avérer très dommageable pour leur relation future.

Soyons clairs : élever correctement un petit humain est une tâche colossale, qu'il soit adopté ou non ! Que de bonheurs, de défis, d'inquiétudes et d'émerveillement jalonnent toutes les formes de parentalité ! Cependant, la majorité des enfants biologiques sont des enfants *à entretien ordinaire*, bien que pas toujours faciles.

Les parents adoptants feront donc exactement face, à la base, aux mêmes défis que les parents biologiques. Par contre, si une minorité d'enfants biologiques présenteront des besoins spéciaux et deviendront des enfants à entretien sophistiqué, la majorité des enfants adoptés demanderont un entretien sophistiqué, voire très sophistiqué si le choix des parents est d'accueillir un enfant *à besoins spéciaux*.

Le simple fait que le parent soit informé, et par conséquent outillé, devient en soi un gage d'une meilleure intervention, car il se montrera plus rapidement solide et rassurant, plutôt qu'impuissant et stressé. Les enfants adoptés n'ont pas besoin de parents parfaits, mais de parents solides, calmes, rassurants, capables de décoder rapidement leurs petites et grandes détresses et d'y répondre efficacement. Il en va d'ailleurs de la qualité et de la solidité de leur relation d'attachement. En effet, le lien d'attachement se tisse et se consolide dans la mesure où le donneur de soins décode les signaux de détresse et les autres besoins de l'enfant et sait y répondre sans tarder. Laisser le parent ignorant et impuissant nuit donc aux objectifs mêmes du geste d'adoption.

QUESTION 10

Que répondre à ceux qui disent qu'un enfant est un enfant, et que les enfants biologiques aussi peuvent avoir des problèmes particuliers ?

Bien entendu, certains enfants biologiques ont des *besoins supplémentaires* et nécessitent un entretien plus sophistiqué. La grande prématurité, les maladies orphelines, un cancer, un handicap physique ou mental, une maladie psychiatrique, des **troubles d'apprentissage*** ou de comportement ou encore un accident grave sont des évènements que personne n'espère vivre, tout comme les options supplémentaires des enfants adoptés. Ces défis supplémentaires exigeront des parents biologiques qu'ils vivent des deuils, des ajustements, de multiples apprentissages. Ils auront à devenir des parents hors normes, qui devront aller au-delà de ce qui est normalement attendu en temps, en énergie, en consultations, en traitements, en thérapies et en acquisition de connaissances.

Ce qui diffère dans la façon d'élever un enfant par adoption, c'est que tous les enfants adoptés nécessitent un entretien sophistiqué dès l'arrivée chez leurs nouveaux parents, alors que la majorité des enfants biologiques n'auront pas besoin de soins spéciaux. Et Dieu sait si cette majorité d'enfants « dans la norme » exige tout de même un travail colossal de la part de leurs parents !

Tous les enfants adoptés présentent des options supplémentaires, variables en gravité, en intensité et en durée selon leur vécu préadoption.

QUESTION 11

La normalité adoptive est-elle une fatalité sur laquelle ni les parents ni les enfants n'ont de prise ?

Pour pasticher le poète et conteur Fred Pellerin[6] : ***la normalité adoptive n'est pas une briseuse de rêves, c'est une empêcheuse de cauchemars !***

Faire connaître la normalité adoptive n'a pas pour but de déposséder les parents et les enfants de leur réel pouvoir d'améliorer les choses. Au contraire ! Combien de parents inquiets, épuisés et impuissants arrivent en consultation avec une liste de comportements *étranges* ? Une liste qu'ils ont dressée en observant attentivement leur enfant. Une liste de problèmes qu'ils jugent anormaux et pour lesquels ils souhaitent obtenir une intervention thérapeutique. Or, lorsque ces parents disent vouloir que leur enfant soit parfaitement normal, ils entendent le plus souvent qu'il soit exactement comme un enfant biologique non traumatisé. L'adoption et leur amour n'étaient-ils pas censés tout réparer ? Qu'ont-ils fait de mal pour que l'enfant conserve cette insécurité, qu'il ait des **problèmes d'apprentissage*** ou fasse des colères incontrôlables ? Ils n'en reviennent tout simplement pas quand ils découvrent les 12 éléments de la normalité adoptive. Ils demandent souvent, en blague, si le professionnel n'est pas venu les espionner par la fenêtre !

---

6 Fred Pellerin est un conteur et artiste québécois connu pour l'originalité de ses expressions imagées.

Ces parents se sentent coupables de n'avoir pas pu effacer les souffrances de leur enfant. Or ces enfants ont simplement besoin qu'on leur donne de l'amour d'une manière un petit peu différente qu'on peut le faire avec un enfant modèle de base. Ces parents se montrent trop sévères envers eux-mêmes. Au dernier pique-nique de la Société d'adoption, chaque parent présent croyait avoir le seul enfant souffrant d'une faible estime de soi, de la peur d'être abandonné, d'une mauvaise gestion du stress, d'un attachement inquiet, de problèmes scolaires et de réactions exagérées aux changements. Car la normalité adoptive, encore mal connue, semble un sujet tabou : on a peur de passer pour un mauvais parent, ou pour un parent malchanceux ayant reçu un mauvais enfant. Certains se taisent de crainte d'être perçus comme des perdants, ou pire, que leur enfant soit perçu comme un perdant. Et chacun garde son secret. Un secret qu'on ne partage surtout pas lors d'un pique-nique… mais qu'on peut commencer à apprivoiser dans le bureau du thérapeute.

[?] QUESTION 12

Peut-il y avoir un effet pervers à parler de la normalité adoptive? Cela ne risque-t-il pas de conditionner négativement les parents adoptifs, ou de stigmatiser davantage les enfants? Peut-elle devenir une excuse invoquée par les parents et les enfants eux-mêmes pour ne pas s'améliorer, pour éviter leurs propres responsabilités ou se présenter comme des victimes impuissantes à changer quoi que ce soit?

Il y a toujours eu une hésitation à parler ouvertement d'un sujet délicat peu connu ou peu compris. Il n'y a pas si longtemps, certaines personnes pensaient que de parler ouvertement de sexualité, d'amour et de contraception allait encourager les adolescents à avoir des relations sexuelles plus rapidement. Or, non seulement cette crainte s'est avérée fausse, mais on observe qu'une meilleure éducation sexuelle retarde l'âge des premières expériences et prévient les grossesses non désirées et les infections transmises sexuellement (ITS).

Notre expérience nous prouve que la majorité des parents adoptants apprécient d'avoir l'heure juste, sans qu'on minimise ou qu'on dramatise leur situation. Ils vont au contraire s'en trouver rassurés et, surtout, outillés. On ne peut pas modifier ce qu'on ne comprend pas, ce qu'on ne connaît pas.

Et puis, il n'y a pas de risque zéro. Il se peut malheureusement que certains parents attribuent certains comportements inacceptables de leur enfant à la normalité adoptive, et que cela les pousse à ne pas intervenir alors que l'enfant souffre au-delà de la normalité adoptive et aurait besoin de recevoir une aide spécialisée[7]. Toutefois, dans l'ignorance de la normalité adoptive, les parents ne risquent-ils pas de mettre d'autres comportements pourtant normaux dans le contexte sur le compte d'une pathologie plus grave, les empêchant là encore d'y apporter les soins adéquats?

---

7 Voir le chapitre 15, *Comment savoir si mon enfant est dans la normalité adoptive?*

Évidemment, certaines personnes particulièrement anxieuses voudront trop en faire dans le but de sauver l'enfant à tout prix. D'autres verront dans la normalité adoptive une permission de ne rien faire, puisque ces caractéristiques qu'ils observent chez leur enfant sont «normales», donc supposément immuables. C'est aussi possible que certains individus profitent de ces connaissances pour justifier leur propre incompétence. Ces connaissances ne constituent pas une permission de se laisser aller à la paresse ou un encouragement à rester passif, ni pour le parent, ni pour l'enfant lui-même, et encore moins pour le professionnel en charge de lui donner des soins.

En adoption, *si le parent adoptant n'est pas responsable des blessures préadoption de son enfant, il est toujours responsable de trouver les meilleures solutions possible pour les soigner*. Si l'enfant n'est absolument pas coupable de ce qui lui est arrivé, il peut toujours choisir, avec le soutien parental nécessaire, la façon dont il percevra dorénavant la réalité.

Un enfant adopté est avant tout un survivant! Son instinct de survie peut et doit lui donner la force et l'enthousiasme de poursuivre sa quête du bonheur. Ni lui-même, ni ses parents, ni la société ne doivent le considérer comme une victime faible et impuissante, incapable de mobiliser les ressources.

Dans les faits, le risque le plus fréquent n'est pas de profiter de la normalité adoptive pour ne rien faire. Nous observons plutôt l'excès contraire : des parents qui tombent dans le syndrome de réparation à tout prix.

Or, ce que l'on vise en adoptant l'approche de la normalité adoptive n'est pas la réparation parfaite. Le but est plutôt de se donner les meilleurs moyens possible pour accompagner l'enfant de la façon la plus efficace possible. Ces moyens devront être bien dosés, selon les capacités réelles de l'enfant. Nous voulons acquérir les moyens d'être heureux, pas d'être parfait.

SAVOIR
en bref

En bref

1. La normalité adoptive n'est pas une notion récente, mais jusqu'à présent, elle n'a pas été très largement diffusée.
2. Tous les enfants du monde sont uniques, et les enfants adoptés sont *plus* uniques encore, puisque leur vécu préadoption leur a donné certaines *options supplémentaires.*

3. Les caractéristiques de cette normalité adoptive prennent leur source dans les multiples traumatismes vécus par l'enfant pendant la période préadoption, dans les épreuves d'abandon ainsi que dans la malnutrition physiologique, sensorielle, affective, cognitive et sociale.
4. Tous les enfants adoptés présentent ces caractéristiques, de façon plus ou moins intense, dans les premiers mois après leur arrivée. Ces caractéristiques s'estompent ensuite avec le temps et grâce aux bons soins des parents, mais sans jamais disparaître complètement.
5. Ces caractéristiques ne se retrouvent pas uniquement chez les enfants adoptés. Les enfants ayant vécu des traumatismes et des malnutritions semblables dans leur famille d'origine grandiront avec les mêmes risques et développeront souvent les mêmes problématiques développementales et affectives.
6. Les caractéristiques de la normalité adoptive ne se retrouvent pas chez tous les enfants adoptés avec la même intensité. Certaines seront graves et permanentes, d'autres légères et très variables dans le temps.
7. Il y a un réel avantage à mieux connaître la normalité adoptive, car elle permet aux parents de ne pas inutilement s'inquiéter, de mieux comprendre et décoder les comportements « étranges » de leur enfant et ainsi de savoir plus rapidement comment agir pour atténuer le plus possible l'intensité de ces caractéristiques.
8. La gravité et la permanence des caractéristiques de la normalité adoptive dépendent en partie de l'âge de l'enfant au moment de l'adoption. Mais elles dépendent aussi et surtout de la nature du vécu préadoption, de la négligence ou des traumatismes vécus par l'enfant pendant cette période.
9. La normalité adoptive donne des tâches supplémentaires aux parents adoptants et ils doivent idéalement modifier certains aspects de la façon « traditionnelle » d'élever un enfant, pour s'adapter aux besoins particuliers des enfants adoptés.
10. Il est vrai que tous les enfants, même les enfants biologiques, peuvent présenter des problèmes hors normes. Cependant, 10 % des enfants non adoptés vont présenter des besoins plus spéciaux, contre 30 % des enfants adoptés.
11. La normalité adoptive n'est pas une fatalité sur laquelle ni les parents ni les enfants n'ont de prise. Bien au contraire, plus un parent se renseigne sur cette normalité et l'accepte, plus il deviendra efficace pour accompagner son enfant vers le meilleur développement possible.

12. Il peut toujours y avoir un effet pervers à expliquer la normalité adoptive. Un des risques est de conditionner négativement une minorité des parents adoptants, qui craindront de stigmatiser davantage les enfants. Dans de très rares cas, la normalité adoptive se transforme en excuse invoquée par les parents et les enfants eux-mêmes pour ne pas s'améliorer, pour éviter leurs propres responsabilités ou se présenter comme des victimes impuissantes à changer quoi que ce soit. Mais ce risque est minime en comparaison de tous les bienfaits que cette approche est susceptible d'apporter. Des parents informés ne peuvent faire que de meilleurs parents pour leur enfant.

Facteurs de risques **à éviter**	Facteurs de protection **à favoriser**
• Nier la réalité de la normalité adoptive.	• Se renseigner sur la normalité adoptive et la célébrer.

En savoir plus

Brodzinsky, David M., Marshall D. Schechter et Robin Marantz Henig. *Being Adopted: The Lifelong Search for Self*, New York, First Anchor Book Edition, 1993.

Kirk, David. *Shared Fate: A Theory of Adoption and Mental Health*, Saanishton (Canada), Ben-Simon Publications, 1988.

Lemay, Michel. *J'ai mal à ma mère*, Paris, Fleurus, 1979.

Lemieux, Johanne. « L'adopteparentalité : démystifier le rêve de l'adoption internationale pour mieux vivre la réalité », Montréal, *Revue Intervention*, n° 121, décembre 2004, p. 72-85.

Newton Verrier, Nancy. *L'Enfant adopté : comprendre la blessure primitive*, Bruxelles, De Bœck, 2004.

CHAPITRE 2

L'adopteparentalité : démystifier les mythes pour devenir tuteur de la résilience de l'enfant

Dans un livre sur la normalité adoptive des enfants, on ne peut pas passer sous silence la normalité adoptive des parents eux-mêmes. Les options supplémentaires des enfants adoptés donnent automatiquement des tâches supplémentaires aux parents qui les accueillent. Ce très beau défi est loin d'être insurmontable si on dispose des bonnes clés. Une de ces tâches consiste à très bien connaître nos forces et nos fragilités avant l'arrivée de l'enfant. Non pas que ces enfants aient besoin de parents parfaits, mais ils ont impérieusement besoin de parents solides sur qui ils pourront vraiment compter, et pendant longtemps. Après tout ce qu'ils ont traversé, ils méritent de vivre le reste de leur enfance dans une ambiance la plus simple et douce possible.

On exigera donc de vous des connaissances nouvelles, mieux adaptées aux besoins particuliers de l'enfant adopté. Les parents adoptants doivent aussi se montrer particulièrement conscients de l'importance d'avoir et de maintenir une bonne santé physique et mentale, non seulement au moment de l'arrivée de l'enfant, mais pour le reste de son développement. Il leur revient de prendre tous les moyens nécessaires pour adopter l'enfant en toute connaissance de cause. Ils doivent accepter d'être guidés vers une meilleure connaissance des facteurs de risques, puis conseillés dans l'application des meilleurs facteurs de protection possible.

Un des facteurs de protection qui vous permettra de devenir tuteur de la résilience de votre enfant consiste à bien connaître et bien maîtriser les principes de la normalité adoptive, et surtout d'y croire. Elle bouscule tellement les mentalités, en affirmant que l'enfant adopté est un enfant *différent*, que nombreux sont les parents qui la rejettent. Croire à la normalité adoptive ne provoquera pas l'émergence de ses caractéristiques chez l'enfant, pas plus que le fait de signer sa carte de donneur d'organes ne provoque notre mort. C'est en grande partie pour défaire les mythes nuisibles au sujet des enfants adoptés et les remplacer par des faits scientifiques que nous avons, Michelle Bernier et moi-même, développé l'approche de l'adopteparentalité, et fondé en 1996 le Bureau de consultation en adoption de Québec (BCAQ). Ce fut le sujet d'un des premiers articles du domaine à se voir publiés sur Internet[1] à l'époque.

Plusieurs mythes et croyances, véhiculés dans la culture populaire depuis des lunes, nuisent à l'acceptation de la normalité adoptive. Les parents sont souvent inconscients de certaines de ces croyances qui peuvent leur nuire dans leur rôle de parent. Le présent chapitre vise à souligner et démystifier quelques mythes portant sur la parentalité adoptive. Des mythes que les parents eux-mêmes entretiennent sur leur propre rôle, ou encore des mythes entretenus par leur entourage et qu'ils auront à combattre. Certains sont très connus, d'autres moins. Les parents ont été exposés à plusieurs d'entre eux bien avant de mettre en branle leur projet d'adoption, et ils auront maille à partir avec d'autres encore tout au long de la vie avec leur enfant. Comme tous les mythes, les croyances qu'ils propagent ont été déformées et représentent des facteurs de risques si on ne les soumet pas à l'épreuve des faits. Il faut donc bien connaître ces mythes pour pouvoir éventuellement devenir des acteurs de changement des mentalités. Pour devenir les meilleurs parents possible et protéger nos enfants le mieux possible.

SAVOIR

PREMIER MYTHE
Un bon parent adoptant n'a besoin d'aucune préparation, qualité spéciale ou connaissance particulière

Tranche de vie

Postulant à l'adoption : Un enfant, c'est un enfant. Un parent, c'est un parent. Point final. Ne me parlez pas de ces maudits spécialistes qui gagnent de l'argent en nous faisant croire qu'il y a des recettes infaillibles pour réussir à élever correctement un enfant, adopté ou non. Mes parents et mes grands-parents n'ont jamais lu de livre de pédagogie et je vais très bien, merci.

Évaluatrice : Je constate que vous n'aimez pas avoir à suivre des recettes. Très bien. Mais seriez-vous prêt à essayer de combiner certains ingrédients ?

1 C'est sur le site www.quebecadoption.net, créé par Gilles Breton, qu'ont été publiés les premiers textes portant sur le concept d'adopteparentalité.

Les parents d'enfants adoptés sont les premiers à admettre que pour adopter, il faut avoir des qualités particulières, même si eux-mêmes n'y croyaient pas vraiment avant l'arrivée de leur enfant. Ils ont à peu près tous vécu avec un sentiment d'injustice l'obligation d'être évalués et préparés. Les qualités dont ils ont besoin ne font pas des parents adoptants des gens supérieurs, mais simplement des gens qui ont la volonté et les capacités de développer un potentiel d'attachement hors du commun. Si les amateurs de sports extrêmes sont capables de se mesurer aux forces de la nature, c'est parce qu'ils acceptent avant tout de courir des risques. De la même manière, devenir parent par adoption, c'est accepter que le risque fasse partie intégrante de la vie. Or, pour courir des risques, vaut mieux être solide et bien équipé, surtout quand le bien-être et la vie d'un enfant sont en jeu.

Alors, comment savoir si l'on est prêt à élever un peu *différemment* un enfant par adoption ? N'adoptez surtout pas avant d'avoir fait vos devoirs ! Si vous restez campés dans vos croyances, si vous refusez de lire, de vous renseigner auprès de plusieurs sources fiables, d'entendre la parole des adoptés eux-mêmes, de vous imprégner de l'expérience de parents adoptants et de professionnels ayant aidé des centaines de familles adoptives, d'aller à des conférences et à des ateliers de formation, vous courez à la catastrophe. Une catastrophe évitable de surcroît, puisqu'avec les bons outils, on peut faire de petits miracles... et se doter d'une vie de famille stimulante et satisfaisante.

Un parent qui ne voudrait pas voir les besoins optionnels de son enfant par adoption ne pourrait pas devenir pour lui un tuteur de la résilience. Sans compassion pour le vécu antérieur à son adoption, il risquerait de victimiser son enfant et de mettre en péril la relation d'attachement, de tendresse et de confiance qui est en train de s'établir entre eux. Le professionnel et le parent qui le consulte pour mieux comprendre les émotions et le comportement difficile ont tous deux un grand défi. Ils doivent faire la part des choses entre ce qui appartient aux difficultés attendues d'un enfant modèle de base, ce qui appartient aux réactions normales d'un enfant qui vit ponctuellement des situations familiales ou sociales stressantes et ce qui appartient aux réactions spécifiques liées à l'état d'enfant adopté.

Les parents qui refusent de se renseigner au-delà de la simple procédure administrative de l'adoption sont souvent les premiers à se retrouver désemparés face aux difficultés éprouvées par l'enfant. Ils étaient pourtant loin d'avoir de mauvaises intentions. Au contraire, ils voulaient inconsciemment se protéger et protéger leur enfant de la souffrance. Ces parents arrivent en consultation complètement déroutés devant certaines émotions, attitudes ou difficultés scolaires de leur enfant par adoption. Ils essaient de décoder les problèmes et de les régler à l'aide de la boîte à outils généralement recommandée pour l'enfant moyen *modèle de base*. Ils tentent de mettre en pratique la panoplie de conseils provenant d'autres parents ou de livres de pédiatrie populaire, obtenant parfois certains résultats positifs, mais souvent des résultats catastrophiques. Rapidement, ils deviennent dépassés et développent un profond sentiment d'incompétence parentale.

Pourquoi plusieurs parents adoptants se disent-ils ouverts à en savoir plus tandis que d'autres refusent, même après avoir consulté un spécialiste ? Ils veulent pourtant sincèrement offrir tout ce qu'il y a de mieux à leur enfant tellement attendu, tellement désiré. Comment expliquer qu'avec toutes les sources de renseignements à leur disposition — quelques bons ouvrages maintenant publiés en français, Internet, diverses associations de parents, conférences, émissions de télévision —, certains attendent de vivre des situations très graves avant d'accepter de modifier leurs perceptions ? Une partie de la réponse réside sans doute dans un processus adaptatif humain nommé « la courbe de changement » ou « la courbe d'adaptation ».

MIEUX SE CONNAÎTRE : UNE CONDITION ESSENTIELLE POUR ACCEPTER LA NORMALITÉ ADOPTIVE

Lorsqu'on met en pratique l'approche de l'adopteparentalité, il faut accueillir chaque nouveau parent candidat à l'adoption avec compréhension et compassion, en se rappelant que nul ne peut savoir ce qu'il ne sait pas. Il faut comprendre qu'un nouveau candidat ne peut pas avoir déjà complété les quatre étapes de la courbe du changement dès l'instant où lui vient le désir d'adopter un enfant ! On ne peut pas commencer à traiter autrement l'information avant d'avoir reçu les bonnes informations. Chaque individu qui s'engage dans un nouveau projet d'adoption devra franchir les quatre étapes vers le changement. La courbe du changement s'applique à toutes les situations de la vie qui nous forcent à vivre un changement important : un deuil, une maladie, une perte d'emploi ou une rupture amoureuse, par exemple.

Les phases de la courbe du changement

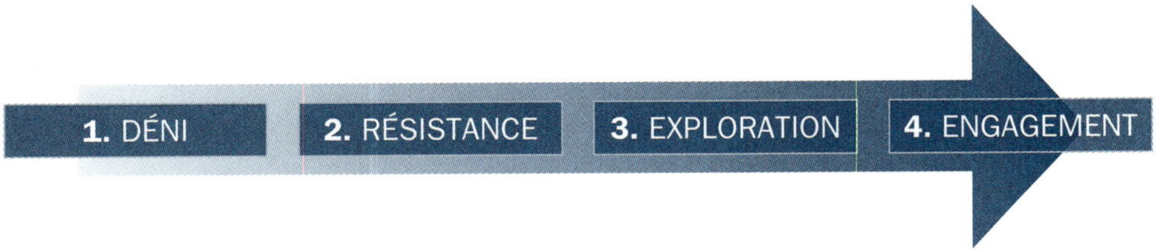

1. **Étape D** : Le déni ou le refus de ce qui arrive ;
2. **Étape R** : La résistance, avec arguments à l'appui ;
3. **Étape E** : L'exploration de la nouvelle réalité ;
4. **Étape En** : L'engagement dans le changement, avec la mise en place de stratégies pour mieux vivre la nouvelle situation.

CHER PARENT, À QUELLE ÉTAPE EN ÊTES-VOUS ?

En ouvrant ce livre, tous les lecteurs ne sont pas arrivés au même stade de cette courbe face à la réalité de l'adoption. Chacun a *son* histoire, *son* vécu. Mais chacun a également la capacité de réussir, en s'armant de patience. Il faut idéalement avoir fait un bon bout de chemin dans le processus de la courbe du changement avant l'arrivée de l'enfant. Ce travail est très exigeant émotivement. Il est fait de hauts, de bas, de tristesse, de peur et de colère. Il vise à répondre à nos propres besoins d'adulte, de manière à faire naître la partie «parent» de nous-mêmes. Ces besoins sont légitimes et utiles, certes, mais il vaut mieux avoir vécu toutes ces tempêtes avant le grand jour. Le parent s'en trouvera plus serein à l'arrivée de l'enfant, et pourra ainsi se consacrer entièrement à la tâche de l'accompagner tel qu'il est vraiment. La situation sera également plus rassurante pour l'enfant, qui pourra rapidement compter sur un parent disponible physiquement et émotivement. Afin que la lecture de ce livre vous profite au mieux, commençons par vous situer sur la courbe.

Étape 1 : D pour Déni

Avez-vous l'impression d'avoir été contraint de lire ce livre (par votre femme, votre fille, ou «pire», la psychologue chargée de faire votre évaluation psychosociale)? Vous ne croyez pas qu'on puisse apprendre à élever un enfant dans les livres et personne ne pourrait vous faire changer d'idée, surtout pas une simple travailleuse sociale!

Au lecteur D, bienvenue! Vous êtes tout à fait normal, car vous vous situez à la première étape du processus d'adaptation à toutes les nouvelles situations. Et puis n'oubliez pas, on ne peut pas savoir ce qu'on ne sait pas...

Soyez rassuré, ce livre ne cherchera pas à vous convaincre de quoi que ce soit. Ni à changer profondément votre façon de voir votre rôle de parent, présent ou futur. Si vous lisez ce livre pour faire plaisir à une personne que vous aimez ou estimez, c'est déjà une excellente raison de le faire; cela lui prouve à quel point vous tenez à elle. Si vous le lisez pour montrer à l'évaluatrice que vous tenez vraiment à votre projet d'adoption, c'est une très bonne raison. Une autre petite personne, qu'elle soit déjà dans votre vie ou sur le point d'y arriver, en profitera aussi...

Afin de vous faciliter la tâche, vous trouverez une synthèse pour chacune des parties de cet ouvrage. Cette synthèse s'intitule «Savoir en bref». Vous y trouverez les clés, les idées importantes à retenir. Ainsi, au lieu de demander à votre conjointe, par exemple, de vous faire un «petit résumé» (entendu mille fois en consultation!), vous pourrez lire une trentaine de pages au lieu de 500. Rien ne vous empêche ensuite d'aller plus loin si vous êtes curieux de savoir sur quels faits scientifiques s'appuient les grands principes exposés ici.

Étape 2 : R pour Résistance

Êtes-vous plongé dans la phase de résistance? Vous commencez à savoir des choses sur le sujet de la normalité adoptive, mais ces connaissances vous agacent, car elles bousculent vos anciennes croyances. Et vous en avez assez de tous ces *psys* qui veulent se mêler de votre vie. Cela vous pousse en dehors de votre zone de confort et ébranle les certitudes qui vous ont servi dans le passé. Vous êtes donc un lecteur intéressé, mais *très* critique, plutôt méfiant envers les «spécialistes». Vous cherchez toujours des arguments pour justifier votre résistance aux concepts ou suggestions exposés par les professionnels. Vous avez toujours un contre-exemple : « La cigarette ? Pas si dangereuse que ça ! Mon grand-père a fumé jusqu'à sa mort naturelle à 85 ans, sans aller une seule fois à l'hôpital ! »

Lecteur R : bienvenue ! Avoir un esprit critique est signe d'intelligence ! Vous en avez assez d'entendre parler des problèmes ? Vous avez raison ! Nous vous proposons, au contraire, des solutions. Vous croyez plus ou moins les affirmations avancées ici et vous doutez qu'elles s'appuient sur des sources sérieuses ? À la fin de chaque chapitre, vous trouverez une section bibliographique intitulée « En savoir plus » et « En savoir encore plus ». Vous y trouverez les références des différents concepts utilisés ici, mais également une liste d'ouvrages à lire et de sites Internet à visiter.

Étape 3 : E pour Exploration

Est parvenu à cette étape le lecteur curieux, nouvellement ouvert à faire une cueillette de données, ou encore celui que des informations apparemment contradictoires rendent un peu anxieux. Vous avez d'abord essayé d'appliquer les méthodes éducatives pour les enfants modèles de base. Certaines ont fonctionné, d'autres pas du tout !

Lecteur E : bienvenue ! Si vous êtes à l'étape de l'exploration, c'est que vous avez déjà progressé sur le chemin de l'adaptation au changement. Les étapes du déni de la différence et de la résistance à la différence sont désormais derrière vous. Vous voulez en savoir plus et réorganiser votre savoir. Vous êtes encore perplexe, prudent, souvent confus devant la trop grande quantité d'informations. Vous voulez recevoir des réponses à vos questions en ce qui concerne certains comportements de votre enfant. Vous voulez surtout qu'on vous fournisse des solutions concrètes à appliquer dans votre quotidien. Vous vous renseignez beaucoup et vous variez vos sources. Vous explorez les nouvelles possibilités. Excellent. Ce livre et la collection « Adopteparentalité » sont conçus pour vous donner beaucoup de nouvelles connaissances utiles et pratiques.

Étape 4 : EN pour Engagement

Vous êtes un lecteur qui en sait déjà beaucoup. Vous avez lu, suivi des cours, assisté à des conférences, échangé sur Internet, voire consulté des professionnels. Dans la courbe du changement et de l'adaptation, le déni, la résistance et les premiers pas d'exploration sont très loin derrière vous. Vous souhaitez le meilleur pour vous et votre enfant. Vous avez déjà appliqué des méthodes adaptées aux enfants par adoption et plusieurs ont bien fonctionné. Vous êtes impliqué, curieux et vous voulez vous tenir au courant.

Lecteur EN : bienvenue ! Ce livre n'aurait pas pu être écrit il y a à peine dix ans. Il a d'abord fallu être à l'affût de toutes les nouvelles découvertes, de toutes les nouvelles méthodes, de toutes les nouvelles façons de faire et de voir. Nous vous en transmettons ici la synthèse de manière qu'elle soit la plus utile possible.

[?] DEUXIÈME MYTHE

Tout ce dont un enfant abandonné a besoin, c'est de l'amour, car l'amour arrange tout!

Tranche de vie

Maman : Je ne comprends pas pourquoi ma petite dernière est une enfant si difficile. Pourtant, ma première, également adoptée en Chine, va bien. Je vous jure que j'essaie de l'aimer autant et de l'élever exactement de la même façon que la plus grande. J'avoue que c'est parfois difficile d'aimer une enfant qui n'est pas toujours aimable. Je trouve que je suis une bien mauvaise mère et j'ai peur qu'elle ne m'aime pas non plus. Comment puis-je l'aimer encore plus?

Thérapeute : Les enfants adoptés sont comme de petites fleurs. Certaines, très rares, sont à entretien plus facile, mais la majorité de ces fleurs transplantées sont à entretien sophistiqué! Vous en avez une de chaque sorte. Ce sont les hasards de la vie!

Maman : Pouvez-vous me transformer ma plante compliquée pour qu'elle devienne à entretien ordinaire?

Thérapeute : Non, mais je crois que vous venez vous-même de trouver le problème : vous pensez que c'est parce que vous ne l'aimez pas assez ou qu'elle ne vous aime pas assez qu'elle est si colérique, rebelle et déroutante. Eh bien, vous vous trompez. Céline Dion a beau le chanter dans toutes les langues: l'amour ne répare pas tout! La dernière chose dont votre fille a besoin, c'est d'une maman qui doute d'elle-même, une maman triste qui pense ne pas l'aimer assez. Ce dont elle a réellement besoin, c'est d'une maman solide, sécurisante, prévisible. Une maman qui fera son travail de «jardinière», qui lui donnera de l'engrais, de l'eau et de la protection solaire, sans attendre en retour de preuves immédiates d'amour.

Maman : Ouf! Ça serait pas mal moins fatigant!

Nous portons tous une part de cet idéal romantique selon lequel avec assez d'amour, de temps et d'efforts, nous parviendrons à effacer les blessures du passé de l'enfant et qu'il sera ainsi heureux pour toujours.

Nous raisonnons comme si l'enfant était un disque dur d'ordinateur que l'on pourrait reformater lorsqu'il arrive dans sa famille adoptive. L'amour, dit-on, effacera tout, compensera tout. Or l'amour n'efface rien, même s'il donne la force de poursuivre, lorsque l'enfant est résilient ou lorsqu'il a connu dans sa prime enfance un premier attachement heureux à une **figure d'attachement*** maternelle. La perpétuation du mythe de *l'amour qui sauve tout* peut avoir des conséquences assez graves, surtout dans les cas d'adoption d'enfants plus âgés qui présentent des carences physiques et affectives importantes. On pourrait comparer ces enfants à une maison bâtie sans fondations solides : les parents peuvent réussir à colmater les brèches, à ajouter des madriers pour la consolider, mais elle demeurera toujours fragile et très vulnérable aux tempêtes de la vie.

Le lien d'attachement est un lien de confiance, de sécurité, d'engagement et de permanence, bien avant de se transformer en ce qu'on appelle l'amour. Si on persiste à vouloir parler d'amour, on parlera d'**amour inconditionnel***, malgré l'absence de preuves d'amour de la part de l'enfant.

L'amour n'arrange pas tout, mais c'est l'amour inconditionnel du parent pour l'enfant qui va lui permettre de tout accepter et de persévérer. Par amour, le parent acceptera ses limites, il se résignera à consulter, il se réjouira de ses petites victoires, il comprendra que la vie, en mettant cet enfant sur son chemin, lui a fait un cadeau pour grandir comme être humain.

Dans leur volonté d'aider leur enfant, les parents oscillent souvent entre deux attitudes contradictoires. D'abord, celle de l'amour sauveur, une attitude intervenante, protectrice, affective. Ils savent que l'enfant nouvellement adopté a besoin de présence, d'une affection chaleureuse et rapprochée. Ensuite, ils s'aperçoivent que cet enfant a surtout besoin qu'on s'occupe de ses besoins de base, qu'on le surveille en permanence. Les parents doivent être là quand il se met en danger, ils savent qu'ils ne peuvent pas lui faire confiance et le laisser seul avant des mois, voire des années. Ils doivent lui dire non, le frustrer, le réprimander même avant d'être certains que le lien d'amour qui les unit soit perçu par l'enfant comme réel et bien solide.

L'enfant adopté doit être certain que ces deux adultes, ses nouveaux parents, aussi gentils et agréables soient-ils, vont d'abord et avant tout répondre à ses besoins fondamentaux, être vraiment disponibles en cas de détresse et qu'ils se montreront forts et solides en toutes circonstances. Un enfant blessé d'avoir *aimé* un parent biologique, une maman ou un papa d'accueil ou une **nounou*** ne laissera pas son cœur s'ouvrir si facilement une seconde fois. Comme le disait le docteur Michel Lemay lors d'une formation[2] à Québec en 2004 : « Couvrir l'enfant en blessure d'attachement de gestes d'amour, d'affection en espérant le guérir est aussi absurde que de vouloir soigner une crise de foie en gavant le malade de gâteau double chocolat. Il faut guérir ses blessures autrement avant de lui faire goûter les joies du gâteau au chocolat. »

À mesure que les années passent, les parents se reprochent souvent soit de ne pas être assez disponibles, de ne pas savoir aimer assez l'enfant, soit de trop l'étouffer de leur affection, de leurs exigences, de leurs remontrances ou simplement de leur présence. Et que dire de la culpabilité qu'ils ressentent quand leur entourage leur fait les mêmes reproches contradictoires ?

---

2 Formation sur l'attachement donnée par le docteur Michel Lemay au Château Bonne entente, à Québec, en avril 2004.

Il faut que les parents s'aperçoivent du décalage qui existe entre leur désir de donner de l'amour et d'en recevoir et les sensations désagréables de leur enfant. Autrement, ils risquent de faire fuir cet enfant qui se trouve dans une angoisse d'étouffement.

Pour réussir une adoption, il est crucial de trouver le juste équilibre entre la dose de nourriture affective et la force de l'encadrement de la structure d'autorité parentale. Certes, les parents doivent être présents, mais sans pour autant étouffer l'enfant avec leur propre demande affective. C'est souvent une des premières raisons de consultation en postadoption.

[?] TROISIÈME MYTHE
Si c'est le destin, l'attachement mutuel sera automatique

Tranche de vie

Bangkok, 1994

Encore dans le décalage horaire, nous sommes arrivés à l'orphelinat après 2 heures de trafic dans un Bangkok où il faisait 42 degrés Celsius et 100 % d'humidité. Nous avions eu l'idée (géniale) d'emmener notre première fille, âgée de 2 ans et demi. Elle était totalement affolée, irritable, elle pleurait lorsque venait le temps de dormir ou de manger et s'accrochait constamment à ma jupe.

Quand la nounou en pleurs m'a mis l'enfant dans les bras, j'ai eu un choc. Il n'avait plus de cheveux comme sur la photo de la proposition. Des sécrétions vertes lui coulaient des yeux, du nez, et se collaient à la poudre blanche dont on l'avait saupoudré sans doute pour qu'il sente bon sous cette chaleur. Pas de veine, lorsque je l'ai pris dans mes bras, sa couche s'est vidée d'une diarrhée chaude et nauséabonde, car il faisait une bronchite et de la fièvre. Son petit corps moite et trop chaud se débattait et il hurlait en tendant les bras vers la nounou qui essayait de cacher sa peine derrière un buisson.

Je me suis sentie soudain si étourdie que je me suis laissée glisser le long d'un arbre pour m'asseoir. Je regardais fixement ce petit être inconnu qui refusait de prendre le biberon que la directrice m'avait donné pour essayer de le calmer. Rien ne m'avait préparée à ce moment. Surtout pas notre première adoption, où j'étais littéralement tombée amoureuse de ma fille au premier coup d'œil. La réaction de pure détresse du petit *Inthorn Frapatanchai* me déroutait. Et ma propre réaction, totalement égocentrique et irrationnelle, me prenait de court également.

Un instinct de fuite s'était en effet emparé de moi. En portant peu d'attention aux vagues mots d'encouragement de la directrice et de la travailleuse sociale, qui répétaient en boucle « *Beautiful baby, beautiful baby* », et à mon conjoint qui essayait de vivre le moment présent tout en surveillant notre fille qui, avec ses cheveux blonds bouclés et ses yeux bleus, était devenue l'attraction des enfants et de tout le personnel de l'orphelinat, je me suis surprise à regarder les hauts murs de ciment sécurisés contre le vol par des tessons de bouteilles et à penser que je ne pourrais pas me sauver sans gravement me blesser.

Mais dans quel pétrin m'étais-je mise ? Cette adoption était la pire décision de ma vie. Cet enfant se sentait kidnappé. Je n'avais pas le droit de l'arracher à sa seule maman, sa nounou ; il m'en voudrait toute sa vie. Il était laid, ainsi, sans cheveux et avec cette poudre qui lui donnait un air fantomatique. Il était malade, il ne sentait pas bon, il ne voulait rien savoir de moi, la dame blonde qui parlait bizarrement. Ses yeux exprimaient de la pure terreur. Il faisait tellement pitié à voir, ce tout-petit qui n'avait pas choisi d'être là. Ce moment était l'antithèse du moment magique dont j'avais si longtemps rêvé.

Je vivais un cauchemar que je devais cependant cacher devant le regard admiratif de la directrice. Je me raccrochais au fait que ce n'était qu'une première visite, que j'aurais le temps le soir même de convaincre mon conjoint de laisser tomber le projet.

De façon totalement imprévue, mon conjoint est venu m'informer que nous pouvions emmener l'enfant immédiatement et qu'il avait fait appeler un taxi. Pendant les deux heures du retour à l'hôtel, puis tout le reste de la journée et de la première nuit, cet enfant en état de choc est resté endormi, pendant que j'étais pour ma part incapable de fermer l'œil en les regardant dormir, lui, mon conjoint et ma fille. Que venait-il de nous arriver à tous ?

Québec, 2012

Même maman, même enfant 18 ans plus tard.

Lorsque j'embrasse mon fils — ou plutôt quand lui me prend dans ses bras, puisqu'il est désormais plus grand que moi —, j'ai des frissons de peur et une certaine honte en repensant à notre première rencontre. Quelle ignorance, quelle naïveté et, osons le dire, quelle stupidité ont failli me faire renoncer à cet enfant merveilleux ! Il est celui de mes trois enfants avec qui j'ai le plus d'affinités et un attachement aussi profond qu'avec ses sœurs. Un attachement d'autant plus précieux qu'il n'a été automatique ni pour moi, ni — c'est le moins qu'on puisse dire — pour lui.

> Cela fait quelques années que je lui raconte l'histoire de notre première rencontre. Je lui dis également que c'est un peu grâce à lui que je suis devenue spécialiste en adoption. Pour que sa peine et la mienne n'aient pas été inutiles, pour qu'elles servent à adoucir le sort des enfants et de leurs tout nouveaux parents.
>
> *Johanne*

Que de situations inutilement désastreuses en adoption auraient pu être évitées si ce mythe de l'attachement spontané n'existait pas ! Une meilleure connaissance des mécanismes d'attachement, qui sont différents pour l'enfant et pour le parent, est primordiale. Ces mécanismes particuliers font partie intégrante de la normalité adoptive et doivent être vus comme tels, à la lumière de milliers d'expériences semblables à celle dont on vient de lire l'histoire.

L'attachement mutuel ne sera jamais instantané. Il prend toujours du temps à s'installer, que ce soit quelques jours, des semaines ou plusieurs mois. Il dépend de trois facteurs qui interviennent simultanément.

Facteurs du côté des parents

Ce mythe de l'attachement spontané vient sans doute de l'époque où les parents québécois qui désiraient adopter étaient invités à visiter les dortoirs d'orphelinats pour se choisir un enfant. On leur disait : « Celui qui vous tendra les bras, c'est le vôtre ! » Ce mythe prend aussi sa source dans un autre mythe : celui qui prétend qu'une mère ressent automatiquement de l'amour pour le nouveau-né qu'elle vient de mettre au monde.

L'expérience nous démontre que chaque cas est unique et se vit de façon unique. Les sentiments positifs ou négatifs ressentis intensément lors du premier contact ne garantissent ni le succès, ni l'échec de l'attachement et de l'amour. Une adoption, comme une naissance, c'est la rencontre de deux êtres totalement différents qui ne se connaissent pas encore. Ils ont désespérément besoin l'un de l'autre, mais tout dans leur relation reste à bâtir. À l'instar de l'amour entre deux adultes, l'**attachement du parent envers son enfant*** (en anglais on parle de ***bonding****) peut survenir sous la forme d'un coup de foudre ou se construire très lentement, mais tout aussi solidement.

Chaque adulte porte en lui une histoire d'attachement qui lui a donné un programme relationnel plus ou moins sécurisé. Un adulte ayant un **style d'attachement sécurisé*** deviendra un parent adoptant avec un atout dans son jeu. Un adulte possédant un style plus insécurisé[3] aura de moins bonnes cartes pour réunir les conditions nécessaire au **fondement du lien d'attachement***.

3 La description précise des différents styles d'attachement des parents sera donnée dans *L'Adoption : les conditions gagnantes d'un attachement sain de 6 à 18 ans*, à paraître dans la même collection.

Dans les premiers jours ou les premières semaines après l'arrivée de l'enfant par adoption, plusieurs parents vivent une profonde *déception* par rapport à l'enfant qui leur a été confié. Certains garderont en eux ce secret toxique pendant des années. De l'enfant rêvé à l'enfant réel, il y a parfois un monde inavouable, avec des conséquences sur le lien d'attachement.

Facteurs du côté de l'enfant

L'attachement mutuel instantané n'existe jamais du côté de l'enfant. Malheureusement, dans les faits, les parents adoptants refusent souvent de se l'avouer, car cela briserait leur rêve du moment magique. Les récits racontant la rencontre d'enfants souriants, calmes et qui ne réagissent pas du tout lorsqu'on les sépare de leurs anciens donneurs de soins peuvent avoir l'air idéaux. Toutefois, une fois que l'on connaît la réalité de la normalité adoptive, ces récits laissent plutôt supposer que ces enfants n'avaient pas tissé de liens d'attachement avec ces donneurs de soins. Pour ce genre d'enfant, le parent adoptant devient simplement une autre nounou. Une parmi tant d'autres. Ni plus ni moins importante, du moment qu'il lui donne à manger.

L'attachement est un processus organique, émotif, mystérieux, lent et souvent difficile. Il y a un écart immense entre, d'une part, tout l'amour et le rêve que les parents adoptants investissent dans ce premier moment, qui devrait être *magique*, et d'autre part, le choc de totale impuissance, de déracinement pour l'enfant qui ne comprend strictement rien à ce qui lui arrive. Tout ce que l'enfant sait et sent c'est que sa réalité, même triste et difficile, vient de disparaître, comme si on avait tiré le tapis sous ses pieds ou comme s'il s'était trouvé à bord d'un bateau qui vient de couler.

Quand le bateau coule, qu'est-ce qu'on fait ? On s'accroche désespérément à la première bouée de sauvetage qui passe. Si la bouée est la nouvelle maman ou bien le nouveau papa, il ne faut pas être naïf et y voir un message caché d'amour instantané pour le parent « élu » et de rejet pour l'autre ; l'enfant ne fait que tenter de survivre. Les parents adoptants, dans leur désir de vivre cette relation intime et merveilleuse tellement espérée pendant tant d'années, font des interprétations erronées et projettent dans les comportements de l'enfant ce qu'ils souhaitent tant y discerner, c'est-à-dire l'amour instantané, ou encore ce qu'ils craignent le plus, c'est-à-dire le rejet instantané.

Mettons-nous dans la peau de ce petit bout de chou. Il ne nous connaît pas encore, ne sait pas ce qui lui arrive, ne comprend pas encore qu'il est maintenant avec un papa et une maman, et ce, pour toujours. Il ne fait qu'essayer de survivre le mieux possible. Il faut prendre le temps de l'apprivoiser avant d'espérer qu'il nous considère comme vraiment spéciaux et uniques au monde.

Facteurs attribuables à des causes extérieures

Lorsqu'on constate des **défis d'attachement*** et des **troubles de l'attachement*** en parentalité biologique ou adoptive, plusieurs personnes en viennent rapidement à la conclusion que les principaux responsables en sont les parents. Or, si le parent a un réel pouvoir de mettre en place des facteurs favorisant l'attachement, il ne faut pas perdre de vue que personne ne peut tout contrôler.

Certains facteurs totalement extérieurs à l'enfant ou au parent sont susceptibles de nuire à la création du lien d'attachement. Le décès d'un des parents juste avant le départ pour le voyage d'adoption, une catastrophe naturelle dans le pays d'origine de l'enfant, la maladie d'un de ses parents biologiques, le sabotage affectif par un autre membre de la famille élargie pendant le voyage ou à l'arrivée, ou le manque de ressources médicales ou psychosociales pendant le séjour ne sont que quelques exemples de ces facteurs. Tous ces éléments peuvent fragiliser l'amorce de la relation adoptive et teinter négativement le reste du cheminement. Par contre, ces éléments ne présagent pas nécessairement l'échec de la création ultérieure d'un réel lien d'attachement, tout comme un véritable coup de foudre du côté du parent ne garantit pas que le reste du processus d'attachement mutuel sera nécessairement facile.

[?] QUATRIÈME MYTHE
Un enfant adopté est un enfant exactement comme les autres

Tranche de vie

Durant la période de questions, après une conférence intitulée «Les conditions gagnantes d'un attachement sain en adoption», Belgique, 2006.

Maman : Madame Lemieux, j'ai une question : ma fille de trois ans, qui est arrivée d'Haïti il y a deux semaines, n'est jamais satisfaite de rien. Elle s'accroche, pleurniche, ne dort pas, fait des crises de colère, veut que je la prenne et aussitôt dans mes bras veut retourner à terre. Ma belle-maman, qui a élevé sept enfants, me dit que ce sont seulement des caprices d'une enfant trop gâtée. Selon elle, mon mari et moi devrions être fermes, et même la punir, car elle a tout de même trois ans. Ce n'est plus un bébé.

Je ne sais trop quoi penser. Il y a quelque chose qui me dit que ce n'est pas ça. Ma fille n'a pas été trop gâtée, je le sens, mais je suis si impuissante à bien comprendre ce qui se passe. Je ne sais plus quoi faire. Je suis désemparée.

Thérapeute : Je ne connais pas votre belle-maman qui doit, j'en suis certaine, s'y connaître très bien en ce qui concerne l'éducation d'enfants biologiques, ceux qui sont des modèles de base. Je ne peux pas non plus en cinq minutes vous donner une formation sur la normalité adoptive et vous fournir tous mes outils de l'approche de l'adopteparentalité. Je ne vous connais pas, ni vous, ni votre fille, mais je suis certaine de trois choses :

1. Si votre fille agit ainsi, ce n'est pas parce qu'elle a été gâtée. Au contraire. Votre fille a manqué de tout et elle est actuellement terrorisée. Son comportement montre qu'elle est en choc, qu'elle a peur. Peur que vous, ses nouveaux parents, soyez comme les autres adultes qui n'ont pas su ou pu répondre à ses besoins légitimes. Elle ne vous quitte pas des yeux, elle a peur que vous la laissiez, et ce, même si elle ne vous fait pas encore confiance et qu'elle ne peut pas encore vous aimer comme elle vous aimera dans un an.

2. Votre petite voix intérieure, celle qui vous dit que ce ne sont pas des caprices, a raison. Aussi déchirée que vous soyez entre cette petite voix, le discours de votre belle-maman et votre fille tant désirée qui vous déroute, écoutez cette petite voix. Elle est faible et hésitante pour l'instant. C'est normal. Tant et aussi longtemps que vous et votre fille n'aurez pas tissé doucement un lien d'attachement solide, ni vous ni elle ne serez certaines de bien saisir les messages qui passent entre vous deux. L'attachement n'est pas de l'amour, c'est un lien de confiance, de sécurité, qui permet à l'enfant de se sentir compris et important et qui permet au parent de se sentir compétent et adéquat. L'attachement n'est pas automatique, surtout pas lors de l'adoption d'une enfant « âgée ».

3. Même si vous vous sentez très incompétente pour l'instant, même si vous songez peut-être que vous n'étiez pas faite pour être maman puisque vous n'y comprenez rien, vous être NORMALE. Bienvenue sur la planète Adoption. Vous serez une bonne maman. Vous le démontrez déjà en venant vous renseigner. Je vous trouve très courageuse d'assister à cette conférence et d'y partager votre vécu. Vous avancez sur la bonne voie, soyez indulgente envers vous-même. Et demandez à votre belle-maman d'être indulgente envers vous et envers son fils. Après tout, de quoi avait-elle l'air, il y a 35 ans, deux semaines après avoir accouché de son premier enfant ?

Si une minorité de parents adoptants nient encore l'existence des besoins particuliers des enfants adoptés, la majorité cherche au contraire à bien s'informer, comme la maman dans l'histoire rapportée ci-dessus. Mais comme elle, beaucoup se heurteront également à la méconnaissance de la normalité adoptive dans leur famille élargie ou dans leur entourage.

C'est un des problèmes les plus négatifs et les plus difficiles à vivre au quotidien pour les parents adoptants. Et pourtant, malgré une bonne volonté évidente, l'entourage adopte souvent des comportements qui nuisent grandement au bien-être de l'enfant et de sa famille adoptive. Tous souhaitent faire partie de la vie de cet enfant, et ils souhaitent sincèrement aider les nouveaux parents. Or, leur seul modèle de référence est l'arrivée d'un enfant biologique. Par ignorance, ils peuvent empirer le problème plutôt que de faire partie de la solution. Ils démontrent souvent une tendance à banaliser les caractéristiques de la normalité adoptive que les parents essaient de leur expliquer. « Tous les enfants peuvent mal dormir ! Tous les enfants sont parfois inquiets ou font des crises ! Tous les enfants peuvent rejeter leurs parents ! Pourquoi je ne peux pas le garder dès maintenant[4] ? »

Banaliser la différence est en fait une façon maladroite, pour les proches, de dire aux parents qu'ils ne veulent pas avoir une attitude discriminatoire envers cet enfant à cause de ses origines. Il ne faut pas oublier que dans l'inconscient collectif, les fantômes d'un passé pas si lointain rôdent toujours. Un passé où les enfants adoptés n'étaient pas traités légalement et socialement de la même façon que les enfants biologiques et légitimes.

Encore là, on ne peut pas savoir ce qu'on ne sait pas et quand on sait mieux, on fait mieux. La famille élargie et l'entourage ont aussi besoin qu'on leur explique certains facteurs de risques de la normalité adoptive. Ensuite, on pourra les encourager à faire partie des solutions. Toutefois, il ne faut pas leur donner simplement une liste des interdits ; une liste de facteurs de protection à appliquer immédiatement ou un peu plus tard leur paraîtra beaucoup plus utile. Ainsi, nous vous conseillons d'utiliser le présent ouvrage pour sensibiliser l'entourage. De plus, dans le deuxième ouvrage de la collection, nous vous proposerons des outils concrets, dont des lettres écrites symboliquement par l'enfant lui-même, qui ont justement pour objectif d'outiller les proches pour les aider à devenir des acteurs utiles et appréciés dans le développement de l'enfant. Pour les aider à devenir des facteurs de protection plutôt que des facteurs de risques.

[?] CINQUIÈME MYTHE
Avec de la volonté, on peut tout réparer, tout effacer du vécu préadoption

Tranche de vie

Entendu fréquemment au Bureau de consultation en adoption de Québec (BCAQ)

« Vous savez, je m'attendais à travailler très fort la première année pour mettre notre fille à niveau, en quelque sorte. Je savais qu'elle aurait des blessures invisibles, des retards de développement, une santé probablement fragile. J'étais prête, motivée, pleine d'énergie et de bonne volonté. Mon mari et moi, on a mis le paquet dès qu'elle est arrivée dans nos bras. Nous avons fait de l'ergothérapie, de la physiothérapie, puis de l'orthophonie. Nous avons aussi participé à des ateliers de groupe pour favoriser l'attachement et appliqué à la lettre tous les conseils du pédiatre qui nous suivait. Eh oui, nous avons vu la fabuleuse récupération. Nous étions fiers d'elle et fiers de nous, malgré la fatigue !

4 Voir la fiche pédagogique Adopteparentalité N° 19 : *La lettre aux futurs grands-parents*, à la fin du chapitre 7.

Mais maintenant, 10 ans après son arrivée, nous avons la langue à terre. C'est que nous ne rajeunissons pas non plus ! Ne vous méprenez pas : nous adorons notre fille, mais *maudit qu'elle est de l'ouvrage* ! Dès que nous nous écartons de la routine, que nous relâchons l'encadrement, que nous sommes plus stressés, fatigués, elle régresse, devient encore plus exigeante, accaparante. Ses notes et son comportement s'en ressentent à l'école.

Chaque fois, nous nous disons : « Bon, là, elle doit être assez mature pour faire cela toute seule » ou encore : « Elle peut bien rester une heure toute seule et faire ses devoirs sans supervision ». Eh bien, non. Nous constatons des résultats désolants, qui nous demandent ensuite trois fois plus d'énergie pour les corriger.

Pourquoi régresse-t-elle ainsi ? Est-ce normal ? Avons-nous oublié quelque chose ? Est-ce notre faute ? Y a-t-il d'autres moyens à prendre pour qu'elle récupère totalement ses retards ? Pouvons-nous espérer qu'elle devienne vraiment normale un jour ? »

Ces parents, qui ne veulent tellement pas que leur enfant soit différent ou qu'il souffre, poussent exagérément la machine : exigences scolaires énormes, cours particuliers tous les soirs, séances de réadaptation et de thérapies de toutes sortes pendant des années. Ils se donnent, en réalité, un mandat impossible. Ce faisant, ils donnent aussi à leur enfant un mandat impossible : celui de ne plus souffrir du passé, de ne pas décevoir, de répondre parfaitement aux attentes de leurs parents, qui souhaitent opérer une réparation totale. L'enfant craint donc de ne pas être assez bien s'il est simplement lui-même.

Certes, l'apprivoisement demande presque toujours beaucoup de temps, mais en plus, les parents adoptifs ressentent souvent la culpabilité, très irrationnelle, de ne pas avoir été là pour leur enfant avant l'adoption. Plus l'attachement mutuel se concrétise, plus ils constatent les petites insécurités, les problèmes de santé, les retards causés par le manque de stimulations, et plus ils se disent : « Ce serait différent si nous avions été présents depuis sa naissance et même avant. » Cette culpabilité est particulièrement intense chez les parents ayant adopté des enfants déjà âgés, car leur absence a été plus longue. Sur le plan rationnel, les parents veulent être réalistes, ils veulent aider sans mettre de pression, ne pas avoir trop d'attentes. Mais sur le plan émotif, plusieurs parents ressentent un profond sentiment d'échec, d'impuissance ou de frustration devant tous les efforts que l'enfant doit fournir pour rattraper le temps perdu. Ils font tout pour essayer de l'amener au niveau de développement qui serait le sien s'il avait été avec eux depuis sa naissance. Alors l'enfant risque de se révolter, de faire exactement le contraire de ce qu'on lui demande et même de régresser, car la pression est trop forte et il ne peut pas répondre aux attentes.

Plusieurs parents demandent tout de même s'il y a des moyens *extraordinaires* qu'il peut prendre en postadoption pour effacer totalement ces caractéristiques et transformer leur enfant en enfant modèle de base.

Quand on choisit d'adopter un enfant, on ne doit pas avoir l'ambition secrète de le transformer en modèle de base. Ce n'est pas un plan B pour avoir un enfant « biologique ». « Je le veux exactement comme si je l'avais fabriqué. »

Choisir d'adopter doit être un nouveau plan A : « Je fais le deuil d'un enfant biologique *modèle de base* que je souhaitais bien entendu en excellente santé. Faire ce deuil est loin d'être facile, mais je choisis une autre façon de fonder une famille. Une façon différente, merveilleuse, pleine de nouveaux défis pour moi. Je choisis d'accueillir un enfant qui aura sa propre normalité. Cette normalité ne doit pas être pour moi un défaut, une tare, un pis-aller. Je choisis totalement l'enfant tel qu'il sera, même si j'aurai ensuite la responsabilité de faire en sorte qu'il soit dans la meilleure santé possible et le plus heureux possible. J'embrasse cette nouvelle aventure. »

[?] SIXIÈME MYTHE
L'avantage de l'adoption, c'est que les deux parents sont égaux

Tranche de vie

Entendu lors d'une évaluation psychosociale préadoption

Futur papa : Vous savez, ma femme et moi, quand on a décidé d'adopter, on s'est dit que l'adoption présentait au moins un gros avantage par rapport à une naissance naturelle. Au moins, elle et moi serions égaux pour commencer l'attachement. Si elle avait eu une grossesse et qu'elle avait allaité, je me serais sûrement senti un peu à part, en attente de jouer mon rôle de parent.

Plusieurs de mes amis qui ont eu des enfants biologiques m'ont raconté leur frustration de voir le bébé réclamer uniquement sa mère pendant les premiers mois. Alors, avec un enfant adopté qui de surcroît va arriver vers l'âge de 12-13 mois, ce sera vraiment chouette pour moi. On a même décidé que je prendrais la première partie du congé, n'est-ce pas, chérie ?

Future maman : Oui, je suis bien entendu très heureuse pour lui…

Il existe un mythe peu connu et trop rarement discuté en adoption, selon lequel, en effet, les deux parents se trouveraient à égalité sur la ligne de départ dans le processus d'attachement. Par comparaison, dans la traditionnelle parentalité biologique, les femmes auraient une longueur d'avance sur leur conjoint, une sorte d'avantage qui leur viendrait de la grossesse et de l'allaitement. En adoption, les pères se réjouissent souvent de cette supposée égalité, tandis que les mères se montrent généralement moins enthousiastes, sans vraiment savoir pourquoi.

Ce mythe risque de produire plusieurs ravages dans le processus d'attachement, mais aussi dans la cohésion de l'équipe parentale. En fait, on aimerait y croire pour trouver un avantage à cette forme de parentalité et pour vivre cette aventure comme une équipe soudée et efficace. Bien sûr, les parents pourront former une équipe efficace et soudée, mais surtout pas en croyant à ce mythe !

PÈRE BIOLOGIQUE OU PÈRE ADOPTIF : UNE SITUATION ASSEZ SEMBLABLE

La paternité est un acte de foi, disaient les anciens. Dans les faits, comme le papa n'a pas porté l'enfant pendant neuf mois, il a très peu de contact sensoriel avec lui avant de le prendre dans ses bras pour la première fois dans la salle d'accouchement. Il doit alors *adopter* ce bébé : l'accueillir, le reconnaître comme le sien. Tomber amoureux de ce petit être vulnérable qu'il choisit de protéger.

Ainsi, un père biologique et un père adoptif connaissent une expérience d'attachement assez semblable, alors qu'il y a un fossé beaucoup plus profond entre l'expérience d'attachement d'une mère biologique et celle d'une mère adoptive, surtout quand le bébé adopté arrive à plus de six mois.

Au départ, le père biologique comme le père adoptif n'ont pas à faire le deuil de la grossesse, de l'accouchement et de l'allaitement. Le second, par contre, s'attristera que la vie prive sa conjointe d'une expérience typiquement féminine. Il aura de plus à faire le deuil d'un enfant qui lui ressemble, issu de ses gènes et qui arriverait tout petit, tout fragile.

Pour la majorité des pères du monde, la période où leur bébé est un tout petit nourrisson n'est pas nécessairement leur période préférée. En tout cas, pas autant que les mères en général. Pourquoi ? Parce que leur instinct d'attachement ne réside pas dans ce moment de symbiose pendant lequel se forge le « camp de base » sécurisant. Comme le remarque le chercheur québécois Daniel Paquette : « En attachement, chacun des sexes est pourvu de qualités différentes et complémentaires[5]. »

Dans le couple parental, c'est le plus souvent la mère qui constitue le refuge, le camp de base, alors que le père joue le rôle de courtier en exploration de l'univers. Autrement dit, sa mission d'attachement consiste à aider l'enfant à quitter doucement le camp de base pour lui apprendre comment survivre à l'extérieur. Le papa mène l'enfant à se sentir compétent pour découvrir, explorer, dépasser ses peurs et acquérir des compétences de survie face aux dangers possibles. Il motive l'enfant à profiter des merveilles du monde extérieur.

Combien de fois avez-vous entendu un père s'exclamer : « Mon Dieu que j'ai hâte qu'il marche et qu'il parle ! » Et contrairement à ce que beaucoup de femmes pensent, cette impatience ne cache pas seulement le désir de ne plus changer des couches !

---

5 Daniel Paquette. « La relation père-enfant et l'ouverture au monde », *Enfance*, vol. 56, n° 2, février 2004, p. 205-225.

Elle exprime quelque chose de beaucoup plus profond. Le papa a besoin de se sentir aussi compétent que la maman en utilisant une caractéristique de son état de parent mâle : il souhaite que son enfant apprenne à naviguer dans le monde extérieur avec joie et assurance. Il veut transmettre à l'enfant les connaissances qui lui seront utiles pour se débrouiller et bien doser les risques. C'est le père qui va aider l'enfant à dépasser ses peurs en le poussant toujours un peu plus loin, tout en le protégeant pendant qu'il apprend.

Comme les enfants par adoption arrivent rarement à moins de six mois, le papa peut en général se sentir tout de suite compétent (même si beaucoup d'enfants ont des retards de développement). Il peut dès son arrivée commencer à faire bouger l'enfant, et jouer physiquement avec lui.

Donc, non seulement les pères adoptifs perdent peu par rapport aux pères biologiques, mais ils ont même un avantage. Contrairement au nourrisson, l'enfant adopté déjà mobile va répondre plus rapidement aux compétences de son nouveau papa.

On doit ajouter à cela que la plupart des enfants par adoption ont été physiquement séparés de plusieurs femmes qui étaient chargées de leur prodiguer des soins. Ils ont malheureusement intégré l'idée que les femmes peuvent disparaître encore. Le papa arrive donc dans la vie de l'enfant sans trop susciter cette peur sensorielle d'être abandonné de nouveau. Il offre tout de suite à l'enfant une sorte de jouet interactif qui le sort de ses préoccupations.

Le papa adoptif se retrouve donc à appliquer, involontairement, deux facteurs de protection plutôt qu'un seul pour le papa biologique.

MÈRE BIOLOGIQUE OU MÈRE ADOPTIVE : UN MONDE DE DIFFÉRENCE

Dans ce contexte, qu'en est-il de la différence entre la mère biologique et la mère adoptive ? Si la maternité biologique ne constitue aucunement la garantie d'un attachement mutuel sain et fort, plusieurs réalités biologiques le favorisent toutefois ; ce sont des facteurs de protection pour créer un attachement sain.

- Pendant la grossesse, la maman commence déjà à créer un attachement sensoriel avec son bébé. Elle le sent physiquement grandir, bouger, réagir.
- Le corps maternel sécrète très tôt de l'ocytocine, une **hormone*** qui facilite l'accouchement, l'allaitement et aussi le sentiment d'attachement envers l'enfant. Cette hormone favorise (mais ne garantit pas !) l'instinct de protection maternel, l'instinct qui nous pousse à donner des soins à un être plus vulnérable et fragile que soi.
- Au moment où l'on coupe le cordon ombilical, le bébé pleure de détresse pour attirer l'attention d'un premier **donneur de soins***. Mais il ne veut pas que n'importe qui réponde à son appel. Il s'attend à se retrouver dans une enveloppe sensorielle connue : le corps de celle qui l'a porté. Ainsi, quand la maman biologique colle le bébé nu sur sa poitrine, il reconnaît son odeur, sa chaleur, son goût et sa voix. Cela le calme, abaisse son taux d'hormones de stress et le rend disponible pour commencer à tisser un lien d'attachement virtuel qui remplacera le cordon ombilical.

- La maman biologique a la possibilité d'allaiter son enfant pendant plusieurs mois. Cette compétence exclusive aux mammifères femelles constitue pour la mère et l'enfant un moment très puissant pour l'attachement mutuel.

Les mères adoptives sont privées de ces quatre outils biologiques. Si on la banalise, cette situation est susceptible de devenir un facteur de risque, mais elle est loin d'être insurmontable. La preuve en est que la plupart des mamans qui sont à la fois mères adoptives et biologiques témoignent qu'une fois le lien d'attachement établi, elles ne ressentent aucune différence entre l'amour et l'engagement affectif qu'elles ont pour tous leurs enfants. Elles précisent cependant que la création initiale de ce lien s'est produite différemment dans le cas des enfants adoptés.

Nous tenons à préciser que cette réalité demeure vraie même quand la maman adoptive a complété son deuil de la maternité biologique. Une personne amputée d'une jambe peut parfaitement avoir fait le deuil de son ancien corps, mais quand même faire face quotidiennement aux défis de ce handicap. Ce n'est donc pas uniquement par tristesse ou par regret qu'une maman adoptive aura des défis supplémentaires à relever dans l'établissement d'un lien fort avec son enfant par adoption.

RÉPARER CE QUE D'AUTRES FEMMES ONT « CASSÉ »

À tous ces facteurs de risques qui rendent le couple parental inégal sur la ligne de départ de l'attachement, il faut ajouter le vécu préadoption du bébé, et particulièrement ses liens avec différentes femmes. En effet, sauf rares exceptions, les enfants adoptés ont été séparés successivement de plusieurs femmes : mère biologique, membres de la famille élargie, nourrices en orphelinat, mamans d'accueil, infirmières, bénévoles. Leur mémoire a enregistré ces disparitions soudaines, imprévues et douloureuses. L'arrivée d'une troisième ou d'une sixième maman est pour eux l'éternelle répétition d'un même scénario, comme dans le film *Le jour de la marmotte*[6] : « Une nouvelle maman arrive, j'essaie de m'attacher et de lui faire confiance et hop !... À la fin de la journée, elle va disparaître comme toutes les autres. »

Alors, tout comme un amoureux maintes fois trompé, l'enfant se méfiera du lien mère-enfant et aura tendance à ne pas croire à sa permanence. Son instinct le poussera à vérifier, tester la solidité du lien avec la mère plus fréquemment et plus brutalement que celle du lien avec le père. Un peu comme au baseball, le papa aura trois chances de frapper la balle avant de retourner sur le banc, alors que la maman, qui pense avoir elle aussi trois chances, ne sait pas que d'autres femmes ont raté la balle et qu'elle se retrouve avec déjà deux prises...

Bien entendu, l'enfant teste aussi la solidité du lien avec le papa, mais généralement avec moins de sévérité que celui de la maman. Ce qui pousse parfois les pères à penser ou même à dire que dans le fond, c'est leur femme qui n'a pas la bonne façon de s'y prendre avec l'enfant. Il est primordial de briser ce mythe, qui risque de nuire grandement à la création d'une équipe parentale solide et efficace.

---

6 *Groundhog Day*, traduit en français par *Un jour sans fin* (*Le jour de la marmotte* au Québec et au Nouveau-Brunswick), est un film américain de Harold Ramis (1993).

En résumé :

- Le papa adoptif dispose de plus d'atouts et de facteurs de protection que la maman adoptive et parfois même que le papa biologique, pour la création du lien d'attachement avec l'enfant par adoption ;
- La maman adoptive porte pour sa part plus de facteurs de risques que la maman biologique et même que son conjoint.

Il faut tenir compte de ces faits lorsqu'on accueille l'enfant, et mettre en place des *facteurs de protection* afin que la maman puisse dépasser ces obstacles avec l'aide du papa qui, tout en utilisant ses compétences, ne sabotera pas inconsciemment le lien entre sa conjointe et le nouvel enfant. C'est pourquoi on recommande fortement que ce soit la mère qui prenne la première partie du congé parental[7], idéalement après que les deux conjoints ont pu prendre soin ensemble du bébé ou du jeune enfant pendant tout le premier mois.

[?] SEPTIÈME MYTHE
C'est la faute des parents si un enfant adopté ne va pas bien

Tranche de vie

Travailleuse sociale de la Direction de la protection de la jeunesse (DPJ) : Je crois sincèrement que ces parents n'auraient jamais dû adopter. Je ne sais pas trop qui a fait leur évaluation psychosociale... À mon avis, leur fille de sept ans, adoptée aux Philippines à trois ans, est adorable. Tout le monde le dit à l'école et même dans la famille d'accueil où elle est placée depuis un mois.

Eux prétendent pourtant qu'elle ne va pas bien, qu'elle est dangereuse pour eux et pour les deux autres enfants de la famille, qu'elle menace de tuer. Ils disent avoir essayé de consulter dès leur arrivée au Canada, car même là-bas, elle avait commencé à s'automutiler. Selon eux, les professionnels ne tenaient pas vraiment compte du fait qu'elle avait été abusée sexuellement et gravement négligée par sa famille d'origine. C'est quand même étrange, cette histoire, cela fait cinq ans qu'elle vit avec eux. Ne devrait-elle pas aller mieux si c'étaient des parents adéquats ?

Travailleuse sociale du Bureau de consultation en adoption du Québec (BCAQ) : Avez-vous au moins une heure devant vous pour que je vous explique en quoi le manque de ressources disponibles en Gaspésie peut en partie expliquer la triste situation actuelle ?

7 Ces facteurs de protection seront détaillés dans *Mieux vivre les premières années après l'adoption*, à paraître dans la même collection.

Soyons clairs : si les parents adoptants ne sont pas coupables des traumatismes subis par leur enfant en préadoption, ils sont toutefois responsables, comme tous les bons parents du monde, de prendre les moyens nécessaires pour les soigner. Ces moyens dépendent en partie des ressources intérieures de chacun des parents. Cependant, en adoption internationale particulièrement, il faut aussi que soient offerts et accessibles les services médicaux, de réadaptation, de diagnostic précis et de psychothérapie adaptée.

Oserions-nous accuser un parent d'être indigne si son enfant mourait d'un cancer, alors qu'il n'avait pas accès aux soins spécialisés nécessaires pour le traiter? Jamais.

DAVANTAGE DE BESOINS, MOINS DE SERVICES

Le parent adoptant, nous l'avons vu, se retrouve avec un enfant ayant de plus grands besoins que la majorité des enfants modèles de base, mais il possède moins de connaissances et a accès à moins de services préadoption et postadoption que s'il avait un enfant biologique en bonne santé.

Même si les choses se sont grandement améliorées depuis 20 ans, force nous est de constater que les services préadoption et postadoption ont été, jusqu'à récemment, assez négligés. À l'exception de certains projets pilotes, de l'expertise de quelques hôpitaux — surtout dans les grands centres —, de certaines initiatives d'intervenants en pratique privée ou d'initiatives très locales, la majorité des parents adoptants et leurs enfants n'ont pas accès aux mêmes services que s'ils avaient simplement eu un enfant biologique né dans leur région.

Tout se passe comme si les parents par adoption avaient besoin de moins de soutien et d'aide qu'un couple de nouveaux parents biologiques. On ne leur offre pas de cours prénataux pour leur enseigner les soins de base d'un bébé, ils ne reçoivent pas la visite automatique d'une infirmière en périnatalité, ils ne possèdent pas de dossier à Info-Santé. On semble croire que tous les enfants qui arrivent par adoption n'ont aucun besoin particulier sur le plan de la santé physique ou mentale ou pour faciliter leur intégration scolaire. Et pourtant, depuis 1999, des recommandations sont formulées à cet égard, afin que l'on forme plusieurs équipes biopsychosociales dans chacune des régions administratives du Québec.

Moins de services préadoption que de services prénataux

Sur la base des promesses faites par les pays d'accueil dans le cadre de la Convention de La Haye[8] sur l'adoption internationale, il serait urgent d'instituer un encadrement préadoption obligatoire permettant d'outiller les parents et de les informer sur la normalité adoptive. Autrement, quel est l'intérêt de promouvoir l'adoption d'enfants à besoins spéciaux, si on ne met pas en place les facteurs de protection nécessaires à la réussite médicale et affective de ces adoptions dans la normalité adoptive? Malheureusement, la formation obligatoire des candidats à l'adoption, qui devrait traiter entre autres des *besoins spéciaux*, tarde à se mettre en place au Québec comme ailleurs.

8 Convention de La Haye : Convention sur la protection des enfants et la coopération en matière d'adoption internationale. Voir www.hcch.net

Moins de services postadoption que de services postnataux

Les enfants adoptés nécessitent plus de services psychosociaux, médicaux et scolaires que la population moyenne d'enfants biologiques. Cela ne fait pas d'eux des enfants anormaux, mais cette situation demande que des experts reconnaissent et fassent respecter leur normalité adoptive. C'est, du moins, une part de la promesse faite à leur pays d'origine. Or, actuellement, dans plusieurs pays d'accueil, la responsabilité du suivi postadoption tombe pour une bonne part dans la sphère de la pratique privée. Les parents doivent trop souvent se débrouiller seuls, sans soutien spécialisé. Si, par malheur, ils reçoivent un enfant qui, en plus de présenter les caractéristiques de la normalité adoptive (communes à 70 % des adoptés), garde des séquelles post-traumatiques, des problèmes médicaux et des difficultés de l'attachement plus ou moins importants (observés chez environ 30 % des adoptés), et qu'ils ne peuvent pas recevoir l'aide et les soins nécessaires, la situation est à haut risque de devenir un échec d'adoption. Cet échec sera en grande partie attribuable au manque de ressources plutôt qu'aux mauvaises attitudes parentales, comme il serait commode de le croire.

Parentalité biologique :
plus de ressources / moins de besoins

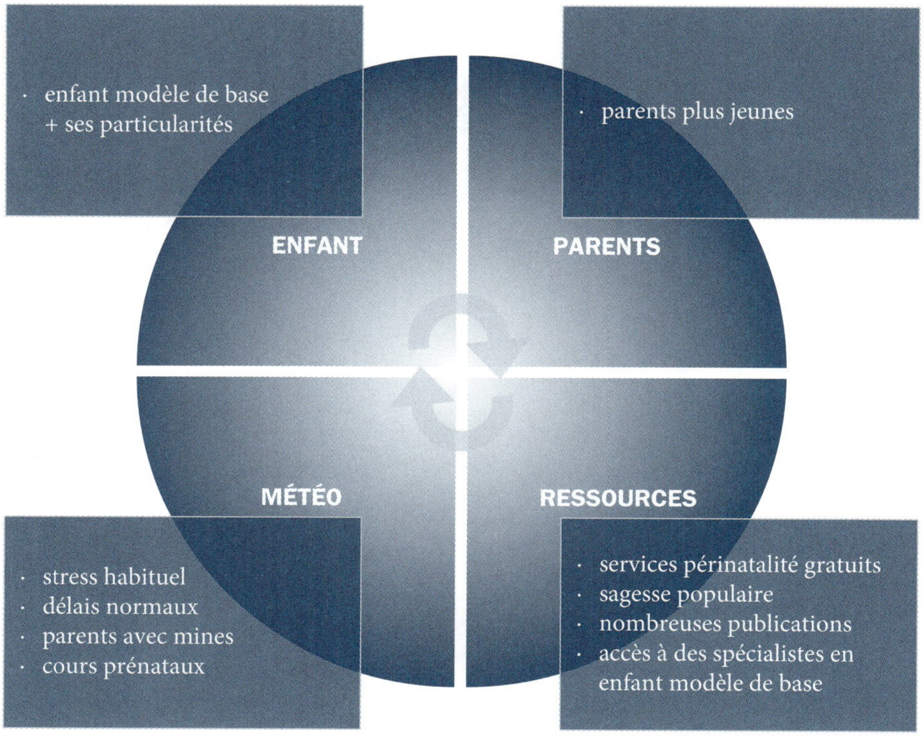

Parentalité adoptive : plus de besoins / moins de ressources

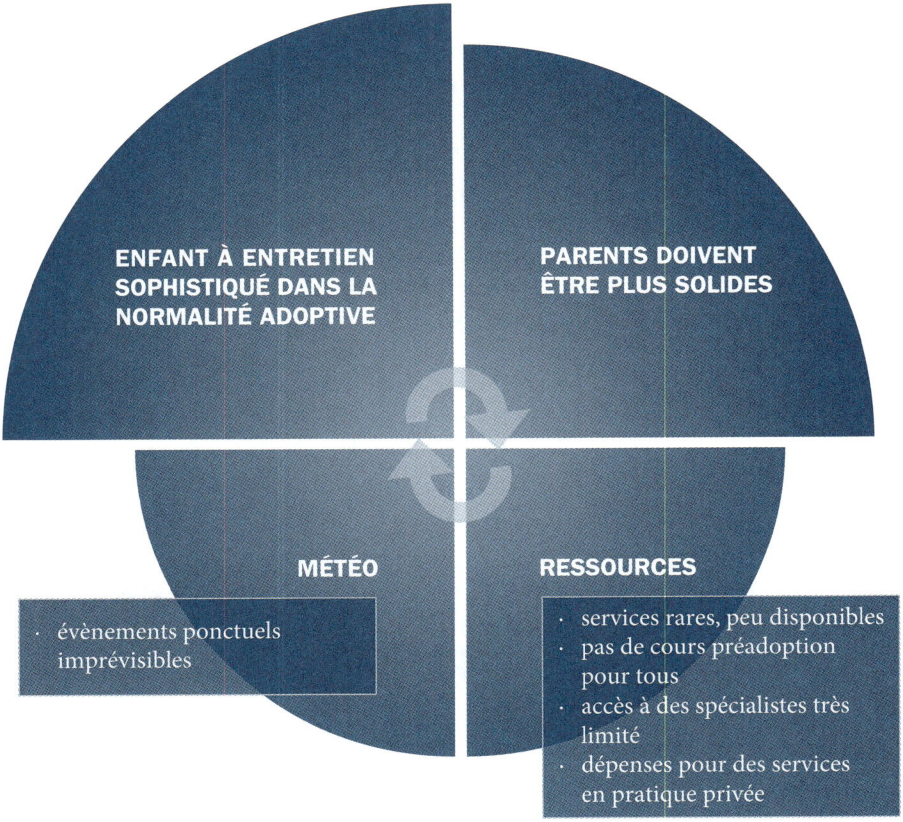

[?] HUITIÈME MYTHE
Les parents adoptants sont des gens très généreux et charitables

Tranche de vie

Anne-Sophie se montre songeuse en rentrant de visiter son grand-papa à la maison de retraite.

Anne-Sophie : Papa, est-ce que c'est vrai que vous m'avez adoptée parce que je faisais pitié, et parce que c'était *un beau geste charitable* de me prendre avec vous ?

Son papa : Mais pourquoi me poses-tu cette question, ma cocotte ?

Anne-Sophie : Tout l'après-midi, il y avait de vieilles personnes qui me touchaient, me dévisageaient et disaient à grand-papa qu'il devait être tellement fier de toi. Que tu avais fait un geste si généreux, en adoptant une pauvre petite orpheline, chinoise en plus ! Que j'étais donc chanceuse et que je devais te remercier. Je ne sais pas pourquoi, je n'aimais pas ça. Grand-papa disait qu'elles voulaient juste être gentilles, mais cela me rendait triste et mal à l'aise.

Son papa : Regarde-moi bien dans les yeux, ma cocotte : ce sont des personnes avec une vieille mentalité. Elles ne sont pas méchantes, mais elles n'ont absolument rien compris. Ce n'est pas toi qui es chanceuse, c'est maman et moi qui sommes comblés. Nous sommes tellement chanceux de t'avoir comme fille. On te voulait tellement que c'est loin d'être par charité que nous t'avons adoptée, mais plutôt par le plus pur égoïsme de notre part. Tu ne nous dois rien du tout. Être toi-même nous suffit amplement. La bonne nouvelle, c'est qu'on t'a adoptée pour avoir la joie d'avoir une fille exactement comme toi, et que toi tu avais besoin d'une famille. Comme le dit la chanson : « Une chance qu'on s'a ! »

Les propos du père remettent un sourire sur le joli minois de la petite.

Même encore aujourd'hui, au XXIe siècle, on est souvent surpris de constater combien l'adoption est perçue comme un geste de charité chrétienne, une action humanitaire, une marque de générosité exceptionnelle. On le voit dénué du désir pourtant ordinaire, légitime et même égoïste de fonder une famille. Oui, l'adoption est encore souvent vue comme un acte qu'il faut louer et admirer.

Si cette perception ne véhicule rien de mauvais en soi, elle place cependant les parents et surtout les enfants dans une position délicate et désagréable. On ne compte plus les familles adoptives interpellées en public par de purs étrangers, qui lancent d'abord des commentaires admiratifs sur le beau geste accompli par les parents, pour ensuite poursuivre avec des remarques déplacées sur le coût de l'achat de l'enfant, sur la nature de l'infertilité de l'un ou l'autre des parents, sur un reportage qu'ils ont vu et qui expliquait comment débrider des yeux asiatiques, sans oublier ceux qui se permettent de toucher les cheveux crépus du bébé qui dort dans la poussette. Tout cela sans pudeur et devant l'enfant, dont ils ne semblent pas comprendre qu'il entend tout. Puisque l'enfant adopté aurait pu être l'enfant de n'importe qui, dans la tête de ces personnes, elles agissent donc comme s'il n'appartenait pas uniquement à ses parents. Plusieurs font donc des gestes qu'ils n'auraient jamais osé faire avec un enfant biologique.

Les parents développent donc des réflexes de protection de leur famille qui font partie intégrante de la normalité adoptive. En effet, après avoir perdu beaucoup de temps à rectifier les faits, la plupart des parents en viennent à passer leur chemin pour ne plus soumettre leur enfant à tant de bêtises inutiles.

Cette aura de charité nuit aussi très subtilement à l'avancée des services professionnels en adoption. Certains reprochent aux organismes d'adoption, même ceux qui sont sans but lucratif, de « faire de l'argent sur le dos de pauvres orphelins » simplement parce qu'une partie des frais d'adoption demandés aux parents sert à payer le maigre salaire de quelques employés permanents. Cette notion de charité impose une sorte d'éthique qui interdirait tout travail rémunéré dans le processus d'adoption, et qui voudrait que seuls des bénévoles s'y consacrent de façon totalement altruiste. Trop souvent, on considère comme une recherche de profit (non éthique selon la Convention de La Haye) la simple intention de faciliter la procédure d'adoption.

Cela nuit aussi aux différents professionnels qui souhaitent accompagner sérieusement les familles adoptives. On n'oserait jamais accuser un gynécologue-obstétricien de profiter de la misère humaine lorsqu'il facture des milliers de dollars d'honoraires pour un accouchement par césarienne avec complications. Pourtant, certains se permettent de traiter des médecins, psychologues, travailleurs sociaux, éducateurs ou ergothérapeutes de profiteurs quand ils offrent des services professionnels aux familles adoptives dans le besoin.

Les familles adoptives feront face à tous ces enjeux. Elles devront revendiquer le droit, pour elles et leurs enfants, d'être aidées par des professionnels et pas uniquement par des bénévoles. Parmi ceux qui s'en indignent, combien accepteraient de subir une chirurgie réalisée par des bénévoles pour économiser de l'argent ?

[?] NEUVIÈME MYTHE

Adopter après 40 ans, c'est idéal : on est plus sage et surtout ça garde jeune

Tranche de vie

Papa : Je n'en peux plus, je suis au bout du rouleau. Je croyais pouvoir me reposer, puisque je suis presque à la retraite. Mais ça me semble impossible, avec Julie-Anne qui est en crise d'adolescence, qui a encore de la misère à l'école et qui a dit à ma femme qu'elle n'était pas sa vraie mère... Sans parler de Mathieu, que je dois transporter partout dans la province pour ses matchs de football... Comme si ce n'était pas assez, ma sœur et moi devons trouver d'urgence une maison de retraite pour notre mère. Elle s'est cassé une hanche et ne peut plus retourner dans sa maison. Avec mon surplus de poids et ma haute tension, je ne suis plus capable de suivre !

Maman : Tu as beau te plaindre, au moins tu n'as pas de bouffées de chaleur et tu dors la nuit sans avoir à te lever trois ou quatre fois pour changer de pyjama, en pleine crise d'anxiété. Il faut vraiment que vous nous aidiez à faire comprendre aux enfants qu'on n'a plus l'âge d'aller les chercher chez leurs amis à une heure du matin ! On est trop vieux !

Thérapeute : Vous savez, avoir des enfants quand on a plus de 55 ans, ça ne garde pas jeune par magie ou par osmose. Cela doit par contre nous motiver à devenir et rester en bonne santé, afin de continuer à avoir l'énergie nécessaire pour répondre à leurs besoins. Je vous propose donc de commencer par trouver des moyens simples d'améliorer votre santé. Alors, voici comment vous allez prendre soin de vous pour mieux prendre soin d'eux.

Certains couples décident si tardivement de fonder une famille que la conception biologique d'un enfant devient alors très difficile, voire trop risquée ou même impossible. On évalue la question : la carrière est bien réussie, la retraite s'annonce aisée, le temps à venir paraît écourté, mais élastique.

Les parents adoptants ont en moyenne 10 ans de plus que ceux qui ont des enfants biologiques. Ces parents ont 40, 45, 55, parfois même 60 ans. Ils se sentent encore forts et en santé. De leur propre aveu, ils désirent encore se sentir utiles, donner le meilleur d'eux-mêmes, améliorer la vie d'un enfant. Ils ont certes la maturité, la sagesse, un confort matériel souvent enviable et la disponibilité qu'offre une préretraite. Parmi les raisons de devenir parents, il y a ce désir de se prolonger, de survivre en quelque sorte à sa propre vie. Ce sont des raisons valables, plus que normales, mais ce désir de parentalité est-il réaliste ? Le projet d'adoption est-il dans l'intérêt supérieur d'un enfant ? Car il faut le dire : la banque de parents postulants est plus garnie que la banque d'enfants adoptables. Et dans cette banque, les couples plus jeunes ne manquent pas.

Il faut sincèrement réfléchir aux conséquences de l'âge des parents adoptants sur leurs capacités physiques et sur le nombre d'années qu'il leur reste pour mener à bien le merveilleux travail d'élever sainement un enfant. C'est déjà tout un contrat avec un enfant modèle de base, mais il faut prévoir encore plus de travail et d'énergie lorsqu'on choisit d'accueillir un enfant présentant les caractéristiques de la normalité adoptive. En effet, vivre au quotidien la puberté de l'adolescent adopté tout en entrant en préménopause, puis en pleine ménopause, est beaucoup moins facile à gérer qu'une maman pourrait l'imaginer. En postadoption, la santé des parents est donc mise à rude épreuve. Prendre soin de soi pour rester jeune, en forme et en santé demande d'y consacrer du temps. Les futurs adoptants songent rarement qu'ils seront un jour pris en sandwich entre les besoins encore pressants de l'enfant et la responsabilité de prendre soin de parents vieillissants.

On sous-estime et surtout on ne prévoit pas l'arrivée, au mi-temps de la vie, d'une phase de développement prévisible, normale, mais souvent mal comprise. Ce que le psychiatre français Christophe Fauré[9] appelle *Le Maintenant ou jamais*, c'est-à-dire le moment où tous les adultes doivent faire une transition, où ils choisissent le scénario du reste de leur vie. Aussi prévisible que la puberté, cette étape est souvent difficilement compatible avec les responsabilités intenses qui incombent aux parents de jeunes enfants. C'était pourtant le scénario idéal dont on rêvait. Puis subitement, à 45 ou 50 ans, cette vie de famille pourtant choisie et volontaire apparaît lourde, contraignante, comme si tout son être intérieur poussait l'adulte à vouloir enfin récolter plutôt que de continuer à semer. C'est une sorte de transition existentielle où plusieurs remettent en question tous leurs choix antérieurs, même les plus heureux et satisfaisants. Cette pulsion, si on y cède, peut mettre en péril la stabilité conjugale, professionnelle et matérielle nécessaire au bien-être des enfants. À l'inverse, la résistance à cette pulsion peut nuire à la santé mentale et physique de l'adulte. Le parent adoptant de cet âge se retrouve trop souvent coincé, pris au piège entre, d'une part, son amour profond pour ses enfants et ses devoirs envers eux et, d'autre part, ses propres besoins d'épanouissement personnel. Il se perçoit alors comme égoïste, étrange. Il se sent coupable et juge que ses propres besoins sont malsains. Tous ces bouleversements n'ont rien pour rendre l'âme sereine et disponible.

L'adoption demande aussi aux parents d'avoir des capacités d'adaptation et une souplesse psychologique pour apprendre, s'adapter, rebondir. On ne veut pas toujours l'entendre, mais ces capacités risquent de diminuer avec l'âge. Beaucoup de parents adoptants plus âgés sous-estiment l'endurance physique nécessaire pour prendre soin d'un enfant jour et nuit, des années durant. Ils le comprennent rapidement en postadoption. Avoir un enfant garde probablement l'esprit en éveil, mais use le corps. La maturité et la sagesse ne peuvent pas effacer les conséquences physiques et émotives de trois nuits d'insomnie quand le bébé est malade ou quand l'adolescente demande qu'on aille la chercher à deux heures du matin.

Le plus grand défi lié à l'âge des parents reste néanmoins ses répercussions sur le sentiment de sécurité de l'enfant. Aussi attentif et adéquat soit-il, un parent âgé engendre chez son enfant la peur d'être abandonné de nouveau. Tous les enfants du monde ont peur que leurs parents meurent, mais cette peur est encore plus viscérale quand les enfants ont vécu des situations d'abandon. Ces parents d'âge mûr doivent non seulement être particulièrement empathiques face aux émotions de leur enfant, mais ils doivent aussi — plus que tous les autres — élaborer un plan B en nommant des tuteurs plus jeunes que l'enfant connaît déjà. Ils doivent également en parler ouvertement avec l'enfant, qui aura ainsi la certitude qu'il ne tombera plus dans le néant, advenant la maladie ou la mort du parent.

---

9 Christophe Fauré. *Maintenant ou jamais*, Paris, Albin Michel, 2012.

[?] DIXIÈME MYTHE
Un parent adoptant déçu est un mauvais parent qui n'aurait jamais dû adopter

Tranche de vie

À l'aéroport, Madeleine tient contre elle sa fille fraîchement arrivée d'Haïti sous escorte. La petite est presque trop calme et la fixe avec des yeux tristes et inquiets à la fois. La nouvelle maman devrait sauter de joie, mais son cerveau semble congelé.

Depuis qu'elle recevait des lettres et des photos de sa marraine missionnaire là-bas, elle rêvait d'adopter un enfant dans le besoin. À sept ans, elle avait même demandé une poupée à la peau noire pour Noël. Ce jouet ne passait d'ailleurs pas inaperçu en Abitibi dans les années 1970.

À qui allait-elle bien pouvoir avouer son immense déception ? Elle avait déjà honte d'elle-même. À peine devenue mère, elle se sentait déjà inadéquate. Surtout quand sa belle-maman s'est exclamée : « Mon Dieu, c'est un miracle ! Tu dois donc être contente qu'elle soit aussi blanche que toi ! Comme vous êtes chanceux ! »

Dans les premiers jours ou les premières semaines, plusieurs parents vivent une profonde *déception* par rapport à l'enfant qui leur a été confié. Certains parents garderont en eux ce secret toxique pendant des années. De l'enfant rêvé à l'enfant réel, il y a parfois un monde inavouable.

Les parents peuvent être déçus par rapport à l'enfant : parce qu'il est moins beau qu'ils l'espéraient, parce qu'il refuse de venir dans leurs bras, parce qu'il semble *anormal* dans ses réactions et qu'ils craignent un retard intellectuel, parce qu'il présente un retard significatif, un déficit particulier ou une maladie grave. Si la déception est parfois compréhensible, elle est aussi parfois éthiquement inacceptable, notamment quand l'enfant a des traits asiatiques et que ses parents, qui avaient cherché à adopter en Europe de l'Est pour tenter d'éviter la différence physique, ne s'en remettent pas. Les parents peuvent aussi se sentir déçus face à eux-mêmes : ils ne se sentent pas aussi bons parents qu'ils pensaient l'être, leurs émotions profondes face à l'enfant les déroutent ou encore leur conjoint leur semble inadéquat dans son rôle de parent. Mais à qui donc vont-ils avouer cela quand tout leur entourage les félicite ? Comment s'avouer à soi-même cette déception, quand on se bat depuis si longtemps pour être enfin parent ?

On doit encourager le parent à se mettre en contact avec ses déceptions, à ne pas les nier s'il veut faire le deuil de l'enfant « rêvé » afin de pouvoir accueillir l'enfant réel. Comme dans tous les deuils, il y a une phase de **négation***, de colère, de dépression, mais on finit toujours par trouver une certaine sérénité vis-à-vis de cette perte.

Il faut verbaliser toutes ces pensées, souvent très intrusives, en les mettant d'abord en mots pour soi-même. Puis il faut les partager avec son entourage, et avec son conjoint en premier lieu. D'ailleurs, c'est en accueillant l'enfant réel que le deuil de l'enfant biologique ou de l'enfant rêvé arrive à se parachever. Ce deuil se vit parfois en mode accéléré, comme rattrapé par la vie et par l'enfant qui est bel et bien là.

Souvent, le parent déçu n'arrivera pas à faire son deuil sans l'aide d'un tiers bienveillant : un parent adoptant bénévole qui est passé par là ou un professionnel déjà sensible à cette réalité adoptive. Les premières semaines après l'adoption sont parfois l'occasion d'endiguer les réactions négatives, de reconstruire sur le réel, d'abandonner les illusions. Ces espoirs, qui jusque-là étaient sûrement nécessaires, deviennent contre-productifs dans le quotidien de la nouvelle cellule familiale. Cette déception peut parfois devenir une véritable mine souterraine qui provoquera des années de relations difficiles. Car rappelons-le : un enfant adopté qui déçoit son parent et qui le sait restera dans la peur que cette déception soit le signe précurseur d'un nouvel abandon.

Une fois la déception nommée, l'immense majorité des parents adoptants savent ensuite en rire. Ils ne retourneraient jamais en arrière, ils n'échangeraient jamais leur enfant pour un autre.

[?] ONZIÈME MYTHE
Un enfant ne peut pas se souvenir d'un évènement grave avant deux ou trois ans

Tranche de vie

« Mme Lemieux, j'étais pour le moins sceptique quand, lors de notre dernière consultation, vous nous avez conseillé de raconter *L'**Océanfance****[10]. Je croyais que Marie-Soleil était beaucoup trop jeune à six ans pour en saisir le sens profond. Je ne pensais pas qu'elle se souvenait de son passé difficile. Après tout, elle n'avait que 15 mois lorsqu'elle est arrivée. Elle a tout de suite compris et après une période de timidité et de malaise, elle s'est mise à poser des questions très pertinentes.

De plus, depuis que nous l'avons mise au courant que ce serait oncle Georges et tante Chantal qui prendraient soin d'elle en cas de besoin, elle s'inquiète beaucoup moins de notre santé, elle imagine moins de scénarios catastrophes lorsque nous arrivons en retard à l'école. Un soir, elle m'a même dit : « Tu sais, maman, je suis contente que *mononcle* Georges et *matante* Chantal aient accepté de prendre soin de moi et de ma sœur Léa-Jeanne. J'avais peur que s'il vous arrivait quelque chose de grave, je sois

10 Voir le conte L'*Océanfance*, au chapitre 3.

obligée de prendre soin d'elle toute seule dans notre maison et je n'aurais pas su quoi faire quand tout le réfrigérateur et le garde-manger auraient été vides... »

Avant de faire l'exercice, je ne me rendais pas compte à quel point son passé et ses vieux réflexes de se débrouiller sans les adultes pouvaient resurgir dans son imagination ! Merci de m'avoir donné les moyens de parler avec elle de son passé sans que ce soit trop larmoyant et de m'avoir donné le petit coup de motivation dont j'avais besoin pour faire mon testament en règle ! »

Au début des années 1990, Nancy Newton Verrier a publié en anglais le livre qui serait ensuite traduit en français sous le titre de *L'Enfant adopté : comprendre la blessure primitive*[11]. Ce livre a eu l'effet d'un raz-de-marée dans le monde de l'adoption nord-américain. C'était le premier livre grand public qui expliquait scientifiquement et concrètement comment des évènements vécus dans la toute petite enfance pouvaient influencer le développement de l'enfant adopté. Comme toujours, il aura fallu quelques années pour que l'ouvrage soit connu dans la francophonie, notamment au Québec. Pour la première fois d'une manière aussi claire, l'auteure y parlait ouvertement de la blessure d'origine qui caractérise tous les enfants adoptés, cette **mémoire sans souvenirs*** imprimée dans le **cerveau des sensations*** et le **cerveau des émotions*** de l'enfant bien avant que celui-ci puisse parler. La mémoire est présente chez ceux qui évoluent mal (30 %) comme chez ceux qui vont bien (70 % dans la normalité adoptive). Mais s'ils vont bien, dirait probablement Newton Verrier, cela ne va pas sans une certaine souffrance, qui prend sa source dans le traumatisme originel. Ils iront encore mieux le jour où les parents et l'entourage accueilleront comme réelle cette caractéristique de la normalité adoptive.

Par la suite, de nombreux autres ouvrages ont prouvé que le cerveau de l'enfant est beaucoup plus sophistiqué qu'on le croyait, et que l'environnement a sur lui une influence importante. Malgré cela, on observe encore énormément d'ignorance à ce sujet.

Ce mythe donnera beaucoup de travail aux parents adoptants. Ils seront constamment appelés à expliquer pourquoi on doit mettre en place autant de facteurs de protection autour de l'enfant. Ils devront justifier leur façon de soigner ces blessures, tout en admettant que même avec les meilleurs soins, leur enfant gardera sa normalité adoptive.

11 Nancy Newton Verrier. *L'Enfant adopté : comprendre la blessure primitive*, Bruxelles, De Bœck, 2004.

[?] DOUZIÈME MYTHE

On peut aimer un enfant par adoption, mais jamais autant qu'un enfant biologique

Tranche de vie

C'est lors de la fête de Noël que le chat est sorti du sac ! Une tante que je n'avais pas vue depuis plusieurs années est venue m'embrasser en pleurant de joie et me *féliciter* d'avoir enfin un *vrai enfant à moi* : Félix, alors âgé de deux ans. Sans que je puisse placer un mot, elle m'a raconté avoir tellement prié pour que Dieu bénisse enfin mon mariage et me donne un enfant que j'aimerais vraiment. Après tout, selon elle, je le méritais, puisque j'avais été si charitable de prendre deux autres *enfants en élève*[12]. En tout cas, celui-là, il ferait vraiment partie de la famille Gingras, ça, c'était sûr !

Elle s'est subitement tue quand je suis devenue cramoisie de colère.

« Chère tante Agathe, lui ai-je dit sur un ton ironique, vous êtes la démonstration vivante que l'amour et l'appartenance n'ont rien à voir avec un lien de sang, ni avec le bon jugement. La preuve, vous avez beau être la sœur de mon père, cela ne m'oblige pas à vous aimer ! Surtout après ce que vous venez de dire comme méchancetés devant mes trois enfants ! »

Puis j'ai pris mes trois amours dans mes bras et je leur ai dit : « Vous voyez, cette matante n'a rien compris et ce qu'elle dit n'est pas vrai. Vous faites tous partie de la famille Gingras, je vous aime tous exactement de la même façon. »

Cependant, ce qui m'a fait le plus chaud au cœur, c'est la réaction de mon père, qui avait tout entendu : il est venu nous rejoindre et a rajouté, après avoir embrassé ses trois petits-fils : « Tu sais, Agathe, tu es ma sœur et je t'aime, mais je ne te laisserai pas faire de la peine à ma fille et à mes trois vrais petits-fils. Si tu crois que certains enfants ne font pas partie de la famille, tu es libre de refuser nos prochaines invitations. »

Dans le cheminement vers l'adoption, ce dernier mythe sera sans doute celui qui vous fera le plus peur. La plupart des futurs parents adoptants passeront par une étape de doute. Leur culture, la société, la mentalité générale les préparaient à fonder une famille de la façon traditionnelle. La question de savoir s'ils aimeraient automatiquement leurs futurs enfants biologiques ne se posait même pas, parce qu'ils seraient de leur sang et de leur chair.

12 Ancienne expression québécoise péjorative qu'on utilisait pour parler des enfants adoptés.

C'est souvent en secret et la peur au ventre que les postulants essaient d'explorer le vrai sens du lien parent-enfant. Or, cette peur primaire ne veut pas dire qu'ils feront de mauvais parents adoptants. Au contraire, ce regard lucide est essentiel. Leur logique les pousse à croire que le lien de sang ne garantit rien, mais certaines émotions demeurent ambivalentes et confuses.

Plusieurs oseront poser directement la question à des parents qui sont à la fois parents biologiques et parents adoptants : *les aimez-vous vraiment de la même façon*? Tous les parents qui ont connu les deux façons de fonder une famille sont unanimes : une fois le lien d'attachement créé, il n'y a aucune différence. Il faut aussi savoir que beaucoup de mères qui accouchent d'un enfant pourtant désiré ne s'attachent pas instantanément au petit nourrisson qu'elles ont porté. On discute trop peu de ce sujet tabou dans notre société qui présume encore que l'instinct maternel vient naturellement et sans aucun effort.

Une fois que les futurs parents adoptants se trouvent rassurés et mieux renseignés sur la vraie nature du lien, ils s'inquiètent de la réaction de leur famille élargie, des grands-parents, de l'entourage. Pourtant, malgré certaines craintes exprimées avant l'arrivée de l'enfant réel, l'immense majorité des grands-parents s'investissent totalement auprès de leurs petits-enfants venus d'ailleurs. Seules quelques histoires tristes rapportent le cas de parents qui se sont vus dans l'obligation de couper les liens avec des membres de la famille qui ne traitaient pas leurs enfants équitablement. Plusieurs, par la suite, se sont dits libérés, comme si l'arrivée de leur enfant leur avait permis de mettre fin à des relations qui ne leur apportaient rien de bon.

En savoir plus

Fauré, Christophe. *Maintenant ou jamais*, Paris, Albin Michel, 2012.

Newton Verrier, Nancy. *L'Enfant adopté: comprendre la blessure primitive*, Bruxelles, De Bœck, 2004.

Ruskai Melina, Lois. *Raising Adopted Children*, New York, Harper Perennial, 1988.

DEUXIÈME PARTIE :

Les 12 caractéristiques de la normalité adoptive

CHAPITRE 3

Un incroyable survivant

Paroles d'enfants

Avant, je croyais que j'étais faible de m'être laissée abandonner et je ne voulais pas qu'on le sache. Maintenant, je sais que ce n'était pas de ma faute et qu'en plus, j'ai été très courageuse de rester en vie pendant un an et demi avant que papa et maman viennent me chercher !

Coralie, 7 ans, d'origine russe

Maintenant, quand il y a d'autres élèves qui essaient de m'intimider, je pense à la flamme de survie que j'ai dans mon cœur et j'ai moins peur.

Isabella, 8 ans, d'origine haïtienne

Les enfants adoptés sont d'incroyables survivants. Ils sont restés vivants et assez en santé pour être adoptables malgré le manque de soins physiologiques, sensoriels, affectifs et cognitifs, le manque de protection et l'exposition à de nombreuses épreuves potentiellement traumatisantes : autant de naufrages et de capitaines disparus.

Mais comment saisir l'essence de cette survie si on ne connaît pas ou si on connaît peu les circonstances réelles vécues par l'enfant en préadoption ? Comment y croire en tant que parent ? Comment aborder le sujet avec l'enfant lui-même ou avec l'entourage et trouver les bons mots pour en parler ?

Le conte qui suit, que j'ai écrit en 2001, répond à ces questions.

Conte
L'Océanfance

Il était une fois une petite âme assise sur un nuage. Elle regardait les humains sur la terre et avait très hâte de se retrouver parmi eux. Elle avait hâte de faire du kayak, de jouer, de rire, de manger des fruits, d'aimer et d'être aimée.

Un jour, la vie lui annonça que c'était son tour de devenir un joli petit bébé. Elle pourrait enfin commencer la merveilleuse aventure de sa naissance, de son enfance et du reste de sa vie.

Mais avant son départ, la vie lui précisa qu'au début de sa vie, elle ne pourrait pas survivre toute seule, ni faire immédiatement toutes les activités qu'elle avait observées. Les petits bébés humains sont formidables, pleins de potentiel, mais très fragiles au début de leur vie. Ils ne peuvent pas se nourrir tout seuls, se protéger tout seuls, se soigner tout seuls ; ils doivent apprendre beaucoup de choses et grandir avant de pouvoir survivre par eux-mêmes.

La vie lui expliqua également que tous les nouveaux bébés humains sont des êtres précieux et importants. Ils méritent tous d'être protégés, aimés, peu importe leur beauté, leur intelligence ou leurs talents. Elle lui expliqua que les vingt premières années de sa vie seraient comme un long et beau voyage sur un bateau.

Un voyage pour traverser une sorte d'océan entre le continent de sa naissance et le monde des adultes. Pendant ce voyage, elle ne serait au début qu'un petit matelot, dont le travail serait d'apprendre comment devenir un bon capitaine. Le but de ce premier voyage était que la petite âme puisse un jour débarquer de ce bateau pour entreprendre son propre voyage de vie.

Pour survivre, grandir, apprendre, le petit matelot voyagerait sur une embarcation que l'on nomme une famille. Sur ce navire, il y aurait probablement deux personnes adultes qui seraient comme les capitaines et que l'on nomme un papa et une maman. La vie promit alors au matelot qu'il pourrait leur faire entièrement confiance pour l'aimer, le nourrir, le soigner et toujours le protéger.

Ces adultes seraient responsables d'assurer sa survie, sa santé et son arrivée de l'autre côté de l'océan, sain et sauf. La petite âme n'aurait qu'à profiter de la croisière pour grandir, apprendre, découvrir les beautés du monde et se préparer doucement, grâce à l'aide de ses parents, à devenir un jour un jeune capitaine fringant !

Dès que la petite âme ouvrit les yeux, elle vit qu'elle était devenue un bébé, avec un petit corps chaud et vivant. Ce bébé se retrouva dans un joli bateau.

Il y était bien, rassuré et protégé. Il vit qu'il y avait en effet un capitaine aux commandes du bateau.

Il se dit que tout était exactement tel que la vie le lui avait promis. Alors, il s'endormit doucement en confiance.

Puis il se réveilla en sursaut, en panique. Il était plongé dans l'eau, le bateau avait chaviré… et le capitaine avait disparu.

Il avait très, très peur. Peur de se noyer, peur de mourir. Ce n'était pas ce qui était censé arriver. Ne lui avait-on pas promis qu'il n'aurait pas à assurer sa survie tout seul ? Il ne savait pas quoi faire.

Au moment où il allait se noyer, il fut recueilli par un autre bateau, sur lequel il y avait un autre capitaine et beaucoup de petits bébés comme lui qu'on avait recueillis flottant dans l'eau. Épuisé, tremblant de froid, il n'avait pas d'autre choix que de monter à bord de ce bateau inconnu.

Il y resta quelque temps. Et juste au moment où il commençait à faire un peu confiance au nouveau capitaine, à connaître un peu ses nouveaux camarades d'infortune, il y eut une grosse tempête et le bateau s'échoua violemment sur une grève.

Ébranlé et traumatisé, il s'accrocha à un autre bateau, qui vogua un certain temps avant de couler à son tour au fond de la mer sans que le capitaine puisse faire quoi que ce soit.

Le petit bébé nagea péniblement et, sans savoir comment, il se retrouva tout seul et grelottant sur une plage.

Blessé, affamé, désorienté, tout nu et tout petit, il se dit : « Mais que m'arrive-t-il ? J'étais supposé traverser mon enfance sur un joli bateau avec deux gentils capitaines qui devaient m'aimer, me nourrir, me protéger, m'apprendre les choses importantes de la vie et m'emmener de l'autre côté de l'Océanfance sans danger. Me voilà complètement seul, sur une terre inconnue, sans abri, privé de nourriture, d'eau et de protection. Est-ce de ma faute ? Est-ce une punition du destin ? Suis-je un bébé défectueux ? Suis-je moins important et précieux que les autres bébés ? Pourquoi les autres bébés que je vois au loin ont-ils pu conserver leur bateau et leurs deux capitaines, et pas moi ?

Il était tellement triste que pendant un moment, il douta même de vouloir vraiment traverser cet océan si dangereux. À quoi bon passer tout ce temps à souffrir pour peut-être un jour débarquer sur le continent des adultes ? Et puis, qu'est-ce que c'était au juste, le continent des adultes ? Un endroit où les adultes-capitaines prenaient plaisir à abandonner les petits matelots après leur avoir fait de fausses promesses ?

Il était sur le point de se laisser glisser en dehors de son corps pour retourner sur son nuage. Mais une petite voix intérieure, comme une flamme qui ne voudrait jamais s'éteindre, le poussa tout de même à s'accrocher à la vie. Après tout, il avait survécu seul à tant d'épreuves, il devait bien avoir ce qu'il faut pour continuer. Malgré tous ses efforts pour trouver une autre solution, il comprit qu'il n'avait pas le choix d'attendre un autre bateau. Cela ne lui plaisait pas du tout, mais il était encore trop fragile, trop petit pour rester seul et réussir la traversée sans l'aide d'un bateau et, malheureusement, d'un capitaine.

Seulement maintenant, après avoir eu tant de promesses trahies, il ne serait plus aussi naïf. Il avait trop souffert. Dorénavant, il n'était plus question de remettre sa vie, sa santé et sa sécurité dans les mains d'un capitaine. Il embarquerait sur le prochain navire en espérant traverser rapidement l'Océanfance, mais en laissant le moins de pouvoir possible au capitaine pour ne plus être vulnérable, impuissant, faible ou abandonné.

Plus tard, un beau bateau qui avait l'air très solide, avec deux capitaines souriants, passa par là. Avec méfiance, mais désirant profondément survivre, il accepta l'invitation des deux capitaines de monter sur ce nouveau navire.

Ces deux capitaines lui parlaient doucement, en lui disant qu'ils cherchaient depuis très longtemps un petit matelot comme lui pour faire partie de l'équipage. Ils avaient très hâte de lui montrer comme l'univers était magnifique, rassurant et chaleureux. Ils avaient même hâte de prendre soin de lui...

Encore en état de choc, le bébé écoutait sans vraiment entendre. Ses pensées étaient ailleurs. On ne le reprendrait pas à faire confiance. Ce nouveau bateau ne serait qu'une simple bouée de sauvetage, rien de plus. Il serait très vigilant, surveillerait les capitaines jour et nuit de peur qu'ils ne soient pas fiables, compétents, sécurisants. De peur que ces nouveaux capitaines soient comme les autres qui avaient quitté le navire sans même l'informer, le laissant en grand danger.

Même si les deux capitaines avaient l'air sympathiques, son idée était déjà faite et sa stratégie de survie très au point. Avant de se laisser aimer, de leur faire confiance et d'accepter peut-être un jour de se sentir en sécurité avec eux, le petit matelot leur ferait passer des tests de navigation, de solidité et de gentillesse, en se montrant parfois mignon, parfois désagréable, parfois même rebelle, agité, agressif. Et surtout, au moindre signe de tempête, au moindre signe de faiblesse des capitaines, il attaquerait la cabine de pilotage pour prendre leur place.

Il attendrait avec une grande vigilance le temps qu'il faudrait : des jours, des mois ou même des années avant de *peut-être* changer d'opinion sur la sincérité et la solidité des deux nouveaux capitaines et de leur laisser enfin jouer leur rôle de protecteurs.

Les capitaines, malheureusement, ne se doutaient pas qu'ils auraient à réparer ce que leurs prédécesseurs avaient brisé dans le cœur du petit matelot : le sentiment de confiance, de sécurité et la certitude que l'amour peut être permanent.

Le voyage serait probablement long et parfois houleux, mais les nouveaux capitaines étaient plus déterminés que jamais à mener le petit matelot à bon port!

Nous verrons plus tard[1] par quels moyens les petits matelots traumatisés font passer des examens à leurs parents, et comment ces derniers peuvent s'y prendre pour devenir des capitaines solides et rassurants.

SAVOIR

SAVOIR 1

Survivre à de multiples épreuves

Les parents adoptants utilisent souvent l'expression « un parcours du combattant » pour décrire leur cheminement vers l'adoption d'un enfant. Sans chercher à minimiser les efforts, les frustrations et la détermination nécessaires aux parents pour réussir à fonder une famille par adoption, soulignons tout de même que ce parcours semble une promenade de santé si on le compare avec le parcours de survie de l'enfant lui-même.

C'est une cruelle réalité de notre espèce. Une réalité que nous, citoyens de pays d'abondance, ne voulons ou ne pouvons pas imaginer. Contrairement aux reptiles, par exemple, qui sont autonomes dès leur sortie de l'œuf, sans un donneur de soins stable, compétent et chaleureux, les bébés humains meurent. Point final.

Les données des organisations non gouvernementales (ONG) internationales sont terrifiantes : pour dix grossesses vécues dans des conditions de vie éprouvantes, à peine un ou deux enfants seront encore vivants et en bonne santé relative entre l'âge de un et deux ans. Il s'agit bien entendu d'une moyenne, qui tient compte de toutes les situations qui peuvent mener un enfant à se retrouver sans donneur de soins, par exemple la mortalité périnatale — quand la maman ne survit pas à l'accouchement. Cette moyenne tient compte aussi des enfants mort-nés et de ceux qui ne sont pas retrouvés à temps pour être pris en charge par d'autres adultes, de ceux qui n'arrivent pas à temps dans un orphelinat, de ceux qui vivent dans des pays en extrême pauvreté ou en guerre, et encore des enfants atteints du SIDA qui sont soignés avec des moyens médicaux dérisoires, de ceux qui sont recueillis sous les bombardements d'une guerre civile ou après une catastrophe naturelle, mais également de ceux qui sont finalement pris en charge par des orphelinats des pays riches, où la survie des enfants est excellente.

1 Voir la fiche pédagogique Adopteparentalité N° 1 : *Comment raconter l'Océanfance ?* à la fin du chapitre.

Cette terrible *sélection naturelle* est réelle. Ce n'est donc pas une vue de l'esprit que de conclure que les enfants qui finissent par être adoptés ont des ressources de survie bien au-dessus de la moyenne.

[?] SAVOIR 2
La maltraitance? Pas toujours ce que l'on croit!

Si certains enfants sont devenus adoptables parce que les services sociaux les ont retirés de leur famille, où ils ont survécu à de la **maltraitance active*** — violence, menaces et sévices —, la majorité des enfants adoptés sont plutôt des survivants de **maltraitance passive***.

En d'autres mots, ce n'est pas ce que les adultes ont fait qui les a mis en danger ou qui a nui à leur développement, mais ce que les adultes *n'ont pas su ou pu faire*. Il n'est nullement question ici de porter un jugement sur les conditions de vie dans les orphelinats ou sur les personnes qui y travaillent : elles font ce qu'elles peuvent avec les ressources disponibles, mais ce n'est pas assez pour répondre correctement aux multiples besoins des enfants sans famille. Or, pour encore la majorité des gens, un enfant dont on néglige les besoins fondamentaux est moins en danger qu'un enfant que l'on frappe physiquement ou dont on abuse sexuellement. Même les professionnels des services de protection de l'enfance de partout dans le monde en étaient encore convaincus il y a à peine 20 ans.

Heureusement, les recherches scientifiques sur les conditions nécessaires au bon développement du bébé ont fait des avancées importantes. Elles ont mis en évidence les effets potentiellement catastrophiques du manque de *nourriture physique, sensorielle, affective, cognitive et sociale* sur le développement et le fonctionnement futur du cerveau. Grâce aux nouveaux instruments d'imagerie médicale, on peut maintenant observer comment le cerveau d'un bébé se construit. On a ainsi prouvé que la négligence affective, sensorielle et cognitive entraîne la sécrétion démesurée d'hormones de **stress*** dans un petit cerveau encore trop fragile. Or ce haut taux d'hormones de stress causé par le manque de protection contre les agressions extérieures *modifie l'architecture du cerveau du bébé.*

Si aucune intervention adéquate précoce ne vient « sauver » la construction du cerveau de cet enfant, il est à très haut risque d'en garder des séquelles toute sa vie. Si un enfant négligé n'est pas rapidement protégé, aimé, nourri émotivement et physiquement, il peut développer un état d'effondrement affectif et physique, une sorte d'état dépressif global qui va littéralement lui dicter de se laisser mourir.

De nombreux témoignages de parents adoptants en font mention : leur enfant avait le regard vide, refusait de manger depuis des semaines avant leur arrivée. Il se laissait mourir. Les parents racontent avoir dû investir temps, énergie, caresses, paroles, regards, espoirs pour rallumer la flamme dans les yeux de cet enfant.

Placer un enfant en adoption a justement pour premier objectif de sauver son cerveau. L'adoption sert à stopper la négligence vécue par l'enfant afin que celui-ci reprenne un développement neurologique souhaitable et reçoive tous les outils nécessaires pour mener une vie heureuse. Oui, adopter un enfant est un acte utile et efficace !

[?] SAVOIR 3

Survivre à la maltraitance passive et à la maltraitance active

Malgré les efforts parfois héroïques des parents biologiques eux-mêmes, des parents substituts comme les nourrices, des familles d'accueil et du personnel des orphelinats, de très nombreux enfants adoptés auront été négligés. Depuis sa conception, l'enfant a donc survécu physiquement et psychologiquement à une série d'épreuves. Toutefois, la plupart des parents adoptants en ignorent les détails, et cette ignorance constitue un défi de taille lorsqu'on souhaite offrir à l'enfant les meilleurs soins possible. On peut cependant émettre des hypothèses logiques à partir de milliers d'histoires semblables. Chaque étape de sa survie peut être examinée sous forme de questions :

Bien avant sa naissance : A-t-il survécu à une grossesse difficile, à une malnutrition probable de la mère biologique, à une absence de suivi prénatal, à de fortes possibilités de stress chronique de la mère quant à son avenir et à l'avenir de l'enfant ? Si on répond « oui » à l'une ou à toutes ces questions, des hormones de stress ont alors traversé la barrière placentaire.

Durant la grossesse : A-t-il été exposé à des substances pouvant le contaminer (drogue, alcool, fumée de cigarette, produits chimiques utilisés en agriculture et en usine) ou à des maladies infectieuses telles que le sida, l'hépatite ou la syphilis ?

Lors de l'accouchement : Les circonstances de sa naissance (à part de rares cas d'accouchements sous supervision médicale) ont dû être assez difficiles, laissant des séquelles éventuelles tant à l'enfant qu'à la mère (souffrance fœtale à cause d'un travail trop long, manque d'oxygène, traumatisme obstétrical, etc.). Est-il né en bonne santé, prématuré, avec une infection grave ou avec un handicap ?

Dans les premiers jours de vie : A-t-il été nourri et soigné convenablement ? A-t-il été accueilli avec amour ou désespoir ? L'a-t-on regardé dans les yeux en lui souhaitant la bienvenue ? A-t-il eu peur, froid ou mal ? Comment s'est vécue sa séparation avec la mère : dans le calme et la bienveillance ? Ou dans la violence et le déchirement ? S'est-il senti important, précieux ou totalement rejeté parce qu'il n'était pas du bon sexe ? S'est-il senti un bébé compétent et capable d'alerter au besoin un donneur de soins qui le considérait avec gentillesse ? A-t-il été totalement ignoré, comme un objet sans importance que l'on manipule avec indifférence et qui en conséquence a le sentiment de ne rien valoir ? Un bébé sent toutes ces choses.

Le moment de l'abandon : Était-ce la nuit, s'est-il retrouvé seul dans un lieu public où il s'est réveillé en pleurant? Et pendant combien d'heures a-t-il dû pleurer avant d'être trouvé? A-t-il été confié volontairement pour adoption dans des circonstances sécuritaires, ou arraché à ses parents biologiques?

Le milieu de vie substitut et la qualité des soins de base : S'est-il retrouvé chez une famille substitutive aimante ou négligente? Combien de temps a-t-il passé à l'orphelinat? Des jours? Des mois? Des années? S'est-il retrouvé dans un orphelinat de bonne qualité, avec des moyens acceptables, ou dans un milieu médiocre? Y avait-il suffisamment de nourrices pour lui donner un peu de tendresse et d'attention, ou étaient-elles débordées, épuisées, mal payées et irritables? La nourriture était-elle suffisante et de bonne qualité? A-t-il été soigné pour ses irritations aux fesses? A-t-il été changé et lavé régulièrement? A-t-il subi de la négligence affective, a-t-il été frappé, blessé, attaché, menacé de représailles s'il pleurait encore? Lui a-t-on parlé d'une voix douce et chanté des berceuses? A-t-il été constamment stressé, **hypervigilant***, nerveux, ou au contraire apaisé, rassuré au besoin?

La qualité des soins médicaux : Combien d'infections, d'épisodes de fièvre, de parasites, de plaies de lit et de couches a-t-il dû endurer? A-t-il reçu des vaccins?

Les circonstances de son adoption : Pourquoi a-t-il été choisi pour être adoptable? Parce qu'il était malade ou parce qu'il était en bonne santé? Parce qu'il faisait pitié ou parce qu'il était mignon?

Le premier contact : Comment a-t-il vécu le premier contact avec ses nouveaux parents : comme une rencontre bizarre? Une situation menaçante? Traumatisante? Comme un arrachement aux gens qu'il aimait? Comme un véritable kidnapping ou comme une étape pour laquelle on l'avait bien préparé? Ses nouveaux parents étaient-ils rassurants, calmes, ou totalement affolés?

La mise en famille : Comment s'est-il adapté à la température, à la langue, aux odeurs ou à l'absence d'odeurs connues, aux paysages différents, à la nourriture, au silence de la chambre à coucher, à l'absence ou à la présence de nouveaux enfants, au chien, au chat, à la télévision, à la douche avec eau chaude, aux pyjamas avec des pattes, à la maman blonde, au papa qui a une barbe qui pique, aux câlins de personnes inconnues, aux cris aigus de la parenté à l'aéroport?

Les examens médicaux à l'arrivée : Comment a-t-il vécu les soins médicaux auprès de parents encore trop inconnus, en qui il n'a pas encore confiance, qui ne saisissent pas ses besoins la moitié du temps, à qui il a peur de déplaire, par crainte de vivre un nouveau « naufrage »? Comment a-t-il réagi à la visite chez le pédiatre, aux vaccins, aux suppositoires, aux remèdes qui goûtent mauvais, à la chirurgie pour réparer sa fente palatine, aux sangles de contention qui le retiennent au lit pour qu'il n'arrache pas ses pansements, les mèches douloureuses pour guérir des cicatrices de la chirurgie pour réparer son anus imperforé?

> Comment tous ces gestes terrifiants ont-ils été perçus par l'enfant qui n'a pas encore un lien solide avec ses nouveaux parents? A-t-il bien compris que ces douleurs lui étaient imposées pour son bien?

Ces questions évidemment sans réponses nous indiquent cependant la course à obstacles incroyable que l'enfant a dû franchir avant de trouver une famille, avant d'être enfin bien dans cette nouvelle famille. Inutile ici de tomber dans la pitié. Il s'agit plutôt de porter sur cet enfant survivant à la fois un regard de compassion et un regard d'admiration.

[?] SAVOIR 4
Bien comprendre la résilience

On dit d'une personne ayant survécu après avoir surmonté de nombreuses épreuves qu'elle est résiliente. Les enfants adoptés seraient-ils donc des êtres résilients? Enfin traités convenablement dans une famille qui répond à leurs besoins, ils récupèrent la majorité de leur retard, soignent leurs **blessures visibles*** et **invisibles***. Mais s'ils sont résilients, cela ne veut pas dire qu'ils ne gardent aucune séquelle ou particularité de leur vécu préadoption. Dans le monde francophone, c'est Boris Cyrulnik[2], psychiatre et auteur, qui a fait connaître à un très large public les principes scientifiques de la résilience humaine.

En sciences physiques, la résilience se définit comme « la capacité d'un matériau à résister à un ou à plusieurs chocs importants ». Depuis une quinzaine d'années, le terme est utilisé par extension dans le domaine de la relation d'aide et en santé mentale. Ici, le matériau est l'être humain.

On définit ainsi la **résilience*** comme la capacité d'un être humain à survivre, sur les plans physique, psychologique et social, et de fonctionner normalement, voire d'être heureux, malgré un ou plusieurs gros traumatismes. Certains individus sont moins résilients et ont de la difficulté à se tirer d'un évènement mineur, alors que d'autres le sont beaucoup plus, et surmontent les plus grandes épreuves.

Ce principe, si utile en adoption, est trop souvent mal compris. En tant que parents adoptants, mieux saisir le concept de résilience et ses applications pratiques est de toute première importance. Il faut appliquer les découvertes des différents chercheurs au domaine de l'adoption internationale, et en particulier à l'expérience clinique psychosociale et médicale.

En effet, si l'enfant a réellement survécu sans pouvoir se fier à un donneur de soins aimant et stable, c'est d'abord grâce à ses ressources intérieures. Le nouveau parent adoptant n'est pas responsable de la situation vécue par son enfant avant l'adoption. En revanche, comme nous le verrons, une fois l'enfant adopté, le nouveau parent peut et doit devenir un acteur proactif de sa résilience. L'enfant est déjà résilient, certes, puisqu'il a survécu, mais il aura besoin pour le demeurer d'un nouveau parent qui deviendra véritablement un tuteur de cette résilience.

---

2 Ensemble de l'œuvre de Boris Cyrulnik, neuropsychiatre français.

Aussi surprenant que cela puisse paraître, la majorité des connaissances dont nous disposons en psychologie et en psychiatrie ont été acquises grâce à l'étude de personnes qui ne fonctionnaient pas bien, et non en s'intéressant à l'expérience des survivants. Depuis Freud, les grands explorateurs de l'âme humaine ont forgé leurs théories en observant, en analysant et en aidant des gens qui les consultaient parce qu'ils ne se sentaient pas bien. On peut imaginer en effet que les thérapeutes ne passent pas beaucoup de temps à recevoir en consultation des gens joyeux, fonctionnels, bien dans leur peau et heureux en ménage ! Pour ces psychologues, psychiatres ou chercheurs, il est devenu évident que l'ensemble de leurs patients avait plusieurs points en commun, à commencer par une enfance malheureuse. Ils ont également observé que leurs patients rapportaient souvent un vécu ponctuel ou répétitif d'évènements traumatisants : violence, abus, accidents, guerre, emprisonnement, maladies graves, etc. De ces observations est née l'équation suivante : si tous les gens qui ne fonctionnent pas bien ont nécessairement vécu des choses traumatisantes, donc tous les gens qui vivent des choses traumatisantes fonctionnent nécessairement mal.

Sans être totalement fausse, cette équation n'est pas totalement vraie non plus. Mais les chercheurs ne pouvaient pas le savoir, puisque les gens ayant vécu des souffrances ou des traumatismes, mais qui sont heureux malgré tout, ne consultent pas les thérapeutes. Cela a pris beaucoup de temps avant qu'on s'intéresse à eux et qu'on les étudie. Les gens heureux n'ont pas d'histoire, disait-on. Pourtant, rien n'est moins sûr : les gens heureux ont souvent de belles histoires à raconter, même quand ils ont vécu des traumatismes et une enfance malheureuse. C'est ainsi que l'étude de ces survivants heureux a commencé à nous en apprendre autant sur le fonctionnement humain que l'étude de ceux qui vivaient encore dans le malheur.

[?] SAVOIR 5

Les quatre conditions de la résilience : des ressources intérieures et extérieures

DES RESSOURCES INTÉRIEURES

Première condition de la résilience : une capacité d'interagir avec le traumatisme

Au moment d'un traumatisme comme l'abandon, l'enfant doit en quelque sorte « choisir » de survivre. Un bébé abandonné par une maman qui meurt en couches ou par un papa qui le laisse sur les marches devant un poste de police doit porter en lui un instinct de survie assez fort pour ne pas se laisser mourir. Placé pendant des mois en orphelinat, il doit ensuite continuer de choisir la vie plutôt que le désespoir et la mort.

Ainsi, même si les conditions de vie préadoption des enfants n'ont pas toutes été les mêmes, on peut affirmer que l'immense majorité de ces enfants abandonnés, puis adoptés au sein d'une famille, sont en réalité des survivants.

D'où vient cet instinct de survie qui les caractérise? Les opinions sont encore partagées. Des auteurs cherchent des explications psychanalytiques dans la vie intra-utérine, puis durant les premiers jours, semaines ou mois de vie. D'autres parlent de **déterminisme génétique***. Une chose est certaine : on remarque chez les êtres résilients un quotient intellectuel souvent supérieur, de bonnes habiletés à résoudre les problèmes, des stratégies d'adaptation supérieures à l'âge adulte ainsi qu'une autonomie exceptionnelle.

Ces caractéristiques seraient dues à trois facteurs :

Le déterminisme génétique : le code génétique de chaque individu contient des instructions pour la production de la sérotonine. Cette substance permet la bonne transmission des informations d'un neurone à l'autre. Elle joue également un rôle majeur dans la stabilité de l'humeur. Il y aurait des individus moins facilement résilients, car ils seraient génétiquement de petits transporteurs de sérotonine, et d'autres plus résilients, car ils seraient génétiquement de **gros transporteurs de sérotonine***. Les premiers réagiraient de façon très anxieuse à des situations banales, tandis que les seconds seraient moins affectés par des situations très anxiogènes[3].

Des capacités intellectuelles ou un sens de l'humour hors du commun : est-ce à dire que les plus intelligents sont plus à même de survivre? Peut-être bien, mais pas pour les raisons qu'on imagine. Les capacités intellectuelles permettent d'effectuer un clivage, c'est-à-dire de vivre l'horreur tout en se réservant une vie cognitive secrète. C'est le principe magnifiquement illustré dans le film *La Vie est belle* de Roberto Benigni[4].

Un bon état de santé : pour résoudre des problèmes, s'autoréguler et s'autodéterminer, il faut ne pas avoir accumulé trop de déficits, de retards ou de séquelles.

Deuxième condition de la résilience : une imagination riche pour fuir l'insoutenable

Survivre physiquement est une chose, survivre sur le plan affectif ou psychique en est une autre. Comment ne pas devenir «fou» lorsqu'on est totalement seul et isolé, ou encore en contact avec une réalité extérieure insupportable? Les récits de survivants adultes nous donnent des pistes de réponses. Ainsi, qu'est-ce qu'un intellectuel russe emprisonné pendant dix ans en isolement total au Goulag a en commun avec les victimes de tortures en Argentine? Réponse : le recours à l'imagination, selon plusieurs chercheurs qui se sont intéressés aux caractéristiques intrinsèques des personnes résilientes. Sans aucun pouvoir sur le monde extérieur qui les menaçait, toutes ces personnes en détresse ont «fui» dans leur tête. Elles se sont créé un monde parallèle, imaginaire.

---

3 Voir le chapitre 9, *Une mauvaise gestion du stress.*

4 Le film *La Vie est belle* du réalisateur italien Roberto Benigni a remporté l'oscar du meilleur film étranger en 1999.

Certains enfants adoptés plus vieux ont décrit à leur manière cette stratégie : l'orphelinat était un château, eux se représentaient en princes injustement faits prisonniers, la méchante nounou était une sorcière et la gentille bénévole une fée qui finirait par les libérer. On peut extrapoler et se dire que même un tout jeune bébé, pour ne plus entendre les pleurs de ses compagnons, a les moyens de se créer un univers supportable en jouant avec ses mains ou en regardant pendant des heures une araignée qui tisse sa toile au plafond.

DES RESSOURCES EXTÉRIEURES

Troisième condition de la résilience : la possibilité de parler librement

Pour survivre, un enfant a besoin, tout comme un adulte, de rencontrer une ou des personnes qui sont les tuteurs de sa survie, autrement dit de sa résilience. Ce sont les tuteurs externes de la résilience de Boris Cyrulnik. Les parents adoptants font partie de ces personnes, et sont souvent les plus importants. Tout être humain a besoin d'être cru par un autre être humain pour entreprendre un processus de deuil et de guérison. C'est le principe de base incontournable d'une relation d'aide, qu'elle soit médicale ou psychosociale. Il en va de même pour l'enfant abandonné.

Les personnes qui ont vécu des traumatismes hésitent souvent à parler, de peur d'être jugées, de ne pas être crues ou pire encore, d'avoir à affronter la souffrance de celui qui entend son histoire en plus de gérer sa propre souffrance. La personne qui accueille le vécu de l'enfant en se centrant sur ses propres réactions émotives risque de rendre l'enfant à nouveau victime plutôt que de devenir un tuteur de sa guérison. Cela est vrai pour la maladie physique : une maman qui s'effondre en se centrant sur l'injustice et sur sa propre souffrance d'avoir un enfant leucémique ne peut pas aider son enfant à guérir. C'est la même chose pour les traumatismes psychologiques. « Je ne veux pas avoir à prendre soin de la souffrance que je te cause en t'exprimant ma propre souffrance en mots ou en comportements, écrit l'auteure américaine Sherrie Eldridge[5]. Sois solide, crois ma souffrance, accueille mon désarroi et crois aussi en ma capacité de m'en sortir. Si tu souffres de ces révélations, trouve quelqu'un d'autre que moi — ton enfant — pour te rassurer, te soutenir, t'écouter et te guérir. »

Quatrième condition de la résilience : une acceptation et un amour inconditionnels

Ce qu'il y a également de commun dans l'histoire des résilients, c'est la rencontre dans leur vie *d'au moins un adulte significatif* ayant cru dans leur potentiel d'enfant, ayant vu au-delà des apparences et des stratégies de survie parfois difficiles. Aussi surprenant que cela puisse paraître, cet adulte à l'amour inconditionnel peut être présent dans la vie de l'enfant pendant des années entières, mais aussi seulement pendant quelque temps : il peut s'agir d'une juge, d'une nourrice, d'un enseignant, d'un chef scout, d'un médecin ou de l'épicière du coin. Cet adulte peut avoir beau-

5 Sherrie Eldridge. *Parents de cœur : comprendre l'enfant adopté*, Paris, Albin Michel, 2003.

coup d'influence sur l'enfant, même s'il passe à la vitesse d'une étoile filante dans son existence! Alors, imaginez le pouvoir énorme que vous avez comme parent en étant là jour après jour, et ce, pendant des années!

Pour devenir un tuteur de résilience, la tâche du parent sera de jouer le rôle d'un capitaine chaleureux, mais très compétent, très encadrant, très rassurant, très patient avec ce petit matelot blessé. Il devra être un adulte capable d'entendre la souffrance de l'enfant sans s'effondrer lui-même.

[?] SAVOIR 6

La reproduction des anciennes stratégies de survie

Devenir tuteur de la résilience de l'enfant nécessite impérieusement de savoir pourquoi, malgré l'amour et parfois des années de bons soins, l'enfant teste encore la solidité de son parent adoptif.

Votre enfant est comme un matelot qui aurait vécu de nombreux naufrages. Certes, l'enfant adoptable est nécessairement un petit être résilient, mais cette résilience a des limites. Il a survécu, mais il a aussi gardé des peurs qu'il faudra croire, comprendre et calmer. Et c'est là où le rôle du tuteur de résilience prend tout son sens.

Symboliquement, vous représentez les nouveaux capitaines du navire l'ayant sauvé de la noyade. Votre bateau est solide, confortable, bien équipé. Vous êtes également de bons capitaines, pas parfaits, en apprentissage comme tous les parents, mais tout de même les plus adéquats possible. Vous le savez, mais lui est loin d'en être certain. Vous devrez lui prouver que vous avez les qualités nécessaires pour être ses tuteurs, que vous êtes assez souples et assez solides pour qu'il s'appuie sur vous.

En effet, les nombreux naufrages n'ont pas laissé le matelot indemne, surtout en ce qui concerne sa capacité à recréer des liens d'attachement et à se sentir en sécurité dans l'univers. Il a vécu ces naufrages comme autant de trahisons, alors que la vie lui avait promis une enfance douce et facile.

Il a précocement perdu ses illusions et sa naïveté d'enfant. Il a surtout perdu confiance dans les capitaines-parents, dans la solidité des bateaux-familles, et parfois même il a perdu le goût de traverser vers le monde des adultes…

Comme nous le verrons en détail plus loin[6], un des plus grands défis en adoption est de convaincre un enfant ayant vécu de nombreux naufrages qu'il peut enfin s'attacher sainement et solidement à ses nouveaux parents.

Contrairement à ce que beaucoup croient, l'attachement a très peu à voir avec un sentiment d'amour. Le lien d'attachement est avant tout un profond sentiment de confiance, de sécurité, de permanence de la relation. Un enfant qui a un attachement sain et sécurisé avec ses parents sait, au plus profond de sa chair et de son âme, qu'il peut toujours compter sur eux pour le protéger, pour répondre à ses besoins et pour le chérir, même quand il sera adulte et autonome.

---

6 Voir le chapitre 7, *Un attachement difficile.*

Tous les enfants par adoption arrivent avec une capacité de faire confiance aux adultes donneurs de soins fragilisée. Ils ont un style d'**attachement insécurisé*** et présentent des comportements d'attachement difficiles à décoder au début. Certains sont gravement atteints, d'autres moins. Un petit nombre le restera de façon permanente, mais la majorité surmontera ce défi si les conditions favorables sont mises en place.

Cette méfiance acquise explique pourquoi l'enfant «teste» ses parents, surtout dans les premiers mois après l'adoption, mais également à d'autres moments plus tard dans son développement. Il vous fait passer des tests, car il a peur que vous ne soyez pas de bons capitaines. Pour ce faire, il surveille la cabine de pilotage et vérifie régulièrement vos connaissances et vos capacités de navigation.

Si un geste, un mot, un évènement, aussi banal soit-il, lui rappelle de façon sensorielle, émotive ou cognitive un des naufrages passés, il peut attaquer la cabine de pilotage pour essayer d'en prendre le contrôle (et parfois il réussit!). Bien entendu, l'enfant ne saura pas être un bon capitaine. Bien au contraire, ce rôle risque de l'insécuriser davantage. Pourtant, il aura l'illusion d'être aux commandes, d'être moins vulnérable et moins à la merci d'une mauvaise décision des adultes.

Pour ce faire, il utilisera des comportements d'attachement insécurisé qui lui ont été utiles en préadoption. Certes, ce ne sont pas des comportements souhaitables ou sains, mais ils ont fonctionné de façon assez efficace pour qu'il reste vivant. Il va donc les reproduire pour vous empêcher de jouer facilement votre rôle de parent, car il ne vous fait pas encore entièrement confiance. Ces comportements ne sont ni des maladies, ni des manipulations conscientes. Ce sont des stratégies de survie acquises. N'oubliez jamais que sans ces stratégies très désagréables dans le présent, cet enfant n'aurait jamais été votre enfant. Il faut donc les célébrer, tout en prenant les moyens de les déprogrammer.

Voici en résumé les trois principaux types de stratégies que l'enfant insécurisé est susceptible d'utiliser pour tester ses parents et essayer de prendre le contrôle de la cabine de pilotage familiale :

> **La stratégie du sumo*** : Il utilisera les menaces, des mots blessants, fera des crises de colère, sera souvent agressif pour avoir l'air fort et tout décider à la place de ses parents.
>
> **La stratégie du velcro*** : Il sera à la fois séducteur et anxieux, accaparant, s'accrochera physiquement au parent sans que celui-ci puisse aisément le calmer. Son objectif (inconscient) est de vous surveiller et de rester à proximité pour s'assurer que vous serez là quand il en aura vraiment besoin.
>
> **La stratégie du solo*** : Il semblera très indépendant, presque trop autonome pour son âge. Il se retirera à l'écart des autres, et ce, sans montrer ouvertement ses émotions, pour ne pas dévoiler ses besoins, qu'il considère comme des faiblesses dont les parents pourraient abuser.

Ces trois stratégies sont motivées par la peur de revivre un naufrage, la méfiance apprise envers les adultes en position d'autorité, et non pas par la peur du nouveau capitaine en particulier. Elles n'ont généralement rien à voir avec la qualité du bateau ou les compétences des présents capitaines, au moment de l'adoption ou plus tard. Ce n'est pas vous en particulier qui êtes visés par l'enfant. Cependant, selon vos réactions, deux situations sont possibles :

- Vos réactions répondent aux besoins de l'enfant et deviendront des facteurs de protection pour soigner ses blessures de naufragé ; ou
- vos réactions, non adéquates, se transformeront en facteurs de risques qui vont infecter davantage les blessures du petit matelot et les empêcher de cicatriser.

Ces stratégies ne sont pas faciles à comprendre ni à vivre, surtout quand on n'en saisit pas l'origine et les objectifs. De plus, l'enfant saura mettre le doigt sur les petites ou grandes faiblesses de ses parents. Le petit adopté naufragé possède un détecteur de faiblesses d'une efficacité redoutable.

La majorité des parents se sentent à tort responsables de ces comportements étranges, qu'ils ne décodent pas comme des stratégies de survie acquises. Il leur est encore plus difficile de se convaincre que l'enfant agirait comme cela avec n'importe quel nouveau capitaine. Les parents ne sont pas coupables de la mise en place de ces stratégies, mais ils sont responsables de trouver les moyens de les rendre inutiles.

Vous pouvez choisir de pester ou de crier à l'injustice devant tant de travail à accomplir. À l'inverse, vous pouvez y voir des occasions de prouver votre engagement et votre solidité. En fait, l'enfant, en agissant ainsi, vous rend un fier service. Il veut inconsciemment que le capitaine voie aussi ses propres faiblesses, pour qu'il puisse les neutraliser et devenir enfin le capitaine dont il a désespérément besoin pour aller mieux. Il veut commencer à vivre et non plus seulement survivre en attendant un autre naufrage. Plusieurs parents ayant depuis longtemps dépassé cette étape témoignent à présent que grâce à leur enfant, ils ont eu le courage de régler certains problèmes et sont devenus de meilleures personnes. Il donne raison à cet adage selon lequel *les enfants existent pour finir d'élever leurs parents.*

En voyant le capitaine rester fort devant la tempête, le petit bébé acceptera doucement de remettre sa vie, sa santé, sa sécurité entre ses mains. Il redeviendra peu à peu un petit matelot sécurisé et confiant capable de profiter de tous les avantages d'une si belle croisière !

Oui, il faut rester ou devenir un capitaine solide. Pas un capitaine parfait, mais un capitaine capable de faire preuve d'une autorité rassurante et bienveillante. Il faudra rassurer le naufragé avant d'espérer être aimé de lui.

SAVOIR FAIRE
Savoir être

FICHE PÉDAGOGIQUE ADOPTEPARENTALITÉ **N° 1**
Comment raconter l'*Océanfance* ?

Objectif : aborder de manière symbolique le vécu préadoption

Public cible : enfants de plus de 4-5 ans

Matériel nécessaire : crayons de couleur et papier + le conte *L'Océanfance* au début du chapitre

Il est délicat d'aborder le passé difficile et souvent presque inconnu de notre enfant par adoption. Plusieurs parents se sentent mal à l'aise d'en discuter. Ils ont peur de traumatiser l'enfant de nouveau plutôt que de l'aider. Comme nous l'avons vu, c'est pourtant une des conditions nécessaires pour soutenir la résilience de l'enfant : le tuteur doit croire ce qui est arrivé à l'enfant, sans pour autant le banaliser ni s'écrouler devant tant de souffrances.

Votre langage non verbal revêt une grande importance : votre attitude, votre regard, vos gestes doivent montrer que vous êtes plein d'admiration pour son courage et que vous ne minimisez pas ses souffrances passées.

Avec de bons outils, des outils à la portée de l'enfant, vous pouvez vraiment faire une différence dans la perception que l'enfant a de lui-même.

Tous les grands adoptés en témoignent : ils se sentent très illogiquement coupables de l'abandon, mais ils DÉTESTENT surprendre un regard de pitié chez les autres ou adopter une identité de victime. Ne posez surtout pas sur votre enfant ce regard de pitié lorsque vous aborderez le sujet avec lui.

La dernière chose dont votre enfant a besoin, c'est en effet de la complaisance ou de la pitié. Il veut sentir que vous croyez les épreuves qu'il a subies, tout autant que vous avez foi dans ses capacités à en surmonter la majorité des conséquences. Vous devrez aussi le rassurer, lui promettre que vous serez toujours là pour l'aider à surmonter les moments difficiles.

Plus tôt vous célébrerez avec lui son instinct de survie, mieux il se portera. Il est de votre devoir de ne pas le priver et de ne pas vous priver de ce cadeau !

Rassemblez toute la famille autour de la table de cuisine. Les enfants, adoptés ou non, sont invités. Dites aux enfants que vous allez raconter une histoire très spéciale, mais sans indiquer que cette histoire est un peu leur histoire. Lisez la première partie du conte qui se trouve au début de ce chapitre en faisant des dessins, des gestes, et en y mettant beaucoup d'énergie et d'émotions.

Une fois l'histoire racontée, soyez attentif aux questions de l'enfant, et à ses réactions verbales ou non verbales.

- Il peut sembler indifférent, mais l'histoire va tout de même faire son chemin dans quelques minutes ou quelques jours. Même s'il n'en reparle pas sur le coup, revenez doucement sur le sujet par la suite, en respectant son rythme.
- Il peut devenir agité et essayer de saboter le déroulement du jeu. Cela le bouleverse, mais il ne saurait dire clairement pourquoi. Ne cherchez pas à le calmer à tout prix, dites-lui simplement que vous comprenez que c'est une histoire difficile à entendre, mais que maintenant, le petit matelot de l'histoire est en sécurité avec de bons capitaines, même s'il ne le croit pas encore tout à fait.
- Il peut rapidement dire : « Je sais, je sais, c'est mon histoire », ce à quoi vous devez acquiescer en confirmant qu'en effet, cette histoire ressemble beaucoup à la sienne. Soulignez en quoi votre enfant est comme le matelot courageux qui a choisi de survivre malgré les épreuves. Félicitez-le d'avoir survécu, puisque grâce à son courage, vous avez le privilège d'être son parent.
- Il se peut que vous ayez à lui poser des questions précises pour l'aider à établir des liens. Par exemple : « Est-ce que tu penses que ton histoire avant que l'on t'adopte peut ressembler à l'histoire du matelot ? Penses-tu que le petit matelot va finir par faire confiance aux capitaines ? Qu'est-ce que les nouveaux capitaines peuvent faire pour le rassurer ? Penses-tu que papa et maman sont des capitaines compétents ? Penses-tu que notre bateau-famille pourrait faire naufrage ? Sinon, pourquoi ? Si oui, resterais-tu seul comme le petit matelot ou y aurait-il des gens pour s'occuper de toi ?»

- Évitez à tout prix de juger ou de condamner les donneurs de soins précédents. Si l'enfant vous demande pourquoi ils ont quitté le navire, répondez que vous ne savez pas précisément et que vous ne voulez pas mentir ou inventer une réponse. Par contre, insistez sur le fait que deux choses sont certaines, d'abord, cela prend des raisons très graves, rares et exceptionnelles pour que des parents biologiques ou des donneurs de soins abandonnent un enfant. Ensuite, cet abandon n'est jamais, jamais de la faute des bébés. Les bébés sont trop petits et vulnérables pour avoir provoqué cela, choisi cela. Les bébés ne peuvent rien faire pour empêcher cette situation. Votre enfant était et est toujours un bon bébé, un bébé précieux qui vaut la peine d'être aimé, soigné, choyé, protégé.
- Soulignez aussi que comme le petit matelot de l'histoire, votre enfant peut parfois éprouver la peur illogique d'une nouvelle tempête ou craindre qu'il arrive quelque chose de grave aux capitaines. Rassurez-le en disant que vous êtes d'excellents capitaines, mais que plusieurs autres bateaux tout proches vous accompagnent et qu'en cas de problème, ils prendront la relève : ce sont les grands-parents, tantes, oncles, amis et tuteurs. Il ne se retrouvera donc plus jamais seul, abandonné. Parce que vous êtes des capitaines solides et prévoyants, dites clairement à votre enfant qui s'occuperait de lui et de ses frères et sœurs si maman était malade. (Si ce n'est pas déjà fait, il est donc de la toute première importance que vous rédigiez des documents notariés : non seulement votre testament, mais également un document indiquant à qui les enfants seraient légalement confiés advenant votre décès).
- Dans votre quotidien, essayez de revenir fréquemment sur le sujet, en vous inspirant de l'histoire du matelot pour lui raconter sa propre vie, pour le rassurer, lui promettre qu'il est assez fort et courageux. Montrer de l'**empathie*** pour ses peurs sans pour autant tout excuser et le surprotéger.
- Par la suite, lorsque votre enfant essayera de vous surveiller en faisant irruption dans la cabine de pilotage ou en décidant des choses qui ne sont pas de son âge, avertissez-le gentiment, mais fermement : « Matelot Sophie ! Qui est le capitaine, ici ? Rappelle-toi : ton rôle de matelot est de faire confiance aux capitaines, de profiter de la croisière pour grandir, apprendre et vivre des émotions agréables, pas de décider du fonctionnement ou des règles à bord du navire ! »

- Surtout profitez de cette histoire pour rassurer le plus possible votre enfant au sujet de la permanence de sa place sur votre bateau, de vos compétences de capitaines, de votre amour inconditionnel. Garantissez-lui que même si le matelot est turbulent, qu'il n'a pas toujours de bonnes notes à l'école, qu'il désobéit parfois, qu'il dit même qu'il ne vous aime pas, il demeure à vos yeux un être précieux, important, aimable. Bref, qu'il est « condamné » à rester votre enfant pour toujours !

Inspiration : Travaux en thérapie d'impact et des travaux de Milton H. Erickson.

FICHE PÉDAGOGIQUE ADOPTEPARENTALITÉ **N° 2**
La flamme du survivant

Objectif : transmettre à l'enfant adopté une vision positive de lui-même

Public cible : enfants de plus de 4-5 ans

Matériel nécessaire : crayons de couleur et papier

Il faut absolument que l'enfant entende la bonne nouvelle de la bouche de leurs parents. Il faut qu'il sache que ses parents le trouvent fort et courageux de s'être accroché à la vie assez longtemps pour qu'ils puissent ensuite aller le chercher et l'aimer. Il faut qu'il en soit convaincu et qu'il s'en souvienne quand il se trouvera moins bon qu'un autre, qu'il aura de la difficulté à l'école ou qu'on lui dira des choses blessantes.

Sur un joli carton, dessinez un cœur dans lequel vous tracerez une petite flamme, la flamme du survivant qui ne s'éteint jamais. Ensuite, invitez l'enfant à s'asseoir et offrez-lui le dessin dans une boîte-cadeau.

Dites-lui : « Tu sais, avant ton adoption, la vie n'était pas toujours facile pour toi, mais tu as prouvé que tu étais capable de te sortir de situations bien plus difficiles ! Tu as une force hors du commun, là, dans ton cœur. C'est une flamme que personne n'a réussi à éteindre ! » Sur ce, montrez-lui la flamme, donnez-la-lui pour qu'il ait du courage à l'école ou durant son camp scout.

Pourquoi ne pas mettre à profit les réflexions d'inconnus ou de votre propre famille ? Lorsqu'on vous lance : « Mon Dieu que vous êtes courageux d'avoir adopté ! », pourquoi ne pas répondre, surtout en présence de l'enfant : « Madame, mon courage n'est rien en comparaison avec celui de mon fils. C'est lui le véritable survivant que vous devriez féliciter, pas moi ! »

Inspiration : Travaux en thérapie d'impact et des techniques de thérapie fondées sur le pouvoir d'agir (*empowerment*).

FICHE PÉDAGOGIQUE ADOPTEPARENTALITÉ **N° 3**

Les mots pour le dire

Objectif : offrir aux parents des mots plus justes pour aborder avec l'enfant son vécu préadoption de l'enfant

Public cible : enfants de plus de 4-5 ans

Matériel nécessaire : aucun

Imaginez une émission de télévision. L'animateur peut utiliser deux façons de présenter son invitée. Deux façons de faire qui influencent profondément la perception de l'auditoire.

Il peut dire : « S'il vous plaît, accueillez Juliette, survivante d'une agression sexuelle. »

Ou il peut dire : « S'il vous plaît, accueillez Juliette, victime d'une agression sexuelle. »

S'il utilise la première formulation, l'auditoire accueillera probablement Juliette avec compassion et admiration. Elle-même se présentera la tête haute, avec fierté. Elle a fait ce qu'il faut pour rester vivante.

S'il utilise la seconde formulation, cependant, l'auditoire risque d'accueillir la même Juliette avec une compassion teintée de pitié et d'un certain malaise. Juliette risque de recevoir le regard de l'auditoire avec une certaine honte... Elle n'a pas fait ce qu'il faut pour éviter l'agression.

Nos enfants n'ont ni choisi ni provoqué leurs épreuves. Dans ce sens, ils ont subi les choix des adultes ou les hasards de la vie. Ils n'ont pas eu le contrôle sur les évènements. Ils ont été *victimes* à cause de leur manque de moyens de défense, mais ils ont *survécu* grâce à leurs ressources intérieures réelles. Ces ressources, ils les possèdent toujours. Il faut donc croire à l'instinct de survie de votre enfant et le lui DIRE. C'est une des quatre clés de la résilience : être cru sans subir le regard de pitié de celui qui entend notre histoire.

Pour les parents, toutes les occasions sont bonnes pour souligner à l'enfant que, contrairement à la majorité de ses petits copains, lui a vraiment survécu à de vraies épreuves. Il a été testé et il a réussi ce test !

Ainsi, dans des moments de doute, de découragement, voire d'intimidation, il est primordial de le prendre près de vous, de le regarder dans les yeux et de lui rappeler qu'il possède à l'intérieur de lui des ressources de survie exceptionnelles. Il ne doit pas les ignorer, les minimiser. C'est à vous de l'aider à y croire et à les utiliser.

Inspiration : Techniques de thérapie fondées sur le pouvoir d'agir (*empowerment*) et des écrits de Françoise Dolto.

SAVOIR
en bref

En bref

1. Les enfants qui finissent par être adoptés sont tous des survivants, car ils ont été victimes d'une terrible sélection naturelle. Beaucoup de leurs petits camarades d'infortune sont décédés de négligence ou de malnutrition, ou se sont laissés mourir de chagrin et d'indifférence. La plupart des adultes entourant l'enfant adopté savent et sentent qu'il est un survivant ; il est de toute première importance que le principal intéressé en soit également convaincu.
2. La majorité des enfants adoptés n'ont pas subi de maltraitance active — coups, abus physiques ou sexuels —, mais plutôt de la maltraitance passive. Ce n'est pas ce qu'on leur a fait qui les a blessés, mais ce qu'on ne leur a pas fait. Cette négligence a ralenti le développement de leur cerveau.
3. L'enfant a survécu à de nombreux naufrages affectifs et physiques avant son adoption. L'adoption a pour but de l'aider à se sentir à nouveau en sécurité sur son nouveau bateau-famille et à refaire confiance à ses nouveaux capitaines.
4. Les enfants adoptés sont des résilients, mais la résilience ne veut pas dire survivre sans aucune séquelle.
5. Il existe quatre facteurs de protection qui favorisent la résilience. Deux de ces facteurs sont inhérents à l'enfant lui-même : ses ressources cognitives et sa créativité. Deux autres dépendent de la rencontre de tuteurs de cette résilience : l'enfant doit sentir qu'on croit son histoire, mais sans le considérer comme une victime. Il a besoin qu'on tienne compte des séquelles temporaires ou permanentes des épreuves qu'il a subies, tout en ayant de l'admiration pour sa grande capacité de survie. C'est en faisant cela que les nouveaux parents peuvent devenir des tuteurs de la résilience de leur enfant.

Facteurs de risques **à éviter**	Facteurs de protection **à favoriser**
• Nier le caractère très éprouvant du vécu préadoption et des séquelles.	• Rappeler à l'enfant qu'il a survécu à des choses bien plus difficiles lorsqu'il se sent dévalorisé ou incapable de faire face à certaines situations quotidiennes.
• Tomber dans la pitié et le mélodrame.	• Ajouter toujours le mot « courageux » quand on aborde les moments difficiles du vécu préadoption.
• Voir l'enfant comme faible ou faisant pitié et par conséquent le surprotéger.	• Croire aux ressources intérieures de l'enfant tout en ayant de la compassion pour certaines séquelles bien réelles.
• Éviter le sujet ou refuser de répondre aux questions éventuelles de l'enfant sur son vécu préadoption.	• Parler ouvertement de la force intérieure de l'enfant, à l'enfant lui-même et aussi à des tierces personnes quand l'enfant est à portée de voix.
• Utiliser les mots « victime », « pitié », ou les expressions « pauvre petit » ou « c'est épouvantable ».	• Utiliser les mots « survivant », « déterminé », « combatif ».
• Considérer les « tests de solidité » comme des attaques personnelles.	• Profiter des tentatives de « prise de contrôle de la cabine de pilotage » comme autant d'occasions de prouver votre solidité et vos compétences de bon capitaine.
• Vouloir être aimé par son enfant avant même qu'il se sente en sécurité et en confiance.	• Différer son besoin de recevoir des preuves d'amour de la part de l'enfant.

Facteurs de risques **à éviter**	Facteurs de protection **à favoriser**
• Laisser l'enfant décider des horaires du coucher, des repas, des activités pour qu'il nous trouve « gentil ».	• Établir un cadre clair, simple et sécuritaire pour que l'enfant sache comment se conduire et ainsi qu'il se sente en confiance.
• Ne pas oser protéger l'enfant de lui-même de peur qu'il ne vous aime jamais si vous êtes ferme et autoritaire.	• Oser appliquer une saine autorité parentale même si le lien n'est pas encore solide.

En savoir plus

Pour en savoir plus sur la façon de raconter l'histoire de l'enfant dès les premiers jours après l'adoption, consulter le deuxième livre de la collection « Adopteparentalité » à paraître : *Mieux vivre les premières années après l'adoption.*

Pour en savoir plus sur la façon de faire des activités de rematernage avec une histoire intégrant différentes étapes de la vie de l'enfant, consulter le troisième livre de la collection « Adopteparentalité » à paraître : *L'Adoption : les conditions gagnantes d'un attachement sain de 6 à 18 ans.*

En savoir encore plus

Chicoine, Jean-François, Patricia Germain et Johanne Lemieux. *L'Enfant adopté dans le monde en quinze chapitres et demi*, Montréal, Éditions du CHU Sainte-Justine, 2003.

Cyrulnik, Boris. *Un Merveilleux malheur*, Paris, Odile Jacob, 1999.

Eldridge, Sherrie. *Parents de cœur : comprendre l'enfant adopté*, Paris, Albin Michel, 2003.

Hopkins-Best, Mary. *Toddler Adoption: the Weaver's Craft*, Indianapolis, Perspective Press, 1996.

CHAPITRE 4

Un entretien sophistiqué

Paroles d'enfants

Je suis différente de mon frère. Lui il est né dans le ventre de ma maman, moi je suis née dans son cœur. Je ne lui ressemble pas, parce que j'ai le nez plat. Et puis, moi, j'ai tout le temps des rendez-vous : à l'école chez l'orthopédagogue ; à l'hôpital chez le docteur pour enfants, le docteur Chicoine ; puis chez l'orthophoniste, madame Caroline ; et puis chez vous, madame Johanne, parce que j'ai peur et que je fais des crises quand papa part en avion pour son travail ou quand maman me dit non. Et puis, je viens toute mêlée. Je trouve que mon frère, sa vie est pas mal moins compliquée !

Marie-Lee, 7 ans, d'origine chinoise

Les enfants adoptés et leurs parents sont-ils des enfants et des parents comme les autres ? Réponse : Oui ! Mais avec beaucoup d'options supplémentaires si on les compare à la majorité des enfants biologiques modèles de base et à leurs parents.

Comme certaines plantes que l'on doit cultiver dans des conditions précises, les enfants adoptés sont à entretien plus sophistiqué que les autres.

Allégorie
Un jardin de printemps, d'été, d'automne ou d'hiver?

Une dame se présente dans un centre de jardinage.

Dame : J'aimerais avoir un très beau jardin. Qu'avez-vous à me suggérer comme fleurs à planter?

Horticulteur : Vous savez, chère madame, la réussite d'un joli jardin dépend d'abord de la saison à laquelle vous souhaitez jardiner. Pour choisir la saison, il faudra me dire tout d'abord quel genre de jardinière vous pensez être. Il existe quatre sortes de jardiniers, comme il existe quatre saisons. À chaque saison correspondent des fleurs plus ou moins exigeantes à entretenir. Pour réussir, il faut faire concorder les désirs et les capacités du jardinier avec la quantité d'entretien que nécessitent les plantes choisies.

- Si vous êtes un jardinier paresseux, je vous propose des plantes de printemps, comme des tulipes. Une fois leurs bulbes bien enfouis dans la terre à l'automne, elles fleuriront sans aucun effort de votre part. Un peu de désherbage suffira et la majorité refleurira même l'an prochain.

- Si vous êtes un jardinier du dimanche, vous pouvez vous procurer des fleurs pour un jardin d'été. Je vous propose des tournesols. Ils poussent vite et bien. Par contre, il faut les surveiller et installer un tuteur à chacun des plants. Il faut aussi ajuster régulièrement ce tuteur, car sans ce support constant, les tiges risquent de casser. Une heure d'entretien par semaine devrait suffire pour créer un parterre ensoleillé.

- Si vous êtes un jardinier passionné, un jardin d'automne, magnifique, est à votre portée. Je vous conseille des violettes. Elles doivent être plantées en serre d'une façon précise avant le printemps. Ensuite, il faut les planter dehors lorsque le risque de gel est passé. Ces fleurs ont besoin de terre noire et d'un engrais spécial que l'on ne trouve pas facilement. On doit les arroser presque tous les soirs, les jours où il n'a pas plu, et les rentrer dans la maison quand on annonce du gel pour la nuit. Il faut surtout, une fois ou deux par semaine, enlever les fleurs fanées, sinon vous n'obtiendrez qu'une seule floraison. Mais si vous y mettez environ deux ou trois heures par semaine, vous en aurez plein les yeux. Mais attention : sans entretien, votre jardin deviendra vite tristounet et vous serez déçu.

- Finalement, si vous aimez les grands défis et que vous souhaitez devenir un jardinier expert et faire fleurir les plus merveilleuses fleurs sur terre, il vous faut un jardin d'hiver. Je vous propose des orchidées. Elles ne fleurissent qu'une fois par année, mais la fleur est une splendeur. Elles restent épanouies pendant quatre ou cinq semaines. Bien entendu, il vous faut une serre, car sous notre climat, elles ne peuvent pas vivre dehors. Leur culture est un grand défi. Vous aurez à mettre de l'engrais, à ventiler la terre, qui doit être d'une nature très spéciale, à vérifier la température de la pièce et l'humidité ambiante, à changer la position du pot selon le soleil pendant les 45 autres semaines de l'année SANS ESPÉRER AUCUNE FLEUR. C'est un acte de foi la première année ! Les résultats sont magnifiques, mais vos efforts ne seront récompensés qu'à très long terme.

Dame : Ouf… à regarder les jardins des autres, je ne me doutais pas que c'était aussi complexe. Moi qui pensais pouvoir jouir d'un jardin sans y investir trop de travail.

Horticulteur : Croyez-en ma longue expérience : la nature nous réserve de belles surprises. Dans chaque jardinier paresseux sommeille un futur jardinier expert ! Il suffit de vouloir apprendre !

Un enfant adopté présente plus de facteurs de risques que la majorité des enfants *modèles de base*. Ces facteurs proviennent du manque de **nourriture physiologique***, **sensorielle***, affective, **cognitive***, **sociale*** et de **protection contre les stress environnementaux*** pendant la période préadoption. La vie lui a octroyé des caractéristiques supplémentaires, des « options » en plus. Ces caractéristiques donneront du travail supplémentaire aux parents adoptants.

Avec les bonnes connaissances et les compétences adéquates, les nouveaux parents adoptifs ont le pouvoir de faire diminuer chez l'enfant une grande partie des conséquences de ces facteurs de risques… jusqu'à un certain point. Le merveilleux pouvoir des parents sera d'ajouter des facteurs de protection en devenant des parents compétents pour donner les soins et « l'entretien » sophistiqués nécessaires au bon développement de l'enfant.

[?] SAVOIR

[?] SAVOIR 1

Les enfants sont comme des plantes : à entretien variable !

L'adoption a souvent été comparée à une greffe ou au déracinement d'une petite plante suivi d'une plantation dans une nouvelle terre. Ce sont deux jolies métaphores, mais qui restent trop souvent des histoires incomplètes ; on oublie de poursuivre.

Il ne s'agit pas simplement de prendre une plante plusieurs fois déracinée, assoiffée, avec les feuilles molles et ternes, et de la placer dans une bonne terre, en se disant que le tour est joué, que la nature fera le reste sans apport ou effort extérieurs. Les images édulcorées montrant l'arrivée à l'aéroport de parents épuisés, mais euphoriques, ramenant avec eux leur précieux nouveau venu, me font penser à ce mythe de la greffe instantanée. Ces images donnent l'illusion que le travail d'adoption est derrière eux. Le long processus administratif est presque terminé, certes, mais le vrai sens de l'adoption, le vrai travail de greffe, qui nécessite toute la patience et la science d'un jardinier pour réussir, ne fait que commencer.

Adopter, c'est aussi jouer à la roulette russe, sans vouloir faire de jeu de mots. La plupart des parents souhaitent, ouvertement ou secrètement, se voir confier une petite plante pas trop blessée. Ils ne sont pas différents des parents biologiques, qui espèrent la naissance d'un enfant en santé. Mais contrairement à ce que certaines autorités en adoption prétendent, les parents adoptants n'attendent pas un enfant parfait, sans difficulté ou sans particularité. Mais avouons-le, tous espèrent que la vie leur confie un enfant pas trop traumatisé. En formulant ce souhait, cet espoir, ils pensent à eux-mêmes, bien entendu ; c'est normal et justifié de ne pas désirer souffrir. Ils pensent également à l'enfant, parce que personne ne souhaite voir un enfant souffrir.

Ainsi, selon une foule de facteurs biologiques et environnementaux, un enfant abandonné, puis adopté pourra entrer dans la vie de ses nouveaux parents avec une capacité variable de s'attacher, de prendre racine à nouveau et de rattraper un niveau de développement plus ou moins souhaitable. Cela dépendra du nombre de traumatismes que l'enfant a enregistrés avant son adoption et des carences nutritionnelles, physiques, sensorielles, affectives et cognitives qu'il aura vécues.

Dans ce jeu de hasard aux dimensions planétaires, certains postulants seront exaucés : la petite plante n'arrivera pas trop blessée, elle sera à entretien ordinaire comme une tulipe au printemps. D'autres, toutefois, recevront une petite plante dans un très mauvais état. Elle sera donc à entretien sophistiqué, telle la violette du jardin d'automne, ou à entretien encore plus sophistiqué, telles les orchidées d'un jardin d'hiver... D'où l'importance de se préparer au pire, tout en espérant le meilleur... Cependant, il faut rester réaliste : les enfants adoptés à entretien ordinaire sont rares. La norme est plutôt l'entretien assez sophistiqué et pour longtemps !

Eh oui, la vie est injuste : certains jardiniers n'auront pas beaucoup d'ouvrage à faire, ni de connaissances spécifiques et nouvelles à apprendre, ni de spécialistes en horticulture à consulter pour faire fleurir leur jardin. D'autres devront y mettre énergie et courage. Ils devront passer par toutes les étapes de la courbe du changement. D'abord, nier que leur enfant est une plante d'automne ou d'hiver, puis résister, avant d'explorer une nouvelle réalité et, finalement, de trouver non seulement un sens à cette épreuve, mais aussi des outils efficaces pour devenir heureux malgré l'adversité. Le jardinage sophistiqué, cela s'apprend, et les jardins qui en sont le résultat sont particulièrement beaux à voir !

[?] SAVOIR 2

Mieux connaître les entretiens spécifiques de sa petite plante

Comme dans la vraie vie, il est possible de jardiner en toute saison, mais pas de la même façon. Certaines saisons nécessiteront plus d'outils, plus de soins et plus de connaissances pointues pour réussir un beau jardin, n'en déplaise au jardinier paresseux qui aurait préféré ne pas se salir les mains…

Comme l'affirme de façon si claire et pertinente mon collègue et ami, le docteur Jean-François Chicoine : « Presque tous les enfants sont adoptables, mais cela dépend par quel parent. » Cette affirmation est-elle choquante ? Non, elle est réaliste ! Pour devenir un parent compétent et heureux, il faut prendre conscience de nos forces et de nos limites. En d'autres mots, il faut savoir quelle sorte de jardinier on veut et peut devenir. Soyons très clairs : les jardiniers paresseux vivent habituellement bien mal leur adoption. Soyons plus clairs encore : aucun traitement, qu'il soit médical ou psychothérapeutique, ne peut transformer une orchidée d'hiver en tulipe de printemps…

La courbe statistique de la normalité adoptive

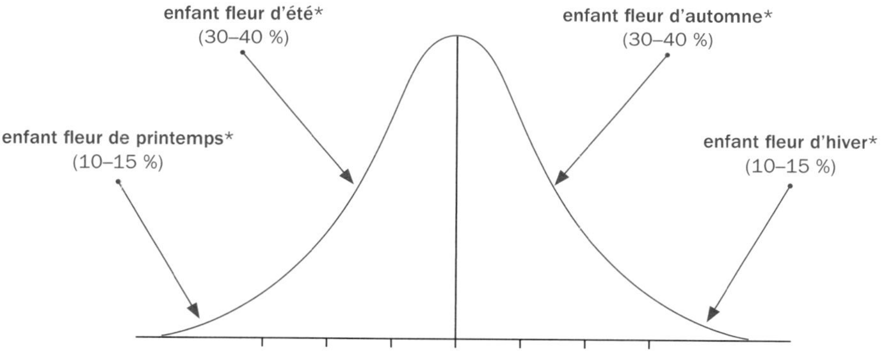

Il faut concevoir ce « classement » sur un continuum allant de gauche à droite. Cette échelle commence par une atteinte légère du potentiel d'attachement et de développement (le printemps) et se termine par l'atteinte la plus grave (l'hiver), avec l'été et l'automne entre les deux. Ces saisons en continuum sont influencées par un ensemble de conditions biologiques et psychosociales qui affecteront la capacité de l'enfant à arriver dans un état de disponibilité suffisant pour créer un attachement sain avec sa nouvelle famille et pour reprendre une bonne santé mentale et physique.

Ce classement n'est pas un jugement sur la « qualité » de l'enfant, qui serait bonne ou moins bonne selon les cas, ni un jugement de sa santé physique et mentale. Il s'agit plutôt d'un outil utile en préadoption, qui a été mis au point pour guider les futurs parents dans leur décision d'accepter ou non une proposition. Ce classement peut aussi servir à mieux saisir la nature des difficultés de l'enfant à son arrivée ou plus tard dans sa vie.

Ce classement a surtout pour objectif de décrire la quantité des options supplémentaires de l'enfant, ses défis physiques, émotifs et cognitifs. Au lieu de dresser une simple liste des difficultés éventuelles (facteurs de risques), ce classement donne aux parents une image concrète de toutes les actions qu'ils devront entreprendre, les choix de vie qu'ils pourront faire, bref, les solutions (facteurs de protection) qu'ils auront à trouver pour cultiver tout le potentiel de l'enfant. Ainsi informés du travail qui les attend, ils peuvent prendre une décision libre et éclairée. Ils peuvent s'autoévaluer en préadoption : ont-ils les capacités personnelles, conjugales, émotives, la motivation, le temps et l'énergie nécessaires pour adopter cet enfant? Qu'auront-ils à faire comme choix de vie et comme démarches, quel sera le coût de leur investissement en temps et en énergie pour que leur enfant fonctionne le mieux possible?

[?] SAVOIR 3
Quatre saisons pour quatre niveaux d'entretien[1]

Bien qu'il soit difficile de généraliser, car il existe d'extraordinaires exceptions, le classement en quatre saisons constitue un bon guide, un repère. Il est important et rassurant de pouvoir mieux se situer en tant que parent et même en tant qu'enfant.

FLEUR DE PRINTEMPS (10 À 15 % DES CAS)

Ces enfants peuvent être adoptés par 95 % des futurs parents adoptants suffisamment «bons», c'est-à-dire les parents qui savent donner des réponses adéquates aux besoins de l'enfant, sans en faire trop ni trop peu, comme le disait le pédiatre anglais Donald Winnicott[2]. Ils sont de petites plantes en bonne santé et à entretien «normal». Les parents jardiniers n'auront pas à s'investir plus que des parents biologiques, ni à apprendre une grande quantité de nouvelles techniques pour réussir à faire fleurir cet enfant. Ce sont des enfants dans la normalité adoptive, avec des caractéristiques adoptives très légères.

Ces enfants n'ont pas vécu d'épreuves trop pénibles. Ils ont généralement bénéficié de plusieurs facteurs de protection avant l'adoption : une bonne santé physique et

1 Cette notion a été expliquée pour la première fois dans un article de la revue publiée par la Fédération des parents adoptants du Québec. Johanne Lemieux. «Cultiver l'attachement», *La Cigogne*, printemps 2006, p. 8-15.

2 Donald Winnicott. *La Mère suffisamment bonne*, Paris, Payot, coll. «Petite Bibliothèque Payot», 2006.

génétique, des soins adéquats, des transitions sans trop de stress. Ils sont souvent nés à terme, d'une mère biologique ayant reçu un minimum de soins périnataux ; ils ont été placés dans d'excellentes familles d'accueil ou auprès d'une nourrice chaleureuse qui n'avait que deux ou trois bébés à soigner.

Ces bébés « printemps » arrivent avec quelques options supplémentaires, quelques traumatismes normaux en adoption, qu'ils placeront inconsciemment dans le champ de la relation. Ces traumatismes sont comme autant de petites mines antipersonnel qui risquent de sauter à long terme si le parent ne démine pas le terrain avant de s'y aventurer pour cultiver la relation affective. Généralement, pour les enfants « printemps », la simple mise en famille suffira à calmer les traumatismes. Les questions existentielles sur leurs différences et leur identité viendront plus tard.

Les parents adoptants des enfants « printemps » se montrent généralement très surpris lorsqu'ils lisent des articles sur les problèmes des enfants adoptés. Ils vont clamer à qui veut l'entendre que ces reportages ne sont que des bêtises, car leur enfant n'est pas comme cela. Ils auront aussi tendance à juger sévèrement les autres parents adoptants qui n'ont pas aussi bien « réussi » qu'eux. Certes, ils ont sans doute bien travaillé, mais ils n'évaluent peut-être pas assez leur chance de s'être vu confier un enfant « printemps »...

FLEUR D'ÉTÉ (30 À 40 % DES CAS)

Près des trois quarts (75 %) des parents adoptants ont la capacité et la motivation d'accueillir un enfant « fleur d'été », mais ils devront toutefois accepter de se doter de connaissances plus spécifiques. Ces enfants ont préservé en eux de grandes ressources, mais elles demeurent au départ invisibles sous leurs blessures.

Les parents de ces enfants doivent idéalement investir énormément de travail et d'énergie pendant la première année d'adoption. Ces enfants poussent facilement, mais avec beaucoup de soleil, beaucoup d'eau et surtout un bon tuteur. La première année sera plus difficile, mais avec le bon savoir, le bon savoir-être et le bon savoir-faire, quelques conseils éducatifs et des soins de santé appropriés, un enfant « été » s'attachera correctement à ses nouveaux parents dans des délais raisonnables. Cela lui permettra de rattraper ses retards de développement sans nécessiter de soins trop spécialisés. Bien sûr, il aura des questions existentielles sur ses origines et des deuils relatifs à son histoire particulière à vivre tout au long de son développement. Toutefois, ces options ne causeront de graves souffrances psychiques ni à lui, ni à ses parents.

FLEUR D'AUTOMNE (30 À 40 % DES CAS)

Nous estimons que seuls 25 % des parents adoptants seront capables d'élever des enfants « fleur d'automne », c'est-à-dire démontreront qu'ils possèdent l'énergie, la force, le courage d'apprendre des techniques complexes et l'humilité nécessaires pour réussir à créer un attachement fonctionnel avec leur enfant. Ils devront déjà être des jardiniers d'expérience. Les autres parents auront le choc de découvrir la quantité de besoins spéciaux que l'enfant présente. Ils chercheront longtemps un moyen, une thérapie, un médicament apte à transformer leur enfant « automne » en enfant « été » ou « printemps ». Ils résisteront longtemps devant l'évidence et refuseront d'admettre que l'enfant a un potentiel limité ; ils voudront minimiser la quantité d'entretien qui lui est nécessaire pour aller bien. Se voir confier la charge d'une fleur d'automne est lourd de conséquences pour le parent en tant qu'individu, et a bien sûr des effets sur son mode de vie et sur son portefeuille.

Ceux qui feront le deuil de l'enfant à entretien facile pour accueillir l'enfant tel qu'il est, accepteront éventuellement de modifier leur approche. Ils réussiront à trouver et à accepter l'aide requise pour devenir des jardiniers très bien outillés. Pour ceux-là, le bonheur sera au rendez-vous. Ils verront enfin leur enfant s'épanouir et atteindront leur rêve d'une belle famille. Ceux qui refuseront d'apprendre de nouvelles techniques d'éducation et de les appliquer sur un très long terme resteront très malheureux, car leur enfant n'ira pas aussi bien qu'il le pourrait. Il faut oser le dire : les parents d'un enfant « automne » devront être des adultes particulièrement dévoués, très disponibles et d'une grande ouverture d'esprit — ou le devenir — pour vivre une vie de famille satisfaisante.

Les enfants qui arrivent avec une saison d'attachement « automne » sont pleins de ressources, pleins de potentiel : ne l'oublions pas, ce sont des survivants, ils ont survécu physiquement à de multiples épreuves. Mais ces ressources semblent cachées, enfouies sous plusieurs mines, enfermées dans une armure de défense contre un univers qu'ils perçoivent comme dangereux. Sans aide spécialisée, leurs parents pourront survivre eux aussi, mais en se sentant très incompétents et dépassés par la situation. Ils finissent également par souffrir de symptômes de **stress post-traumatique***, ayant souvent l'impression d'être « attaqués » par cet enfant qu'ils essaient d'aimer, d'aider. Les mamans sont particulièrement vulnérables. Elles deviennent dépressives, anxieuses et maladroites dans leurs interventions parentales. Le papa commence à douter de l'équilibre de sa conjointe et le couple peut se mettre à battre de l'aile sans que ni l'un ni l'autre comprenne exactement pourquoi. Les enfants « automne » proviennent de partout dans le monde, et surtout des endroits où les soins préadoption laissent à désirer par manque de moyens et de connaissances.

Ces enfants arrivent très tard dans leur saison d'attachement. Pas trop tard, mais tout de même très tard. Ils prennent des mois à fleurir après des mois et des mois de préparation soignée. Il faudra surveiller la **météo***, les recouvrir d'avance en prévision de gel et les mettre parfois sous serre pour les soigner et les protéger. Les enfants « automne » sont plus atteints, plus fragiles que les enfants des saisons précédentes. Ils arrivent avec un style d'attachement plus cristallisé, un bagage de traumatismes plus difficiles et des **comorbidités*** (plusieurs petits problèmes de santé physique et mentale qui s'ajoutent à un problème de santé plus sérieux) exigeant des soins spécialisés. Ces parents et ces enfants ont absolument besoin de soutien et de soins spécialisés pour arriver à soigner toutes ces blessures et tous ces traumatismes. Ce qui est souvent difficile chez les enfants « automne », c'est la complexité des interactions entre tous les diagnostics qu'ils reçoivent : retard de développement, troubles de l'attachement, **déficit de l'attention***, troubles d'apprentissage, problèmes d'intégration sensorielle.

Pour ces enfants et leur famille, le pire ennemi, c'est le temps. Espérer que le temps va arranger un enfant « automne » est un leurre. Il faut absolument intervenir tôt, très tôt. Intervenir OBLIGATOIREMENT avec l'aide médicale et psychosociale de spécialistes en adoption.

La bonne nouvelle, c'est que si un enfant « automne » est pris en charge précocement, si ses parents sont bien guidés, outillés sans être dépossédés de leur instinct, on peut voir des miracles : des petits mois de novembre se transformer en mois de juillet qui se laissent aimer, qui redeviennent en bonne santé et qui reprennent leur développement !

Mais sans aide, élever un enfant « automne » est une tâche décourageante et fort ingrate. Car moins l'enfant s'attache, plus le parent se sent incompétent. Tous les acteurs se retrouvent alors dans un cercle vicieux où on ne sait plus qui a causé quoi.

Ce sont dans les cas « automne » qu'il faut absolument forcer l'**accordage*** avec patience et courage. Il faut utiliser des méthodes plus proactives autant pour l'éducation que dans les soins thérapeutiques comme le EMDR (intégration par le mouvement des yeux) pour soigner les réactions de l'enfant qui dénotent un choc post-traumatique. Nous recommandons aux parents d'avoir un suivi en intervention en attachement tel que le pratiquent les gens formés en adopteparentalité. Il faudra aussi informer la garderie et l'école des méthodes gagnantes pour obtenir la confiance de l'enfant.

Il y a de l'espoir pour les enfants « automne », mais il faut agir avant qu'eux et leurs parents ne perdent toutes leurs feuilles...

FLEUR D'HIVER (10 À 15 % DES CAS)

Ces petites fleurs fragiles devront idéalement se retrouver chez des parents ayant des capacités exceptionnelles, très au-dessus de la moyenne. Il semble que seulement 5 % des futurs parents adoptants peuvent répondre adéquatement et sans trop d'efforts aux besoins très spéciaux des enfants «hiver». Seuls des jardiniers d'exception pourront accueillir ces enfants sans y perdre leur santé physique et mentale et sans hypothéquer celle des autres enfants de la famille!

Ces fleurs ont impérieusement besoin d'une aide extérieure, car leurs blessures sont permanentes dans la vaste majorité des cas.

À cette saison, l'adoption est un immense défi; l'attachement, la santé et le développement de ces enfants ne sont ni de petits problèmes, ni de légers troubles, mais des handicaps permanents. Ce sont les enfants passoires... Ils doivent être arrosés régulièrement, mais pas trop à la fois, sinon ils vont mourir, pourrir. Sans compter qu'ils vont également vider les réservoirs de tous les adultes mal renseignés qui graviteront autour d'eux. Ils ne survivront pas mentalement ni physiquement sans mise en serre, avec une chaleur sèche contrôlée et des soins très spécialisés. Les enfants «hiver» sont très blessés physiquement et mentalement, très perturbés et très perturbants. Un enfant «hiver» peut s'attacher à sa façon, mais jamais tout à fait normalement. Il demeurera un handicapé de l'attachement et aura un fonctionnement différent toute sa vie.

Ces enfants peuvent être arrivés à trois mois ou à trois ans. Ils ont subi de graves traumatismes physiques et psychiques. Ce sont souvent des survivants de grandes maltraitances, d'abus physiques et sexuels et d'extrême négligence. Ils arrivent avec de multiples problèmes, par exemple un **syndrome d'alcoolisation fœtale***, des séquelles de grande prématurité, une forme ou l'autre d'autisme. Ils ont souvent été retirés à leurs parents par les autorités du pays d'origine, puis placés en adoption dans des institutions ou des familles qui n'étaient absolument pas équipées pour faire face à tant de souffrances physiques et affectives.

Ce qui est profondément triste, c'est que, dans la majorité des cas, ces enfants auraient eu le potentiel génétique pour être sains, normaux. Mais l'exposition à des contaminants *in utero* (l'alcool, les drogues, des produits chimiques), l'extrême malnutrition suivie de beaucoup de négligence, voire d'abus et de maltraitance, ont fragilisé leur corps et leur cerveau. L'image de l'hiver est forte pour ces parents. Il faudrait beaucoup de chaleur au jardinier pour ne pas se laisser envahir par la froideur de la relation, pour ne pas se laisser congeler par l'ingratitude de la tâche.

Les parents des enfants « hiver » auront des deuils profonds et souffrants à faire. Ce sera très difficile, voire impossible sans l'aide d'un professionnel, d'un tiers bienveillant qui servira de guide et de soutien. Même avec l'aide nécessaire, certains enfants « hiver » devront être confiés à des institutions spécialisées, pour leur propre protection et celle des autres.

[?] SAVOIR 4
Un cerveau demandant des soins sophistiqués

Ce qui détermine si l'enfant sera à entretien plus ou moins sophistiqué, c'est l'état de son cerveau au moment de l'adoption.

Comme l'expliquait si bien le docteur Jean-François Chicoine[3] : « Depuis quelques années, le progrès dans le domaine des neurosciences et des technologies d'exploration a apporté un éclairage nouveau et est venu conforter les intuitions cliniques et le génie de Bowlby[4] et de ses disciples. La thèse centrale avancée par plusieurs auteurs et Alan Shore, en particulier, est que l'environnement social des deux premières années de vie tel qu'il est fourni par l'interaction précoce mère-enfant est responsable de la maturation complète du cerveau droit. Le cerveau est littéralement sculpté par les expériences de communication et par les émotions ressenties durant la petite enfance. »

Malheureusement, le cerveau de la majorité des enfants adoptés n'a pas reçu toutes les sortes de nourriture nécessaires à sa bonne programmation. Ce sera donc le travail urgent et merveilleux du nouveau parent de les lui fournir. Mais encore faut-il les connaître.

Imaginez le cerveau comme un petit ordinateur de chair et de neurones. Au lieu de programmes, de logiciels ou d'applications, ce petit ordinateur en fabrication et en croissance a besoin de six sortes de nourriture. Il faut aussi imaginer que ces différentes nourritures correspondent à la fabrication de différents étages successifs, qui correspondent à des niveaux de besoins successifs. Voici les six sortes de nourriture dont le cerveau en croissance a besoin :

Sachet 1 : nourriture physiologique

Sachet 2 : nourriture sensorielle

Sachet 3 : nourriture affective

Sachet 4 : nourriture cognitive

Sachet 5 : nourriture sociale

Sachet 6 : nourriture de protection contre les stress environnementaux

---

3 Jean-François Chicoine. « La capacité du cerveau de l'enfant à être adopté », *Prisme*, n° 46, 2007, p. 51.

4 John Bowlby. *Attachment and Loss*, vol. 1, New York, Basic Books, 1969. (*Attachement et perte*, Paris, PUF, 1978.)

La pyramide des besoins de Maslow appliquée aux phases de développement du cerveau

Pour construire correctement le cerveau de l'enfant, il faut répondre aux besoins de base avant de répondre aux besoins sophistiqués.

L'enfant adopté est dit à entretien sophistiqué, car il est fragile dans ses besoins de base, que l'on doit toujours reconsolider. À chaque étage de la pyramide, il n'a pas reçu assez des différentes nourritures nécessaires.

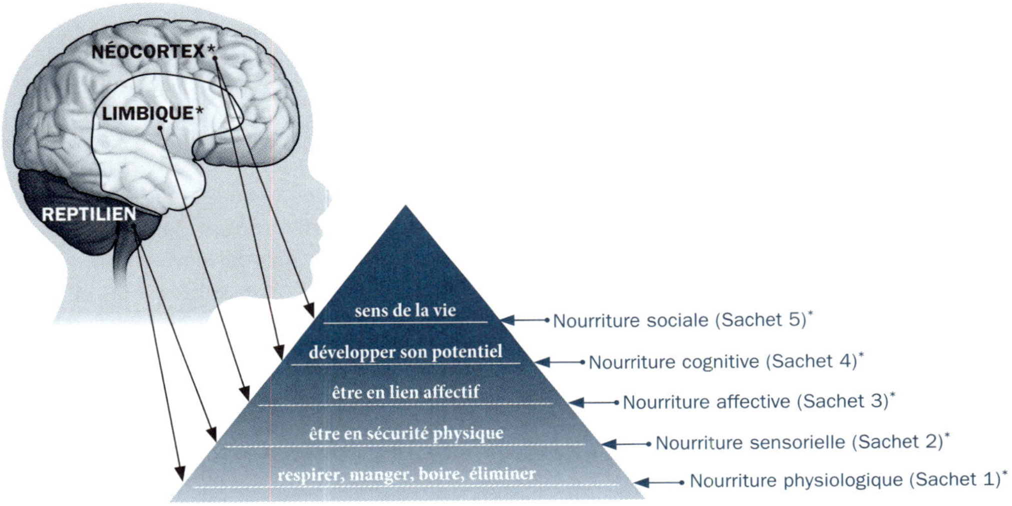

* Inclut également la nourriture de protection contre le stress environnemental (Sachet 6)

L'ordre dans lequel on doit répondre aux différents besoins correspond aussi à l'ordre dans lequel le cerveau se construit : de bas en haut, des besoins les plus fondamentaux en montant vers les plus subtils.

SACHET 1

SORTE DE NOURRITURE

Nourriture physiologique

DESCRIPTION

Le cerveau en développement a besoin de beaucoup de bonnes calories. Il a surtout besoin de bons gras, de protéines et de glucides. Le cerveau se nourrit avant de nourrir le reste du corps.

L'enfant doit recevoir les soins médicaux préventifs (vaccins, examens réguliers et curatifs, antibiotiques, chirurgie, traitements en réadaptation, etc.).

SIGNES D'UNE BONNE NUTRITION

L'enfant suit bien sa courbe de croissance. Il a le regard pétillant, le teint rose. Il est énergique, dort bien, mange bien. Il a un bon système immunitaire, il n'est pas trop souvent malade.

SIGNES D'UNE MALNUTRITION

L'enfant est très en dessous de la courbe de croissance : taille, poids, circonférence crânienne.

Son système immunitaire est déficient, l'enfant est souvent malade.

Sans protéines et sans assez de bons gras, le cerveau peut manquer de matériaux de base à la naissance (malnutrition primaire), mais aussi dans les mois suivants ou dans les années suivantes (malnutrition secondaire). Comme le cerveau doit grossir pour atteindre quatre à cinq fois son poids à la naissance, et ce, durant les trois premières années, un cerveau gravement privé de nourriture pendant ces trois ans sera difficilement récupérable par la suite. Rappelons que 80 % de la taille finale de notre cerveau est atteinte à l'âge de 3 ans.

SACHET 2

SORTE DE NOURRITURE

Nourriture sensorielle

DESCRIPTION

Il y a plusieurs façons de fournir cette nourriture : chanter, bercer l'enfant, le masser, le chatouiller, développer ses sens : le toucher (le chaud, le froid, le doux, le rugueux, le mou…), le goût (diversifier les saveurs), etc. Il faut aussi développer sa coordination en l'incitant à manipuler des objets divers.

L'exploration sensorielle doit se faire dans un environnement le plus stable possible, en restant dans le connu.

SIGNES D'UNE BONNE NUTRITION

L'enfant est énergique, tonique et réceptif à son environnement. Il aime toucher, goûter, bouger, essayer, explorer, faire des sons en criant ou avec des objets.

Il s'assoit tôt, marche rapidement, manipule facilement les objets, parle dans les bons délais. Il a tout ce qu'il faut pour fréquenter l'école.

SIGNES D'UNE MALNUTRITION

Comme les neurones se connectent uniquement si elles sont sollicitées, le cerveau ne grossit pas. L'enfant est passif et irritable, peu en contact avec le monde qui l'entoure.

Les parties du cerveau programmées pour recevoir des stimulations pour les sept sens (ouïe, vue, goût, toucher, odorat, vestibulaire et proprioception) végètent et se calibrent mal, causant des troubles d'intégration sensorielle (mauvais décodage des sens) ou pire, la disparition des cellules qui ne servent pas. L'enfant présentera des retards de psychomotricité fine et globale, et un mauvais traitement des informations sensorielles précurseur de trouble d'apprentissage. Même devant des objets inconnus, des textures nouvelles, un nouveau goût, il ne se montre pas intéressé, pleure, se retire dans son monde.

SACHET 3

SORTE DE NOURRITURE

Nourriture affective, attachement

DESCRIPTION

Il s'agit de tous les gestes d'affection, de réconfort, les regards positifs, empathiques, les réponses rapides, chaleureuses, cohérentes et prévisibles aux signaux de détresse, aux comportements d'attachement exprimés par le nourrisson, le jeune bébé puis l'enfant plus vieux.

SIGNES D'UNE BONNE NUTRITION

Le bébé est visiblement joyeux, énergique. Il cherche et soutient le regard des autres. Il a des comportements de réciprocité : babillage, imitations, jeux d'aller-retour. Il réagit joyeusement à la présence de la figure d'attachement. Il est relativement facile à consoler.

Il établira des relations sociales harmonieuses.

SIGNES D'UNE MALNUTRITION

L'enfant peut se laisser mourir, être dangereusement dépressif ou d'humeur exagérément variable.

Il développe de l'insécurité affective, une estime de soi faible, des problèmes d'attachement graves. Pas de réciprocité. Il se montre indifférent aux adultes connus. Il est difficile à consoler et évite le contact visuel.

Sans caresses, tendresse, regard doux, voix rassurante, le bébé n'a aucune motivation à vivre, encore moins à apprendre. La conscience de sa propre existence est floue. Il se sent seul, n'a pas l'impression d'être important ni précieux.

Il finira par avoir peur des autres ou par ne plus être en relation avec le monde.

Il établira des relations sociales tendues, complexes, dysfonctionnelles.

SACHET 4

SORTE DE NOURRITURE

Nourriture cognitive

DESCRIPTION

Le donneur de soins lui parle pour lui apprendre la langue, lui explique comment les choses fonctionnent, le nom des animaux, des formes, des couleurs.

On félicite l'enfant quand il réussit, on l'aide quand il apprend.

SIGNES D'UNE BONNE NUTRITION

Le bébé ou l'enfant est curieux, il aime apprendre, se poser des questions, résoudre des problèmes (trouver un objet caché, ouvrir une porte).

SIGNES D'UNE MALNUTRITION

Le bébé a peur d'apprendre, peur de se tromper. Il peut être passif ou très agité si on essaie de lui montrer des choses nouvelles. Il ne connaît pas les choses de base : toilettes, tiroirs, appareil électrique. Il est en retard sur le développement de ses capacités cognitives si on le compare à la moyenne de son âge. L'enfant a l'impression de ne pas être intelligent, d'être maladroit, ignorant. Il aura des retards ou des problèmes de langage, de compréhension de l'univers, n'établira pas facilement de liens de cause à effet.

SACHET 5

SORTE DE NOURRITURE

Nourriture sociale

DESCRIPTION

Le bébé est témoin des actions et des interactions entre les individus d'une famille. On lui explique les rôles de chacun et il peut ensuite les observer. On lui enseigne le bien et le mal (ne pas frapper, voler), on lui indique que ce sont les adultes qui protègent et dirigent les horaires, les soins, les activités.

SIGNES D'UNE BONNE NUTRITION

Le bébé connaît les règles sociales de base et sait les imiter, y réagir adéquatement.

SIGNES D'UNE MALNUTRITION

L'enfant réagit étrangement aux codes sociaux. Il ne connaît pas sa place, son rôle, la routine d'une maison, d'une journée dans une famille. Il peut avoir peur alors qu'il n'y a pas de danger, agir avec témérité alors qu'il devrait avoir peur, essayer de prendre la place d'un autre membre de la famille, poser des gestes d'adulte alors que personne ne le lui demande.

SACHET 6

SORTE DE NOURRITURE

Nourriture de protection contre les stress environnementaux

DESCRIPTION

Autant un enfant a besoin de nourriture sensorielle, autant il a besoin de calme, justement pour être serein. C'est le parent qui doit doser et intervenir pour protéger l'enfant non seulement des dangers physiques, mais des dangers affectifs comme les disputes, les horaires compliqués et irréguliers, trop de changement d'adultes auprès de lui, trop d'informations qu'il ne peut pas décoder (manque d'argent, besoin constant d'aller vite, film violent, déménagements trop fréquents).

SIGNES D'UNE BONNE NUTRITION

Les circuits d'émotions immatures peuvent se calibrer correctement. Le sentiment de sécurité pousse l'enfant à explorer l'univers, à être curieux, joyeux et obéissant envers l'adulte qui est toujours là pour lui.

Il deviendra plus résistant au stress, qu'il gérera bien, moins fragile à l'anxiété chronique et aux états dépressifs, ne se percevra pas comme une victime, prendra facilement ses responsabilités.

SIGNES D'UNE MALNUTRITION

Le système nerveux du bébé est immature. Les circuits des émotions sont encore mous, fragiles. Sans protection face au bruit, aux mouvements, à la violence, aux gestes brusques, aux émotions dramatiques des adultes, il vivra toujours dans un état de stress et d'hypervigilance, avec le sentiment terrifiant d'être en danger et impuissant. Ses circuits seront ou bien déformés ou bien encrassés.

Il est à risque de développer des problèmes chroniques d'anxiété, de dépression, de toxicomanies diverses, de mauvaise gestion du stress.

Il se présentera facilement comme une victime.

SAVOIR FAIRE
Savoir être

FICHE PÉDAGOGIQUE ADOPTEPARENTALITÉ — **N° 4**
Consolider la base

Objectif : répondre aux besoins de l'enfant avant de répondre à ceux des parents

Public cible : tous les parents adoptants

Matériel nécessaire : aucun

Le désir de devenir parent est un besoin légitime chez un adulte. Il répond au besoin de trouver un sens à sa vie, de se sentir utile, de s'épanouir, de donner et de recevoir, de transmettre ses connaissances, ses valeurs, son amour, d'enrichir sa vie affective. Or, la seule façon d'obtenir le « statut » de parent, c'est d'avoir un enfant. C'est à travers cet enfant que le parent commencera à se sentir reconnu et compétent dans ce rôle. Ce besoin lui vient généralement lorsque presque tous ses autres besoins fondamentaux sont comblés et sécurisés. C'est ce que nous explique la théorie de la pyramide des besoins de Maslow[5] :

La pyramide des besoins de Maslow

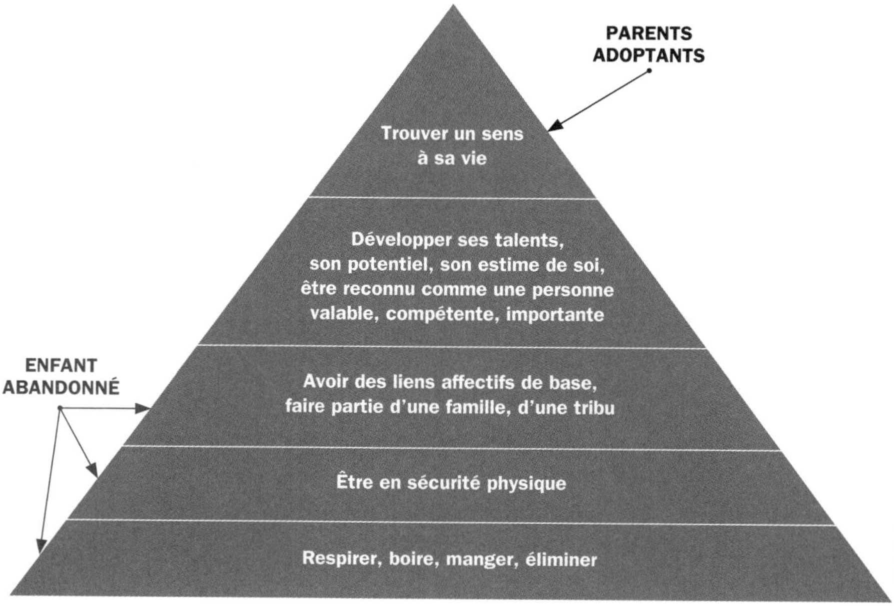

5 Abraham Maslow. « A Theory of Human Motivation », *Psychological Review*, n° 50, 1943, p. 370-396.

On peut passer à l'assouvissement des besoins des étages suivants uniquement lorsque le premier étage est sécurisé. Il faut d'abord trouver une réponse aux besoins primaires de survie avant de passer à l'assouvissement des besoins secondaires ou tertiaires d'ordre psychologique et spirituel.

Lors du premier contact avec l'enfant, ainsi que pour le reste de votre vie avec lui, il ne faut pas oublier qu'il a été placé en adoption précisément parce que ses parents biologiques ou d'autres personnes dans son pays d'origine ne pouvaient pas répondre adéquatement à ses trois besoins fondamentaux. L'enfant adopté arrive donc dans votre vie avec les trois premiers étages de la pyramide plus ou moins fragilisés. L'action de l'adoption vient aussi, temporairement, fragiliser de nouveau ces trois premiers étages. L'enfant vivra l'arrachement à son milieu connu comme un kidnapping et il aura peur de ne pas être en sécurité. Il n'a pas les moyens de savoir si ces nouveaux adultes vont bien s'occuper de lui. Il ne pense même pas à combler son besoin de créer des liens ; il veut d'abord savoir s'il va survivre physiquement et comment il y parviendra.

Une des erreurs les plus souvent commises par les parents durant le premier contact et parfois même pendant le reste de la vie avec l'enfant est de lui demander de s'élever vers les besoins de ses nouveaux parents.

Nous avons donc d'une part, en haut de la pyramide, des parents qui souhaitent combler leurs besoins les plus subtils et élevés et, d'autre part, en bas de la pyramide, des enfants qui tentent de survivre en comblant leurs besoins les plus primaires et fondamentaux. Leur petit cerveau cherche à combler les malnutritions de leur vie préadoption. Il y a donc un très grand écart entre les besoins de chacun !

Lors du premier contact, les parents essaient de créer tout de suite un lien affectif avec l'enfant. Ils veulent, en fait, « être adoptés » rapidement, ce qui leur prouvera qu'ils ont fait le bon choix pour combler leur besoin de se sentir compétents et qu'ils ont enfin trouvé un sens à leur vie. Tout cela se passe inconsciemment, bien sûr, car les parents veulent aussi aider l'enfant et ne pas le traumatiser. Mais parfois, en se centrant sur leur besoin de devenir parents, ils ne se rendent pas compte qu'ils ne font pas ce qu'il faut pour sécuriser l'enfant dans ses besoins beaucoup plus fondamentaux : le sommeil, la nourriture, l'intégrité physique. Certains parents mettent donc beaucoup trop tôt leur énergie à créer des liens, par exemple en apprenant le français à l'enfant, et ils ne se sentiront compétents que lorsque l'enfant répondra favorablement à leurs attentes.

Or, ce n'est pas à l'enfant de répondre aux besoins des parents. Dans un premier temps, c'est aux parents de redescendre en bas de la pyramide pour y rejoindre l'enfant.

Voici une représentation des bonnes attitudes à adopter durant le premier contact et pour le reste de la vie.

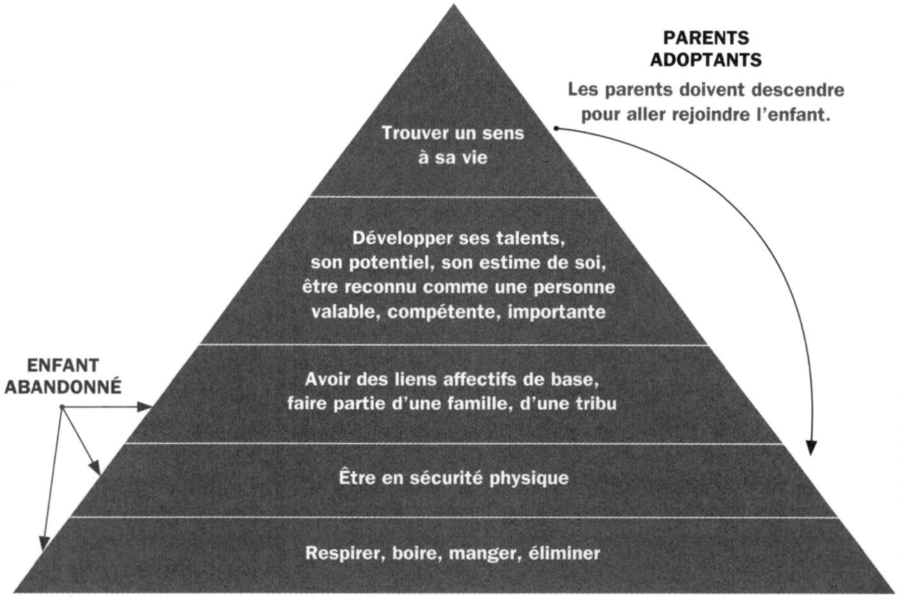

Si le parent ne se préoccupe pas de consolider les fissures dans la base des besoins primaires, l'enfant s'opposera farouchement à ses demandes, ou encore il essaiera de s'y conformer pour lui plaire, mais finira par « craquer », régresser, refuser de s'adapter. Voici quelles seront les conséquences de cette erreur :

L'enfant demeurera fragile dans ses besoins primaires

Il ne faut pas être dérouté par certains comportements qui perdurent chez l'enfant. Ils sont simplement le signe de l'ampleur des blessures invisibles. Certains parents s'étonnent qu'une enfant adoptée à 18 mois, et maintenant âgée de 10 ans, cache encore parfois de la nourriture. Cela n'est que la douloureuse confirmation qu'elle a eu très faim avant son adoption. Alors, au lieu de la laisser faire en cachette et dans la honte, pourquoi ne pas lui offrir d'avoir toujours une barre tendre dans un tiroir de sa chambre, par exemple ? Ainsi, vous lui donnerez le sentiment que son besoin est légitime et vous éviterez aussi les surprises ou les mauvaises odeurs !

L'enfant aura des phases de régression en situation de stress ou devant un changement

Parce qu'ils ont très souvent été fragilisés dans leurs besoins fondamentaux (voir la pyramide de Maslow), les enfants adoptés passent par des phases où ils semblent perdre subitement leurs acquis. Par exemple, ils recommencent à uriner au lit après un déménagement, ou à faire des crises d'insécurité épouvantables après un séjour à l'hôpital. Ou encore, à l'arrivée d'un autre enfant dans la famille, ils oublient comment écrire alors qu'ils sont en deuxième année.

C'est assez pour décourager un parent qui a consacré tant d'efforts pour aider l'enfant à s'adapter. Le parent se demande alors s'il est fautif, si ce qu'il a fait n'a servi à rien. De façon générale, lors de ces phases de régression, l'enfant fait un pas en arrière et prend son élan pour « sauter » plus loin. Mais il faut savoir reconnaître ces phases, les comprendre et ne pas se laisser abattre.

L'enfant par adoption demeurera à entretien sophistiqué. C'est dans la normalité adoptive.

Plus vous mettrez d'énergie à consolider le bas de la pyramide des besoins, plus vite l'enfant pourra s'élever vers l'assouvissement de besoins plus complexes.

FICHE PÉDAGOGIQUE ADOPTEPARENTALITÉ **N° 5**
Les 4 mantras de l'entretien sophistiqué

Objectif : répondre aux besoins de l'enfant avant de répondre à ceux des parents

Public cible : tous les parents adoptants

Matériel nécessaire : aucun

« Pour qu'un enfant grandisse et devienne vraiment heureux, il faut lui donner des racines et des ailes. »

Hodding Carter (traduction libre)

Je conseille aux parents qui doivent prendre des décisions pour leur enfant de toujours se rappeler l'énumération suivante et se la répéter comme un mantra :

Stabilité de personnes, de lieux, de routines, de repères
Stabilité de personnes, de lieux, de routines, de repères
Stabilité de personnes, de lieux, de routines, de repères

Nous le verrons en détail plus tard, les enfants dans la normalité adoptive ont des réactions au stress plus complexes et intenses que la moyenne.

Si les parents doivent changer l'enfant de garderie, d'école, de maison ou même simplement de chambre, la première chose à faire est de bien évaluer les facteurs de risques et les facteurs de protection. Le but n'est pas de surprotéger l'enfant, ni de l'empêcher de vivre des expériences nouvelles nécessaires à son développement, mais plutôt d'éviter la réactivation de son insécurité affective au point qu'il ne sera même plus disponible pour profiter de cette opportunité.

Stabilité de personnes : Il faut faire en sorte que ce soit toujours les mêmes adultes qui prennent soin de l'enfant : famille élargie, gardienne de soir, éducatrices en garderie, professeurs, moniteurs de camp de vacances, etc. Par exemple, il vaut mieux laisser un enfant adopté dans une garderie en milieu familial, où il est bien, jusqu'à l'entrée à l'école, plutôt que de le mettre dans une garderie en installation la dernière année sous prétexte de mieux le préparer à l'école ou de lui faire apprendre l'anglais ou l'espagnol.

Stabilité de lieux : Il faut voir à ce que l'enfant fréquente constamment les lieux qu'il connaît, qu'il a apprivoisés et où il se sent en sécurité : maison, voisinage, garderie, école, maison de grand-maman, etc. Par exemple, lors d'un voyage des parents, mieux vaut que l'enfant soit gardé dans sa maison avec une personne qu'il connaît très bien, plutôt que d'être envoyé chez des cousins qu'il ne voit qu'une fois par an. De la même façon, mieux vaut inscrire son enfant dans le même camp de jour chaque été plutôt que de toujours essayer d'en trouver un plus stimulant.

Stabilité de routines : L'horaire de l'enfant doit être le plus simple et le plus prévisible possible. En général, les adultes détestent la routine, mais tous les enfants en ont besoin, et les enfants adoptés plus encore que les autres. Par exemple, mieux vaut établir une routine du soir ou du matin « imparfaite », mais stable, plutôt que de constamment chercher une nouvelle façon de faire pour optimiser la gestion du temps. Il peut être bon d'afficher les tâches de l'enfant sous forme de tableau ou de fiches de rappel. Prenez des photos ou dessinez des pictogrammes représentant l'enfant en train de se brosser les dents, de mettre son pyjama, de mettre ses vêtements sales dans le panier à lavage, de manger calmement, de mettre ses bottes d'hiver ou d'accrocher son sac d'école dans l'entrée de la maison. Puis affichez les photos ou les dessins dans l'ordre souhaité et dans un lieu accessible. Par la suite, ne lui répétez plus ce qu'il a à faire, mais invitez-le plutôt à aller vérifier lui-même sur le tableau ce qui a été fait et ce qu'il reste à faire[6].

Stabilité de repères : L'enfant doit pouvoir compter sur des règles de vie et d'hygiène claires et simples. Les heures de lever, de coucher et de repas sont régulières, l'enfant prend son bain toujours le matin ou toujours le soir, etc. De plus, la désobéissance de l'enfant entraîne des conséquences constantes et simples, et non des punitions qui varient selon l'énergie ou l'humeur de ses parents. Par exemple, mieux vaut donner toujours la même petite punition (aller quelques minutes se calmer dans le coin de la mauvaise humeur), et ce, même si elle ne fonctionne pas complètement, plutôt que de changer constamment en espérant trouver LA bonne conséquence efficace.

Inspiration : Pyramide de besoins d'Abraham Maslow, de même que des travaux de Daniel Siegel et des ouvrages de Gregory Keck.

---

6 Voir *Mieux vivre les premières années après l'adoption*, à paraître dans la même collection.

FICHE PÉDAGOGIQUE ADOPTEPARENTALITÉ **N° 6**
L'entretien prioritaire

Objectif : prendre soin des bonnes personnes

Public cible : parents souffrant de culpabilité

Matériel nécessaire : un crayon et du papier

Vous êtes entouré de gens très précieux et importants pour vous : vos enfants, votre conjoint, vos parents qui prennent de l'âge, vos amis, vos collègues de travail, vos copines de golf ou vos copains de hockey. Vous comptez pour eux, mais ils comptent aussi sur vous pour avoir une vie heureuse et en santé.

Voici un petit exercice : dressez la liste des personnes les plus précieuses et importantes de votre vie, par ordre de priorité de 1 à 10. Pensez à toutes les personnes de qui vous voulez prendre soin, car elles sont très spéciales pour vous. À présent, trois situations sont possibles.

A : Vous n'êtes pas dans la liste

Une fois la liste faite, regardez bien : à quelle ligne avez-vous inscrit votre nom ? Comment ? Votre nom n'y est pas mentionné ? Vous n'êtes pas assez spécial à vos yeux pour prendre soin de vous-même ? Pourtant, toutes les personnes inscrites sur votre liste ont vraiment besoin de vous ? Elles comptent sur votre présence, votre énergie, vos interventions ?

Que va-t-il arriver à toutes ces personnes si vous êtes irritable, de mauvaise humeur et impatient ? Si vous tombez malade ? Si vous faites une dépression ? Si vous êtes victime d'une crise cardiaque à cause du manque d'exercice, d'une mauvaise alimentation ou du **stress aigu*** ? Bref, si vous vous écroulez comme une vieille maison mal entretenue, qui prendra soin de vos enfants et des autres personnes importantes de votre vie ?

Voilà un résultat malheureux de nos valeurs judéo-chrétiennes : il faut se « sacrifier » pour le bien d'autrui. Prendre soin de soi est égoïste, méprisable, le contraire du comportement qu'on attend d'une bonne personne. Et pourtant, ceux qui osent porter sur vous un tel jugement seraient-ils présents pour bercer votre enfant, le soir, si vous séjournez à l'hôpital ? Paieront-ils les comptes si vous êtes en congé de maladie et que votre salaire s'en trouve considérablement réduit ?

Attention : il n'est nullement question ici de laisser les enfants à une gardienne toutes les fins de semaine pour aller jouer au golf, ni de payer le salon de coiffure, la manucure et la voiture sport plutôt que les cours de natation des enfants ou les fruits et légumes pour la famille ! On parle plutôt de répondre soi-même à ses propres besoins fondamentaux : dormir, manger sainement, faire de l'exercice, sortir en couple une fois par semaine sans les enfants (même s'ils font une crise à la gardienne, vous la payez pour cela !). Répondre aussi à ses besoins plus élevés pour avoir une vie agréable : avoir un lieu intime, une passion autre que l'éducation des enfants, une activité dans laquelle on se sent compétent : tennis, peinture, *scrapbooking*, club de lecture, théâtre amateur, ligue de hockey, club de kayak, cours d'espagnol, etc.

B : Vous êtes dans la liste

Vous êtes dans la liste : BRAVO ! Mais pourquoi n'êtes-vous pas au numéro 1 ? En quoi vos besoins sont-ils moins importants que ceux des autres ? Bien entendu, le statut de parent et d'adulte implique que vous devez parfois « différer » le moment de combler vos besoins ; cela fait partie des choix et responsabilités des parents. Votre besoin de dormir doit être différé si votre petit garçon de trois ans vomit toute la nuit. Votre besoin d'aller à votre cours de peinture doit être différé si votre adolescente de 15 ans vous téléphone en larmes, car son premier amoureux vient de rompre avec elle. C'est d'ailleurs ce qui définit la maturité affective : être capable de différer temporairement ses propres besoins pour répondre en priorité aux besoins d'une personne plus faible ou plus éprouvée que soi.

Toutefois, différer vos besoins ne veut pas dire de les ignorer, de les nier ou d'y renoncer ! Sous cette renonciation se cache souvent un espoir très immature : « Je vais tellement m'occuper des autres que ceux-ci vont finir par comprendre que je mérite qu'on s'occupe de moi »... Or cet espoir se trouve malheureusement très souvent déçu.

Être adulte et parent, c'est être son propre parent. « Je suis capable de répondre sainement à mes propres besoins et cela me permet de répondre aux besoins des autres. »

C : Vous êtes dans la liste, au numéro 1

Félicitations ! Vous êtes réaliste et vous avez un bon instinct de survie. Cet instinct ne vous pousse pas à rester isolé et à vous montrer égoïste, puisque vous avez mis d'autres noms sur la liste après vous. Il s'agit plutôt d'un instinct mature qui vous incite à d'abord prendre soin de vous-même, dans votre désir de rester disponible pour aider et soutenir les gens qui sont importants pour vous.

En fait, vous appliquez déjà dans votre vie de tous les jours les mesures d'urgence enseignées dans les avions : « En cas de dépressurisation de la cabine, les masques d'oxygène vont tomber. Si vous êtes accompagné de personnes vulnérables — enfants, personnes âgées, personnes malades —, vous devez mettre *le vôtre* avant de porter assistance aux autres. » Autrement dit, si vous ne mettez pas votre masque d'abord, vous risquez de vous évanouir et de ne plus être en mesure d'aider les autres. Tout le monde sera ainsi en danger.

Non seulement vous ne pourrez pas les aider, mais vous deviendrez vous-même un fardeau de plus, un problème plutôt qu'une solution.

Pour donner les soins nécessaires à l'entretien sophistiqué de l'enfant adopté, et ce, pendant toute son enfance et son adolescence, il faut que le parent soit TRÈS attentif à ses propres besoins. Il doit prendre les moyens qu'il faut pour rester énergique, disponible, en bonne santé mentale et physique pour au moins 20 ans.

Inspiration: Formation sur le traitement des troubles de l'attachement donnée en 2002 par l'équipe du Attachment Centre, à Evergreen, au Colorado (États-Unis).

FICHE PÉDAGOGIQUE ADOPTEPARENTALITÉ **N° 7**

Faire simple

Objectif : aider le parent à revenir à l'essentiel en cas de difficulté

Public cible : parents à bout de souffle

Matériel nécessaire : aucun

Pour réussir à donner un entretien optimal à un enfant adopté, il faut « faire ça simple »! Autrement dit, il faut que notre propre vie soit à entretien facile!

Devant l'énergie supplémentaire demandée pour élever un enfant dans la normalité adoptive, quelques questions s'imposent :

- Comment allez-vous mieux prendre soin de vous-même pour donner les soins sophistiqués dont aura besoin votre enfant pendant des années?
- Vous trouvez-vous égoïste de bien manger? De faire au moins 30 minutes de sport par semaine?
- Quels choix faites-vous pour éviter des pertes d'énergie inutiles?
- Comment pouvez-vous simplifier votre vie sans qu'elle devienne ennuyeuse?
- Êtes-vous vous-même une personne à entretien très sophistiqué, par exemple le matin devant le miroir? La perfection du ménage est-elle essentielle à vos yeux? Vos vêtements doivent-ils être impeccables en toute occasion? Voulez-vous mener une carrière fabuleuse?
- Êtes-vous capable de laisser tomber certains standards de perfection pour aller à l'essentiel?
- Avez-vous honte des échecs scolaires de votre enfant?
- Êtes-vous influencé par les opinions des autres sur vos performances de parents?

- Pouvez-vous déléguer certaines tâches moins essentielles de votre rôle de parent ? Par exemple le ménage, la préparation des repas ou la période des devoirs ?
- Êtes-vous capable de vous féliciter vous-même pour une journée de travail parental bien fait, plutôt que de vous reprocher ce que vous n'avez pas réussi à faire ?
- Êtes-vous trop fatigué le soir pour accomplir la routine du dodo avec calme, dans le moment présent, en étant vraiment en contact affectif avec votre enfant ?
- Vous comparez-vous constamment aux parents qui semblent tout réussir ?

À la lumière de vos réponses, apportez rapidement les changements nécessaires à votre routine quotidienne, sinon vous vous dirigerez vers le *burnout* parental. N'oubliez jamais la phrase suivante : *« Les enfants existent pour finir d'élever leurs parents. »*

Inspiration : Propos de France, une maman qui a adopté quatre enfants.

SAVOIR *en bref*

En bref

1. Les enfants adoptés sont et demeurent longtemps à entretien sophistiqué. L'espoir de diminuer de façon importante leurs besoins de soins est inutile et irréaliste, surtout à court terme. Il faut plutôt chercher à augmenter la qualité et la quantité des interventions parentales. Si on leur donne la nourriture alimentaire, sensorielle, affective, cognitive et sociale dont ils ont réellement besoin, les enfants adoptés fonctionnent très bien et pourront exploiter le mieux possible leur potentiel.
2. Comme des espèces de fleurs différentes, qui se cultivent à différentes saisons, les enfants adoptés ont des besoins spéciaux qui demandent plus ou moins d'entretien. Ces enfants auront besoin de parents qui, tels des jardiniers, devront acquérir des connaissances de jardinage plus ou moins complexes pour aider cette plante déracinée à réussir sa greffe.
3. Les enfants adoptés se répartissent entre quatre « saisons » de culture : les fleurs de printemps demandent peu d'entretien et poussent même

dans la neige, les fleurs d'été nécessitent un peu plus d'arrosage, les fleurs d'automne demandent encore plus de soins — désherbage, engrais, protection contre le gel — et, finalement, les fleurs d'hiver sont très fragiles et ne poussent que sous serre, avec des engrais rares et des soins très spéciaux. On ne peut pas transformer une fleur d'hiver en fleur de printemps, mais on peut apprendre à devenir un jardinier plus performant.

4. L'enfant adopté a été exposé à plusieurs sortes de malnutrition : des malnutritions physiologiques, sensorielles, affectives, cognitives et sociales. Ces malnutritions ont mis en péril le développement normal de son cerveau et le rendent ainsi à entretien plus sophistiqué. Il est donc d'une très haute importance que le parent prenne tous les moyens possibles pour nourrir ce cerveau et ainsi favoriser la reprise de son développement.

Facteurs de risques **à éviter**	Facteurs de protection **à favoriser**
• Espérer qu'avec un peu d'amour et de bons soins, l'enfant adopté redevienne rapidement un enfant ayant des besoins identiques à ceux des enfants biologiques.	• Accepter que les enfants adoptés soient et demeurent longtemps à entretien sophistiqué. Ne pas espérer faire diminuer de façon importante leur besoin de soins, surtout à court terme.
• Refuser de connaître et de comprendre la normalité adoptive.	• Accepter les conseils de personnes ayant de l'expérience en adoption.
• Appliquer exactement les mêmes principes en adoption qu'en parentalité biologique.	• Chercher à augmenter la qualité et la quantité des interventions parentales.
• Vivre comme une injustice le fait de s'être vu confier un enfant moins facile à élever que les autres.	• Voir l'arrivée de l'enfant comme une occasion d'apprendre, de grandir, de se dépasser, de régler de vieilles blessures inutiles, d'ordonner ses valeurs en fonction des priorités.
• Voir l'enfant comme défectueux et s'attendre à ce qu'il diminue son niveau de besoins.	• Voir l'enfant comme un formidable survivant.

Facteurs de risques **à éviter**	Facteurs de protection **à favoriser**
• Ne pas vouloir s'ajuster et refuser d'apprendre des méthodes éducatives plus adaptées à la normalité adoptive.	• Comme un jardinier devant une fleur qui demande plus de soins, accepter d'acquérir des connaissances plus ou moins complexes pour aider l'enfant à grandir normalement.
• Poursuivre ses activités d'adulte en demandant à l'enfant de s'ajuster, de s'adapter à tout prix à notre réalité.	• Se comporter en fonction de l'enfant réel, ajuster ses horaires, faire des choix de vie et établir les priorités dans l'optique de réussir une vie de famille heureuse.
• Se comporter avec l'enfant en le considérant tel qu'on voudrait qu'il soit, et non pas tel qu'il est réellement.	• Accepter que les enfants adoptés soient et demeurent longtemps à entretien sophistiqué. Ne pas espérer faire diminuer de façon importante leurs besoins de soins, surtout à court terme.
• Essayer de se débrouiller sans aucune aide pour ne pas se sentir faible, incompétent.	• Profiter de l'expérience d'autres familles adoptives qui ont vécu la même chose.

En savoir plus

Pour en savoir plus sur la manière de surmonter les malnutritions alimentaires, sensorielles, affectives, cognitives et sociales des enfants adoptés, consulter le deuxième livre de la collection « Adopteparentalité » à paraître : *Mieux vivre les premières années après l'adoption.*

En savoir encore plus

Bowlby, John. *Attachement et perte*, Paris, PUF, 1978.

Keck, Gregory C. *Adopting the Hurt Child*, Colorado Springs, Piñon press, 2007.

Maslow, Abraham. « A Theory of Human Motivation », *Psychological Review*, n° 50, 1943, p. 370-396.

Maziade, Michel. *Guide pour parents inquiets : aimer sans se culpabiliser*, Montréal, Éditions du CHU Sainte-Justine, 2012.

Neufeld, Gordon et Gabor Maté. *Retrouver son rôle de parent*, Montréal, Éditions de l'Homme, 2004.

Winnicott, Donald. *La Mère suffisamment bonne*, Paris, Payot, coll. « Petite Bibliothèque Payot », 2006.

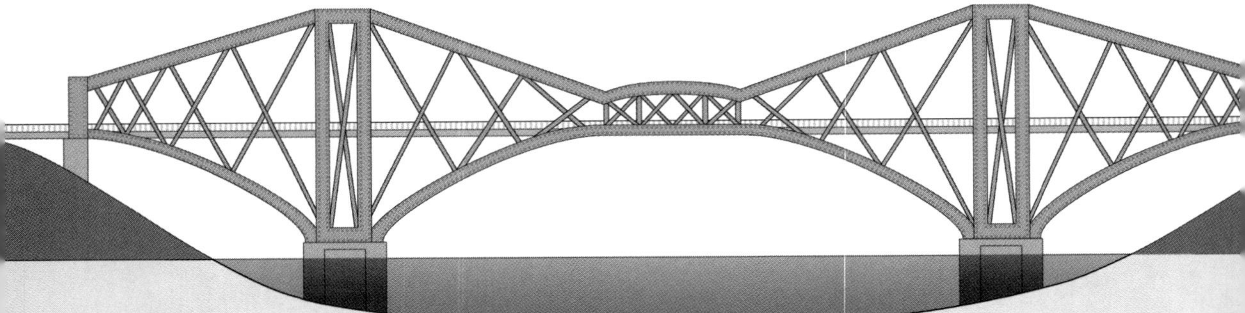

CHAPITRE 5

Peur du rejet, de l'abandon et peur de décevoir

Paroles d'enfants

J'ai toujours aussi détesté me faire dire non. Pour moi, le mot « non » signifiait « je ne t'aime pas ». D'ailleurs, je ne faisais pas souvent de demandes très précises et j'exprimais rarement mes vrais besoins. J'aimais mieux ne rien demander que de risquer une réponse négative. Lorsque mes parents me disaient non (ce pouvait être aussi banal que de refuser que je mange un biscuit Whippet cinq minutes avant le souper), je ressentais un immense vide en dedans de moi.

C'est fou de penser à ça maintenant que j'ai 21 ans. Comme s'ils me disaient : « Tu es une moins que rien, tu ne vaux pas la peine qu'on te permette de manger un biscuit au chocolat, nous allons faire notre vie sans toi, car tu es tellement exigeante, tu nous déranges avec tes besoins. » Pourtant, je savais à quel point mes parents tenaient à moi.

C'était plus fort que moi : je me sentais alors très très seule, comme si je sentais que j'étais sur le point d'être rejetée et que ce rejet me mettait en grand danger. C'était insupportable. L'impression de ne pas avoir une place légitime, toujours un peu à part, décalée. Comme une douleur physique en dedans de mon ventre. Alors, imaginez donc un peu à quel point j'ai tout fait pour ne pas me mettre à dos mes amis et mes amoureux. C'est fou comme j'ai « pilé » sur mes désirs et comme j'ai laissé les autres décider de tout pour moi. Toujours pour éviter de ressentir cette douleur au ventre.

Mais là, je n'en peux plus. Je suis tellement tannée de cette peur qui me gruge les entrailles. J'ai besoin de comprendre, j'ai besoin de changer.

Marie-Michelle, étudiante en pharmacie, 21 ans,
adoptée au Québec à 6 mois

En adoption, on parle souvent de la peur de l'abandon, qui est, selon l'auteure américaine Nancy Newton Verrier[1], le résultat de la blessure primitive qui découle d'une précoce séparation d'avec la mère biologique. Il est pourtant bien difficile de croire qu'un enfant séparé de sa première maman à une heure, une semaine ou un mois en garde des souvenirs sensoriels et émotifs à long terme. Comme le dit si bien le docteur Michel Lemay[2], pionnier des études sur l'attachement au Québec : « Les êtres humains ne veulent pas admettre la souffrance d'un bébé qui a mal à sa mère, car cette souffrance nous fait peur à tous[3]. » Et que dire de l'effet des séparations qui suivront avec d'autres figures d'attachement ? Ces donneurs de soins sont comme autant de ponts qui auraient dû soutenir solidement l'enfant, mais qui se sont écroulés.

Allégorie
Les ponts

Imaginez que vous êtes en voyage de trekking au Népal. Votre guide sherpa, celui-là même qui est chargé de vous aider, de vous guider, de vous faire passer sans danger les torrents, les canyons et les chemins escarpés, vous fait traverser un premier, puis un deuxième, ainsi qu'un troisième pont de corde, et que tous ces ponts, sans exception, se cassent ou s'écroulent

1 Nancy Newton Verrier. *Ibid.*

2 Michel Lemay. Notes prises lors d'une formation en attachement, donnée au château Bonne Entente à Québec, en avril 2004.

3 *Id.*

sous vos pieds ! Imaginez que vous êtes tombé et que vous vous êtes blessé à plusieurs reprises.

Votre fameux sherpa vous assure que le quatrième pont que vous devez traverser est parfaitement solide. Vous êtes en pleine montagne, en plein milieu de nulle part, vous savez que vous n'avez pas le choix : pour rentrer au camp de base, il faut traverser cette rivière… mais vous êtes méfiant, blessé, traumatisé par les ponts…

Qu'allez-vous faire, cette fois ? Accorder votre entière confiance au sherpa ? Remettre encore une fois votre vie entre ses mains, sans méfiance ? Non, bien sûr ! Vous vérifierez la solidité du pont en l'inspectant vous-même dans ses moindres détails, en tirant sur les cordes, en secouant la structure avec force et même violence, en lançant de lourdes roches au milieu, en sautant à pieds joints sur les côtés avant de revenir en courant pour observer avec anxiété ses réactions, sa stabilité.

Si le pont perd des morceaux, vous ne vous y engagerez pas… Vous choisirez peut-être même de le mettre en pièces pour en reconstruire un nouveau, ou alors vous opterez pour un autre moyen de transport : un bateau, par exemple… Par contre, si le pont reste fort, souple et solide malgré vos tentatives de le fragiliser, vous serez confiant, rassuré, et vous ferez le choix de vous y engager sans trop de peur malgré vos mauvaises expériences passées.

Les ruptures, les négligences, les abandons subis par votre enfant avant son adoption sont autant de « trekkings de vie » qui ont mal tourné, et qui lui ont laissé la peur d'être poussé en bas des ponts.

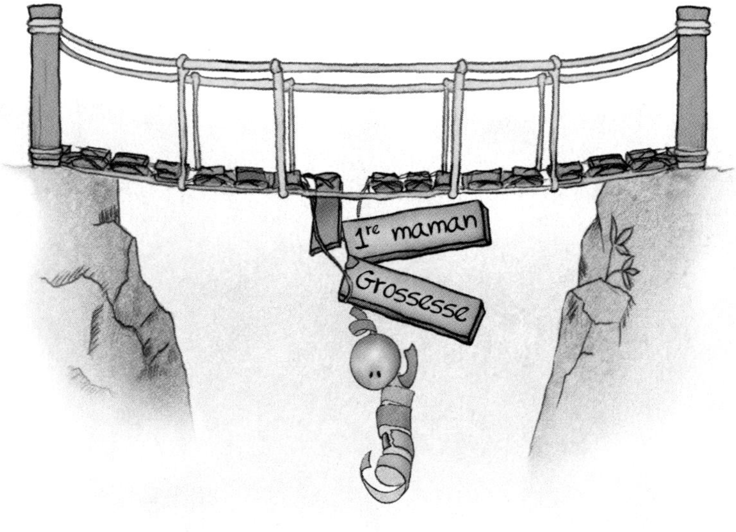

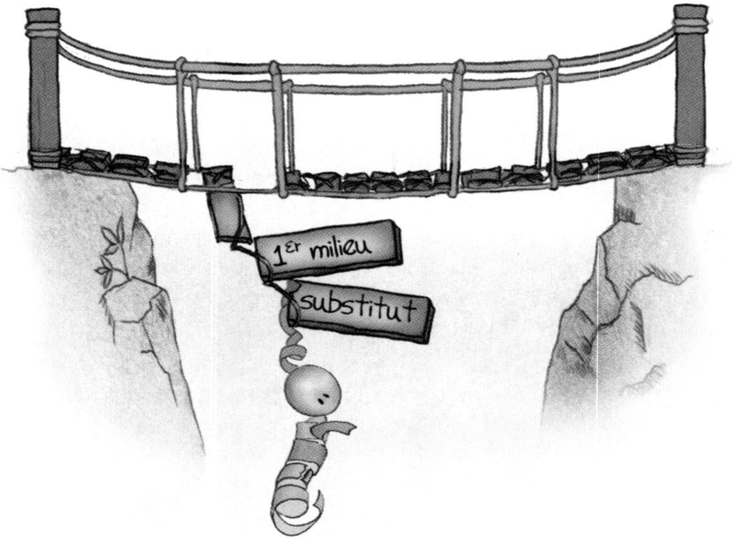
1er milieu
substitut

Orphelinat
Nounou 1-2-3

Famille d'accueil

Nouveaux parents

[?] SAVOIR

[?] SAVOIR 1
La blessure de déception : une *abandonnite aiguë*

Tous les êtres humains envisagent l'avenir à partir de la réalité de leur passé. Par exemple, une femme trompée par de nombreux amoureux aura beaucoup de difficulté à croire à l'amour, à l'engagement sincère ; elle hésitera à faire de nouveau confiance. Une personne âgée qui a vécu la grande dépression des années 1930 gardera toujours son bas de laine sous son matelas, plutôt que de déposer son argent à la banque.

Au moment de son adoption, un enfant a déjà vécu à au moins deux endroits, et souvent beaucoup plus : avec sa mère biologique et ensuite dans un ou plusieurs milieux substituts. Dans sa courte vie, il s'est habitué à des donneurs de soins, peut-être attaché à eux, puis il a été arraché à tous ses milieux de vie. Le voilà maintenant dans un nouvel endroit inconnu ! En se disant que le passé est garant de l'avenir, il croira que ce n'est que temporaire, comme les autres fois. Il y a donc un décalage énorme entre, d'une part, l'engagement et la certitude du parent, pour qui il est absolument certain que l'enfant demeurera « toujours » avec lui, et, d'autre part, la perception de l'enfant, qui s'attend à repartir bientôt !

La grande majorité des adoptés, grands ou petits, démontrent une sensibilité extrême face à toute situation qui leur fait craindre une forme de rejet ou pire, un risque d'abandon. Même si cette peur est bien réelle, elle cache une peur encore plus primitive et moins bien comprise en adoption : *la peur de décevoir*. Car il faut saisir que le sentiment de déception est, selon la perception de l'enfant, l'**élément déclencheur*** de la *décision* que le parent biologique a prise de quitter l'enfant, de s'en séparer définitivement.

Pensons-y bien : dans la chaîne des évènements ayant conduit un parent biologique à prendre cette douloureuse décision pour lui-même et pour l'enfant, il y a eu un moment avant celui de la séparation définitive, un moment qui a duré quelques minutes, quelques heures, des jours ou des semaines. Un moment où le parent a fait un choix plus ou moins éclairé et volontaire, selon les circonstances ; le choix déchirant de ne pas prendre soin de cet enfant pour toujours, de ne pas en faire SON enfant pour toujours, de ne pas le choisir pour qu'il fasse partie de son monde, de sa vie, de sa famille actuelle ou future. Ce choix s'est sans doute fait en pensant à l'avenir de cet enfant, du moins dans la majorité des cas, puisque le parent biologique ne pouvait pas assurer lui-même cet avenir.

La nature a prévu des mécanismes adaptatifs pour que l'enfant s'ajuste jusqu'à un certain point aux réactions de son donneur de soins. Or, ce sont ces mêmes mécanismes, si utiles en temps normal, qui peuvent déformer la perception de la réalité chez le bébé ou le jeune enfant.

Durant ce moment où il était encore physiquement à proximité de son parent, n'est-il pas plausible que l'enfant, même petit et fragile, ait perçu de la déception ? Bien entendu, le parent était d'abord déçu de lui-même, parce qu'il n'avait pas ce qu'il fallait, physiquement ou psychologiquement, pour assumer son rôle de protecteur et de pourvoyeur. Mais il y avait une perception encore plus lourde à assumer pour le bébé ou le jeune enfant : la sensation d'avoir déçu son parent… « Je ne devais pas être assez belle, assez bien, assez bonne, assez importante, assez précieuse, assez valable, assez compétente pour qu'on me laisse ainsi. J'ai dû vraiment décevoir mes parents. » Puis, après avoir perçu cette déception, sont arrivés la séparation et le sentiment d'avoir été abandonné, et ce, même si ce n'était pas l'intention du parent biologique. Le parent biologique n'a pas voulu blesser cet enfant; au contraire, dans la majorité des cas, il a voulu le sauver.

En tant qu'adultes, nous pouvons rationaliser ce geste, le comprendre jusqu'à un certain point et être profondément empathiques à la souffrance de ce parent. En tant qu'adultes, nous pouvons parfaitement saisir les enjeux et surtout le fait que l'enfant n'a rien choisi, rien décidé, et que ce n'est absolument pas sa faute. Aucun bébé ne mérite un tel sort, peu importe sa beauté ou sa laideur, son sexe, son état de santé, ses besoins ou son comportement.

Mais voilà : le bébé humain n'est pas outillé pour saisir les raisons d'adultes ayant motivé la séparation. Pourquoi ? Parce que l'immense majorité des bébés humains n'ont pas à vivre cela. La nature n'a donc pas prévu un programme instinctif pour faire face avec sérénité à cette possibilité.

C'est ainsi que la blessure de déception est inscrite dans la mémoire procédurale du bébé *comme le prélude d'un évènement très dramatique*. Il a donc enregistré que le non-soulagement de ses besoins, de ses douleurs, peut mener jusqu'à un abandon possible, voire probable parce que déjà vécu dans le passé.

L'enfant sait comment agir pour se sentir compétent et apte à garder son parent à proximité en cas de détresse, ou simplement en vue de partager de bons moments avec lui. Si l'enfant utilise ses compétences et que l'adulte réagit positivement, l'enfant conclura qu'il est compétent, valable, important. Il conclura *qu'il plaît à son parent*. Au contraire si, malgré tous ses efforts, les réactions de son parent ne sont pas positives ou pire, si le parent disparaît, le bébé conclura *qu'il déplaît profondément à son parent*. Or déplaire, c'est décevoir. Et décevoir, c'est risquer d'être rejeté.

Des adultes adoptés très jeunes au Québec et ayant vécu dans des familles aimantes, où ils ont tissé des liens d'attachement forts et sincères avec leurs parents, témoignent pourtant régulièrement de cette peur constante de décevoir, puis d'être abandonnés. Ils font des rêves récurrents où une personne chère ne vient jamais plus les chercher à l'école, après le travail, etc. Tout refus ou toute forme de critique, même constructive, sont vécus comme un blâme, un rejet, une déception dangereuse.

Certains ont de la difficulté à faire confiance et jouent les «indépendants» : «Je ne m'attache pas, donc je n'aurai pas mal.» D'autres n'arrivent pas à vivre une relation amoureuse durable, car devant l'intensité de l'intimité, ils préfèrent partir tout de suite plutôt que de prendre le risque d'être un jour laissé par l'autre.

Ne soyez pas dérouté si votre enfant vous demande sans cesse si vous l'aimez, ou s'il est exagérément terrorisé lorsque vous le disputez, même pour une petite faute. De fait, les enfants adoptés sont fragiles et anxieux devant tout changement : déménagement, changement de garderie, changement de chambre, séparation des parents, etc.

Il faut donc constamment se mettre dans leur peau et saisir que pour eux, rien n'est permanent. Il faut leur répéter encore et encore que notre amour est inconditionnel, faire la différence entre, d'une part, ce comportement que l'on ne veut pas, que l'on n'aime pas et, d'autre part, *lui*, l'enfant, que l'on aime malgré ses petits écarts de conduite. Il est important de maintenir une grande stabilité dans nos habitudes de vie et dans notre couple, et aussi de conserver idéalement le même milieu de garde, la même école, la même maison.

Malgré de grandes améliorations et les efforts constants de leurs parents, plusieurs enfants adoptés garderont ces peurs, ainsi que les comportements qui les accompagnent. En voici un résumé :

Synthèse des manifestations de l'*abandonnite aiguë*

Manifestations de *l'abandonnite aiguë*	Description des comportements
Questions anxieuses constantes	Chez les jeunes enfants, cela se manifeste par le besoin de toujours demander à quelle heure on viendra les chercher à la garderie ou à l'école, qui viendra et comment ; ou encore par le besoin que tous les membres de la famille soient toujours ensemble, dans la même chambre, dans la même voiture, etc. Ce comportement peut durer des mois ou des années.
Incapacité de dire non, de s'affirmer	Chez les plus vieux, la peur de l'abandon se manifestera par une incapacité à dire non à des amis, une «amitié» avec des copains qu'ils n'aiment pas vraiment ou la tendance à *acheter* des amis avec des bonbons, de l'argent, des gâteries.
Hypersensibilité à la critique	L'enfant est blessé dès que l'on formule une critique à son endroit. Le parent désapprouve ses choix de vêtements ou d'amis, par exemple, ou lui fait remarquer qu'il peut lui aussi décider de l'activité ou dire non s'il ne veut pas que Jérôme vienne jouer aux jeux vidéo dans le sous-sol.

Peur de décevoir	L'enfant manifeste une peur irraisonnée de décevoir son professeur ou son parent s'il a fait une bêtise, s'il a une mauvaise note ou s'il n'arrive pas le premier à la compétition de natation ou d'épellation. Car décevoir, pour lui, équivaut à un danger d'être rejeté, ignoré ou, pire, abandonné. Il ne faut pas oublier que dans l'inconscient de la majorité des enfants adoptés, ils étaient de mauvais bébés pour que leurs parents biologiques ne les aient pas choisis. Ils croient vraiment avoir *déçu* leurs premiers parents au point où ils n'ont pas voulu rester auprès d'eux.
Angoisse d'être ignoré	L'impression d'être ignoré est dramatique pour la plupart des enfants et adultes adoptés. Il s'agit d'une angoisse paradoxale, surtout en adoption internationale : d'un côté, ils veulent être comme tout le monde, ne pas constamment attirer le regard ou les questions idiotes sur leur adoption, leurs « vrais » parents ou le coût de leur « achat », mais d'un autre côté, ils ne veulent pas qu'on les ignore, ils veulent avoir leur place.
Peur de faire des choix personnels	L'enfant est obsédé par le besoin d'obtenir l'approbation de l'autre : choix des « bons » vêtements, des activités branchées, des façons de parler à la mode ou des goûts musicaux populaires.
Peur d'être seul	Les enfants adoptés peuvent se sentir seuls dans la foule si personne ne semble remarquer qu'ils existent. Certains sont donc particulièrement bruyants, voyants, accaparants, tandis que les autres, plus discrets, espèrent que les gens vont « deviner » qu'ils aimeraient échanger, parler, être vus.
Peur de ne pas être choisi	L'enfant peut se montrer très anxieux, par exemple, lors d'une audition de musique, de théâtre ou lors du choix des membres d'une équipe de sport. Certains essaient d'être parfaits, d'autres refusent de s'inscrire pour ne pas courir le risque de ne pas être choisis. Toute forme de sélection ou de compétition est difficile à vivre pour lui.
Peur d'être quitté	À l'adolescence et à l'âge adulte, certains adoptés éviteront de vivre une relation amoureuse de peur qu'elle ne dure pas. D'autres auront tendance à toujours quitter l'être aimé avant d'être quitté, et ce, même si la relation est bonne, car ils sont convaincus que cela va arriver.
Incapacité de quitter	Certains adoptés, au contraire, seront incapables de prendre la décision de quitter un amoureux, même dans le cas d'une relation toxique ou insatisfaisante, simplement parce que le fait de se retrouver seul serait encore plus insupportable.

[?] SAVOIR 2

Le post-trauma des bébés : des souvenirs émotionnels sans souvenirs conscients

Petit exercice : êtes-vous capable de dire dans quelles circonstances, quand et avec qui vous avez appris le mot « lapin »? Probablement que non! Mais vous connaissez le mot, vous savez ce qu'il veut dire, vous avez même une représentation mentale de l'animal qui s'appelle « lapin ». Le concept est bien imprimé dans votre esprit, et ce, même si vous n'avez pas le souvenir explicite du moment exact où vous avez appris ce mot.

Il en va de même pour les mauvais souvenirs. Nul besoin d'y associer une date, une représentation, ni même des mots pour se sentir perturbé. C'est ainsi que le docteur Arthur Janov décrit les effets à long terme d'une séparation précoce : « Si ses parents l'abandonnent au début de sa vie, l'enfant ne peut commenter ce qui lui arrive en disant : "Ils ne m'aiment pas et ne veulent pas de moi". Mais le message reste là, sous forme de sensation, de sentiments. Son organisme fragile ne peut plus réagir normalement ou être lui-même. Il ne peut s'en sortir qu'en fermant ses portes et en enfouissant ce sentiment au plus profond de lui-même. Un souvenir émotionnel se traduit parfois par une sensation de grande tristesse et de vide, mais sans évoquer de scène particulière : c'est parce qu'en l'occurrence, le sentiment lui-même constitue le mauvais souvenir[4]. »

Il y a donc des évènements qui font très peur. Une des peurs les plus primitives de l'être humain remonte au temps où les humains étaient encore des chasseurs-cueilleurs organisés en petits clans d'une vingtaine d'individus ; la survie de chacun dépendait totalement de l'entraide, de la protection et de la présence des autres. Être rejeté du groupe, pour quelque raison que ce soit, était une véritable condamnation à mort. C'était encore plus vrai pour un nourrisson ou un jeune enfant, particulièrement sans défense. Se retrouver subitement seul, sans protection adéquate, est un évènement qui suscite la peur, une peur si grave qu'elle a tous les attributs pour se transformer en traumatisme.

Si, dans la conscience populaire, la notion de stress post-traumatique est mieux connue et acceptée en raison des nombreux soldats revenus de mission avec ce diagnostic, on en connaît moins le pendant pour les épreuves précoces de la petite enfance. Ce traumatisme est pourtant fréquent chez les petits bébés qui se trouvent dans l'impossibilité de « dire » (au même titre qu'un soldat se trouve dans l'impossibilité de croire ce qu'il lui est arrivé et qu'il en est encore affecté). Voici la définition que Jacques Roques[5], psychanalyste et psychothérapeute français, donne du traumatisme :

« Étymologiquement, le mot "trauma" vient du grec. Il signifie blessure, avec une connotation de percement. Le mot "trauma" est donc d'emblée associé à l'idée d'une violence en provenance de l'extérieur, ce que l'on comprend bien et aisément avec les traumatismes physiques, mais moins bien des traumatismes psychiques. Je rappellerai la comparaison parfois de certains traumatismes psychiques simples et à leurs conséquences à l'effet d'une écharde. En soi, une écharde, ce n'est pas grave si on intervient rapidement d'une manière appropriée, mais cela peut être très douloureux, handicapant, voire dangereux — le risque de septicémie n'est pas nul —, si on ne fait rien ou si on s'y prend mal. Ainsi, malheureusement, certains traumatismes simples non ou mal soignés à temps et de la bonne manière s'infectent et deviennent très préoccupants. »

Il faut imaginer une blessure psychique comme l'enregistrement brut d'un épisode durant lequel l'être humain a été mis en extrême danger. C'est un fracas, un coup de tonnerre dans un ciel bleu. Chez le nourrisson abandonné ou le soldat qui fait

4 Arthur Janov. *Le Corps se souvient*, Paris, Éditions du Rocher, 1997, p. 67.

5 Jacques Roques. *EMDR : une révolution thérapeutique*, Paris, La Méridienne, Desclée de Brouwer, 2004.

face à l'horreur, le cerveau ne reconnaît pas les images, les sons, les odeurs, les impressions physiques (par exemple, les battements de cœur, la nausée, la sudation, la respiration, etc.) qui créent la blessure. Le cerveau immature du bébé ne peut pas traiter correctement ces informations. Alors tous ces éléments demeurent emmagasinés sous une forme brute dans une partie du cerveau que l'on appelle l'« amygdale », mais les impressions sont si pénibles que le cerveau les encapsule dans sa **mémoire à long terme*** sans leur donner un sens, sans faire départager les informations importantes et les informations inutiles. C'est un peu comme si un directeur photo gardait toutes les prises ou séquences d'un film, sans jamais le monter.

Si, après une perte importante, une personne ne passe pas à travers toutes les étapes du deuil, elle sera condamnée à toujours revivre intensément l'étape à laquelle elle s'est arrêtée de cheminer, comme si le cerveau avait arrêté de gérer cette épreuve, comme si les ressources pour guérir cette blessure étaient présentes, mais non accessibles. Or, un bébé ou un jeune enfant ne peut pas vivre sainement un processus de deuil si aucune figure d'attachement ne l'accompagne. La terrible ironie de la situation d'un enfant adopté, c'est que la personne de qui il doit faire le deuil est celle qui aurait dû l'aider à le surmonter.

L'idée qu'un nourrisson puisse souffrir physiquement et psychiquement est relativement nouvelle. Spitz[6], en 1944, décrit bien la souffrance psychique des enfants souffrant d'hospitalisme[7], mais il faut presque attendre Françoise Dolto[8], dans les années 1980, pour que l'on parle vraiment de la souffrance cachée « ordinaire » ou plus grave des enfants. En 1982, Gaensbauer[9] décrit la survenue possible de syndromes post-traumatiques chez des enfants de 3 mois à 3 ans. Puis, Daniel Siegel[10] affirme que la mémoire procédurale de l'enfant de moins de 18 mois, la fameuse mémoire dite mnésique par les psychanalystes, peut effectivement contenir des informations traumatiques capables de modifier le comportement futur de l'enfant. On sait maintenant que même sans mots, notre corps ressent et enregistre...

Le fait même d'avoir été un enfant abandonné puis adopté augmente de façon exponentielle le risque d'avoir subi des épreuves, des abus, de la maltraitance, des abandons « sauvages » ou de la négligence « ordinaire », et de ne pas avoir eu les ressources ou le soutien nécessaires pour parvenir à la guérison neurologique de cette épreuve devenue traumatisme. C'est comme si toute une population de

---

6 René A. Spitz. « Anxiety in Infancy: A Study of its Manifestations in the First Year of Life », *International Journal of Psycho-Analysis*, n° 31, 1950, p. 138-143.

7 Signifie un état dépressif et des retards de développement causés par de la négligence grave en institution.

8 Françoise Dolto. *La Cause des enfants*, Paris, Robert Laffont, 1985.

9 Theodore Gaensbauer. Adapté de SSI/CIR. « L'aide aux familles ayant des difficultés comme moyen de prévention de la séparation de l'enfant de sa famille d'origine », *Bulletin du Service social international de Genève*, sept. 2005. (ISS. A Global Policy for the Protection of Children Deprived of Parental Care, Submission at UNCRC Day of General Discussion on Children Without Parental Care, Geneva, Sept. 2005).

10 Daniel J. Siegel. *The Developing Mind: How Relationships and the Brain Interact to Shape Who We Are*, Second Edition, New York, Guilford Press, 2012.

personnes souffrant de fracture de la jambe n'était pas automatiquement dirigée vers un radiologiste et un orthopédiste ! Les fractures de l'âme sont rarement bien reconnues, encore moins bien soignées par des spécialistes du post-trauma.

Et pourtant, le corps de ces enfants-là a retenu tant de choses avec lesquelles il vit encore ! Pensons à ce petit garçon d'origine russe qui relâchait tous ses sphincters si sa nouvelle maman élevait tout juste un peu la voix. Ou à cette petite fille d'origine vietnamienne qui se laissait porter sans problème par son père, mais qui se débattait furieusement en disant « je vais me noyer, j'avale de l'eau, je vais mourir ! » si sa nouvelle maman voulait la bercer. Dans ce dernier cas, on a découvert plus tard que sa mère biologique, probablement en profonde dépression post-partum, avait tenté de se suicider par noyade avec son bébé dans les bras.

[?] SAVOIR 3

Une amygdale hyperactive à apaiser et à reprogrammer

Ce qui déroute souvent les parents adoptants, ce sont les réactions de peur ou de colère exagérées et apparemment injustifiées qu'ils déclenchent en faisant pourtant des gestes rationnellement doux, gentils, sécuritaires... ou alors qu'ils quittent simplement la maison pour aller travailler. Ils ne comprennent pas ces réactions puisque, depuis l'adoption, ils n'ont pas mis l'enfant en danger. Ils finissent par constater que l'enfant interprète mal ces gestes pourtant bienveillants ou ordinaires.

Comme l'explique Daniel Hugues[11], il ne faut pas oublier que la nature a pourvu le bébé humain d'un seul classeur neurologique pour archiver toutes les mémoires sensorielles, émotives et cognitives de ses principaux donneurs de soins : un papa et une maman. Et comme la majorité aura les deux mêmes parents toute leur vie, la nature n'a pas prévu un second classeur pour les enfants qui seront éventuellement adoptés. Tout petit, l'enfant n'a pas la capacité neurologique de décider d'enregistrer telle émotion ou tel évènement dans des classeurs différents en attendant que des parents vraiment bons arrivent et l'adoptent.

Ainsi, tous les bons et les mauvais gestes de tous les donneurs de soins que l'enfant connaît successivement, surtout entre 0 et 36 mois, seront stockés au même endroit grâce à une habile interconnexion entre l'émotion et l'intelligence. Tous ces souvenirs en relation avec une figure parentale seront projetés sur les nouveaux parents. De même, les souvenirs les mieux imprimés dans la mémoire à long terme, qu'elle soit consciente ou inconsciente, seront ceux qui auront été enregistrés grâce à l'intervention d'une émotion très forte, positive ou négative.

En effet, la mémoire à long terme, consciente ou inconsciente, est impossible sans l'activation de l'émotion. Or, l'enfant a surtout expérimenté des émotions désagréables d'une très grande intensité. Les moments où l'enfant a été séparé de ses donneurs de soins, les moments où il n'a pas eu une réponse rapide, chaleureuse, cohérente et prévisible à ses besoins urgents ont été vécus avec des émotions

11 Daniel Hughes. *Building the Bonds of Attachment: Awakening Love in Deeply Troubled Children*, Northvale (New Jersey), Jason Aronson, 1998.

désagréables *très* intenses. Ces émotions sont ressenties dans le cerveau limbique, et plus particulièrement dans une partie du cerveau composée de l'amygdale et de l'hippocampe.

Le système limbique

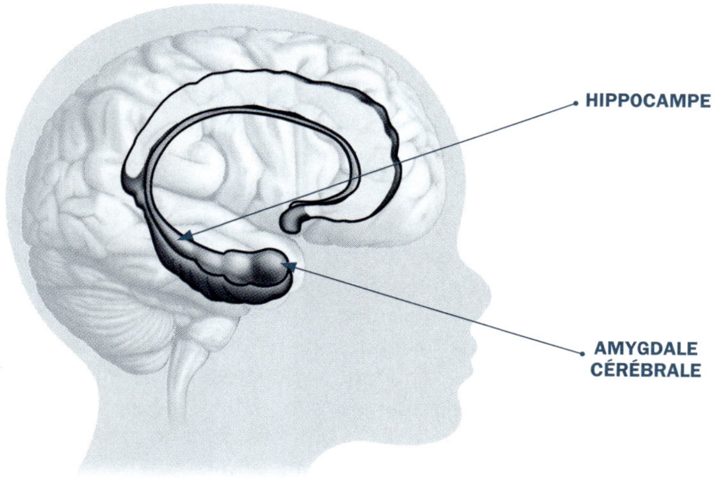

C'est au plus profond de la boîte crânienne qu'est logée l'amygdale cérébrale, juste à côté et un peu au-dessus de l'hippocampe, auquel elle est interconnectée. C'est là que se développe le sens du décodage des émotions et de la détection du danger. La fameuse alarme du «*fight, flight or freeze*» (combattre, fuir ou paralyser) est située dans cette portion de notre système limbique. On lui doit nos réactions normales ou exagérées face à l'adversité et aux stress de la vie : «je me bats», «je me sauve» ou «je fige sur place». L'hippocampe participe à la mémoire, mais c'est l'amygdale qui est responsable d'activer l'action qui semble appropriée d'après nos souvenirs explicites ou implicites.

C'est donc grâce à son hippocampe qu'un bébé se souviendra d'avoir été doucement caressé et regardé avec tendresse, mais encore plus d'avoir eu faim ou d'avoir été secoué. «L'hippocampe est ainsi particulièrement sensible à l'encodage du contexte associé à une expérience aversive», disait Gloria Jeliu[12]. C'est l'hippo-

12 Gloria Jeliu. *L'Environnement psychosocial : évaluation de la relation parents-enfants*, Montréal, Université de Montréal, 1984.

campe qui fait en sorte que non seulement un stimulus peut devenir une source de peur apprise — donc conditionnée —, mais également les objets, la situation ou le lieu où se trouve le déclencheur.

Le **modèle opérationnel interne*** (les sortes d'**attachement sécurisé*** ou **insécurisé***) conceptualisé par Bowlby[13] se situerait là en grande partie. Les bonnes ou mauvaises mémoires sensorielles y sont stockées et mises en connexion avec l'amygdale, mais sans qu'il y ait de mots associés à ces « souvenirs ». C'est à cause de ces parties du cerveau de l'enfant que les hormones de stress seront sécrétées massivement, que le cœur du bébé peut se mettre à battre très fort et le rendre inconsolable même si son nouveau parent le berce doucement en lui donnant du lait. Ces gestes normalement rassurants peuvent même, dans certains cas, réactiver chez l'enfant de vieux souvenirs émotionnels désagréables ou dangereux. Les bébés mammifères emmagasinent très tôt des réflexes qui leur serviront à s'adapter à l'environnement présent et futur. Ainsi, aussi étrange que cela puisse paraître, un vieillard de 80 ans peut avoir un comportement dicté par une **mémoire traumatique*** préverbale survenue lorsqu'il n'était qu'un poupon.

Une des tâches des parents adoptants sera de modifier doucement la mauvaise programmation de l'amygdale hyperactive de l'enfant. Ainsi, les parents actuels, bien qu'ils ne soient pas à *l'origine*, ou *coupables* de cette mauvaise programmation, seront néanmoins capables d'apaiser, de calmer l'amygdale de leur enfant afin de lui enlever peu à peu sa peur de l'abandon, du rejet et son angoisse de décevoir. Comme nous le verrons au chapitre 9 portant sur le stress, le parent devra commencer par reconnaître les comportements de son enfant, ne pas considérer ses réactions comme une preuve de sa propre incompétence et ne pas laisser sa propre amygdale mal interpréter ces réactions de l'enfant envers lui.

[?] SAVOIR 4
Mieux comprendre les *deuils* difficiles

Même si tous les parents essaient de rassurer leur enfant sur la permanence de leur amour et du lien qui les unit, ils ne peuvent pas tout contrôler. Des pertes, des décès, des séparations arrivent, même si personne ne le souhaite. Les enfants adoptés vivent difficilement les différents deuils qui font partie de la vie.

Notre bien-être psychique, émotif et physique est intimement lié à la façon dont nous vivons et réglons les pertes inévitables qui surviennent tout au long de notre existence. Pour Freud, le deuil est le détachement affectif de ce que l'on a perdu.

Si la plupart des pertes majeures sont provoquées par le décès d'un être cher, la notion de deuil dépasse cependant le décès et inclut toutes les situations où l'on se trouve blessé, négligé, déçu dans nos attentes. Que l'on pense ici au deuil engendré par une séparation ou un divorce, le diagnostic d'un cancer, une perte d'emploi, une faillite ou la découverte de notre infertilité.

---

13 John Bowlby. *Ibid.*

Chaque fois que la vie nous enlève un être ou un projet auquel nous sommes attachés, le processus de deuil s'enclenche. Ce processus comporte cinq étapes précises que nous devons traverser avant de retrouver l'équilibre émotif antérieur à la perte, avant de pouvoir continuer à vivre normalement.

Tous les êtres humains auront à vivre des deuils, y compris bien entendu les enfants et adultes adoptés. Si les parents adoptants ne peuvent pas éviter toutes les situations de deuil à leur enfant, il leur est par contre très utile de bien en connaître les manifestations. Comme nous l'avons vu, les enfants adoptés auront vécu leur lot d'épreuves — dont de nombreux deuils —, très tôt, trop tôt dans leur jeune vie. Certains de ces deuils auront été mieux vécus que d'autres, mais certains sont demeurés là, sous forme de traumatismes que les futurs deuils vont malheureusement réactiver. C'est donc dans la normalité adoptive que les parents tenteront de déceler ces phases dans les comportements de l'enfant, et l'aideront à traverser sainement chacune des étapes du deuil. Vous n'étiez pas là lors des premiers deuils, mais vous devez être présent pour accompagner l'enfant dans ceux qui suivront immanquablement !

Les étapes normales du deuil

Le choc, la négation

On nie soit l'incident, soit ses propres émotions face à l'incident. On nie pour avoir le temps d'absorber le coup. On peut fabuler, vivre dans un monde imaginaire pour quelque temps. On nie surtout pour éviter d'être envahi par un chagrin sans fin.

La colère

Viennent ensuite les sentiments de rage, d'injustice. On peut être en colère contre Dieu, la vie, le patron qui nous a mis dehors, le médecin qui nous a annoncé qu'on n'aura jamais d'enfant biologique. Bref, on cherche désespérément un « coupable » de ce qui nous arrive.

La négociation

On peut commencer à se faire des scénarios. Par exemple, on promet à la vie d'arrêter de fumer ou de commencer à aller à la messe tous les dimanches si la perte est renversée (on espère retrouver le même emploi ou que la morgue se soit trompée en identifiant le corps).

La dépression

Vient ensuite une période de profond chagrin, de désespoir absolu où rien ni personne ne peut nous consoler, nous rassurer, nous convaincre que les choses iront mieux un jour. On devient tendu, anxieux, agité, incapable d'accomplir les tâches habituelles. Cette phase arrive lorsque la colère faiblit et qu'on est frappé par le caractère irréversible de la perte. C'est une période d'affaissement où l'on se sent impuissant, démotivé, inutile et incapable de se prendre en main.

Le retour à la sérénité

La diminution graduelle des émotions vécues lors des quatre premières étapes marque le début de la phase de retour à un certain équilibre. La vie reprend tranquillement son cours, nos capacités reviennent. On en vient à décider de poursuivre sa vie. La preuve qu'on a fait notre deuil, c'est notre capacité à trouver un sens à ce qui nous est arrivé, à apprendre de cette perte et à grandir, à utiliser même cette perte pour construire quelque chose de nouveau. On a aussi fait notre deuil si on est capable d'y penser ou d'en parler avec nostalgie, mais sans colère ou tristesse incontrôlée.

Inspiration : Formation sur le traitement des troubles de l'attachement donnée en 2002 par l'équipe du Attachment Centre, à Evergreen, au Colorado (États-Unis) et tous les travaux d'Elisabeth Kübler-Ross.

Ces étapes, l'enfant adopté les vivra toutes s'il vit une perte : de la mort de son chat jusqu'à celle d'une grand-maman adorée, en passant par le déménagement d'un ami dans une autre ville. Chez les enfants ayant vécu des traumatismes précoces, les réactions émotives risquent d'être plus intenses et plus longues à se calmer, car ces évènements peuvent réactiver des mémoires sans souvenirs[14].

Il faut aussi savoir qu'à chaque étape de son développement affectif et cognitif, l'enfant adopté aura aussi des deuils à vivre par rapport à son passé, aux étapes de son histoire, aux gens et aux environnements qu'il a perdus. En effet, plus l'enfant grandit, plus il va se rendre compte de ce qui lui est réellement arrivé. Un enfant de 3 ans n'a pas la même capacité qu'un enfant de 9 ans ou un adolescent

14 Voir le chapitre 6, *Des émotions en montagnes russes.*

de 17 ans pour comprendre comment l'univers fonctionne. C'est donc à mesure que ses capacités intellectuelles augmentent et se raffinent que l'enfant construit le sens de ce qui lui est arrivé et se demande pourquoi cela lui est arrivé à lui.

Il est donc important que les parents adoptants sachent détecter certains comportements *nouveaux* qui ne semblent pas avoir été provoqués par un évènement particulier ou un changement majeur dans le présent de l'enfant. Ce peut être des questions très émotives sur les origines, le pays, les raisons de l'abandon, ou au contraire le refus maladif d'entendre quoi que ce soit au sujet de son passé. L'enfant peut aussi se mettre dans de terribles colères et crier : « Là, vous voyez que je ne suis pas du monde, est-ce que vous regrettez de m'avoir adopté ?» Il est aussi possible qu'il ait soudainement peur que ses parents biologiques viennent le récupérer lorsqu'il se rend compte qu'ils savent qu'il a été adopté au Québec. Un autre enfant adopté se montrera du jour au lendemain totalement dévasté et triste de saisir qu'il n'a pas grandi dans le ventre de la maman qu'il aime, alors que les parents en avaient toujours parlé ouvertement. Il peut subitement s'ennuyer de sa maman de Thaïlande ou se mettre à la haïr parce qu'il la trouve méchante.

Un des auteurs qui expliquent le mieux ces étapes de deuil surprenantes, mais normales en adoption est David Brodzinsky[15]. Il reprend les étapes normales de développement cognitif et social de tous les êtres humains telles que les a décrites Erik Erikson[16]. Pour cet auteur, chaque être humain doit accomplir avec succès plusieurs tâches pour devenir un être équilibré ayant des habiletés sociales souhaitables. Chaque étape consiste à réussir ou à moins bien réussir une tâche sociale qui lui donnera une croyance, une vision acquise du monde et de lui-même. Ces croyances favoriseront sa vie en société ou au contraire nuiront à l'entretien de bonnes relations sociales. Par exemple, selon les circonstances et la réussite ou non de la tâche, un bébé intégrera une confiance ou une méfiance envers le monde extérieur, puis, comme jeune enfant, il sera fier ou honteux de lui-même.

Brodzinsky y a ajouté les tâches supplémentaires que les enfants adoptés auront à effectuer à chacune de ces mêmes étapes. Ces tâches sont pour eux autant de deuils à accomplir, d'ajustements à réussir, de traitements de l'information à faire pour pouvoir se développer à leur plein potentiel. Ces tâches constituent un travail différent par rapport à celui que les enfants non adoptés doivent mener à bien, mais elles sont totalement prévisibles dans la normalité adoptive.

Voici un tableau synthèse des tâches reliées à l'adoption. Ces tâches s'ajoutent à chacune des étapes que les personnes non adoptées doivent franchir, et dans le même ordre.

---

15 Traduction libre de David M. Brodzinsky, Marshall D. Schechter et Robin Marantz Henig. *Ibid.* Notes personnelles prises lors d'une présentation du livre au Congrès « Dessine-moi une famille » organisé par le Secrétariat à l'adoption international, à Drummondville, en 1993.

16 Erik Erikson. *Enfance et société*, Neuchâtel, Delachaux et Niestlé, coll. « Actualités psychologiques et pédagogiques », 1971.

Synthèse des tâches reliées à l'adoption

BÉBÉ

ÂGE

0 à 18 mois

LES TÂCHES PSYCHOSOCIALES D'ERIKSON

Acquérir une confiance ou une méfiance fondamentale

LES TÂCHES SUPPLÉMENTAIRES RELIÉES À L'ADOPTION

Adaptation à une nouvelle demeure, aux nouveaux parents, à une nouvelle langue, à de nouveaux codes culturels et au nouvel environnement en général.

PETITE ENFANCE ET ANNÉES PRÉSCOLAIRES

ÂGE

18 mois à 5 ans

LES TÂCHES PSYCHOSOCIALES D'ERIKSON

Acquérir une autonomie avec de l'initiative ou une honte, un doute sur ses motivations

LES TÂCHES SUPPLÉMENTAIRES RELIÉES À L'ADOPTION

Découverte concernant la reproduction et la naissance en général, et la sienne en particulier.

Adaptation à l'information ou au manque d'information initiale sur l'adoption.

Reconnaissance de différences dans l'apparence physique, spécialement en adoption interraciale et internationale.

ENFANCE MOYENNE

ÂGE

6 à 11 ans

LES TÂCHES PSYCHOSOCIALES D'ERIKSON

Acquérir un sentiment de compétence ou au contraire un sentiment d'incompétence donc d'infériorité.

LES TÂCHES SUPPLÉMENTAIRES RELIÉES À L'ADOPTION

Compréhension de la signification et des implications de l'adoption, des raisons pour lesquelles des parents biologiques font un geste aussi grave que de donner leur enfant pour adoption.

Recherche de réponses au sujet de ses origines et de la raison de l'abandon.

Prise de conscience des différences physiques par rapport aux autres membres de la famille.

Prise de conscience des idées préconçues parfois associés à l'adoption, comme le fait de ne pas ressembler « à ses parents ».

Expérimentation de la réaction de ses pairs par rapport à l'adoption et des questions intrusives sur les raisons de son « abandon ».

Prise de conscience de la perte reliée à l'adoption, par exemple de la certitude de ne jamais connaître sa famille biologique ou le souvenir d'avoir quitté un compagnon d'orphelinat.

ADOLESCENCE

ÂGE

11 à 18 ans

LES TÂCHES PSYCHOSOCIALES D'ERIKSON

Acquérir une identité forte et solide ou une identité diffuse

LES TÂCHES SUPPLÉMENTAIRES RELIÉES À L'ADOPTION

Exploration plus poussée de la signification et des implications de l'adoption.

Établissement de liens entre l'adoption et sa perception de son identité.

Prise de conscience des différences physiques par rapport aux membres de la famille.

Résolution de la fantaisie du roman familial où l'enfant idéalise ses origines.

Expérimentation de la perte reliée à l'adoption, particulièrement de la perte de l'estime de soi.

Projet de rechercher sa famille biologique ou d'aller voir son pays d'origine.

JEUNE ADULTE

ÂGE

18 ans et plus

LES TÂCHES PSYCHOSOCIALES D'ERIKSON

Acquérir des habiletés d'intimité ou demeurer dans l'isolement

LES TÂCHES SUPPLÉMENTAIRES RELIÉES À L'ADOPTION

Implication légale du statut d'adopté face aux responsabilités des parents.

Exploration poussée des implications de l'adoption en relation avec la croissance du soi et le développement de l'intimité avec un conjoint ou des amis.

Anxiété de se retrouver vraiment seul.

Considérations plus poussées de recherche des origines ; décision de commencer ou non les recherches.

Adaptation à l'idée de devenir parent dans le contexte de son histoire d'abandon.

Prendre conscience de l'ignorance de son bagage génétique dans le contexte de la naissance de son enfant.

Tentatives de consolider son estime de soi malgré les pertes reliées à l'abandon.

[?] SAVOIR 5
Déception et attachement

Comme nous le verrons au chapitre 7, qui porte sur l'attachement, le degré de sensibilité du donneur de soins — ce qu'on appelle aussi **intersubjectivité des affects*** — pour détecter les signaux de détresse d'un bébé ou d'un jeune enfant influence grandement la création d'un lien d'attachement sécurisé ou non.

Le bébé humain naît avec des compétences pour lancer des signaux sur la nature de ses besoins. Si l'adulte perçoit ces signaux et les décode correctement, s'il réagit positivement et comble les besoins du bébé, ce dernier se sent compétent, valable et important. Il a l'impression de plaire à cet adulte. Mais si le donneur de soins, que ce soit son parent ou un autre adulte, ne répond pas à ces signaux de détresse, le bébé aura le sentiment de lui déplaire. Son cerveau enregistre alors une croyance profonde : déplaire, c'est décevoir et risquer d'être rejeté. Il gardera donc tout au long de sa vie une terrible peur de déplaire, à ses parents adoptifs, d'abord, puis à tout son entourage.

Peut-être aviez-vous, vous aussi, très peur de décevoir vos parents quand vous étiez jeune. Certes, tous les enfants du monde savent qu'il vaut mieux plaire que déplaire ! La différence est toutefois fondamentale entre, d'une part, un enfant qui compte sur un lien d'attachement parfaitement sécurisé et, d'autre part, celui qui, tout en étant attaché sainement à son parent, a encore un doute sur la permanence de ce lien. Or, il est dans la normalité adoptive que l'enfant demeure avec des problèmes d'attachement. Oui, il peut s'attacher à son nouveau parent, mais cet attachement conserve un style plus insécurisé, plus fragile.

Une fillette d'origine chinoise, à qui on demandait ce qu'elle craignait de voir arriver si elle décevait ses parents, a répondu ceci : « Je ne sais pas trop exactement, mais je sais que cela va être *très grave* et que ma vie va vraiment beaucoup, beaucoup changer. Ce ne sera plus jamais comme avant... »

Cette enfant a reçu un diagnostic d'ulcère d'estomac à huit ans tellement elle se mettait elle-même de la pression pour être toujours la première, toujours parfaite en toute chose. Elle était obsédée quotidiennement par la peur de décevoir et s'était transformée en formidable pantin. Selon sa logique intime, elle devait à tout prix éviter de décevoir ou de déplaire. Bien entendu, elle devait surtout ne pas déplaire à ses parents, mais aussi ne pas déplaire à ses professeurs et à ses amis. Ne pas déplaire voulait aussi dire être parfaite, ne jamais échouer quoi que ce soit[17].

Ainsi, un enfant en attachement sécurisé aura peur que la relation qu'il entretient avec son parent soit temporairement moins bonne s'il le déçoit. Ce qui le pousse à bien se comporter est souvent la peur d'avoir à subir la mauvaise humeur ou la colère de son parent ou encore la punition d'isolement dans sa chambre. Cet enfant a peur que la relation devienne désagréable, mais il n'a pas peur que la relation se brise définitivement. Il sent que ce lien est comme un câble solide qui existe même lorsqu'il n'est pas utilisé.

17 Voir le chapitre 11, *Une scolarité complexe*.

La majorité des enfants adoptés sont en attachement plus insécurisé. Ils ont non seulement peur que la relation devienne moins bonne en cas de déception de l'adulte envers eux, mais en plus, et surtout, ils ont peur que cette relation disparaisse, que le parent sectionne le lien. « Si mon parent n'a plus de relation avec moi, il ne prendra plus soin de moi, m'ignorera, et peut-être même va-t-il oublier que j'existe. » Les conséquences possibles d'une déception sont donc, dans l'esprit de cet enfant, beaucoup plus graves et permanentes. Il a toujours un doute sur la solidité du câble, surtout lorsque celui-ci n'est pas continuellement utilisé.

Cette peur aura pour effet de produire deux comportements apparemment illogiques et opposés. Certains enfants essaient d'être parfaits pour éviter à tout prix de décevoir et donc ne jamais avoir à vérifier leur hypothèse, tandis que d'autres, au contraire, ne cessent de la vérifier en décevant régulièrement leurs parents pour s'assurer que leur comportement concret suivra leur discours officiel : « Je ne t'abandonnerai jamais!» Dans le premier cas, l'enfant évite de passer le test ultime, dans l'autre, il soumet régulièrement ses parents à des examens de permanence, mais sans être rassuré à long terme.

C'est ainsi que la blessure d'abandon peut subtilement se réactiver dans les blessures quotidiennes de déception, si le parent n'en saisit pas toutes les nuances. Heureusement, la majorité des parents adoptants en sont conscients. Bien outillés, ils sauront mieux en tenir compte dans leur méthode éducative et choisiront avec attention les mots qu'ils utilisent au quotidien.

[?] SAVOIR 6
L'espoir des nouvelles mémoires

Toutes ces peurs de rejet, ces deuils actuels qui réaniment des souvenirs anciens et perturbants, peuvent laisser les parents perplexes et les enfants trop souvent victimes de leurs propres réactions involontaires. Y a-t-il de l'espoir? Si la science explique si bien pourquoi l'enfant adopté conserve ces peurs inconscientes, peut-elle aussi apporter une solution? Les humains disposent-ils de moyens pour dépasser ce destin? Oui et en voici trois exemples :

Qui ne se souvient pas de la célèbre scène de l'orage dans le film *Sound of Music* (*La Mélodie du bonheur*) où, un à un, les sept enfants Von Trapp se réfugient dans le lit de leur nouvelle gouvernante. Pour calmer les enfants apeurés par le tonnerre, Fraülein Maria se met à chanter *My favorite things* (*Mes joies quotidiennes*), chanson qui évoque le goût des pâtisseries viennoises, les jolis flocons de neige qui tombent sur les cils ou un mignon chaton qui se pourlèche de crème. Ce faisant, elle oblige en quelque sorte le cerveau des petits à calmer leurs hormones de stress pour les remplacer par de la dopamine. Cette hormone est une sorte de calmant *naturel* que sécrète notre corps lorsqu'on vit des moments très agréables, mais aussi lorsqu'on *évoque* le souvenir de ces moments agréables.

Certains survivants de catastrophes comme des accidents d'avion, des avalanches, des naufrages témoignent régulièrement de la force réelle des émotions et des souvenirs positifs. Alors qu'ils étaient sur le point de se laisser mourir d'épuisement ou de douleur, la simple pensée de leurs enfants qui deviendraient orphelins ou de l'amour qu'ils portent à leur conjoint ou à leur famille leur a donné une nouvelle force vitale. Cette force, contre toute attente et toute logique, leur a permis de crier, marcher, nager assez longtemps pour être secouru. La production d'endorphine et de dopamine grâce au simple souvenir des gens aimés constitue un antidouleur puissant.

Dans le même ordre d'idées, lorsqu'une personne bénéficie d'un suivi psychothérapeutique selon la technique EMDR[18] pour surmonter un état de stress post-traumatique, l'utilisation et l'installation de ressources mnésiques avec des souvenirs positifs font partie intégrante de la thérapie. On demandera à la personne de décrire un lieu qui évoque en elle le souvenir d'une paix et d'une douceur de vivre absolues. On lui fera aussi décrire la relation chaleureuse et nourrissante qu'elle a connue avec une personne — réelle ou imaginaire. Le thérapeute procédera ensuite à l'installation de ces ressources grâce à une technique de stimulation bilatérale par le mouvement des yeux ou par du *tapping* sur les mains ou les genoux du patient. Ces souvenirs deviendront ainsi encore plus riches, accessibles, presque palpables. Ils feront « croire » au cerveau que ces évènements se passent vraiment. Le cerveau va alors sécréter les hormones de l'énergie vitale, de l'espoir et du bien-être, qui serviront de moyen d'apaisement autant lors des moments plus pénibles du traitement que dans la vie de tous les jours.

Idéalement, plus notre cerveau se constitue des archives de bons moments, comme autant de livres dans une immense bibliothèque, plus ces souvenirs deviennent des antidotes aux moments de déprime ou d'angoisse. Certaines recherches, dont celles du docteur Eric Kandel, lauréat du prix Nobel de médecine en 2000, ont prouvé qu'en ajoutant de nouveaux câblages dans notre cerveau pour former de nouveaux souvenirs, il est possible d'augmenter la bonne humeur et l'énergie vitale de manière à surmonter plus facilement des évènements difficiles. Les changements neurologiques constatés chez des souris ont montré pourquoi ces techniques de méditation, de psychothérapie et de visualisation fonctionnent réellement.

Attention cependant : ces nouveaux *câblages n'effacent pas et ne remplacent pas* les anciens souvenirs, par exemple, chez les enfants adoptés, la détresse de s'être sentis abandonnés ou la peur d'être rejetés à nouveau. Ils servent plutôt de solutions pour échapper au désespoir et à la peur. Imaginez un grand pichet transparent. Dans le fond du pichet, il y aurait quelques gouttes de café noir très fort qui représenteraient les souvenirs difficiles des enfants adoptés. Imaginez maintenant que vous, les parents, ne puissiez pas enlever le café du récipient. Par contre, vous

---

18 EMDR : Le *Eye Movement Desensitization and Reprocessing* est une thérapie de « désensibilisation et de retraitement de l'information par les mouvements oculaires » mise au point par Francine Shapiro. L'EMDR s'est fait connaître pour son efficacité dans le traitement des personnes ayant subi de très graves traumatismes et qui souffrent d'un état de stress post-traumatique (ESPT). Cette méthode psychothérapeutique est reconnue par l'American Psychiatric Association dans son Practice Guideline depuis 2004.

pouvez et vous devez ajouter de l'eau claire, constituée de nouvelles expériences et d'images agréables, de goûts sucrés, de gestes de tendresse, de compliments, de rituels doux, de petits et grands succès[19].

Après des jours, des mois, voire des années, le pichet sera rempli d'une eau qui aura considérablement dilué le café noir. Les molécules de café n'auront pas disparu, mais leur concentration sera désormais à dose homéopathique ! Devant un mauvais souvenir ou une difficulté, le cerveau pourra accéder aux souvenirs perturbants (les petites molécules de café) ou encore aux nouveaux souvenirs nourrissants (l'eau claire).

SAVOIR FAIRE
Savoir être

FICHE PÉDAGOGIQUE ADOPTEPARENTALITÉ **N° 8**
Fabriquer de nouvelles archives sensorielles et affectives : le jeu du hamac et le jeu du tunnel

Objectif : constituer des souvenirs qui serviront de ressources de rechange pour échapper aux souvenirs d'abandon et de rejet, inconscients, mais très présents

Public cible : enfants de tout âge

Matériel nécessaire : une couverture grande et solide, un tunnel fabriqué avec une vieille boîte de carton (ou un tunnel de toile comme ceux que l'on trouve dans le commerce pour faire jouer les enfants)

Une des stratégies éducatives les plus efficaces des parents adoptants est de mettre tout en œuvre pour fabriquer de nouveaux souvenirs où l'enfant n'est ni rejeté, ni menacé d'être encore une fois abandonné, ni constamment un objet de déception. Il faut constituer de nouvelles archives neurologiques dans lesquelles l'enfant est choisi, accueilli, bienvenu dans votre univers, où il vaut la peine que l'on *perde du temps pour lui*, où il vaut la peine que l'on prenne soin de lui, même si cela *dérange* un horaire, une routine ou une sieste.

---

19 Voir la fiche pédagogique Adopteparentalité N° 8 ci-dessus : *Fabriquer de nouvelles archives sensorielles et affectives : le jeu du hamac et le jeu du tunnel.*

Louise Authier et Armande Beaulieu sont respectivement physiothérapeute et psychologue. Depuis qu'elles ont suivi la formation en adopteparentalité, elles ont créé des ateliers psychocorporels « Parents adoptants-enfants adoptés formidables » dans la lignée du *Theraplay*[20]. Ces ateliers ont pour objectif de favoriser non seulement la récupération des retards psychomoteurs, mais également de profiter des exercices physiques pour tisser un attachement le plus sain possible entre l'enfant et ses nouveaux parents, ainsi que pour fabriquer de nouveaux souvenirs dans le cerveau de l'enfant. Il faut voir cette dizaine de familles qui s'adonnent à des jeux de développement avec des ballons et des tapis en se regardant profondément dans les yeux !

Pour rejoindre ces enfants et leurs familles, les deux spécialistes sont donc allées sur un terrain privilégié, celui des jeux... Mais pas n'importe quels jeux : des jeux *symboliques*, des jeux qui ont un sens, qui permettent aux enfants de revisiter leur petite enfance, accompagnés de leurs nouveaux parents. Et puis des jeux *corporels*, car toutes les émotions et les relations affectives se ne vivent pas dans la tête, mais bien dans le corps. Ces jeux sont conçus pour stimuler les différentes facettes du développement sensori-moteur et pour rejoindre le cerveau émotionnel de l'enfant. « Le cerveau émotionnel est donc presque plus intime avec le corps qu'il ne l'est avec le cerveau cognitif. Et c'est pour cette raison qu'il est souvent plus facile d'accéder aux émotions par le corps que par la parole[21]. » Donc, des jeux corporels qui touchent l'intégration sensorielle, la conscience du corps, la libération de la respiration et l'équilibre du cerveau limbique.

En voici deux exemples, que l'on peut facilement reproduire à la maison.

Le jeu du hamac

On invite l'enfant à s'asseoir ou se coucher dans sa grande couverture-doudou. Chacun des deux parents soulève deux bouts de la couverture et, ensemble, ils balancent latéralement, tout doucement, leur enfant. Le parent placé face à l'enfant stimule le contact visuel et fredonne une berceuse. Ce faisant, l'enfant, ainsi enveloppé, est symboliquement « porté et bercé » comme lorsqu'il était dans le ventre de sa mère biologique, mais cette fois-ci par ses parents d'adoption. La technique est utilisée en ergothérapie, mais souvent par les thérapeutes et non par les parents.

Au début, les enfants très anxieux vont paniquer, crier et demander à sortir du hamac. Ils vont prétexter une envie de pipi, une autre peur qui n'a pas de rapport avec le contexte. Ou simplement dire : « Non, c'est moi qui prends la couverture. » Les parents doivent rester fermes et commencer le jeu doucement.

20 Phyllis B. Booth et Ann M. Jernberg. *Theraplay: Helping Parents and Children Build Better Relationships Through Attachment-Based Play*, San Francisco, John Wiley & Sons, 2010.

21 Arthur Janov. *Le Corps se souvient*, Paris Du Rocher, 1997, p. 64.

Les deux parents doivent insister sur les mots : « Fais-nous confiance, tu es en sécurité, nous ne te laisserons pas TOMBER, tu vaux la peine qu'on te protège, qu'on ne te fasse pas de mal, nous aimons prendre soin de toi, tu es bienvenu dans notre vie. Tu ne tomberas pas en bas de la couverture. Nous sommes des personnes fiables, solides comme des ponts de métal et de ciment[22], notre pont ne s'écroulera pas sous tes pieds. »

D'autre part, ce bercement stimule le système vestibulaire de l'enfant, qui est responsable du sens de l'équilibre et de la perception du corps dans l'espace. Ce sens est souvent déficitaire chez les enfants d'orphelinat qui sont restés trop longtemps dans leur couchette.

Ce jeu a eu un effet particulièrement significatif pour un enfant et sa mère. Le petit garçon, que nous nommerons William, est âgé de 27 mois au moment où se déroule l'histoire, et il a été adopté il y a trois mois en Europe de l'Est. William est très fuyant, il refuse tout contact visuel et n'accepte de s'asseoir sur ses parents que s'il est placé de dos. Dès les premiers bercements, William cesse de s'agiter, devient perplexe, puis s'intériorise. Son visage se détend et il regarde sa mère... qui n'en croit pas ses yeux ! Un moment de magie... À partir de ce moment, William accepte de s'asseoir face à sa mère, d'être nourri tout en maintenant le contact visuel... Comme si ce jeu du hamac, moins menaçant que le contact physique direct, avait permis l'émergence, à la place d'un souvenir désagréable, d'un sentiment positif cette fois vécu avec sa mère d'adoption...

Ce jeu devient alors un nouveau souvenir sensoriel où William peut faire confiance aux adultes, un souvenir joyeux et agréable avec ses nouveaux parents.

Le jeu du tunnel

Prenons un autre exemple : le jeu du tunnel. Les parents invitent l'enfant à marcher à quatre pattes pour traverser un tunnel. Sa mère, puis son père, puis les deux l'attendent à l'autre extrémité pour l'accueillir et lui souhaiter la bienvenue. Qu'est-ce qui se joue ici ? L'enfant effectue un passage qui rappelle celui qu'il a fait entre l'utérus et la vie hors utérine, le tunnel représentant le vagin de sa mère biologique. De plus, une couverture fermant l'extrémité du tunnel incitera l'enfant à pousser avec sa tête pour sortir. Ce jeu renseigne les parents sur cette première expérience de l'enfant, et lui permet de la revivre avec ses parents d'adoption. Chaque enfant livre lors de ce jeu des informations importantes sur son vécu : certains refusent d'entrer dans le tunnel, ils pleurent ; d'autres veulent y rester ; d'autres encore entrent et sortent avec plaisir ; enfin, pour certains, l'accompagnement verbal ou physique de la mère s'avère nécessaire.

---

22 Voir l'allégorie *Les ponts* au début de ce chapitre.

Ces réactions sont autant de signaux de détresse auxquels le nouveau parent peut et doit répondre avec compassion, patience, empathie et délicatesse. Le parent doit décoder ces signaux pour rassurer l'enfant. Le parent peut dire :

- ***Je comprends que tu aies peur, cela te rappelle peut-être de mauvais souvenirs.***
- ***Tu étais trop petit pour savoir quoi faire, mais à présent je suis là pour toi, car tu es précieux et important.***
- ***Tes émotions sont fortes et difficiles, mais je n'ai pas peur de ces émotions, je vais rester là avec toi, tu ne seras plus seul.***
- ***Cela ne me dérange pas de te consoler, je suis là pour ça, c'est mon travail de parent.***
- ***On va prendre le temps, on n'est pas pressés, je peux même doucement aller te chercher si tu veux et puis la prochaine fois, tu pourras le faire tout seul avec moi pour t'encourager.***
- ***Je sais que c'est difficile, mais tu peux y arriver, tu es plus fort que tu crois et c'est mon travail de te le prouver et de t'aider.***

À la sortie du tunnel, les parents accueillent leur enfant avec chaleur et tendresse :

- ***Bienvenue dans notre univers!***
- ***Tu es si mignon!***
- ***Bravo, tu as été très courageux!***
- ***On t'attendait depuis si longtemps!***
- ***Nous sommes si heureux de te voir!***
- ***Viens te bercer dans nos bras!***
- ***Tu es exactement comme on voulait que tu sois!***
- ***Nous avons hâte de te connaître, de prendre soin de toi, d'avoir du plaisir avec toi!***

Ces nouveaux souvenirs, qui feront le contrepoids des moments de rejet, s'impriment doucement, ils diluent les souvenirs d'abandon et de déception.

Le chemin de la sécurité affective est tracé. Il suffit de continuer à le parcourir le plus souvent possible, pour que l'enfant emmagasine le plus de ressources positives possible.

Inspiration : *De l'attachement et des jeux*, programme de stimulation précoce pour enfants nouvellement adoptés et leurs parents créé par Louise Authier, physiothérapeute, et Armande Beaulieu, psychologue. Ce programme est cité dans *Formation et intervention professionnelle en adoption internationale*, formation créée par une équipe du CHU Sainte-Justine pour les professionnels en adoption internationale, MSSS/SAI, 2008.

Également inspiré des phases d'attachement décrites dans le livre de Deborah D. Gray. *Nurturing Adoptions: Creating Resilience After Neglect and Trauma*, Indianapolis, Perspective Press, 2007.

FICHE PÉDAGOGIQUE ADOPTEPARENTALITÉ **N° 9**
Ce n'est jamais la faute des bébés

Objectif : répondre à la fameuse question : Pourquoi on m'a abandonné ?

Public cible : tous les enfants, dès qu'ils posent la question, et enfants de 3 ou 4 ans qui ne la posent pas encore

Matériel nécessaire : aucun

Lorsque l'enfant finit par poser cette fameuse question, les parents adoptants veulent bien faire. Ils ne veulent pas mentir, ni inventer, ni révéler trop tôt des informations non adaptées à l'âge de l'enfant.

Rappelons ces paroles de Françoise Dolto[23] :

« Le rôle du "parler-vrai" chez l'enfant est déterminant sur sa vie future. Tout enfant, pour vivre, a besoin de la vérité, qui est inconsciemment en lui. Connaître son histoire pour mieux grandir. Il ne veut que la vérité, même douloureuse, il la souhaite de tout son "moi" cette vérité qui humanise son devenir. »

Parler vrai, c'est également appliquer un des principes de la résilience. C'est faire son travail de tuteur de résilience[24], selon l'expression de Boris Cyrulnik.

Attention ! Parler vrai sans connaître toute l'histoire de l'enfant qui leur est si cher est un des plus grands défis des parents adoptants. Les autres parents savent tout et en détail : le jour et le moment de la conception, la première échographie, l'énorme tempête de neige qui a failli faire naître l'enfant dans la voiture, la vidéo de l'accouchement, etc. Ils peuvent ainsi tout raconter à leur enfant. Ils se sentent compétents pour le faire et accomplissent ainsi un important travail de mémoire et de construction.

Dans le cas où les parents ne disposent pas d'informations précises ou que l'histoire de l'enfant est difficile (cas d'inceste, d'assassinat de la mère, de violence envers l'enfant, etc.), le réflexe légitime des parents est souvent de formuler des hypothèses ou des généralités qui tournent autour de quatre thèmes :

La mort ou la maladie

Ta maman est peut-être morte ou elle était trop malade pour te garder.

La pauvreté

Mon chéri, on ne sait pas trop, peut-être que ta première maman était trop pauvre ? Elle n'avait probablement pas assez d'argent pour te nourrir et te soigner. Elle voulait probablement que tu survives et que tu aies une vie meilleure que ce qu'elle pouvait t'offrir.

---

23 Dans « De l'attachement et des jeux », cité sur le site internet www.lemondeestailleurs.com

24 Voir le chapitre 3, *Un incroyable survivant.*

L'amour

Ta première maman devait t'aimer beaucoup pour vouloir que tu aies une meilleure vie que la sienne.

Les lois

Tu sais, en Chine, les gens ont le droit d'avoir un seul enfant. Peut-être que tu étais un deuxième enfant, ou que tu n'étais pas du sexe qu'ils désiraient.

Si ces raisons d'abandon sont réelles et souvent plausibles, les parents doivent toutefois résister à leur envie profonde de répondre aux questions de l'enfant, au point de créer parfois plus de problèmes que de solutions.

IL FAUT FAIRE ATTENTION À CERTAINS PIÈGES

Le piège des hypothèses sans fondements

Pour l'enfant, une hypothèse peut rapidement devenir une vérité. Une vérité qui sera peut-être un jour confirmée, renforçant ainsi le lien de confiance qu'il a avec son parent, ou infirmée, ce qui risque de fragiliser ce lien de confiance.

Le piège de l'interprétation erronée

Il est parfois surprenant de constater la souffrance qui découle d'une mauvaise interprétation par l'enfant de la raison qu'on lui a donnée pour expliquer son abandon. Par exemple, une enfant d'origine vietnamienne, qui refusait toujours que ses parents lui achètent quoi que ce soit et surveillait toujours leurs dépenses, a fini par révéler en thérapie qu'elle avait peur que ses nouveaux parents deviennent pauvres comme sa première maman et l'abandonnent. Un autre enfant, d'origine bolivienne, se sentait toujours coupable d'être dans le confort en pensant à sa maman biologique qui était dans la misère. Une autre petite fille, d'origine haïtienne, toujours très opposante et aux comportements agressifs, a révélé en thérapie qu'elle était agitée et faisait des bêtises volontairement pour que ses parents ne l'aiment pas trop. Elle avait compris que sa maman haïtienne l'aimait TELLEMENT qu'elle l'avait abandonnée.

Le piège des raisons « d'adultes »

Sans le savoir, les parents essayent souvent d'excuser le comportement du parent biologique. On ne veut pas le dévaloriser aux yeux de l'enfant et c'est très bien. Alors, on explique en long et en large l'état d'esprit possible du parent au moment de l'abandon, en espérant que cela satisfasse l'enfant.

Bien qu'elles ne soient pas inutiles, ces explications passent presque toujours à côté du réel besoin de l'enfant. Sans pouvoir l'exprimer clairement, l'enfant veut savoir *s'il est responsable ou coupable* de la décision de son parent biologique de l'abandonner. Comme dans le conte du chapitre 3, *L'Océanfance*, l'enfant pense souvent à tort qu'il a dû faire quelque chose de mal pour mériter une telle punition, qu'il a dû décevoir son parent, qu'il n'a pas été un bébé assez précieux et compétent pour convaincre son parent de prendre soin de lui malgré toutes les adversités possibles.

C'est donc la première réponse qu'on doit *toujours* donner à l'enfant :

C'est très normal pour toi de vouloir comprendre ce qui t'est arrivé et je suis content que tu en parles. Si je connaissais les détails, je te les apprendrais avec grand plaisir, mais je ne sais pas grand-chose. Je t'aime assez pour ne pas te mentir ou inventer n'importe quoi. Je sais que c'est frustrant et même injuste que tu ne saches pas autant de choses que les autres enfants. Je serai toujours là avec toi pour comprendre que ce manque d'informations est loin d'être idéal.

On ne connaîtra probablement jamais toutes les raisons pour lesquelles ta première maman n'a pas pu prendre soin de toi, pourquoi elle n'a pas pu répondre à tes appels… mais on sait plusieurs choses qui sont vraies pour tous les bébés qui ont été séparés de leur mère puis adoptés :

- Ce n'est jamais, au grand jamais la faute des bébés si les premiers parents s'en vont et ne répondent pas à ses appels à l'aide ou à ses tentatives d'être mignon. Ce n'est pas parce que le bébé n'était pas un petit être précieux et important que ses parents l'ont abandonné.
- Un bébé est toujours précieux et important, mais trop petit pour avoir le pouvoir de changer cette décision prise par les adultes. Tu étais un bon bébé, un bébé compétent, car tous les bébés naissent égaux et ont les mêmes droits.
- C'est toujours une épreuve terrible d'être séparé de ses premiers parents, et toi tu as eu la force de survivre à cette épreuve malgré la peur.
- C'est normal d'être parfois triste de cela, parfois en colère de cela, parfois même avoir peur de cela et même peut-être parfois d'être très heureux de cela ! C'est normal d'être parfois mêlé quand tu penses à cela.
- C'est toujours une décision très pénible pour le parent, qui a essayé de trouver une autre solution, mais qui n'a pas pu faire autrement. Ce n'est jamais de gaieté de cœur qu'une maman ou un papa doit se résoudre à cela. C'est toujours plusieurs problèmes qui sont arrivés en même temps qui poussent les parents biologiques à faire ce choix. C'est toujours des problèmes d'adultes et des problèmes compliqués. Des problèmes que l'enfant ne peut jamais résoudre lui-même.

- Tu te demandes sûrement si ta première maman t'aimait ? Je ne peux pas répondre à sa place, mais les gens qui ont déjà parlé à d'autres mamans biologiques qui ont dû confier leur enfant à l'adoption disent que jamais, jamais elles n'ont oublié leur enfant. Elles disent avoir toujours pensé à lui en souhaitant très fort qu'il soit heureux, qu'il ait une belle vie auprès de nouveaux parents qui en prennent bien soin et qui l'aiment beaucoup. C'est une sorte d'amour différent que de prendre soin d'un enfant jour après jour. On ne s'attache pas de la même façon si on est toujours là l'un pour l'autre. Ces mamans sont toujours contentes de savoir que leur enfant s'est attaché à ses nouveaux parents et qu'il a reçu tout l'amour et tous les soins dont il avait besoin pour être heureux. C'est certain que c'est une forme d'amour de souhaiter ainsi le bonheur de son enfant.

Inspiration : Écrits du docteur Thomas Berry Brazelton, pédiatre américain, et de Françoise Dolto, pédopsychanaliste française.

FICHE PÉDAGOGIQUE ADOPTEPARENTALITÉ **N° 10**
Comment parler de la première maman ?

Objectif : aider les parents adoptants à aborder clairement le sujet de la mère et de la famille biologique

Public cible : enfants de 0 à 3 ans

Matériel nécessaire : aucun

Une des grandes questions existentielles des parents adoptifs est : quoi dire à notre enfant au sujet de ses parents biologiques, quand et comment aborder le sujet ?

Deux grands penseurs contemporains peuvent ici nous donner des pistes : Françoise Dolto[25], la grande psychanalyste française, et le docteur Thomas Berry Brazelton[26], célèbre pédiatre américain. Pour eux, le bébé est une personne à qui on peut et doit parler simplement et doucement de ce qu'il est et de ce qu'il vit. On doit le faire dès qu'il naît ou dès que possible après l'adoption.

---

25 Voir l'ensemble de son œuvre.

26 Thomas Berry Brazelton. *Ce dont les enfants ont besoin : leurs sept besoins incontournables pour grandir, apprendre et s'épanouir*, Paris, Stock, 2001.

Le parent doit et peut le faire en le regardant avec tendresse, douceur et avec la conviction que malgré son très jeune âge, il saisira l'émotion et l'importance de ce qu'on lui explique. Pour ces deux auteurs, l'enfant est beaucoup moins fragile qu'on l'imagine. Essayer de lui épargner des émotions pénibles ne l'empêchera pas de les vivre d'une manière ou d'une autre.

Plus fondamentalement encore, ces deux penseurs savent que parler à un bébé, c'est aussi se parler à soi-même comme parent... C'est s'habituer à aborder des sujets tristes, difficiles, tendres ou joyeux sans se sentir ridicule ou maladroit. C'est dire tout haut ce que l'on pense ou ressent tout bas. Plus on se sera exercé à aborder ces sujets, moins on sera pris au dépourvu ou mal à l'aise de les aborder lorsque l'enfant nous questionnera à l'âge de 4, 9 ou 14 ans.

Quand doit-on prononcer l'expression « maman biologique »?

Idéalement, le premier jour de son adoption, le jour de sa « naissance » symbolique dans notre vie. Sinon dès que l'on a lu ce livre!

Comment aborder le sujet?

Pour un enfant plus jeune, on pourra en parler en le berçant le soir. On lui racontera son histoire tout simplement et doucement : « Je sais que tu ne saisis pas tout ce qui t'arrive. Tu as grandi dans le ventre d'une autre maman qui n'a pas pu te garder... je ne sais pas exactement pourquoi... Je sais que ce n'était pas de ta faute. Je sais aussi que cela a dû être très difficile pour toi, que tu as sans doute été triste, surpris, que tu as eu peur ou même que tu as pu être en colère. Mais je suis ta nouvelle maman (ou ton nouveau papa). On ne se connaît pas encore et c'est un peu étrange pour toi. Je sais que cela prendra un peu de temps avant de t'habituer à moi. J'ai tout mon temps, car moi je serai là pour toujours, je ne t'abandonnerai jamais, tu seras toujours en sécurité avec moi, je t'aime pour toute la vie. Tu peux enfin te reposer, je suis là, maintenant.

Inspiration : Écrits du docteur Thomas Berry Brazelton, pédiatre américain, et de Françoise Dolto, pédopsychanaliste française.

FICHE PÉDAGOGIQUE ADOPTEPARENTALITÉ **N° 11**

Le conte dont je suis le héros

Objectif : aider les parents adoptants à aborder clairement le sujet de la mère biologique et de l'histoire préadoption

Public cible : enfants de 3 ans et plus

Matériel nécessaire : crayon, papier ou matériel informatique

Aider l'enfant à faire des deuils, l'aider à saisir le contexte de la séparation d'avec sa première maman ou famille, le convaincre que cette séparation n'est pas de sa faute est une tâche délicate, mais nécessaire.

Mais quoi dire à notre enfant au sujet de ses parents biologiques et des détails de son histoire ? Quand et comment aborder ces sujets délicats ?

Pour un enfant plus vieux à qui on n'aurait pas encore parlé clairement de cette autre maman ou de son histoire, on suggère d'écrire un conte. Parents adoptifs : à vos crayons de couleur, à votre ordinateur ! Faites preuve de créativité !

L'objet probablement le plus utile pour aborder le sujet de la famille d'origine est le conte que vous allez écrire à votre enfant. Bien sûr, les photos et la vidéo du voyage et de l'arrivée à l'aéroport servent à lui raconter des bouts de son histoire. Cependant, pour susciter la réflexion, l'introspection, la curiosité au sujet de son vécu préadoption, il faut à l'enfant un espace où il pourra utiliser son imagination et exprimer ses fantasmes, qu'ils soient positifs ou négatifs.

Écrivez un conte, même de quelques pages seulement, dans lequel vous raconterez ce qui lui est arrivé avant son arrivée chez vous. C'est un cadeau qu'il accueillera avec surprise et émotion ! « Wow ! Papa et maman ont pris la peine de m'écrire un conte, un livre avec des images juste sur moi et juste pour moi ! »

Comment écrire ce livre ?

Inspirez-vous de la forme du conte traditionnel en commençant par « Il était une fois » et en terminant par « Ils vécurent une merveilleuse vie en famille et pour toujours ». Mettez-y une certaine poésie et des références culturelles aux deux pays. Par exemple : « Il était une fois, au Royaume du Siam, là où il n'y a que deux saisons et où les toits des temples sont recouverts d'or »… « Pendant ce temps, au pays du Québec, là où il y a quatre saisons et où de grands glaçons d'argent tombent des toits pendant l'hiver »…

Voici des éléments qui doivent faire partie de votre conte :

- Avec pudeur, décrivez les circonstances connues ou très probables de l'abandon ;
- Mentionnez que c'est toujours difficile de quitter sa première maman, que l'enfant a dû avoir de la peine, qu'il a dû avoir peur et peut-être même être en colère, et que toutes ces émotions sont normales et utiles ;
- Mentionnez qu'il a survécu et qu'il est courageux, que vous admirez ce courage ;
- Évoquez le milieu où l'enfant a été gardé (orphelinat, famille d'accueil ou famille élargie) ;
- Parlez de la longue attente des deux côtés ;
- Racontez le premier contact, en soulignant qu'il ne vous connaissait pas et qu'il avait probablement un peu peur ;
- Rappelez l'apprivoisement, les petits problèmes de santé ;
- Racontez le voyage, avec de petits détails humoristiques ;
- Relatez l'arrivée à l'aéroport et la joie de commencer le reste de la vie ensemble.

Pour illustrer votre conte, dessinez des images ou utilisez des photocopies de dessins existants. Les photos réelles ne permettent pas à l'enfant d'y voir autre chose que des faits et l'empêchent d'exprimer son inconscient à travers la lecture du conte avec vous. Les vraies photos doivent être à sa disposition, mais ailleurs.

Utilisez le premier nom de votre enfant au début du conte, puis à la fin, son nouveau nom (si vous avez conservé son premier prénom, ajoutez-y le nouveau nom de famille).

Essayez de trouver un titre accrocheur : « Le petit éléphant du Siam », « La princesse des Andes » (titre inventé par une maman adoptive d'une enfant née en Bolivie), « Le petit tsar sans château », « La fleur des Îles », etc. Bref, laissez aller votre imagination et votre cœur d'enfant !

Offrez le livre à l'enfant en lui disant qu'il est maintenant assez grand pour que vous lui racontiez son histoire en détail. Que vous avez créé ce livre juste pour lui, qu'il est unique et spécial.

L'enfant peut être content ou inquiet, vouloir le lire beaucoup, puis plus du tout. N'insistez pas, mais revenez-y de temps à autre. Profitez de certaines occasions pour le ressortir, par exemple lorsqu'il aura des questions. Faites référence au contenu du livre lorsque vous regardez une émission de télévision ou que vous assistez à une fête de son pays d'origine.

Inspiration : Narratif d'adoption tel que le suggèrent plusieurs auteurs, entre autres Françoise Dolto, Joan Lovett et Daniel Hugues.

FICHE PÉDAGOGIQUE ADOPTEPARENTALITÉ **N° 12**

Quand une erreur fait craindre d'être rejeté

Objectif : assurer à l'enfant qu'on va l'aimer pour toujours même s'il n'est pas parfait

Public cible : enfants qui ont peur d'être imparfaits

Matériel nécessaire : aucun

Les enfants adoptés ont foncièrement peur d'être rejetés s'ils ne sont pas parfaits. Cela fait partie de leurs cognitions négatives : « J'étais sûrement un mauvais bébé, un bébé défectueux pour qu'un adulte, ma mère, prenne la décision de me jeter. » Ces enfants développent donc des stratégies et ne se donnent JAMAIS droit à l'erreur, puisque le fait de commettre une erreur entraîne dans leur esprit le danger d'être rejeté de nouveau.

Il en va ainsi de cette petite fille d'origine chinoise qui, le plus sérieusement du monde, a confié en thérapie : « Oui, mais si je n'ai pas 100 % dans mes examens, ma maman va me retourner en Chine ! » « Vraiment ? Est-ce que ta maman t'a dit cela ? » Et l'enfant de répondre en se pointant la tête : « Non, elle ne me le dira jamais, mais moi je suis intelligente, je le sais ! »

Ainsi, les parents, devant tant d'insécurité et de mauvaise estime de soi, pensent bien faire en exagérant leur fierté lorsque l'enfant fait quelque chose de bien. Ils oublient parfois une chose fondamentale : ils doivent constamment exprimer la fierté ou la déception du *comportement* et non de *la personne*. Rappelez-vous que ces enfants n'ont pas eu la chance d'être aimés inconditionnellement avant l'arrivée dans leur nouvelle famille. Ils étaient au contraire gratifiés s'ils se comportaient bien et ignorés ou rejetés dans le cas contraire. Ainsi, ils ne perçoivent pas de différence entre ce qu'ils SONT et ce qu'ils FONT. Ils croient profondément que l'amour de leurs nouveaux parents est totalement conditionnel à leur « production ».

Ce fait explique l'extrême **anxiété de performance*** que l'on observe chez de nombreux enfants adoptés. Et pourtant, un simple changement de vocabulaire peut amorcer la guérison affective. Une grande partie de la solution, en effet, est de toujours faire la différence entre l'identité propre de l'enfant, d'une part, et, d'autre part, ses actions et comportements. Un parent adoptant a le droit d'être déçu si son enfant a obtenu une mauvaise note dans un examen facile. Cependant, il doit toujours dire : « Je suis déçu de ton résultat, pas de toi comme personne entière ! Je t'aime, tu continues d'être précieuse et importante pour moi. Je ne suis pas déçue de ma fille, je suis déçue de la note de français de ma fille ! »

Car là réside le drame : le bébé abandonné n'avait pas les outils émotifs et cognitifs, ni l'expérience de vie nécessaire pour faire la nuance entre ce qu'il était et ce qu'il faisait. Il était et est encore convaincu qu'il était un mauvais bébé, intrinsèquement non valable, défectueux et de moindre « qualité ». C'est son être au complet qui a dû décevoir... puis être abandonné.

Si l'on ne fait pas ces nuances des milliers de fois, l'enfant sera renforcé dans ses croyances erronées sur les raisons de son abandon, ce qui aura pour résultat de faire diminuer encore sa mauvaise estime de soi. « La preuve que mes parents biologiques ont eu raison d'être déçus et de me laisser, c'est que je continue de décevoir tous les jours mes parents actuels ! »

À chaque petite ou grande punition, le parent doit prendre la peine de faire la nuance entre ce qu'il ressent d'engagement et d'amour permanent envers l'enfant, d'une part, et, d'autre part, la déception face à un moins bon comportement — « Toi, Jérôme, je t'aime pour toujours, mais là, je suis très déçu que tu aies choisi de frapper ton frère. » Dans les faits, la plupart des parents le font déjà instinctivement, mais seulement lors d'évènements négatifs.

Ils manquent parfois le pendant de cette attitude : le parent doit aussi dire à l'enfant qui vient de gagner la médaille d'or en gymnastique que même s'il était arrivé le dernier, il l'aurait aimé autant. L'enfant n'est pas fou et il sait observer les moindres gestes ou intonations de son parent. S'il remarque que lorsqu'il gagne un prix ou lorsqu'il obtient une bonne note à l'école, le parent est plus affectueux, plus démonstratif, parle de lui avec fierté à la parenté, il risque d'en conclure que le parent l'aime plus dans ce temps-là.

Le plus inquiétant, c'est que c'est parfois la réalité. Une minorité de parents sont incapables d'amour inconditionnel, que ce soit envers leur conjoint ou envers leurs enfants. Ce sont des cas plus lourds et problématiques qui sont susceptibles, sans intervention extérieure, de totalement détruire psychiquement un enfant anxieux. Ce dernier en effet n'arrivera jamais à en faire assez pour que son parent se sente un bon parent.

Si le parent évalue sa bonne ou sa mauvaise performance parentale sur les succès ou les échecs de son enfant, le changement de vocabulaire ne sera ni facile, ni utile dans un premier temps. Un travail psychothérapeutique qui va au-delà des conseils éducatifs sera nécessaire de façon préalable. Malheureusement, l'amour inconditionnel ou conditionnel des enfants est une aptitude qui se transmet à travers les générations. L'amour conditionnel est très pénible à vivre pour tous les enfants, mais potentiellement insupportable pour un enfant abandonné qui est convaincu que son comportement ou que tout son être est à l'origine de son abandon.

Inspiration : Principes de l'adopteparentalité de Johanne Lemieux, des méthodes de Russell Barkley et des ouvrages de Germain Duclos, psychoéducateur québécois.

FICHE PÉDAGOGIQUE ADOPTEPARENTALITÉ **N° 13**

L'amour inconditionnel : une figure d'attachement

Objectif : utiliser ses propres souvenirs d'enfant pour les reproduire

Public cible : enfants de tout âge

Matériel nécessaire : vos souvenirs !

L'amour inconditionnel est un concept important, mais pas toujours bien compris, bien senti. Comme parent, nous souhaitons tous pouvoir aimer inconditionnellement notre enfant, même si ce n'est pas toujours facile. Nous souhaitons également lui transmettre cet amour, mais comment le faire ? Quels mots utiliser ? Quelles attitudes pourraient favoriser cette transmission ?

Voici un petit exercice qui vous donnera sûrement des pistes de réponses.

Prenez un moment de calme pour vous souvenir. Quand vous étiez petit, qui était l'adulte (ou les adultes) qui vous aimait inconditionnellement ? Celui qui, malgré vos petits défauts ou vos bêtises d'enfant, vous regardait toujours comme une petite personne précieuse, importante, valable et aimable. Sur quel adulte pouviez-vous toujours compter pour vous aider, vous féliciter ou même vous gronder si cela s'avérait nécessaire pour votre sécurité, mais sans jamais que vous ayez peur de voir se briser le lien d'amour, de confiance et de sécurité ?

Maintenant que vous avez trouvé cette personne, souvenez-vous comment elle agissait envers vous. Quels étaient les mots, les gestes, les expressions qui vous prouvaient son amour inconditionnel ? Essayez de vous souvenir d'un ou deux évènements où vous avez eu peur de perdre cet amour, mais où, finalement, cet adulte a su vous prouver qu'il vous aimait pour toujours. Comment s'y est-il pris pour vous rassurer, et ce, même si aviez commis une grosse bêtise ?

Prenez conscience à quel point ces mots, ces gestes et ces attitudes, bref le savoir-faire et le savoir-être de cette personne ont été importants pour vous. À quel point ce lien privilégié vous a aidé à vous construire tel que vous êtes actuellement ! À quel point le simple souvenir de cette personne vous fait encore du bien !

Est-ce que vous reproduisez ce savoir-être avec votre enfant ? Pourriez-vous vous en inspirer davantage ? Croyez-vous que si vous imitiez cette personne, votre enfant en serait plus rassuré, plus apaisé ? Nos premières figures d'attachement sont nos plus grands professeurs.

D'ailleurs, souvenez-vous : nous prenons soin de nos enfants pour qu'eux-mêmes sachent comment prendre soin de *leurs* enfants.

Si, par malheur, vous n'avez pas de souvenirs de votre passé, soit parce que vous avez oublié ou parce que vous pensez qu'il n'y avait pas une telle personne auprès de vous dans votre petite enfance, essayez d'en trouver une plus tard dans votre vie ou même maintenant. Ce peut être un amoureux, un ami ou un collègue de travail, par exemple.

Inspiration : Questionnaire d'attachement adulte de Mary Main et du principe des ressources en EMDR.

FICHE PÉDAGOGIQUE ADOPTEPARENTALITÉ **N° 14**
Voir le moment de la séparation du point de vue de l'enfant

Objectif : sensibiliser les adultes aux perceptions de l'enfant au moment de la séparation avec sa mère biologique

Public cible : adultes qui prennent soin d'un enfant adopté

Matériel nécessaire : aucun

Tranche de vie

Enfin, vous êtes la seule à oser utiliser ces mots : trahison et abandon. Oui, je me suis sentie trahie, après la mort de ma mère, lorsqu'une tante m'a finalement dévoilé que j'avais été adoptée. Elle a insisté pour que je ne sois ni blessée, ni fâchée contre sa sœur, puisqu'elle n'avait eu que de bonnes intentions pendant 34 ans. C'est comme si elle me disait que ma mère m'avait accidentellement cassé une jambe, mais que comme elle ne l'avait pas fait exprès, je ne devais pas ressentir de douleur !

Caroline, adoptée au Québec en 1969

Plusieurs adoptés parvenus à l'âge de la majorité ont témoigné qu'aucun adulte n'avait vraiment pris la peine de voir les choses de leur point de vue. Pour répondre à leurs questions ou, pire, lors d'une révélation tardive et brusque, les parents adoptifs ont longuement expliqué qu'ils avaient menti pour leur bien, pour ne pas les traumatiser. Ils ont ajouté parfois que leur mère biologique avait dû trouver cela difficile, que l'enfant ne devait pas la juger, qu'elle n'avait pas voulu faire de mal. Ces informations n'étaient pas toujours inutiles, mais elles n'accueillaient pas, ne légitimaient pas ce que l'enfant lui-même avait vécu.

Comment aider un enfant à faire le deuil de sa famille biologique si on n'accueille pas ses émotions ? Comment devenir un tuteur de résilience si on ne croit pas ce que l'enfant a pu ressentir ?

Afin d'explorer ce point de vue, voici le récit d'une séparation entre une mère biologique et un enfant, mais raconté par l'enfant.

Il était une fois un petit bébé qui venait tout juste de naître, qui venait tout juste de sortir du ventre de sa première maman. On lui donna le nom de Juan.

Comme tous les petits bébés du monde, Juan était mignon, vivant et tout nu ! Il était très heureux d'être en vie, mais le monde extérieur qu'il découvrait était pas mal effrayant. Lorsqu'il naît, un bébé ne sait pas grand-chose, sauf une chose très très importante : il ne peut pas survivre tout seul. Tout seul, il va mourir. Il a absolument besoin que sa maman prenne soin de lui, sinon il pourrait mourir de faim, de froid ou de maladie.

Pour être certain que sa maman allait prendre soin de lui, bébé Juan devait réussir deux choses, deux choses si importantes que c'était une question de vie ou de mort. Ces choses sont inscrites dans sa chair et son âme et il sait comment les faire. La nature lui a donné tous les outils nécessaires.

Alors bébé Juan a d'abord tout fait pour attirer l'attention de sa maman en pleurant très fort pour qu'elle le regarde, le console, le prenne dans ses bras. Puis bébé Juan a regardé sa maman dans les yeux et lui a souri pour qu'elle le trouve mignon, fragile, digne qu'on prenne soin de lui pour toujours. Il voulait qu'elle le regarde avec tendresse. Il voulait qu'elle tombe tellement amoureuse de lui qu'elle décide de l'aimer et de le protéger pour toute la vie.

Son instinct de bébé humain lui dictait qu'il devait voir beaucoup de bonheur, de tendresse dans les yeux de sa maman. Il avait besoin de lire dans son regard qu'il avait réussi son premier travail dans la vie, c'est-à-dire se faire aimer pour que sa maman prenne soin de lui pendant des années et des années, jusqu'à ce qu'il soit assez grand pour survivre tout seul. Sans la protection de sa maman, sa voix, son odeur, la chaleur de ses bras et le goût de son lait, le monde serait bien trop effrayant pour une petite boule de vie de 8 livres et demie.

Malgré tous ses efforts, une chose affreuse s'est produite, la chose la plus terrible qui peut arriver à un bébé : un jour, sa maman n'était plus là, elle avait disparu. Son visage avait disparu, son regard avait disparu, son odeur avait disparu, la chaleur de ses bras avait disparu, le goût de son lait avait disparu.

Bébé Juan était en choc, il ne comprenait pas. Il était trop petit, trop fragile, son cerveau n'était pas assez développé pour comprendre ce qui se passait, pour comprendre pourquoi sa maman avait disparu dans l'univers. Rien de sa programmation biologique ne l'avait préparé à cette situation.

Alors, il s'est dit que cela devait être de sa faute. Il avait échoué dans ses deux tâches de survie : il n'avait pas bien appelé à l'aide et il n'était pas assez mignon pour que sa maman reste auprès de lui.

Il a pensé que sa maman l'avait abandonné parce qu'il était mauvais. S'il avait été un bon bébé, un bébé compétent, valable, elle serait restée auprès de lui, serait tombée amoureuse de lui. Il avait dû profondément la décevoir, ne pas répondre à ses attentes, à ses désirs, à ses besoins. Même si cela n'était pas la vérité, c'est ce que bébé Juan croyait.

Bébé Juan aurait tellement voulu croire au plus profond de son cœur qu'il était un beau, un bon bébé, un bébé merveilleux, un bébé important, digne qu'on prenne soin de lui.

Si son cerveau avait été plus développé, plus mature, avec plus d'expérience de vie, bébé Juan aurait compris que sa maman n'était pas partie à cause de lui. **Que ce n'est jamais, au grand jamais la faute d'un bébé si une maman ou un papa disparaît.** *Que les adultes ne sont pas tous capables de devenir des parents. Que certains adultes, même s'ils sont grands et ont l'air fort, ne veulent pas ou ne peuvent pas prendre soin d'un enfant pendant 20 ans.*

Lorsque bébé Juan pense à cette image, il est triste, il a peur, il a honte de lui. C'est douloureux de penser qu'il est un mauvais bébé. C'est une émotion épouvantable, mais comment expliquer autrement la disparition de sa maman ? Cela lui tord le cœur d'une douleur insupportable, d'une peur affreuse, comme quand on a peur d'avoir mal et de mourir. Alors, il décide de ne jamais y penser, ni maintenant, ni quand il sera grand. Car personne n'aime vivre une telle douleur sans avoir aucun espoir de cesser de souffrir un jour.

Pour le reste de sa vie, lorsqu'une personne qu'il aime va partir, arriver en retard ou menacer de le quitter, lorsqu'il n'arrivera pas à séduire un ami ou une amoureuse, son corps va se souvenir de cette douleur lointaine, une douleur inscrite dans une partie de son cerveau et de son corps où il n'y a pas de mots. Il ne comprendra pas tout de suite pourquoi il a si mal. Il ne saura pas vraiment quoi faire pour cesser d'y penser. Il évitera toutes les situations qui déclenchent ces mauvaises sensations, sans pouvoir expliquer avec des mots les raisons de cette attitude. Car un bébé n'a pas de mots.

Il finira peut-être, un jour, quand il aura 7, 17 ou 37 ans, par demander POURQUOI ses premiers parents ne l'ont pas gardé ? Pourquoi il a si mal lorsqu'il n'arrive pas à retenir une personne ? Même si Juan, qui s'appelle Simon maintenant, ne le demande pas, il faudra que ses nouveaux parents lui disent en le regardant tendrement dans les yeux : « On ne connaîtra probablement jamais toutes les raisons pour lesquelles ta première maman n'a pas pu prendre soin de toi. Pourquoi ta première maman a dit NON à tes appels à l'aide… mais on sait quatre choses qui sont totalement vraies pour toi et pour TOUS les autres bébés séparés de leurs parents biologiques :

1. *Ce n'est JAMAIS, au grand jamais, la faute des bébés si les premiers parents s'en vont et ne répondent pas à ses appels à l'aide ou à ses tentatives d'être mignon.*
2. *Un bébé est toujours précieux et important, mais trop petit pour avoir le pouvoir de changer cette décision. Tu étais un bon bébé, un bébé compétent. Tu n'aurais pas pu faire quoi que ce soit pour changer la situation.*
3. *C'est toujours une épreuve terrible d'être séparé de ses premiers parents. Tu as eu la force de survivre à cette épreuve malgré la peur qui est un peu restée en toi. Tu es fort et plein de courage.*

4. *C'est normal d'être parfois triste de cela, parfois en colère de cela, parfois même d'avoir peur de cela et même peut-être parfois d'être très heureux de cela ! Tu ne dois jamais avoir honte de toi, car tu n'as rien fait de mal. Tu es né, tout simplement, et naître est une chose merveilleuse. L'univers est un endroit meilleur depuis que tu existes.*

Inspiration : Formation donnée à Miami en janvier 2006 par Carol Crow, *MSW : Attachment and EMDR*, ainsi que des ouvrages de Joan Lovett.

SAVOIR *en bref*

En bref

1. Pour l'enfant adopté, la peur de décevoir est en amont de la peur d'être rejeté et abandonné. Il est convaincu qu'il a dû décevoir son parent biologique pour que celui-ci choisisse de ne pas le garder. Il demeure toute sa vie très sensible aux situations réelles ou perçues de rejet et d'abandon. Il souffre longtemps *d'abandonnite aiguë.*

2. Les moments de séparation, de perte, d'absence ou de deuil sont vécus par l'enfant adopté avec de grandes perturbations émotives, car ils réactivent une mémoire sans souvenirs conscients. Ces épreuves peuvent laisser des traces de type post-traumatique susceptibles de se réactiver beaucoup plus tard dans sa vie.

3. Les évènements difficiles vécus précocement par l'enfant rendent une partie du cerveau — appelée l'amygdale — hypersensible et facilement en alerte en cas d'évènements semblables.

4. L'enfant adopté vivra plus difficilement les deuils normaux de la vie. De plus, il aura des deuils supplémentaires à faire selon ses étapes de développement social. Ces deuils sont reliés à la prise de conscience graduelle de sa réalité adoptive.

5. La peur de décevoir est un facteur de risque dans la fabrication d'un lien d'attachement sain entre l'enfant adopté et son parent, puis avec les autres personnes significatives de sa vie.

6. Il faut idéalement fabriquer de nouveaux souvenirs où l'enfant est bienvenu, accueilli, accepté, choisi, où il se sent compétent et protégé afin de diluer les souvenirs plus difficiles. Il a été prouvé scientifiquement que ces nouveaux souvenirs pouvaient devenir des ressources pour mieux traverser des épreuves semblables.

Facteurs de risques **à éviter**	Facteurs de protection **à favoriser**
• Ne pas croire que l'enfant puisse avoir des souvenirs ou **mémoires implicites*** et **inconscients*** qui influencent parfois ses réactions, sous prétexte qu'il était trop petit pour se souvenir.	• Être attentif aux situations de deuil et de perte en permettant à l'enfant d'exprimer ses émotions en mots, en dessins ou par écrit.
• Être trop bouleversé lorsque l'enfant aborde son histoire ou lorsque vous pensez à ce qu'il a vécu.	• Rester calme et solide lorsque l'enfant pose des questions ou fait des affirmations erronées au sujet du moment de l'abandon ou de sa culpabilité.
• Attendre que l'enfant pose des questions pour lui parler de son adoption.	• Être proactif pour parler d'adoption en vous appuyant sur des contes, des émissions de télévision, etc.
• Changer de sujet si l'enfant pose des questions sur son histoire.	• Profitez de certaines occasions pour mentionner l'histoire de l'enfant, parler ouvertement de sa mère biologique sans l'idéaliser ou la dénigrer.
• Minimiser ses peurs de décevoir ou d'être rejeté en lui disant que « cela suffit, puisqu'il est avec vous depuis des années maintenant ».	• Accueillir l'enfant dans ses peurs d'être rejeté ou de décevoir et lui expliquer leur origine. Profiter de ces moments pour rassurer l'enfant sur votre amour inconditionnel.
• Sentir que vous avez échoué en tant que parent si l'enfant garde des peurs ou pose des questions sur son passé; vous culpabiliser.	• Toujours se donner une obligation de moyens et non pas de résultats.
• Utiliser toutes sortes d'autres mots pour parler de la première maman de l'enfant (la dame en Chine, celle qui t'a porté en Russie, la personne qui t'a abandonné).	• Utiliser clairement et simplement l'expression « première maman ».

Facteurs de risques **à éviter**	Facteurs de protection **à favoriser**
• Donner trop tôt des détails sordides sur les circonstances de l'abandon (meurtre, inceste, violence).	• Consulter un professionnel si vous n'êtes pas certain de la façon appropriée d'aborder avec l'enfant des informations plus délicates contenues dans son dossier.
• Menacer l'enfant de le placer en famille d'accueil ou de l'envoyer en pensionnat comme punition potentielle à de mauvais comportements.	• Toujours différencier l'enfant de son comportement : « Je suis déçu que tu n'aies pas remis ton travail de géographie, mais je t'aime et je ne suis pas déçu par toi en tant que personne. »
• Vous culpabiliser de ne pas avoir effacé toutes les peurs d'abandon de votre enfant.	• Accepter la normalité adoptive tout en prenant les moyens nécessaires pour apaiser les peurs de l'enfant.

En savoir plus

Pour en savoir plus sur les outils favorisant la création de nouveaux souvenirs, consulter le deuxième livre de la collection « Adopteparentalité » à paraître : *Mieux vivre les premières années après l'adoption.*

En savoir encore plus

Brazelton, Thomas Berry. *Ce dont les enfants ont besoin : leurs sept besoins incontournables pour grandir, apprendre et s'épanouir*, Paris, Stock, 2001.

Brodzinsky, David M., Marshall D. Schechter et Robin Marantz Henig. *Being Adopted: The Lifelong Search for Self*, New York, First Anchor Book Edition, 1993.

Erikson, Erik. *Enfance et société*, Neuchâtel, Delachaux et Niestlé, collection « Actualités psychologiques et pédagogiques », 1971.

Hughes, Daniel. *Building the Bonds of Attachment: Awakening Love in Deeply Troubled Children*, Northvale (New Jersey), Jason Aronson, 1998.

Kübler-Ross, Elisabeth. *La Mort, dernière étape de la croissance*, Paris, Du Rocher, 1994.

Janov, Arthur. *Le Corps se souvient*, Paris, Du Rocher, 1997.

Lemay, Michel. *J'ai mal à ma mère*, Paris, Fleurus, 2001.

Monbourquette, Jean. *Grandir, aimer, perdre et grandir*, Montréal, Novalis, 2007.

Newton Verrier, Nancy. *L'Enfant adopté : comprendre la blessure primitive*, Bruxelles, De Bœck, 2005.

Roques, Jacques. *EMDR : une révolution thérapeutique*, Paris, Desclée-Bouwer/Méridienne, 2004.

Siegel, Daniel. *The Whole Brain Child*, New York, Delacorte Press, 2011.

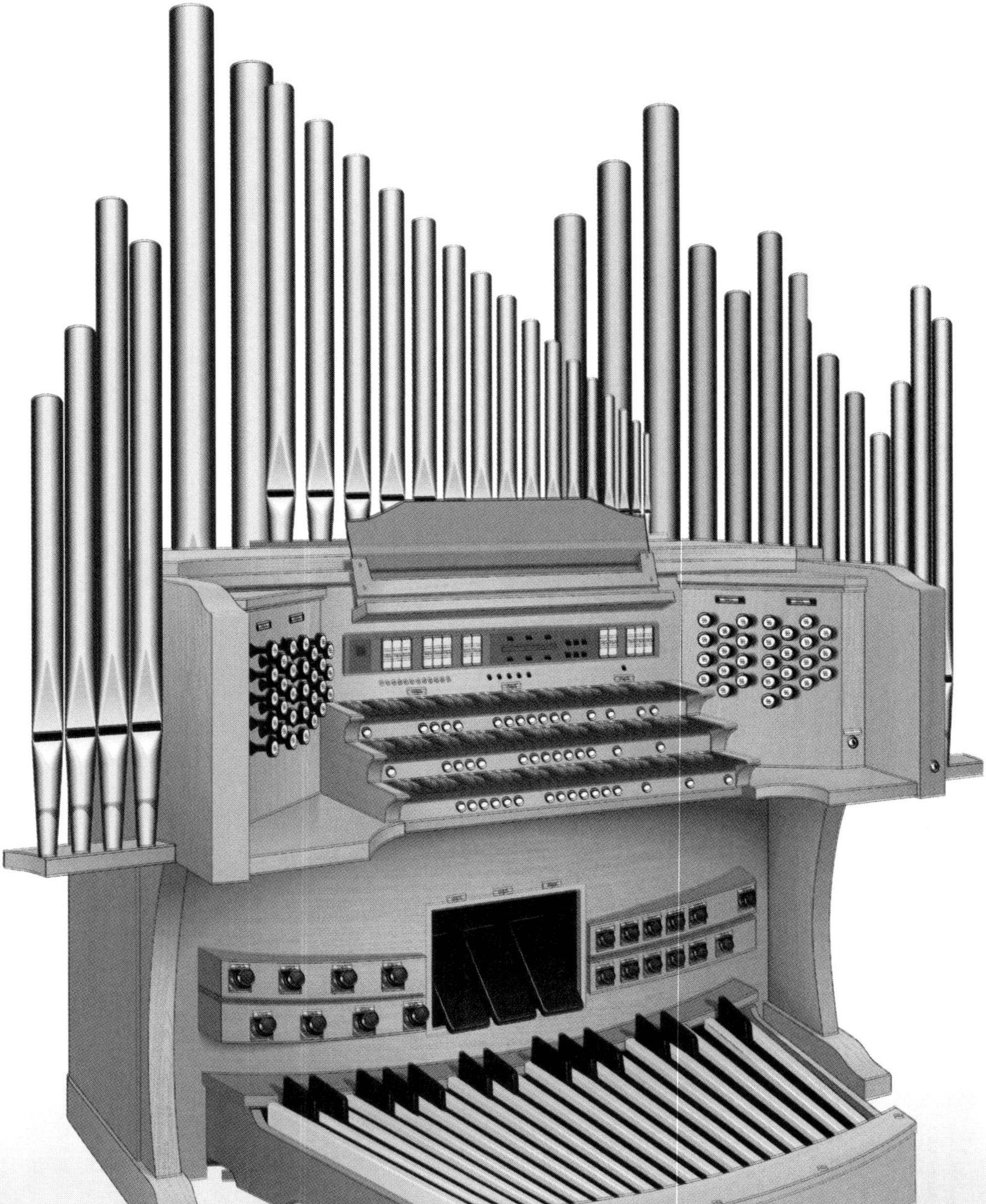

CHAPITRE 6

Des émotions en montagnes russes

Paroles d'enfants

La maman : C'est comme si ma fille n'était pas douée pour le bonheur. Elle vit et exprime facilement la colère, et à un moindre degré la peur et la tristesse, de façon intense, quand elle finit par craquer et se laisser aller. Par contre ses joies, son enthousiasme et son plaisir sont rares, éphémères, même si, objectivement, il lui arrive de belles choses et de grandes réussites.

L'enfant : Je ne fais pas par exprès, c'est plus fort que moi, ça part tout seul, je n'y peux rien! Ma colère, c'est comme ma meilleure amie : elle est toujours là pour me protéger.

Kim, 9 ans, d'origine chinoise

Le profond sentiment d'incompétence des parents adoptifs provient souvent de cette étrange incertitude quant à la nature légitime ou pas des réactions émotives de leur enfant. Comme si le doute habitait chacune de leurs actions auprès de leur enfant, comme si les lunettes nécessaires pour décoder la différence entre un besoin réel, légitime et un caprice n'étaient jamais bien ajustées et comme si les émotions exprimées par l'enfant étaient désaccordées. Elles sonnent faux, parfois trop intenses, parfois trop ténues.

Voici une allégorie pour bien illustrer l'origine de ces émotions déroutantes.

Allégorie
Un orgue dans la tête

Imaginez qu'il y ait un instrument de musique au plus profond de votre cerveau, un instrument qui aurait pour fonction de vous faire ressentir et exprimer toute la gamme des émotions humaines. Imaginez à présent que cet instrument est un orgue d'église, avec son clavier surmonté d'immenses tuyaux en cuivre. Les circuits neuronaux responsables de l'existence et de l'expression sensorielle des émotions de base sont comme les tuyaux d'un orgue. Chaque tuyau produira sa propre note, puis, ces notes étant jouées ensemble, l'orgue pourra produire de la musique.

Entre 0 et 3 ans, ces tuyaux produisent déjà des notes (émotions) dans le cerveau de l'enfant, mais ils sont très fragiles. Comme pour un objet en poterie, il faut les laisser se consolider en les protégeant de trois façons :

- D'abord, en les protégeant des chocs extérieurs : coups, stress, environnement violent, bruyant, agressant;
- Ensuite, en évitant les utilisations trop intenses ou trop longues, qui causeraient une pression intérieure susceptible de déformer les tuyaux : douleur, faim, soif, peur, colère, tristesse intense et prolongée;
- Enfin, en les utilisant doucement, et de plus en plus au fur et à mesure qu'ils se consolident, afin d'éviter qu'ils ne s'encrassent : en faisant vivre des moments de joie, de plaisir, d'apaisement, de curiosité.

À l'extrémité droite du clavier se trouveraient les touches pour jouer les notes aiguës : des notes joyeuses, pimpantes, qui expriment les émotions agréables de la vie comme la joie, l'amour, la fierté, la motivation, l'émerveillement. À l'extrémité gauche se trouveraient les touches pour jouer les notes graves : des notes sombres, intenses, qui expriment les émotions désagréables comme la peur, la colère, le désespoir, la honte. À chaque tuyau correspondrait une émotion précise, une émotion produite symboliquement par le vent qui s'engouffre dans ce tuyau.

Dans un instrument de musique, toutes les notes sont utiles; les notes graves et les notes aiguës, jouées ensemble ou successivement, servent à composer des mélodies complètes, subtiles, mémorables. Votre cerveau a besoin des circuits neurologiques pour ressentir et exprimer des émotions tant agréables que désagréables, car toutes les émotions humaines sont nécessaires.

Mais voilà, pour que la musique produite par cet orgue sonne bien, il faut que celui-ci soit d'abord bien construit et calibré : chaque tuyau doit être de la bonne hauteur et de la bonne circonférence, après que le cuivre en fusion a été coulé puis refroidi pour être solide. Un tuyau qui aurait été mal coulé ou mal refroidi pourrait produire des sons trop intenses ou trop faibles, voire carrément désaccordés. Il faudra aussi que l'instrument soit régulièrement accordé.

Les circuits neurologiques profondément enfouis dans notre cerveau limbique se fabriquent et s'utilisent presque de la même façon. Chaque circuit est une sorte de tuyau qui correspond à une émotion. L'intensité du son produit et la justesse de la note entendue dépendent des conditions de fabrication de chacun de ces circuits. Chez le bébé humain, ces circuits existent déjà durant le troisième trimestre de la grossesse ; à l'âge de trois ans environ, ils sont de la bonne grosseur et ont assez de résistance pour que l'on puisse en jouer avec force et assurance.

Avant cet âge, les circuits sont comme des tuyaux d'orgue en construction : ils sont encore mous et fragiles, tout comme le sont les os pour leur permettre de grandir rapidement. Le système nerveux central du bébé reste longtemps immature et fragile. Il faut donc le protéger d'une utilisation excessive qui pourrait en modifier la grosseur et la performance futures.

Le parent est donc comme un organiste qui doit jouer délicatement sur le clavier des émotions immatures de son jeune enfant durant les premières années. Cet organiste doit aussi protéger les tuyaux-circuits encore fragiles contre toute blessure, usure, attaque extérieure, qui pourraient causer des dommages permanents à la structure même des tuyaux avant que ceux-ci soient assez solides pour ne pas être endommagés.

Ainsi, un orgue dont les tuyaux de cuivre n'auraient pas reçu la protection nécessaire durant leur construction ne produirait pas exactement les mêmes sons qu'un autre orgue.

SAVOIR

SAVOIR 1

Des émotions déroutantes pour les parents

Un des plus grands défis que les parents adoptifs auront à relever est de décoder correctement les émotions de leur enfant arrivé dans leur vie par adoption. Cette compétence de décodage est un des facteurs de protection qui permettent non seulement d'activer les comportements de maternage (*caregiving*) du parent, mais également de l'aider à mieux juger des besoins réels de son enfant. C'est aussi un facteur de protection du côté de l'enfant, qui fait en sorte qu'il se sente aimé, en confiance et en sécurité. L'enfant a besoin de sentir que son parent peut « deviner » ses besoins, et donc y répondre, et ce, sans qu'il ait à les exprimer de façon explicite ; il s'agit d'une capacité cognitive et affective très longue à acquérir chez tous les enfants. C'est d'ailleurs en devinant ses besoins, puis en les lui exprimant verbalement que le parent aidera l'enfant à mettre des mots sur ses *maux* autant que sur ses bonheurs.

Les réactions émotives de l'enfant déroutent les parents, parce qu'elles leur semblent souvent décalées par rapport à la situation réelle. Vous pouvez les trouver :

- trop faibles dans une situation X ;
- trop fortes dans une situation Y ;
- trop variables, passant du tout au rien sans raison apparente.

Cette évaluation, toutefois, est le fait d'un parent adoptif peu informé de la normalité adoptive. Son premier réflexe est, bien sûr, de comparer les réactions de son enfant à du connu, soit l'expression habituelle des émotions chez les enfants modèle de base autour de lui.

Dans la normalité adoptive, trois facteurs de risques expliquent en grande partie ces difficultés supplémentaires :

- L'enfant adopté est à très haut risque d'arriver avec des comportements d'attachement déficients (ses tentatives d'attirer le donneur de soins ont trop souvent échoué, ce qui a pu altérer les circuits neurologiques responsables des émotions).
- Le parent et l'enfant n'ont pas vécu ensemble dès le début de la vie de l'enfant ; le parent n'a donc pas eu la chance de découvrir lentement son enfant, comme c'est le cas pour les parents d'enfants biologiques.
- Le parent qui ignore ou refuse d'accepter la normalité adoptive ne sait pas décoder correctement les messages et les besoins de son enfant, et ne connaît pas les outils qui lui permettraient d'intervenir de façon préventive. Le parent et l'entourage risquent dès lors de passer de la surprotection à la démission parentale devant certains « caprices » de l'enfant.

[?] SAVOIR 2

Les émotions de protection de la vie et les émotions d'amélioration de la vie

Pendant des millénaires, les humains ont cru que les émotions étaient situées dans le cœur. On sait maintenant que les outils qui déclenchent nos émotions sont cachés dans la boîte crânienne. Le bébé est fonctionnel bien qu'immature dès sa naissance, et même à partir du troisième trimestre de la gestation. Même si 80 % de son organisation neurologique doit encore se développer, le bébé possède déjà les outils qui lui permettent de ressentir les émotions de base.

Si notre cerveau a non seulement conservé, mais raffiné l'expression des émotions de base, autrement dit, s'il a conservé et raffiné ces structures en tuyaux logées dans la partie subcorticale de notre cerveau, et ce, depuis quelques millions d'années, c'est que cet attribut a été, d'un point de vue évolutionniste, très utile à la survie de l'espèce.

Le cerveau est équipé de deux sortes de circuits qui produisent nos émotions : les *circuits d'émotions de protection de la vie* (par exemple, la colère, la peur, la tristesse, la honte) et les circuits d'émotions d'amélioration de la vie (l'amour, la joie, le plaisir, le désir, la motivation). Chez les bébés négligés en préadoption, les émotions de protection de la vie ont été trop activées, tandis que leurs émotions d'amélioration de la vie ne l'étaient pas assez, ce qui a conduit à surdévelopper leur circuit de protection de la vie par rapport à leur circuit d'amélioration de la vie.

Pour aider à mieux saisir cette architecture, le neuroscientifique Jaak Panksepp[1] a imaginé deux listes. Celle de gauche répertorie les tuyaux responsables des émotions dites de protection et de maintien de la vie, et celle de droite contient les émotions contraires, dites émotions d'amélioration et de développement de la vie.

En situation de stress (avoir faim ou être menacé), ce sont les canaux émotifs de gauche qui s'activent. Comme ces émotions sont désagréables, voire douloureuses physiquement, notre plus grand désir est de nous en débarrasser le plus rapidement et efficacement possible. Normalement, nous devrions alors nous mettre en quête d'une solution (aller chasser pour manger, tuer ou fuir l'ours qui nous attaque). Une fois notre besoin (de nourriture ou de sécurité) comblé, notre cerveau n'a plus mal. Nos émotions de protection reviennent au neutre, comme un organiste qui cesse de jouer sur les notes graves et tristes (tuyaux de gauche), pour jouer plutôt des notes plus douces et joyeuses (tuyaux de droite). Bien nourri et en sécurité, nous pouvons alors nous adonner à des activités ou des rêveries qui nous procurent des émotions agréables, de celles qui améliorent la vie, qui nous poussent à explorer le monde, à jouir sainement de la vie, à oser aimer, jouer, goûter les beautés du monde.

---

1 Jaak Panksepp et Lucy Biven. *The Archaeology of Mind: Neurœvolutionary Origins of Human Emotion*, New York, WW Norton & Company, 2010.

Les émotions de protection de la vie, les émotions d'amélioration de la vie[2]

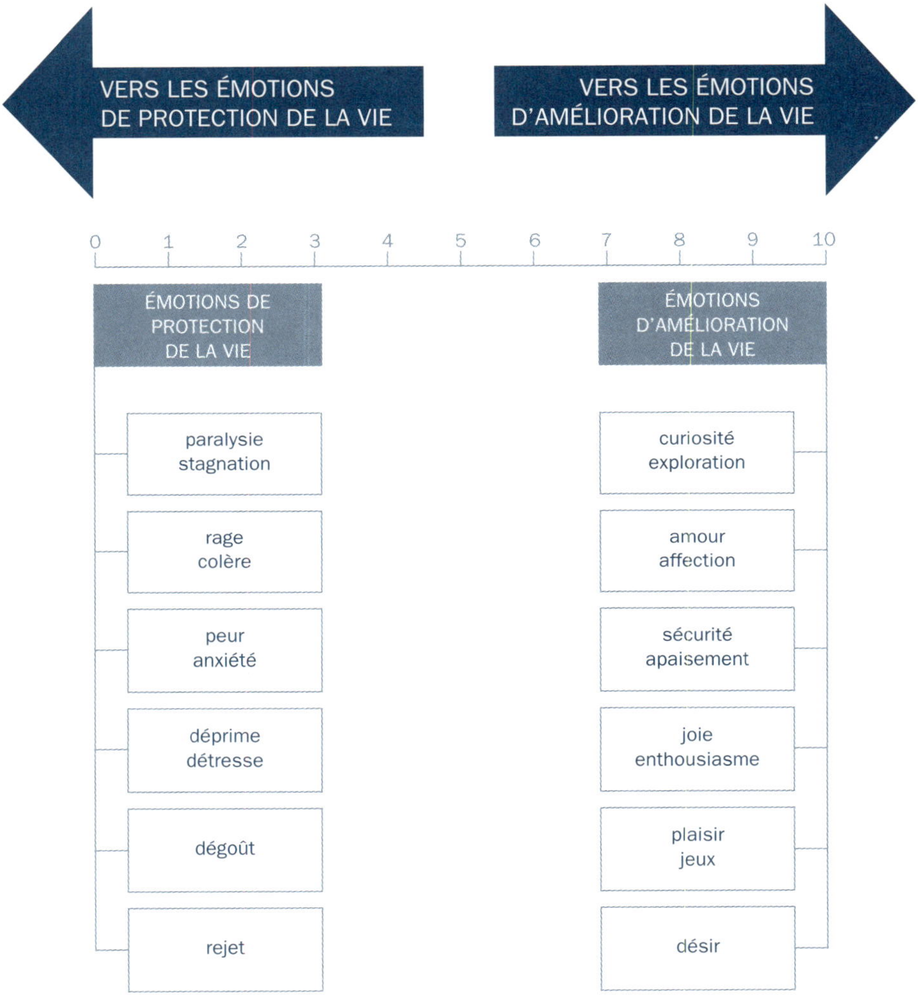

2 Inspiré d'une formation donnée par Kathy O'Shea, *EMDR : Traitement des traumatismes complexes*, donnée à Lyon (France), en avril 2011.

[?] SAVOIR 3

La fonction de contenant physique et affectif nécessaire au sain contrôle des émotions

Un enfant adopté opposant, qui fait des crises à la moindre frustration, est un enfant en détresse. En effet, sous la colère se cachent généralement des émotions de détresse comme la peur, la tristesse, la confusion et la honte. L'incapacité à contrôler ses émotions constitue une forme de souffrance, surtout quand ce sont les émotions de protection de la vie qui se trouvent déclenchées. Chose certaine, du point de vue développementaliste, cet enfant n'est pas bien avec lui-même. Il ne progresse pas sur la voie de l'autonomie. Il n'arrive pas encore à régulariser ses **affects***. C'est pourtant une bonne régularisation des affects qui permet aux êtres humains de socialiser et de coopérer avec les autres.

Le plus souvent, l'enfant a acquis cette souffrance en préadoption, parce que ses précédents donneurs de soins n'ont pas su ou pu lui apprendre à apaiser ses émotions intenses. Ainsi, l'enfant qui accuse un retard développemental ou intellectuel n'est pas aussi autonome que les autres enfants pour contrôler ses émotions. Les émotions, certes, ont leur part d'inné : les circuits qui les contrôlent existent déjà à la naissance. Par contre, la façon dont un être humain va exprimer ou gérer ses émotions est le plus souvent acquise, et dépend de la nature des interrelations qu'il a connues comme nourrisson avec son principal pourvoyeur de soins. Ce dernier a-t-il pu ou su bien s'accorder aux émotions de cet enfant ? A-t-il réussi à protéger ses circuits neurologiques immatures ? Lorsqu'un bébé naissant éprouve un besoin, il devient rapidement envahi pas des émotions trop fortes pour son système nerveux central immature.

Selon le docteur Michel Lemay[3], il faut non seulement qu'un adulte significatif réponde aux besoins du bébé, mais aussi qu'il sache agir comme « contenant », en entourant le bébé de ses bras, de ses paroles rassurantes, de la chaleur de son corps — ce qu'on appelle aussi la fonction de pare-excitation. L'adulte endigue ainsi tous les affects envahissants du petit bébé et lui apprend doucement à « arrêter le train qui s'emballe en lui ». En faisant cela, il protège ses circuits neurologiques (les fameux tuyaux d'orgue) et leur évite de mal se construire, de mal se calibrer.

La régularisation des affects est la capacité de ressentir correctement une émotion (celles de protection comme d'amélioration de la vie), puis d'en moduler l'intensité de façon juste, appropriée à la situation et nuancée. C'est pourquoi entre 0 et 3 ou 4 ans, la plupart des enfants pleurent, crient, se fâchent, se jettent par terre à la moindre frustration ou, au contraire, sont surexcités de joie, de plaisir ou de curiosité. Ils possèdent la pédale d'accélérateur de l'émotion, mais la pédale de frein n'est pas encore installée !

3 Michel Lemay. *Famille, qu'apportes-tu à l'enfant ?*, Montréal, Éditions du CHU Sainte-Justine, 2001.

Lorsque les circuits des émotions sont encore immatures (encore malléables), c'est le donneur de soins qui programme littéralement le chemin par où les émotions vont se déclencher puis s'apaiser. Cette programmation se fabrique grâce à des milliers de gestes, de mots, d'interventions de la part du donneur de soins auprès de l'enfant, *surtout* lorsque celui-ci démontre sa détresse. En effet, lorsque les circuits de protection de l'enfant sont déclenchés, il se sent envahi par une douleur immense. C'est comme si une énergie pure, une sorte de Big Bang, s'éparpillait dans l'univers autour de lui. Plus le bébé est jeune, moins il a le contrôle pour arrêter cet éparpillement.

En parentalité biologique, cette installation d'une bonne régularisation des affects se fait en quatre temps :

- Pendant les premiers mois de la vie, le parent devra ÊTRE le frein. Le bébé humain en général est neurologiquement incapable de « décider » de freiner ce Big Bang intérieur. Son cerveau n'a tout simplement pas les outils nécessaires. Le parent assume donc la fonction de contenant : envelopper physiquement et psychiquement l'enfant pour qu'il s'apaise.
- Ensuite, si le bébé a été suffisamment protégé des stress internes (faim, soif, douleur) et des dangers externes (brusquerie, violence, négligence) grâce à la fonction de pare-excitation assumée par le donneur de soins, il découvre tranquillement son frein. À cette étape, le frein sera encore bien immature et l'enfant l'utilisera maladroitement. Il commencera à le maîtriser surtout dans l'anticipation d'émotions agréables. Par exemple, il cessera de pleurnicher au réveil de sa sieste, pour avoir le plaisir d'entendre les pas ou la voix de sa mère qui se rapproche de la chambre.
- Par la suite, le donneur de soins deviendra littéralement un « professeur de conduite », par la quantité et la qualité de ses interventions « contenants ». Il devra enseigner à l'enfant comment se calmer lui-même. Chaque fois que l'enfant réussira à utiliser correctement son nouveau frein, et ce, à un moment de son développement où son cerveau est hyper disponible, un mini-mode d'emploi se fixera dans son cerveau.
- Finalement, le donneur de soins aura de moins en moins besoin d'apprendre à l'enfant comment utiliser son frein pour apaiser ses émotions intenses. L'enfant disposera du mode d'emploi. Cela ne veut pas dire que le travail du donneur de soins est terminé. Pendant encore une bonne quinzaine d'années, il faudra aider l'enfant, puis l'adolescent, à consolider cet outil pour faire face à toutes les nouvelles sensations et expériences qu'il sera amené à vivre.

Cet apprentissage demande beaucoup de travail de la part d'un parent biologique. La tâche est encore plus ardue pour un parent adoptant, qui ne sera pas le premier à être un « contenant » pour son enfant, mais qui doit le devenir pour accompagner un enfant déjà trop éparpillé. Les quatre étapes seront les mêmes, mais elles se parsèmeront d'embûches.

[?] SAVOIR 4
Comment bien répondre aux émotions de détresse de l'enfant ?

L'enfant arrive (à 3 mois, à 13 mois ou à 3 ans) avec une régularisation des affects dont la programmation neurologique aura déjà été commencée par des donneurs de soins qui, sauf exception (excellente famille d'accueil, parents biologiques adéquats avant la séparation), auront très rarement répondu correctement à ses appels de détresse. Cette mauvaise programmation est attribuable à la difficulté pour les institutions d'appliquer des critères de réponse adéquats à la détresse des enfants. C'est Mary Ainsworth[4] qui a observé puis décortiqué les différentes caractéristiques de la réponse correcte et efficace à la détresse. Cette réponse doit être :

- **Rapide** : pour ne pas laisser les tuyaux encore malléables être surutilisés au point de grossir et de devenir « trop » efficace pour vivre les émotions de protection de la vie dont l'intensité se trouvera décuplée. Or, une nounou qui a dix bébés qui ont faim en même temps devra nécessairement en laisser neuf pleurer trop longtemps.
- **Chaleureuse** : une fois l'émotion de protection de la vie calmée, le bébé voudra utiliser sa deuxième compétence d'attachement. Il voudra échanger des regards, des sourires, des caresses, bref, utiliser ses circuits d'amélioration de la vie. Encore une fois, une nounou qui a dix bébés qui ont faim en même temps ne pourra pas répondre tendrement à ce besoin. Les circuits d'émotions agréables risquent donc d'être peu ou pas utilisés, les « tuyaux » atrophiés, encrassés, voire considérés comme inutiles par le cerveau.
- **Cohérente** : un donneur de soins de plus en plus en relation d'attachement avec un bébé ou un jeune enfant saura de mieux en mieux décoder le langage de ses besoins. Il détectera si ces pleurs signalent la douleur, la faim ou l'inconfort. Cette figure d'attachement pourra donc répondre de façon cohérente au besoin précis de l'enfant. Cela aura pour merveilleuse conséquence d'enseigner à l'enfant à reconnaître la nature de chacune de ses émotions. Il apprendra que toutes les émotions sont valables, utiles, et qu'il n'y a pas de honte à les exprimer. Malheureusement, l'organisation de la plupart des orphelinats ne permet pas de répondre de façon cohérente aux besoins, donc aux émotions exprimées par l'enfant. Les nounous n'y sont pas en relation privilégiée avec un ou deux bébés ; elles font partie d'une équipe qui s'occupe d'un groupe, pas d'individus. De plus, ces institutions appliquent des horaires fixes pour les boires, les changes, les siestes, les bains. Les soins donnés ne peuvent donc pas correspondre aux moments où l'enfant ressent un besoin quelconque, une émotion donnée. Généralement, cette organisation maintient les bébés en vie… mais crée une confusion totale dans leur cerveau, particulièrement dans les circuits neuronaux des émotions. Le bébé placé en orphelinat ne peut pas apprendre à se fier à ses sensations internes. Il apprend plutôt que l'expression d'un besoin ou d'une

4 Mary Ainsworth. *Infancy in Uganda: Infant Care and the Growth of Love*, Baltimore, Johns Hopkins University Press, 1967.

émotion n'est pas un moyen fiable de faire en sorte qu'on réponde à ce besoin. Il apprend aussi que le monde extérieur est totalement aléatoire, et que ses sensations et ses émotions ne lui servent pas à grand-chose.

- **Prévisible** : pour que l'enfant apprenne à se calmer, il faut absolument qu'il puisse prévoir minimalement ce qui va arriver dans son univers. Il est captif d'une couchette, vulnérable de par sa petite taille, dépendant de par son manque d'habiletés motrices et verbales. Bref, il n'a pas encore les compétences nécessaires pour répondre lui-même à tous ses besoins. Cela ne veut pas dire qu'il est totalement incompétent, bien au contraire : lorsque ses circuits de maintien de la vie sont activés, il a la compétence de crier, d'alerter l'univers, de proclamer sa détresse. Il peut «téléphoner au 911» pour faire venir son donneur de soins à proximité physique! Si, la plupart du temps, c'est son donneur de soins habituel qui arrive rapidement, le bébé en tirera trois conclusions primordiales :

  1. WOW, je suis compétent! Quand j'appelle le 911, l'univers répond! Donc, j'appelle bien. En plus, une fois que je suis calmé, je peux utiliser ma deuxième compétence. Je vais être si mignon que la personne qui est venue voudra passer du temps agréable avec moi (début de la construction de l'estime de soi).
  2. Même si je suis petit, vulnérable, captif, j'ai une influence sur l'univers qui m'entoure. Je peux modifier positivement cet univers. J'ai un certain pouvoir sur cet univers. Ce que je fais et la façon dont je m'y prends entraîne des changements. Je ne suis pas uniquement spectateur, mais aussi acteur à part entière de cet univers. Ma vie n'est pas totalement aléatoire. Ce qui m'arrive ne relève pas seulement du hasard, de la chance ou de la malchance.
  3. Mon univers est prévisible, car c'est presque toujours la ou les mêmes personnes qui arrivent quand j'appelle le 911. Ces personnes viennent en général rapidement, elles accomplissent les mêmes gestes, avec le même regard, les mêmes odeurs, le même ton de voix (le bébé commence à établir des liens de cause à effet).

[?] SAVOIR 5

Conséquences d'une mauvaise programmation des émotions

Voici un tableau qui compare les réactions souhaitables et non souhaitables lorsqu'un bébé signale un besoin, ainsi que les comportements observables selon la réponse apportée par le donneur de soins.

La mauvaise programmation des émotions

Critères	**Réactions** souhaitables	**Conséquences** positives	**Réactions** non souhaitables	**Conséquences** négatives
Réponse rapide	Se rendre à proximité du bébé le plus rapidement possible pour ne pas laisser les « tuyaux » encore mous du circuit des émotions de protection de la vie être surutilisés.	Les circuits d'émotions désagréables (émotions de protection de la vie) restent intacts pendant leur consolidation.	Tarder à répondre aux pleurs du bébé, le laisser pleurer trop longtemps.	Les circuits des émotions de protection de la vie vont grossir. L'intensité de ces émotions sera alors décuplée.
Réponse chaleureuse	Vivre des moments agréables avec le bébé une fois que son émotion de protection de la vie est apaisée : échange de regards, de caresses.	Le bébé conclut qu'il est compétent pour garder l'adulte à proximité et que cet adulte prend plaisir à être en interaction avec lui.	Répondre au besoin de base du bébé, mais ne pas prendre le temps de vivre avec lui des moments chaleureux.	Le bébé se sent incompétent et peu aimable, puisqu'on ne reste pas près de lui. Les circuits des émotions agréables risquent de s'atrophier.
Réponse cohérente	Décoder le langage des besoins de l'enfant, reconnaître les pleurs de douleur, de faim ou d'inconfort, pour répondre de façon cohérente au besoin précis de l'enfant.	L'enfant apprend à reconnaître la nature de chacune de ses émotions. Il apprend que toutes les émotions sont valables, utiles.	Ne pas répondre de façon cohérente aux besoins, aux émotions, exprimés par l'enfant. Par exemple, suivre des horaires fixes pour combler les différents besoins au lieu de répondre aux signaux de détresse du bébé.	Les soins donnés ne correspondent pas aux besoins ou aux émotions de l'enfant. Il se crée donc une confusion totale dans son cerveau. Il apprend plutôt que l'expression d'un besoin ne sert pas à grand-chose.
Réponse prévisible	Faire en sorte que ce soit toujours le même donneur de soins qui arrive rapidement près du bébé lorsque celui-ci appelle à l'aide.	L'univers semble prévisible pour le bébé, il se sent compétent dans ses appels à l'aide et construit ainsi une bonne estime de soi. Il commence à établir des liens de cause à effet.	Ne pas répondre aux appels du bébé lorsqu'il signale un besoin.	Les émotions de survie envahissent le bébé, les circuits neuronaux sont surchargés. Il conclut qu'il n'est pas compétent pour appeler à l'aide. Les réponses à ses besoins relèvent du pur hasard.

La situation adoptive idéale est justement de mettre en contact des enfants aux affects non ou mal régularisés avec des parents aptes à les régulariser. Car si le parent ne peut pas profondément changer la structure des circuits du cerveau de l'enfant, il aura comme merveilleuse tâche d'accorder son instrument de musique. On conseille toutefois aux parents adoptants de consulter un professionnel de la santé, qui les outillera pour mieux interpréter ou décoder les comportements particuliers de leur enfant. Un instrument qui fausse est pénible à écouter, mais si on sait l'accorder, la musique deviendra supportable, voire agréable.

SAVOIR FAIRE
Savoir être

FICHE PÉDAGOGIQUE ADOPTEPARENTALITÉ **N° 15**
Ramasser et canaliser le *Prana* éparpillé de votre enfant

Objectif : encourager le parent à être physiquement calme (corps, voix, attitude) et plus «contenant» avec son enfant afin de l'aider à mieux moduler ses émotions

Public cible : enfants de tout âge

Matériel nécessaire : aucun

Le «Prana» est un mot sanscrit (langue ancienne de l'Inde) qui désigne le grand souffle de vie, l'énergie vitale qui habite chaque être vivant. Le bébé humain naît donc avec cette énergie brute, vibrante, qui l'incite à vivre, bouger, apprendre et exister. C'est cette énergie qui le pousse à crier ou à pleurer quand il a faim ou encore à rire aux éclats quand il est joyeux.

Ressentir, dompter et canaliser cette énergie est le travail d'une vie, qui commence par une phase d'apprivoisement soutenue par l'aide extérieure d'un parent. Ce dernier aura pour fonction de rallumer le Prana si l'enfant est trop passif, ou de l'apaiser si l'énergie est trop éparpillée. Un parent doit très souvent RAMASSER le Prana explosif de son enfant en le berçant, en l'éloignant des trop grandes stimulations, en lui parlant, en l'enveloppant de son corps chaleureux et confortable, en répondant à ses besoins, à ses détresses.

Les enfants abandonnés et négligés n'ont pas assez bénéficié de ces moments «contenants», de ces périodes d'apaisement. Ils arrivent dans nos vies en ne sachant pas comment canaliser leur énergie. Les parents adoptants doivent donc reprogrammer positivement cette énergie, afin qu'elle ne s'éparpille pas.

Comment faire cela?

Lorsque votre bébé ou votre enfant a un mauvais comportement ou exprime des émotions intenses, *utilisez votre corps pour intervenir.*

Si votre bébé de cinq mois était en train de porter une bille à sa bouche, prendriez-vous le temps de vous asseoir devant lui et de lui expliquer en détail pourquoi c'est dangereux, puis d'attendre que l'enfant comprenne et dépose la bille dans votre main? Non, vous iriez immédiatement vers le bébé et, sans hésitation, prendriez la bille directement dans la bouche du bébé sans vous préoccuper que l'enfant veuille ou ne veuille pas collaborer. Rien ne vous empêche d'expliquer ce que vous faites pendant que vous agissez, mais vous n'auriez pas espéré une seconde que le bébé arrête tout seul ce comportement dangereux.

Soyez doux, gentil, mais osez intervenir physiquement pour arrêter un geste dangereux, violent, ou un comportement à risque. Soyez constant et prévisible dans vos interventions physiques. Dans un premier temps, l'enfant prendra vos gestes beaucoup plus au sérieux que vos mots. L'obéissance aux mots viendra plus tard. Ne lui lancez pas des ordres à partir de l'autre côté de la pièce ou par-dessus votre épaule. Et ne répétez pas la consigne plus de deux fois. Ne faites pas de sermon. AGISSEZ.

Ayez dans votre esprit cette image apaisante : vous êtes comme un ange qui entoure l'enfant de ses ailes douces et enveloppantes. Cet ange ne lui veut aucun mal, simplement l'aider à se calmer, doucement, paisiblement, pour qu'il n'ait plus peur ni mal.

Restez souvent à proximité physique de l'enfant, un peu comme on transporte un bébé d'une pièce à l'autre au gré de nos occupations pour le garder près de nous. Intervenez souvent en empêchant que l'enfant frappe les autres, les objets ou lui-même. Placez son corps dans une position confortable. Ne tolérez ni les coups de pied, ni les morsures, ni tout autre geste blessant. Certains parents ont tendance à excuser l'enfant, à le justifier s'il leur fait mal lorsqu'ils cherchent à l'embrasser ou à le bercer, ou s'il les frappe par accident. Ne tolérez jamais ces pseudo-accidents. Si vous laissez faire, l'enfant intégrera que son mauvais comportement est accepté, et cette intégration s'avérera extrêmement difficile à déprogrammer par la suite. Pour que l'enfant apprenne à les aimer, certains parents ont peur de se montrer fermes et clairs, mais ce faisant, il laisse l'enfant contrôler la situation et prouvent du même coup qu'ils sont trop faibles pour le protéger. L'enfant sera donc en droit de se questionner : « Comment cet adulte pourra-t-il me protéger s'il n'est pas capable de se protéger lui-même ? »

Il faut agir aussi pour sécuriser la maison, par exemple en descendant l'enfant de la table ou du comptoir où il aurait grimpé. Vous pouvez utiliser des mots pour accompagner et expliquer vos gestes, mais de façon positive. Dites ce que l'enfant peut faire à la place, au lieu de simplement interdire : « Ne fais pas cela. » Par exemple : « Si tu veux ce crayon, demande à maman de te le donner plutôt que de monter sur la chaise, car c'est dangereux et une bonne maman ne laisse pas son enfant se mettre en danger. » Bref, insistez sur d'autres comportements, positifs, à la portée de l'enfant.

Enseignez à l'enfant les limites et les frontières physiques et émotives dès le départ, dès les premiers jours de sa mise en famille.

Inspiration : Travaux de Daniel Siegel et de Deborah D. Gray, et des principes du yoga comme les enseigne Johanne Gouin.

FICHE PÉDAGOGIQUE ADOPTEPARENTALITÉ **N° 16**

Le jeu de la prescription : le symptôme

Objectif : aider l'enfant à reprogrammer doucement les circuits de ses émotions

Public cible : enfants de 2 ans et plus

Matériel nécessaire : neige, gazon ou coussins

Voici une approche éducative paradoxale où les symptômes sont « célébrés » plutôt que combattus. Le principe est de combattre le feu par le feu !

Les enfants adoptés sont anxieux et ont de la difficulté à se calmer lorsqu'ils éprouvent une émotion intense parce que personne ne leur a appris comment s'apaiser. L'idée de cette activité est donc de provoquer un symptôme pour ensuite en profiter pour « reprogrammer » cognitivement et de façon correcte ce qui avait été mal programmé auparavant.

Cette technique doit être appliquée par les parents à la maison, et de façon assez intensive au début, parfois plusieurs fois par jour pendant quelques semaines.

La technique doit être présentée à l'enfant comme un jeu ; un jeu où il doit faire « semblant » d'avoir très peur. Le parent doit insister sur tous les détails qu'il observe d'ordinaire lorsque l'enfant est en crise de panique ou manifeste ses peurs. Ainsi, l'enfant doit d'abord trembler, crier ou pleurer. Il doit ensuite demander de l'aide au parent. Cette deuxième partie est de toute première importance, car dans un scénario idéal, le réflexe d'attachement devrait pousser l'enfant à formuler une demande d'aide — verbale ou non verbale — pour que l'adulte vienne le secourir.

Donc, l'enfant s'énerve, s'agite et imite ses propres comportements d'anxiété. Le parent doit se montrer assez exigeant, en mentionnant à l'enfant à quel point d'habitude il est bien plus performant dans ses manifestations anxieuses. Il peut lui rappeler, par exemple, qu'il se frotte habituellement les pieds, se tire l'oreille ou se balance (des comportements d'autoapaisement acquis en cas de négligence) et s'énerve très fort devant la peur qu'il ressent.

Puis l'enfant demande de l'aide au parent : « Aide-moi à me calmer, aide-moi à me calmer ! » Le parent doit alors jouer parfaitement son rôle en étant rapide, chaleureux, cohérent et prévisible. Il est important qu'il utilise beaucoup son corps en enveloppant l'enfant, en le caressant dans le dos, sur les épaules, en le berçant doucement, tout en établissant des contacts visuels et en lui soufflant des mots rassurants : « Papa est là, je ne laisserai personne te faire du mal, tu peux compter sur moi. » Puis, lorsque l'enfant fait « semblant » de se calmer, on doit faire repartir le bal en s'énervant encore, et ainsi de suite.

La technique constitue une sorte de gymnastique pour le cerveau. Agir ainsi semble tromper le cerveau, qui n'arrive pas à déterminer si la situation est réelle ou imaginaire. L'ennemi est cependant coriace, et ce sera parfois difficile de continuer l'exercice.

Attention ! Le parent doit impérativement avoir une intention bienveillante, pour éviter que cette technique soit perçue par l'enfant comme une forme de mépris ou d'humiliation.

Inspiration : La thérapie brève axée sur la tâche de Virginia Satir, du *Theraplay* et des approches paradoxales de Watzlawick.

FICHE PÉDAGOGIQUE ADOPTEPARENTALITÉ **N° 17**

La nourriture affective comme antidote

Objectif : favoriser le déclenchement des émotions d'amélioration de la vie et multiplier les occasions de fournir de la nourriture affective à l'enfant

Public cible : enfants de tout âge

Matériel nécessaire : selon les gestes choisis

Si l'on veut aider l'enfant à mieux utiliser ses émotions agréables, on ne doit pas le priver de nourriture affective, tout comme on ne doit pas le priver de nourriture physique (aliments).

Les enfants adoptés ont manqué de nourriture tant physique qu'affective. Ils ont surutilisé leurs émotions de protection de la vie, et pas assez leurs émotions d'amélioration de la vie. Ajoutons à cela que certains ont subi de la maltraitance et de la négligence graves. Les méthodes éducatives des parents adoptants doivent donc absolument tenir compte de cette réalité.

Il est primordial que le parent soit conscient de ce besoin de l'enfant adopté de recevoir autant de la nourriture affective que de la nourriture physique. Le parent doit inventer des façons de faire vivre à l'enfant des émotions agréables pour réactiver les circuits d'émotions d'amélioration de la vie. Il y a toutefois des moments où le parent trouvera difficile émotivement de donner de l'affection à son enfant opposant et pas toujours *aimable*. On recommande alors au parent de garder à portée de main une liste de gestes fournissant de la nourriture affective à laquelle se référer lorsque le cœur n'y est pas ou lorsqu'il manque d'idées. Voici des exemples d'éléments pouvant figurer dans cette liste :

- Organiser un dîner aux chandelles avec l'enfant, sans occasion spéciale, pour la simple raison que vous aimez être avec lui.

- Avec l'enfant, rédiger une liste de mots qui font référence à la nourriture, mais qui deviendront de petits mots d'amour : mon petit gâteau au caramel, ma petite crêpe Suzette, mon gros melon au sirop d'érable…
- Mettre un petit mot tendre dans sa boîte à lunch ou dans son sac à dos pour la garderie.
- Dans un marché aux puces, acheter quelques vieilles assiettes chics et servir le repas de l'enfant dedans de temps à autre.
- Inventer une chanson pour l'enfant en prenant un air connu et en y mettant des phrases évoquant les sentiments du parent envers son enfant.
- Abonner l'enfant à une revue et toujours la lire avec lui lorsqu'il la reçoit.
- Lui laisser des morceaux de papier avec un baiser dessus sur sa porte de chambre ou sous son oreiller.
- Lui demander d'enseigner au parent quelque chose qu'il réussit bien : faire des Legos, dessiner, jouer au ballon.
- Se donner des mots de passe drôles pour avoir un langage secret en public.
- Mettre son pyjama dans la sécheuse juste avant qu'il sorte du bain pour le lui mettre lorsqu'il est encore chaud.
- Faire un album de photos de famille illustrant juste de beaux moments et le regarder avec lui les journées où il se sent rejeté ou triste.
- Prendre une belle photo de famille, la faire imprimer sur des t-shirts pour toute la famille, y compris l'enfant. Au-dessus de la photo, on inscrit : « Ma famille pour toujours ». Porter les t-shirts les journées où il est colérique ou triste.
- Montrer à l'enfant l'agenda du parent et lui expliquer qu'il s'agit d'un endroit où sont inscrits les activités et les gens importants. Puis y inscrire toutes les activités effectuées avec lui, à la journée et à l'heure correspondantes : lire une histoire tous les soirs avec Julien ; donner le petit déjeuner à Marie tous les matins ; donner vingt-cinq bisous par jour à Léa…

Il ne s'agit pas ici de récompenses ou de privilèges, mais simplement des gestes d'attention, d'affection, qui lui montreront que vous remarquez sa présence et tenez toujours compte de lui dans votre vie. Il faudra y aller doucement, cependant, car certains enfants pourraient littéralement faire une indigestion d'affection.

Inspiration : Travaux des psychologues américains Gregory Keck et Alan Kazdin, ainsi que des conférences de Brenda McGray, travailleuse sociale en Colombie-Britannique.

FICHE PÉDAGOGIQUE ADOPTEPARENTALITÉ **N° 18**
Mon enfant n'est pas un grizzly

Objectif : changer de « lunettes » pour interpréter les comportements et les émotions intenses de l'enfant

Public cible : tous les parents

Matériel nécessaire : aucun

« Imaginez que vous portiez des lunettes de soleil vert foncé. Tout ce que vous voyez sera plus ou moins vert : des gens verts, des voitures vertes, des maisons vertes, du riz vert et de la pizza verte. Vos mains et vos pieds sont verts, eux aussi.

Quand vous retirez ces lunettes, tout change. Oh, les gens ne sont pas verts, je n'ai pas les mains vertes, je n'ai pas la figure verte, la pizza n'est pas verte !

Imaginez ce qui se passerait si vous ne quittiez jamais ces lunettes vertes. Vous vous mettriez à croire sans réserve que tout est vert.

C'est de la même façon que certaines habitudes mentales et émotionnelles conditionnent notre vision du monde. On s'attache à un point de vue à travers des lunettes de soleil. On croit alors que la façon dont on voit les choses est la VRAIE et UNIQUE façon de voir les choses. »

Le moine bouddhiste Yongey Mingyour Rinpotché[5]

Comment peut-on, comme parent, amener l'enfant à calmer ses circuits émotifs de protection de la vie, si nous-même on n'y parvient pas ? Un parent en colère ou stressé sera perçu par le cerveau de l'enfant comme une menace. Certes, cela semble illogique au parent bien intentionné, mais il faut se rappeler que l'enfant a vécu auprès d'adultes pas toujours adéquats.

De la même manière, lorsque l'enfant « dé-régularise » ses émotions, le cerveau du parent peut le percevoir comme une attaque, parfois physique, mais le plus souvent une attaque à son pouvoir de contrôle parental. Cela n'a rien de personnel. Votre enfant n'agit pas en fonction de la réalité objective, de ce que vous faites ou ne faites pas, dites ou ne dites pas. Il est encore trop en choc pour vous voir tel que vous êtes vraiment. Il vous voit à travers une sorte

5 Yongey M. Rinpotché. *Bonheur de la sagesse*, Nantes, Éditions Les liens qui Libèrent, 2010, p. 124.

de filtre effrayant. Il réagit sur la base de ce que les adultes ont été antérieurement pour lui. En quelque sorte, il agit envers vous comme il agirait devant un « archétype » du méchant dans les bandes dessinées. Il ne vous attaque pas, il se défend contre quelque chose d'autre, une chose menaçante, vague et envahissante. Il se sent facilement en danger et il croit nécessaire de ne jamais paraître vulnérable, sous peine de vivre des situations désagréables comme avant.

On suggère souvent aux parents de répéter dans leur tête : « Mon enfant n'est pas un grizzly, mon enfant n'est pas un grizzly. C'est désagréable comme moment à passer, mais je ne suis pas un mauvais parent, je ne suis pas en danger ! »

Une meilleure interprétation des comportements de l'enfant amène automatiquement le parent à éprouver de la compassion pour lui et à prendre le temps qu'il faut pour calmer l'enfant.

Inspiration : Travaux de Sonia Lupien, chercheuse qui s'intéresse au phénomène du stress, de même que des approches bouddhistes.

SAVOIR *en bref*

En bref

1. Les enfants adoptés expriment souvent des émotions de façon à la fois très intense ou inappropriée par rapport aux évènements réels. Cela déroute leurs nouveaux parents, qui ne savent pas toujours réagir correctement à ces messages, surtout avant que le lien d'attachement soit solide et permette un meilleur accordage émotionnel.
2. Dans le cerveau, deux sortes de circuits produisent nos émotions : les circuits d'émotions de protection de la vie (par exemple, la colère, la peur, la tristesse, la honte) et les circuits d'émotions d'amélioration de la vie (amour, joie, plaisir, désir, motivation). Chez les bébés négligés en préadoption, les émotions de protection de la vie ont été trop activées, tandis que leurs émotions d'amélioration de la vie ne l'étaient pas assez, ce qui a conduit à surdévelopper leur circuit de protection de la vie par rapport à leur circuit d'amélioration de la vie.

3. Les émotions sont innées, mais la façon de les contrôler sainement est acquise. Pour programmer la façon dont le cerveau du bébé gérera les émotions, un donneur de soins doit être « contenant » et répondre rapidement aux signaux de détresse de l'enfant.
4. Non seulement le donneur de soins doit être « contenant », mais il doit également répondre aux besoins qui s'expriment par des émotions de protection de la vie très intenses. Cette réponse doit être rapide, chaleureuse, cohérente et prévisible.
5. Les émotions sont des messagers importants que l'on doit apprendre à reconnaître et à décoder. Cette faculté n'est pas innée, mais acquise. Les bébés négligés en préadoption n'ont pas appris à bien reconnaître leurs émotions et à les exprimer correctement. C'est une des tâches de rééducation que les parents adoptants doivent faire en postadoption.

Facteurs de risques **à éviter**	Facteurs de protection **à favoriser**
• Devant les émotions intenses de l'enfant, croire que vous en êtes responsable. Tenter de raisonner l'enfant avec des paroles, des sermons, des menaces vagues de punition.	• Ne pas interpréter l'intensité des émotions comme la preuve qu'une chose très grave vient de se produire, mais comprendre que l'enfant vit trop intensément un évènement banal.
• Exprimer soi-même des émotions de protection de la vie lorsque l'enfant en exprime aussi.	• Rester le plus calme, posé, solide et présent possible, malgré le côté très désagréable des émotions intenses exprimées par l'enfant.
• Croire que l'enfant fait toujours exprès d'être en colère ou d'avoir peur, et donc refuser de voir la détresse sous les colères de l'enfant.	• Voir dans l'expression intense des émotions une occasion d'aider l'enfant à mieux moduler ses circuits neurologiques trop sensibles.
• Se sentir toujours attaqué, inadéquat, incompétent devant les réactions émotives intenses de votre enfant.	• Se permettre de ne pas avoir trop d'états d'âme visibles, sans toutefois se montrer indifférent devant la détresse de l'enfant.

Facteurs de risques **à éviter**	Facteurs de protection **à favoriser**
• Attendre que le temps arrange les choses.	• Prendre les moyens (thérapie individuelle, sport ou discussion avec un ami) pour désamorcer les situations qui nous donnent l'impression d'être sur le point de perdre le contrôle de nos propres émotions, voire de nos gestes.
• Laisser l'enfant seul ou l'ignorer lorsqu'il est en crise.	• Se tenir à proximité de l'enfant lorsqu'on l'aide à contrôler ses émotions.

En savoir plus

Pour en savoir plus sur les techniques d'intervention qui favorisent une meilleure modulation des émotions et un accordage d'attachement entre le parent et l'enfant, et ce, tout au long de la vie, consulter le troisième livre de la collection « Adopteparentalité » à paraître : *L'Adoption : les conditions gagnantes d'un attachement sain de 6 à 18 ans.*

En savoir encore plus

Gray, Deborah D. *Adoption et attachement*, Bruxelles, De Bœck, 2007.

Lemay, Michel. *Famille, qu'apportes-tu à l'enfant ?*, Montréal, Éditions du CHU Sainte-Justine, 2001.

Panksepp, Jaak. *The Archaeology of Mind, Neurœvolutionary Origins of Human Emotions*, New York, W. W. Norton & Company, 2010.

Rinpotché, Yongey Mingyour. *Bonheur de la sagesse*, Nantes, Éditions Les liens qui Libèrent, 2011.

CHAPITRE 7

Un attachement difficile

Paroles d'enfants

Je ne demande jamais rien de précis, j'ai toujours peur de me faire dire non. Quand on me dit non, je sais qu'on ne m'aime plus. J'espère toujours que les gens vont deviner que je veux qu'ils me parlent ou que j'ai besoin d'aide, car je suis mal prise. D'ailleurs, si une personne me dit qu'elle m'aime et qu'elle ne devine pas mes besoins, je sais qu'elle ment. Je ne peux pas lui faire confiance.

Coralie, 14 ans, d'origine vietnamienne

Moi, je n'ai besoin de personne et j'ai hâte d'être grande. C'est un défaut d'avoir besoin des autres et d'avoir des émotions.

Rosalie, 10 ans, d'origine ukrainienne

À quoi bon faire des efforts ! De toute façon, personne ne veut vraiment de moi, car je suis juste du trouble. Ils ont eu raison de m'abandonner, en Colombie. Mes parents me disent qu'ils m'aiment malgré mes bêtises, mais je sais que c'est juste parce qu'ils sont obligés. Lorsque j'aurai 18 ans, je sais qu'ils vont me mettre à la porte. Alors je ne suis pas niaiseux, je vais partir avant qu'ils ne le fassent ! Ce sera moi qui aurai décidé !

Conrad, 16 ans, d'origine colombienne

C'est très important de tout savoir, de tout surveiller tout le temps, sinon quelqu'un pourrait nous faire du mal! On ne peut faire confiance à personne.

Frédérique, 10 ans, d'origine québécoise

Je veux comprendre pourquoi je laisse toujours mes amoureux avant qu'ils me laissent. J'ai maintenant 34 ans, je voudrais un conjoint, une famille. J'ai rencontré des gars formidables, mais dès que cela commençait à être sérieux, je devenais d'abord exécrable avec eux, puis je les quittais en prétextant qu'ils ne me comprenaient pas vraiment. Je vois maintenant que je me suis autosabotée, mais je ne sais pas pourquoi.

Catherine-Ève, 34 ans, d'origine québécoise

Je peux affirmer que c'est grâce à l'amour et à la patience de ma conjointe que j'ai finalement réglé la plus grosse partie de mes problèmes d'attachement. Maintenant que je suis aussi papa, je comprends combien mes parents adoptants ont été formidables. Je ne me laissais pas aimer facilement! Sous ma colère et mon indifférence, j'avais toujours la peur au ventre. La peur d'être rejeté, mis à part, exclu. Misère que j'ai été con de m'exclure moi-même!

Jean-François, 35 ans, d'origine bolivienne

Je me trouve parfois étrange et contradictoire. D'une part, je déteste être seule. Je vais parfois lire ou surfer sur Internet dans des cafés partout dans le monde juste pour ne pas être seule. Par contre, je repousse les gens qui voudraient entamer la conversation avec moi. C'est comme si j'avais autant peur d'être seule que j'ai peur de devenir intime avec une personne.

Magalie, 27 ans, d'origine guatémaltèque

Pour se développer normalement, un enfant a besoin de s'attacher profondément et solidement à au moins un adulte qui va prendre soin de lui et répondre à ses besoins pour le faire traverser son enfance avec confiance et sécurité.

Les enfants abandonnés, puis abandonnés encore et encore avant d'être adoptés, ont tous une trajectoire de vie coupée par les ruptures et les absences. Des liens d'attachement se sont brisés, cassés, et ont disparu en laissant des blessures invisibles. Pour toutes ces raisons, s'attacher à nouveau à un autre adulte est douloureux et effrayant ; pas impossible, mais difficile.

Heureusement, il y a eu un grand progrès dans le monde de l'adoption : *le concept d'attachement y a enfin sa place*, ce qui était indispensable pour que le vrai sens du mot *adoption* soit enfin vécu. Sans la création de ce lien mutuel solide, fort, satisfaisant et authentique, une adoption demeurera à tout jamais un simple état de fait purement légal, un arrangement social sans aucune profondeur, sans aucun effet bénéfique ni pour le développement de l'enfant, ni pour l'épanouissement du parent et de la famille tout entière.

La tâche des parents adoptifs est donc de tenir compte de cette réalité des abandons successifs préadoption, réalité souvent souterraine, mais qui affecte à la fois la santé, le développement, les comportements de l'enfant adopté. Devant les cassures, il s'agit pour les adultes significatifs de savoir rapiécer et recoller.

Comme nous le verrons dans ce chapitre, il n'est pas simple pour les enfants dans la normalité adoptive de s'attacher à leurs nouveaux parents. Nous aborderons aussi les raisons qui expliquent que l'attachement du parent envers l'enfant n'est pas non plus toujours au rendez-vous. On décrira également comment les blessures d'attachement, même réparées grâce à une famille bienveillante et outillée, laissent des traces subtiles, qui peuvent influencer l'actualisation de toutes les nouvelles relations sociales de l'adopté devenu adulte.

N.B. : *Ce chapitre est consacré aux problèmes d'attachements prévisibles et ordinaires dans la normalité adoptive. Pour en savoir plus sur les troubles graves de l'attachement, qui sont fréquents, mais hors de la normalité adoptive, consultez le chapitre 15*[1].

1 Voir le chapitre 15, *Comment savoir si mon enfant est dans la normalité adoptive ?*

Allégorie
Des rubans de vie à rattacher[2]

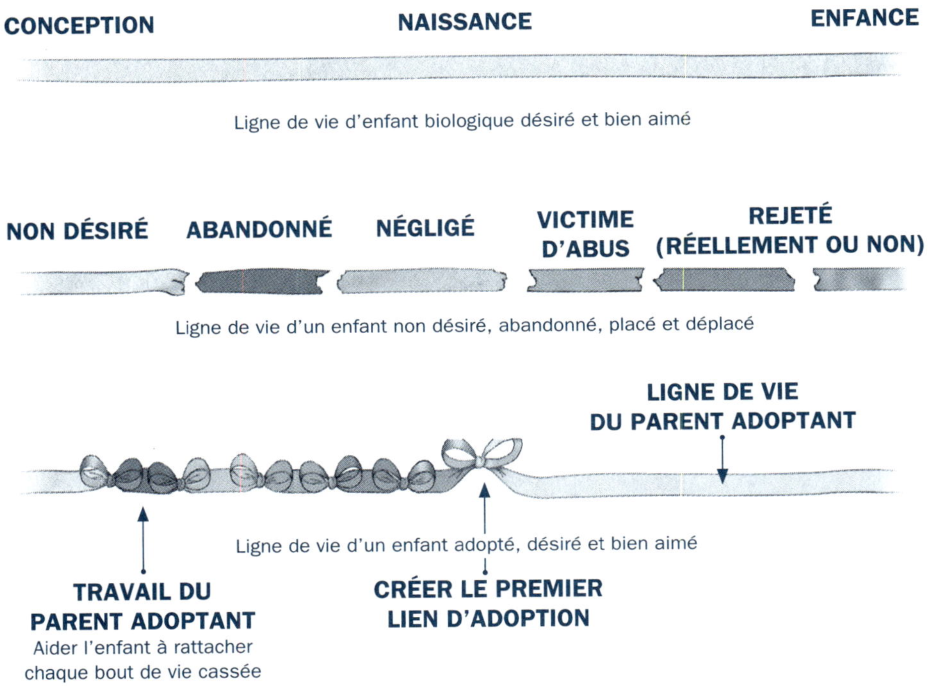

Voici comment imaginer la différence entre la programmation d'attachement d'un enfant adopté par rapport à celle d'un enfant modèle de base (non adopté) en faisant un bricolage avec des rubans.

Préparez une dizaine de rubans, tous de couleurs différentes et d'environ un mètre de longueur. Ces rubans représenteront symboliquement la ligne du temps ; d'abord la ligne de vie d'un garçon non adopté, Jérôme, puis d'une fillette adoptée, Léa, tous deux âgés de huit ans.

2 Cette allégorie s'inspire de la thérapie d'impact de Danie Beaulieu, du narratif d'adoption de Joan Lovett et des écrits de Françoise Dolto.

Jérôme : le ruban de vie d'un enfant non adopté

Commencez par choisir un ruban pour raconter la ligne de vie d'un enfant non adopté. Vous pouvez choisir un enfant connu ou imaginaire (appelons-le Jérôme). L'important, c'est que cet enfant aura été voulu, planifié, cajolé, jamais hospitalisé ou séparé indûment de ses parents biologiques adéquats, sauf peut-être plus tard, à l'âge de deux ans, pour fréquenter une excellente petite garderie en milieu familial où il a, par exemple, toujours eu la même éducatrice... et ainsi de suite.

Le ruban de cet enfant est long, solide, de la même couleur d'un bout à l'autre, et ne présente aucune entaille visible. En bref, il est resté de la même couleur que lorsqu'il était dans le ventre de sa maman, et cette maman s'occupera encore de lui 5, 10 ou 15 ans plus tard.

Léa : le ruban de vie d'une enfant adoptée

Il faut ici raconter l'histoire de Léa, qui a vécu de nombreuses ruptures et a connu plusieurs donneurs de soin différents avant d'être adoptée.

Vous choisissez d'abord une couleur de ruban pour la vie dans sa famille biologique. En saisissant ce ruban dans vos mains, vous imaginez que l'enfant a vécu neuf mois dans le ventre de sa maman, puis est née dans telle ou telle circonstance pour ensuite vivre avec cette première maman une heure, une journée, un mois ou une année.

Vous prenez ensuite les ciseaux et, d'un coup, vous découpez une partie du ruban pour marquer le moment où cette première maman a disparu pour ne jamais plus revenir... Il faut penser que cette rupture a été très difficile pour la maman, mais surtout pour Léa. Il faut croire qu'elle a été très courageuse malgré la tristesse et la peur qu'elle ressentait à ce moment-là. À cette étape, vous laissez le morceau de ruban par terre ou sur une table...

Par la suite, tous les autres milieux substituts auront chacun leur bout de ruban : des rubans distincts, eux aussi présents pendant quelques jours, mois ou mêmes années, puis disparus à leur tour et donc sectionnés par des coups de ciseaux.

Détaillez la nature du premier milieu substitut de Léa : voisine, hôpital, orphelinat ou famille d'accueil, en choisissant une nouvelle couleur de ruban pour le symboliser. Pensez au temps passé dans ce milieu ainsi qu'aux personnes qui devaient s'occuper d'elle. Il faut compter cinq ou six centimètres de ruban si l'enfant a vécu là quelques jours, et en prévoir de plus en plus long en fonction de la longueur du temps passé là-bas.

Il faut sectionner de nouveau ce ruban en mentionnant que Léa a dû être transférée à l'hôpital ou dans un autre orphelinat, et ce, sans grande préparation. Selon les informations connues dans le cas de Léa, il faut poursuivre l'énumération de chacun des différents milieux de vie et de chacune des ruptures (voir le graphique de la page précédente).

Certains enfants adoptés ont jusqu'à dix morceaux de rubans de couleurs différentes, représentant autant de milieux de vie et de donneurs de soins successifs.

Puis arrive symboliquement le nouveau et dernier ruban : celui de la famille adoptive permanente. Il faut prévoir un ruban très, très long. Toutefois, il ne faut surtout pas escamoter ce qui est encore un grand tabou en adoption : aller chercher Léa dans son pays, son orphelinat ou sa famille d'accueil provoque également une rupture du ruban de vie de l'enfant. Ce ruban doit donc subir un dernier coup de ciseaux pour pouvoir ensuite se rattacher au ruban de vie de ses nouveaux parents.

Certains parents auront la réaction suivante : « Oui, mais avec les adoptants, ce n'est pas pareil, ils veulent le bien de l'enfant, lui offrir amour, sécurité et confort. » Pourtant, la noblesse du geste n'atténue en rien le choc, la panique et l'incompréhension totale ressentie par Léa (et par tous les enfants adoptés). Encore une fois, cette enfant vit un énième déménagement où rien n'est permanent — du moins, de son point de vue.

Quoiqu'on en pense, l'évènement de l'adoption est une épreuve pour l'enfant et vaut bien qu'on découpe un nouveau bout de ruban. Cette épreuve s'est avérée potentiellement traumatisante et il faut la considérer comme telle. Cependant, un parent bien outillé peut grandement atténuer la souffrance qui en découle.

On doit ensuite reprendre en main chacun des morceaux de ruban : celui de l'enfant et celui des parents, pour les attacher ensemble avec un nœud solide afin de fabriquer ce lien d'attachement.

Attention, le travail du parent ne s'arrête pas là ! Même si le dernier morceau de ruban de vie de l'enfant *accepte* de se nouer à celui des nouveaux parents, la nouvelle programmation d'attachement de l'enfant ne sera pas encore complète. En effet, le parent ne devra pas seulement convaincre l'enfant de lui faire confiance, de se sentir en sécurité et d'accepter, encore une fois, un nouveau donneur de soins. Il devra aussi prendre tous les moyens possibles (parler clairement de son histoire, nommer la première maman, évoquer le rôle de la nounou ou de la famille d'accueil, assurer l'enfant de la permanence du lien actuel, etc.) pour aider l'enfant à *ramasser* tous les autres morceaux de son ruban de vie, au sens propre comme au sens figuré ; les morceaux qui ont été laissés éparpillés après les ruptures (le bleu de la mère biologique, par exemple, le rouge de la première famille d'accueil, le jaune de la seconde famille d'accueil, le lilas de l'orphelinat). Une fois ces morceaux ramassés, le parent devra ensuite aider l'enfant à attacher chacun des bouts de ruban pour les assembler dans l'ordre chronologique avec des nœuds solides.

Comparer la ligne de vie de Jérôme avec celle de Léa

Mettez maintenant un à côté de l'autre le ruban de vie continue de Jérôme et le ruban de vie multicolore de Léa. Sont-ils identiques ? Non. Celui de Léa est en fait à la fois plus joli, de toutes les couleurs de l'arc-en-ciel, et aussi plus touchant. Il évoque tout le courage qu'il lui a fallu pour traverser les épreuves, sans oublier les efforts qu'elle a faits chaque fois pour accepter de s'attacher à une nouvelle personne, malgré le risque que cela ne tienne pas longtemps. Celui de Léa est aussi différent, car il reste un peu plus fragile. Il se peut que, sous la pression, la peur, les petites et grandes épreuves de la vie, son ruban de vie cède aux endroits où il a été réparé. Il ne faudra pas paniquer, au contraire. Il est essentiel en fait que les nœuds cèdent, pour savoir lesquels ne sont pas encore assez solides. Le parent aura à les renouer, peut-être plusieurs fois, pour qu'ils finissent par devenir de plus en plus forts, résistants aux tempêtes de la vie. En tant que parent, réjouissez-vous lorsque les nœuds sembleront vouloir céder ou s'effilocher. Souvenez-vous que l'attachement se tisse dans les moments de réponse à un besoin, à un problème, et non dans les bons moments. Ces ruptures seront autant d'occasions de consolider, cimenter, recoller, ressouder les anciens nœuds et donc, du même coup, le dernier.

Un ruban multicolore : une programmation d'attachement insécurisé

C'est avec un ruban de vie multicolore que les enfants adoptés arrivent dans leur nouvelle famille. Ce ruban représente leur style d'attachement, au départ très confus, ébranlé, insécurisé, comme autant de morceaux mis bout à bout sans avoir un sens.

Aucune quantité d'amour, de soins, aucun moyen technique, neurologique ou médical ne pourront jamais transformer le ruban multicolore et plein de nœuds de Léa en ruban lisse et continu comme celui de Jérôme. Il deviendra cependant de plus en plus solide grâce à tous les souvenirs, gestes, paroles, actions qui auront réparé les coupures initiales.

Un ruban de vie à consolider

Un parent habile, empathique et patient prendra le temps de retrouver tous les morceaux du ruban de vie et de les consolider avant de demander à Léa de s'attacher à lui une fois pour toutes, solidement et sans crainte. Comme un bon ingénieur civil, il restera également disponible et attentif pour continuer à entretenir son œuvre.

Sachant cela, les parents adoptants doivent donc être outillés et se montrer proactifs dans leur façon d'être avec l'enfant, et ce, dès leur premier contact avec lui. En comprenant la nature des blessures d'attachement invisibles, ils pourront mieux répondre aux besoins de leur enfant. Ils ont un nouveau rôle à jouer : réparateur de rubans !

[?] SAVOIR

[?] SAVOIR 1

Qu'est-ce que le lien d'attachement?

L'attachement, c'est le lien affectif profond, invisible, fort et efficace qu'établit le nourrisson avec le principal fournisseur de soins, habituellement sa mère en parentalité biologique. Ce lien, dira Mary Ainsworth, « les unit dans l'espace et s'accentue avec le temps[3] ». Pour en donner une image, imaginons le lien d'attachement comme une sorte de câble invisible et virtuel (Wi-Fi) qui remplace le cordon ombilical. On sait que, pour le fœtus, le cordon ombilical sert de transmetteur de besoins et de récepteur des réponses à ces besoins. Dès que le bébé naît, dès que le cordon ombilical est sectionné, le bébé se met en mode d'appel de détresse afin que sa mère biologique le repère, le prenne et choisisse de le garder, de le protéger pour toujours. Toutefois, le sens de l'attachement n'est pas le même si on se place du point de vue de l'enfant ou du point de vue du parent.

Du côté de l'enfant

La capacité d'un petit être humain à s'attacher sainement, profondément et entièrement à ses parents est un des facteurs les plus déterminants de son développement optimal et de sa future santé physique et mentale. L'attachement de l'enfant envers son parent a beaucoup plus à voir avec un profond sentiment de sécurité, de confiance, de permanence qu'avec un sentiment d'amour. Il s'agit d'un moyen de survie qui est l'aboutissement de millions d'années de sélection naturelle. Il a fallu que les parents tiennent énormément à leurs petits pour les nourrir et les protéger dans la savane ou la jungle. Il a fallu que leur progéniture s'attache, au sens littéral — comme un bébé singe s'accroche à la fourrure de sa maman —, afin d'éviter les prédateurs. L'attachement parent-enfant a été, et est toujours, une des plus importantes raisons de la survie de l'espèce humaine ! Grâce à ce lien, le bébé grandit en sécurité physique et nutritionnelle. Son cerveau peut alors se nourrir de stimulations sensorielles, affectives et cognitives, et ainsi grossir en puissance et en performance.

Au fil de l'évolution, cette notion s'est raffinée et a pris un sens plus nuancé. S'attacher sainement veut dire se laisser investir par l'amour de son parent, accepter une intimité affective avec lui. Cela veut surtout dire faire totalement confiance à un adulte sécurisant, prévisible, attentif et tendre, qui risquera sa propre vie pour nous protéger. Pour l'enfant, ce lien sécurisant et fort avec l'adulte constitue la base de son estime de lui-même, de sa personnalité, de sa sécurité affective, de sa motivation à grandir et à apprendre, de sa capacité de voir la vie avec enthousiasme et optimisme. Un enfant qui s'est attaché sainement deviendra plus facilement un parent attentif, garantissant encore une fois la continuité de la race humaine.

3 Mary Ainsworth. « Attachments Across the Life Span », *Bulletin of the New York Academy of Medicine*, n° 61, 1985, p. 792-812.

Du côté du parent

On a tendance à l'oublier, mais créer un attachement mutuel fort et sain envers l'enfant est aussi un défi pour les parents. Il est d'ailleurs faux de croire que le lien d'attachement se fait de façon presque automatique en parentalité biologique, ou qu'il ne se fera pas en parentalité adoptive.

Grâce à des années d'évolution, la nature a doté les mammifères adultes d'une programmation instinctive pour donner des soins aux individus les plus vulnérables de leur espèce. Un adulte a ainsi la programmation nécessaire pour s'attacher assez facilement à un nourrisson, et ce, qu'il soit son enfant biologique ou non.

Plus un bébé ou un enfant semble tout petit, sans défense, vulnérable, dépendant — comme le sont les nourrissons — , plus cela déclenche l'instinct du donneur de soins. En adoption, le défi consiste à dépasser cet instinct naturel. En effet, l'adoption d'un nourrisson n'est pas impossible, mais c'est une réalité très rare, surtout en adoption internationale. L'âge moyen des enfants qui arrivent par adoption internationale a d'ailleurs augmenté ces dernières années.

Les recherches des trois dernières décennies sur l'attachement et la construction du cerveau ont justifié plusieurs changements de politique sociale dans de nombreux pays. Plusieurs facteurs de protection et des conditions de vie favorables ont donc été mis en place pour les parents biologiques. Dans le milieu de la santé et des services sociaux, beaucoup d'argent est désormais consacré à favoriser ce lien d'attachement. On insiste sur la cohabitation mère-enfant, sur l'allaitement maternel et sur l'implication directe des pères dans les soins prodigués à leur nourrisson. Les congés parentaux ont été bonifiés afin que les parents et l'enfant connaissent la proximité physique indispensable à la création de ce lien, qui ne peut pas se faire par procuration.

La qualité du lien d'attachement détermine littéralement la qualité du développement du cerveau de l'enfant[4]. Il influe considérablement sur ses résultats affectifs, cognitifs et sociaux ultérieurs : sa confiance en soi, son autorégulation, ses comportements, son rapport avec les autres et, ultimement, son sens moral.

Toutefois, même si les choses tendent doucement à s'améliorer, il reste encore du travail à faire en vue d'obtenir autant de conditions favorables pour les enfants adoptés et leurs parents.

[?] SAVOIR 2
Le lien d'attachement se tisse dans la réponse à la détresse

Le lien d'attachement doit être vu comme un «câble» invisible (Wi-Fi) qui remplace le cordon ombilical. Ce lien se tisse doucement entre le parent et l'enfant à partir de la naissance et prend plusieurs mois, voire plusieurs années, à se consolider.

Ce lien se fabriquera donc dans un «jeu» entre un émetteur de besoins (l'enfant) et un récepteur de ces besoins (le parent ou donneur de soins). Ce jeu implique l'utilisation de *capacités innées* et de *capacités acquises*, tant du côté de l'enfant que du côté de l'adulte qui en prend soin.

4 Yvon Gauthier, Gilles Fortin et Gloria Jeliu. *L'Attachement, un départ pour la vie*, Montréal, Éditions du CHU Sainte-Justine, 2010.

Si la biologie favorise la création du lien d'attachement grâce à une chimie hormonale, c'est un mythe dangereux de croire que cela sera facile, automatique et sans effort mutuel. Bien au contraire, tout reste à accomplir lorsqu'arrive le bébé. En effet, le bébé humain, contrairement à d'autres mammifères, ne développe pas un attachement exclusif à la mère qui l'a porté ; il s'attache à la personne stable, chaleureuse et compétente qui prend soin de lui concrètement, jour après jour, nuit après nuit. Sans cette caractéristique unique des mammifères, l'adoption telle que nous la pratiquons serait chose impossible !

L'apport des recherches de Mary Ainsworth[5] est d'une importance capitale en adoption. Elle a confirmé que les moments les plus importants pour créer un attachement sain étaient ceux où l'adulte apporte une réponse aux signaux de détresse de l'enfant, beaucoup plus que lorsqu'ils vivent ensemble des échanges joyeux.

Comme on peut le voir sur le graphique suivant, le lien d'attachement se tisse de façon dynamique selon le modèle du *cercle de confiance*.

Le cercle de confiance*

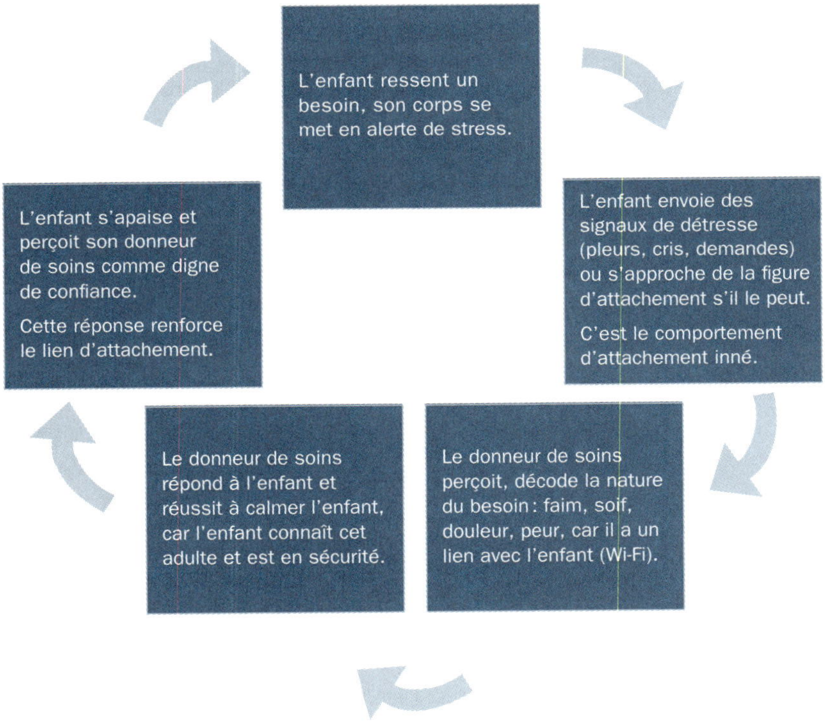

5 Mary Ainsworth. *Ibid.*

Comme l'explique Louise Noël, travailleuse sociale spécialisée en adoption, « les adultes sont prédisposés à répondre aux signaux de détresse émis par l'enfant, c'est inné. L'enfant lui aussi a la capacité innée d'émettre des signaux de détresse[6] ». Les besoins que l'enfant exprime, comme la faim, la soif, le froid, la douleur, la tristesse ou l'ennui, sont vécus par lui sous forme de détresse, puisque le bébé sait bien que, sans un adulte pour prendre soin de lui, il mourra. La réponse à la détresse doit idéalement être continue dans le temps et inscrite dans une trame de vie où l'enfant ressent un amour inconditionnel, solide et permanent.

Toujours selon Louise Noël, « s'il sait les exprimer [ses signaux], cela ne veut pas dire que les parents savent ce qu'il faut faire pour répondre adéquatement à chacun des signaux de l'enfant. Le « comment répondre » est un apprentissage. Les parents doivent l'apprendre, c'est l'acquis. Tous les adultes ne sont pas égaux dans la capacité de faire cet apprentissage. Certains adultes, à cause d'une histoire d'attachement perturbée, n'apprennent pas ou apprennent mal à répondre aux besoins de leur enfant. C'est une des raisons pour lesquelles en adoption, il est si important de bien évaluer le style d'attachement du futur parent. On sait maintenant qu'un parent qui a un style sécurisé aura plus de facilité à non seulement décoder les signaux de détresse de l'enfant, mais également à apprendre plus rapidement et adéquatement comment y répondre correctement[7]. »

Or, si le donneur de soins ne répond pas correctement aux signaux de détresse de l'enfant, ce n'est pas la confiance qui s'installe entre eux, mais de la méfiance. Les problèmes d'attachement sont justement la « maladie » de la méfiance.

En adoption, on observe des défis différents qui rendent la création du lien d'attachement plus complexe, autant pour le parent que pour l'enfant. Si l'évaluation psychosociale a été sérieuse, les parents adoptants choisis pour leur bonne santé mentale et physique ont généralement la capacité innée de répondre aux signaux d'un enfant *modèle de base*, et la capacité de faire les apprentissages qui s'imposent (capacités acquises). Les comportements d'attachement innés et sécurisés d'un enfant modèle de base sont assez faciles à décoder ; les parents ont ensuite à apprendre comment y répondre efficacement.

Le défi, en adoption, vient du fait que l'enfant adopté arrive *très* rarement avec un style d'attachement sécurisé. Or, l'enfant en attachement insécurisé n'utilise pas les mêmes signaux que les enfants modèles de base sans blessure d'attachement. L'enfant adopté avait *au départ* exactement les mêmes méthodes innées pour alerter l'adulte, mais ces méthodes n'ont pas ou ont mal fonctionné. Il a dû essayer autre chose pour survivre, ce qui lui a donné un nouveau comportement d'attachement. Pour ne pas mourir, il a dû s'adapter par essais et erreurs à des circonstances éprouvantes. Le comportement d'attachement insécurisé est un langage affectif *acquis*. Ce style d'attachement insécurisé s'imprime dans le cerveau et devient une programmation que l'on appelle un modèle opérationnel interne. Cela risque de dérouter un parent adoptant qui n'a pas été averti.

---

6 Louise Noël. *Je m'attache, nous nous attachons*, Montréal, INRS-Sciences et Culture, 2003, p. 92.

7 *Id.*, p. 93.

C'est ainsi que même un parent adoptant qui a un style d'attachement sécurisé, avec de bonnes capacités innées et de bonnes capacités d'apprentissage, peut éprouver de grandes difficultés non seulement à décoder les signaux de détresse insécurisés de l'enfant, mais également à apprendre comment y répondre. Si la valse des allers-retours entre émetteur et récepteur ne se passe pas bien, le lien d'attachement mutuel ne se tissera pas bien non plus. Il faudra user d'une autre stratégie pour y remédier.

Ce qu'il faut savoir aussi, c'est qu'une fois créé, cet attachement mutuel devient *le plus formidable des outils de la compétence parentale et un des facteurs de protection les plus importants pour le développement d'un enfant*. Sans lien d'attachement, le parent ne se sent pas compétent et l'enfant ne se sent pas compris. Il faut ici comprendre que le lien d'attachement est un moyen et non un objectif. Sans ce moyen, le parent peut difficilement se fier à son jugement, à son instinct, car les informations reçues lui semblent floues, indirectes, pas toujours fiables, bref potentiellement déformées. C'est un peu comme si l'enfant et le parent n'étaient pas tout à fait sur la même longueur d'onde radio : ils s'entendent, mais avec tellement d'interférences qu'il leur est impossible d'être certains du message communiqué par l'autre.

[?] SAVOIR 3

Un facteur de protection : apprendre le langage des comportements d'attachement insécurisé

Y a-t-il un traducteur dans la salle?

Les futurs parents adoptants s'inquiètent terriblement à propos des problèmes de communication verbale entre eux et leur nouvel enfant adopté à l'international. Certains suivent des cours de mandarin, de swahili ou d'espagnol avant de partir chercher l'enfant. Ces efforts ne sont pas inutiles, surtout pour les enfants de plus de trois ans, mais toute notre expérience en adoption prouve qu'il est beaucoup plus urgent et indispensable d'apprendre la langue des attachements insécurisés ! Sauf exception, les enfants adoptés apprennent les bases de la langue d'accueil très rapidement. Pour se comprendre mutuellement, l'utilisation des pictogrammes[8] est également plus simple et pédagogiquement efficace pour communiquer les premiers jours ou les premiers mois après l'adoption. L'énergie des futurs parents est beaucoup mieux utilisée s'ils la consacrent à comprendre le langage d'attachement de l'enfant. Ce langage acquis en préadoption, l'enfant le reproduira avec ses parents adoptifs même lorsqu'il parlera bien le français.

Si votre enfant adopte des comportements que vous considérez comme étranges, hors normes ou encore agaçants, voire *incompréhensibles*, il y a de fortes chances qu'il reproduise une habitude ou un comportement qui l'a aidé à survivre. S'il se secoue pour s'endormir, c'est sans doute la façon dont il s'est *autobercé* parce que personne ne prenait le temps de le faire. S'il attire toujours l'attention avec de mauvais coups, il est fort possible qu'il n'ait eu de l'attention des adultes que lorsqu'il était indiscipliné. S'il cache de la nourriture, c'est qu'il en a manqué et qu'il n'est pas certain d'en avoir demain. Alors, au lieu de voir ce comportement comme une nuisance, accueillons-le d'abord comme une preuve de sa créativité, de son instinct de survie. Ensuite, rassurons-le longuement : il n'a plus à faire cela maintenant, ses parents sont là pour répondre à ses besoins, il n'est plus seul pour s'occuper de lui-même.

C'est ainsi qu'il faut voir le comportement d'attachement comme un langage la plupart du temps non verbal. L'enfant envoie des signaux de détresse, il exprime ses besoins en espérant que l'adulte les déchiffrera correctement et y répondra adéquatement. C'est un langage qu'il a appris au fur et à mesure de ses essais et erreurs, selon la qualité des réponses reçues du donneur ou des donneurs de soins. Il est donc important de bien distinguer ce qui constitue un comportement d'attachement sain, normal et souhaitable de ce qui constitue une façon de faire insécurisée.

C'est dans la normalité adoptive de devoir apprendre une *nouvelle langue d'attachement*. Connaître ce langage n'est pas uniquement utile pour l'enfant ; il aide surtout à la création du lien d'attachement du parent envers son enfant. Pour se sentir interpellé dans votre instinct de donneur de soins, puis vous sentir compétent à répondre adéquatement aux besoins de l'enfant, il faut que vous puissiez d'abord décoder correctement ses signaux de détresse. Comme nous l'avons vu, en adoption, il est rare qu'un enfant arrive avec un comportement d'attachement facile à saisir et des réactions faciles à apaiser.

---

8 Pictogrammes : voir les fiches pédagogiques Adopteparentalité à la fin du chapitre.

Son vécu antérieur lui a *programmé* une vision du monde, des perceptions à travers lesquelles il décode l'univers, ce que Bowlby[9] a baptisé le *modèle opérationnel interne*. Voici la liste des différents styles de comportement d'attachement et des différentes perceptions du monde qui se rattachent à chacun. Considérez cette liste comme un dictionnaire de traduction.

Le comportement d'attachement* sécurisé : piano*

Certains enfants réagissent d'une façon qui suggère un lien d'attachement fort ; ce sont des enfants à l'attachement sécurisé. Le modèle sécurisé résulte d'une disponibilité de la figure maternelle et surtout de sa sensibilité aux signaux de son enfant. L'observateur remarque que l'enfant recherche la personne maternante quand il est perturbé. Au quotidien, il est facilement consolé, absorbé par ses jeux, curieux, et il répond aux sollicitations environnementales.

En adopteparentalité, on a baptisé du nom de « piano » l'enfant qui présente un comportement, un style d'attachement sécurisé.

L'enfant piano voit la vie à travers les perceptions suivantes :

1. Mon parent ou donneur de soins est fiable et digne de confiance.
2. Je suis précieux, important, je mérite d'être aimé et apprécié.
3. Mon environnement est sécuritaire et agréable.
4. Je mérite de voir mes besoins comblés.

Les enfants sécurisés internalisent un mode relationnel fondé sur la confiance. Un enfant attaché de façon sécurisée est compétent, il a confiance en lui, il est résilient, il est joyeux la plupart du temps, il anticipe les besoins des autres, il est empathique, il a de l'humour, il est joueur, il essaye de toutes ses forces de faire face à l'adversité, il n'est pas vulnérable quand il approche des étrangers, parce qu'il sait qu'il ne repartira pas avec eux, il a une bonne estime de lui-même, il va jusqu'au bout de ce qu'il entreprend, il est capable d'utiliser toutes ses ressources mentales, physiques et émotionnelles, il est réceptif, affectueux, capable de s'impliquer profondément quand cela en vaut la peine, capable de s'exposer quand

9 John Bowlby. *A Secure Base*, New York, Basic Books, 1988.

cela en vaut la peine, il a des réactions émotionnelles appropriées, il est capable d'interactions avec les autres à l'école ou au travail, il sera probablement en bonne santé physique toute sa vie, il agit de façon responsable, a bon cœur et est compatissant, a une véritable autonomie, présente peu de risques de se tourner vers des dépendances pour moduler ses affects.

L'attachement sécurisé, selon la travailleuse sociale Louise Noël, « semble prédire une meilleure compétence sociale avec les pairs entre l'âge de 2 et 5 ans. Ces enfants ont une plus forte probabilité de manifester une plus grande diversité de réponses aux différentes situations qu'ils vivent. Ces enfants en viennent ainsi à conclure que les relations sont des expériences agréables où on peut trouver du plaisir. Ils ont tendance à envisager les expériences nouvelles et la vie en général positivement[10] ». Ils ont ainsi tout le temps pour se développer.

L'enfant piano, par exemple, a eu droit à une nourrice en préadoption, mais il peut ne pas être piano encore avec sa famille adoptive s'il ne connaît ses parents que depuis quelques semaines. Après une période de trois mois à un an après l'adoption, l'enfant adopté par des parents eux-mêmes piano est le plus souvent piano si aucun évènement extérieur n'a perturbé le travail d'attachement.

Réactions habituelles du parent avec un enfant piano

Il est relativement facile de décoder les besoins des enfants qui utilisent la langue piano, puis d'y répondre. Ils crient très fort, se montrent très stressés, mais ils acceptent rapidement le réconfort de leur donneur de soins. Ce dernier se sent donc indispensable, compétent à rendre l'enfant calme, joyeux et coopératif. La relation parent-enfant est jalonnée de moments très agréables, satisfaisants pour les deux parties et très gratifiants pour l'adulte.

L'attachement insécurisé de type anxieux résistant[11] : velcro

D'autres enfants expriment des comportements d'insécurité à tous les instants. Le modèle anxieux-résistant semble associé à une incohérence des réponses maternelles ou des premiers donneurs de soins dans le contexte de la préadoption, alternant entre la disponibilité et le rejet. En adopteparentalité, on a baptisé du nom de « velcro » l'enfant qui présente un comportement, un style d'attachement insécurisé anxieux.

10 Louise Noël. *Ibid.*

11 Le terme « résistant-anxieux » est le terme scientifique que le lecteur retrouvera dans d'autres ouvrages portant sur la question de l'attachement.

L'enfant velcro voit la vie à travers les perceptions suivantes :

1. Mon parent ou donneur de soins est imprévisible. Il est tour à tour affectueux et protecteur, hostile et froid.
2. Je ne sais jamais à quoi m'attendre et je suis constamment anxieux et colérique.
3. Je ne peux pas m'éloigner et devenir autonome, car je risque de rater un moment d'affection.
4. Si je découvre comment inciter ma mère ou mon père à s'occuper de moi, je recevrai de l'affection et me sentirai en sécurité.

Ces enfants velcro passent de la recherche d'une proximité à la résistance au contact. Ils ont des difficultés à s'intéresser à leur environnement. Leur anxiété et leur peur sont évidentes. En grandissant, ils deviennent collants et dépendants des adultes. Ils se plaignent sans arrêt et se montrent exigeants. Ils veulent à tout prix faire plaisir, ils envahissent l'espace des adultes, ils boudent quand on leur met des limites. Ils ont des difficultés importantes à vivre la séparation et manquent de confiance en eux. Ils se sentent facilement rejetés et trahis et font montre de comportements immatures et régressifs dans leurs demandes d'amour et d'affection. Ils sont habituellement très bavards, parlant sans arrêt de tout et de rien.

Quand ces enfants sont sollicités ou se sentent agressés, leur amygdale cérébrale leur indique de se sauver ou de se cacher. L'anxiété est leur mécanisme de survie et de contrôle. L'enfant velcro est souvent de ceux qui ont vu passer plusieurs nourrices, qui ont eu faim longtemps. Ils ont souvent aussi des parents adoptifs anxieux, qui n'arrivent pas à dire non et à jouer leur rôle structurant d'autorité saine.

Réactions habituelles du parent avec un enfant velcro

Il est relativement facile de décoder que l'enfant est en détresse. Cependant, le parent trouve très frustrant de ne pas savoir comment apaiser l'enfant. Ce dernier crie très fort, se montre très stressé, il accepte la présence physique et les soins de l'adulte, mais sans jamais se calmer totalement. L'enfant se calme un peu dans les bras du parent, mais si celui-ci essaie de le déposer et de l'encourager à retourner explorer l'univers à quelques pas de lui, il proteste de plus belle. L'enfant velcro ne se sent en sécurité que lorsqu'il est très près de son donneur de soins. Il a tellement peur que le parent disparaisse, que la relation se brise ou que le parent ne soit pas à proximité en cas de vrai besoin qu'il cherche à ce que l'adulte soit toujours de garde et joignable 24 heures sur 24[12]. Le donneur de soins se sent donc *indispensable*, mais incompétent à rendre l'enfant calme, joyeux, coopératif et un peu autonome. La relation parent-enfant est jalonnée de moments très intenses, qui peuvent s'avérer satisfaisants pour un parent dans les premiers temps après l'adoption. Toutefois, ces mêmes comportements deviennent ensuite une véritable condamnation ; le parent se sent alors, littéralement, comme un objet sous le contrôle de l'enfant.

---

12 Voir le savoir 3 du chapitre 13 (*Un OMNI : l'objet manquant non identifié*).

L'attachement insécurisé de type anxieux évitant[13] : solo

Certains enfants montrent plus d'affection envers les étrangers qu'envers leurs parents. Ils sont dans l'**évitement***, ils ne cherchent pas la personne maternante pour être réconfortés ; ils accordent plus d'attention aux objets qu'aux personnes. Ce modèle « évitant » serait lié à des interactions intrusives de la part de la mère biologique ou des premiers donneurs de soins dans le contexte de la préadoption.

En adopteparentalité, on a baptisé du nom de « solo » l'enfant qui présente un comportement, un style d'attachement évitant.

L'enfant solo voit la vie à travers les perceptions suivantes :

1. Mon parent ou donneur de soins adopte des comportements punitifs et de rejet.
2. Je dois faire preuve de vigilance et me protéger constamment.
3. Si j'oublie mes besoins d'affection, je ne serai pas blessé ni rejeté.
4. Si je satisfais les besoins et les exigences de mon parent, je ne serai pas puni ni rejeté.

Les enfants solo deviennent progressivement hostiles et distants avec leurs pairs et leurs professeurs, socialement isolés, moins obéissants aux règlements, et expriment beaucoup d'émotions négatives. En grandissant, ces enfants sont souvent très indépendants, butés et opposants ; ils ne cherchent pas d'aide quand ils sont blessés ou déçus ; ils sont colériques, mais distants. Ils manquent d'empathie, se sentent tout-puissants dans leur approche du monde et repoussent les marques d'affection. Parmi les enfants présentant ce style d'attachement, on retrouve souvent des enfants grandement négligés en famille d'accueil ou en adoption nationale. S'il existe peu de données pour les enfants de l'adoption internationale, les impressions des experts se rejoignent pour dire que les enfants solos sont proportionnellement moins présents dans le domaine de l'adoption internationale. La stratégie solo ne serait donc pas celle qui assure la meilleure survie en contexte institutionnel (orphelinats).

Les enfants solo ne semblent pas souhaiter établir de relations avec les autres. Leur rejet de l'affection peut les faire ressembler aux enfants qui présentent un style anxieux ambivalent « sumo » (voir ci-après). La différence réside dans la raison du rejet de l'affection : l'enfant ambivalent ne veut pas que quelqu'un ait le contrôle sur lui, alors que l'enfant évitant n'aime pas être avec les autres parce qu'il ne se

---

13 Le terme « anxieux-évitant » ou « inhibé » est le terme scientifique que le lecteur retrouvera dans d'autres ouvrages portant sur le sujet de l'attachement.

sent pas en sécurité avec eux. Il est constamment sur ses gardes, craignant une attaque des autres ; il est hypervigilant. L'enfant évitant a un extraordinaire sentiment de toute-puissance. Il pense qu'il peut s'occuper seul de lui-même et qu'il n'a besoin de personne. En conséquence, il est souvent buté et opposant, mais d'une façon passive, agressive surtout.

Quand ces enfants solos sont sollicités ou se sentent agressés, leur amygdale cérébrale les incite à se *figer sur place*. La pseudo inaction, ou une certaine fuite dans leur tête, constitue pour eux un mécanisme de survie. L'enfant solo est souvent de ceux qui ont été adoptés tardivement et ayant vécu dans un orphelinat où la discipline était rigide, ou de ceux dont les parents adoptifs travaillent déjà trop. Certains parents n'ont pas pu prendre un long congé pour apprivoiser l'enfant et le convaincre de leurs bonnes intentions.

Réactions habituelles du parent avec un enfant solo

Il est *très* difficile de décoder si l'enfant solo est en détresse ou non. L'enfant solo est trop docile, facile, apparemment obéissant et raisonnable ou un peu absent. Si la famille élargie se trouve épatée par ce petit si facile, les parents, surtout les mamans, finissent par s'inquiéter. Ils ne voulaient pas un colocataire autonome et indifférent. Ils désiraient aimer, aider, soigner, consoler, stimuler, faire grandir en beauté un petit être vivant. L'enfant tolère la présence physique et les soins de l'adulte, mais sans jamais démontrer d'émotions très claires. L'enfant solo est secrètement très anxieux. Il sait qu'il a besoin de l'adulte pour survivre ; il peut même apprécier certains moments agréables ou certains soins indispensables. Toutefois, vu son indifférence apparente, l'adulte ne se sent jamais vraiment unique, utile et compétent. Le comportement d'attachement solo est celui qui déclenche le moins l'instinct de donneur de soins chez l'adulte.

La relation parent-enfant est baignée dans une sorte d'indifférence. Le parent peut se culpabiliser de ne pas ressentir d'attirance, d'amour envers l'enfant. S'occuper d'un enfant « solo » est très peu gratifiant, car on ne vit pas d'échanges intimes, affectifs, significatifs avec l'enfant. Ces mêmes comportements d'attachement solo deviennent ensuite un véritable piège : le parent commence à croire que l'enfant est autonome, qu'il n'a pas besoin de lui. Il n'est pas rare que les parents d'un enfant solo, qui rêvaient d'un long congé d'adoption pour cajoler et soigner l'enfant, profiter de sa présence, retournent travailler très rapidement. De fait, l'enfant solo aura l'air bien plus heureux en garderie ou à l'école.

L'enfant solo a autant besoin que les autres de créer des liens d'attachement sains pour se développer normalement, mais il a tellement peur de l'intimité qu'il la fuit. Il s'adaptera à sa nouvelle vie, mais sans jamais s'attacher profondément à ses nouveaux parents. Le parent un peu déprimé se sentira subitement plus compétent et indispensable au travail qu'à la maison. Il sera alors dans la « pratique parentale » et non pas dans « l'**expérience parentale*** », comme le dit Sophie Marinopoulos[14]. Le parent ne développera pas d'amour et d'engagement profond pour cet enfant. Il ne saura pas discerner que, sous les signaux presque inexistants, se cache un enfant

14 Sophie Marinopoulos. *Dans l'intime des mères*, Paris, Fayard, 2004.

très blessé qui espère inconsciemment qu'on devine ses besoins. Il faut que le parent comprenne ce langage hermétique pour aider l'enfant à sortir de cette peur d'exprimer ses besoins normaux d'enfant.

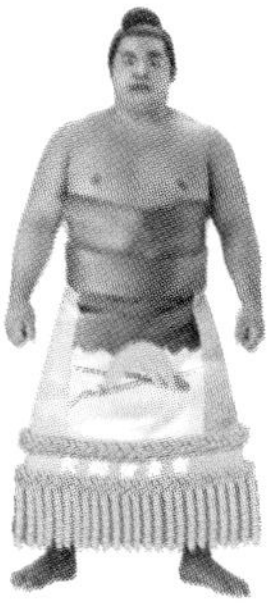

L'attachement insécurisé de type anxieux ambivalent[15] : sumo

En adopteparentalité, on a baptisé du nom de «sumo» l'enfant qui présente un comportement, un style d'attachement anxieux ambivalent. Il est important de spécifier que le style sumo peut se présenter dans une sorte de continuum de gravité. Les enfants situés au début du continuum présentent des manifestations légères des comportements propres à ce style, qui sont de petits défis d'attachement sumo. Les manifestations plus graves, pour leur part, peuvent correspondre à un style désorganisé (voir plus loin).

L'enfant sumo voit la vie à travers les perceptions suivantes :

1. Mon fournisseur de soins me néglige gravement et m'agresse physiquement ou sexuellement.
2. Je ne sais pas comment faire pour qu'on réponde à mes besoins et je suis désespéré.
3. Je dois me protéger, mais ne sais pas comment m'y prendre autrement que par l'agression.
4. Pour me protéger, je dois trouver des stratégies intelligentes ou me créer un monde à moi.

Dans ce type de comportement d'attachement, les réponses des parents ou des nourrices ont tendance à susciter de l'effroi chez les enfants, puisque certains donneurs de soins l'ont maltraité. Les enfants qui sont porteurs de ce style d'attachement sont plus difficiles à catégoriser, parce qu'ils présentent des comportements incohérents et variables. Ces enfants sont habituellement très ouvertement colériques et provocateurs. Ils sont souvent destructeurs, à la fois de leurs propres affaires et de celles des autres. L'expérience clinique tend à montrer qu'il y aurait proportionnellement plus d'enfants ambivalents en adoption internationale, ce qui a d'ailleurs permis aux cliniciens de l'adoption d'étudier à fond le domaine de l'attachement parent-enfant.

15 Le terme scientifique «anxieux-ambivalent» est celui que le lecteur retrouvera dans d'autres ouvrages portant sur le sujet de l'attachement.

Certains des comportements du sumo ressemblent à ceux du solo, et d'autres à ceux de l'enfant anxieux ou velcro. En fait, ces enfants ne semblent pas avoir développé un style d'attachement cohérent et organisé. Certains sont partagés entre des attitudes contradictoires : ils ne parviennent ni à s'approcher du parent ni à s'en détacher. D'autres peuvent geler, se figer sur place : ils semblent vivre dans la peur et être incapables de trouver une solution à leur angoisse. D'une façon générale, on sent chez eux beaucoup de colère, de rage, tout au moins une hypervigilance. On constate qu'ils n'ont pas établi de stratégie clairement définie pour composer avec le stress, sauf à attaquer l'ours imaginaire que représente parfois le parent.

Quand ces enfants sont sollicités ou se sentent agressés, leur amygdale cérébrale leur indique de combattre, de se défendre. Ils vivent de la colère, de la rage. L'agression ou l'attaque est leur mécanisme de survie. L'enfant sumo arrive généralement d'un orphelinat surpeuplé où il a subi des privations ou des sévices extrêmes. En postadoption, c'est celui qui n'a pas eu droit à un amour inconditionnel ou dont les parents se sont rapidement séparés après l'adoption.

Réactions habituelles du parent avec un enfant sumo

Il est très difficile de décoder que l'enfant sumo est en détresse, car le réflexe du parent est plutôt de se sentir attaqué. Comme l'enfant cache sa peur, sa tristesse ou ses besoins sous des gestes de colère, de rage ou d'agression, le parent ne se sent pas sollicité dans sa compassion. Il cherche alors à se protéger au lieu de protéger l'enfant de ses émotions internes envahissantes et inutiles. Il a tendance à crier très fort, à s'opposer à l'enfant, à lui donner des ordres, à être très stressé et donc très stressant. Parfois, l'enfant réclame la présence de son parent. Lorsque celui-ci s'approche, l'enfant peut accepter des gestes d'apaisement, puis subitement repousser le parent en niant avoir eu besoin de lui. C'est ce comportement ambivalent, de double contrainte qui rend le décodage presque impossible si le parent ne sait pas traduire correctement le langage d'attachement de son enfant. Si le parent ne traduit pas, il essaie de contraindre l'enfant à se conformer aux règles, ou alors il cède à l'enfant pour s'épargner les crises ou éviter d'être lui-même celui qui « rejette ». Aucune de ces réactions ne peut donner à l'enfant une réponse rapide, cohérente, chaleureuse et prévisible. Au lieu de constituer une occasion d'attachement, la demande d'aide de l'enfant sumo, verbale ou implicite, devient une occasion de rejet mutuel.

L'enfant sumo possède en lui deux messages contradictoires : une partie de lui aime et veut les soins de son parent, mais une autre partie plus traumatisée l'avertit de se méfier. Dans l'esprit de cet enfant, l'adulte peut subitement devenir dangereux, le rejeter ou, pire, il pourrait abuser de sa vulnérabilité. Le parent se sent donc incompétent à jouer son rôle de parent, tant en ce qui concerne l'autorité nécessaire pour imposer une structure sécurisante qu'en ce qui concerne la nourriture affective qu'il lui faut pourtant prodiguer à l'enfant. Le parent ne se sent pas toujours capable de cajoler un enfant qui vient de le traiter de tous les noms ou de lui cracher au visage. Cette valse chaotique nuit profondément au sentiment d'amour et d'attachement du parent envers un enfant au comportement si désagréable et imprévisible.

À l'extrême du spectre de l'enfant sumo : le désorganisé[16], petit terroriste de maison

Certains enfants sumo sont si atteints qu'ils présentent des symptômes graves ; on les dit *désorganisés*. C'est du moins ainsi que les chercheurs et les cliniciens les désignent, à cause de leur style d'attachement très chaotique. En adopteparentalité, on les appelle aussi *petits terroristes de maison*. Même si cela peut aussi être vrai pour les autres styles insécurisés, chez le désorganisé, le trouble de l'attachement est une hypothèse très probable.

Bien qu'on retrouve des enfants qui manifestent un attachement désorganisé dans des situations moins extrêmes, ces enfants ont souvent été maltraités par leurs premiers parents ou leurs différents donneurs de soins, de qui ils étaient pourtant en droit d'attendre de la protection. Ou encore, dans le contexte de la préadoption, ils ont vécu avec un parent ou un premier donneur de soins pas toujours égal à lui-même, soit parce qu'il consommait des substances qui agissaient sur son humeur, soit parce qu'il souffrait d'une maladie mentale qui interférait avec son état de conscience. Ainsi, un parent qui consomme de l'alcool, de la drogue ou des médicaments de façon abusive peut avoir des moments où il n'est pas en possession de ses moyens, mais d'autres où il est tout à fait adéquat. De même, le parent souffrant d'une maladie mentale peut avoir des hallucinations, des idéations et des attitudes bizarres avec son enfant. Une nounou épuisée, surmenée, stressée peut aussi donner des soins incohérents et imprévisibles à un enfant.

L'enfant est donc face à un adulte qui, à ses yeux, n'agit pas toujours de la même manière : certains jours ou à certains moments, il répond adéquatement aux besoins de l'enfant et, d'autres jours ou à d'autres moments, il est incapable de le faire. L'enfant ne sait donc pas sur quel pied danser. D'un adulte dont le style relationnel est instable, l'enfant est incapable d'apprendre un style stable de relation. Il est ainsi beaucoup plus vulnérable au stress et aux difficultés de la vie et plus susceptible de développer un problème de santé mentale.

[?] SAVOIR 4

L'adopté adulte : la peur de l'intimité

Une des conséquences à long terme des problèmes d'attachement vécus en bas âge est la peur de s'engager, d'investir dans une relation amoureuse ou même amicale. Autant l'adopté a un grand besoin d'intimité, autant il a peur de vivre cette

16 L'expression « trouble de l'attachement désorganisé » est utilisé dans les autres ouvrages spécialisés pour désigner ce style d'attachement.

intimité. Certes, cette angoisse n'est pas une caractéristique exclusive aux personnes adultes adoptées, mais elle constitue une réalité difficile qui parsème le destin de beaucoup d'entre eux.

Les nombreux ouvrages, autobiographiques ou romancés, les témoignages dans les médias et ceux qui sont recueillis dans la confidentialité du bureau d'un psychothérapeute soulignent la récurrence de cette difficulté. Le problème est bien sûr lié à la capacité de faire enfin confiance à un autre être humain. La peur de l'intimité a pour source des blessures de trahison. Le bébé, puis l'enfant, puis l'adolescent, a osé se montrer tel qu'il était — imparfait et vulnérable — avec le résultat que l'autre a *abusé* de ces informations. Lorsque l'adopté parvient à l'âge adulte, ces petits et gros traumas ordinaires empoisonnent ses nouvelles relations, et ce, de façon parfois subtile.

Les adultes adoptés se retrouvent dans un état paradoxal : ils ont toujours peur d'être seul ou d'être rejeté, mais ils ont autant peur, sinon plus, de s'ouvrir authentiquement à l'autre. Or, sans cette ouverture, vivre une relation amicale, amoureuse ou parentale très intime est extrêmement peu probable. L'adopté finit par provoquer ce qu'il craint, soit la fuite de la personne aimée, qui ne se satisfait plus d'une relation superficielle dénuée d'intimité réciproque et d'engagement profond. C'est comme si l'adopté souhaitait d'abord scruter totalement l'être aimé, afin d'avoir une garantie à l'avance que son amour est sincère, avant de s'ouvrir à lui à son tour.

Cette attitude, malheureusement, est irréaliste, puisque l'intimité est un lieu virtuel que les deux personnes inventent ensemble. C'est un état qui se construit et s'explore à deux. Une personne peut montrer à l'autre de quoi a l'air son intimité à elle, mais ne peut pas lui révéler ce qu'aura l'air le lieu d'intimité commun s'il n'y met pas aussi sa part de matériel affectif. Les conjoints des adoptés se retrouvent souvent épuisés à force d'essayer de rassurer l'autre. Ils essaient de le convaincre de prendre le risque et de plonger avec lui, au lieu de rester sur la rive à examiner l'autre qui barbote tout seul. Certains persévèrent, mais d'autres, malgré leur amour sincère, ne se satisfont pas longtemps de cette relation à sens unique.

Plusieurs adoptés finissent par s'offrir le cadeau d'une psychothérapie lorsqu'ils constatent la répétition de ce scénario qui les empêche de vivre une relation heureuse. Le défi consiste alors à oser, enfin, créer une relation thérapeutique intime avec un professionnel bienveillant dans un lieu sûr. Pourtant, il n'est pas rare, malgré tous les facteurs de protection mis en place dans le cadre d'une consultation, que l'adopté ait besoin de quatre ou cinq rencontres lors du suivi avant d'oser être totalement authentique avec son thérapeute.

Le parent adoptant doit donc être conscient de cet enjeu. Il devra donner les bons moyens à son enfant, puis à son adolescent pour mieux vivre ses relations intimes. Cependant, il ne faut surtout pas s'attendre à un résultat parfait. C'est un leurre de penser pouvoir tout réparer, tout éviter. Le parent qui se donne une obligation de résultat en vient à forcer les choses et devient insistant, harcelant. Un parent anxieux de tout réparer, qui se montre intrusif, ne favorise vraiment pas le goût de l'intimité saine chez son enfant. Il est dans la normalité adoptive que l'adopté se développe aussi par lui-même, graduellement, comme tous les humains devenus adultes, mais avec quelques défis supplémentaires.

SAVOIR FAIRE
Savoir être

FICHE PÉDAGOGIQUE ADOPTEPARENTALITÉ **N° 19**
La lettre aux futurs grands-parents

Objectif : sensibiliser la famille élargie aux enjeux particuliers de l'attachement dans le contexte de l'adoption avant l'arrivée de l'enfant

Public cible : futurs grands-parents, famille élargie et amis proches

Matériel nécessaire : reproduction de cette lettre, où l'on inscrira le nom de l'enfant tel que mentionné dans la proposition ou le nom que les parents ont déjà décidé de lui donner

Lettre aux grands-parents

Bonjour grand-papa, bonjour grand-maman,

Je m'appelle _______________. J'ai ___________ mois et je vis présentement à ___________. On ne se connaît pas encore, mais je sais que vous entendez parler de moi depuis très longtemps. Vous avez souffert en voyant mon futur papa et ma future maman m'espérer si longtemps. Vous pensiez que j'arriverais dans votre vie par une naissance et que nous aurions une filiation biologique. Maintenant, vous savez que je vais arriver par adoption et que nous aurons une filiation par le cœur et par l'âme.

Comme vous vous en doutez bien, j'ai déjà vécu, à mon jeune âge, tout un destin ! Si ma vie avait été facile et normale, je n'aurais pas eu besoin qu'on me trouve une nouvelle famille à l'autre bout du monde. C'est justement parce que j'ai déjà vécu de nombreuses épreuves que je souhaite que tout se passe le mieux possible lorsque je vais arriver dans la vie de mes nouveaux parents, et dans votre vie à vous aussi.

Une chose est certaine : mes nouveaux parents auront besoin de vous avant, pendant et après mon arrivée, car c'est un rôle nouveau et exigeant qu'ils auront à apprendre. Moi, je vais avoir besoin de vous pour le reste de ma vie, mais pas pendant les premiers mois... Je sais, c'est étrange. Une adoption, ce n'est pas tout à fait comme une naissance. Laissez-moi vous expliquer pourquoi.

Dans le contexte d'une naissance, le bébé n'a pas encore vécu de mauvaises expériences lorsqu'il rencontre ses parents. Il connaît sensoriellement sa maman biologique, puis il va découvrir son papa, puis vous, doucement, tranquillement, par étapes. Il ne vous viendrait pas à l'idée de vous imposer pour empêcher la maman de donner le sein ou de toujours remplacer le papa pour donner le biberon. Vous savez que, pendant les premiers mois, le bébé a surtout besoin des soins de ses deux parents, pour s'attacher solidement à eux avant de s'attacher solidement à vous par la suite.

Pour toutes sortes de raisons complexes et qui ne sont pas de ma faute à moi, je n'ai pas eu cette chance de rester physiquement, sensoriellement, émotivement proche de ma maman et de mon papa. Ils ont disparu dans l'univers en me laissant en grand danger à cause du choc physique et émotif de leur disparition. Oui, mon petit corps se souvient d'avoir eu peur, d'avoir été triste au point de ne plus vouloir vivre... au point de penser que je devais être un mauvais bébé, un bébé avec peu de valeur ou d'importance pour qu'on arrête ainsi subitement de me protéger. J'étais bien trop petit pour comprendre que ce sont toujours des problèmes d'adultes qui causent des abandons, pas des défauts de l'enfant lui-même. Quand je serai plus grand, je vais pouvoir comprendre que ce n'est jamais, jamais la faute des bébés lorsqu'ils sont abandonnés. Ce fut une grande épreuve, mais j'y ai survécu. Car oui, je suis un survivant. Vous savez, beaucoup de bébés humains se laissent mourir quand ils sont séparés de leur première maman. Pas moi ! Mais je ne savais pas que ce n'était pas encore fini...

Ensuite, j'ai aussi dû survivre pendant des mois (ou des années) dans des conditions de vie difficiles. Les nounous à l'orphelinat (ou les membres de ma famille d'accueil) n'ont jamais pu me donner tous les soins dont j'avais besoin :

1. Je n'ai pas mangé au moment où j'avais faim. J'ai dû attendre beaucoup et longtemps le ventre vide. La qualité de la nourriture n'était pas non plus toujours au rendez-vous. Ma santé en est donc fragilisée.
2. Je n'ai pas été changé au moment où j'avais souillé ma couche. J'ai dû attendre avec des brûlures aux fesses et beaucoup d'inconfort. Cela a stressé mon corps inutilement.
3. Je n'ai pas été bercé pour m'endormir et personne ne m'a chanté des chansons. J'ai dû me bercer moi-même ou m'endormir d'épuisement plutôt que paisiblement.
4. Je n'ai pas été caressé, complimenté, chatouillé, encouragé à parler, à bouger, à marcher. Ce qui fait que je me suis beaucoup ennuyé. Je suis resté seul dans ma couchette presque toute la journée. Mon cerveau n'a pas eu la nourriture sensorielle, affective et cognitive nécessaire pour que mes neurones se connectent rapidement. Mon cerveau a pris du retard dans son développement.
5. Je n'ai pas été soigné immédiatement lorsque j'avais des coliques, des douleurs, des infections, des éruptions cutanées comme tous les petits bébés. J'ai dû me débrouiller tout seul, endurer en silence ou en pleurant jusqu'à l'épuisement ou jusqu'à ce que le sommeil me libère temporairement.
6. Comme personne ne m'a suffisamment protégé, j'ai sur-utilisé mes émotions de survie (colère, tristesse, peur), ce qui a nui au développement des autres fonctions de mon cerveau, celles qui existent pour apprendre que la vie est belle (joie, désir, plaisir) !

7. Je ne me suis pas senti compétent, car quand je pleurais, personne ne répondait ; quand je voulais avoir des interactions, personne ne s'occupait de moi. Je me sentais invisible. Mon estime de moi-même est donc fragile. Je ne suis pas certain d'avoir ma place dans l'univers.
8. Je n'ai pas développé mon langage, car personne n'a pris le temps de me parler, de me montrer le nom des objets ou de refléter mes émotions en les nommant.
9. Je n'ai pas été regardé dans les yeux avec amour, admiration, tendresse et fascination. Je n'ai donc pas appris à bien décoder les expressions des visages.

En écrivant tout cela, je ne veux absolument pas que vous ayez pitié de moi. Ce qui m'est arrivé est triste, injuste, mais je ne veux pas être vu comme une victime. Je veux être vu comme un survivant qui a plein de ressources. Je souhaite qu'on me regarde avec compassion pour tout le travail que j'aurai à faire afin de reprendre mon développement et avoir enfin une vie heureuse. Je suis résilient, mais cela ne suffira pas. J'aurai besoin de mes parents et de vous. Je veux que vous deveniez mes tuteurs de résilience. Comme on met un tuteur à un tournesol pour qu'il pousse bien, vers le soleil, vous serez mes tuteurs pour m'aider à pousser en beauté et en santé.

Votre compassion doit se porter surtout sur le fait que je n'ai été précieux, important et unique pour personne jusqu'à maintenant... Ce sera la blessure la plus douloureuse dont j'aurai à guérir. Bien plus que la malnutrition, que la négligence. Je faisais partie d'un groupe d'enfants, je n'étais pas un individu unique. Il y avait trop de nounous différentes, trop de changements de personnes dans ma vie. Je ne me suis jamais senti spécial, beau, intéressant et aimable, puisque personne ne semblait aimer rester auprès de moi.

Plusieurs adultes m'ont donné des soins, mais sans s'attacher à moi, et sans que je m'attache à eux. Vous devez savoir que l'attachement n'a rien à voir avec l'amour. L'attachement, c'est un lien fort, un lien permanent de sécurité, de confiance et de conviction, la conviction d'être tellement spécial pour quelqu'un qu'il ne vous quittera jamais. Lorsqu'un enfant est en relation d'attachement sécurisé avec son parent, il sait, il sent que son parent ne l'abandonnera jamais, qu'il répondra toujours à ses besoins et qu'il le protégera toujours des dangers. Le sentiment d'amour, pour un enfant, arrive dans son cœur et dans son âme après l'attachement, comme on met une cerise sur un gâteau.

J'ai donc appris que j'étais petit, vulnérable, dépendant et que j'avais besoin d'un adulte pour survivre... de n'importe quel adulte. Ce qui sera le plus difficile et le plus important pour tout mon avenir, c'est de réussir à faire confiance et à me sentir en sécurité avec mon nouveau papa et ma nouvelle maman. Le plus ardu sera d'abord de tisser avec eux un lien d'attachement solide et permanent, alors que tous les autres liens que j'ai vécus ont été faibles et se sont coupés. Tout mon être aura peur au début qu'eux aussi disparaissent ; qu'eux aussi ne décodent pas mes besoins et n'y répondent pas de façon rapide, chaleureuse et prévisible ; qu'eux aussi ne me voient pas comme spécial, unique, digne d'amour et d'investissement. Comment cela pourrait-il en être autrement ? Jusqu'à mon adoption, je n'aurai rien vécu d'autre ! J'ai appris avec courage à m'adapter, à m'ajuster, mais pas à m'attacher...

Cela prendra du temps avant que je puisse me rassurer, reprendre des forces, m'attacher, m'accrocher à eux. Il faudra que ce soit eux seuls qui répondent à tous mes besoins de survie — me faire manger et boire, me consoler et me soigner — pendant plusieurs mois avant que je sois convaincu que c'est vrai, possible, réel et merveilleux. Cette étape m'est nécessaire avant de comprendre que je peux vraiment compter sur eux et qu'ils semblent vraiment aimer s'occuper de moi. Car l'attachement se tisse lorsqu'un enfant vit une détresse et que son parent apaise cette détresse. Cela devra se répéter des milliers de fois avant de s'imprimer dans mon cerveau pour toujours.

Une fois que je serai rassuré, une fois que j'aurai senti et vécu ces deux liens, apaisants, je pourrai confier ma vie, ma santé et ma sécurité à mes nouveaux parents. Je serai enfin disponible pour créer d'autres liens avec vous, mes grands-parents, puis avec tous les membres de ma nouvelle famille.

Je sais que ce que je vous demande est difficile et très différent de vos espérances. Je sais aussi que vous avez vécu autrement l'arrivée de vos autres petits-enfants. Vous trouverez pénible de ne pas pouvoir me cajoler, me câliner tout de suite. Cela va vous demander beaucoup de sacrifices. Vous devrez mettre vos besoins (tellement légitimes, pourtant!) en pause pour quelque temps... mais pour mieux vous reprendre ensuite, je vous le promets!

La meilleure façon de m'accueillir et de commencer à m'aimer est de respecter le cocon physique et affectif dont papa et maman m'envelopperont. Plus je serai capable de fabriquer ce lien avec eux, plus je saurai comment le faire ensuite avec vous. Ce serait au-dessus de mes forces de tisser quatre, cinq ou six liens en même temps. Cela ressemblerait tellement à ce que j'ai vécu en préadoption que je continuerais à entretenir des relations superficielles, uniquement utilitaires, pour le reste de ma vie.

Il existe même un risque encore pire et très réel. Avec toutes vos années d'expérience comme parents, vous saurez très bien comment me consoler, me nourrir, me faire boire. Vous saurez vous y prendre avec moi, encore plus que mes nouveaux parents qui seront encore en apprentissage, nerveux, hésitants, comme tous les nouveaux parents. Si vous prenez trop de place au début pour me donner des soins de base, je risque de me sentir plus en confiance dans vos bras que dans ceux de mon nouveau papa et de ma nouvelle maman. Il est donc possible que je crée un premier attachement plus solide avec vous qu'avec mes parents. Mais comme vous ne serez pas toujours là, je risque de me sentir abandonné de nouveau chaque fois que vous repartirez après une visite ! Dès lors, je ne voudrai plus de mes nouveaux parents et je continuerai à avoir des relations utilitaires avec eux, comme s'ils étaient d'autres nounous qui se rajoutaient à une liste déjà longue, rien de plus, rien de moins.

Imaginez le scénario catastrophe : avec toutes les meilleures intentions du monde de votre part, avec votre désir de me connaître, de m'aimer, de me soigner, vous pourriez saboter le lien d'attachement que je dois tisser avec mes nouveaux parents et me faire souffrir à chacun de vos départs !

Je sais que c'est la dernière chose que vous souhaitez.

Alors, comment pouvez-vous m'être utiles ? Comment commencerez-vous à jouer votre rôle de papy et mamy dès mon arrivée ? En prenant soin de mes parents !

- En leur offrant de l'aide concrète : des petits plats, de l'aide pour les courses, le ménage, etc.
- En leur offrant une oreille attentive pour les écouter sans les juger, et en leur disant que c'est normal de vouloir si bien faire et de parfois échouer. En effet, que vous ayez adopté ou non vos enfants, vous êtes sûrement passés par là !
- En respectant notre intimité totale durant les premiers jours. Puis en faisant de courtes visites, pour jouer avec moi, peut-être, mais pas tout de suite pour me soigner, me nourrir, me bercer ou me garder. Je vais ainsi me laisser apprivoiser par vous, d'abord de loin, comme le Petit Prince avec son renard, mais sans compter sur vous pour ma survie, du moins au début.

- En prenant des nouvelles de mes parents.
- En vous intéressant à la normalité adoptive.
- Puis, quelques mois après l'adoption, quand mon papa et ma maman verront assez de signes d'attachement, ils auront besoin de répit. YOUPI ! Et c'est LÀ, à ce moment-là, que je me montrerai disponible pour m'attacher à vous. Vous pourrez venir me garder 30 minutes, puis une heure, puis deux heures pendant lesquelles vous pourrez enfin me bercer, me nourrir, me chatouiller, me chanter des chansons, jouer avec moi, me coucher et me consoler.

Vous savez, pour grandir en beauté, en santé, pour apprendre à m'aimer moi-même, puis pour aimer la vie, j'aurai besoin de vous et de toute la famille. Pas tout de suite, un peu plus tard seulement, mais pour toujours.

Donnez-moi d'abord le temps de réparer mes blessures d'attachement avec mes deux parents. Vous m'avez attendu pendant plusieurs années. Est-ce trop vous demander d'attendre encore trois ou quatre mois ? Notre nouvelle relation en sera encore plus belle, plus forte et plus utile pour vous et pour moi.

Je vous remercie déjà, car je sais que vous comprenez mieux, maintenant.

Je compte sur votre expérience et votre sagesse durement acquises pour soutenir mes parents dans leur nouveau rôle.

J'ai très hâte de vous connaître ! Il paraît que lorsqu'on est prêt, avoir des grands-parents qui nous aiment et qui nous gâtent est une chose unique, spéciale et formidable !

______________________ Votre petit-enfant

Inspiration : Article écrit pour la revue *La Cigogne* de la Fédération des parents adoptants du Québec, numéro du mois d'août 2012.

FICHE PÉDAGOGIQUE ADOPTEPARENTALITÉ **N° 20**

Les signes d'un attachement sain de 0 à 24 mois

Objectif : reconnaître les comportements révélant un attachement sain chez l'enfant

Public cible : parents d'enfants entre 0 et 24 mois

Matériel nécessaire : aucun

Un enfant entre 0 et 24 mois développera un style d'attachement sain s'il se sent bienvenu dans l'univers et s'il peut faire confiance aux adultes qui prennent soin de lui.

Voici la liste des comportements observables indiquant un attachement sain chez un enfant de 0 à 24 mois :

1. Le bébé pleure souvent, mais se calme rapidement lorsqu'on s'occupe de lui.
2. Il a un bon contact visuel, par exemple, il regarde papa ou maman dans les yeux lorsqu'ils lui donnent le biberon.
3. Il recherche et aime la proximité physique du parent.
4. Il laisse son parent décider de la position lorsqu'il le prend.
5. Il aime être pris dans les bras, transporté, bougé.
6. Il s'accroche avec les mains et les pieds lorsqu'on le transporte.
7. Il s'est installé dans une routine prévisible de dodo, sieste, boire, repas.
8. Il n'aime pas être changé de routine, mais s'adapte tout de même en quelques jours.
9. Il cherche à communiquer avec son parent (il babille).
10. Il rend les sourires.
11. Il rend les câlins.
12. Il reconnaît trois ou quatre personnes de son entourage : grands-parents, amis, etc.
13. Il pointe du doigt pour obtenir quelque chose.
14. Il aime jouer à « coucou ».
15. Il fait de petites « finesses » pour intéresser l'adulte.
16. Il aime être gentiment chatouillé.
17. Il préfère être consolé par maman et papa plutôt que par un autre adulte.
18. Il réagit avec insécurité (entre 9 et 16 mois) lorsque maman ou papa s'en va.

19. Il réagit avec joie lorsque maman ou papa revient.
20. Il vit plus d'émotions d'amélioration de la vie (humeurs positives) que d'émotions de protection de la vie (humeurs négatives).
21. Il recherche l'approbation verbale et non verbale de son parent.
22. Il réagit à des signes de la routine (par exemple, il rampe vers la salle de bains au son de l'eau qui coule dans le bain).
23. Après l'âge de six mois, le bébé gazouille à son réveil du matin ou après les siestes, car il sait que son parent viendra le voir rapidement. Il n'a pas besoin de hurler pour s'en assurer.
24. Il a une peur saine des étrangers.
25. Il aime qu'on lui chante des chansons.
26. Il envoie des « bisous volants ».
27. Lorsqu'il commence à être mobile, il explore son univers, mais cherche à demeurer à proximité de son parent, qu'il suit dans la maison.
28. Il exprime clairement ses besoins par des pleurs, de petits cris.
29. Il tend les bras à son parent, mais ne fait pas de crise immédiatement si le parent ne répond pas de façon instantanée.
30. Il aime jouer avec son parent.
31. Il préfère être à proximité de son parent que d'être seul.
32. Il se colle contre son parent en se laissant totalement mou et en confiance.
33. Lorsqu'il est en détresse (douleur, peur, fatigue), il cherche le regard de son parent.
34. Il aime être bercé, massé, il aime jouer dans l'eau.
35. Il se laisse changer de couche ou soigner sans se raidir, ni démontrer des signes de peur, de colère ou de paralysie.
36. Il rit des drôleries de son parent ou de sa fratrie.
37. Il peut attendre quelques minutes avant d'être pris, nourri ou changé lorsque le parent lui offre une enveloppe verbale (lui dit qu'il va venir).
38. Il « collabore » quand on l'habille ou le déshabille.
39. Il joue à prendre et à donner (par exemple, une bouchée pour toi, une bouchée pour moi).

Inspiration : Outils originaux de l'adopteparentalité, eux-mêmes créés d'après des formations reçues aux États-Unis et d'après les travaux de plusieurs auteurs, notamment Walter D. Buenning, Deborah D. Gray et Patricia Crittenden.

FICHE PÉDAGOGIQUE ADOPTEPARENTALITÉ **N° 21**

Les signes d'un attachement sain de 3 et 6 ans

Objectif : reconnaître les comportements révélant un attachement sain chez l'enfant

Public cible : parents d'enfants entre 3 et 6 ans

Matériel nécessaire : aucun

Entre trois et six ans, l'enfant célébrera ses propres initiatives ou, au contraire, s'en sentira coupable. Son monde est magique, héroïque, romantique et très imaginatif. Il se demande : « Mon parent me laissera-t-il vivre dans ce monde ou me traitera-t-il de menteur ? »

L'enfant apprend à apprendre : le langage se raffine, son imagination est débordante, il joue à la vraie vie et à la vie imaginaire, il développe une compréhension spatiale et temporelle du monde. Il apprend la notion de bien et de mal, les comportements qui sont acceptables en société et ceux qui ne le sont pas, il élargit son monde relationnel en se faisant plus d'amis, il veut comprendre le monde (c'est la phase des « pourquoi ? »). C'est aussi à cette étape qu'il commence à intégrer son identité sexuelle par rapport à l'autre sexe, selon la culture à laquelle il est exposé. Il doit vérifier son pouvoir de séduction auprès de l'autre sexe. C'est la phase de l'Œdipe, où il doit sentir que le parent ou une figure significative du sexe opposé le reconnaît comme étant une femme ou un homme. Il explore aussi son corps, découvre ses parties génitales et les plaisirs qui y sont associés.

Voici la liste des signes qui indiquent un attachement sain chez un enfant entre trois et six ans :

1. L'enfant veut et accepte des câlins de ses parents.
2. Lorsqu'il est malade, il ne veut pas facilement se faire soigner par quelqu'un d'autre que ses parents.
3. Il aime faire les choses seul, mais accepte les enseignements de son parent.
4. L'enfant est curieux de son univers et demande souvent : « Pourquoi ? »
5. Il cherche clairement l'aide de ses parents pour résoudre des problèmes.
6. L'enfant a des contacts visuels réguliers et toute la journée avec son parent et lui sourit souvent.
7. Il est fier de ses dessins, bricolages, réussites sportives et veut les montrer à ses parents, grands-parents et autres figures significatives.
8. Il aime et réclame la présence de son parent pour l'aider à se coucher et aime encore les rituels du soir.

9. L'enfant réclame parfois son parent lorsqu'il a fait un **cauchemar***. Le développement de l'imagination à cet âge cause souvent des rêves et des cauchemars.
10. L'enfant aime faire des activités avec ses parents et cherche à les imiter.
11. Hors de la maison, il ne s'éloigne pas trop de ses parents, même s'il aime découvrir.
12. L'enfant aime plaire à ses parents et être apprécié d'eux. Il est triste lorsqu'il n'y arrive pas.
13. L'enfant a des émotions intenses, mais de courte durée.
14. Lorsqu'il a peur ou mal, lorsqu'il est triste ou frustré, l'enfant se calme en quelques minutes avec l'aide de son parent.
15. L'enfant est encore assez égocentrique, mais il commence doucement à pouvoir se mettre à la place d'un autre.
16. L'enfant aime s'identifier à des personnages romantiques ou héroïques et faire semblant de les incarner dans des jeux ou des mises en scène (par exemple, les princesses pour les filles, les héros de bandes dessinées pour les garçons).
17. L'enfant ne veut pas uniquement avoir une relation avec ses parents, il aime et essaie que cette relation soit aussi agréable.
18. L'enfant se montre curieux et empathique si son parent est triste ou malade.
19. L'enfant montre et commence à nommer une gamme d'émotions différentes.
20. L'enfant commence à parler de ses amis et aime jouer avec eux souvent.
21. L'enfant semble admiratif des capacités de son parent et dit vouloir être comme lui plus tard.
22. L'enfant proteste ou boude lorsqu'il est puni ou réprimandé, mais il finit par accepter la punition sans faire des crises à n'en plus finir.
23. Lorsqu'il est puni, l'enfant est très préoccupé de revenir vers son parent pour s'assurer que la relation est encore bonne et que celui-ci l'aime encore.
24. L'enfant aime les règles claires et dénonce l'injustice lorsqu'il la voit dans une situation quelconque.
25. L'enfant peut commettre de petites gaffes et a tendance à les cacher à ses parents.
26. Il n'aime pas être pris en défaut, mais ne s'acharne pas à mentir devant l'évidence.

27. Il fait clairement la différence entre le bien et le mal, même s'il peut parfois mal se comporter par impulsivité, inexpérience ou distraction.
28. Le petit garçon est très amoureux de sa maman, tandis que la petite fille est amoureuse de son papa.
29. L'enfant a souvent peur que les disputes de ses parents soient de sa faute. Il faut souvent le rassurer à ce sujet.

Facteurs de risques

Si l'adulte le traite de menteur lorsqu'il raconte des histoires imaginaires, si on le punit pour s'être masturbé, si on le réprimande constamment parce qu'il ne « sait pas vivre » sans lui montrer les bons comportements, etc., l'enfant développera de la culpabilité plutôt que de la fierté dans ses initiatives.

Inspiration : Outils originaux de l'adopteparentalité, eux-mêmes créés d'après des formations reçues aux États-Unis et d'après les travaux de plusieurs auteurs, notamment Walter D. Buenning, Deborah D. Gray et Patricia Crittenden.

FICHE PÉDAGOGIQUE ADOPTEPARENTALITÉ N° 22

Rester un capitaine solide devant les petites tempêtes d'attachement (difficultés normales d'attachement en contexte d'adoption)

Objectif : permettre aux parents de décoder les tentatives normales et prévisibles de l'enfant dans la normalité adoptive pour tester l'attachement de ses parents, et les aider à rester solides malgré les difficultés.

Public cible : parents d'enfants de tout âge

Matériel nécessaire : patience et esprit zen !

Comme nous l'avons décrit au chapitre 5 (*Peur du rejet, de l'abandon et peur de décevoir*), les enfants testent la solidité du pont parental avant de s'y engager sans insécurité affective.

Plusieurs parents ne saisissent pas les enjeux de cette mise à l'épreuve. Ils interprètent cela comme de l'ingratitude, de la malice, des caprices, de la manipulation gratuite, de graves problèmes émotifs, des problèmes psychiatriques d'origine génétique. Ces mauvaises interprétations mènent alors à une guerre à gagner pour se faire obéir à tout prix, ou elles sont vécues comme l'impossibilité d'être vraiment aimé par l'enfant. Si les parents persistent dans ces interprétations, l'enfant n'osera pas s'engager sur ce nouveau pont, aussi beau soit-il...

Il faut dire que certains enfants plus fragilisés vérifient le pont avec une violence spectaculaire. Un parent qui n'a pas été prévenu, même s'il est solide en général, peut facilement perdre plusieurs planches et voir le ciment de ses piliers drôlement ébranlé. Mais le pire survient quand le parent croit avoir provoqué lui-même ces comportements, quand il pense que l'enfant les dirige contre lui, contre sa propre personne, contre ses capacités de mère ou de père. Bref, si, par ignorance, le parent interprète les mauvais comportements comme un rejet affectif de la part de l'enfant, il risque fort de grandement se fragiliser lui-même. Qui pourrait alors blâmer l'enfant de ne pas vouloir s'engager sur ce pont?

Que faire pour devenir un pont solide?

Pour devenir et surtout demeurer un pont solide[17] où l'enfant aura le goût de marcher, d'aimer et de grandir, il faut :

- Tout faire en son pouvoir pour comprendre les blessures invisibles de notre enfant : lire sur les problèmes d'attachement, en parler avec d'autres parents adoptifs, assister à des conférences, à des formations. Plus vous serez outillé et compétent à interpréter les enjeux sous les comportements de votre enfant, plus vous deviendrez un pont solide, heureux et efficace sur lequel votre enfant aura le goût de s'engager pour la vie;
- Prendre du recul si votre enfant vous met dans le cercle vicieux du « **brasseur de souris d'informatique*** »;
- Ne pas hésiter à consulter un intervenant formé en postadoption qui pourra vous guider. Ne pas laisser votre **ego*** prendre le dessus sur vos besoins légitimes et normaux d'en savoir plus;
- Faire un peu de ménage dans les matériaux émotifs de votre propre pont. Si un enfant fragilisé peut ébranler un pont très solide, c'est encore plus facile pour lui d'ébranler un pont dont les planches auraient déjà été brisées par des expériences personnelles pénibles... N'oubliez pas : « Les enfants existent pour finir d'élever les parents. » Il faut parfois avoir l'humilité de reconnaître que nous avons de vieilles blessures, de vieilles planches cassées qui ne sont pas très bien cicatrisées et qui nous rendent vulnérables. Les comportements difficiles de nos enfants nous envoient parfois le message suivant : « Je veux vraiment t'aimer et te faire confiance, mais s'il te plaît, répare solidement tes blessures auparavant; ensuite, je me sentirai assez en confiance pour m'engager sur ton pont. »

17 Voir l'allégorie *Les ponts* au chapitre 5 (*Peur du rejet, de l'abandon, de décevoir*).

Il faut donc prendre tous les moyens pour que l'adoption devienne enfin un chemin sécuritaire où l'enfant reprendra confiance en la vie, en l'amour, et qui lui donnera les outils pour poursuivre sainement et sereinement l'aventure de sa vie.

Les parents adoptants ne sont pas à l'origine des carences physiques et affectives de leurs enfants. C'est d'ailleurs là ce qui distingue d'emblée l'intervention familiale en adoption des interventions qu'on pratique en protection sociale, où les parents sont souvent partie prenante des problèmes d'insécurité affective ou des troubles de l'attachement constatés chez leur enfant et, souvent, disponibles à des degrés très variables pour faire un travail de récupération. Il demeure cependant primordial d'évaluer les forces et fragilités des parents adoptants vus en consultation. Même si les blessures de l'enfant ont majoritairement été causées en préadoption, le parent adoptant participe (ou non) à la récupération selon son propre schème affectif, selon sa capacité d'empathie, d'accompagnement de l'enfant dans l'illusion et la désillusion, selon ses capacités à exercer son autorité ou, d'une manière complémentaire, à contenir les difficultés de l'enfant.

Inspiration : Travaux de nombreux auteurs en adoption, notamment Gregory Keck, Deborah D. Gray, Mary Beek et Daniel Hughes.

SAVOIR
en bref

En bref

1. L'attachement est un sentiment réciproque de confiance, de sécurité, de permanence et d'engagement entre un parent et son enfant. L'attachement a beaucoup plus à voir avec un profond sentiment de confiance plutôt qu'avec l'amour. La capacité d'un petit être humain à s'attacher sainement, profondément et entièrement à ses parents est un des facteurs les plus déterminants de son développement optimal. L'outil de l'attachement, c'est le lien d'attachement. Ce lien se tisse doucement entre l'enfant et

son parent pour devenir une sorte de câble virtuel Wi-Fi qui remplace les fonctions du cordon ombilical. Les premiers liens d'attachement constituent une répétition générale, un modèle qui sera reproduit dans toutes les nouvelles relations significatives de l'enfant, et ce, pour le reste de sa vie. Un enfant est en attachement sécurisé lorsqu'il remet sa vie, donc les décisions importantes sur sa santé, sa sécurité et son développement, dans les mains de son parent. Plus l'enfant est adopté jeune, plus l'instinct de l'adulte sera facilement déclenché et il aura le sentiment d'aimer profondément l'enfant. L'âge avancé d'un enfant au moment de l'adoption est un facteur de risque du côté de l'adulte, car son instinct de « prendre soin » ne sera pas aussi facilement stimulé que s'il adoptait un nourrisson.

2. Le bébé humain souhaite s'attacher à sa mère biologique, dont il connaît l'odeur, la voix et le goût, mais il s'attachera à la personne qui sera la plus efficace pour comprendre et apaiser ses signaux de détresse. C'est cette personne qui deviendra sa figure d'attachement. Comme les premiers temps après l'adoption mettent l'enfant en état de vulnérabilité et de détresse, il s'agit d'une fenêtre d'opportunité exceptionnelle que le nouveau parent doit saisir. Les moments les plus importants pour créer un attachement sain sont ceux où l'adulte apporte une réponse aux signaux de détresse de l'enfant, beaucoup plus que lorsqu'ils vivent ensemble des échanges joyeux. C'est la qualité de la réponse à la détresse de l'enfant par un adulte chaleureux qui crée chez l'enfant la capacité d'attachement et lui donne le goût de faire confiance au monde extérieur.

3. Les futurs parents adoptants s'inquiètent des problèmes de communication verbale entre eux et leur nouvel enfant adopté à l'international. Certains suivent des cours pour apprendre la langue du pays d'origine de l'enfant avant d'entreprendre le voyage pour aller le chercher. Or l'énergie des futurs parents est beaucoup mieux utilisée s'ils la consacrent à comprendre le langage d'attachement avec lequel l'enfant va se présenter. Ce langage acquis en préadoption, l'enfant le reproduira avec ses parents adoptifs même lorsqu'il parlera très bien le français.

4. La peur de l'intimité n'est pas une caractéristique exclusive aux personnes adultes adoptées, mais elle constitue une des conséquences à long terme des attachements difficiles qui ont parsemé leur destin. Ce sera en général le travail d'une vie de surmonter ces difficultés.

N.B. : *Les enfants adoptés connaissent tous au départ des problèmes d'attachement. La majorité sera capable de créer un lien d'attachement plutôt sécurisé avec leurs nouveaux parents, mais environ 20 % demeureront avec des problèmes plus importants qui seront abordés dans un autre livre de cette collection, intitulé* Quand l'adoption fait mal.

Facteurs de risques **à éviter**	Facteurs de protection **à favoriser**
• Retourner au travail après son congé d'adoption avant que le lien d'attachement soit bien enclenché.	• Prendre un congé d'adoption d'au moins 6 mois, idéalement 12 mois.
• Interpréter les pleurs et les cris comme des tentatives de manipulation et ne pas y répondre.	• Être conscient de son propre style d'attachement pour qu'il ne nuise pas à la mise en relation.
• Se sentir un mauvais parent si on ne décode pas immédiatement les signaux de l'enfant et qu'on n'arrive pas à le calmer rapidement.	• Se donner du temps avant de se sentir compétent en tant que parent.
• Laisser l'enfant tout décider pour qu'il nous aime.	• Oser s'imposer doucement, mais fermement comme l'unique capitaine du bateau familial.
• Se donner le mandat de réparer toutes les blessures et les carences vécues par l'enfant en préadoption, et ce, avant qu'il soit adulte.	• Décrire à voix haute nos bonnes intentions de parent, notre désir d'aimer l'enfant, de le protéger, de ne laisser personne lui faire du mal.
• Minimiser l'importance de l'attachement dans le développement de l'enfant.	• Regarder beaucoup l'enfant dans les yeux, le toucher, aller vers lui plutôt que de l'appeler de loin.
• Confier l'enfant à plusieurs donneurs de soins trop tôt après son adoption.	• Ne laisser personne d'autre que les deux parents répondre aux besoins de base (nourrir, soigner, consoler) pendant au moins trois mois après l'adoption.
• Penser que l'amour et l'affection suffiront pour rassurer l'enfant.	• S'occuper d'établir un lien de confiance et de sécurité avant d'espérer vivre un lien d'amour.

Facteurs de risques **à éviter**	Facteurs de protection **à favoriser**
• Mettre immédiatement l'enfant en service de garde, puisqu'il est habitué de vivre en groupe.	• Répondre de façon rapide, chaleureuse, cohérente et prévisible aux détresses et aux besoins de l'enfant.
• Laisser l'enfant aller vers n'importe quel adulte pour obtenir de l'affection, même si on est présent.	• Ne pas encourager l'hypersociabilité de l'enfant.
• Menacer l'enfant de le placer s'il ne se comporte pas correctement.	• En paroles et en gestes, toujours rassurer l'enfant sur la permanence du lien.

En savoir plus

Pour en savoir plus sur les graves troubles de l'attachement, consulter le quatrième livre de la collection « Adopteparentalité » à paraître : *Quand l'adoption fait mal.*

Pour connaître toutes les conditions qui favorisent l'attachement au moment de l'adoption, consulter le deuxième livre de la collection « Adopteparentalité » à paraître : *Mieux vivre les premières années après l'adoption.*

Pour avoir plus de détails sur le maintien du lien d'attachement au cours de l'enfance, consulter le troisième livre de la collection « Adopteparentalité » à paraître : *Les conditions gagnantes d'un attachement sain de 6 à 18 ans.*

En savoir encore plus

Ainsworth, Mary. *Infancy in Uganda: Infant Care and the Growth of Love*, Baltimore, Johns Hopkins University Press, 1967.

Bowlby, John. *A Secure Base*, New York, Basic Books, 1988.

Gauthier, Yvon, Gilles Fortin et Gloria Jeliu. *L'Attachement, un départ pour la vie*, Montréal, Éditions du CHU Sainte-Justine, 2010.

Gray, Deborah D. *Adoption et Attachement*, Bruxelles, De Bœck, 2007.

Gray, Deborah D. *Nurturing Adoptions: Creating Resilience After Neglect and Trauma*, Indianapolis, Perspective Press, 2007.

Montagner, Hubert et Yves Stevens. *L'Attachement, des liens pour grandir plus libre*, Paris, L'Harmattan, 2003.

Noël, Louise. *Je m'attache, nous nous attachons*, Montréal, Éditions INRS-Sciences et Culture, 2003.

Schoffield, Gillian et Mary Beek. *Guide de l'attachement en familles d'accueil et adoptives*, Paris, Elsevier Masson, 2011.

CHAPITRE 8

Une insécurité affective

Paroles d'enfants

Je pense toujours à des choses graves, à de gros malheurs, surtout avant de m'endormir. Je n'aime pas rien faire, car j'ai toujours des idées noires dans la tête quand je ne fais rien.

Émile, 6 ans, d'origine cambodgienne

Quand ça va trop bien dans ma vie, je deviens nerveuse. J'aime mieux provoquer une petite chicane ou faire une niaiserie. C'est plus normal pour moi et au moins, je sais ce qui va arriver. Je déteste ne pas pouvoir prévoir ce qui va arriver, car je suis certaine qu'il va arriver un malheur.

Monica, 13 ans, d'origine russe

J'ai toujours peur que mes parents meurent et que je me retrouve toute seule. Imaginez ça, je serais obligée de prendre soin de ma petite sœur toute seule dans la maison. Et quand on aura mangé tout dans le frigo et dans la dépense, elle et moi on va mourir de faim!

Sophia, 7 ans, d'origine chinoise

Chez les enfants dans la normalité adoptive, les parents constatent généralement ce qu'ils qualifient d'insécurité affective. Nous ne parlons pas ici de graves troubles de l'attachement[1] ou de troubles anxieux tels les troubles compulsifs ou les troubles d'angoisse généralisée — qui peuvent être présents chez une minorité d'enfants adoptés —, mais plutôt d'une petite anxiété quotidienne, d'une difficulté à vivre les changements de routine[2], de la propension à toujours imaginer des scénarios catastrophes, de l'adaptation difficile aux transitions ou de la peur exagérée de relever de nouveaux défis[3].

Les parents doivent chercher à distinguer les comportements qui relèvent de la normalité adoptive (vécu préadoption et postadoption) de ceux qui découlent plutôt de la génétique de l'enfant. Posez-vous les questions suivantes : « Quelle est la part de génétique dans le tempérament de mon enfant ? Quelle est la part de son vécu préadoption ? Et quelle est la part de sa réalité actuelle ?» Et en effet, comment peut-on savoir ce qui appartient à l'inné, d'une part, et à l'acquis, d'autre part ? À la biologie et à l'environnement ?

Conte
Le dragon dans la forêt[4]

Il était une fois trois petites filles qui vivaient avec leurs parents et leur grand-maman dans une jolie maison qu'une forêt de grands chênes séparait du village.

Tous les matins, Marie-Lune, Marie-Soleil et Marie-Fleur partaient main dans la main pour aller à l'école, et revenaient ensemble le soir. Cela se passait toujours ainsi, été comme hiver, beau temps et jours de pluie.

Un soir, contrairement à l'habitude, Marie-Fleur revint à la maison en courant, en pleurant et en criant. Elle entra dans la maison et referma la porte avant d'aller se cacher en tremblant sous la jupe de sa grand-maman, qui se berçait au coin du feu.

Avant même que quiconque puisse lui demander ce qui se passait, Marie-Soleil et Marie-Lune firent leur entrée en riant et en se moquant de leur petite sœur : « Peureuse ! Peureuse !» En effet, ses parents ne comprenaient pas pourquoi elle avait toujours été plus facilement effrayée que ses deux sœurs.

Toujours sous la jupe de sa grand-maman, Marie-Fleur entendit ses aînées raconter à leurs parents qu'elles avaient vu un dragon sur le chemin du retour.

---

1 Voir le chapitre 15, *Comment savoir si mon enfant est dans la normalité adoptive ?*.

2 Voir le chapitre 4, *Un entretien sophistiqué.*

3 Voir le chapitre 5, *Peur du rejet, de l'abandon et peur de décevoir.*

4 Ce conte est inspiré de l'approche EMDR pour enfants et adolescents de Ricky Greenwald, diffusée au Québec par le travailleur social Thomas Lebeau.

Même pas un gros dragon. Non, un bébé dragon tout mignon malgré ses petites dents blanches et pointues.

Humiliée et apeurée, Marie-Fleur ne dormit pas très bien ce soir-là. Les jours suivants, elle refusa d'aller à l'école en prétextant un mal de ventre, un mal de dents puis un mal de pieds. Malgré les tentatives de sa maman de dédramatiser en lui montrant des livres sur les dragons nains, qu'on disait très gentils, malgré les menaces de son papa de la traîner dans le sentier pour aller caresser le petit dragon, Marie-Fleur avait peur, toujours peur, toujours plus peur.

Puis, un soir, pendant qu'elle la berçait, sa grand-maman lui demanda : « Ma chérie, quand penses-tu retourner à l'école ? » Marie-Fleur répondit : « Quand la peur du dragon sera sortie de mon cœur. » « Hum... fit la grand-maman. Ce sera très difficile de neutraliser ta peur, mais j'ai peut-être une autre solution. »

C'est alors que la grand-maman entreprit de fabriquer à Marie-Fleur une petite armure, une petite épée et un petit casque. Puis elle entraîna Marie-Fleur à combattre un dragon imaginaire en faisant semblant d'être elle-même une bête dangereuse.

Quelques jours plus tard, la grand-maman déclara : « Je crois que tu es prête à affronter le dragon. » « Mais non, grand-maman, j'ai encore tellement peur ! » « Bien sûr, ma chérie, que tu as encore peur ! Même les grands chevaliers ont encore peur. Mais ce qui sera différent, ce matin, c'est que tu as tout ce qu'il faut pour te défendre si le dragon attaque ! Et puis, tu n'es pas obligée de réussir la première fois. Le pire qui puisse arriver, c'est que tu reviennes à la maison, où je serai là pour toi. »

Ce matin-là, Marie-Fleur partit, un peu piteuse, tout équipée de son armure, sous les regards moqueurs de ses deux sœurs.

Le soir même, c'est Marie-Soleil et Marie-Lune qui arrivèrent en panique et en pleurant. « Papa, papa, vite, vite ! Tu dois aller aider Marie-Fleur. Elle est en danger, c'est notre faute. Sur le chemin du retour, nous avons voulu lui jouer un tour en lui mettant le petit dragon dans les bras. Alors celui-ci s'est mis à appeler à l'aide, et une grosse maman dragon furieuse est arrivée en volant et puis, et puis... »

Avant qu'elles aient eu le temps de finir leur récit, Marie-Fleur arriva en gambadant, toute souriante, sous le regard ébahi de ses deux sœurs.

« Qu'est-il arrivé, ma chérie ? » demanda la grand-maman, qui se doutait déjà de la réponse. « Au début, j'ai eu très très peur en voyant la maman dragon immense. Puis je me suis souvenue que j'avais une armure et que je savais manier mon épée. Alors, comme j'étais certaine de pouvoir me défendre, j'ai pris mon courage et je me suis avancée vers la maman dragon pour lui redonner son bébé. Elle m'a même fait un sourire en repartant avec le petit. »

À partir de ce jour, Marie-Fleur partit toujours la première à l'école, sous l'œil fier de sa grand-maman, qui avait su lui donner les moyens d'agir malgré sa peur.

[?] SAVOIR

[?] SAVOIR 1
Le bagage génétique

S'il y a une chose qui intrigue, voire qui peut angoisser en adoption, c'est la nature du bagage génétique de l'enfant. En adoption internationale, sauf à de rares exceptions, très peu d'informations sont données dans les dossiers fournis par le pays d'origine. Par contre, en adoption nationale et surtout dans les dossiers plus récents, on peut retrouver beaucoup de détails. Mais tout savoir, est-ce vraiment mieux? De toute façon, comme le disait Albert Jacquard, «Au XXIe siècle, la question de la part de l'inné et de l'acquis ne devrait plus se poser, car on sait maintenant que nous sommes conditionnés à 100 % par l'inné et à 100 % par l'acquis[5].»

Comme nous le verrons dans ce chapitre, il ne faut pas non plus jouer à l'autruche. Les recherches actuelles en génétique et en **épigénétique*** ont permis aux scientifiques de mieux comprendre la santé physique et mentale des êtres humains. Les avancées en ce domaine suscitent de grands espoirs. Bien sûr, l'absence d'information fiable peut frustrer, voire angoisser un parent incapable de répondre aux questions insistantes d'un médecin sur les antécédents médicaux de son enfant.

Chose fascinante, certains parents adoptants pensent, en grande partie à tort, qu'ils auraient eu plus de contrôle sur la nature du bagage génétique qu'ils auraient transmis à un enfant biologique. Est-ce à dire que certains croient que leur soupe génétique est nécessairement de meilleure *qualité* que la soupe génétique de deux parents biologiques inconnus? Pourquoi n'oserions pas faire l'hypothèse contraire : que le bagage génétique de notre enfant par adoption est moins à risque, de meilleure *qualité* que le nôtre? Cette question fournit matière à réflexion et nous donne une leçon d'humilité.

Les pères sont particulièrement inquiets lorsqu'ils constatent l'insécurité affective de leur enfant. Si les mères sont généralement les gardiennes du camp de base, le rôle principal des pères est d'encourager l'enfant à prendre des risques. Dans la fabrication d'un lien d'attachement sain, les papas sont les grands explorateurs de l'univers avec leurs enfants. Ils sortent le jeune enfant de sa zone de confort, de sa sécurité habituelle, pour qu'il puisse apprendre à survivre hors du cercle immédiat de la famille. Ce sont eux qui doivent rompre sainement la symbiose du bébé avec sa maman. Ce sont eux qui poussent le bambin à gravir les marches de l'escalier, à grimper dans le jeu des grands au parc et à se relever lorsqu'il tombe de son nouveau vélo.

---

5 Albert Jacquard. *Tous différents, tous pareils*, Paris, Nathan, 1991.

Or, les réactions d'anxiété exagérées par rapport aux dangers réels d'une situation laissent les papas perplexes, que leur enfant soit adopté ou non. Par contre, pour des raisons à la fois environnementales et innées, les enfants adoptés sont plus à risque de manifester de l'insécurité affective. Il est bon de savoir qu'il existe aussi des solutions pour apaiser cette insécurité.

[?] SAVOIR 2
La sécurité affective et le taux de sérotonine

Oui, il faut s'y faire : la vie est injuste. Au départ de l'expédition de la vie, la nature ne donne pas équitablement à tous les mêmes quantités et la même qualité d'outils biologiques. Certaines personnes naissent en bonne santé, d'autres avec des maladies chroniques ; certaines auront à surveiller leur diète toute leur vie, d'autres s'empiffrent de malbouffe sans jamais prendre un kilo. Chacun aura donc sa route à suivre avec ses forces et ses faiblesses.

Une de ces injustices génétiquement prédéterminées est la quantité de sérotonine dont chaque être humain dispose, et sa qualité. La sérotonine est une molécule nécessaire au fonctionnement du cerveau. Elle agit comme un messager chimique du système nerveux central qui permet la transmission efficace d'informations entre les neurones. Cette substance intervient dans la stabilité de l'humeur, l'émotivité, les interactions sociales, l'impulsivité, l'irritabilité.

Le taux de sérotonine d'une personne est d'abord déterminé par ses gènes. On sait maintenant qu'un faible taux de sérotonine constitue un facteur de risque qui augmente la probabilité de souffrir d'un état dépressif ou anxieux. À l'opposé, un taux élevé de sérotonine est un facteur inné de protection contre le stress.

Comme l'expliquait le docteur Jean-François Chicoine lors d'une conférence donnée en Suisse en 2010 : « L'épigénétique[6] pourrait ainsi expliquer, notamment :°...] non seulement pourquoi certains enfants contreraient mieux ou moins bien l'adversité que d'autres, mais également pourquoi certains écoperaient de moins ou de plus de séquelles de leur abandon[7]. »

Certains humains sont donc naturellement de **gros transporteurs de sérotonine***, d'autres de **petits transporteurs de sérotonine***. Ainsi, être un gros transporteur de sérotonine équivaut à disposer d'un bouclier inné contre les effets du stress, un bouclier protecteur qui n'est pas invincible, mais tout de même épais et résistant. À l'opposé, les petits transporteurs de sérotonine auraient hérité d'un bouclier plus fragile, plus mince pour se défendre contre les facteurs de stress environnementaux.

---

6 L'épigénétique est la science qui étudie comment l'environnement et l'histoire individuelle influent sur l'expression des gènes d'un individu donné.

7 Jean-François Chicoine, lors de la Conférence *La pédiatrie des enfants retrouvés* donnée à Lauzanne (Suisse), en 2010.

En voici une illustration :

Imaginons deux bébés jumeaux garçons hétérozygotes (même grossesse, mais avec un bagage génétique différent). Ils ont trois mois, viennent de boire et sont tous les deux assis dans un fauteuil de table. Leur maman présente à chacun un nouveau jouet, très coloré et qui fait un petit bruit agréable. Observons leurs réactions.

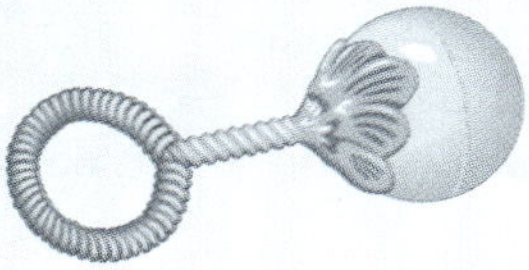

Le regard de bébé A,

gros transporteur de sérotonine, s'allume avec excitation et curiosité. Il tente même, encouragé par sa maman, de saisir l'objet par lui-même puis de jouer avec ce nouveau hochet. L'appréhension de l'objet et le bruit qu'il réussit à produire lui donnent satisfaction et plaisir. Il pousse même de petits cris de joie — ou de frustration s'il ne réussit pas.

Le regard de bébé B,

petit transporteur de sérotonine, devient sombre. Il fronce d'abord les sourcils et fait même une petite moue inquiète. Encouragé par sa maman, qui doit le rassurer, lui montrer que ce jouet n'est pas dangereux, il « accepte » finalement de prendre le jouet que sa maman lui met dans la main. Avec prudence, il essaie d'agiter le hochet tout en tressaillant légèrement de surprise quand le jouet produit du bruit. Si sa maman continue à l'encourager et à le rassurer, il aimera finalement jouer avec ce hochet. Il aura moins peur la prochaine fois qu'il le verra.

A ou B ? : avantages et inconvénients ?

Ces deux bébés ont les mêmes parents, ont vécu la même grossesse, grandissent dans le même environnement, mais ne sont pas « égaux » quant à leurs messagers neurologiques.

Bébé A est plus téméraire, moins facilement apeuré, donc moins facilement stressé. Il demandera moins d'encouragement de la part de son donneur de soins pour essayer de nouveaux jeux, mais aura besoin de beaucoup plus de surveillance pour ne pas tomber dans l'escalier ou mettre les doigts dans l'aspirateur en marche !

Bébé B est plus prudent, plus facilement stressé par l'inconnu. Il demandera plus d'encouragement de la part de son donneur de soins lorsqu'on lui présentera de nouvelles choses, mais ce dernier déploiera aussi moins d'énergie pour le protéger des dangers. Il observera plus longtemps la situation ou son environnement avant de se risquer à agir.

[?] SAVOIR 3
La chimie entre la génétique et l'environnement

Mais alors, sommes-nous totalement préprogrammés à la naissance? Un petit transporteur de sérotonine est-il condamné à une vie d'angoisse, d'insomnie et d'insécurité chronique? Un gros transporteur aura-t-il au contraire une vie calme, sereine et facile sans fournir aucun effort?

Eh bien, la réponse n'est ni tout à fait blanche, ni tout à fait noire. Cette nouvelle science, l'épigénétique, offre enfin une troisième voie pour dépasser l'éternelle dichotomie entre l'inné et l'acquis. Une voie grise, pourrait-on dire.

« Plusieurs études menées sur des jumeaux identiques séparés à la naissance confirment que les interactions affectives et sociales ont une influence sur la façon dont la programmation génétique s'actualise ou non, s'active au bon moment et de la bonne façon ou non. Par exemple, en dépit de la présence de séquences d'ADN identiques, la santé et la personnalité de vrais jumeaux sont souvent distinctes. Pour expliquer cet état de fait, on doit se référer à notre compréhension actuelle de l'épigénétique, c'est-à-dire de l'influence de l'environnement sur l'expression des gènes. On ne peut donc plus parler d'inné ou d'acquis, on doit dorénavant parler d'inné et d'acquis, le second modulant la forme et le déploiement du premier[8]. » Selon le chercheur Patrick Waston, « la recherche médicale a tôt fait de démontrer qu'en dépit de la présence de séquences d'ADN qui sont tout à fait les mêmes, la santé et la personnalité de vrais jumeaux sont souvent distinctes. Dans bien des cas, l'influence environnementale est utilisée pour expliquer de telles incompatibilités à l'égard des gènes et des traits — et cette nouvelle étude démontre que l'environnement peut en effet modifier de manière directe l'activité du génome[9]. » Inné ou acquis : il s'agit là d'une dichotomie erronée, qui équivaut à se demander ce qui prime dans la surface d'un rectangle : la longueur ou la largeur?

Nous pouvons donc en conclure que le taux inné de sérotonine peut être affecté par les soins parentaux reçus dans la petite enfance. Ainsi, un gros transporteur de sérotonine qui serait gravement négligé, maltraité ou stressé par les abandons répétés de ses donneurs de soins pourrait présenter une diminution du taux de sérotonine dans son sang. Sans intervention précoce, cette modification est susceptible de perdurer jusqu'à la vie adulte.

Bien sûr, aucun enfant, même gros transporteur de sérotonine, n'est totalement à l'abri des conséquences néfastes du manque de soins. Cependant, il est évident que la négligence ou les mauvais traitements auront des conséquences moins pénibles pour un enfant qui passera de gros transporteur à moyen transporteur, si on le compare à un enfant qui passe de petit transporteur à *très* petit transporteur.

Le fonctionnement affectif de chaque être humain est donc le résultat d'une équation complexe, dans laquelle s'additionne une série de facteurs de protection combinés à une série de facteurs de risques.

---

8 Patrick Waston, cité par Jean-François Chicoine dans *Formation et intervention professionnelle en adoption internationale*, formation créée par une équipe du CHU Sainte-Justine pour les professionnels en adoption internationale, MSSS/SAI, 2008.

9 *Id.*

Cette équation dépend de quatre variables :

TAUX DE SÉROTONINE

- **Facteur de risque**: Un bébé peut naître avec une tendance génétique à être un petit transporteur de sérotonine;
- **Facteur de protection**: Un bébé peut naître avec une tendance génétique à être un gros transporteur de sérotonine.

QUALITÉ DES SOINS PARENTAUX

- **Facteurs de risques**: séparations précoces et multiples, négligence, maltraitance;
- **Facteur de protection**: figure d'attachement stable, sensible et disponible.

HASARD DES ÉVÈNEMENTS EXTÉRIEURS

- **Facteurs de risques**: catastrophes naturelles, guerres, maladies;
- **Facteur de protection**: environnement de vie agréable, joyeux, stable.

DISPONIBILITÉ DES RESSOURCES

- **Facteurs de risques**: manque de nourriture et de soins médicaux pour toute la famille;
- **Facteurs de protection**: abondance et disponibilité de la nourriture, des soins, des stimulations.

La combinaison entre tous ces facteurs est bien sûr très complexe. Pour simplifier un peu les choses et mieux comprendre les principaux enjeux en adoption, voici les trois équations possibles, qui tiennent compte des deux variables principales : le taux de sérotonine de l'enfant et la qualité des soins parentaux.

Les bonnes et moins bonnes combinaisons des facteurs de risques et des facteurs de protection

Équation 1
L'ÉQUATION IDÉALE DANS UN MONDE PARFAIT

Gros transporteur de sérotonine + excellents soins parentaux =

Enfant particulièrement solide et résistant aux épreuves et au stress de la vie.
Pas invincible, mais très solide.

Équation 2
UNE ÉQUATION MOINS FAVORABLE, MAIS PROBABLEMENT SUFFISANTE
(SITUATION LA PLUS FRÉQUENTE EN ADOPTION)

Gros transporteur + mauvais soins parentaux =

Enfant relativement résistant

Ou

Petit transporteur + excellents soins =

Enfant relativement résistant

Équation 3
L'ÉQUATION LA PLUS RISQUÉE EN PARENTALITÉ
ADOPTIVE OU BIOLOGIQUE

Petit transporteur + mauvais soins =

Enfant à très haut risque d'être facilement déstabilisé par les stress pourtant normaux de la vie.

Malheureusement, en adoption, il est très rare que la variable « excellents soins parentaux » soit présente avant l'adoption. L'espoir de tomber sur un enfant présentant l'équation idéale est donc irréaliste, quoique pas impossible. Dans de rares cas, en effet, un bébé né en excellente santé aura été confié volontairement en adoption par un parent le plus serein possible et placé peu de temps dans un excellent milieu substitut — famille d'accueil adéquate ou nourrice présente et chaleureuse — disposant également de toutes les ressources matérielles pour répondre rapidement aux besoins du bébé... On peut au moins espérer les équations moyennes (2), moins favorables, mais relativement correctes... et surtout prier pour que l'enfant n'ait pas été soumis à l'équation la plus risquée (3).

Sachant cela, et, peu importe la combinaison vécue par l'enfant, la prescription devra être la même : c'est le principe de précaution qui s'applique. *Le parent adoptant aura le devoir et le merveilleux pouvoir d'augmenter les facteurs de protection de l'enfant en lui donnant rapidement d'excellents soins dès son arrivée dans leur vie.* Autrement dit, ils offriront à l'enfant adopté une diète enrichie de nourriture physique, sensorielle, affective et cognitive. Les parents auront comme mandat d'abaisser autant que possible les facteurs de stress autour de l'enfant, en augmentant leur fonction parentale de pare-excitation, de disponibilité et de protection.

Les parents ont peu, voire pas de pouvoir sur les facteurs de risques préadoption : ils ne peuvent ni modifier le code génétique de l'enfant, ni les conséquences du stress qu'il a vécu. Par contre, ils ont énormément de pouvoir sur la mise en place des facteurs de protection dès leur rencontre avec l'enfant, notamment en veillant à diminuer les facteurs de stress dans son environnement. Ce travail sera donc, au départ, bien différent que de prendre soin d'un bébé biologique, naissant et en bonne santé.

[?] SAVOIR 4
Papa, as-tu mis de l'essence dans la voiture?

L'insécurité affective et l'anxiété ordinaires se matérialisent dans la vie familiale par des questions incessantes et insistantes de l'enfant anxieux. Nous ne parlons pas ici de quelques questions à certains moments, mais d'une litanie continuelle, envahissante, qui se répète toute la journée et tous les jours. La majorité des parents répondent à chaque question avec patience — ou impatience — dans la voix, en espérant enfin rassurer l'enfant. Mais en vain. Le nombre des questions augmente et celles-ci deviennent de plus en plus intimes, abordant des détails « inutiles » .

En voici quelques exemples, qui font partie du quotidien de nombreux parents adoptants : *« Maman, as-tu mis de l'essence dans la voiture? Est-ce que tu as pensé à sortir les poubelles? Quand vas-tu faire l'épicerie? N'oublie pas le beurre, le pain et le lait. À quelle heure on arrive chez grand-maman? Par quel chemin on va passer? Pourquoi on ne passe pas par le même chemin?»*

Ces questions relèvent de ce que Boris Cyrulnik[10] appelle de l'adultisme ou que la chercheuse québécoise Helen Moss[11] appelle un « enfant contrôlant attentionné ». L'enfant qui a survécu sans la protection constante d'une figure d'attachement continue de jouer son rôle de surveillance pour toute la famille. Il n'agit pas ainsi à la demande des parents : il s'autoproclame responsable de la sécurité et de la santé!

Ces préoccupations indiquent que malgré des années de soins et d'amour, cet enfant a encore de la difficulté à faire confiance aux adultes ou à la vie en général. L'enfant semble s'être donné le mandat de vérifier si le parent a bien fait son travail. Certains enfants sont aussi convaincus qu'ils doivent eux-mêmes protéger leurs parents, de même que leurs frères et sœurs. Ils pensent sincèrement que c'est leur rôle, leur travail, leur responsabilité. Ce faisant, ils s'assurent de se conserver des parents vivants et en bonne santé...

Plusieurs adultes voient dans cette attitude une grande intelligence, une formidable maturité, un bon sens de l'observation et des responsabilités. Cela peut être vrai si l'enfant exerce sa surveillance dans les sphères de ses compétences et de ses

10 Boris Cyrulnik. *Les Vilains petits canards*, Paris, Odile Jacob, 2001.

11 Helen Moss. Notes de la Conférence sur l'attachement organisée à l'Université Laval par le Conseil multidisciplinaire du Centre Jeunesse de Québec, le 28 mai 2009.

responsabilités : par exemple, vérifier qu'il a tout son équipement de football avant de partir à son entraînement ou s'assurer qu'il a bien mis son lunch dans son sac d'école. Mais cela pose problème si ces multiples questions concernent des préoccupations et des responsabilités d'adultes.

Certains parents vivent depuis si longtemps avec ces mille et une questions intrusives qu'ils ne s'aperçoivent pas que ce comportement n'est ni normal, ni souhaitable. Pire, plusieurs parents adoptants en concluent que leur enfant manifeste ainsi une simple et saine curiosité. Erreur! Demander pourquoi on ne voit pas les étoiles le jour ou pourquoi les coccinelles ont des points noirs sur le dos, c'est de la vraie curiosité. Par contre, demander si les portes sont verrouillées, s'il va y avoir une panne d'électricité et où sont les sous pour l'épicerie ne constitue pas une preuve de curiosité. Ces questions montrent que l'enfant se préoccupe exagérément de sa sécurité et de celle de sa famille.

Ces enfants, si matures en apparence, sont en grande souffrance. Ils s'inquiètent de mille détails de la vie quotidienne, et ce « travail » occupe trop d'espace dans leur « disque dur », autant d'espace qui n'est pas disponible dans le cerveau pour que l'enfant joue son rôle d'enfant, qui est de jouer, d'apprendre, de grandir avec une certaine naïveté. Un enfant qui adopte cette attitude vit au-dessus de ses moyens cognitifs et affectifs, voire physiques.

[?] SAVOIR 5

Méthodes éducatives : facteurs de risques ou facteurs de protection de l'insécurité affective?

Être parent est le métier le plus difficile du monde. Le plus fascinant et valorisant également. Il suppose un engagement pour la vie et une responsabilité 7 jours sur 7, de jour comme de nuit. Selon son histoire et son cheminement, le parent développe un profil, fait des erreurs de temps en temps, puis apprend de ces erreurs pour devenir solide et compétent.

Devant les manifestations d'insécurité affective de l'enfant adopté, le parent adoptant se retrouve très rapidement devant un dilemme. De quoi cet enfant a-t-il besoin en premier : d'amour, de soins et d'affection? Ou d'un cadre avec des règles claires, de même que des conséquences prévisibles appliquées par un parent correctement autoritaire?

Voilà un des enjeux les plus délicats de la parentalité adoptive : savoir quand et comment appliquer l'autorité parentale. Et cet enjeu ne se résout pas de la même manière, en adoption et en parentalité biologique classique.

En parentalité biologique, un parent n'a pas à faire de la discipline tout de suite avec son nouveau-né : il a du temps. Les six premiers mois sont uniquement consacrés à apporter des réponses rapides, chaleureuses, cohérentes et prévisibles aux moindres besoins du jeune bébé. Le lien d'attachement mutuel a le temps de se tisser doucement sans que les parents se trouvent dans l'obligation de punir l'enfant pour un mauvais comportement. Le temps de l'encadrement vient plus tard. Quand? Dès que le jeune bébé prend un peu d'autonomie psychomotrice, par exemple quand il commence à se traîner par terre pour tenter d'aller saisir la fiche électrique en dessous de la table. Le parent biologique commence alors graduellement à lui dire : « Non, c'est dangereux. » Il y aura ensuite des interdictions plus claires, puis de petites punitions si l'enfant transgresse les règles et des récompenses lorsqu'il obéit.

En parentalité biologique, après six ou sept mois d'attachement, de soins et de tendresse nourricière, c'est-à-dire de nourriture affective, le parent intègre doucement des méthodes de discipline et d'encadrement. C'est donc sur un lien affectif déjà créé que le parent biologique appuie son rôle d'autorité. Il pourra assurer la sécurité de l'enfant et lui apprendre ultimement le respect des règles sans craindre que l'enfant ne s'attache pas à lui : il est déjà attaché !

Mais voilà, sauf rares exceptions, le parent adoptant voit arriver dans sa vie un enfant déjà un peu mobile, voire même *très* mobile. Un enfant en choc, désorienté, qui a souvent peur des adultes. Un enfant qui peut se mettre en danger en déboulant l'escalier, en mangeant des choses non comestibles, en mettant les mains sur le rond chaud de la cuisinière ou en sortant dehors les pieds nus, la nuit, en plein hiver. Dès l'arrivée de l'enfant, malgré toute la nourriture affective qu'il est appelé à lui servir, le nouveau parent adoptant doit appliquer des méthodes d'encadrement ; c'est une question de sécurité physique. Bien que cela ne soit pas facile, il doit dire non à un enfant qu'il ne connaît pas encore bien. Il doit se montrer un peu sévère avec un enfant qui ne l'aime pas encore.

Si le parent a l'air complètement dépassé par les évènements, encore peu expérimenté en méthodes éducatives, il pourra difficilement apaiser l'insécurité affective de l'enfant. Un parent très insécurisé devient insécurisant pour l'enfant. En d'autres termes, l'enfant adopté a autant besoin de limites que d'amour. Ce n'est pas simple à gérer quand on n'a pas encore acquis des habiletés parentales efficaces. C'est aussi émotivement difficile d'aller à l'encontre de notre instinct de donneur de soins et de tendresse. Comment faire en sorte que le lien d'attachement se tisse tout en faisant preuve d'autorité, comment s'assurer que l'enfant ne se sente pas rejeté par les interventions sévères, mais néanmoins nécessaires du parent ? Le concept d'adopteparentalité[12] a été mis au point justement pour répondre à ces questions. L'objectif est de transmettre aux parents, *avant* l'adoption, des outils et des trucs qui ont déjà fait leurs preuves avec d'autres enfants et d'autres parents dans la même situation. Le simple fait d'avoir en sa possession ces outils, ainsi que la certitude de pouvoir s'en servir sans risque, est un facteur de protection. Ces outils sécurisent le parent, ce qui sécurise l'enfant. Une formation sur les méthodes d'encadrement sans rejet et adaptées aux besoins des enfants adoptés peut facilement transformer le nouveau parent en capitaine solide et posé.

Pour certains observateurs néophytes (y compris les membres de la famille élargie), la simple vue d'un parent adoptant qui discipline un enfant « qui fait déjà si pitié » est insupportable. Un des principes de base pour être un parent compétent, efficace, sécurisant et nourrissant est d'essayer de maintenir l'équilibre le plus parfait possible entre la quantité de nourriture affective donnée à un enfant et la quantité

---

12 L'adopteparentalité est une méthode mise au point par Johanne Lemieux en 1996.

de structure disciplinaire dont on l'encadre. Ce qui est vrai pour toutes les formes de parentalité — chaque enfant ayant besoin d'amour et de discipline — est néanmoins plus complexe à transposer en parentalité adoptive.

Que l'enfant soit un petit ou un gros transporteur de sérotonine, qu'il ait été exposé ou non à des facteurs de risques en préadoption, la prescription éducative sera la même : pour se sentir hors de danger et voir diminuer son insécurité affective, il aura besoin d'un parent qui ose jouer son rôle de parent, c'est-à-dire être à la fois une source disponible de nourriture affective, de stimulations sensorielles et cognitives, mais *aussi* un adulte qui discipline correctement, impose des règles claires et simples et ne laisse pas l'enfant prendre des décisions qui ne lui appartiennent pas. Ce parent devra être assez solide pour rester ferme et calme devant une colère de l'enfant et assez sage et bienveillant pour l'enlacer afin de l'aider à se calmer après la tempête.

Le plus grand défi des nouveaux parents adoptants est donc d'aller à l'encontre de leur mouvement instinctif et naturel, qui les pousse à offrir uniquement à leur nouvel enfant la nourriture affective nécessaire et à remettre à plus tard la structure disciplinaire. Le nouveau parent adoptant souhaite aimer cet enfant nouvellement arrivé, et s'en faire aimer. Il croit, à tort, que s'il est trop encadrant et sévère, l'enfant ne s'attachera jamais à lui, le prendra en aversion et le rejettera. Or, on l'a vu, l'enfant a autant besoin de discipline que de nourriture affective. Le rêve d'un nouveau parent est donc souvent bien éloigné de la réalité. Après 5, 10 ou même 15 ans d'attente, l'idée même d'appliquer des méthodes disciplinaires est un véritable cauchemar. Il rêvait de porter son bébé, de le cajoler, de le consoler, mais quelques semaines après l'adoption, il doit déjà le mettre « dans le coin de punition ». Pas facile.

Oui, pour se sentir en sécurité, l'enfant adopté aura besoin d'un parent capable de lui donner un mélange d'autorité et de douceur. La travailleuse sociale québécoise Claire Leduc désigne cet idéal parental comme le « parent entraîneur » : « Une des particularités du Parent entraîneur est d'agencer l'affection et l'éducation comme des enjeux à jauger avec intelligence et tact. Il y a des parents entraîneurs "naturels" et d'autres qui souhaitent améliorer des facettes de leurs attitudes et comportements. Tous les parents doivent se remettre en question au fur et à mesure que leurs jeunes grandissent et qu'ils définissent leur personnalité[13]. »

C'est pourquoi, en adoption, il faut longtemps se souvenir du conte *L'Océanfance*[14] : un enfant naufragé aura bien entendu besoin de soins, de nourriture, d'être au chaud et enfin protégé des intempéries. Mais il aura surtout besoin d'un capitaine solide, qui sait naviguer et résister aux tempêtes. Le capitaine doit donc éviter d'adopter de mauvaises attitudes parentales dans les circonstances, par exemple :

1. Se montrer trop débonnaire ou absent de son poste de contrôle du bateau famille, en percevant l'enfant comme trop autonome. Conséquence : l'enfant sera insécurisé ;

13 Claire Leduc. *Le Parent entraîneur*, Montréal, Éditions Logiques, 1994, p. 34-35.

14 Voir le chapitre 3, *Un incroyable survivant.*

2. Jouer constamment avec l'enfant plutôt que d'être à la barre dans la cabine de pilotage. Conséquence : l'enfant sera insécurisé ;
3. Laisser l'enfant contrôler la cabine de pilotage pour s'en faire aimer. Conséquence : l'enfant restera insécurisé ;
4. Souhaiter avant tout se faire aimer et apprécier en laissant l'enfant décider des horaires et des règles de vie, et même modifier les règles élémentaires de sécurité. Conséquence : l'enfant sera encore plus insécurisé ;
5. Avoir peur que le matelot ne l'aime plus s'il ne lui donne pas tous les objets et toutes les permissions qu'il demande. Conséquence : l'enfant sera insécurisé ;
6. À l'inverse, se montrer trop autoritaire, brusque, impatient, stressé et stressant. Conséquence : l'enfant sera aussi insécurisé ;
7. Être constamment insatisfait, déçu des performances du petit matelot. Conséquence : l'enfant sera insécurisé ;
8. Donner l'impression à l'enfant que ses besoins ordinaires d'enfant et ses besoins plus *spéciaux* de la normalité adoptive le dérangent. Conséquence : l'enfant sera et restera insécurisé.

Si vous pensez avoir adopté l'un ou l'autre de ces comportements nuisibles pour l'enfant, nul besoin de vous culpabiliser ; il faut simplement trouver des solutions et réajuster le tir. Rappelez-vous, même les meilleurs capitaines ont parfois besoin de conseils et de perfectionnement, surtout si la vie leur confie un enfant à entretien sophistiqué, et petit transporteur de sérotonine en plus !

SAVOIR FAIRE
Savoir être

FICHE PÉDAGOGIQUE ADOPTEPARENTALITÉ — **N° 23**
Expliquer le travail d'un parent à son enfant

Objectif : diminuer l'insécurité affective de l'enfant en augmentant son sentiment d'être en sécurité et en confiance avec son parent.

Public cible : enfants de tout âge

Matériel nécessaire : aucun

De nombreux parents oublient que leur enfant, lorsqu'il leur est confié, ignore ce que c'est d'avoir un parent, ou même ce qu'est un parent. Ainsi, il ignore qu'un bon parent doit protéger son enfant de toute forme d'agression. Pire, plusieurs ont appris exactement le contraire dès leur plus jeune âge. Plusieurs parents éprouvent un grand choc lorsqu'ils comprennent que leur enfant a appris à se défendre tout seul, car aucun adulte n'est resté assez longtemps dans sa vie pour le faire.

On pourrait croire que l'enfant qui arrive à deux ans changera sa perception de lui-même simplement en observant ce que font ses nouveaux parents. Il est vrai que certains enfants concluent par eux-mêmes que ces nouveaux adultes sont différents des anciens ; mais ce n'est pas le cas de tous les enfants adoptés. Plusieurs conservent une grande méfiance envers les adultes, et même une profonde ignorance cognitive de ce qu'est une famille et du rôle d'un parent.

Comme l'enfant a une « mémoire sans souvenirs » des raisons qui expliquent ses croyances, il ne pourrait pas les expliquer clairement à ses nouveaux parents. Inutile de demander à Julie, quatre ans, pourquoi elle semble avoir si peur dans les endroits publics. Il y a fort à parier qu'elle répondra quelque chose de vague, ou encore ce qu'elle croit que l'adulte veut entendre.

Ainsi, pour apaiser l'anxiété de ces enfants, il faut bien sûr « agir » de façon protectrice et enveloppante, mais également décrire avec des mots ce qu'est le rôle d'un bon parent.

Au fur et à mesure que l'enfant progresse dans le langage, prenez la peine de lui expliquer les fondements très simples des relations interpersonnelles et affectives.

Par exemple :

- Le travail d'une maman est d'aimer son enfant ;
- Le travail d'une maman est de toujours revenir à la maison prendre soin de son enfant après avoir fait les courses ;
- Tu vivras avec nous jusqu'à ce que tu sois aussi grand que moi et que TU aies décidé de partir faire ta vie ;
- Tu auras toujours une place où revenir en cas de besoin, même quand tu seras grand ;
- Je ne te ferai jamais mal ;
- Je ne laisserai jamais personne te faire mal ;
- Nous aurons toujours assez de nourriture ;
- Dans une famille, c'est le papa et la maman qui doivent protéger, aimer et toujours nourrir leur enfant.

Il est très important de réapprendre à l'enfant — ou même de lui apprendre — les fondements les plus élémentaires des relations familiales.

Combien de fois avons-nous entendu, en consultation, des parents se culpabiliser de ne pas avoir pensé à formuler à haute voix ce qu'ils pensaient être des évidences, et s'être plutôt emportés face à des comportements incompris. Une maman témoignait, par exemple, qu'elle n'avait pas songé à expliquer à son fils qu'elle ne laisserait jamais personne lui faire mal. Il était toujours terrifié lorsqu'il était dans un lieu public et sa maman devenait exaspérée de ce comportement qu'elle ne comprenait pas après des années de bons soins. Lorsqu'elle a enfin expliqué à son garçon qu'elle était là pour le protéger, il a avoué qu'il pensait que n'importe qui pouvait le kidnapper ou lui faire mal et qu'elle ne ferait rien pour l'en empêcher.

Une autre mère a rapporté le changement énorme qu'avait entraîné la simple phrase : « Le travail d'une maman est de toujours aimer son enfant, même si celui-ci est désobéissant ou difficile. » Après avoir entendu ces mots, sa fille, d'ordinaire si triste et si distante, est devenue souriante, et le contact visuel s'est grandement amélioré à partir de ce moment-là.

Ce sont des réalités que les gens qui n'ont pas vécu de maltraitance, d'abandon ou de négligence tiennent pour acquises, voire innées, tellement ce sont des croyances profondes et nécessaires à l'équilibre d'un bébé humain. Pour la plupart d'entre nous, penser autrement est trop souffrant, trop difficile à imaginer. Mais ces croyances sont bel et bien apprises par les bébés et les petits enfants grâce aux milliers de petites et grandes réponses que les adultes apportent à leur détresse.

Il faut donc les dire, les répéter et surtout les accompagner de gestes cohérents, particulièrement avec des enfants très anxieux.

Inspiration : Ouvrages de Deborah D. Gray, Sophie Marinopoulos, Gregory Keck et Daniel Siegel.

FICHE PÉDAGOGIQUE ADOPTEPARENTALITÉ **N° 24**

Répondre autrement aux questions d'insécurité

Objectif : apaiser l'insécurité affective de l'enfant qui se donne le rôle de protecteur

Public cible : parents d'enfants qui posent toujours des questions ayant trait aux responsabilités des adultes

Matériel nécessaire : aucun

Si Anne-Sophie demande à 247 reprises à son père s'il a mis de l'essence dans la voiture, il ne suffit pas de lui répondre, chaque fois : « Oui, Anne-Sophie, tu sais bien que papa met toujours de l'essence dans la voiture ! » À preuve, l'enfant posera de nouveau la question au prochain trajet, et ainsi de suite tant que le père n'ira pas au cœur du problème : l'enfant ne lui fait pas encore confiance pour assurer sa santé, sa sécurité et les décisions favorables à son développement. Il faut répondre à la question qui se cache sous la question. Il faut donc s'occuper de rassurer l'enfant sur nos capacités à le protéger, plutôt que de répondre à sa simple interrogation. En réalité, cette dernière cache un problème bien plus profond, que l'enfant ne parvient pas à verbaliser.

Aussi mieux vaut profiter de ses questions pour lui expliquer le rôle et la place de chacun, et lui répondre gentiment, mais fermement que ce ne sont pas « de ses affaires ». Il faut lui dire que son travail à lui est de s'amuser, de profiter du paysage ou de lire sa bande dessinée. On peut alors ressortir le conte *L'Océanfance*[15] et rappeler, en usant de douceur, que c'est le parent qui est le capitaine chargé de la sécurité et du ravitaillement du bateau, pas le matelot ! Que toutes ces tâches doivent être exécutées par un bon parent protecteur et vigilant, pas par un enfant ! Qu'un enfant qui fait confiance à son parent ne devrait jamais se soucier de vérifier ce que le parent doit faire, et s'il l'a bien fait. Il faut insister sur la division des rôles, la hiérarchie des responsabilités. Le parent peut dresser la liste des choses sur lesquelles l'enfant a et doit avoir du pouvoir. Par exemple, il peut décider quel jouet il prend, quelle musique il préfère, comment aménager sa chambre. Il peut exprimer ses opinions, ses désirs, ses mets favoris, etc.

C'est aussi une excellente occasion pour le parent d'aider l'enfant à prendre conscience de son insécurité, dont il ne doit surtout pas avoir honte : « Tu sais, je comprends... Quand tu étais petite, avant que j'arrive dans ta vie, tu as probablement eu à te débrouiller toute seule. Les nounous à l'orphelinat n'avaient pas toujours le temps de te donner à manger tout de suite quand tu avais faim, ni de jouer avec toi, ni de te rassurer s'il y avait un bruit inquiétant. Tu as donc pris l'habitude de surveiller, d'observer, car tu ne te sentais pas toujours en confiance ou en sécurité. Je te félicite d'avoir été si intelligente pour survivre. Par contre, maintenant, tu es en sécurité et je suis là pour m'assurer de ton bien-être et de ta sécurité. C'est non seulement mon travail, mais J'AIME ça prendre soin de toi ! Alors, je crois que l'on doit renforcer ton sentiment de sécurité et de confiance envers moi et ton père. C'est la même chose à l'école avec tes professeurs. »

Les parents sont souvent très surpris par cette nouvelle interprétation des comportements d'insécurité de leur enfant. Certains étaient même très fiers que leur enfant de six ans ait pris en charge la discipline de la classe lorsqu'une remplaçante s'est présentée un lundi matin ! Ils n'avaient pas vu cela comme un indice que leur enfant ne faisait pas confiance à cette adulte pour maintenir la classe tranquille. Ils venaient consulter pour aider l'enfant à être moins anxieux... Une grande partie de la réponse, dans un tel cas, est d'aider l'enfant à redevenir un enfant à part entière.

Inspiration : Travaux de Deborah D. Gray et Gregory Keck.

15 Voir le chapitre 3, *Un incroyable survivant*.

FICHE PÉDAGOGIQUE ADOPTEPARENTALITÉ **N° 25**

Les acides gras oméga-3,
des suppléments contre l'insécurité affective ?

Objectif : augmenter le taux de sérotonine dans le cerveau de l'enfant

Public cible : enfants de tout âge

Matériel nécessaire : des suppléments d'oméga-3 d'origine animale (poisson)

Les suppléments d'acides gras oméga-3 ont longtemps été perçus par la médecine officielle comme un simple produit à la mode, une autre lubie des naturopathes, des personnes « granolas » ou de quelques psychiatres avec des méthodes marginales. Or, des recherches très sérieuses ont enfin tranché la question : le manque d'acide docosahexaénoïque (DHA), une substance très présente dans les huiles de poisson, influence la production de sérotonine dans le cerveau.

C'est le livre à succès *Guérir* du docteur David Servan-Schreiber[16] qui a sensibilisé le monde francophone aux effets dévastateurs du manque de consommation régulière de poisson sur la santé mentale des humains contemporains. La carence chronique en huiles de poisson dans la diète des pays occidentaux augmente le taux des hormones de stress chronique, les états dépressifs et d'autres troubles de l'humeur comme l'anxiété. Les suppléments d'oméga-3 sont maintenant prescrits par les médecins pour le traitement des états dépressifs ou anxieux légers.

Cette substance forme d'ailleurs la *moitié* des graisses nécessaires aux membranes des cellules du cerveau. On peut facilement imaginer que les enfants adoptés n'ont pas toujours eu accès à une quantité et à une qualité de nourriture fournissant un apport suffisant de protéines d'origine marine ! Les tartares de saumons et les sushis font rarement partie des menus des orphelinats.

Bien entendu, on peut simplement ajouter à notre menu hebdomadaire plusieurs repas de saumon, sardines, thon et autres poissons riches en DHA. Mais pour les enfants (et les parents !) particulièrement carencés en sérotonine, la prise de suppléments sous forme de capsules s'avère une solution *très* efficace.

Ajouter des oméga-3 à la diète de l'enfant constitue un facteur de protection du cerveau de l'enfant sans aucun effet secondaire nuisible — sauf pour les personnes allergiques aux fruits de mer. Un peu moins performants, mais aussi très valables, les oméga-3 d'origine végétale, comme l'huile de lin pressée à froid, peuvent aussi faire l'affaire.

Effet non négligeable en contexte d'adoption[17], les acides gras oméga-3 augmentent favorablement les fonctions d'attention, de concentration, d'organisation, et aident à diminuer les manifestations d'hyperactivité.

---

16 David Servan-Schreiber. *Guérir*, Robert Laffont, Paris, 2003.

17 Voir le chapitre 10, *Un développement différent*.

Attention : dans les cas plus importants de troubles déficitaires de l'attention avec hyperactivité (TDAH), les oméga-3 peuvent aider, mais ils ne doivent en aucun cas remplacer une médication dûment prescrite par un médecin. Il faut vérifier avec votre médecin, votre pédiatre ou votre pharmacien les quantités nécessaires selon l'âge et les besoins de l'enfant.

Comptez environ trois mois avant que les effets se fassent clairement voir.

Inspiration: Travaux de David Servan-Schreiber, de Jean Béliveau et de Jaak Panksepp.

SAVOIR
en bref

En bref

1. Le peu d'informations accessibles sur les antécédents biomédicaux peut angoisser certains parents qui cherchent à démêler les origines de certaines caractéristiques de leur enfant adopté.
2. Notre façon d'interpréter l'univers autour de nous est en partie innée et en partie acquise. Un enfant peut naître en étant génétiquement un gros ou un petit transporteur de sérotonine, un neurotransmetteur qui sert à faciliter la communication chimique entre les neurones. Les gros transporteurs de sérotonine sont naturellement plus résistants aux éléments de stress tant internes qu'externes (bruits, douleurs, malaises, brusqueries, etc.). Les petits transporteurs de sérotonine, pour leur part, réagissent plus fortement aux mêmes facteurs de stress. Ils sécrètent plus rapidement des hormones de stress devant un changement, un imprévu, un son fort, une douleur, une brusquerie. Ils sont également plus à risque d'être irritables, d'humeur changeante, et même agressifs.
3. La plus ou moins bonne capacité d'un être humain à résister sainement au stress dépend en partie de facteurs innés (comme son taux de sérotonine), et en partie des facteurs de stress auxquels il est exposé dans sa petite enfance. Une nouvelle science, l'épigénétique, va encore plus loin. On sait maintenant que certains facteurs de stress inhibent le déclenchement de mécanismes prévus dans le code génétique. Ainsi, un enfant pourrait avoir un code génétique bien programmé, mais avoir vécu de telles situations éprouvantes que cette programmation ne s'actualise jamais.

4. La majorité des enfants adoptés ont vécu des situations de stress en préadoption ; ils garderont une insécurité affective et une tendance à l'anxiété même s'ils tissent un attachement sain avec leurs parents. Tous en sont affectés à divers degrés, mais les petits transporteurs de sérotonine risquent de l'être plus que les gros transporteurs de sérotonine.
5. Un enfant qui souffre d'insécurité affective a encore davantage besoin d'un parent solide émotivement, stable dans ses humeurs et prévisible dans ses méthodes éducatives. Le parent doit oser dire non, appliquer des règles simples et claires qui rassurent l'enfant. Il doit l'aider physiquement à se calmer.
6. Certains suppléments alimentaires comme les oméga-3 (extraits d'huiles de poisson) sont des facteurs de protection qui peuvent améliorer la sécrétion de sérotonine, ce qui stabilise l'humeur.

Facteurs de risques **à éviter**	Facteurs de protection **à favoriser**
• Imposer une autorité sans fournir de nourriture affective.	• Appliquer un juste équilibre entre nourriture affective et encadrement sécurisant.
• Offrir une nourriture affective sans imposer d'autorité.	• Consulter un spécialiste de l'adoption pour apprendre des méthodes éducatives plus adaptées à la réalité adoptive.
• Mettre tous les problèmes affectifs de l'enfant sur le compte de son bagage génétique.	• Oser dire non et supporter que votre enfant « ne vous aime plus » pendant quelques minutes ou même quelques jours.
• Mettre tous les problèmes d'insécurité affective de l'enfant sur le compte de vos mauvaises compétences parentales.	• S'ajuster au tempérament plus inquiet de l'enfant, tout en l'aidant à apprendre à se calmer.
• S'acharner à appliquer exactement les mêmes méthodes éducatives que pour les enfants modèles de base.	• Croire aux ressources intérieures de l'enfant malgré ses tendances à l'insécurité.

Facteurs de risques **à éviter**	Facteurs de protection **à favoriser**
• Ne pas accepter de s'ajuster aux tempéraments plus insécurisés de l'enfant.	• Utiliser son corps pour enlacer, bercer, calmer l'enfant après une colère.
• Ne pas reconnaître les comportements d'insécurité (répondre aux questions anodines de l'enfant sans voir le réel problème qui se cache derrière).	• Redéfinir avec l'enfant le rôle du parent et celui de l'enfant.
• Confondre maturité et insécurité.	• Formuler avec des mots simples ce qui peut vous apparaître parfois comme des évidences (un papa est là pour protéger et aimer, je vais toujours revenir à la maison après ma journée de travail, etc.).
• Penser que le rôle de parent va de soi pour l'enfant adopté (oublier qu'il n'a jamais eu de véritable parent avant son adoption).	• Aider l'enfant à reconnaître et comprendre ses comportements d'insécurité.

En savoir plus

Pour en savoir plus sur les méthodes éducatives souhaitables en adoption, consulter les deuxième et troisième livres de la collection « Adopteparentalité » à paraître : *Mieux vivre les premières années après l'adoption* et *L'Adoption : les conditions gagnantes d'un attachement sain de 6 à 18 ans.*

En savoir encore plus

Baron, Chantal. *Les Troubles anxieux expliqués aux parents*, Montréal, Éditions du CHU Sainte-Justine, 2001.

Chicoine, Jean-François et Nathalie Collard. *Le Bébé et l'eau du bain*, Québec Amérique, Montréal, 2006.

Cyrulnik, Boris. *Les Nourritures affectives*, Paris, Odile Jacob, 1993.

Gauthier, Yvon. *L'Avenir de la psychiatrie de l'enfant*, Montréal, Éditions Érès, 2009.

Jacquard, Albert. *Tous différents, tous pareils*, Paris, Nathan, 1991.

Leduc, Claire. *Le Parent entraîneur*, Montréal, Éditions Logiques, 1994.

Marinopoulos, Sophie. *Le Corps bavard*, Paris, Marabout, 2011.

Rivest, Claudette. *L'Épreuve de l'abandon et l'état d'insécurité affective*, Montréal, Éditions CRAM, 2005.

CHAPITRE 9

Une mauvaise gestion du stress

Paroles d'enfants

Je suis coincé. J'adore faire du patin de vitesse, mais je ne suis plus capable de faire les compés (compétitions). J'ai toujours haï cela. Je suis tellement stressé que j'ai peur de vomir. Je voudrais lâcher la compétition, mais j'ai peur de décevoir tout le monde : mes amies, mes parents, mes profs en sport-études et surtout mon entraîneur.

Thomas, 16 ans, d'origine russe

C'est bizarre, le seul moment où je me sens vraiment calme, plus du tout stressée, c'est après une super grosse crise de colère. Mais c'est plate, parce que je suis enfin calme, mais je commence alors à avoir honte de ce que j'ai fait...

Charlotte, 10 ans, d'origine cambodgienne

Au carrefour de plusieurs défis de la parentalité adoptive se trouve la notion de stress : le stress vécu par l'enfant, d'une part, et le stress vécu par le parent, d'autre part, et ce, tant en préadoption qu'en postadoption. Si ce stress a des conséquences néfastes sur le développement du cerveau, les effets de l'hormone sécrétée en situation de stress, le **cortisol***, sont encore plus redoutables. Selon le docteur Jean-François Chicoine : « Être protégé, être reconnu, être aimé, être entendu, être délivré du mal, du danger et surtout de trop de cortisol, voilà tout ce que demande l'enfant nouvellement adopté. Voilà tout ce dont a été privé l'enfant séparé, abandonné, négligé[1]. »

Mieux connaître l'origine du stress des enfants adoptés et ses conséquences sur leur développement et leur comportement est désormais essentiel pour les parents adoptants.

Allégorie
Une musique de film :
Les dents de la mer* ou Le *Canon de Pachelbel

Imaginez que vous êtes confortablement assis dans une salle de cinéma. On vous présente alors un court extrait d'un documentaire. Le film dure à peine deux minutes. Des images totalement identiques vous sont présentées trois fois de suite.

La première projection est présentée sans son, sans musique, sans commentaires.

Il s'agit d'une scène d'été. La caméra avance doucement dans un pâturage fleuri pour pénétrer dans un sous-bois verdoyant. Plus la caméra avance, plus vous percevez les détails de cette forêt. Il y a une petite rivière bordée de grosses roches recouvertes de mousse. L'eau de la rivière coule doucement dans des zones d'ombre, puis vers des zones baignées des rayons de soleil qui transpercent le lourd feuillage des arbres matures. Des fougères et des champignons poussent sur des troncs d'arbres creux. La brise fait bouger la végétation par petites vagues.

Votre réaction est assez neutre. Les images piquent votre curiosité et vous rappellent peut-être une excursion dans un endroit semblable, mais sans provoquer en vous plus d'émotions.

1 Jean-François Chicoine, lors de la Conférence *La pédiatrie des enfants retrouvés* donnée à Lauzanne (Suisse), en 2010.

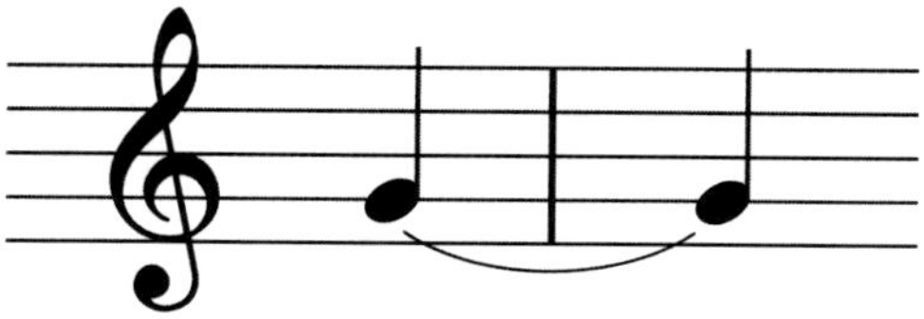

La deuxième projection reprend les mêmes images, cette fois accompagnées de la suave mélodie du *Canon de Pachelbel*. Soudain, une émotion d'émerveillement vous envahit. La musique vous transporte dans un état de bien-être, de calme et d'apaisement. Vous avez déjà vu ces images, mais cette fois-ci, grâce à la musique, l'expérience s'avère différente et merveilleuse. Vous avez envie de rester dans ce sous-bois, de vous asseoir sur une des roches moussues, de vous déchausser et de laisser vos pieds patauger dans l'eau fraîche. La forêt vous enveloppe et vous protège de la chaleur et des soucis habituels de la vie urbaine. Vous êtes bien, en sécurité, comme nourri par la beauté des lieux.

La troisième projection vous est finalement présentée. À votre grand étonnement, ce troisième visionnement s'avère cependant *très* désagréable. Ce sont pourtant les mêmes images, mais cette fois-ci, les haut-parleurs du cinéma crachent la musique saccadée du thème principal du film *JAWS* (en français, *Les dents de la mer*). TANAM... TANAM... Tanam, tanam, tanam et le rythme s'accélère : **TAM... TAM... TAM...** le son s'amplifie à mesure que la caméra s'avance vers le sous-bois. Tout à coup, les images qui vous semblaient rassurantes il y a une minute à peine deviennent profondément inquiétantes. Qu'y a-t-il donc de caché dans cette forêt? Vous n'aimez plus les zones d'ombre qui ne permettent pas de bien voir ce qui s'y passe vraiment. Et le bruissement des feuilles est-il simplement produit par le vent, ou bien est-ce un grizzly ou un alligator qui vous guette comme une misérable petite proie? Pas question de vous déchausser et de mettre les pieds dans l'eau. La mousse des roches pourrait être glissante et vous faire tomber. Et qui sait quelles bestioles gluantes et dangereuses peuvent se terrer dans ces eaux noires? Vous n'avez qu'une envie : décamper au plus vite!

La musique des émotions

Les directeurs de film savent depuis longtemps que le choix de la musique, beaucoup plus que les images, déterminera l'état d'âme du spectateur. On peut voir exactement les mêmes plans et ne pas ressentir du tout la même émotion.

Les enfants adoptés voient les mêmes images que leurs parents lorsqu'ils découvrent de nouveaux lieux de vie ou de nouveaux paysages, lorsqu'ils rencontrent de nouvelles personnes ou font de nouvelles activités, lorsqu'on les emmène dans une nouvelle salle de classe ou à la piscine municipale. La différence réside dans le fait qu'ils n'entendent pas spontanément la musique rassurante de Pachelbel. Ils ont malheureusement appris à se méfier, et ils ont tendance à entendre très facilement le thème des *Dents de la mer*…

Devant des réactions de peur, de stress, d'insécurité de l'enfant, le réflexe du parent est d'argumenter : « Tu vois bien qu'il n'y a rien de dangereux ici, tu n'as aucune raison d'avoir peur ! Arrête ces bêtises tout de suite ! » Toutefois, malgré ses efforts, le cerveau de l'enfant se met tout de même en alerte : c'est sa musique intérieure qui dicte ses émotions, et non les images qui défilent devant ses yeux.

Le travail du parent sera d'aider l'enfant non pas à mieux voir la réalité, mais à mieux l'interpréter, avec une musique différente.

SAVOIR

[?] SAVOIR 1

Le cortisol, une hormone de stress à la fois ennemie et amie

Au centre d'études sur le stress humain à l'Hôpital Douglas de Montréal, on a mené des recherches sur la question du stress chez l'enfant. Les chercheurs se sont particulièrement intéressés au cortisol, qui est l'une des hormones sécrétées en situation de stress. Les chercheurs en abandon/adoption ont récemment commencé à étudier sérieusement l'influence de cette hormone sur les capacités futures du cerveau à faire face au stress « normal » de la vie. Nous disposons donc de plus en plus de données qui permettent de mieux comprendre pourquoi certaines personnes ayant vécu des traumatismes précoces dans leur enfance développent des réactions exagérées au stress.

En utilisant des modèles animaux, notamment le raton laveur, les chercheurs ont découvert que le cortisol, s'il est sécrété en excès, mange littéralement le système limbique des mammifères. Les structures limbiques ont des fonctions de cognition et de régulation émotionnelle. L'adrénaline, l'autre principale hormone de stress, demeure dans le corps ; mais le cortisol, quelques minutes après la décharge, pénètre dans le cerveau en construction de l'enfant.

La recherche sur les animaux nous porte à croire que l'exposition précoce au stress pourrait nuire au bon fonctionnement des fonctions d'attention et de mémoire à long terme. Ces résultats sont particulièrement intéressants lorsqu'on sait que dans la normalité adoptive, on retrouve une surreprésentation d'enfants qui reçoivent un diagnostic de **TDA*** ou de **TDAH***, et qui éprouveront donc des problèmes ou des troubles d'apprentissage[2]. Même chez ceux n'ayant pas tous les critères diagnostiques du TDA ou TDAH, la **mémoire de travail*** est très souvent amoindrie. Le stress chronique pourrait donc avoir un effet négatif sur le développement des structures du cerveau du jeune bébé, comme l'amygdale cérébrale et l'hippocampe. Or c'est justement dans l'amygdale cérébrale et l'hippocampe que se fixe la mémoire affective. Ainsi, il semble que les bébés exposés à des niveaux trop élevés de cortisol réagiraient plus fortement aux stress « normaux » une fois parvenus à l'âge adulte. Ces enfants pourraient également se montrer plus anxieux ou plus agressifs. Ils réagiraient de façon exagérée à des situations banales, à des changements légers dans leur environnement.

Pourquoi les enfants négligés seraient-ils plus à risque ? Il semble qu'en l'absence d'une figure d'attachement adéquate qui apporte à l'enfant un apaisement de façon régulière, son exposition précoce au cortisol aurait un effet dévastateur sur la programmation d'apaisement, sur le coup et pour l'avenir. Cette exposition pourrait modifier fondamentalement les structures du cerveau du nourrisson. Résultat : les structures en croissance, celles qui sont responsables de la motivation (émotions d'amélioration de la vie[3]) autant que de la régulation des émotions s'en trouvent à tout jamais modifiées.

Les conséquences sur le quotidien des enfants et de leurs parents sont immenses et palpables. Elles constituent une des raisons principales des consultations en postadoption et une des difficultés les plus intenses qui attendent les futurs parents adoptants.

[?] SAVOIR 2

La colère, l'arme du stress pour se protéger contre les monstres imaginaires

Comme nous l'avons vu au chapitre 6 (*Des émotions en montagnes russes*), la colère est une des émotions de protection de la vie. Sans cet outil, nous n'aurions pas survécu et évolué depuis des millions d'années. Nous n'aurions pas eu la force de défendre notre territoire, notre intégrité psychique et physique ou celle des membres plus faibles de notre tribu.

Pour la célèbre éthologue britannique Jane Goodall[4], décrivant les réactions humaines devant les nouvelles réalités sociales du monde contemporain, nous utilisons des

2 Voir le chapitre 11, *Une scolarité complexe*.

3 Voir le chapitre 6, *Des émotions en montagnes russes*.

4 Jane Goodall dans *Surviving progress* (en français, *Survivre au progrès*), un film de Mathieu Roy et Harold Crooks (version originale anglaise, 2011) s'inspirant du livre à succès de Ronald Wright, *Brève histoire du progrès*, Montréal, Éditions Hurtubise inc., 2006.

technologies du 21e siècle avec un ordinateur qui est en tout point semblable à celui d'il y a 50 000 ans : notre cerveau. En effet, les êtres humains ont fait des progrès stupéfiants en quelques siècles à peine. Nous avons maintenant des moyens de nous protéger efficacement contre les maladies infectieuses, les menaces météorologiques, la famine et les dangers de la nature. Bref, nous sommes objectivement plus en sécurité que jamais. L'ironie, c'est que notre cerveau ne le sait pas encore. Sa nature profonde n'a pas changé. Il est encore fait pour percevoir les dangers et nous en prévenir en déchargeant dans notre corps des hormones de stress. Lorsqu'il ne trouve pas de dangers objectifs, il en invente de nouveaux.

La colère fait partie de la boîte à outils physiologiques dont est équipé notre corps dès la naissance. C'est un circuit neurologique très puissant qui est déclenché de façon automatique en même temps que la peur dès que notre cerveau perçoit un danger. Insistons sur le verbe « percevoir » : nul besoin en effet d'un danger réel, comme un grizzly qui fonce sur nous, pour ressentir la peur. Nous verrons que la plupart des enfants adoptés ont une vision du monde où le danger règne en maître, une vision déformée qu'ils ont acquise par manque de soins et de protection. Ils sont persuadés que s'ils étaient exposés à un réel danger, ils ne pourraient pas compter sur un adulte fort et disponible pour les protéger. Ils demeurent longtemps convaincus qu'ils auront à se débrouiller tout seuls. Encore une fois.

Dans son excellent livre intitulé *Par amour du stress*, la chercheuse québécoise Sonia Lupien[5] trace les grandes lignes des connaissances scientifiques toutes récentes dans ce domaine. De nombreuses informations sont utiles lorsqu'on cherche à comprendre la normalité adoptive. Le stress est une réponse physiologique utile, normale et temporaire à un danger réel et objectif (un ours qui vous attaque). Grâce à des milliers d'années d'essais et erreurs, notre cerveau est devenu un formidable détecteur de menaces. Devant une menace absolue, notre corps se charge comme une pile : il passe du calme à la haute tension en une fraction de seconde. Cette réaction est provoquée par la sécrétion des hormones de stress (cortisol et adrénaline) dans les glandes surrénales (glandes situées sur nos reins). Ces hormones sont des signaux envoyés pour déclencher une « alerte rouge » afin que notre corps se prépare à faire ce qu'il faut pour survivre. Voici différentes réponses de notre corps à cette alerte :

- Notre cœur bat très vite ;
- Notre pression sanguine augmente ;
- Notre organisme va chercher dans nos réserves du gras qu'il transforme en glucides (sucres) dans le sang. En quelque sorte, il s'octroie un supplément d'« essence » ;
- Notre vue, notre odorat, nos gestes sont plus puissants ;
- Notre attention tout entière est mobilisée ; on cherche des moyens immédiats pour réussir l'une des deux réactions possibles pour notre survie : se sauver ou combattre ;

5 Sonia Lupien. *Par amour du stress*, Montréal, Éditions au Carré, 2010.

- Notre diaphragme se bloque pour rendre nos respirations plus puissantes ;
- On ressent bien entendu de la peur, mais surtout de la rage et de l'agressivité ;
- Notre vigilance envers les stimulations extérieures est augmentée, mais au détriment de la mémoire de travail et de la concentration nécessaires pour apprendre de nouveaux concepts.

La colère nous donne l'agressivité nécessaire pour nous défendre. Notre corps devient une arme chargée à bloc, une puissante pile qui devra être déchargée de façon puissante et explosive en faisant notre choix entre les fameux « *fight* ou *flight* » : combattre et tuer l'ours ou courir et se sauver de l'ours.

Depuis des milliers d'années, notre corps est parfaitement conçu pour se charger et se décharger. Lorsque la fonction « combattre » ou « fuir » est accomplie, nous ressentons un soudain soulagement. Nos jambes deviennent molles, ce qui nous indique que le danger est passé. La pile peut et doit se décharger en arrêtant la production de l'adrénaline et du cortisol. La colère, une émotion de protection, est graduellement remplacée par une émotion d'amélioration de la vie : « Je me sens fière et apaisée d'avoir survécu à l'attaque de l'ours. »

Ainsi, des décharges d'hormones de stress intenses et ponctuelles ne sont absolument pas dommageables pour notre organisme. Le corps des adultes y est adapté. Le corps des tout-petits aussi. Un bébé peut correctement vivre plusieurs épisodes courts de stress intense dans une même journée sans mettre en péril son développement. Pour cela, l'enfant doit être aidé rapidement à s'apaiser grâce à l'intervention rapide d'un donneur de soins.

Mais qu'arrive-t-il lorsque notre cerveau devient stressé sans que nous soyons exposés à un danger précis ? Qu'arrive-t-il quand notre cerveau perçoit une menace, se charge à bloc, mais ne trouve pas les moyens de se décharger, car ni la menace, ni les moyens de la combattre ou de la fuir ne sont clairs ? Cette situation est pénible pour un adulte, mais potentiellement catastrophique pour un bébé.

Imaginez un bébé de neuf mois dans un dortoir d'orphelinat[6]. Il a mangé à 19 heures. Il est trois heures du matin, la seule nounou présente dort dans l'autre pièce. Un énorme bruit fait vibrer les fenêtres. Le petit Yu Lee se réveille en sursaut. Il n'a pas encore les outils qu'il faut pour savoir que c'est un gros camion qui vient de foncer dans la clôture de l'usine d'à côté. Ses hormones de stress font leur travail : il devient hypervigilant, il regarde partout — ou plutôt, il regarde partout où il peut, car il est attaché au lit. Il appelle symboliquement le 911, il ne peut pas se calmer seul et en plus, il entend les cris de ses petits camarades qui hurlent de peur eux aussi. Ce chaos de sons, d'émotions et d'hormones désagréables dure 10 ou 15 minutes. Dans plusieurs orphelinats, ce ne sont pas les nounous habituelles qui sont au poste la nuit, mais de simples gardiens de sécurité. Cette personne fatiguée, et peu valorisée dans son travail qui consiste à surveiller sans grands moyens des bébés abandonnés et souvent malades, entre dans la pièce. Elle est aussi très stressée

---

6 Informations tirées du mémoire de maîtrise en travail social de Karine Bordeleau, *Les Conditions de vie et les soins dans les orphelinats chinois*, Université du Québec à Montréal, 2007.

et hurle à son tour : « Taisez-vous, bande de pleurnichards, je veux dormir ! ». Certains enfants, sous le choc, sont soudainement paralysés et se taisent... notre petit Yu Lee continue à pleurer. Il finit par se rendormir d'épuisement, son cerveau baigné dans le cortisol, alors qu'il a encore peur de l'ours qu'il n'a même pas vu pour vrai...

Imaginez que ce scénario se répète nuit après nuit, jour après jour. Pourtant, certains diront, avec raison, que les nounous font leur possible. Elles essaient de bien prendre soin des bébés dans des conditions difficiles. Peut-on vraiment en vouloir à la nounou qui a 30 bébés à surveiller la nuit ? Non. Mettons-nous à sa place, dans ces conditions... Mais peut-on demander à Yu Lee d'être raisonnable et de comprendre que ce n'est pas de sa faute si cette nourrice est irritable et épuisée ? Non plus. Et puis, le petit n'a pas subi de maltraitance active. C'est vrai, mais ce n'est pas ce qu'on lui a fait qui l'a blessé, c'est ce qu'on ne lui a pas fait.

Yu Lee ne gardera pas de marques visibles physiquement, ni de souvenirs conscients de ces nuits éprouvantes... Toutefois, son système nerveux aura reçu des décharges excessives de cortisol, trop souvent et pendant trop longtemps. Ces décharges n'auront pas été assez apaisées par une figure d'attachement « contenante », chaleureuse, rassurante qui, au gré de ces moments d'apaisement, aurait appris au cerveau du petit Yu Lee le chemin neurologique à suivre pour diminuer le stress. Non seulement son cerveau n'aura pas appris à se calmer, mais il aura aussi perdu confiance en la capacité des adultes à l'aider, à le protéger, à lui expliquer le monde. Le bébé aura perdu une partie de son estime de lui-même, car il ne se sera pas senti très compétent pour attirer correctement les soins de l'adulte. Il aura même perdu sa capacité de savoir si un bruit est menaçant ou pas. Il sera convaincu que, de toute façon, vaut mieux se débrouiller pour se calmer seul... Il aura aussi perdu la capacité à se fier à son propre instinct du danger.

Selon Sonia Lupien, « [l]orsque les hormones de stress atteignent ce cerveau en pleine croissance, elles ont pour effet d'affecter les régions du cerveau qui sont en plein développement, tels le lobe frontal et l'amygdale. Le lobe frontal joue un rôle dans la capacité de porter adéquatement attention aux choses environnantes pour mieux les mémoriser, tandis que l'amygdale a un important rôle à jouer dans la régularisation des émotions[7]. »

Le bébé humain possède des circuits d'émotions immatures, malléables et fragiles pendant les premières années de son existence. Ces circuits ne doivent pas être soumis à trop de stress interne (comme la faim, la douleur) ou externe (comme le bruit, la violence, la brusquerie, la maltraitance active ou passive). Si un bébé n'est pas assez protégé, il est maintenu en stress chronique. Le stress chronique s'installe quand le stress occasionnel n'est pas résolu par l'adulte. La sécrétion d'hormones de stress devient continue, le corps de l'enfant se pense constamment menacé, il essaie désespérément de s'adapter pour survivre. On sait maintenant qu'un trop haut niveau de cortisol à un trop jeune âge pourrait bien dérégler de façon permanente la manière de l'enfant de réagir au monde. Cela va influencer le modèle opérationnel interne de l'enfant, en d'autres mots, son style d'attachement.

7 Sonia Lupien. *Ibid.*, p. 30.

Dans un monde idéal, le petit Yu Lee serait déjà dans sa famille adoptive, et les deux parents seraient arrivés à la course dans la chambre de l'enfant pour le prendre dans leurs bras, le bercer, le rassurer et lui expliquer qu'il n'était pas en danger, que ce n'était qu'un gros bruit. Ces parents auraient servi de remparts au stress ; ils auraient protégé le cerveau de Yu Lee et son système nerveux en développement. Le bébé aurait alors appris à s'apaiser et à se sentir en sécurité, car les adultes ne sont jamais loin pour le protéger.

Cette protection du parent constitue ce que le pédopsychiatre Michel Lemay[8] appelle la fonction de pare-excitation du donneur de soins. Le parent doit prendre les chocs à la place de l'enfant, et ce, jusqu'à ce que l'enfant soit assez solide pour les prendre lui-même sans risquer de détruire ses circuits de protection de la vie ou d'entraîner leur malformation.

[?] SAVOIR 3

Mieux comprendre les enjeux du stress pour devenir des parents rassurants

Le stress chronique est nuisible pour le cerveau en développement de l'enfant, mais il n'est pas très bon pour un cerveau adulte non plus. Si un adulte est exposé au stress chronique, il risque de développer des problèmes physiques et mentaux. Mais contrairement au fragile cerveau en construction d'un bébé, le stress chronique n'altérera pas profondément et rapidement l'architecture d'un cerveau adulte.

La majorité des gens ne conçoivent pas que les émotions et le stress puissent être l'expression de réactions physiologiques. Il faut dire que dans notre culture, on parle généralement des émotions de façon très romantique. La majorité des répondants d'un sondage mené dans la rue répondront le plus sérieusement du monde que le siège des émotions se situe « dans le cœur ». Pourquoi ? Parce que les différentes hormones libérées en état de stress modifient d'abord le rythme cardiaque. Ensuite seulement viennent les autres manifestations physiques : sueur, nausées, tremblements. On confond donc le lieu où se manifeste le symptôme — le cœur — avec le lieu d'où provient la réaction physiologique — le cerveau et les glandes.

Sachant cela, il ne faut pas se surprendre du regard un peu hébété des gens en général lorsqu'on leur explique que le stress subi par un bébé adopté lors d'une longue hospitalisation, d'un trop long séjour en orphelinat ou parce qu'il a été exposé à de la violence conjugale a pu modifier l'architecture de son cerveau. On aurait sans doute plus de chances de les convaincre si on leur disait que le cœur du bébé a été fragilisé.

On sait qu'un nourrisson, un enfant ou un adulte constamment en situation de danger pourrait faire un usage abusif de stratégies de survie à court ou à moyen terme. Dans ces circonstances, la moindre émotion devient explosive, un peu comme si le cerveau traumatisé ou pas assez apaisé restait figé dans ses mécanismes de défense. La portion cérébrale chargée de réagir au danger se retrouve

8 Michel Lemay. Notes prises lors d'une formation en attachement, donnée au château Bonne Entente à Québec, en avril 2004.

alors en constant état d'alerte. Devant des situations quotidiennes banales, cette partie du cerveau prendrait alors automatiquement le chemin de la colère, de la peur ou du sentiment d'impuissance.

Pour un parent adoptant, une meilleure compréhension de ses propres réactions de stress est de toute première importance. Sonia Lupien[9] et ses collègues ont inventé un acronyme rappelant les quatre éléments qui provoquent une réponse de stress chez un être humain : le **CINÉ***. Il est expliqué dans le tableau ci-dessous.

Le CINÉ

Les 4 situations qui provoquent une réponse de stress	Exemple de situation de stress utile	Exemple de situation de stress inutile
C **pour Contrôle faible**	Au Québec, en février, sur une route glacée, ma voiture commence à déraper. Je suis réellement en danger, mes réactions physiologiques de stress peuvent m'aider à reprendre le contrôle de la voiture et à détecter rapidement les zones de danger pour les éviter.	Je reste stressé toute la journée parce que je n'ai pas pu ramasser la table du déjeuner; j'aime être en contrôle parfait de la propreté de ma maison...
I **pour Imprévisibilité**	J'ai ce matin une chirurgie d'un jour que j'attends depuis des mois. Comble de malchance, je suis coincé sur un pont que la police a fermé parce qu'un malheureux menace de sauter. Je suis timide de nature, mais mon stress peut me donner le courage d'aller demander à un autre automobiliste de me prêter son téléphone cellulaire pour avertir l'hôpital de mon retard.	Pour mes 40 ans, mes collègues de bureau me font un dîner de fête surprise. Je n'arrive pas à profiter de ces marques d'affection, car je reste stressé par l'effet de surprise.

9 Sonia Lupien. *Ibid.*, résumé et adaptation des pages 24 à 40.

Les 4 situations qui provoquent une réponse de stress	Exemple de situation de stress utile	Exemple de situation de stress inutile
N **pour Nouveauté**	L'entreprise pour laquelle je travaille doit supprimer plusieurs postes. Pour garder un emploi, je dois changer de domaine, apprendre des tonnes de nouvelles choses et prouver en peu de temps que je peux m'adapter.	Je refuse que mon entreprise remplace mon ordinateur, car apprendre comment me servir d'un nouvel outil me stresse trop. Je m'oppose et trouve toutes sortes de raisons pour justifier mon refus, mais cette résistance me gâche la vie davantage que l'apprentissage lui-même.
É **pour Ego menacé**	Je suis une infirmière d'expérience accusée injustement d'une négligence ayant causé la mort d'un patient. Je dois donc mobiliser toutes mes énergies pour prouver mon innocence et rétablir ma réputation.	J'arrive au bureau avec une nouvelle coupe de cheveux et personne ne remarque le changement. Je suis en colère et désagréable avec tout le monde.

Tous les êtres humains, grands ou petits, peuvent vivre le stress déclenché par l'un ou l'autre des éléments du CINÉ dans leur vie quotidienne. Par contre, il est dans une certaine normalité adoptive, autant pour le parent adoptant que pour son enfant, d'avoir été surexposé à un ou plusieurs de ces facteurs de stress. Il est souhaitable de bien se connaître comme adulte et de cerner lequel des quatre facteurs nous stresse plus facilement que les autres. Cela peut nous aider à faire les choix pour régler notre quotidien. Il est tout autant utile de déterminer quel type de facteurs de stress a une plus grande influence sur notre enfant.

[?] SAVOIR 4

Le processus d'adoption : une aventure particulièrement stressante pour l'enfant et pour le parent

DU CÔTÉ DU PARENT

Du côté du parent, la grossesse adoptive est particulièrement stressante. Si une grossesse biologique ne dépasse que rarement neuf mois, les parents adoptants n'ont aucun contrôle sur la longueur ou la complexité des procédures.

Il peut bien entendu y avoir des imprévus dans une grossesse classique. Or, les imprévus sont si nombreux en adoption qu'on devrait les considérer comme prévisibles !

Une première grossesse est une chose nouvelle, mais la plupart des humains ont été exposés à cette réalité, par procuration, plusieurs fois dans leur vie. Les règles qui régissent l'adoption sont inconnues et elles peuvent être modifiées plusieurs fois en cours de procédure. Le parent adoptant est en constant apprentissage avant et pendant l'adoption, et même après, comme cet ouvrage le souligne.

Finalement, à part quelques examens gynécologiques potentiellement gênants ou des remarques désobligeantes sur la prise de poids de la maman enceinte, une grossesse biologique n'expose pas les parents à de nombreuses attaques de leur ego. Il en va tout autrement pour les parents adoptants, qui doivent à de nombreuses reprises se dévoiler, s'expliquer, justifier leur désir d'enfant et prouver qu'ils feraient de bons parents. Il n'y a nulle obligation pour les parents biologiques de se soumettre à une évaluation psychosociale, à des tests de personnalité, ni même à des exigences de poids et de santé comme le demandent certains pays d'origine pour les parents candidats à l'adoption. Le processus est en soi un test de la solidité ou de la fragilité de l'ego!

DU CÔTÉ DE L'ENFANT

Le vécu préadoption de l'enfant risque de lui avoir fait subir une trop grande charge d'hormones de stress, ce qui laisse présager qu'il a déjà acquis une gestion du stress plus difficile que la moyenne. Le premier contact avec ses nouveaux parents apportera un stress énorme.

Qu'il ait trois mois ou trois ans, l'enfant n'a aucun contrôle sur la décision d'être adopté par tels ou tels parents. Il ne contrôle ni le moment, ni les circonstances dans lesquelles il va rencontrer ces personnes. Non seulement il ne les contrôle pas, mais il ne les comprend pas. Les adultes responsables de lui ont beau lui avoir appris qu'il aurait bientôt des parents, il n'y comprend pas grand-chose. À moins d'être déjà assez âgé pour avoir des souvenirs explicites d'une vie de famille, le concept même de parent lui est presque inconnu.

L'enfant vivra également une suite d'évènements imprévus et de nouveautés dans ce processus : des cheveux blonds de sa nouvelle maman à la barbe de son nouveau papa, en passant par la langue étrangère, les odeurs, le taxi, la chambre d'hôtel, les couches-culottes, le bain chaud, l'aéroport, l'avion et sa ceinture obligatoire, l'arrivée dans la foule, la nouvelle maison avec le chat, la télévision plasma, le lit dans une immense chambre silencieuse, les tiroirs, la neige ou la pelouse... Face à cela, tous ses sens lui envoient des messages de danger. C'est pourquoi les enfants sont généralement en choc les deux ou trois premiers jours après leur arrivée, presque dissociés de la réalité[10]. Ils demeurent ensuite en état d'hypervigilance, un des symptômes du stress aigu, pendant des jours ou des semaines, voire parfois des mois.

Et que dire du traitement fait à l'ego de ce petit humain lors de l'adoption? Il est séparé de ses donneurs de soins, de ses petits camarades, de son quotidien. Il est couvert de baisers par des inconnus, qui le photographient après lui avoir enlevé

10 Voir le livre *Mieux vivre les premières années après l'adoption*, à paraître dans la même collection.

ses vêtements d'orphelinat, l'avoir lavé, coiffé et finalement habillé autrement, lui qui souffre peut-être d'anémie, de malnutrition, d'une infection ou de parasites. Il est dévisagé par la famille élargie pleine de bonne volonté venue l'accueillir à l'aéroport.

Disons-le : le moment de l'adoption est la rencontre explosive de deux grands stress : celui de l'enfant et celui du nouveau parent. Mais celui des deux qui a le devoir et le pouvoir d'apaiser cette situation explosive, c'est le parent. Ce sera aussi à lui, maintenant bien outillé, de mettre en place plusieurs facteurs de protection pendant les mois et les années qui suivront, pour ne pas exacerber cette fragilité au stress acquise par son enfant.

[?] SAVOIR 5

Les réactions de stress : les pires ennemies de l'attachement

Rappelons-nous que l'attachement se tisse non pas dans le partage de moments agréables, mais surtout lorsqu'un donneur de soins répond à la détresse d'un enfant. Or, un enfant stressé, peu importe que la raison de son stress soit logique ou non, est un enfant en détresse. Il est en colère, il a peur et il a absolument besoin qu'un adulte l'aide à se rassurer, à se calmer, à apprendre à décharger sa pile remplie d'adrénaline et de cortisol depuis des mois.

Les enfants par adoption voient des ours très facilement. Autrement dit, des situations banales du quotidien peuvent provoquer des réactions démesurées de stress, même des années après l'adoption. Par exemple :

- Le fer plat ne donne pas les résultats espérés un matin d'école (perte de contrôle) ;
- Papa arrive cinq minutes en retard à la garderie (imprévu) ;
- L'adolescent de 13 ans prend l'autobus de ville (nouveauté) ;
- Un camarade profère une remarque sur la couleur de sa peau (ego menacé).

Toutes ces situations peuvent bien entendu provoquer du stress chez n'importe quel enfant. Mais chez la plupart des enfants adoptés (comme chez d'autres enfants ayant vécu de la négligence et de la maltraitance en bas âge), ces situations entraînent une décharge d'hormones de stress objectivement exagérée compte tenu de la situation réelle. Ils ne le font pas volontairement, leur cerveau se met en alerte rouge automatiquement. Leurs « lunettes » sont déformées par des mois de négligence. L'état de stress vient donc plus vite (pile chargée) et demeure plus longtemps dans leur système avant de s'apaiser (pile déchargée).

Ces réactions déroutent les parents, qui sont portés à réagir eux aussi avec stress et irritabilité. Les parents arrivent difficilement à comprendre que l'enfant voit un ours alors qu'ils n'en voient aucun. Le parent peut y percevoir un caprice, une manipulation, voire une attaque gratuite de l'enfant. Leur instinct de donner des soins à un être vulnérable n'est dès lors pas enclenché. En effet, un adulte se sent davantage porté à rassurer un enfant qui paraît vulnérable. Or, un enfant en colère paraît fort et indépendant, et non pas fragile. Comme ils n'arrivent pas à calmer leur enfant, les parents ont vite le sentiment de ne pas garder le contrôle, de se heurter trop souvent à des comportements nouveaux, d'avoir à gérer des réactions imprévisibles. Finalement, ils peuvent en arriver à remettre en question leur compétence, ce qui finit par miner leur propre ego !

S'ils ne sont pas prévenus et outillés, ils auront de la difficulté à éprouver de la compassion pour l'enfant, sentiment pourtant nécessaire à la fabrication du lien d'attachement du côté du parent.

En fait, le parent devient stressé, car son cerveau perçoit l'enfant lui-même comme un ours, ce qui confirme au cerveau de l'enfant que les adultes sont aussi des ours. La famille s'enlise alors dans un cercle vicieux qui nuit profondément à l'attachement mutuel. Au lieu d'apaiser l'enfant, la réaction de colère du parent le rend plus anxieux. Au lieu de lui apprendre à s'apaiser, le parent lui apprend à être encore plus agressif. Au lieu de saisir une chance unique de tisser doucement le lien d'attachement en percevant la détresse sous la colère, le parent cherche à faire cesser les crises de l'enfant par la menace, le chantage ou le rejet.

Votre enfant ne vous attaque pas personnellement. Il n'agit pas en fonction de la réalité objective de ce que vous faites ou dites — ou ne faites pas, ou ne dites pas. Il est encore trop en choc pour vous voir tel que vous êtes vraiment. Il vous perçoit à travers une sorte de filtre terrorisant, comme de la musique de film d'horreur. Il réagit en se basant sur la manière dont les adultes ont agi envers lui dans le passé. Il agit envers vous comme il agirait devant un archétype du méchant dans les bandes dessinées. Il ne vous attaque pas, il se défend contre quelque chose d'autre, quelque chose de vague qui le menace et l'envahit. Il se sent facilement en danger et il croit nécessaire de ne jamais paraître vulnérable, sous peine de vivre de nouveau des situations désagréables.

[?] SAVOIR 6
Connaître nos propres déclencheurs de stress

Savez-vous ce qui déclenche le plus chez vous une réaction de stress ? La perte de contrôle ? L'arrivée d'imprévus ? Les nouveautés ? Ou lorsque votre ego semble menacé ?

Devenir parent est un immense stress pour tous les adultes. Mais devenir parent par adoption est encore plus stressant, et ce stress est souvent vécu pendant de nombreuses années. Le processus de suivi en clinique de fertilité est stressant, et par la suite les procédures d'adoption sont particulièrement stressantes. Les parents ont réellement moins de contrôle que lors d'une grossesse normale ; il y a des centaines d'imprévus, des milliers de nouveautés à comprendre et, enfin, notre ego d'adulte est jugé et examiné à la loupe à toutes les étapes !

Le nouveau parent arrive donc à la première rencontre avec son enfant avec des années de stress chronique dans le corps. C'est tout un défi, surtout quand on comprend que l'enfant négligé en préadoption est lui aussi une petite boule de stress ambulante.

La rencontre de ces deux êtres humains particulièrement stressés est en soi un facteur de risque inhérent à la normalité adoptive. Toutefois, comme on n'en parle pas assez, elle peut causer des actions et des émotions inutilement désagréables et envahissantes qui nuiront à la création d'un attachement serein, calme et apaisé.

Ce sera bien entendu à l'adulte de prendre tous les moyens en son pouvoir pour baisser son niveau de stress. Il ne peut pas s'attendre à ce que le bébé s'apaise de lui-même, car c'est le travail du parent d'apaiser son enfant, pas le contraire. Si le parent ne sait pas comment s'y prendre, il doit consulter pour apprendre des trucs et obtenir des conseils.

Le cerveau de votre enfant ne doit pas vous percevoir comme un danger. De même, il faut aider votre cerveau à ne pas percevoir comme menaçantes les réactions normales de votre enfant adopté.

Dressez une liste de toutes les pensées positives, activités, exercices et techniques de respiration qui peuvent vous aider à baisser votre niveau de stress. Il en va de votre santé mentale et de celle de votre enfant.

SAVOIR FAIRE
Savoir être

FICHE PÉDAGOGIQUE ADOPTEPARENTALITÉ **N° 26**
La respiration 3333 (trois mille trois cent trente-trois)

Objectif : faire diminuer les manifestations de stress et apprendre à l'enfant à se calmer

Public cible : enfants de 3 ans et plus (selon l'âge développemental)
Les parents peuvent aussi en bénéficier!

Matériel nécessaire : aucun

Lorsque notre corps vit une situation de stress intense, il réagit de façon automatique. Notre système nerveux sympathique s'enclenche sans que la conscience ou la volonté intervienne.

- Le système nerveux sympathique réagit de façon inconsciente, autonome et automatique.
- Le système nerveux parasympathique peut être contrôlé par notre volonté.

Lorsque le système sympathique d'un enfant est enclenché, c'est qu'il perçoit un danger :

- Il a perdu le contrôle ;
- Il vit un imprévu ;
- Il vit trop de choses nouvelles à la fois ;
- Son corps physique ou psychique (son ego) est menacé, du moins selon sa propre perception.

On lui dit alors d'utiliser son système parasympathique (sa volonté consciente) pour calmer son système nerveux sympathique (réactions physiologiques automatiques et inconscientes). C'est très difficile à faire pour un enfant, surtout lorsque ses donneurs de soins précédents n'ont pas protégé ses circuits d'émotions de protection de la vie. Il n'a pas appris à s'apaiser, car personne n'a assumé auprès de lui la fonction de pare-excitation en répondant de façon rapide, chaleureuse, cohérente et prévisible à ses besoins.

Quelques fonctions de notre système nerveux sont toutefois contrôlées à la fois par le sympathique et le parasympathique. Ce sont en quelque sorte des fonctions qui se font sans notre volonté, comme un pilotage automatique, mais que nous pouvons en tout temps mettre sur le pilotage manuel. Une de ces fonctions est la respiration. La très grande majorité du temps, nous n'avons pas à penser à notre respiration. Cela se fait tout seul. Par contre, nous pouvons décider d'arrêter de respirer, par exemple lorsque nous sommes sous l'eau ou pour éviter les désagréments d'une mauvaise odeur. Nous utilisons alors une sorte de circuit branché sur les deux systèmes. Cela nous permet alors de prendre le contrôle de nos réactions automatiques.

C'est pourquoi, en situation de stress, si on arrive à contrôler volontairement notre respiration, on peut créer une brèche qui va nous aider à calmer l'alerte rouge déclenchée par le système nerveux sympathique.

Nous vous proposons ci-après une méthode pour apprendre à l'enfant à avoir un meilleur contrôle volontaire de sa respiration. Il faut qu'il s'exerce à respirer d'une certaine façon en dehors des situations de stress, pour s'entraîner à prendre le contrôle de son système nerveux.

Voici comment :

- Cette respiration doit se faire uniquement par le nez. Jamais par la bouche. En effet, afin d'apporter plus vite l'oxygène à nos poumons en situation de stress, on ne doit pas respirer par la bouche, puisque ça risquerait de créer une hyperventilation certes nécessaire pour combattre ou fuir, mais qui chamboulerait négativement notre système si on ne bouge pas.

- Cette respiration doit être profonde et ventrale, et non pas provenir du haut du diaphragme, qui se bloque en cas de stress. Le diaphragme doit redevenir souple et pousser doucement sur nos viscères lorsque nous remplissons nos poumons. C'est ce qui donne le gonflement visible de l'abdomen.
- Cette respiration se fait en quatre temps, en disant « 3333 » dans sa tête (prononcer « trois mille trois cent trente-trois », ce qui équivaut à trois secondes environ). Idéalement, cette respiration se pratique les yeux fermés, mais au début l'enfant le fera les yeux ouverts, car il VEUT pouvoir apercevoir le danger potentiel.
- On peut commencer à apprivoiser l'exercice en position assise, sur une chaise, ou en position couchée.
- On remplit lentement nos poumons pendant trois secondes, en disant dans sa tête « 3333 ».
- On reste les poumons pleins d'air pendant trois secondes (comme si on était sous l'eau) en disant dans sa tête « 3333 ».
- On vide ensuite lentement nos poumons pendant trois secondes (3333).
- Enfin, on reste trois secondes les poumons vides (3333).
- Au final, la séquence au complet dure quatre fois trois secondes : 3-3-3-3.
- On doit répéter cette séquence au moins cinq ou six fois avant d'en ressentir les effets apaisants. Idéalement, le faire une douzaine de fois est le plus efficace.

Pour aider l'enfant — ou l'adulte — à y arriver, on peut commencer par un exercice plus facile, basé sur le chiffre 11 :

- 1 seconde pour remplir nos poumons en disant « onze » ;
- 1 seconde pour rester les poumons pleins ;
- 1 seconde pour vider nos poumons ;
- 1 seconde pour rester les poumons vides.

On peut ensuite essayer avec 222 :

- 2 secondes pour remplir nos poumons en disant « deux cent vingt-deux » ;
- 2 secondes pour rester les poumons pleins ;
- 2 secondes pour vider nos poumons ;
- 2 secondes pour rester les poumons vides.

Nous arriverons ainsi, graduellement, à pratiquer la respiration 3333.

En général, il faut relever trois défis avant de parvenir à exécuter parfaitement l'exercice de respiration.

. Ne pas respirer par la bouche, ce que font pourtant beaucoup les gens et les enfants stressés ;

. Ne pas aller trop vite, prendre réellement trois secondes pour accomplir chaque étape de la respiration ;

. Se concentrer pour garder le contrôle pendant tout le processus. Les séquences les plus exigeantes mentalement sont lorsque les poumons gardent l'air et lorsqu'ils sont vides. C'est justement à ces instants que notre système sympathique veut reprendre le contrôle. Il faut alors refuser que notre corps nous oblige contre notre volonté à vider ou à remplir nos poumons.

Bien entendu, avant de montrer cet exercice à votre enfant et de l'inciter à s'exercer, il faut impérativement que vous l'ayez essayé, répété, et surtout que vous en ayez constaté vous-même les bienfaits.

Inspiration : Respiration de pranayama pratiquée par les adeptes du yoga.

FICHE PÉDAGOGIQUE ADOPTEPARENTALITÉ **N° 27**

Réussir le test de la colère

Objectif : réagir correctement aux émotions qui siphonnent le cerveau des parents !

Public cible : enfants ouvertement colériques en situation de stress

Matériel nécessaire : aucun

Devant un danger immédiat réel ou perçu, un être vivant a trois réactions de survie possibles : combattre, se sauver ou paralyser. Son corps devient stressé et déclenche une réaction métabolique automatique.

La négligence, les traumatismes, les réponses inadéquates aux petites et grandes détresses quotidiennes, les abandons répétés durant l'enfance ont pour conséquence, chez les enfants adoptés, une utilisation trop fréquente de ces stratégies de survie.

Un enfant ne se sentira pas en sécurité si son parent devient lui-même en colère pour tenter de le contrôler. N'oubliez pas l'allégorie du capitaine et du bateau dans *L'Océanfance*[11]. Pour que l'enfant accepte de faire confiance et soit convaincu d'être en sécurité, il doit sentir que le capitaine est solide. Pas parfait, mais solide, fiable, rassurant.

Un parent qui finit toujours par céder à la colère de l'enfant, qui démissionne et lui donne tout ce qu'il veut, ne fait rien pour le rassurer. Comment en effet se sentir en sécurité devant un adulte qui cède ou qui a peur ? Le parent adoptant doit plutôt savoir décoder cette colère comme une stratégie de survie et non comme des caprices ou de la manipulation. Autrement, l'enfant en arrivera à ne plus croire que les adultes peuvent assurer sa sécurité. Il utilisera la colère comme « bouclier » contre le monde extérieur, afin d'éviter à tout prix de se sentir encore vulnérable, terrorisé et non protégé. Il se dira : « Mon parent ne répond pas adéquatement à ma détresse et à ma colère ; je l'aime, mais je ne suis peut-être pas totalement en sécurité avec lui ».

Si on n'aide pas l'enfant à contrôler sainement cette colère, il peut perdre ses habiletés neurologiques à contrôler la réponse du corps aux stress plus « normaux ». L'enfant demeurera toujours en hypervigilance, en hyperstimulation sensorielle, ce qui nuira à son apprentissage, à sa capacité d'attention et à sa faculté de développer un attachement sain avec les adultes significatifs de sa vie.

Tout le défi est là : comprendre et décoder les émotions, les besoins et surtout les comportements de ce petit être à la fois si fort et si fragilisé, distinguer ses caprices de ses besoins réels. Or, saisir l'origine et les motivations des comportements « étranges », « exagérés » des enfants adoptés n'est pas une mince affaire. Ces enfants survivants ont plus d'un tour dans leur sac, puisque la vie leur a fait développer des stratégies de survie hors du commun. Ils surutiliseront ces stratégies avec leurs nouveaux parents tant et aussi longtemps que ces derniers n'auront pas réussi à répondre suffisamment souvent à leur détresse de façon rapide, cohérente, chaleureuse et prévisible.

Avant de croire qu'il vivra dorénavant plus de bonheurs que de souffrances, l'enfant adopté utilisera de façon dramatique une des trois émotions dites négatives ou désagréables que sont la peur, la tristesse et la colère, et parfois les trois, pour tester la validité du pont incarné par les nouveaux parents ou les personnes significatives qui prennent soin de lui. Généralement, les parents saisissent assez rapidement pourquoi les enfants ont peur ou sont tristes. La sagesse populaire leur fournit les outils nécessaires pour répondre à ces types de détresse. Cependant, il est beaucoup moins aisé de distinguer la détresse sous les réactions continuelles d'opposition ou les crises de colère spectaculaires, et encore moins de savoir comment réagir de façon rapide, efficace, chaleureuse et prévisible. Pour prouver à l'enfant que, même devant sa détresse, sa colère et son comportement d'opposition, vous demeurerez un pont solide et fiable, vous devez faire preuve de compassion, de maturité et d'un très grand contrôle de vos propres émotions. Il faut surtout que vous perceviez

11 Voir le chapitre 3, *Un incroyable survivant.*

les émotions de votre enfant comme un test ultime du pont parental qui vous unit à lui, et non comme la preuve de votre incompétence. Voici des conseils pour orienter vos actions devant un enfant en colère :

- Utilisez toujours un vocabulaire qui le rassure sur la permanence du lien, sur l'amour que vous avez pour lui pour toute la vie ;
- Restez ferme et le plus calme possible ;
- Lorsque vous avez à le punir pour un mauvais comportement, dites-lui toujours que vous l'aimez, et que c'est seulement son comportement que vous n'aimez pas ;
- Si vous vous sentez impuissant, de plus en plus incapable de vous faire obéir sainement par votre enfant : consultez ! Devenir parent d'un petit survivant demande de disposer d'une boîte à outils beaucoup mieux équipée que pour un enfant « modèle de base ». Vous avez besoin d'un entraîneur ! ;
- Trouvez un intervenant (psychologue, travailleur social, éducateur spécialisé en orthopédagogie) qui connaît les enjeux de l'adoption. Il pourra vous renseigner sur des thérapies comportementales adaptées à la situation particulière de votre famille et de votre enfant adopté.

Inspiration : Travaux de Caroline Archer et Gregory Keck.

SAVOIR *en bref*

En bref

1. Le stress est une réponse physiologique innée, normale et souhaitable devant un danger réel. En situation de stress, le corps sécrète des hormones nécessaires à la survie, comme l'adrénaline, qui ne se rend pas au cerveau, et le cortisol qui, au contraire, se rend au cerveau. Le cortisol est particulièrement toxique pour un cerveau immature.
2. La façon dont notre corps module et contrôle ce stress est acquise. Un jeune bébé ne peut pas se calmer lui-même lorsque son corps répond spontanément à un stress (lorsqu'il a faim, soif, mal ou peur). Il a besoin d'un donneur de soins stable, chaleureux et significatif pour l'aider à s'apaiser.

3. Les enfants adoptés n'ont pas été assez protégés contre le stress avant leur adoption. Leur petit cerveau immature a été exposé trop souvent et trop longtemps aux hormones de stress comme le cortisol. Cette exposition précoce a pu nuire au formatage de certaines fonctions neurologiques, et rendre l'enfant moins résistant par la suite au stress normal de la vie quotidienne.
4. C'est au nouveau parent de prendre les moyens pour aider son enfant à être moins stressé. Pour ce faire, il doit bien connaître les quatre types de déclencheurs de stress qui sont : la perte de contrôle, les imprévus, les nouveautés et les menaces à l'ego.
5. Le processus d'adoption est une grande source de stress, autant pour le nouveau parent que pour l'enfant mis en choc alors qu'il a déjà une mauvaise gestion du stress acquise en préadoption.
6. Se trouver en présence d'un autre être humain stressé met automatiquement et inconsciemment notre cerveau en alerte de stress. Comme le parent et l'enfant sont particulièrement stressés par le processus d'adoption et la création du lien d'attachement, ils risquent de déclencher continuellement chez l'autre un état de stress, dans un cercle vicieux qui nuit au processus d'attachement. L'hormone cortisol est la pire ennemie des familles adoptives.

Facteurs de risques **à éviter**	Facteurs de protection **à favoriser**
• Répondre à la colère par la colère.	• Répondre à la colère avec fermeté, mais avec un grand calme. Apprendre même à faire semblant si parfois ce n'est pas naturel.
• Répondre au stress par le stress.	• Ne pas hésiter à consulter pour trouver des moyens de rester calme, même si l'enfant arrive à faire exploser nos petites mines antipersonnel (nos faiblesses). La thérapie EMDR est très efficace pour désensibiliser un parent un peu traumatisé par les crises de son enfant.
• Chercher à tout prix à éviter la colère de l'enfant ou à l'arrêter rapidement lorsqu'elle éclate.	• Profiter des colères de l'enfant pour rester très solide et ainsi augmenter le lien de confiance et de sécurité.

Facteurs de risques **à éviter**	Facteurs de protection **à favoriser**
• Faire des choix d'horaire et de vie stressants (trop d'activités parascolaires, longs déplacements quotidiens, horaires trop serrés, etc.).	• Mettre en place un mode de vie où le stress est occasionnel et non pas quotidien.
• Hausser la voix tous les jours en disant : «Vite ! On est pressés !».	• Les matins de semaine, se lever une demi-heure avant les enfants ; cela permet de prendre un moment calme pour se préparer complètement soi-même, et ensuite d'être totalement disponible pour aider les enfants à se préparer à leur tour.
• Insister pour que l'enfant atteigne les mêmes standards de performance que les enfants modèles de base.	• Accepter que l'enfant ait son propre rythme d'apprentissage, d'adaptation et qu'il ait besoin de plus de calme que les autres enfants.
• Apporter souvent des changements d'horaire, de routine, de lieux, de personnes dans la vie de l'enfant.	• Offrir le plus de stabilité possible dans les personnes, les lieux, les routines et les repères dans la vie de l'enfant.
• Dire à son enfant de se calmer sans lui avoir enseigné comment faire.	• Prendre le temps et les moyens d'enseigner des techniques de gestion du stress à son enfant.
• Dire à son enfant de se calmer en étant soi-même en colère et stressé.	• Bien connaître ses propres déclencheurs de stress et les éviter le plus possible.
• Rechercher la performance et l'excellence plutôt que la qualité de vie.	• Informer les éducatrices ou les professeurs des comportements de l'enfant face au stress ainsi que les moyens efficaces pour l'apaiser.

Facteurs de risques **à éviter**	Facteurs de protection **à favoriser**
• Ne pas prendre des moyens pour mieux gérer son stress d'adulte (exercice physique, méditation, thérapie, etc.).	• Prendre soin de soi (exercice physique, méditation, massage) afin de mieux résister au stress en général.

En savoir plus

Pour aller plus loin, consulter les troisième et quatrième livres de la collection « Adopteparentalité » à paraître : *L'Adoption : les conditions gagnantes d'un attachement sain de 6 à 18 ans* et *Quand l'adoption fait mal.*

En savoir encore plus

Duclos, Germain. *Attention : enfant sous tension*, Éditions du CHU Sainte-Justine, Montréal, 2012.

Lupien, Sonia. *Par amour du stress*, Édition du Carré, Montréal, 2010

Roques, Jacques. *Découvrir le EMDR*, Marabout, Paris, 2011.

CHAPITRE 10

Un développement différent

Paroles d'enfants

À l'école, je fais semblant d'aimer tel chanteur ou telle émission. Je ne voudrais jamais que mes amies sachent que j'écoute le canal Télétoon et que je joue encore aux Barbie toute seule dans ma chambre.

Simone, 14 ans, d'origine russe

Je ne veux pas grandir. Quand on est grand, les parents ne s'occupent plus de nous. On est toujours tout seul.

Marie-Louise, 7 ans, d'origine chinoise

Un pourcentage assez important d'enfants adoptés à l'étranger présente des retards développementaux, des troubles d'apprentissage et de comportement, ou encore des problématiques de santé mentale. Cette proportion est plus grande chez les enfants dans la normalité adoptive que dans la population en général, surtout au moment de leur adoption.

Le développement physique, émotif, cognitif et social d'un enfant ne se fait pas de façon continue et linéaire. C'est encore plus vrai chez les enfants adoptés. Nous avons constaté qu'ils connaissent un développement en escalier. Ainsi, s'ils semblent accumuler des retards de développement et d'apprentissage (grandir, marcher, parler, etc.), ils vont cumuler par la suite d'importants progrès. La plupart connaissent une très bonne récupération physique et cognitive. En revanche, les retards affectifs sont plus persistants.

Allégorie
Les mélèzes

Lorsque j'étais petite et que je me rendais au camp de pêche de mon grand-père, je ne voyais que des sapins le long de la route qui menait là-bas. Tous ces arbres étaient pareils pour moi : ils étaient verts, pointus, et ils ne perdaient pas leurs aiguilles en hiver. Un jour, toutefois, je me suis inquiétée de la *maladie* de plusieurs de ces sapins, qui avaient perdu leurs aiguilles. Mon père m'a expliqué qu'il s'agissait bien de conifères, mais qu'ils avaient une particularité : ils perdaient leurs aiguilles l'hiver. Ils n'étaient pas morts, ni malades, ni anormaux ou bizarres, mais juste différents. Il s'agissait d'une espèce différente appelée « mélèze ».

Moi qui n'avais jamais vu de différence entre tous les conifères, je me suis alors mise à voir des mélèzes partout, en hiver comme en été, et à comprendre que ce qui semblait être une forêt uniforme était en fait composé d'une très grande variété d'arbres.

À toutes les personnes qui ne veulent pas admettre les différences entre les enfants adoptés et les enfants biologiques, je dis que les enfants adoptés ne sont pas des arbres malades ou étranges, mais qu'ils sont plutôt comme les mélèzes. Si on ne sait pas que c'est normal qu'ils perdent leurs aiguilles, on aura tendance à les croire malades lorsque l'hiver sera venu. Mais si on connaît bien la nature des mélèzes, on est rassuré : les aiguilles repousseront au printemps prochain. Les enfants adoptés sont des mélèzes, pas des sapins.

Beaucoup de parents et d'intervenants en adoption internationale s'acharnent à ne voir que la forêt, et non ses particularités. Leurs intentions sont louables : ils se disent que les enfants adoptés sont déjà des enfants très visibles, par leur couleur de peau et par leur adoption. Ils ont peur d'admettre ou de soulever certaines autres particularités pour ne pas les stigmatiser davantage. Tous les parents souhaitent cultiver un sapin, et c'est normal, parce qu'ils savent quoi faire avec un sapin. Mais ils peuvent aussi apprendre à s'y prendre correctement avec leur petit mélèze.

[?] SAVOIR

[?] SAVOIR 1
Une courbe de développement différente

En adoption internationale, presque tous les bébés et les jeunes enfants présentent à leur arrivée un niveau de développement physique et psychomoteur qui ne correspond pas aux normes développementales de leur âge. Il en va de même pour leur développement affectif, même si cela frappe moins au départ ; c'est plusieurs années plus tard que cet écart causera des difficultés.

Les enfants adoptés ont expérimenté la perte de leur mère de naissance, l'abandon physique, la séparation de leur nourrice et des multiples personnes qui se sont occupées d'eux. La plupart ont souffert de négligence, voire de maltraitance. Ces expériences ont nui au développement de leurs capacités sensorielles, motrices, cognitives et affectives. D'ailleurs, selon de nombreuses études internationales, dont une effectuée au CHU Sainte-Justine et à l'UQÀM[1], presque tous les enfants adoptés avant l'âge de 18 mois se retrouvent à leur arrivée très en dessous des courbes normales de poids, de taille et de périmètre crânien.

Un professionnel, aussi compétent soit-il en évaluation d'enfants *modèles de base*, qui ignorerait les retards « normaux » en adoption, pourrait faire plus de mal que de bien. Si un retard de l'assise d'un bébé de neuf mois peut s'expliquer chez un enfant modèle de base par une atteinte neurologique, chez un enfant adopté, ce retard peut aussi s'expliquer par une négligence. Peut-être l'enfant a-t-il passé des mois dans son lit sans être stimulé. Les retards développementaux observés chez l'enfant adopté à son arrivée s'inscrivent donc dans la normalité adoptive.

Si l'étude montre que les enfants adoptés présentent des retards de développement, elle montre aussi que l'immense majorité se met à grandir et grossir de façon spectaculaire dans les trois mois après leur arrivée. Ils rattrapent ainsi presque tous le bas de la courbe normale de croissance. De la même façon, à leur arrivée, une bonne partie de ces enfants se retrouvent sous les scores moteurs et cognitifs

---

1 Jean-François Chicoine *et al. La Pédiatrie des enfants retrouvés : l'accueil des enfants de l'adoption internationale en institution hospitalière : expérience et expertises*, Genève, Société de pédiatrie internationale/Le Monde est ailleurs/Éditions du CHU Sainte-Justine, 2005.

attendus selon l'échelle développementale de Bayley[2], si on les compare à leurs pairs du même âge. La bonne nouvelle, c'est qu'ils se rapprocheront de plus en plus des enfants modèles de base dans les quatre années après leur arrivée.

Cette capacité de résilience motrice et cognitive est à la fois formidable et déroutante. En effet, un parent ayant accueilli un bébé gravement en retard, puis qui rebondit ainsi de façon spectaculaire peut conclure que tous les problèmes de son enfant sont réglés. Il faut prendre garde, cependant : ce rattrapage impressionnant ne garantit pas que toutes les fonctions cérébrales ont été mises à niveau. Les atteintes permanentes peuvent prendre plusieurs années avant de se révéler.

Bien que l'adoption amène l'enfant sur la voie de la récupération, il gardera néanmoins des retards dans différentes sphères développementales plus subtiles sur les plans affectif et social. Plusieurs parents percevront ces retards comme de simples particularités individuelles (ses difficultés, ses forces et son tempérament naturels). Ces caractéristiques, en réalité, font partie de la normalité adoptive ; les enfants adoptés restent dans un score développemental inférieur à la moyenne de leur âge.

Une à deux fois sur trois, ce retard est remarqué par les parents ou les professionnels de la santé. Parmi ces cas reconnus, le retard persistera une fois sur quatre à l'adolescence, puis à l'âge adulte.

Sans le vouloir, les amis, la famille et même certains intervenants de la santé peuvent mener la vie dure aux nouveaux parents en comparant toujours l'enfant adopté aux enfants biologiques. Que ce soit pour la courbe de croissance ou l'âge de la propreté, ou encore pour les habiletés psychomotrices, la comparaison inquiète inutilement les jeunes parents. Durant les 6 à 12 premiers mois après l'arrivée de votre enfant, il faudra vous faire à l'idée qu'il est tout simplement *incomparable*, et ce, dans plusieurs sens du mot. Il sera incomparable, car il ne correspondra pas aux normes qui s'appliquent à un enfant du même âge né et élevé au Québec. Il sera aussi incomparable, car pendant cette période cruciale, il se développera à un rythme extraordinaire si on tient compte de son état au premier jour de l'adoption. Ainsi, les parents doivent éviter de se laisser blesser ou déstabiliser par les remarques des autres. Les progrès de votre enfant se mesurent par rapport à son développement au jour de son arrivée, et ce, pour le reste de sa vie.

Armez-vous également de patience et veillez à ne pas laisser vos propres inquiétudes vous faire oublier l'essentiel : le bonheur plutôt que la performance.

[?] SAVOIR 2
Une récupération formidable, mais imparfaite

Si les enfants ne récupèrent ni totalement de leurs blessures préadoption, ni parfaitement de leurs retards à l'adoption, alors on est en droit de se poser la question : l'adoption est-elle un geste utile ou inutile ? Les enfants adoptés sont-ils comme les

2 L'échelle de Bayley sert à l'évaluation du développement du nourrisson.

autres ou différents ? Est-ce que ce geste fait une différence réelle dans la vie d'un enfant et lui donne-t-il des chances d'aller au bout de son potentiel ? La réponse s'impose d'elle-même, n'est-ce pas ? : Si un enfant est orphelin ou abandonné, il vaut mieux, dans tous les cas, qu'il trouve une place permanente dans une nouvelle famille.

Pourtant, les études scientifiques ont pour but de poser des questions dont les réponses semblent parfois évidentes. Voici ce que certaines études disent sur la question et comment il faut bien interpréter ces propos.

En 2003, la revue médicale *The Lancet* publiait le rapport Hjern[3], qui a fait grand bruit et malheureusement causé des peurs inutiles à certains parents. C'est le cas des études sur les facteurs de risques qui ne sont pas toujours accompagnées de solutions concrètes. Cette recherche très sérieuse soulignait que le fait d'avoir été adopté était un facteur de risque statistiquement important : une personne adoptée (donc ayant été abandonnée et souvent négligée) avait trois ou quatre fois plus de risques que les non-adoptés du même âge habitant le même milieu de vie d'avoir recours à des services judiciaires ou psychiatriques, de souffrir de problèmes de dépendance ou de faire une tentative de suicide. L'objectif des chercheurs était non pas de remettre en cause l'adoption elle-même, mais de mieux outiller les parents et les professionnels pour intervenir autrement et plus tôt auprès de cette population particulière.

Donc, le fait d'être adopté fragilise la santé mentale et sociale d'une personne. Mais est-ce le geste d'adoption qui cause cette fragilité ? Ou ne provient-elle pas plutôt des épreuves préadoption communes à toutes les personnes adoptées ? Bien entendu, quand on y réfléchit un tant soit peu, le geste d'adoption a au contraire pour objectif de soustraire l'enfant aux facteurs de risques qui pourraient le fragiliser davantage.

À la lecture de ces statistiques, pourtant, de nombreuses personnes ont été ébranlées dans cette conviction. Elles se sont mises à douter. Si, malgré des années de bons soins, une personne reste statistiquement plus à risque, est-ce que l'adoption aide vraiment ? Peut-elle nuire ? Pourquoi n'efface-t-elle pas toutes les séquelles physiques et psychiques de l'enfant ? Pourquoi le geste d'adoption ne transforme-t-il pas les enfants abandonnés au point de les amener au même niveau de fonctionnement que les non-adoptés ? Faut-il accuser la génétique ? Le manque de ressources ? Les parents adoptants seraient-ils inadéquats ou mal préparés ? Bref, faut-il en conclure que l'adoption n'est pas un bon moyen pour éviter que se détériore la santé mentale, physique et sociale d'un enfant ?

---

3 Anders Hjern, Frank Lindblad, Bo Vinnerljung. « Suicide, Psychiatric Illness and Social Maladjustment in Intercountry Adoptees in Sweden: A Cohort Study », *The Lancet*, vol. 360 (9331), 2002, p. 443-448.

Voilà justement pourquoi le concept de normalité adoptive est si primordial : pour qu'on cesse de juger les enfants adoptés uniquement en les comparant avec une population d'enfants non adoptés, comme si les enfants non adoptés, biologiques, ayant toujours vécu dans leur famille d'origine, constituaient le seul étalon de mesure de la norme.

Intéressons-nous à une autre étude, encore plus exhaustive puisqu'il s'agit d'une recherche qui fait la synthèse de nombreuses publications sur le sujet.

En 2006, la revue scientifique *Journal of Child Psychology and Psychiatry* publiait cette méta-analyse intitulée « L'adoption comme intervention. Une méta-analyse sur les preuves du rattrapage colossal et de la plasticité dans le développement physique, socioaffectif et cognitif ». Voici la conclusion de cette étude[4] :

« Même si le rattrapage général avec leurs pairs actuels (autres enfants non adoptés du même âge) est certainement incomplet dans certains aspects développementaux, les enfants adoptés ont largement surpassé leurs pairs (enfants abandonnés, jamais placés en famille permanente) restés dans leur milieu substitut. L'adoption est finalement une intervention humaine très efficace qui mène à un rattrapage très significatif chez les enfants adoptés. »

Cette conclusion est en soi une merveilleuse preuve de la plasticité de l'être humain, de l'instinct de survie des bébés humains et de l'extraordinaire différence qu'un ou deux adultes peuvent faire dans la vie d'un enfant sans parent. La conclusion des chercheurs est sans équivoque : l'adoption est le meilleur moyen de protéger un enfant abandonné, n'en déplaise à certains qui s'insurgent contre le déracinement culturel et identitaire dans les cas d'adoption internationale. Sauf à de très rares exceptions, il vaut mieux, pour un enfant abandonné, vivre dans une famille plutôt que de rester dans un orphelinat. Bref, l'adoption est utile et efficace ! Mais alors, cette étude est-elle en contradiction avec les résultats de la recherche de Hjern et de ses collègues ?

Non. Relisez minutieusement la conclusion de Juffer. *L'adoption est finalement une intervention humaine très efficace qui mène à un rattrapage très significatif chez les enfants adoptés si on les compare aux enfants restés en institution*. Or les enfants restés en institution ne faisaient pas partie de l'étude de Hjern.

En d'autres mots, les auteurs de cette seconde étude ne veulent pas dire que les enfants adoptés ont totalement rattrapé tous les aspects développementaux qui sont dans la norme attendue des enfants modèles de base (aimés, cajolés, protégés depuis leur conception). Ils soulignent toutefois que le développement de ces mêmes enfants aurait été gravement compromis s'ils n'avaient jamais été adoptés. Ils avaient un potentiel latent, voire déjà en péril au moment de l'adoption, et ce, au

---

4 Traduction libre de Marinus H. Van IJzendoorn et Femmie Juffer. « Adoption as Intervention. Meta-analytic Evidence for Massive Catch-up and Plasticity in Physical, Socio-emotional, and Cognitive Development », *Journal of Child Psychology and Psychiatry*, vol. 47, n° 12, 2006, p. 1228-1245.

même niveau que leurs petits camarades restés derrière. Ces derniers n'ont pas pu aller au bout de leur potentiel par manque de soins, de sécurité, de nourriture affective et physique, d'appartenance. Les enfants adoptés, eux, en ont eu la possibilité.

Les auteurs précisent que ce rattrapage est certainement incomplet si on compare ces enfants aux enfants non adoptés de leur âge. C'est justement sur ce point que, loin de se contredire, les deux études se complètent parfaitement. L'adoption améliore fabuleusement la santé mentale et physique des enfants abandonnés, négligés, mais elle n'arrive pas à tout effacer. L'adoption ne transforme pas un mélèze en sapin. La majorité des blessures préadoption vont se cicatriser, guérir ou, du moins, ne pas se détériorer, mais quelques-unes resteront tout de même. Ces blessures permanentes expliquent les statistiques mises en avant dans la recherche de Hjern, tandis que les ressources réelles des enfants adoptés actualisées par des parents chaleureux et dévoués expliquent les résultats de Juffer.

Selon d'autres recherches encore, dont celle qui a été effectuée par l'équipe de l'UQÀM et du CHU Sainte-Justine[5], le temps moyen pour que la moyenne des enfants adoptés (la normalité adoptive) reprennent un développement cognitif comparable aux enfants non adoptés du même âge est de trois à cinq ans, selon l'âge et l'état de santé physique et psychique à l'arrivée. Cela a bien entendu des incidences importantes sur la façon dont est vécue l'entrée à l'école et la décision ou non de retarder l'entrée à la maternelle[6]. Toutefois, ni cette étude ni les autres ne remettent en question la pertinence de l'adoption. Selon toutes les conclusions, les bénéfices surpassent de loin les effets négatifs.

Par contre, les études scientifiques nous invitent fortement à réfléchir à ce que jusque-là, la majorité des parents et des professionnels considéraient comme normal ou anormal en adoption. Elles remettent en question la nature même des objectifs prétendument idéaux à atteindre, puisque cet idéal avait comme étalon de mesure une population d'enfants n'ayant pas vécu le quart des épreuves de la population adoptive.

Le graphique suivant offre une vision nette de la différence de fonctionnement observée entre les enfants modèles de base, les enfants adoptés qui récupèrent dans la normalité adoptive et les enfants qui n'ont pas eu la chance d'être adoptés.

---

5 Andrée Pomerleau *et al.* « Health Status, Cognitive and Motor Development of Young Children Adopted from China, East Asia, and Russia Across the First 6 Months after Adoption », *International Journal of Behavioral Development*, vol. 29, n° 5, 2005, p. 445-457.

6 Voir la fiche pédagogique Adopteparentalité N° 28 : *Comment demander une dérogation à l'envers pour l'entrée d'un enfant à la maternelle?* à la fin du chapitre.

Le niveau de rattrapage des enfants dans la normalité adoptive en comparaison avec les enfants modèles de base non adoptés

NIVEAU DE LA NORMALITÉ BIOLOGIQUE : ENFANT MODÈLE DE BASE
Norme ou moyenne de développement d'un enfant du même âge modèle de base

Cet étage montre le développement moyen, attendu, normal d'un enfant modèle de base.

L'erreur est d'attendre que notre enfant adopté atteigne exactement cet étage, comme si la seule norme réaliste et souhaitable était celle des enfants non adoptés.

NIVEAU DE LA NORMALITÉ ADOPTIVE : ENFANT ADOPTÉ
Norme de développement d'un enfant du même âge ayant été adopté

Cet étage représente le niveau de développement atteint après quelques années dans leur nouvelle famille par la moyenne des enfants adoptés.

Les études montrent que l'enfant adopté va presque rejoindre la normalité des enfants biologiques du même âge. Cela constitue en soi une réussite extraordinaire, si on retourne évaluer les enfants qui sont restés à l'orphelinat.

Le regard juste est de comparer le comparable : d'où vient cet enfant ? Quel est le chemin de rattrapage parcouru en comparaison avec ce qui lui serait arrivé s'il était resté en institution ?

NIVEAU DE LA NORMALITÉ DES NON-ADOPTÉS EN INSTITUTION
Norme de développement d'un enfant non adopté du même âge et resté en institution.

Cet étage représente le niveau de développement moyen des enfants non adoptés demeurés dans l'institution pendant toutes les années où leurs anciens camarades ont vécu en famille.

[?] SAVOIR 3
Préciser l'âge développemental pour respecter le rythme de l'enfant

Même les enfants les plus résilients — qui rebondissent cognitivement et physiquement après l'adoption — gardent presque tous des difficultés sur le plan de leur développement affectif. Certains, très traumatisés, resteront même immatures pour toujours. La plupart des autres conserveront un certain écart par rapport aux autres enfants de leur âge. Il ne s'agit pas d'un retard dramatique, mais assez sérieux pour handicaper leur vie de tous les jours, surtout en rapport aux attentes des adultes envers eux. Exiger certains comportements ou certaines prises de conscience de la part d'un enfant que l'on croit avoir 10 ans, mais qui en réalité a atteint un âge développemental de 8 ans, peut rendre non seulement cet enfant anxieux, mais aussi déprimé, car il n'arrive pas à combler les demandes de ses parents ou de ses professeurs.

Certains parents s'inquiètent de cet écart et de ses conséquences. Comme nous l'avons expliqué, un enfant adopté arrive souvent très fragilisé dans ses besoins fondamentaux : manger à sa faim, boire, se sentir en sécurité physique, avoir un lien de confiance et d'attachement avec ses nouveaux parents. La réponse à ses besoins est prioritaire pour l'enfant. Il ne peut pas passer aux autres étapes, comme l'apprentissage du langage ou de l'écriture, avant d'être très sécurisé dans ses besoins de base.

D'autres parents ont à conjuguer les besoins de la réalité adoptive avec des réalités sociales parfois très mal adaptées. On pense ici à certains pays d'accueil qui n'offrent pas de congé parental payé ou suffisamment long pour répondre aux besoins de récupération de l'enfant. On pense aussi à des exigences développementales, comme avoir acquis la propreté pour entrer à l'école maternelle à deux ans et demi comme c'est la coutume dans d'autres pays.

Certains parents oublient cela trop rapidement et se concentrent beaucoup trop tôt sur l'acquisition d'habiletés plus intellectuelles et d'autonomie à tout prix. Ils sont inquiets que l'enfant présente trop de *retard* par rapport aux autres enfants du même âge à son entrée à la garderie ou à l'école. On entend ici, bien sûr, l'âge chronologique. Et si on évaluait plutôt cette normalité en fonction de l'âge développemental, c'est-à-dire en tenant compte des différents aspects du développement d'un enfant ?

Lorsqu'on réalise une évaluation développementale d'un jeune enfant, on doit tenir compte de plusieurs dimensions :

- Ses capacités cognitives ;
- Ses capacités physiques ;
- Ses **habiletés sociales*** ;
- Ses capacités affectives ;
- Ses capacités comportementales.

Pour les jeunes enfants qui changent rapidement, l'évaluation est faite en mois et non pas en années. Prenons le cas d'un jeune garçon d'origine taïwanaise, Vincent, adopté à l'âge de 20 mois et âgé actuellement de 60 mois (5 ans). Ses parents souhaitaient vérifier s'il avait assez rattrapé les retards de développement qu'il présentait à son arrivée pour être prêt à entrer à la maternelle à 5 ans. Cela les préoccupait d'autant plus qu'il était né en juillet et que, chronologiquement, il serait dans les plus jeunes de sa classe.

L'âge développemental

Vincent, adopté à 20 mois, actuellement âgé de 60 mois (5 ans)
Mais a-t-il 5 ans « en dedans » ?

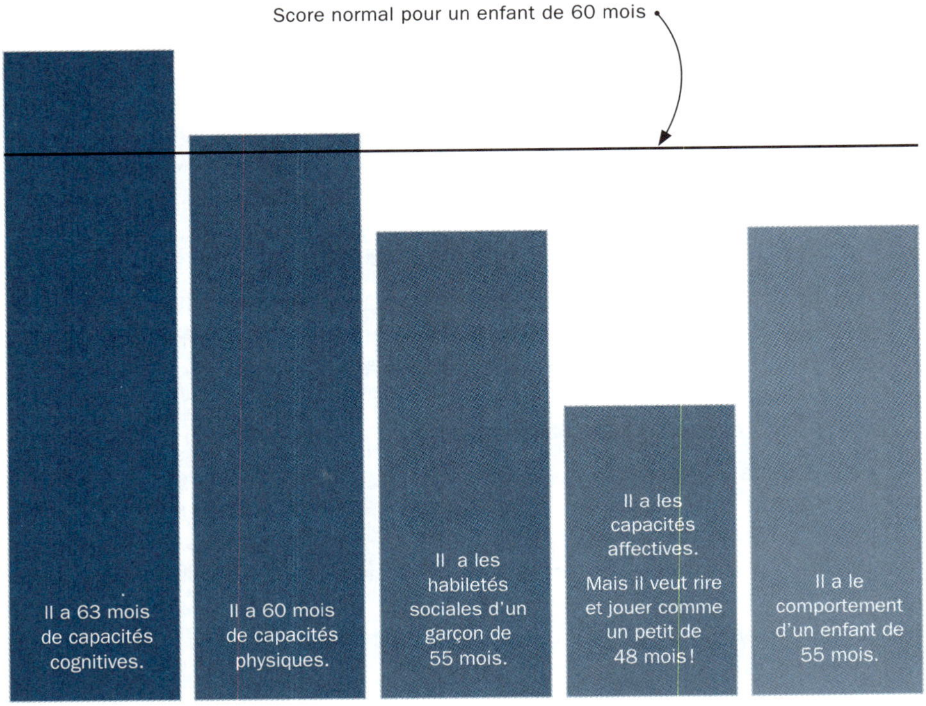

Vincent a été rencontré par une travailleuse sociale qui est allée l'observer en classe, puis par une ergothérapeute et une psychologue qui lui ont fait passer des tests comme le Bayley[7], le WISC[8] et quelques outils du Denver[9]. Ensuite, tous les professionnels se sont réunis pour échanger et discuter des résultats en présence des parents. Les résultats indiquent clairement que Vincent a atteint le même niveau que les enfants de son groupe d'âge chronologique pour certaines capacités comme son développement physique (60 mois), qu'il est même un peu plus avancé dans son développement cognitif (63 mois) et légèrement moins avancé sur le plan du développement social et comportemental (55 mois). Jusque-là, il aurait toutes les caractéristiques nécessaires pour entrer à la maternelle. Toutefois, son développement affectif se situe très en dessous des scores *normaux* des enfants de

7 L'échelle de Bayley sert à l'évaluation du développement des enfants.

8 WISC : Wechsler Intelligence Scale for Children.

9 Il s'agit de tests standardisés qui évaluent les différents éléments de développement et qui sont utilisés par les équipes multidisciplinaires au Québec.

son âge (48 mois), avec un écart développemental de 12 mois. Cette observation n'a rien de rare ou de dramatique, si on tient compte de la normalité adoptive et du fait qu'il a été adopté à 20 mois.

Cependant, cet écart constitue tout de même un facteur de risque pour sa réussite scolaire. On lui demandera, en classe, d'avoir une maturité affective de cinq ans, selon son âge chronologique, alors que son âge développemental est en réalité de quatre ans. À quatre ans, les besoins affectifs d'un enfant sont de rire, d'explorer, d'être consolé, d'être encore aidé à s'organiser, à se concentrer, à maîtriser ses émotions et à laisser exploser son imagination dans le jeu. Une classe de maternelle ne pourra pas répondre à ces besoins normaux d'un âge développemental de quatre ans. Il lui manquera 12 mois d'expériences et d'apprentissages en comparaison avec la plupart de ses petits camarades. Le professeur, dans l'optique de le préparer à la première année, lui demandera de fonctionner exactement comme les autres qui ont eu ces 12 mois de plus pour acquérir de la maturité. Il risque d'être rejeté par les autres, car il est trop bébé. Il risque aussi d'être évalué par le professeur comme opposant, difficile, inattentif, puisque celui-ci aura des attentes par rapport à un enfant de cinq.

[?] SAVOIR 4

Ajuster le classement scolaire avec l'âge développemental

Comme nous le recommandons de plus en plus fréquemment en adoption comme mesure préventive, on suggérera donc aux parents de Vincent de retarder son entrée à la maternelle d'une année en demandant une **dérogation à l'envers***[10]. Cette année supplémentaire lui permettra de reprendre doucement, sans pression ni comparaison, ces 12 mois qui lui seront si précieux pour tout le reste de sa vie scolaire. Il pourra demeurer à la garderie dans un environnement stimulant et connu. Il arrivera à l'école dans un an avec des facteurs de protection pour répondre aux attentes pédagogiques de son niveau et mieux réussir.

Le recul et l'expérience de nombreux enfants adoptés qui ont pu bénéficier d'une telle dérogation confirment que les enfants jouissent d'une meilleure adaptation sociale et de moins de problèmes d'apprentissage lorsqu'on retarde ainsi leur entrée à l'école à cause de certains retards de développement. À plus long terme, cela évite les inquiétudes sur les conséquences d'une immaturité affective lors du passage entre le primaire et le secondaire. Certes, on ne doit pas automatiquement retarder l'entrée à l'école de tous les enfants adoptés. Une dérogation à l'envers doit se demander sur la base d'évaluations sérieuses réalisées par des professionnels reconnus qui documentent leurs conclusions et formulent des recommandations dans l'intérêt de l'enfant.

Il faut donc garder en mémoire l'importance d'attribuer à l'enfant un âge développemental juste, qui permettra aux parents de mieux évaluer ses capacités. Cet outil ne

10 Voir la fiche pédagogique Adopteparentalité N° 28 : *Comment demander une dérogation à l'envers pour l'entrée d'un enfant à la maternelle ?*, à la fin du chapitre.

sera pas utile uniquement dans le contexte scolaire, mais également pour déterminer les permissions de sortie, le moment où l'enfant peut se garder seul à la maison ou même l'âge où on lui permettra d'obtenir son permis de conduire! Les attentes seront plus réalistes et l'enfant pourra vivre des succès plutôt que de se sentir toujours anormal et en état d'échec. Le parent vivra moins de déceptions, déceptions qui ne seront pas transmises à l'enfant. Si l'adoption permet à l'enfant adopté d'effectuer de nombreux progrès, on ne peut pas pour autant comparer son développement à celui d'un enfant modèle de base.

[?] SAVOIR 5

Attention au piège qui pousse à rattraper le temps perdu

Accueillir la normalité adoptive est une formidable occasion de réfléchir sur le bien-fondé de notre société de performance, où tout doit être fait rapidement, efficacement, où « ne rien faire » est devenu le pire des péchés.

Dans deux excellents ouvrages ayant remporté un succès mondial — *Éloge de la lenteur*[11] et *Manifeste pour une enfance heureuse*[12] —, le journaliste canadien Carl Honoré nous invite à réfléchir à cette urgence qui s'accélère. Il remet en question le bien-fondé de cette façon de vivre où tout doit aller vite, où l'on doit tout contrôler, où l'humain se donne constamment des obligations de résultat parfait. On s'impose un rythme d'enfer sans vraiment songer aux conséquences de ce rythme sur le développement et le bonheur de nos enfants.

Tous les parents devraient réfléchir à ces enjeux de temps à autre, les parents adoptants en particulier, car des pièges supplémentaires restent pour eux à éviter.

Une drôle d'urgence s'installe chez les nouveaux parents adoptants : il faut devenir rapidement une famille normale, comme les autres, et prendre enfin notre place dans ce mode de vie dont nous avons rêvé, parfois, pendant une décennie.

Plusieurs ont vécu cette attente comme une injuste perte de temps qui a trop retardé l'avènement d'un scénario de vie souvent idéalisé. Un mode de vie qu'ils ont observé chez leurs amis et la parenté, alors qu'eux n'avaient pas encore d'enfants.

Bien sûr, certains prendront vraiment le temps de savourer les premiers temps avec l'enfant. « Je l'ai attendu 10 ans, je peux bien en prendre encore 10 pour vraiment profiter de lui et de notre nouvelle vie. Je vais ralentir mes activités professionnelles et faire un choix de vie plus simple. Je vais aussi laisser mon enfant récupérer doucement ses retards, à son rythme. Nous aurons amplement le temps de dévaler les pentes de ski dans deux ou trois ans. »

Malheureusement, la majorité des parents adoptants sont plutôt dans le scénario contraire : ils veulent tellement rattraper ce temps perdu qu'ils s'imposent et imposent à leur enfant que tout aille très bien, très vite. Ils se lancent corps et âme dans une sorte de folle pratique parentale. Ils veulent tout vivre en même temps. Ils veulent

11 Carl Honoré. *Éloge de la lenteur*, Paris, Marabout, 2007.

12 Carl Honoré. *Manifeste pour une enfance heureuse*, Paris, Marabout, 2008.

surtout faire vivre à l'enfant ce dont ils rêvent depuis longtemps : les cours de ski en famille, le voyage à Walt Disney, le baptême, les fêtes au chalet avec cousins et cousines, le camping sauvage et la visite de tous les musées pour enfants du Québec et de la Nouvelle-Angleterre ! Cette illusion est particulièrement renforcée par le fait que l'enfant est déjà plus grand à son arrivée qu'un bébé biologique, donc théoriquement plus capable de suivre les adultes.

Ce faisant, ces parents répondent à *leur* besoin de normalité, mais sans tenir compte des véritables besoins de cet enfant abandonné, souvent négligé, parfois très malade, en retard de développement, en difficulté ou défi d'attachement, qui arrive avec *sa* normalité adoptive et tout ce que cela comporte. Certes, cet enfant va désespérément essayer de s'adapter, par instinct de survie, mais il risque de craquer rapidement en faisant des crises, des cauchemars, en s'opposant à ses parents, voire en fuguant. Il *décevra* ses parents, qui ne saisiront pas pourquoi il ne profite pas de ce qu'ils lui offrent, qui iront même jusqu'à penser qu'il est ingrat d'agir ainsi.

Malgré leur fantasme légitime, les parents ne pourront pas simplement poursuivre le travail entrepris par d'autres adultes auprès de cet enfant. L'enfant adopté est rarement déjà *bien élevé*, dans le sens de mature, sécurisé et en bonne santé physique et mentale. Les nouveaux parents doivent d'abord l'aider à récupérer ce que les autres adultes n'ont pas pu faire pour lui en préadoption. Ils devront être d'abord une infirmière, une nutritionniste, un éducateur en réadaptation affective, cognitive et sociale avant d'être uniquement parent. Leur objectif pour les premiers mois, et même les premières années, sera d'offrir à cet enfant un rythme de vie plus doux, simple, routinier, un mode de vie qui lui permettra de tisser et de consolider le lien d'attachement familial.

La vie de famille rêvée arrivera probablement ensuite, et encore mieux. Toutefois, il faut attendre à plus long terme pour la réaliser.

[?] SAVOIR 6
Faut-il vraiment « réparer » l'enfant ?

Combien de parents adoptants consultent, angoissés à l'idée que leur fils de trois ans ne sera pas prêt à entrer à la maternelle à cinq ans comme tous les autres garçons de son âge ? S'il est dans la normalité adoptive de fournir enfin à l'enfant la nourriture alimentaire, sensorielle, affective, cognitive et sociale dont il a besoin pour reprendre son développement, pourquoi faudrait-il en deux ans réussir parfaitement ce que les autres enfants ont eu cinq ans pour réussir ? Pourquoi tant d'urgence à ce que votre enfant soit comme les autres ?

S'il ne faut pas hésiter à consulter des spécialistes pour favoriser une meilleure récupération des retards normaux en adoption, il ne faut pas non plus tomber dans un acharnement pour rendre à tout prix l'enfant exactement pareil à un enfant biologique qui n'aurait subi aucune carence, aucun traumatisme.

Cette urgence de réparer est-elle vraiment dans l'intérêt de l'enfant ? Ou veut-on se prouver à soi-même que l'on est des parents exceptionnels qui vont réussir là où personne n'a parfaitement réussi ? Est-ce si grave, humiliant et honteux de laisser à l'enfant une année supplémentaire de maturation bien méritée et de retarder l'entrée à la maternelle ? Et puis est-il honteux et anormal d'inventer une 7e année (par exemple, refaire une 6e année en anglais, prendre une année sabbatique pour voyager, aller étudier à l'étranger avec lui) à la fin du primaire si on juge risqué que l'enfant arrive au secondaire avec une immaturité affective risquant de nuire à sa vie affective, cognitive et sociale ? Est-ce si grave qu'un enfant fasse une année de plus au cégep s'il n'est pas certain de vouloir aller à l'université, ou s'il hésite quant au programme qu'il souhaite choisir ?

Non, lenteur ne veut pas dire médiocrité. Au contraire, adopter un rythme plus lent peut même grandement améliorer la qualité de vie de toute la famille. Il faut voir l'enfant tel qu'il est et non tel qu'on voudrait qu'il soit.

[?] SAVOIR 7

L'âge des parents : une pression pour l'enfant ?

Sujet tabou en adoption s'il en est un : les parents adoptants sont statistiquement plus vieux (un écart de 10 ans, en moyenne) à l'arrivée de leur premier enfant que les parents biologiques. Pourtant, toute l'expérience, la sagesse, la maturité et le confort matériel ne changent rien à la nature biologique des cycles de vie. Avoir un ou deux adolescents adoptés à entretien plus sophistiqué, lorsqu'on a entre 50 et 60 ans, qu'on nage en pleine ménopause ou andropause et qu'on doit aussi s'occuper de nos propres parents vieillissants, n'est pas si facile que cela !

C'est un âge où les adultes ont tendance à faire un premier bilan de leur vie, à prendre soin de leur santé mentale et physique. À cet âge, on prend réellement conscience de notre mortalité, ce qui nous incite à remettre en question nos choix de vie, à faire des choix qui répondent plus à nos valeurs, à nos besoins. C'est un moment d'intériorisation, après des années d'extériorisation, comme le détaille si bien le docteur Christophe Fauré[13]. Mais voilà : il y a encore dans la maison un, deux ou trois ados bruyants, confus, irritables, joyeux, actifs, qui vivent de nuit, ne planifient rien et sont toujours occupés à gauche et à droite. Eux sont en pleine extériorisation, sans parler de leur normalité adoptive qui les rend encore plus accaparants de par leur immaturité, plus émotifs et insécurisés de par leur vécu préadoption.

Alors arrive le moment où les parents, usés et fatigués, malgré l'amour inconditionnel qu'ils portent à leur enfant, et malgré les joies de la vie de famille, finissent par souhaiter qu'il devienne autonome au plus vite. L'immaturité de l'enfant leur « tombe sur les nerfs », elle requiert une qualité de présence parentale, une quantité d'interventions ajustées qui demandent de la patience, de l'énergie et beaucoup de temps.

---

13 Christophe Fauré. *Maintenant ou jamais*, Paris, Albin Michel, 2011.

C'est alors que certains parents lâchent prise. Ils essaient de se convaincre, malgré l'évidence contraire, que leur enfant est assez grand pour le laisser faire ceci ou cela. Mais attention ! Cette illusion risque de s'avérer de courte durée.

Comme le dit l'adage, *si on ne prend pas beaucoup de temps pour s'occuper de nos enfants quand ils sont jeunes, ce sont eux qui vont occuper tout notre temps quand ils seront plus vieux !*

[?] SAVOIR 8

Le cocktail délicat de l'immaturité affective et de l'adolescence

L'adolescence est une période de transition normale et nécessaire dans la vie d'un enfant et de ses parents. Elle demande souplesse, fermeté, vigilance et une bonne dose d'humour ! On ne doit pas céder à la panique et, surtout, ne pas croire toutes les légendes urbaines colportées par certains médias — ou par des parents épuisés et aigris par un enfant particulièrement difficile.

En adoption, on parle des tâches supplémentaires qui incomberont à l'adolescent adopté pour trouver son identité, accepter sa différence ethnique et voler de ses propres ailes. Ce sont tous des enjeux réels qui donnent du travail supplémentaire, mais tout à fait surmontable, aux adoptés eux-mêmes ainsi qu'à leurs parents.

Oui, ces tâches sont surmontables, mais très souvent compliquées par un facteur dont on parle rarement : ce fameux écart entre la maturité affective de l'enfant et son âge chronologique. Cet écart explique plusieurs difficultés supplémentaires dans les relations avec les amis, les problèmes de comportements à l'école et le manque de jugement dont font preuve certains adolescents adoptés. Cette immaturité, subtile et difficile à percevoir, explique pourtant la probabilité plus élevée de connaître différents types de problèmes ou d'entrer en conflit ouvert avec ses parents.

On peut imaginer, par exemple, les risques courus par un jeune de 16 ans qui réussit son cours de conduite, mais qui se lance sur la route avec la maturité et le jugement social d'un adolescent de 13 ans. Il en va de même pour la vie amoureuse et le consentement à avoir des relations sexuelles, ou encore de la capacité à résister aux pressions des pairs pour consommer alcool, cigarettes et autres substances peu souhaitables.

Les parents adoptants ont donc tout un défi à relever lorsqu'ils doivent accorder des permissions et laisser une certaine autonomie à l'enfant ou à l'adolescent tout en tenant compte de ses capacités réelles et de son développement affectif particulier.

SAVOIR FAIRE
Savoir être

FICHE PÉDAGOGIQUE ADOPTEPARENTALITÉ **N° 28**
Comment demander une dérogation à l'envers pour l'entrée d'un enfant à la maternelle ?

Objectif : indiquer aux parents la marche à suivre pour obtenir une dérogation à l'envers pour retarder l'entrée à l'école d'un enfant qui ne serait pas prêt

Public cible : parents dont les enfants adoptés sont arrivés après l'âge de deux ans ou avec des retards importants, et qui ne semblent pas prêts à entrer à la maternelle à cinq ans

Matériel nécessaire : l'aide de professionnels

Voici la marche à suivre pour faire une demande de dérogation à l'envers pour votre enfant si celui-ci en a besoin.

Chaque commission scolaire comporte un comité de consultation de soutien aux élèves handicapés, en difficulté d'adaptation ou d'apprentissage. C'est à ce comité qu'il faut présenter la demande de dérogation.

Le dossier complet de la demande doit comprendre les éléments suivants :

- Une fiche avec les coordonnées de l'enfant.
- Une lettre explicative des parents (motifs de la demande, situation particulière, objectifs). Le but précis de cette demande est évidemment de retarder l'entrée de l'enfant à la maternelle, et non pas de faire en sorte que l'enfant entre directement en première année l'année suivante (la maternelle n'est pas obligatoire).
- Un avis médical écrit.
- Une lettre du travailleur social responsable du suivi postadoption.
- Idéalement (mais cela n'est pas toujours exigé par les commissions scolaires), une évaluation psychométrique réalisée par un psychologue ayant l'expérience des demandes de dérogation habituelles, car il saura quels termes exacts utiliser (compter entre 800 et 1000 $). On peut obtenir la référence d'un psychologue expérimenté en ce domaine en s'adressant à l'Ordre professionnel des psychologues du Québec. Ce rapport doit certes donner un avis sur les capacités et le développement

cognitif de l'enfant, mais aussi et surtout sur les retards de développement émotif et/ou de psychomotricité fine et globale. L'évaluateur doit indiquer en quoi le vécu préadoption de l'enfant est responsable des écarts observés entre ses capacités cognitives et son développement émotif, en citant des études ou des cas connus. L'évaluateur doit indiquer clairement les préjudices émotionnels (mauvaise estime de soi, etc.) possibles si l'enfant doit intégrer le monde scolaire avant d'avoir atteint le niveau de développement souhaité. Il doit souligner qu'une scolarisation qui ne respecterait pas le développement émotif de l'enfant risque d'entraîner des coûts supplémentaires pour la commission scolaire (orthopédagogue, éducateur spécialisé, redoublement, etc.).

- Tous les rapports d'évaluation ou de suivi (orthophonie, ergothérapie, travailleur social, etc.), montrant un avis clair de la part de chacun de ces professionnels sur la nécessité de retarder la scolarisation.

Étapes à suivre :

1. La demande doit être acheminée à la commission scolaire avant le mois de mars précédant l'entrée scolaire normale de l'enfant.
2. Si la demande est acceptée, la commission scolaire vous enverra une lettre qui permettra à votre enfant de conserver sa place en CPE, le cas échéant. Exigez une réponse écrite donnant les motifs de la décision, qu'elle soit positive ou négative.
3. S'il y a refus de la part de la commission scolaire, une procédure d'appel est possible.

Inspiration : Nombreux dossiers présentés aux commissions scolaires depuis 20 ans par l'équipe du docteur Chicoine au CHU Sainte-Justine, en collaboration avec le BCAQ.

FICHE PÉDAGOGIQUE ADOPTEPARENTALITÉ **N° 29**
Comment rester des parents disponibles ?

Objectif : faire des choix de vie en fonction de la réalité adoptive

Public cible : tous les parents adoptants

Matériel nécessaire : aucun

Stopper volontairement l'urgence

L'urgence devrait être une chose exceptionnelle. Or, elle est devenue la règle ! Si vous dites plusieurs fois par jour à votre enfant : « Vite, dépêche-toi ! On va être en retard ! » Si, tous les matins, vous marchez à pas accélérés dans la maison en faisant trois choses à la fois, y compris essayer de motiver votre enfant à adopter ce rythme rapide : ARRÊTEZ-VOUS ! Puis, réfléchissez :

« Suis-je vraiment obligé de m'imposer cela et d'imposer cela aux enfants ? Puis-je faire autrement ? Par exemple, me lever plus tôt et prendre du temps pour moi, me préparer calmement pour ensuite accompagner tranquillement mon enfant dans la routine du matin ? Ont-ils vraiment besoin, pour leur bon développement, de quatre activités parascolaires par semaine ? Est-ce vraiment un choix de vie conscient, ou ai-je simplement adopté la tendance générale sans trop me demander si cela ME convient, si cela LUI convient ? Est-ce que toutes ces hormones de stress que je sécrète tous les matins et que mon enfant sécrète tous les matins sont nécessaires ? Sont-elles utiles ou toxiques à court et à long termes ? »

Prendre soin de soi

Pour votre enfant, vous devez rester présent et en FORME. Oui, en forme. Car c'est faux de dire qu'avoir des enfants garde jeune. Il faut plutôt que vous fassiez en sorte de rester jeune, en bonne santé mentale et physique, pour vous occuper correctement de vos jeunes enfants, et ce, pendant longtemps…

Ce n'est pas à eux de s'ajuster, de comprendre et d'être empathiques envers vos « vieux os ». Les enfants adoptés, plus que les autres, ont très peur que leurs parents meurent et les abandonnent. Si vous insistez sans cesse sur vos bobos et vos limites, vous risquez de les insécuriser davantage. Et croyez-le, il n'y a pas plus accaparant qu'un adolescent adopté insécurisé !

En tant que parent dans la normalité adoptive, vous aurez à travailler très fort et très longtemps, mais doucement, tranquillement, dans la durée et non pas dans l'urgence. Pour y arriver, prenez BEAUCOUP soin de votre santé mentale et physique. Vos enfants auront besoin de vous intensément pendant au moins 20 ans. Vous pouvez faire des choix qui feront de ces 20 années les moments les plus riches et les plus gratifiants de votre vie.

Comme dans les instructions en cas d'urgence en avion : mettez d'abord VOTRE masque à oxygène en cas de dépressurisation, avant de mettre le sien à votre enfant. Autrement dit, prenez soin de vous pour mieux prendre soin de votre enfant.

Inspiration : Écrits de Carl Honoré.

FICHE PÉDAGOGIQUE ADOPTEPARENTALITÉ **N° 30**
S'ajuster à l'âge développemental de l'enfant adopté

Objectif : prendre des décisions en fonction de l'âge développemental de l'enfant pour ne pas le mettre inutilement en situation d'échec

Public cible : parents d'enfant présentant une immaturité affective

Matériel nécessaire : aucun

Votre enfant de sept ans vous demande la permission d'aller tout seul rejoindre ses amis au parc du quartier. Comment prendre une telle décision en tenant compte de l'écart entre son âge chronologique et son âge développemental ?

Vous vous dites qu'il a les capacités physiques d'un enfant de sept ans pour prendre son vélo et pédaler jusque-là, et cognitivement il sait *comment* se rendre au parc. Cependant, les dernières fois que vous l'avez accompagné au parc, il s'est mis à pleurer en courant vers vous pour se plaindre que les amis étaient méchants avec lui. Vous ne pouvez que constater qu'en situation d'interactions sociales, il gère encore mal ses émotions et ne sait pas comment régler les petits conflits sans l'aide d'un adulte. Bref, il a un comportement affectif typique d'un enfant de cinq ans. Laisseriez-vous un enfant de cinq ans aller seul en vélo au parc ? Probablement pas...

Vous voulez pourtant qu'il prenne de la maturité. Vous êtes tenté de le laisser partir seul, mais est-il prêt ? En lui donnant la permission d'y aller, le mettez-vous en situation de vivre un succès ou de vivre un échec ? S'il revient en pleurs, allez-vous le gronder, le sermonner en soulignant qu'il agit comme un bébé ? Cette attitude va-t-elle lui donner les moyens d'agir autrement la prochaine fois ?

Quelques solutions s'offrent à vous

- Vous pouvez simplement lui dire que, pour l'instant, vous aimez beaucoup aller au parc avec lui, mais que l'été prochain, il pourra probablement y aller seul.
- Si vous le laissez tout de même partir seul et que cela se passe mal, il faudra l'accueillir en lui disant que c'est vous, l'adulte, qui avez mal évalué la situation. Vous devez prendre la responsabilité de l'avoir mis en situation d'échec en ne voyant pas qu'il n'était pas encore tout à fait prêt. Ajoutez que dans quelques mois ou dans un an, il aura peut-être ce qu'il faut pour réussir.
- Vous pouvez aussi lui offrir de l'accompagner de loin, pas pour le surveiller, mais pour servir d'«entraîneur». S'il vit un problème, même petit, il peut revenir vers vous, écouter vos suggestions, puis retourner tenter de les appliquer auprès de ses camarades.
- Vous pouvez aussi profiter d'un moment où vous serez seuls au parc pour faire des jeux de rôles, en mimant la situation. Par exemple : «Comment réagis-tu si un ami te pousse pour prendre ta place dans la glissade? Que réponds-tu à un autre enfant qui te dit que tu es "poche" d'avoir peur de sauter de la haute plate-forme? Que fais-tu si tu te blesses?» Ainsi, d'exercice en exercice, vous ne ferez certes pas *mûrir artificiellement* l'enfant, mais vous lui donnerez des outils concrets pour faire face à des situations probables. Ce faisant, vous lui éviterez peut-être de vivre certains échecs.

La maturité, c'est entre autres d'être capable de se sécuriser soi-même, de trouver de nouvelles solutions en cas d'imprévu ou de nouveauté. Être mature, c'est aussi posséder un jugement social juste et non uniquement centré sur ses propres besoins.

Un enfant immature ne trouvera pas seul des solutions à ses problèmes quotidiens. Parfois, il saura vaguement QUOI faire — par exemple, rester calme —, mais il ne saura pas COMMENT le faire. Une façon de pallier le manque de maturité de l'enfant est donc de le faire s'exercer. Il ne faut pas seulement lui dire verbalement comment il doit agir, il faut le lui faire VIVRE concrètement. La répétition des solutions s'inscrira beaucoup plus profondément dans la base de données du cerveau de l'enfant que des paroles vite oubliées, surtout en situation de stress.

On peut également appliquer les mêmes principes pour une jeune fille de 12 ans (mais avec une maturité de 10 ans) qui prétend être capable de rester seule à la maison toute une soirée. Il faut la mettre en situation : «Que fais-tu s'il y a une panne d'électricité? Est-ce que tu sais où sont les lampes de poche? Viens, je vais couper l'électricité dans la maison et on va s'exercer ensemble.»

Même chose pour un garçon de 13 ans (mais avec un âge affectif de 10 ans) qui arrive au secondaire et qui doit pour la première fois prendre l'autobus de la ville, avec deux correspondances. Allez-y avec lui plusieurs fois et ajoutez graduellement des problèmes à résoudre : « Que fais-tu si des plus grands veulent te bousculer ? Que fais-tu si tu rates la correspondance ? Que fais-tu si tu perds ta carte ? Viens, on va aller demander au chauffeur si cela le dérangerait de t'aider si un jour tu en as besoin. »

Ainsi, s'ajuster à l'âge développemental d'un enfant ne signifie pas toujours de retarder certaines activités ou de refuser certaines permissions. L'important est de prévenir les problèmes, d'outiller l'enfant, de lui montrer comment réagir dans telle ou telle situation pour éviter que son immaturité le fasse paniquer en cas d'imprévu. Les parents doivent prendre l'entière responsabilité de leurs décisions et doivent engager des moyens concrets pour prévenir les échecs.

Inspiration : Écrits de Deborah D. Gray, Gregory Keck, Mary Beek et Gillian Schofield.

SAVOIR
en bref

En bref

1. Plusieurs études internationales confirment qu'au moment de leur adoption, les enfants présentent presque tous des retards globaux de développement. Les retards de croissance, de même que les retards cognitifs et psychomoteurs, se récupèrent relativement bien en quelques mois ou quelques années, mais les retards affectifs sont plus persistants. Cette immaturité affective est attribuable au manque de nourriture sensorielle, affective et sociale reçue en préadoption. Ces carences laissent des traces très durables, visibles même après que l'enfant a repris plusieurs autres retards dans diverses dimensions de son développement. Il est indispensable de ne pas comparer le développement d'un enfant adopté à celui d'un enfant modèle de base : ils n'ont pas du tout le même rythme. L'enfant adopté ne connaît pas un développement linéaire, mais en escalier. S'il peut combler l'essentiel de ses retards de développement et d'apprentissage, il ne comblera peut-être jamais son retard affectif. Ainsi, il restera toujours plus fragile.

2. Une recherche internationale a conclu que l'adoption était une intervention humaine très efficace, menant à un rattrapage très significatif chez les enfants adoptés si on les compare aux enfants restés en orphelinat. Toutefois, un rattrapage *significatif* n'est pas forcément parfait, et l'enfant adopté n'atteindra probablement pas un développement identique à celui d'enfants du même âge non adoptés et choyés depuis leur naissance.
3. Il est dans la normalité adoptive que les enfants adoptés présentent un écart important entre leur âge réel et leur âge développemental, c'est-à-dire leur maturité affective. Ils sont généralement plus «bébés» que leurs pairs non adoptés du même âge.
4. Selon l'avis de professionnels, il est souvent souhaitable de retarder la scolarisation d'un enfant adopté, afin de lui permettre de rattraper ses retards, surtout ceux qui concernent sa maturité affective.
5. Certains parents sont tellement dans l'urgence de rattraper le temps perdu qu'ils ne traitent pas l'enfant tel qu'il est, mais tel qu'ils voudraient qu'il soit.
6. Devant le constat de certains écarts de développement, certains parents entreprennent de trouver un moyen de tout réparer, au prix de leur qualité de vie et de l'estime de soi de l'enfant.
7. Les parents adoptants ont en moyenne 10 ans de plus que les parents biologiques au moment de l'arrivée de leur premier enfant. Ils se retrouvent souvent pris en sandwich entre, d'une part, leurs responsabilités envers l'enfant encore jeune et souvent un peu plus immature que les enfants du même âge, et, d'autre part, leurs responsabilités envers leurs propres parents vieillissants.
8. L'écart entre l'âge chronologique et l'âge développemental explique en bonne partie certains problèmes vécus par les enfants adoptés à l'adolescence.

Facteurs de risques **à éviter**	Facteurs de protection **à favoriser**
• Sous-estimer le facteur « immaturité affective » dans les problèmes scolaires ou relationnels de l'enfant.	• Tenir compte de l'âge réel développemental pour prendre des décisions.
• Reprocher ouvertement à l'enfant son immaturité en espérant que cela réglera le problème.	• Expliquer à l'enfant que tous les enfants ne vieillissent pas au même rythme, et que c'est votre rôle de parent de prendre des décisions non pas en vous basant sur les capacités de tous les autres enfants, mais en vous basant sur ses capacités à lui : un petit être unique.
• Prendre des décisions uniquement en fonction de l'âge chronologique de l'enfant.	• Aller au rythme de l'enfant : lui fournir des activités physiques et cognitives correspondant à son âge chronologique (sport, arts, lectures), mais en ajustant certains aspects selon son âge développemental (permissions, liberté, autonomie).
• Dire à l'enfant quoi faire dans telle situation, sans lui apprendre comment le faire.	• Donner à l'enfant l'occasion de résoudre certains problèmes par lui-même.
• Dire à l'enfant que c'est de sa faute s'il n'a pas les mêmes permissions que ses camarades du même âge parce qu'il se conduit en bébé.	• Ne pas comparer son enfant adopté aux autres enfants de son âge ou attendre de lui un développement similaire.
• Se culpabiliser de ne pas avoir réussi à combler tous les retards de l'enfant.	• Être indulgent et patient avec vous-même comme parent.

Facteurs de risques **à éviter**	Facteurs de protection **à favoriser**
• Toujours surprotéger l'enfant en ne croyant pas à ses capacités d'apprendre.	• Donner beaucoup de stabilité, de présence et de nourriture affective à l'enfant, avant d'exiger de lui des performances cognitives ou de l'autonomie sociale.
• Vouloir faire progresser trop vite son enfant.	• S'ajuster et respecter le ryhtme de l'enfant.

En savoir plus

Pour aller plus loin, consulter le troisième livre de la collection « Adopteparentalité » à paraître : *L'Adoption : les conditions gagnantes d'un attachement sain de 6 à 18 ans.*

En savoir encore plus

Béliveau, Marie-Claude. *J'ai mal à l'école*, Montréal, Éditions du CHU Sainte-Justine, 2002.

Bourcier, Sylvie. *Le Grand monde des petits de 0 à 5 ans*, Montréal, Éditions du CHU Sainte-Justine, 2006.

Cardinal, François. *Perdu sans la nature*, Montréal, Québec Amérique, 2009.

Fauré, Christophe. *Maintenant ou jamais*, Paris, Albin Michel, 2011.

Gray, Deborah D. *Nurturing Adoptions: Creating Resilience After Neglect and Trauma*, Philadelphia, Jessica Kingsley Publishers, 2007.

Honoré, Carl. *Éloge de la lenteur*, Paris, Marabout, 2007.

Honoré, Carl. *Manifeste pour une enfance heureuse*, Paris, Marabout, 2008.

Van IJzendoorn, Marinus H. et Femmie Juffer. « Adoption as Intervention. Meta-analytic Evidence for Massive Catch-up and Plasticity in Physical, Socio-emotional, and Cognitive Development », *Journal of Child Psychology and Psychiatry*, vol. 47, n° 12, 2006, p. 1228-1245.

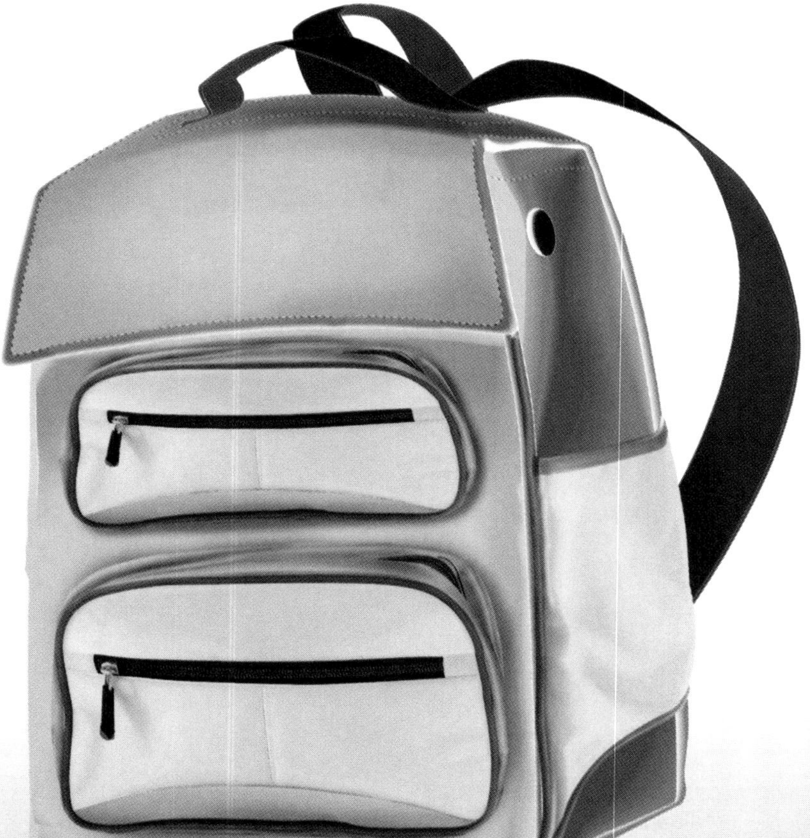

CHAPITRE 11

Une scolarité complexe

Paroles d'enfants

Que je fasse des efforts ou non à l'école, ça ne change rien. Si je suis chanceux, je vais avoir de bonnes notes, si je suis malchanceux, je vais avoir de mauvaises notes. C'est comme ça, ma vie !

Jérôme, 10 ans, d'origine québécoise

J'ai peur que si je n'ai pas des notes de 100 %, ma maman me retourne en Chine. Mais non, elle ne m'a jamais dit cela, mais moi, je suis intelligente, je le sais dans ma tête !

Sophie-Ann, 9 ans, d'origine chinoise

Madame Ginette ne m'aime pas ! Madame Marie-Claire, en première année, elle m'aimait. Elle était toujours à la porte de la classe le matin. Elle se penchait vers moi, me regardait dans les yeux et me disait : « Bonjour, mon beau Thomas, je suis heureuse de te voir ce matin, on va passer une belle journée ensemble. » En plus, elle avait un petit nom tendresse pour tous les amis. Moi, c'était Tigrou, parce qu'elle savait que j'aimais les tigres. Eh bien, Madame Ginette, elle ne vient jamais me dire bonjour le matin en me regardant dans les yeux. Je ne suis même pas sûr qu'elle sait que je viens de la Thaïlande et que j'aime les tigres.

Thomas, 7 ans, d'origine thaïlandaise

Je suis toujours gênée à Noël quand on va au réveillon chez ma grand-mère. Tous mes cousins et toutes mes cousines sont des petits « bollés » à l'école. Ils vont tous dans des écoles privées avec leurs petits costumes de snobs. Ils sont tous en arts-études ou en sport-études. Je suis la seule poche de la famille. Je suis dans une école secondaire publique, pis en plus je refais mon 3e secondaire. Je reste toujours dans mon coin de peur que mes oncles et mes tantes me posent des questions.

Elysabeth, 14 ans, d'origine roumaine

J'ai toujours besoin de tout contrôler. Comme je ne suis jamais certain de réussir mes examens ou de savoir exactement quelle sera ma note, j'aime mieux m'arranger pour juste passer. Comme ça, je sais exactement ce qui va arriver : je connais à peu près ma note, je sais que mes parents seront déçus, mais ils ne pourront pas me punir, parce que je n'ai pas échoué.

Simon-Pierre, 14 ans, d'origine haïtienne

Je n'aime pas apprendre de nouvelles choses. À qui cela sert-il ? Moi je suis bien à la maison avec mon chat.

Jérémie, 8 ans, d'origine ukrainienne

La scolarité des enfants adoptés n'est pas toujours simple, ni simple à comprendre.

Mais il faut parfois se rendre à l'évidence. Des études suédoises démontrent que si 5 à 10 % des enfants non adoptés éprouvent de graves problèmes d'apprentissage, la proportion grimpe à 15 % ou 20 % chez les enfants ayant vécu des abandons, de la malnutrition ou de la sous-stimulation en bas âge, des carences affectives et surtout beaucoup de stress intra-utérin et durant les premiers 12 mois de leur vie... Car, bien sûr, ce n'est pas l'adoption qui cause les problèmes, c'est ce qui s'est passé ou ne s'est pas passé *avant* l'adoption. La *maladie* principale de ces enfants est d'avoir été abandonnés puis négligés. Les autres diagnostics découlent des conséquences de cet abandon.

Certes, il est loin le temps où l'on donnait à voix haute le classement de tous les élèves. Toutefois, la majorité des parents adoptifs n'exigent pas que leur enfant soit premier de classe. Ils exigent ou espèrent souvent que leur enfant soit au moins au-dessus de la moyenne du groupe.

Mais de quelle moyenne parle-t-on ? De la moyenne de 25 enfants dont la majorité n'a vécu ni abandon, ni malnutrition, ni manque de stimulation, ni traumatisme, ni retard de développement ? De la moyenne de 25 enfants dont le cerveau de la majorité a reçu toute la nourriture affective, physique et sensorielle nécessaire à un développement optimal ? De la moyenne de 25 enfants qui, pour la plupart, ne vivent pas dans la peur post-traumatique d'être abandonnés de nouveau s'ils sont imparfaits ? Ou plus encore, de la moyenne des enfants d'une école privée, où la performance scolaire a servi de critère de sélection à l'admission ?

Il ne s'agit pas ici de faire l'éloge de la médiocrité, ni de prêcher la voie de la facilité ou du moindre effort. Nous ne prétendons pas non plus que tous les enfants adoptés ont une intelligence lente ou de graves problèmes d'apprentissage. Il faut cependant simplement mettre en garde les parents adoptants contre les effets négatifs de la pression exercée sur l'enfant et des attentes irréalistes qu'on entretient à son endroit. Certains parents ont des attentes si hautes qu'ils finissent par créer ce qu'ils craignent : l'enfant se démotive, décroche ou échoue, à cause du stress constant ou parce qu'il n'a pas reçu le diagnostic nécessaire pour l'aider à apprendre autrement. Ce faisant, et sans aucune mauvaise intention, le parent risque de réactiver la blessure de déception, qui à son tour réactive la blessure d'abandon.

C'est un fait : il est dans la normalité adoptive d'éprouver des difficultés dans le cheminement scolaire, pour les raisons qui seront détaillées dans les huit savoirs de ce chapitre.

Tranche de vie
Katia et la coiffeuse

Exemple d'entretien fréquent dans les bureaux de consultation des spécialistes en adoption...

Maman : Je suis découragée. Katia a 17 ans. Elle est encore en 2e secondaire à l'éducation des adultes. Je vous l'ai déjà dit, je ne m'attends pas que ma fille (adoptée en Russie à cinq ans) soit première de classe. Elle a toujours eu à bûcher pour réussir minimalement à l'école. Je ne vous dis pas les heures d'efforts pour les devoirs, les professeurs privés, les reprises de cours l'été.

Vous savez, tous mes frères et sœurs ainsi que tous mes neveux et nièces ont un diplôme universitaire... J'ai moi-même un MBA, alors je m'inquiète terriblement pour son avenir. Imaginez-vous donc qu'elle me parle de faire un cours de coiffure... au secondaire!

Thérapeute : Cela fait presque 6 ans que vous venez en consultation et j'ai remarqué à quel point vous avez toujours une coiffure impeccable. Je me cherche justement une nouvelle coiffeuse...

Maman : Oui, cela fait au moins 10 ans que je vais chez Gisèle, je vous la recommande : une chouette coiffeuse mariée à un charmant jeune homme. Elle a son salon dans sa maison, pour pouvoir être proche de ses deux adorables... enfants... Bon... Hum... Hum... je vois où vous voulez en venir...

Thérapeute : Cette Gisèle est-elle pauvre? Malheureuse? A-t-elle raté sa vie?

Maman : Mon Dieu, vous avez tellement raison... Je ne m'étais jamais arrêtée à cela. Comme si un cours universitaire était la garantie du bonheur! J'ai un peu honte.

[?] SAVOIR

[?] SAVOIR 1

Les conséquences d'un manque de nourriture physiologique, sensorielle, affective, cognitive et sociale en préadoption

Généralement, les enfants de l'adoption internationale présentent un retard cognitif[1] à leur arrivée au Québec. L'importance de ce retard dépend le plus souvent du niveau de malnutrition et de carence sensorielle, affective et cognitive vécues par l'enfant. Elle dépend également de l'âge de l'enfant lors de l'adoption, et des conditions de vie dans son pays d'origine. Un enfant arrivé âgé est plus susceptible d'avoir vécu longtemps dans des conditions difficiles qu'un bébé arrivé à quelques mois à peine. Son retard sera alors plus prononcé. Toutefois, les conditions de vie avant l'adoption (par exemple, la qualité du milieu pendant le développement intra-utérin et après la naissance, les stimulations, les contacts physiques, les interactions dyadiques, la présence de jouets, etc.) varient beaucoup d'un pays à l'autre, et même d'un orphelinat à l'autre. Cela explique pourquoi deux enfants du même âge peuvent présenter un niveau de développement très différent, même s'ils sont arrivés tôt et au même âge.

Fort heureusement, la grande majorité de ces enfants récupèrent de façon assez spectaculaire ces retards considérés comme normaux au moment de l'adoption. Mais attention ! Rappelons que *récupérer* ne veut pas dire rejoindre exactement le même niveau que s'ils n'avaient pas été aussi mal nourris sur les plans alimentaire, sensoriel, cognitif et social depuis leur gestation.

Il est étrange de constater qu'en cette ère de la rectitude politique, parler de capacité intellectuelle est presque tabou. Bien entendu, le quotient intellectuel n'est pas le seul gage de succès dans les études ou dans la vie. On connaît tous des gens brillants malheureux, décrocheurs et dysfonctionnels. À l'opposé, on pourrait citer plusieurs personnes possédant des capacités plus modestes qui ont pourtant réussi des études avancées et exigeantes à force de détermination.

Une des raisons qui explique la rectitude politique en vogue au Québec est une certaine culpabilité collective. On pense ici à un certain passé où les capacités intellectuelles ont servi de prétexte à une honteuse discrimination. On se souvient des « orphelins de Duplessis[2] » qui, dans les années 1940 et 1950, ont reçu de faux

1 Andrée Pomerleau *et al. Id.* p. 445-457.

2 On a donné le nom d'« orphelins de Duplessis » aux milliers d'enfants orphelins qui ont été déclarés faussement malades ou retardés mentaux par le gouvernement provincial du premier ministre Maurice Duplessis dans les années 1940 et 1950. On considère que c'est le cas le plus important de maltraitance d'enfants dans l'histoire du Canada avec les pensionnats pour enfants autochtones.

diagnostics de retard mental pour des raisons politiques tout à fait tordues. Certains se battent encore aujourd'hui pour faire retirer ces faux diagnostics qui nuisent à leur vie citoyenne.

Il ne faut pas pour autant se fermer les yeux : si l'on fait exception des personnes présentant des troubles d'apprentissage connexes comme la dyslexie, un TDAH ou la dysphasie, on admet généralement que le fait d'avoir de grandes capacités intellectuelles constitue un facteur facilitant. Il est plus facile d'apprendre, de s'adapter à diverses situations et de réussir ce qu'on entreprend si notre « ordinateur » est puissant.

L'intelligence est déterminée par un mélange de facteurs génétiques innés et acquis. Or, les conditions de vie préadoption sont loin de toujours assurer une stimulation neurologique optimale des enfants abandonnés. Selon Gloria Jeliu et Dominique Cousineau[3] : « En l'absence de stimulation sociale ou en présence de stress que confèrent toutes les formes d'abus ou de négligence [...] on assiste à une désorganisation des circuits neuronaux-limbiques par mort neuronale, perte de synapses ou, au contraire, par création de connexions aberrantes et par invasions de cellules anormales. »

Dans les années 1950, Spitz[4] décrivait les effets néfastes, voire irréparables selon lui, de l'institutionnalisation sur le développement cognitif. Plus tard, dans les années 1970, Tizard[5] décrivait et mesurait les effets de l'institutionnalisation sur le QI aux différents âges de la vie, en insistant sur les quelques possibilités de résilience selon différents déterminants. Dans les années qui suivirent, des centaines d'auteurs, médecins, psychiatres, ergothérapeutes et orthophonistes se mirent à publier leurs travaux sur les retards cognitifs constatés chez les orphelins du monde, adoptés ou non.

Les résultats de l'étude menée de concert par l'hôpital Sainte-Justine[6] et l'Université de Montréal depuis 15 ans sont en grande partie rassurants. Cette étude, qui suit environ 150 enfants depuis leur adoption, a démontré que les enfants adoptés évalués à l'âge de 14 ans ont un QI moyen de 100, soit un QI qui est littéralement la norme, la moyenne de la population en général.

Là où le bât blesse, c'est que la majorité des parents adoptants ont un QI au-dessus de la moyenne et ont fait des études postsecondaires, voire très supérieures à la moyenne des parents québécois. Ces parents entretiennent donc l'espoir, en toute bonne foi et avec les meilleures intentions du monde, que leur enfant fasse aussi bien, sinon mieux qu'eux dans leur cheminement académique et leurs performances intellectuelles. Ils souhaitent que leur enfant exerce une profession lucrative et qu'il maintienne un niveau de vie égal au leur.

---

3 Collectif. « L'adoption : état des lieux », Montréal, *Prisme*, n° 40, 2007.

4 René A. Spitz. « Anxiety in Infancy: A Study of its Manifestations in the First Year of Life », *International Journal of Psycho-Analysis*, vol. 31, 1950, p. 138-143.

5 Andrée Pomerleau *et al. Ibid.* p. 445-457.

6 Barbara Tizard. « Intercountry Adoption: A Review of the Evidence », *Journal of Child Psychology and Psychiatry*, n° 32, 1991, p. 743-756.

Le chemin adaptatif de ces parents à la réalité est souvent très difficile, ce qui ne rend pas le cheminement scolaire de leur enfant facile non plus. Ajoutez à cela la peur des enfants adoptés de décevoir, leur mauvaise gestion du stress et une certaine immaturité fréquente chez ces enfants... les risques deviennent alors évidents.

[?] SAVOIR 2

Plus de difficultés et de troubles d'apprentissage chez les enfants adoptés

Le véritable test de la récupération optimale des blessures cognitives invisibles des enfants est l'entrée à l'école. Certains enfants ne feront pas de vagues, mais beaucoup d'autres seront pour leurs parents de véritables *tsunamis*, parce que ces parents n'avaient pas vu venir la possibilité que leur enfant ne soit pas « bon à l'école ».

On a beau avoir réussi à rattraper ses retards de développement, avoir grandement amélioré sa santé en lui prodiguant de bons soins, en avoir fait un enfant plus heureux qu'avant, adapté à sa nouvelle vie et attaché à sa nouvelle famille, c'est lorsqu'il utilisera intensivement les fonctions cognitives de son cerveau — à l'école — qu'on pourra vraiment constater à quel point ses capacités intellectuelles ont été fragilisées par son vécu préadoption.

Certains parents avaient déjà soupçonné que leur enfant risquait d'éprouver des difficultés de concentration ou d'apprentissage à leur entrée à l'école. D'autres tombent littéralement en bas de leur chaise lorsqu'on leur dit que leur enfant n'apprend pas normalement et qu'il aura besoin d'orthopédagogie, d'orthophonie, d'ergothérapie, etc.

Ainsi, si on considère à la fois les 15 à 20 % d'enfants adoptés qui ont un trouble d'apprentissage et les 5 à 10 % qui présentent des problèmes d'apprentissage, on en arrive à une proportion de 20 à 30 % d'enfants adoptés qui auront besoin de soutien pédagogique adapté pour réussir à l'école, soit deux fois plus que la proportion de non-adoptés dans la même situation. Il s'agit bel et bien d'une caractéristique de la normalité adoptive qui donnera du travail supplémentaire aux enfants eux-mêmes et à leurs parents.

Problèmes d'apprentissage

On parle de problèmes d'apprentissage quand les difficultés scolaires de l'enfant paraissent de nature temporaire. Chez l'enfant biologique comme chez l'enfant adopté, les obstacles à l'apprentissage sont alors des circonstances temporaires et ponctuelles. Les difficultés résultent de facteurs propres à l'enfant (insécurité passagère chez un enfant normalement solide et serein, tristesse ponctuelle, etc.) ou extérieurs à l'enfant (séparation des parents, changement d'école, nouvelles méthodes d'enseignement, déménagement de la famille adoptive, etc.). Ces petits problèmes se traduisent par des difficultés de concentration (l'enfant est distrait, lunatique), des difficultés académiques (en lecture, en écriture, en mathématiques) ou des problèmes de comportement (agressivité, repli sur soi), et ce, à la maison comme à l'école. En adoption internationale, la prévalence de ces difficultés transitoires paraît plus importante que dans une population moyenne. De fait, elles peuvent être précipitées par les multiples attributs socioaffectifs des enfants et de leurs parents adoptifs : insécurité affective, peur du rejet, désir de plaire, angoisse de séparation, individuation, immaturité, conflit de loyauté, révélation des origines, confusions relatives au temps et à l'espace, etc. Les difficultés d'apprentissage doivent donc être abordées à la lumière des autres spécificités de l'enfant et de sa famille.

Inspiration : Divers documents de l'Association québécoise des troubles d'apprentissage (AQETA *www.aqeta.qc.ca*) et du programme *Formation et intervention professionnelle en adoption internationale*, formation créée par une équipe du CHU Sainte-Justine pour les professionnels en adoption internationale, MSSS/SAI, 2008.

Troubles d'apprentissage

On parle de troubles d'apprentissage quand on a affaire à des problèmes persistants, permanents et intrinsèques à l'enfant, mais sans que ces problèmes soient liés à ses capacités cognitives. Ces troubles, non reliés à l'intelligence ou à sa maturation, influencent tout de même la capacité d'apprentissage et le comportement. Ils se traduisent, entre autres, par des échecs scolaires répétés qui vont bien au-delà du mauvais bulletin. Ces troubles ne sont pas attribuables à des problèmes d'audition ou de vision, à des facteurs socioéconomiques, à des différences culturelles ou linguistiques, à un manque de motivation ou à un enseignement inadéquat, ni aux caractéristiques liées à la condition d'adopté ou d'adoptant, bien que tous ces facteurs puissent aggraver les problèmes auxquels font face les enfants et les adolescents ayant des troubles d'apprentissage.

De fait, les troubles d'apprentissage découlent de facteurs génétiques ou neurobiologiques, ou encore d'un dommage cérébral acquis. Il s'agit donc d'une affection réelle dans le fonctionnement du cerveau, modifiant plusieurs processus reliés à l'apprentissage.

Inspiration : Divers documents de l'Association québécoise des troubles d'apprentissage (AQETA) et du programme *Formation et intervention professionnelle en adoption internationale*, formation créée par une équipe du CHU Sainte-Justine pour les professionnels en adoption internationale, MSSS/SAI, 2008.

Il va sans dire qu'un dépistage et une intervention précoces sont des modalités à privilégier. Toutefois, prenez garde aux étiquetages trop rapides. Montrez-vous ouvert à ce que les intervenants scolaires vous diront sur les difficultés scolaires de votre enfant. Ce sont en général des gens compétents qui ont, tout comme vous, le souci de la réussite de votre enfant.

Par contre, rappelez-vous que la grande majorité des enseignants, des orthopédagogues (enseignants spécialistes des troubles d'apprentissage) et des psychologues scolaires n'ont pas encore reçu de formation[7] sur la normalité adoptive, c'est-à-dire sur les origines et les spécificités des problèmes neurologiques, d'apprentissage ou de comportement des enfants adoptés. Les outils qu'ils utilisent sont excellents, mais donnent la plupart du temps un résultat *atypique* qu'ils ont de la difficulté à interpréter, car beaucoup de données factuelles leur manquent (date de naissance exacte, antécédents génétiques, etc.). L'interprétation des résultats est encore compliquée par le fait qu'ils ne connaissent pas toujours certaines pathologies fréquentes en adoption, par exemple :

- Le **SAF*** (syndrome d'alcoolisation fœtale), qui cause certains retards intellectuels et retards d'apprentissage ;
- Le **EAF*** (l'alcoolisation fœtale) ;
- Les troubles de l'audition centrale causés par une sous-stimulation précoce ;
- Les troubles d'intégration sensorielle causés par le manque de stimulations vestibulaires ;
- Les **troubles de l'attachement*** graves (désordres de l'attachement ou **RAD***), qui se traduisent par une tendance de l'enfant à contrôler son environnement en devenant volontairement sous-performant à l'école. Le RAD (Reactive Attachment Disorder) est différent du **TDAH*** (Trouble de l'attention avec ou sans hyperactivité ou **hyperkinesthésie*** pour les Européens) ;
- L'**anxiété de séparation*** attribuable à un problème d'attachement (qui doit être considérée comme différente de l'anxiété de séparation ordinaire) ;
- Le **trouble développemental traumatique***, qui ressemble à une forme d'autisme dû à des carences importantes et des traumatismes précoces.

Les intervenants sont aussi très souvent déroutés de voir que les parents sont présents, stimulants, adéquats dans leurs attitudes parentales, et que malgré tout l'enfant présente les mêmes problèmes d'apprentissage que certains enfants de milieux négligents, violents ou défavorisés.

Pour éviter bien des angoisses et des détours inutiles, nous vous recommandons de confier l'évaluation des difficultés d'apprentissage de votre enfant à une équipe de professionnels détenant de l'expérience en adoption.

---

7 *Formation et intervention professionnelle en adoption internationale*, formation créée par une équipe du CHU Sainte-Justine pour les professionnels en adoption internationale, MSSS/SAI, 2008.

[?] SAVOIR 3
L'anxiété de performance : le *syndrome du Boeing 747*

À l'opposé, certains enfants adoptés, loin d'éprouver des troubles d'apprentissage ou de comportement, disposent de ressources intellectuelles hors du commun. Ils seraient plutôt ce que les professeurs qualifient d'enfants *parfaits*. Ils se montrent calmes et dociles à l'école. Ils travaillent fort, réussissent très bien, atteignent l'excellence dans tout ce qu'ils entreprennent en étant très exigeants pour eux-mêmes. Ces enfants n'ont donc pas d'atteinte neurologique qui leur cause des difficultés à apprendre. Il faut s'en réjouir, quand on pense aux nombreux facteurs de risques qu'ils ont vécus en préadoption.

Les parents de ces enfants sont généralement rassurés et fiers. Et puisque l'enfant apprend si facilement, alors pourquoi ne pas lui offrir des cours de piano, de ballet, de soccer ou de gymnastique?... Les journaux à potins de deux côtés de l'Atlantique affichent en première page l'enfant de la vedette x, première en violon au conservatoire ou celui de la vedette Y, nouvellement recruté à 12 ans au Cirque du Soleil.

Soudain, l'enfant parfait se met à faire des crises. Pas à l'école, au début, mais à la maison. Il arrive de mauvaise humeur, fait ses devoirs en rouspétant, en se qualifiant de « poche », d'incapable, efface et recommence tout ce qu'il écrit, n'accepte pas de commettre une seule erreur ou de recevoir une note moins élevée que d'habitude, dort mal la veille des examens, se plaint de maux de ventre et vomit le matin de sa présentation orale...

Voilà ce qui arrive à de nombreux enfants adoptés : ils font preuve de grandes capacités d'ajustement pour se conformer aux attentes parentales et disposent de très bonnes capacités intellectuelles. Cela leur donne un extérieur solide d'avion gros porteur : une carlingue de *Boeing 747*. Leurs parents et leurs professeurs ne voient malheureusement que ce côté très doué et pensent bien faire en l'exploitant au maximum. Comme ce sont des enfants qui ont peur du rejet, de l'abandon, peur d'être moins aimés s'ils ne sont pas parfaits — ou pire, d'être renvoyés en Chine comme l'a confié en thérapie une petite fille d'origine chinoise —, ils essaient très fort de répondre aux attentes de leur entourage, jusqu'à épuisement physique et émotif[8].

Lorsque l'enfant parfait, le *Boeing 747*, menace de s'écraser, ne fonctionne plus très bien, les parents ne comprennent pas. Ils ignorent trop souvent que sous cette carlingue, sous cet extérieur très performant, se cachent deux petits moteurs affectifs de Cessna, un avion deux places. En y regardant de plus près, on s'aperçoit que l'enfant possède des capacités cognitives au-dessus de la moyenne, certes, mais des capacités émotives en dessous de la moyenne de son âge. Il est plus immature sur le plan émotif, plus anxieux, il doit déployer plus d'efforts pour arriver au niveau que, selon sa perception, on exige de lui.

8 Le faux moi adaptatif. Voir le savoir 4 du chapitre 12 (*Une estime de soi fragile*).

Cet écrasement peut prendre la forme d'une maladie psychosomatique : maux de ventre, eczéma, crises d'asthme, phobies, céphalées, ou encore se traduire en anxiétés de performance ou de séparation qui causent de l'insomnie, une grande irritabilité et des « crises de nerfs » très fréquentes.

Il faut donc bien connaître notre modèle d'avion avant de lui demander de voler de Chicago à Tokyo sans escale.

SAVOIR 4
Une question de lien entre maître et élève

Depuis toujours, dans le monde de l'éducation, des chercheurs se penchent sur les facteurs de risques qui peuvent entraîner le décrochage et, surtout, sur les facteurs de protection qui favorisent la réussite scolaire.

Souvent, en première page des revues spécialisées ou des quotidiens, on annonce que des chercheurs ont enfin trouvé le facteur le plus déterminant dans la persévérance et la réussite académique. Ils annoncent en grande pompe que ce mystérieux facteur est la qualité du lien maître-élève. On est toujours étonné qu'une telle évidence fasse les manchettes. Pourtant, il se trouve encore des gens pour se surprendre de cet élément de l'équation. Au Québec, des chercheurs comme Égide Royer[9], pour ne nommer que lui, militent depuis des décennies pour que ce facteur soit enfin pris plus au sérieux.

Si la relation maître-élève est de toute première importance pour la population estudiantine en général, ils deviennent extrêmement déterminants pour les enfants adoptés. Comme nous l'avons vu au chapitre 7 sur l'attachement, il est en effet dans la normalité adoptive d'avoir des problèmes d'attachement, c'est-à-dire une difficulté acquise à faire confiance et à se sentir en sécurité physique et affective avec les adultes donneurs de soins ou en position d'autorité.

Il est vrai, ces enjeux se manifestent et s'apaisent principalement dans l'intimité de la vie familiale, dans les relations amicales et éventuellement amoureuses. Ils se rejouent également chaque fois que l'enfant doit bâtir un nouveau lien de confiance avec un adulte en autorité : éducatrice en garderie, entraîneur de hockey ou professeur de danse. Les enseignants à l'école auront également une importance capitale, puisqu'ils seront les premiers à évaluer en chiffres le succès ou l'échec de l'enfant — ces fameuses notes qui consolideront ou fragiliseront l'estime de soi de l'enfant.

Un enfant adopté qui ne se sent pas unique, précieux et important aux yeux de son professeur n'aura pas la sécurité affective nécessaire pour bien apprendre. Il craindra de décevoir, de ne pas être à la hauteur des attentes. Il essaiera sans cesse de combler ses besoins de base : se sentir en sécurité et avoir un lien avec cet adulte. Il sera hypervigilant, en quête du moindre signe montrant que le professeur le connaît et le comprend, qu'il sait qu'il existe et qu'il a besoin d'aide. Ces préoccupations occuperont beaucoup trop de place dans le petit disque dur de l'enfant.

9 Égide Royer est professeur à l'Université Laval et chercheur spécialisé dans les facteurs qui favorisent la réussite scolaire. Il est également très présent dans les médias.

Pendant qu'il prend cette énergie pour se rassurer, il ne peut pas l'utiliser pour apprendre. Comme l'explique l'orthopédagogue québécoise Marie-Josée Lambert[10], apprendre à l'école ne fait pas partie des besoins fondamentaux pour assurer la survie de l'être humain.

Si l'enseignant croit l'enfant rendu à la satisfaction de besoins plus élevés, alors que celui-ci est encore totalement préoccupé par ses besoins physiologiques de sécurité, le travail est impossible, et ce, même si la relation de confiance commence à se bâtir doucement. Il faut absolument que le professeur réponde d'abord aux besoins de base de l'enfant pour le rendre disponible à l'apprentissage.

[?] SAVOIR 5
La relation de cause à effet : la chance et la malchance

Un des effets surprenants de la négligence en bas âge est la difficulté persistante de certains enfants lorsqu'ils doivent faire une relation de cause à effet. Cette difficulté est frappante surtout lorsque la relation de cause à effet concerne les conséquences de leurs propres choix ou actions sur leur environnement. Voici comment Jérôme, 10 ans, d'origine coréenne, résumait cette réalité : « Cette semaine j'ai été chanceux, j'ai eu une bonne note en géographie. » Sa maman, qui était présente à l'entrevue, lui a alors fait remarquer qu'il ne s'agissait pas de chance, puisqu'il avait travaillé très fort pour cet examen. Toutefois, Jérôme n'acceptait pas la responsabilité de son résultat. La semaine suivante, Jérôme arrive en thérapie désolé d'annoncer : « J'ai été malchanceux dans ma récitation en français, j'ai eu une mauvaise note. » Sa maman lui a rappelé qu'il n'avait pas voulu étudier la conjugaison des verbes, mais Jérôme persistait à voir dans son échec un pur hasard.

Pour plusieurs enfants comme Jérôme, ce qui leur arrive est aléatoire, imprévisible, et ils ne peuvent rien y changer. Ils restent persuadés qu'ils n'ont pas le pouvoir d'influencer positivement ou négativement leurs résultats scolaires. Ils doutent aussi que le fait d'approcher gentiment un camarade de classe augmente la possibilité que cet enfant accepte de jouer avec eux, alors qu'une arrivée brusque risque de lui déplaire.

Il est donc fort difficile de motiver l'enfant à faire des efforts ou à modifier ses comportements. On a beau lui expliquer qu'en modifiant ses mots ou ses gestes, il augmentera ses résultats scolaires ou se fera de bons amis, ces notions entrent en total conflit avec ses croyances profondes. Sa perception de l'univers est différente de celle de la majorité des gens.

Il semble que cette difficulté acquise à établir des liens de cause à effet prenne ses racines dans le manque de cohérence et de prévisibilité des réponses données par ses premiers donneurs de soins en préadoption. Comme nous le verrons au chapitre 12, qui porte sur l'estime de soi, une des compétences innées d'un bébé est de crier, pleurer pour alerter un donneur de soins et lui signaler ses besoins. C'est

---

10 Marie-Josée Lambert. *L'Enfant adopté en difficulté d'apprentissage : guide d'accompagnement pour les parents adoptifs et les parents d'accueil*, Bruxelles, De Bœck, coll. « Parentalités », 2011.

ainsi que les enfants modèles de base, qui ont reçu des réponses rapides, chaleureuses, cohérentes et prévisibles lorsqu'ils appelaient à l'aide, ont intégré qu'ils peuvent influencer positivement ou négativement leur destin.

Or, cette équation logique ne s'est jamais imprimée dans les circuits neurologiques de plusieurs enfants adoptés. On les nourrissait lorsqu'ils ne criaient pas, on les ignorait lorsqu'ils avaient soif. Être mignon ou non, sage ou non, ne changeait rien à leur sort. Le lien de causalité ne s'est pas prouvé hors de tout doute.

Pour opérer un changement dans les croyances de l'enfant, il ne suffira pas de simplement lui expliquer le principe théorique du lien entre la cause et l'effet. C'est pourquoi le parent et le professeur devront faire vivre concrètement à l'enfant des situations[11] où il agira, puis observera clairement qu'il peut faire une différence.

[?] SAVOIR 6
Les styles d'attachement insécurisés en classe

Il est important de mieux comprendre l'influence du style d'attachement d'un enfant sur sa façon de performer ou de se comporter en classe, ou encore pendant la période des devoirs à la maison. Comme nous l'avons expliqué au chapitre 7 (*Un attachement difficile*), la plupart des enfants adoptés arrivent avec une programmation d'attachement insécurisée : certains sont « évitants » (les petits solos), d'autres sont anxieux (les velcros), et d'autres, ambivalents ou colériques (les sumos). Avec des soins qui tiennent compte de la normalité adoptive, les nouveaux parents peuvent grandement apaiser ces comportements d'attachements insécurisés[12]. L'enfant apprendra avec ses nouveaux parents de nouveaux comportements d'attachement plus sains, plus simples.

Cette nouvelle « programmation » plus saine devient ensuite disponible dans l'ordinateur affectif de l'enfant, un peu comme une deuxième langue qu'il utilise tous les jours sans problème. Par contre, la langue maternelle d'attachement (celle plus insécurisée), même si on ne l'utilise plus quotidiennement, reste profondément imprimée dans le cerveau, quoique peu utilisée. Cependant, en cas de grandes émotions ou de danger, cette première langue d'attachement refait spontanément surface. On ne parle pas ici de graves troubles de l'attachement, qui sont l'apanage d'une minorité d'enfants adoptés et qui feront l'objet d'un ouvrage complet de la collection[13]. On parle de difficultés d'attachement, d'une programmation d'attachement qui demeure fragile aux stress environnementaux. Or, toute situation nouvelle d'apprentissage génère un certain stress.

Ainsi, lorsqu'un enfant adopté se heurte à des problèmes scolaires, il se retrouve sous la loupe des adultes significatifs de sa vie : ses parents et ses enseignants. La peur de décevoir, la crainte d'être rejeté ou de nouveau abandonné, la mauvaise

11 Des fiches de rééducation de la relation de cause à effet figureront dans plusieurs autres livres de la collection « Adopteparentalité ».

12 Voir le chapitre 3, *Un incroyable survivant*.

13 Voir le livre *Quand l'adoption fait mal*, à paraître dans la même collection.

gestion du stress, une estime de soi fragile et parfois même certains troubles ou problèmes d'apprentissage sont des facteurs qui risquent de faire régresser l'enfant dans ses vieilles stratégies de survie, son ancien style d'attachement insécurisé (solo, velcro ou sumo). Voici comment chacun de ces styles se manifeste en situation d'apprentissage[14] :

- **L'élève solo** (attachement évitant) essaie de se concentrer uniquement sur la tâche à accomplir. Il ne veut pas utiliser la relation d'aide entre lui et l'adulte. Il n'aime pas la proximité physique de l'adulte. Il ne pose pas de questions, ne demande pas d'aide. Il est convaincu de n'avoir besoin ni de consignes, ni d'explications, ni de transmission de connaissances. Il veut toujours prouver qu'il n'a besoin de personne, mais ne le verbalise pas agressivement. Il souhaite secrètement que l'enseignant devine ses besoins et l'aide sans en avoir l'air. Il cherche à éviter les interactions avec l'enseignant ou le parent qui tente de l'aider. Pourtant, il arrive rarement à accomplir seul sa tâche correctement. Il fait souvent semblant de travailler fort pour qu'on lui fiche la paix. Il peut devenir soit très passif, soit temporairement agressif si l'adulte essaie de lui expliquer quelque chose ou lui fait remarquer qu'il n'est pas à la bonne page.
- **L'élève velcro** (attachement anxieux) ne se concentre pas sur la tâche, mais sur le maintien de l'utilisation du lien avec l'adulte. Il est beaucoup plus préoccupé de la qualité de la relation que de la qualité de son travail scolaire. Il a de la difficulté à essayer une nouvelle tâche s'il n'est pas constamment soutenu ; si l'adulte s'éloigne, il devient fébrile, anxieux et se dévalorise lui-même constamment. Il est toujours inquiet de ce qui va se passer par la suite, ce qui l'empêche de se concentrer sur sa tâche dans le présent. Il ne travaille pas pour lui-même, mais constamment dans le désir de plaire à l'adulte. Il cherche tous les prétextes pour faire venir l'adulte à proximité. Il peut utiliser la séduction ou la flatterie pour utiliser le lien de manière ininterrompue. Il peut aussi se montrer très vulnérable, feignant des pleurs de découragement, la détresse et la pitié. Il se décourage si tout n'est pas à son goût, parfait, et ce, même si l'adulte l'assure qu'il fait du bon travail.
- **L'élève sumo** (attachement ambivalent colérique) a de la difficulté à se concentrer sur sa tâche, car il très préoccupé par le maintien de la relation afin de toujours savoir ce qui se passe. Il se sent facilement en danger et il observe l'adulte pour vérifier s'il est assez futé et fort pour gérer la situation, que ce soit un conflit entre les autres élèves ou ses propres mauvaises attitudes. L'enfant sumo est trop occupé à décoder les émotions du professeur, craignant d'y voir du rejet, du mépris ou du danger. S'il interprète mal une émotion, il peut faire un acte de sabotage préventif avant d'avoir à subir les reproches ou « attaques » du professeur. Son niveau d'anxiété est très élevé,

14 Adaptation libre de Heather Geddes. *Aider les élèves en difficulté d'apprentissage : l'influence de l'attachement sur le comportement en classe*, Bruxelles, De Bœck, 2012.

il déteste l'incertitude, mais ne l'avouera jamais. Il cache sa vulnérabilité sous une apparence de prétentieux qui n'a peur de rien. Si l'adulte ne lui semble pas assez solide et rassurant, l'enfant sumo tentera de contrôler la relation en étant opposant, colérique, désagréable ou en faisant le clown. Son besoin de prise de contrôle est plus fort que sa peur d'être puni ou que son besoin d'être félicité. Il peut tout faire voler simplement par peur que l'adulte (ou un autre enfant) se rende compte qu'il ignore quelque chose.

[?] SAVOIR 7

Immaturité affective et motivation

Comme l'explique l'orthopédagogue Marie-Josée Lambert, « ce n'est pas la motivation qui nous pousse à réussir, ce sont nos réussites qui nous motivent à continuer[15]. » Autrement dit, il faut connaître des succès pour vivre personnellement et intérieurement les émotions de satisfaction que la réussite procure et avoir ensuite envie de les revivre.

Les enfants adoptés doivent toutefois surmonter plusieurs facteurs de risques pour réussir à réussir! Si, comme nous l'avons vu au chapitre précédent (*Un développement différent*), la majorité des enfants adoptés récupèrent leurs retards physiques et cognitifs de façon assez spectaculaire, cette récupération comporte un piège très subtil : la récupération des retards de maturité affective est beaucoup moins rapide.

Jusqu'à son adoption, sauf exception, l'enfant était en situation de survie : il ne recevait pas assez de nourriture affective, ce qui ne l'empêchait pas de survivre physiquement le mieux possible. À son arrivée, son corps devient rapidement disponible pour absorber la nourriture alimentaire et sensorielle offerte par ses nouveaux parents. À cause de son passé, toutefois, la programmation qui lui permettrait d'accepter des soins affectifs se met plus difficilement en branle.

Cela a pour effet que plusieurs années après son adoption, l'enfant démontre un développement physique et souvent cognitif qui correspond à son âge chronologique, mais au développement affectif d'un enfant beaucoup plus jeune. Il n'est pas rare de constater qu'une fillette qui a le corps et les capacités intellectuelles d'une enfant de neuf ans se comporte émotivement comme une petite de six ans, et cet écart peut demeurer longtemps. Lorsqu'elle aura 17 ans, sa maturité affective sera probablement de 14 ou 15 ans. Cet écart est un des facteurs qui explique l'adolescence compliquée des enfants adoptés. Bien sûr, ces écarts sont perceptibles surtout chez les enfants et les adolescents, car une année de maturité dans une courte vie est une chose plus perceptible. À l'âge adulte, ces différences peuvent passer plus inaperçues.

---

15 Marie-Josée Lambert. *Ibid.*

Ainsi, il faut savoir qu'au début, tout enfant s'applique à l'école pour plaire à son parent et recevoir des gratifications. Ce n'est qu'en prenant de la maturité qu'il apprendra à se gratifier lui-même et, éventuellement, prendra du plaisir à réussir. Par manque de maturité affective, les enfants adoptés ont besoin très longtemps de cette première motivation extérieure, celle qui vient de leurs parents et de leurs professeurs.

La majorité des parents qui consultent un spécialiste lorsque leur enfant éprouve des difficultés scolaires disent d'emblée que leur enfant est plus «bébé» que les autres enfants de son âge. Ces parents interprètent cela comme une caractéristique étrange et rare, alors qu'elle fait partie de la normalité adoptive. Ils sont aussi déroutés par l'incohérence apparente de la situation : sur certains aspects, l'enfant peut émettre des réflexions d'une profondeur et d'une maturité impressionnantes, alors que dans le quotidien, ils se battent contre son manque d'autonomie et d'initiative, ils sont aux prises avec un enfant accaparant, qui ne fait pas encore grand-chose sans être encouragé et surveillé.

Cette situation finit par exaspérer les parents. Quand l'enfant est plus jeune, à la limite, ils trouvent normal de jouer ce rôle de motivateur. Mais au fur et à mesure que l'enfant grandit, l'écart se creuse entre ce que devrait être son comportement à son âge et la réalité. Les parents voient leurs amis avec des enfants du même âge jouir de plus en plus de liberté, alors que c'est loin d'être leur cas. Cela se complique encore plus lorsque le professeur de 3e ou de 4e année explique qu'il est possible et même souhaitable de laisser les enfants de cet âge assumer presque seuls la période de devoirs et de leçons, en conseillant aux parents de se limiter à imposer gentiment une période de devoirs d'une durée minimum, dans un endroit calme. Pendant cette période, l'enfant travaille seul, et demande de l'aide seulement s'il en ressent le besoin. Le parent est ensuite invité à vérifier si tout le travail a été fait ou à faire avec l'enfant une petite révision.

Les parents qui ont des enfants modèles de base sans entretien sophistiqué peuvent espérer une telle progression. Cependant, plusieurs parents d'enfants biologiques présentant des difficultés d'apprentissage ou de comportement ne peuvent absolument pas appliquer ces suggestions ; ils devront continuer à encadrer et encourager leur enfant, et engager des tuteurs parfois jusqu'à la fin du secondaire. En parentalité biologique, toutefois, ce seront des cas d'exception, alors qu'en parentalité adoptive, à l'inverse, les enfants qui fonctionnent et réussissent sans soutien constant des parents sont l'exception.

S'acharner à nier ou combattre ce fait est inutile et contre-productif. Les parents ne feront qu'aggraver les choses s'ils essaient de traiter l'enfant et de se comporter avec lui comme s'il était plus mature qu'en réalité. L'enfant ne se sentira pas compris, respecté dans ses besoins, ne réussira pas plus et, au final, il décevra ses parents, qui eux aussi seront déçus de leur performance parentale. Les parents finissent donc par créer ce qu'ils craignent : l'enfant se démotive et se décourage encore plus.

[?] SAVOIR 8
Racisme, intimidation et questions idiotes

Les enfants adoptés ne passent pas inaperçus, particulièrement s'ils se retrouvent dans un milieu où il y a peu de diversité ethnique. Leur différence physique peut provoquer une indifférence totale ou, au contraire, être vécue comme un avantage ou un inconvénient. Voici quelques exemples de situations possibles :

LA MASCOTTE DE L'ÉCOLE

Certains enfants ont surutilisé efficacement leur côté charmeur et craquant pour obtenir plus d'attention et de soins de la part des nounous avant leur adoption. Par la suite, ils ont continué à être gentils, mignons, parce qu'ils ont vite compris qu'en faisant le petit clown ou la petite charmeuse, ils recevaient des faveurs et des commentaires positifs de la part de la famille, des voisins, etc.

L'enfant devient alors facilement la mascotte de l'école dès la maternelle. Tout le monde connaît son nom, les plus grands le prennent dans leurs bras, le cajolent, jouent avec lui comme avec un petit bébé. Il fait fondre même les adultes, qui ont tendance à lui accorder de petits passe-droits...

Bien entendu, il y a un bon côté à cela, mais aussi un autre plus insidieux : cet enfant va et doit grandir, il doit être capable d'avoir des relations sociales égalitaires en se comportant selon son âge et non pas en jouant toujours au bébé. Et puis viendra un jour où tout le monde ne l'aimera pas, et il risque de ne pas comprendre pourquoi. Il risque aussi de vouloir éventuellement passer inaperçu, car toute cette attention peut être très envahissante, étouffante. Il se trouvera enfermé dans un rôle dont il n'osera pas sortir de peur de déplaire et d'être rejeté.

Dans cette situation, il faut parfois intervenir pour calmer les ardeurs et les élans d'affection des autres enfants et des adultes. On doit aussi expliquer à l'enfant que c'est normal si tout le monde ne l'aime pas, qu'il a le droit de refuser les câlins de purs étrangers et qu'il n'a pas à faire le clown s'il n'en a pas envie.

« RETOURNE DANS TON PAYS »

Sans exagérer cette réalité ni l'invoquer pour expliquer tous les conflits sociaux de l'enfant, il ne faut jamais éliminer la possibilité du racisme dans le vécu social des enfants à l'école.

Hors de la famille, l'école constituera un des premiers lieux de socialisation dans la vie de l'enfant. Il y rencontrera des gens ouverts ou étroits d'esprit, respectueux ou intolérants. C'est dans le regard des gens hors de sa famille qu'il vivra sa différence, selon qu'elle sera perçue positivement ou négativement. Il pourrait alors s'isoler pour ne pas avoir à subir ce regard, ou encore devenir une victime et endurer les insultes de peur de ne pas être dans la gang. Il pourrait devenir agresseur avant même qu'on l'attaque vraiment. Ces comportements peuvent avoir plusieurs raisons, mais les facteurs de l'origine ou de la couleur de peau ne doivent jamais être négligés lorsqu'on évalue le vécu scolaire des enfants adoptés.

« OÙ EST TA VRAIE MAMAN ? »

Plusieurs enfants adoptés n'osent pas ou n'osent plus raconter ce qu'ils vivent à l'école à propos de leur différence. Certains ont peur de faire de la peine à leurs parents. D'autres ont déjà essayé d'en parler, mais ont eu l'impression que leurs parents ne pouvaient pas vraiment comprendre ce que c'était de toujours se faire regarder comme différent. Il ne faut pas minimiser l'effet sur l'enfant adopté des questions pas toujours méchantes, mais tout de même blessantes, par exemple : « Combien tes parents ont payé pour t'adopter ? », « Pourquoi ta vraie mère ne t'aimait pas ? »

Certaines écoles ont des programmes très bien faits pour valoriser la différence, avec une politique de tolérance zéro envers l'intimidation ou les propos racistes. Dans d'autres établissements, malheureusement, on niera le problème.

Soyez vigilants : bien sûr, ne sautez pas à la conclusion de l'intolérance à chaque petit conflit entre enfants, mais ne l'écartez jamais complètement. Pour trouver des solutions préventives, voir les fiches pédagogiques Adopteparentalité du chapitre 14 (*Une identité courtepointe*).

SAVOIR FAIRE
Savoir être

FICHE PÉDAGOGIQUE ADOPTEPARENTALITÉ **N° 31**
L'évaluation du déficit de l'attention chez les enfants adoptés

Objectif : aider les parents et les professionnels de l'école à tenir compte des facteurs de risques particuliers dans l'évaluation du TDAH d'un enfant adopté

Public cible : parents d'enfants présentant des symptômes de TDA ou de TDAH

Matériel nécessaire : aucun

Selon les différentes recherches, les enfants abandonnés puis adoptés à l'étranger présentent de deux à quatre fois plus de déficits de l'attention que ceux d'une population moyenne. Au bout du compte, environ un enfant adopté sur cinq serait atteint du TDAH. Par exemple, l'étude menée par Elinor Ames[16] sur les orphelins roumains démontre qu'environ un tiers des enfants qui

16 Elinor Ames *et al. Development of Romanian Orphanage Children Adopted in Canada*, Burnaby (B.C.), Human Resources Development Canada, 1997. (Voir aussi le site internet : www.bcadoption.com)

avaient passé 8 mois ou plus dans un orphelinat roumain souffraient de TDAH à l'âge de 10 ans et demi.

Des statistiques

Dans une enquête québécoise[17] menée auprès de parents, on a montré que 9,5 % des enfants adoptés à l'étranger qui étaient âgés de 6 à 7 ans, et 13,7 % des enfants âgés de 10 à 12 ans souffraient de TDAH. Tout comme dans la population en général, les garçons adoptés à l'étranger en souffraient davantage que les filles. Dans cette enquête, les enfants adoptés en Roumanie et en Fédération de Russie avaient tendance à avoir des taux de TDAH et d'autres troubles du comportement plus élevés que les enfants provenant d'autres régions géographiques. Ces données concernant l'ajustement comportemental des populations d'Europe de l'Est se retrouvent dans les suivis cliniques à 7 ans du CHU Sainte-Justine et de l'UQÀM[18].

Les origines

Les raisons expliquant cette forte prévalence des troubles de l'attention et de l'hyperactivité en adoption internationale sont complexes. Ces troubles sont souvent attribuables à des épisodes de vie qu'on ne connaît pas. Beaucoup d'éléments peuvent contribuer à expliquer le TDAH : des prédispositions des parents biologiques, le retard de croissance intra-utérin, une infection congénitale, l'usage de tabac ou de cocaïne de la mère ou la contamination au plomb durant la grossesse, le syndrome d'alcoolisation fœtale, l'anoxie périnatale lors d'une naissance difficile ou non assistée, un traumatisme crânien, la malnutrition prolongée, une méningite, des carences psychoaffectives ou encore l'encadrement insuffisant.

On sait que tous ces facteurs ont une influence sur l'apparition d'un TDAH chez un enfant déjà à risque génétiquement. Or, ces facteurs sont souvent le lot des enfants abandonnés, puis adoptés à l'international. On comprend dès lors pourquoi le TDAH est plus fréquemment présent chez ces enfants.

Poser un bon diagnostic

Une difficulté supplémentaire surgit donc dans le contexte de l'adoption internationale : le diagnostic différentiel. Effectivement, la majorité des symptômes du TDAH peuvent aisément se confondre avec des tumeurs primaires, notamment dans le continuum de l'attachement, ou des tumeurs secondaires, comme un syndrome d'alcoolisation fœtale par exemple. Souvent, l'enfant présentera non seulement un TDAH, mais aussi un trouble de l'attachement. Par exemple,

17 Réjean Tessier *et al.* « L'adoption internationale au Québec de 1985-2002 : l'adaptation sociale des enfants nés à l'étranger et adoptés par des familles du Québec », Rapport de recherche, Secrétariat à l'adoption internationale, Ministère de la Santé et des Services sociaux (MSSS), Québec, 2003.

18 Andrée Pomerleau *et al. Ibid.* p. 445-457.

un enfant placé en orphelinat, prédisposé génétiquement au TDAH et ayant souffert de grave malnutrition, risque également de se trouver dans une précarité affective favorisant le trouble d'attachement. Pour évaluer un enfant adopté avec un TDAH, on doit donc être le plus informé possible sur l'histoire et les conditions de vie de l'enfant alors qu'il était encore dans son pays d'origine, et ce, afin de bien cerner la ou les problématique(s) en cause et ainsi intervenir plus efficacement devant des conditions mixtes.

Parmi toutes les raisons qui expliquent la prévalence du diagnostic du TDAH en adoption, on compte malheureusement le mauvais diagnostic. Combien d'enfants hypervigilants, anxieux, mal concentrés sont-ils considérés comme souffrant d'un TDAH, alors qu'ils ne sont dans les faits que des enfants insécurisés, traumatisés ou ayant des problèmes de modulations sensorielles? Ou un syndrome d'alcoolisation fœtale (SAF) grave, ou un léger EAF (effet de l'alcoolisation fœtale) ? Ou un problème de langage comme la **dyspraxie*** ?

C'est pourquoi il est souhaitable que le professionnel consulté ait une bonne connaissance de la normalité adoptive. On recommande également que l'enfant soit vu par une équipe multidisciplinaire qui tiendra compte de tous les aspects de son développement.

Inspiration : Travaux du docteur Jean-François Chicoine et de ses collaborateurs au CHU Sainte-Justine à Montréal.

FICHE PÉDAGOGIQUE ADOPTEPARENTALITÉ **N° 32**

Les cinq questions de Niels Peter Rygaard

Objectif : évaluer la nature exacte des difficultés d'apprentissage ou de comportement d'un enfant adopté

Public cible : enfants qui présentent un cheminement scolaire difficile

Matériel nécessaire : la consultation de spécialistes selon la nature du problème soupçonné

Les problèmes scolaires éprouvés par un enfant adopté peuvent être autres que purement cognitifs. Compte tenu des facteurs de risques qu'il a pu vivre en préadoption, il faut considérer tous les aspects développementaux lors de l'évaluation.

Si votre enfant présente des problèmes d'apprentissage ou de comportement à l'école, essayez de suivre la piste des carences durant son développement. Le cerveau se construit comme une pyramide : les fonctions cérébrales cognitives les plus sophistiquées sont dans le «cerveau d'en haut», comme le nomme

Daniel Siegel[19], alors que les fonctions plus émotives et sensorielles font partie du « cerveau d'en bas » : le limbique et le reptilien. Si le cerveau d'en bas n'a pas complété certains apprentissages, il est inutile d'essayer de consolider les étages cérébraux supérieurs. Il faut retourner à la base et colmater les failles qui s'y trouvent.

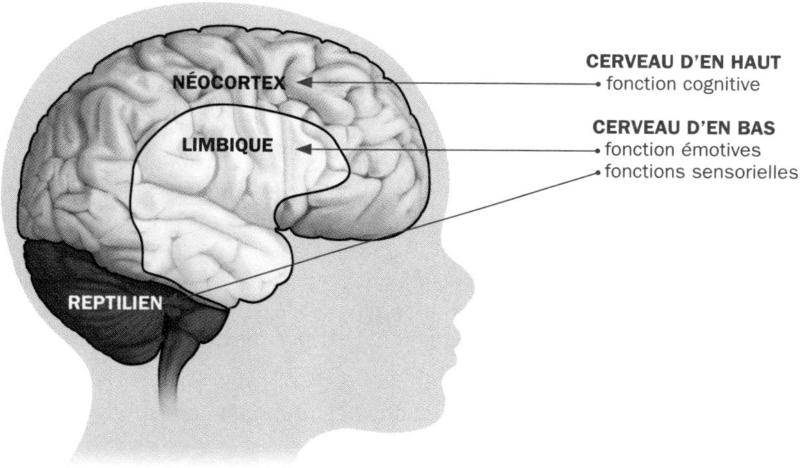

Pour ne pas oublier ou négliger de vérifier certains aspects du développement, le psychologue danois Niels Peter Rygaard[20] a mis au point cinq questions. L'objectif est d'aider le professionnel et le parent à s'assurer de mettre en place la bonne intervention.

Imaginez que Jérôme, 8 ans, soit peu motivé, apprenne mal et, en plus, fasse toujours des bêtises à la cafétéria scolaire. Quelles questions doit-on se poser pour savoir quels professionnels consulter ?

Est-ce que Jérôme a un problème organique ?

Est-il incapable de contrôler son attention ou de percevoir qu'il a besoin de manger ? A-t-il des crises d'épilepsie discrètes et intermittentes qui prennent la forme d'un regard fixe et absent pendant quelques secondes à peine (beaucoup d'enfants présentant des troubles d'attachement ont ce problème, souvent très mal diagnostiqué)? A-t-il un problème d'audition causé par des

19 Daniel J. Siegel et Tina Payne Bryson. *The Whole-Brain Child: 12 Revolutionary Strategies to Nurture Your Child's Developing Mind*, New York, Random House, 2011.

20 Neils Peter Rygaard. Notes du cours dispensé par Pétales-Québec le 11 novembre 2006 à Montréal.

otites fréquentes ? A-t-il besoin de lunettes ? Est-il normalement éveillé, hyperactif ou trop passif ? Peut-il fixer son attention pendant un laps de temps qui correspond à ce qui est attendu à son âge ? A-t-il des réflexes anormaux ou une tension musculaire anormale ?

Si la réponse à plusieurs de ces questions est « oui », une consultation en pédiatrie est alors nécessaire.

Est-ce que Jérôme a un problème sensoriel ?

Est-il tellement perturbé par le bruit et le mouvement qu'il est incapable de se concentrer sur le repas ? Est-il constamment en train de se gratter partout parce qu'il ne peut pas supprimer ses stimuli cutanés ? Est-il dégoûté par un goût amer et ne veut-il manger que de la nourriture sucrée et en purée ? Est-il incapable de sentir son niveau de satiété ? Est-il insensible à la douleur quand il tombe et se blesse ? A-t-il des problèmes d'équilibre, d'intégration sensorielle ? Réagit-il avec douleur à une simple caresse, ou peut-il rester trois jours avec un bras cassé non soigné sans se plaindre ? Panique-t-il dès qu'il y a un élément nouveau dans son environnement (par exemple, des serviettes bleues plutôt que blanches dans la salle de bain) ?

Si la réponse à plusieurs de ces questions est « oui », une consultation en ergothérapie serait souhaitable.

Jérôme a-t-il des problèmes de psychomotricité globale ou de psychomotricité fine ?

Est-ce qu'il agit d'une façon maladroite, primitive ? Renverse-t-il son lait, mâche-t-il en utilisant la langue plutôt que les dents et les joues ? Est-il incapable de rester assis sur une chaise ? Quand il utilise sa fourchette ou son couteau, heurte-t-il sa bouche ? Utilise-t-il sa main droite ou gauche indifféremment ? Est-ce qu'il est maladroit, pousse les autres et déclenche des bagarres ? Trébuche-t-il dans ses propres pieds ? A-t-il du mal à utiliser ses doigts de façon indépendante ?

Si la réponse à plusieurs de ces questions est « oui », des consultations en ergothérapie et en physiothérapie seraient souhaitables.

Est-ce que Jérôme a un problème affectif, c'est-à-dire un problème d'expression et de régularisation des affects ?

Est-ce qu'il explose devant les petites frustrations normales de la vie ? Est-il incapable de supprimer temporairement ses émotions pour essayer une autre stratégie ? Imite-t-il simplement les comportements perturbateurs des autres, est-il incapable d'avoir des intentions personnelles et indépendantes ? A-t-il du mal à exprimer correctement de la tristesse, du chagrin, de la honte, de la culpabilité, des doutes, une crainte anticipée ou une peur des étrangers ? Est-il incapable de se rappeler ce qu'on lui enseigne comme attitude affective normale et souhaitable ? Semble-t-il incapable de mettre lui-même un « frein » à ses émotions qui s'emballent ? Parle-t-il comme un perroquet, sans intégrer et comprendre le sens de ce qu'il dit, et sans qu'on discerne de lien entre ses mots et ses actions ? Est-il incapable de percevoir que ses émotions négatives ou positives peuvent influencer les réactions émotionnelles des autres ?

Si la réponse à plusieurs de ces questions est « oui », des consultations en orthophonie, en orthopédagogie et/ou en neuropsychologie seraient souhaitables.

Jérôme a-t-il un problème d'habiletés sociales et d'attachement ?

Est-il indifférent quand il est dans un nouvel environnement ? Comprend-il ce qui se passe dans un groupe ? A-t-il du mal à s'attacher à certains adultes ou aux autres enfants ? Ses contacts sont-ils brefs, désorganisés et rapidement oubliés ? A-t-il peur d'être oublié, abandonné ou seul ? Semble-t-il avoir de la difficulté à adhérer aux suggestions des autres ? S'enferme-t-il dans une opposition primitive de lutte : prise de contrôle ou fuite ? A-t-il du mal à attendre son tour ? Reste-t-il confiné dans un rôle de bourreau ou de victime ? Est-il incapable de réfléchir à ses actions avec une certaine autocritique ? Semble-t-il ignorer que ses actions peuvent influencer positivement ou négativement le comportement des autres ? Change-t-il de meilleurs amis tous les deux jours ? Y a-t-il un écart important entre ses intentions annoncées et ses actions réelles en situation sociale ? Est-il incapable de décoder les émotions sur les visages, les signes sociaux non verbaux ? Est-il incapable d'apprendre de ses erreurs sociales ?

Si la réponse à plusieurs de ces questions est « oui », une consultation en psychologie, travail social, psychoéducation ou dans une équipe multidisciplinaire en pédopsychiatrie serait souhaitable.

Inspiration : *Traitement des troubles de l'attachement*, formation organisée par l'association PÉTALES donnée par le psychologue Danois, Neils Peter Rygaard à Montréal, le 11 novembre 2006.

FICHE PÉDAGOGIQUE ADOPTEPARENTALITÉ **N° 33**

Éviter le syndrome de Pénélope

Objectif : éviter que la période des devoirs détruise la relation d'attachement entre l'enfant adopté et son parent

Public cible : parents d'un enfant d'âge scolaire qui présente des difficultés d'apprentissage ou de comportement

Matériel nécessaire : ressources financières

L'*Odyssée*, une épopée de la Grèce antique écrite par Homère, met en scène Ulysse, le roi d'Ithaque, qui a quitté son royaume pour aller combattre les Troyens. Pendant sa longue absence, son épouse Pénélope attire la convoitise des hommes restés sur l'île. Invoquant son probable veuvage, puisque Ulysse n'a pas donné signe de vie depuis des années, ils exigent qu'elle choisisse l'un d'entre eux pour devenir son nouvel époux et, du même coup, le nouveau roi.

Rusée et profondément fidèle à son mari, elle accepte de choisir un nouvel époux, mais uniquement le jour où elle aura terminé de tisser l'étoffe funéraire de son mari. Elle tisse donc toute la journée sous la surveillance des prétendants impatients. Sans que personne comprenne pourquoi, le travail s'avère interminable. En effet, lorsque tous les prétendants dorment, Pénélope se relève la nuit pour défaire ce qu'elle a fait le jour. Ulysse reviendra pour la trouver toujours en train de tisser.

En parentalité adoptive, le syndrome de Pénélope symbolise le fait que les enjeux scolaires et surtout la courte période des devoirs peuvent défaire tout le lien d'attachement que le parent et l'enfant ont tissé avec patience et énergie.

L'ambiance qui règne autour des devoirs et des leçons a un effet immédiat sur le plaisir que vit l'enfant et, par conséquent, sur sa motivation, sa concentration, sa mémoire, ses capacités de compréhension, sa confiance en lui, etc. Pour tout l'or du monde, les parents doivent éviter les conflits et les cris, pour entretenir plutôt le plaisir d'apprendre dans un environnement structuré et « contenant ».

Sans en être trop conscients, certains parents évaluent leurs propres compétences parentales d'après les résultats scolaires de leur enfant. Certains autres ont même peur que le professeur de leur enfant les perçoive comme de mauvais parents si tout n'est pas fait à la perfection. Réévaluez vos priorités et dites-vous qu'il vaut mieux un résultat scolaire moyen, avec des parents et des enfants heureux, plutôt que des résultats excellents au prix d'une mauvaise ambiance à la maison et de la détérioration du lien d'attachement.

Si, malgré tout, la période des devoirs devient une véritable bataille, une corvée à finir à tout prix, si cela devient un moment désagréable, frustrant pour l'enfant et pour son parent, le risque de nuire à la relation d'attachement devient imminent. C'est particulièrement vrai quand on a eu à travailler si fort pour créer cette relation d'amour et surtout de confiance avec un enfant adopté.

Rappelez-vous que, comme parents, vous avez une obligation de moyens, pas de résultats. C'est votre responsabilité de prendre les bons moyens pour motiver votre enfant et comprendre ses besoins spéciaux. Ces moyens doivent être créatifs et stratégiques. N'hésitez pas à consulter un spécialiste, comme un orthopédagogue, pour avoir plus d'outils d'intervention. Un parent n'a pas l'obligation de toujours réussir, un enfant non plus.

Donner des choix, plutôt que des ordres

La notion de choix est extrêmement importante en adoption. L'enfant adopté a déjà supporté beaucoup de décisions prises par d'autres adultes avant vous. Il peut ainsi conclure que rien n'est jamais de sa faute, puisqu'il n'est imputable de rien et n'a de pouvoir sur rien. Un parent qui donne toujours deux choix à l'enfant lui apprend qu'il peut avoir du pouvoir sur sa propre vie. Nous ne parlons pas ici de laisser l'enfant faire les choix qui sont de la responsabilité du capitaine. Nous parlons d'une méthode éducative plus efficace que les sermons, la persuasion, la menace ou le chantage émotif.

Dans le contexte des devoirs, il vaut mieux éviter de donner des ordres pour plutôt demander à l'enfant de faire des choix, afin que ce dernier s'approprie ses décisions. Cette méthode permet d'éviter les guerres de pouvoir entre le jeune et le parent — parent qui, d'ailleurs, travaille souvent plus fort que l'enfant. Même si le parent doit veiller au grain, il s'agit de la vie de l'enfant, de sa réussite ou de son échec.

Voici un exemple :

« Ton enseignante, madame Juliette, m'a confirmé que tu étais parfaitement capable de faire toutes tes leçons et tous tes devoirs en 30 minutes. Regarde-moi dans les yeux. Je te donne deux choix : est-ce que tu veux que maman s'assoie auprès de toi pendant 30 minutes pour t'aider ou est-ce que tu préfères travailler pendant 30 minutes tout seul et que je vienne fermer tes livres à la fin même si tu n'as pas fini, et que j'envoie une petite note à ton enseignante pour lui dire que tu as refusé mon aide ? » Soulignez à l'enfant que s'il refuse de choisir, vous choisirez automatiquement de le laisser se débrouiller seul.

Si l'enfant accepte que maman reste, elle doit ajouter : « Très bon choix ! Maintenant, voici deux autres choix. Si tu choisis de rester calme sans avoir peur de me décevoir en ne sachant pas quelque chose, on va travailler ensemble pendant 30 minutes et ce sera agréable. Si tu choisis à un moment donné de t'énerver, de pleurer, de refuser mes explications, je vais comprendre que tu as changé d'idée et que tu veux le faire seul. Je viendrai donc fermer les livres après 30 minutes et j'écrirai un mot à madame Juliette. »

Le parent doit faire cela sans démontrer d'états d'âme, presque de façon mécanique. Le parent doit aussi appliquer strictement les choix de l'enfant, qu'ils soient verbaux ou non verbaux. Par exemple : « Je constate que tu choisis de t'énerver ou de refuser mes explications. Pas de problème, j'ai compris ton choix. À tantôt, je vais revenir à la fin des 30 minutes. »

Une entente préalable avec l'enseignant pour le prévenir de cette stratégie et lui demander sa collaboration peut aider le parent à être moins stressé par le jugement potentiel du professeur.

Au bout du compte, c'est toujours l'enfant qui choisit ou non de travailler, d'apprendre, de faire ou de ne pas faire ses devoirs. Mais c'est LUI, pas le parent, qui devra expliquer cela à son professeur le lendemain.

Déléguer une tâche ne veut pas dire démissionner de son rôle parental

Prendre les bons moyens n'exclut pas de déléguer certaines tâches pour être plus efficace. Il est parfois stratégique de confier la période des devoirs à une personne plus neutre émotivement, avec qui l'enfant n'aura pas le stress des enjeux affectifs. Le parent peut alors s'en tenir à un rôle de témoin admiratif des réussites de l'enfant. Pour éviter de désagréger une relation parent-enfant déjà fragilisée par des difficultés d'attachement, l'aide aux leçons par une tierce personne est un outil dont on ne doit pas se passer ; ni pour la santé mentale du parent, ni pour la santé mentale de l'enfant, ni pour ses apprentissages.

Inspiration : Travaux de Germain Duclos.

FICHE PÉDAGOGIQUE ADOPTEPARENTALITÉ — N° 34

Faire du ménage dans notre propre sac d'école

Objectif : ajuster nos attentes en fonction de l'enfant réel

Public cible : parents d'un enfant d'âge scolaire qui présente des difficultés d'apprentissage ou de comportement

Matériel nécessaire : aucun

Durant nos années à l'école, nous-mêmes avons vécu des succès, des échecs, des difficultés et des victoires. Toutes ces expériences font partie de notre bagage scolaire, comme autant d'objets agréables ou désagréables dans un sac d'école que nous traînons avec nous, même devenus adultes.

Ce que vivra notre enfant à l'école nous précipitera à nouveau dans toutes ces émotions d'échecs et de succès. Les amis, les disputes, les injustices, les prix d'honneur, les jours de tempête, les examens, les bulletins, les lunchs froids, les profs sévères ou gentils, le directeur souriant ou maussade, l'odeur de la craie, des crayons au plomb et des gommes à effacer vont vite nous replonger dans nos forces ou nos fragilités de cette époque de notre vie.

Il faut alors faire très attention de ne pas projeter sur notre enfant nos propres ambitions déçues, nos propres fiertés, notre discipline ou notre rébellion contre l'autorité, nos anxiétés face à l'examen de mathématiques ou la présentation orale.

C'est vrai pour tous les enfants, mais les enfants par adoption ont particulièrement peur du rejet et du jugement des autres. Ils évaluent leur propre valeur d'après ce qu'ils font et non d'après ce qu'ils sont. Ils se montreront hypersensibles à une remarque sur la propreté d'un cahier, une note moins bonne à un examen, car ils pensent que leurs parents ne vont les aimer que s'ils sont parfaits. Car pourquoi les a-t-on abandonnés ? Ils devaient sûrement avoir quelque chose de « brisé », de « pas correct » pour qu'un parent les abandonne ainsi… Même si cela n'est pas logique, cet abandon a trop souvent fragilisé leur estime d'eux-mêmes. Et Dieu sait si l'estime de soi est un outil indispensable à un cheminement scolaire réussi[21].

Inspiration : Travaux de Germain Duclos.

FICHE PÉDAGOGIQUE ADOPTEPARENTALITÉ **N° 35**

Comment mettre à la tâche un élève présentant un style d'attachement insécurisé ?

Objectif : aider le parent ou l'enseignant à adopter les bonnes stratégies pour mettre à la tâche les petits solos, velcros et sumos.

Public cible : enfants d'âge scolaire qui présentent des difficultés d'attachement nuisant à leurs apprentissages

Matériel nécessaire : aucun

Pour compléter le savoir 7 (*Immaturité affective et motivation*) de ce chapitre, voici quelques « trucs » et conseils pour mettre à la tâche un enfant solo, velcro ou sumo, qu'il soit à la maison ou dans la classe[22].

Solo (attachement évitant)

- Favoriser le travail en petit groupe. L'enseignant explique la tâche à un ou deux autres élèves en même temps, ce qui peut aider à décentrer l'enfant de la relation et faire en sorte qu'il se laisse aider par procuration. À la maison, faire les devoirs avec la petite sœur peut avoir le même effet ;

21 Voir le chapitre 12, *Une estime de soi fragile.*

22 Adaptation libre de Heather Geddes. *Aider les élèves en difficulté d'apprentissage : l'influence de l'attachement sur le comportement en classe*, Belgique, Bruxelles, De Bœck, 2012.

- Mettre la tâche entre l'élève et l'adulte dans un premier temps. L'enseignant parle tout de suite de la tâche avant de s'intéresser à ce que vit l'élève ;
- Veiller à ne pas trop utiliser des félicitations affectueuses, mais plutôt des remarques très rationnelles avec justification. Par exemple : « Excellent choix d'avoir pris le crayon rouge » ou « C'est logique ce que tu fais »;
- Utiliser un objet-code. Par exemple, l'enfant peut mettre son cahier par terre pour signifier qu'il a besoin d'aide ;
- Être présent, rassurant, mais sans que cela paraisse ;
- Éviter les interprétations ou les impressions ;
- Vérifier souvent si l'enfant a besoin d'aide, mais sans le lui demander directement. Formuler plutôt des suggestions en passant : « Dans un cas semblable, il est parfois utile de mettre les chiffres ensemble », mais sans insister.

Velcro (attachement anxieux)

- Effectuer de courtes tâches avec l'enfant et le féliciter chaque fois ;
- Sourire et faire des mimiques rassurantes, car l'enfant velcro analyse énormément les expressions faciales et le non verbal ;
- Définir un code secret entre l'enfant et l'enseignant pour que celui-ci puisse rassurer l'enfant sans se déplacer ou lui parler ;
- Utiliser des rubans de différentes couleurs entre les élèves ou rappeler à votre enfant que la relation que vous avez ensemble est unique et solide ;
- Expliquer directement à l'enfant que la relation est en pause, et non pas coupée, quand maman va vérifier si le souper est prêt ;
- Répéter à l'enfant : « Tu es précieux et important », même quand il échoue ;
- Assurer à l'enfant que l'adulte sait qu'il existe même quand il ne fait pas de bruit ou n'est pas mal pris ;
- Aller spontanément vers lui quand tout va bien pour lui prouver que l'on sait qu'il existe, qu'on le remarque ;
- Dire à l'enfant qu'on va se préoccuper de lui même s'il n'a pas toujours besoin d'aide ;

- Profiter du fait qu'il est sensible aux récompenses relationnelles (aller en vélo avec son parent, manger à la table de l'enseignant), même si ce n'est jamais assez ;
- En cas de conflit, lui demander souvent : « Est-ce que tu me fais confiance ? », « Est-ce que tu crois que ce que je te dis est vrai ? » et « Est-ce la bonne façon de faire ? » ;
- Parler souvent de sécurité, rappeler à l'enfant qu'en cas de problème ou de danger, c'est vous le capitaine et le travail de l'enfant est de venir à proximité ;
- Annoncer à l'avance ce qui va arriver ensuite.

Sumo (attachement ambivalent colérique)

- Donner à l'enfant des responsabilités reliées à des tâches et non à des personnes, car l'élève voudra contrôler l'autre ;
- Laisser un objet de transition sur le pupitre de l'élève avant d'aller faire autre chose ou d'aller aider un autre enfant. Avant de s'éloigner, indiquer que l'on va revenir chercher cet objet. L'enfant a donc l'assurance que l'adulte va revenir ;
- Diviser la tâche en plusieurs sections distinctes pour diminuer l'anxiété ;
- Prononcer le nom de l'élève à partir du devant de la classe, en émettant de courts commentaires. Cela rassure l'élève, qui comprend que l'enseignant sait encore qu'il existe ;
- Planifier et annoncer le début, les séparations comme quitter l'enseignant principal pour aller dans un cours de spécialité comme l'anglais ou l'éducation physique, et les fins d'avant-midi, fins d'activités, fins de journées, peut aider les transitions et éviter l'augmentation de l'anxiété ;
- Paraître fort, précis, solide, et non faible ou indécis. Si l'enfant réclame une permission, dire « Je vais y penser » et, si l'enfant exige une réponse immédiate : « Si tu veux une réponse tout de suite, ce sera non ; si tu me laisses y penser, ce peut être oui ou non. » ;
- Ne pas prendre son agressivité ou sa colère comme des attaques personnelles ;
- Annoncer à l'avance ce qui va arriver ensuite.

Inspiration : Travaux de Heather Geddes, Marie-Josée Lambert et Germain Duclos.

SAVOIR
en bref

En bref

1. Le manque de nourriture alimentaire, sensorielle, affective, cognitive et sociale vécu par l'enfant en préadoption peut influencer son potentiel cognitif. Les difficultés se révèlent souvent lors de l'entrée à l'école.

2. Même si la grande majorité des enfants adoptés ont un cheminement scolaire tout à fait satisfaisant, ils présentent statistiquement plus de problèmes d'apprentissage (de nature temporaire) et de troubles d'apprentissage (de nature plus durable) que leurs pairs non adoptés du même âge. Consulter rapidement des professionnels dans le domaine est primordial pour éviter une perte d'estime de soi.

3. Plusieurs enfants adoptés n'ont aucun problème d'apprentissage. Leur cheminement scolaire peut pourtant devenir difficile à cause d'une peur immense de l'échec. Ils souffrent en silence d'une anxiété de performance qui, non détectée à temps, peut conduire à un effondrement physique et psychique au moment où ils ne pourront plus subir la pression, notamment la pression créée par leurs parents.

4. Parce qu'ils n'ont pas toujours reçu de réponses prévisibles et cohérentes à leurs signaux de détresse, certains enfants adoptés éprouvent de la difficulté à faire des relations de cause à effet. Ils ne croient pas qu'ils peuvent influencer positivement leurs résultats ou leur comportement. Pour eux, tout ce qui leur arrive n'est qu'une question de chance ou de malchance.

5. La réussite scolaire des enfants adoptés est particulièrement tributaire du lien de confiance, de sécurité, donc d'attachement entre l'enseignant et l'élève, encore plus que pour les enfants modèles de base.

6. Le comportement de l'enfant en classe et pendant la période des devoirs est influencé par son style d'attachement. Pour ne pas fragiliser le lien d'attachement, il faut éviter à tout prix que la période des devoirs soit une zone de conflits perpétuels entre le parent et l'enfant. Confier cette tâche à une personne neutre constitue un facteur de protection.

7. La mauvaise motivation scolaire constatée chez plusieurs enfants adoptés est en partie attribuable à leur immaturité affective.

8. Lorsqu'on évalue le manque de motivation scolaire d'un enfant adopté, il ne faut pas totalement écarter la possibilité d'épisodes de racisme.

Facteurs de risques **à éviter**	Facteurs de protection **à favoriser**
• Se donner, en tant que parent, une obligation de résultat et non pas uniquement une obligation de moyens.	• Toujours se donner une obligation de moyens et pas de résultats.
• Attendre que les difficultés d'apprentissage se résolvent avec le temps.	• Consulter rapidement un spécialiste si l'enfant présente des difficultés d'apprentissage ou de comportement à l'école.
• Être constamment angoissé au sujet de l'avenir de l'enfant s'il ne fait pas de hautes études.	• Favoriser le bonheur et la réussite autre que scolaire plutôt que la performance.
• Passer des heures à s'acharner pour terminer à tout prix les devoirs et les leçons au prix de la relation affective.	• Ne pas mettre en péril le lien d'attachement en étant toujours déçu de l'enfant lorsqu'il fait ses devoirs avec vous.
• Se considérer un mauvais parent si une tierce personne aide l'enfant à faire ses devoirs.	• Laisser certaines tâches à d'autres afin de se consacrer à celles uniques et essentielles comme parent.
• Comparer les résultats de votre enfant aux résultats des autres.	• Comparer les résultats de l'enfant par rapport à ses propres résultats antérieurs, pour lui faire remarquer sa progression durant l'année.
• Ne pas informer l'école des besoins spéciaux de l'enfant ou de ses diagnostics de peur qu'il soit discriminé.	• Offrir de l'information au milieu scolaire sans chercher à trop s'imposer.

Facteurs de risques **à éviter**	Facteurs de protection **à favoriser**
• Tenir pour acquis que le professeur connaît la réalité adoptive.	• Informer l'enseignant que l'enfant est adopté et plus fragile au stress, et que son estime de soi est faible.
• Accuser l'école d'incompétence si l'enfant échoue.	• Accepter les suggestions des intervenants à l'école et collaborer pour que l'enfant sache que vous faites équipe pour son succès.
• Refuser une médication qui pourrait aider l'enfant à réussir et à préserver son estime de lui-même.	• Prendre toutes les mesures nécessaires pour aider l'enfant : consultation en neuropsychologie ou en pédiatrie pour confirmer un diagnostic précis, suivre les recommandations nécessaires et accepter la prise de médication au besoin.
• Avoir honte de l'enfant en le comparant aux performances des autres enfants dans la famille élargie.	• Trouver des domaines autres que scolaires pour faire vivre des succès à l'enfant.
• Évaluer ses performances parentales d'après les performances scolaires de l'enfant.	• Féliciter l'enfant quand il réussit bien, mais toujours ajouter que votre amour n'est pas plus grand s'il a une bonne note ni plus petit s'il en a une mauvaise.
• Croire que si l'enfant voulait vraiment, il pourrait réussir sans aide.	• Accepter le style d'apprentissage de l'enfant tel qu'il est et non pas comme on voudrait qu'il soit idéalement.

En savoir plus

Pour aller plus loin, consulter le troisième livre de la même collection «Adopteparentalité» à paraître: *L'Adoption: les conditions gagnantes d'un attachement sain de 6 à 18 ans.*

En savoir encore plus

Béliveau, Marie-Claude. *J'ai mal à l'école : troubles affectifs et difficultés scolaires*, Montréal, Éditions du CHU Sainte-Justine, 2002.

Duclos, Germain. *Guider mon enfant dans sa vie scolaire*, Montréal, Éditions du CHU Sainte-Justine, 2006.

Geddes, Heather. *Aider les élèves en difficulté d'apprentissage : l'influence de l'attachement sur le comportement en classe*, Bruxelles, De Bœck, 2012.

Lambert, Marie-Josée. *L'Enfant adopté en difficulté d'apprentissage : guide d'accompagnement pour les parents adoptifs et les parents d'accueil*, Bruxelles, De Bœck, 2011.

Rygaard, Niels Peter. *L'Enfant abandonné : comprendre le trouble de l'attachement*, Bruxelles, De Bœck, 2004.

Siegel, Daniel et Tina Payne Bryson. *The Whole-Brain Child: 12 Revolutionary Strategies to Nurture Your Child's Developing Mind*, New York, Random House, 2011.

CHAPITRE 12

Une estime de soi fragile

Paroles d'enfants

Maman me dit toujours : « Florence, regarde-toi dans le miroir, ne vois-tu pas comme tu es belle ? » Oui, je sais que je suis belle, tout le monde me le dit. Mais vous ne comprenez rien : je ne me sens pas bien en dedans, ni mieux de savoir que je suis belle.

Florence, 13 ans, d'origine thaïlandaise

Je ne veux pas que maman me regarde dans les yeux. Si elle me regarde dans les yeux, elle va mieux me connaître. Si elle me connaît mieux, elle va apprendre combien je suis une mauvaise personne. Quand elle se rendra compte de cela, elle va m'abandonner comme ma première maman. Je dois donc cacher ça.

Marc-Antoine, 12 ans, d'origine vietnamienne

Je suis prise entre l'ancien moi qui est un mauvais bébé et le nouveau moi que je ne connais pas vraiment. Je mets encore mon énergie à essayer désespérément de répondre à ce que je crois que les autres (parents ou professeurs ou amis ou amoureux) veulent que je sois. Je veux vraiment venir en thérapie pour régler cela, je suis si fatiguée.

Élodie, 22 ans, d'origine coréenne

Avoir des besoins c'est un défaut, ça veut dire qu'on est « poche ». C'est une preuve qu'on est faible, « niaiseux ». En plus, quand on dérange ses parents, ça les « écœure ». Personne n'aime ça prendre soin des autres. Vaut mieux n'avoir besoin de personne dans la vie !

Marcus, 10 ans, adopté grâce au programme de la banque mixte au Québec

Tout le monde me dit que je suis bonne en ci et en ça, mais moi je ne le crois jamais. Je me trouve « poche » en tout... J'ai juste l'air bonne, mais un jour, les gens vont s'apercevoir que je suis « poche », vraiment « poche ».

Marie-Lou, 13 ans, d'origine ukrainienne

Je déteste ça parler de mon abandon et de mon adoption, c'est comme dire que j'étais un déchet, juste bonne à jeter aux poubelles. Je ne veux pas que mes amies sachent que j'étais une moins que rien et que je me suis laissée abandonner ! Je ne veux pas passer pour une faible, une lâche, une maudite victime « niaiseuse » !!

Juliette, 17 ans, d'origine roumaine

Je fonctionne sur une croyance complètement illogique : je suis différente et moins importante que les autres, car je n'ai pas le droit à TROP de bonheur. Un peu, oui ; trop, non. Comme si j'avais reçu un sort, une fatalité à ma naissance qui m'oblige à faire très attention. Je ne dois pas dépasser une certaine quantité de bonheur à la fois. Trop de félicitations, trop de cadeaux, trop d'amitiés à la fois, c'est dangereux. J'aime mieux refuser, m'autosaboter, fuir, sinon la vie va tout me reprendre.

Marie-Christine, 53 ans, adoptée en Grèce

La poétesse et philosophe américaine Maya Angelou[1] a dit lors d'une émission de télévision : « On ne devient pas ce qu'on veut être, on devient ce qu'on pense qu'on est. »

C'est ainsi que les croyances que l'enfant entretient sur sa propre valeur déterminent en grande partie les choix qu'il fait dans sa vie. S'il se croit pourri, il se comportera probablement pour que l'univers autour de lui corresponde à cette vision. S'il se croit formidable, il fera des choix qui correspondent à cette idée qu'il a de lui-même.

Une bonne estime de soi est un facteur de protection, un passeport pour une vie heureuse, comme le dit si bien le psychoéducateur québécois Germain Duclos[2]. C'est vrai pour tous les enfants du monde, et le travail de tous les parents du monde est de transmettre à l'enfant cette confiance en lui-même, cette conviction qu'il est un être humain précieux, important, aimable, qui mérite sa place au soleil. Ainsi, l'enfant adopté est à haut risque de se dire, inconsciemment d'abord, puis explicitement, qu'il ne vaut pas grand-chose.

Ce qui donne une tâche supplémentaire — et, il faut l'avouer, passablement complexe — aux parents adoptants, c'est que la construction d'une bonne estime de soi commence bien avant que les souvenirs explicites et conscients n'apparaissent chez l'enfant. Les parents n'ont donc pas pu, par leurs soins, leur regard et leur tendresse, prouver quotidiennement à cet enfant qu'il valait la peine qu'un adulte lui consacre de son temps. Ils ont par contre le merveilleux pouvoir de redoubler d'efforts dès que l'enfant leur est confié.

Inspirons-nous des tortues de mer pour mieux saisir la situation…

Allégorie
L'estime de soi de la petite tortue de mer

Les tortues de mer sont des reptiles, animaux à la fois sophistiqués et primitifs dont la génétique et le comportement n'ont pas foncièrement changé depuis quelques millions d'années. Les reptiles ont des cerveaux fascinants, mais au fonctionnement moins complexe que ceux des mammifères. Ainsi, dès sa naissance, 80 % du cerveau du bébé tortue est fonctionnel, branché et prêt à permettre à ce petit être de survivre sur-le-champ. Le reste du réseautage neurologique s'effectuera dans les mois et

1 Maya Angelou, poétesse, écrivaine et activiste américaine.

2 Germain Duclos. *L'Estime de soi, un passeport pour la vie*, Montréal, Éditions du CHU Sainte-Justine, 2010.

les années suivantes grâce aux interactions de la tortue avec son environnement, grâce à ses expériences de vie. Sans apprentissage, sans *coaching*, sans les bons soins d'un parent, le bébé tortue pourra malgré tout devenir autonome, puisqu'il a tout ce qu'il faut pour survivre dès l'instant de sa naissance.

La maman tortue de mer est venue quelques semaines auparavant sur la plage où elle est elle-même née. Elle a pondu ses œufs, puis elle a recouvert sa progéniture de sable avant de repartir vaquer à ses occupations. Son rôle de maman s'arrête là. Point à la ligne. Dans son œuf, le petit bébé tortue de mer, préprogrammé, sent instinctivement quand il est temps de sortir de la coquille. La petite tortue sait qu'il faut enlever rapidement et efficacement le sable qui la recouvre. Elle agit avec frénésie et énergie, car elle sait que ses chances de survie seront bien meilleures si elle arrive rapidement à atteindre la mer et à plonger dans l'eau, environnement pour lequel elle est bien adaptée et qui pourra mieux la protéger des prédateurs.

Lorsque des biologistes essaient d'intervenir en étourdissant les tortues et en les dirigeant vers l'intérieur des terres, elles protestent immédiatement et elles reviennent toujours dans la bonne direction.

Symboliquement, on peut s'imaginer que lorsque la petite tortue de mer se retrouve enfin dans l'eau salée, elle se dit : « Ouf, bon travail ! J'ai de bonnes chances de survivre, maintenant. J'ai réussi ma première tâche de survie. J'ai accompli toutes les actions que me dictait mon cerveau et j'ai réussi à ne pas être dévorée par un oiseau ni être écrasée par un humain ! Wow, je dois être une bonne tortue de mer ! »

Pour le bébé tortue, disons que la base de la construction de son sentiment de compétence, de son estime de soi, est de rejoindre la mer.

Pour le bébé humain, nul besoin d'une allégorie. C'est une réalité biologique : l'estime de soi du bébé humain commence à se construire dès les premiers moments après la naissance… lorsque lui aussi réussit à rejoindre la mère.

SAVOIR

SAVOIR 1
Une mauvaise estime de soi : l'héritage empoisonné de la honte

Il existe une certaine confusion entre le sentiment de honte et le sentiment de culpabilité. Une confusion dont les parents adoptants doivent se débarrasser.

La honte est le sentiment *d'être* une chose mauvaise. La honte est un des sentiments humains les plus insupportables et les plus destructeurs. Il s'agit d'une profonde conviction que non seulement on est un être ignoble et mauvais, mais que tous ceux qui nous entourent en sont également convaincus. La honte est donc la combinaison du regard négatif que l'on porte sur soi-même et du regard qu'on perçoit provenir des autres. La honte devient envahissante lorsqu'on a l'impression d'être méprisé et rejeté pour ce que l'on est. C'est une émotion si insupportable que le cerveau humain cherche habituellement tous les moyens pour ne pas y accéder.

Selon le neuroscientifique Jaak Panksepp[3], le sentiment de la honte serait inné, alors que la culpabilité serait une émotion acquise. Ce sont deux émotions de protection de la vie qui serviront à acquérir le sens du bien et du mal. Pour qu'un enfant développe un bon sens moral et une bonne estime de lui-même, il faut que la honte se transforme peu à peu en culpabilité saine. La culpabilité est donc acquise au fur et à mesure que l'enfant grandit, développe de meilleures capacités cognitives, se socialise pour enfin comprendre, vers l'âge de trois ou quatre ans, la différence entre ce qu'il *fait* et ce qu'il *est*.

La culpabilité, c'est le sentiment *d'avoir fait* une chose mauvaise, par exemple un mauvais choix ayant des conséquences peu souhaitables qu'on regrette amèrement. Les autres vont nous reprocher ce mauvais choix, peut-être, mais ne concluront pas nécessairement qu'on est profondément mauvais.

Bref, la honte est le sentiment d'être un être ignoble et la culpabilité est plutôt le sentiment d'avoir fait quelque chose de mal ou d'ignoble. La culpabilité est un sentiment désagréable, mais utile et sain. Sans culpabilité saine, l'enfant ne peut pas développer un bon sens moral, ni évaluer si ses gestes sont socialement acceptables ou non. Sans culpabilité saine, l'enfant ne peut pas développer de l'empathie pour autrui ou pour lui-même. Sans culpabilité saine, il ne peut pas réfléchir sur sa

3 Jaak Panksepp. *The Archaeology of Mind : Neural Origins of Human Emotion*, New York, W. W. Norton & Company, 2010.

part de responsabilité dans un bon ou un mauvais choix. Une culpabilité normale et saine est donc nécessaire pour se construire une estime de soi enracinée dans le réel, et non pas dans un fantasme sans fondements concrets.

La petite sœur jumelle de la honte est le blâme. Quand, dans un bureau de consultation, tous les membres d'une famille blâment tous les autres, il faut suivre le filon de la honte. La honte et le blâme sont très contagieux. Si l'enfant vit trop dans sa honte, celle-ci finira par gagner aussi le parent. Ce dernier aura alors tendance à blâmer l'enfant qui, lui, blâmera le parent.

Chez les enfants plus âgés et les adultes, les drogues, médicaments ou alcools de toutes sortes pourront endormir temporairement l'accès à la honte de soi. Allan Schore[4] explique que, neurologiquement, une personne peut temporairement se déconnecter du sentiment de honte en adoptant une attitude condescendante et méprisante envers autrui, comme si l'antidote de la honte était de mettre les autres dans la honte, de les accuser, de les blâmer.

C'est pourquoi certains parents tardent trop à consulter : ils ont honte d'avoir potentiellement échoué avec leur enfant. Ils finissent par se blâmer eux-mêmes. Ils sont loin de se douter qu'une partie du sentiment de honte qu'ils ressentent peut avoir été téléchargée inconsciemment en eux par l'enfant lui-même. Comme un virus informatique sournois, la honte est une émotion qui contamine facilement l'entourage d'une personne qui se croit intrinsèquement mauvaise, mais qui n'admet jamais aucune faute.

[?] SAVOIR 2

Aider l'enfant à développer une culpabilité saine est un des fondements de l'estime de soi

Les enfants blessés mettent en place des mécanismes de dissociation et de négation pour ne pas retourner neurologiquement au berceau de la honte. Le psychologue Daniel Hugues[5], pour sa part, insiste sur le fait que tous les enfants qui ont été victimes de négligence, d'abandon ou de maltraitance sont des «*shame base children*», des enfants dont la base de la personnalité est la honte de soi.

Chose intéressante, avant l'âge de deux ou trois ans, un enfant ne peut pas neurologiquement faire la différence entre ce qu'il est et ce qu'il fait. Ainsi, avant trois ans, lorsqu'un parent gronde un enfant qui a fait une petite bêtise, ce dernier est convaincu que le parent lui dit qu'il EST une chose mauvaise. Un bon parent devra alors récapituler ce qui s'est passé en expliquant à l'enfant que c'est son geste qui était mauvais, et pas lui. Cela apprendra à l'enfant la nature de l'amour inconditionnel :

---

4 Schore, Allan N. *Affect Regulation and the Origin of Self: the Neurobiology of Emotional Development*, Hillsdale (New Jersey), Lawrence Erlbaum Associates, 1994.

5 Hughes, Daniel A. *Building the Bonds of Attachment: Awakening Love in Deeply Troubled Children*, Lanham, Jason Aronson, 2006.

« Je t'aimerai toujours pour ce que tu es, mais parfois, je serai fâché ou déçu de ce que tu as fait. » Le parent est responsable d'apprendre à l'enfant la différence entre sa valeur propre et la valeur de ses bons ou moins bons comportements.

C'est une des raisons pour lesquelles la période de 0 à 3 ans est primordiale dans l'éducation d'un enfant. À cet âge, l'enfant a absolument besoin du regard bienveillant d'une figure d'attachement stable et disponible. Il a besoin de ce donneur de soins pour apprendre à vivre une culpabilité saine et de moins en moins de moments de honte envahissante.

Or, bien peu d'enfants adoptés ont eu la chance de recevoir des soins personnalisés avant leur adoption. Seules une excellente famille d'accueil ou une nounou dévouée auront pu, par leurs gestes et paroles, convaincre l'enfant qu'il est une « chose importante et valable », peu importe son bon ou mauvais comportement occasionnel.

La majorité des enfants adoptés arrivent donc dans leur nouvelle famille avec une conviction intime qu'ils sont endommagés. C'est ainsi qu'une petite fillette d'origine vietnamienne refusait, à la maison comme en thérapie, de regarder sa maman dans les yeux. Elle a un jour donné une explication bouleversante de ce refus : « Oui, mais, si ma maman me regarde vraiment dans les yeux, elle va savoir qui je suis vraiment. Elle va s'apercevoir que je suis mauvaise et elle va arrêter de m'aimer ». Plus tard, dans une autre séance de thérapie, elle a demandé, complètement paniquée : « Est-ce qu'on peut s'évanouir si on a honte ? » Cette enfant exprimait clairement la terreur qu'elle avait de voir sa maman découvrir ce qu'elle croyait être sa « vraie nature », une terreur si douloureuse qu'elle avait peur d'en perdre conscience.

Elle s'était donc forgé une carapace, un masque d'invulnérabilité. Elle n'admettait JAMAIS ses erreurs, car admettre ses erreurs la transportait dans sa honte, sentiment trop insupportable pour être vécu. Elle n'avait pas encore intégré, à huit ans, la différence entre la honte et la culpabilité. Admettre qu'elle avait fait quelque chose de mal voulait dire, pour elle, qu'elle admettait être un être ignoble. C'est pourquoi, même prise sur le fait avec un demi-biscuit au chocolat dans la main, l'autre moitié dans la bouche et les joues barbouillées de crème, elle pouvait le plus sérieusement du monde assurer qu'elle n'avait jamais mangé de biscuit au chocolat avant le souper, comme l'interdisait la règle de la maison. Un enfant qui profère ainsi des mensonges illogiques, bizarres, n'a peut-être pas encore acquis de sens moral, car il n'a pas encore développé une culpabilité saine. Il reste de façon primitive et archaïque dans un sentiment de honte très infantile qui ne s'est pas sainement transformé grâce aux bons soins de parents attentifs et chaleureux.

Insistons sur l'importance d'évaluer où l'enfant en est dans ses conceptions de lui-même lorsqu'il fait une erreur ou désobéit à l'adulte. Sans le savoir, un parent non sensibilisé peut faire des ravages en remettant constamment l'enfant dans la honte alors qu'il croit que ce n'est que de la culpabilité saine et nécessaire[6].

---

6 Voir la fiche pédagogique Adopteparentalité N° 38 : *Ne jamais remettre l'enfant dans la honte* à la fin du chapitre.

Il est de toute première importance que le parent insiste toujours sur la différence entre ce qu'il pense de son enfant comme personne humaine précieuse, unique et valable et ce qu'il pense d'un mauvais comportement, pour lequel il doit intervenir[7]. Imaginons l'état dépressif dans lequel un enfant peut se retrouver s'il présente des troubles de comportement et qu'à la moindre réprimande, il enregistre qu'il est un être ignoble bon à jeter à la poubelle...

[?] SAVOIR 3

Les trois facteurs de risques d'une mauvaise estime de soi

Un enfant qui a vécu de nombreux naufrages, comme le relate le conte L'*Océanfance*[8], est à risque de développer une estime de soi fragile, et ce, surtout à cause de trois facteurs.

PREMIER RISQUE : NE PAS RÉUSSIR SA PREMIÈRE AUDITION

Dès sa naissance, le bébé humain est équipé pour la survie. Bien entendu, il est le mammifère le plus vulnérable de la création, mais cette vulnérabilité ne veut pas dire qu'il n'a aucune compétence, bien au contraire. Le petit humain n'est pas totalement passif lors de sa naissance ni dans les minutes, jours, semaines et mois qui suivent. La nature lui a donné un instinct et lui a programmé des tâches à accomplir. Si même les tortues de mer ont des tâches instinctives à réussir pour survivre, on peut imaginer combien les tâches d'un bébé humain sont plus complexes et sophistiquées.

Les trois premières tâches de survie d'un bébé humain sont :

- Respirer pour la première fois tout seul;
- Pleurer, crier très fort pour alerter un adulte. C'est comme un appel téléphonique d'urgence. C'est son tout premier comportement d'attachement: appeler à l'aide;
- Une fois que la première maman a décroché le combiné du téléphone, l'enfant doit symboliquement séduire cet adulte afin qu'il choisisse de rester à proximité... pour les prochaines années! C'est son deuxième comportement d'attachement : être mignon.

Si tout va bien, s'il naît en santé, si sa première maman veut et peut répondre à ce premier appel de détresse; si, en posant le regard sur cette petite boule de chair palpitante de vie, mais vulnérable et adorable, la maman, puis le papa sont envahis d'une bouffée d'amour; si cette bouffée réveille en eux leur instinct animal de protection, de donneur de soins; si aucune mauvaise «météo de vie» ne les empêche de faire leur travail de parents, alors le bébé aura le sentiment d'avoir réussi. «WOW! Je suis un bébé compétent. Je suis un bébé normal. Je suis un bébé aimable. J'ai réussi à me faire choisir et aimer.»

7 Voir le chapitre 5, *Peur du rejet, de l'abandon et peur de décevoir.*

8 Voir le chapitre 3, *Un incroyable survivant.*

Par contre, si le bébé essaie de « téléphoner » encore et encore, comme la nature le lui a prescrit de faire ; et si malgré tous ses efforts, non seulement sa première maman ne répond pas, mais personne de stable ou connu ne répond ; si un adulte répond trop tard, et de façon brusque, imprévisible et incohérente, alors le bébé sera convaincu que c'est de sa faute. De façon très insidieuse, il constatera que ce que son instinct de survie lui prescrit ne fonctionne pas bien, ou même pas du tout. Il aura la profonde impression qu'il ne dispose pas des bons outils, qu'il ne peut pas obtenir satisfaction à ses besoins au moment où il le veut. « Oups... Qu'est-ce qui ne va pas chez moi ? Je ne suis peut-être pas un bébé normal. Je suis incompétent à me faire soigner, à me faire aimer. » C'est alors le début du doute. Il commence à douter, jour après jour, au fil de ses tentatives infructueuses d'appeler à l'aide. Le doute augmente quand, enfin, un adulte vient, lui donne à manger, mais ne reste pas près de lui malgré ses tentatives de se montrer mignon, attachant. Il échoue dans ses tentatives de garder un adulte gentil à proximité.

Naturellement très narcissique, incapable cognitivement de saisir correctement l'univers qui l'entoure, il conclut à sa propre défectuosité. Il faut en effet se rappeler que jusqu'à l'âge de deux ou trois ans, un bébé ne peut pas faire la différence entre ce qu'il est et ce qu'il fait. Quand on le réprimande, il croit qu'il est mauvais. Quand on le cajole, il se croit bon.

Jusqu'à l'âge de raison (six ou sept ans), il lui est cognitivement impossible de concevoir que le problème vient de l'adulte, que c'est lui qui ne veut pas — ou ne peut pas — répondre à ses besoins. C'est pourquoi même les enfants abusés physiquement et sexuellement par leurs parents biologiques ne peuvent pas concevoir que l'adulte ait tort.

Cette réalité fait partie de la normalité adoptive que les parents adoptants doivent comprendre très tôt dans leur relation avec leur enfant. C'est le parent biologique qui a fait le choix (ou qui s'est fait imposer ce choix par un autre adulte) de se séparer définitivement de son bébé, mais c'est le bébé qui en prend la responsabilité. L'odieux de ce geste, le bébé le portera tant et aussi longtemps qu'on ne l'aidera pas à comprendre qu'il n'y est pour rien. Que ce n'est pas de sa faute. Qu'il n'avait le pouvoir ni de décider de cette séparation, ni de l'éviter.

C'est un cruel paradoxe qui fait plus d'une victime dans le triangle de la relation d'adoption.

- **Pour la mère biologique** : le bébé est bon, c'est elle qui est mauvaise.
- **Pour le bébé** : la mère était bonne, c'est lui qui était mauvais.
- **Pour le parent adoptant** : il doit être un mauvais parent, si l'enfant se sent et se comporte comme mauvais.

Les trois se retrouvent fragilisés dans leur estime de soi... à tort. Les mères biologiques, trop longtemps et encore trop souvent emprisonnées dans un pénible silence, souffrent également. Ce geste d'abandon peut ébranler profondément l'estime de soi d'une maman biologique non ou mal accompagnée. La souffrance de l'enfant peut aussi ébranler le sentiment de compétence du nouveau parent. La victime la plus dangereusement atteinte est cependant l'enfant, car il est généralement abandonné à un âge où il commence seulement à construire sa perception de lui-même.

DEUXIÈME RISQUE : ÉCHOUER À METTRE EN ŒUVRE SES DEUX COMPÉTENCES INNÉES : APPELER À L'AIDE, ÊTRE MIGNON

Le bébé séparé de sa première maman est donc confié à un milieu substitut, où il arrive avec une première fracture, une première distorsion de la réalité.

- **Situation idéale** : S'il a de la chance, il sera placé dans une bonne famille d'accueil dont les parents substituts seront disponibles pour répondre à la fois aux appels d'urgence de l'enfant, mais également pour passer du temps de qualité avec lui. Dans une telle famille, le bébé jouira déjà de facteurs de protection pour apaiser le doute qui naissait en lui. Il se sentira généralement compétent à faire venir l'adulte en cas de besoin, puis compétent pour gentiment séduire cet adulte afin qu'il le berce, qu'il joue avec lui et l'enveloppe de tendresse. Cette famille aura alors bien préparé l'enfant à vivre une dernière transition vers sa famille adoptive. Cette dernière recevra un bébé probablement en deuil, en petit problème d'attachement temporaire, mais ayant une estime de lui correcte pour son âge. Il n'aura probablement pas développé un style d'attachement trop insécurisé.
- **Situation correcte** : S'il n'est pas trop malchanceux, il sera confié à un orphelinat où le ratio bébés/nourrice est convenable (par exemple, une nourrice pour quatre à six bébés). Dans cet orphelinat, les nourrices seront très présentes, très chaleureuses. Elles disposeront des ressources alimentaires et médicales pour répondre correctement aux besoins des enfants. C'est ainsi que le bébé obtiendra généralement une réponse à ses appels de détresse, même si la situation n'est pas parfaite. Il pourra aussi se sentir compétent à séduire l'adulte, car il passera un minimum de temps en interaction agréable avec sa nounou. Cet enfant a encore des chances d'arriver dans sa famille adoptive avec une estime de lui-même pas trop atteinte, et un style d'attachement récupérable.
- **Situation beaucoup plus à risques** : La majorité des enfants adoptés, toutefois, sont confiés à un immense orphelinat[9] dont l'organisation ne favorise pas des soins personnalisés. Souvent, cinq ou six nourrices, travaillant en équipe sur des quarts de travail, s'occupent comme elles peuvent d'une vingtaine de bébés ou plus. Si les horaires de boire, de bain, de change sont rigides, le bébé se sentira automatiquement très incompétent. Malgré tous ses efforts, il n'arrivera pas à susciter l'instinct de protection chez l'adulte. On le gronde même parfois sévèrement parce qu'il dérange, parce qu'il ne se montre jamais satisfait, parce qu'il ne fait pas comme les autres qui ont

---

9 Karine Bordeleau. *Les Conditions de vie et les soins dans un orphelinat chinois*, Thèse de maîtrise, Université du Québec à Montréal, 2006.

appris à rester passifs, dociles. Si cette situation dure des semaines, des mois, voire des années, cela renforcera sa conviction d'être défectueux, mauvais, ni important ni précieux.

S'il survit à ces épreuves — parce que, hélas, plusieurs n'y survivent pas —, il s'adaptera, modifiera sa programmation initiale. Mais cette adaptation aura un prix. Selon son tempérament de base, sa génétique, ses essais et erreurs, il trouvera et appliquera une des trois stratégies de survie, qu'il risque ensuite de reproduire pendant longtemps[10] :

- Il deviendra trop docile et inhibé : ce sera le petit solo;
- Il sera en constante opération de séduction : ce sera le petit velcro;
- Il se montrera très accaparant, colérique, criera jusqu'à obtenir ce qu'il veut : ce sera le petit sumo.

Dans tous les cas, il cherchera à se protéger pour survivre. Il doutera de ses compétences et même de la légitimité de ses propres besoins. Il s'enfermera plus ou moins profondément dans son château fort intérieur, devenant du coup particulièrement difficile à décoder, à apaiser, à satisfaire. Ce sera donc le travail du nouveau parent de le sortir doucement de cet état de survie. Il faudra lui redonner la permission d'exprimer correctement des besoins tout à fait normaux de bébé ou d'enfant. Il faudra aussi que le parent lui fasse sentir qu'il est un bébé normal et compétent. Que c'est normal de «téléphoner au 911» quand on a faim, froid, mal ou qu'on s'ennuie. Que c'est normal de vouloir recevoir de l'attention, des caresses, de vouloir jouer avec son parent.

TROISIÈME RISQUE : LA CRAINTE DE DÉCEVOIR SON NOUVEAU PARENT

Le dernier risque, mais non le moindre en adoption, c'est que l'enfant ait l'impression de déranger ou de décevoir son nouveau parent, que ce dernier ne le comprend pas, ne le croit pas, n'est pas capable de l'apaiser.

Un enfant qui s'est senti incompétent à faire prendre soin de lui, qui a même parfois honte d'avoir des besoins normaux, arrivera dans sa nouvelle famille avec une estime de soi fragile. Il aura aussi d'étranges façons d'exprimer ses besoins par des comportements d'attachement insécurisés[11].

Si le parent adoptif qui l'accueille n'arrive pas à fabriquer et utiliser le lien d'attachement invisible avec cet enfant, il ne pourra pas décoder ses besoins réels. Ce n'est pas une mince affaire de percevoir des comportements d'attachement anormalement programmés. Mais c'est également difficile pour l'enfant de changer cette façon d'agir, qu'il a acquise dans un contexte de survie et non pas dans un contexte d'enfance normale.

On se retrouve donc dans une situation à très haut risque : un enfant qui se sent incompétent, et un parent qui se sent également incompétent. Deux estimes de soi ébranlées s'affrontent.

---

10 Voir le chapitre 3, *Un incroyable survivant*.

11 Voir le chapitre 7, *Un attachement difficile*.

Sans le vouloir, le parent risque d'envoyer le message qu'il est déçu de cet enfant, parce qu'il ne fait pas de lui le parent qu'il rêvait d'être. Comme le dit Sophie Marinopoulos[12] dans ses écrits, en adoption, si ce sont les parents qui mettent au monde psychologiquement leurs enfants, ce sont les enfants qui mettent au monde la fonction de parent chez l'adulte.

La rencontre de ces deux incompétences perçues de part et d'autre est souffrante et triste. Cette situation est pourtant évitable. Un parent qui a été non seulement prévenu de ces enjeux, mais surtout outillé[13] pour y faire face, pourra faire une immense différence dans la vie de cet enfant. Les enfants adoptés n'ont pas besoin de parents parfaits, mais de parents solides, des parents qui, idéalement, connaissent la normalité adoptive avant même que l'enfant arrive. Non seulement ces parents auront le souci de guérir les blessures physiques de l'enfant, mais aussi ses blessures psychiques — comme les blessures d'estime de soi.

[?] SAVOIR 4
Le faux moi adaptatif

Une autre des conditions de l'estime de soi, c'est la connaissance de soi, et la base, pour se connaître, c'est d'être capable d'être attentif à soi, d'avoir un minimum d'introspection. Pour cela, il faut que les trois premiers étages de la pyramide de Maslow[14] soient suffisamment comblés pour que l'enfant ne soit pas constamment en mode de survie. Un petit humain qui est en survie reste toujours concentré sur l'extérieur, sur les actions, les pensées des autres. « À force de penser à ce que les autres pensent de nous, on en oublie de se penser soi-même », disait le psychiatre français Christophe André[15]. La psychologue californienne Katie O'Shea[16] renchérit : « Les personnes traumatisées en bas âge sont continuellement obsédées par elles-mêmes, tout en étant totalement ignorantes de leur propre identité. »

Si on consacre 75 % de notre énergie à être vigilant, sur nos gardes, à plaire ou du moins à ne pas déplaire aux autres, il ne nous en reste pas beaucoup pour s'observer soi-même et découvrir ses ressources intérieures. Si ma survie dépend uniquement de ce que les autres pensent de moi, je vais passer mon temps à m'ajuster, à essayer d'entrer dans le moule des désirs des autres. Je ne pourrai pas être attentif à moi-même ni découvrir qui je peux devenir.

Si, en plus, je crois à tort que je ne suis pas normal, pas comme les autres, je vais mettre beaucoup d'énergie pour éviter que les autres découvrent qui je suis vraiment.

---

12 Sophie Marinopoulos est psychanalyste pour enfants et très impliquée dans le domaine de l'adoption en France.

13 Voir les fiches pédagogiques Adopteparentalité à la fin du chapitre.

14 Abraham Maslow. « A Theory of Human Motivation », *Psychological Review*, n° 50, 1943, p. 370-396.

15 Christophe André. *Imparfait et heureux*, Paris, Odile Jacob, 2009, p. 25-26.

16 Katie O'Shea. Traduction libre de notes prises par Johanne Lemieux lors d'une formation en EMDR sur le traitement des traumatismes précoces, à Lyon (France) en avril 2011.

Le syndrome de l'imposteur n'est pas rare en adoption, autant chez les enfants que chez certains parents. De nombreux adoptés maintenant adultes finissent par confier en thérapie à quel point ils se sentent imposteurs.

À force d'être constamment centré sur lui-même, sans indice réel de ce qu'il est vraiment, l'enfant ou l'adulte adopté devient facilement épuisé. Il se préoccupe sans cesse de son apparence, de ses performances, il scrute le regard des autres pour détecter des signes qui indiqueraient qu'il leur déplaît. Cette analyse constante des signes non verbaux de l'entourage provient de ce besoin archaïque non comblé d'être « mis au monde » par le regard de la mère, du père ou du donneur de soins. N'ayant pas été assez approuvé petit, il cherche encore cette approbation, même de la part de purs inconnus. Il essaie de se conformer à ce qui, selon sa perception, lui assurera l'amour et la sécurité du lien. Il se contente d'un moi de façade, sans explorer qui il est véritablement.

Cette estime de soi fragile peut empêcher l'enfant de se mettre en quête de son vrai soi sain, son *healthy self* comme l'écrit Nancy Newton Verrier[17]. Il voudrait tant se sentir unique, plein de potentiel — imparfait, mais pourtant aimable et précieux malgré ces imperfections. Avec l'arrivée d'une certaine maturité, plusieurs prendront conscience de ce qu'ils ne veulent plus être et qu'ils n'ont jamais vraiment été : un mauvais bébé que l'on va rejeter.

Une partie de ce travail reviendra à l'enfant lui-même. C'est un peu son destin et c'est le travail d'une vie. En amont, le parent adoptant peut cependant lui donner tous les outils nécessaires pour mieux réussir, souffrir moins et moins longtemps.

SAVOIR FAIRE
Savoir être

FICHE PÉDAGOGIQUE ADOPTEPARENTALITÉ **N° 36**
Le jeu du micro

Objectif : transformer les discours intérieurs négatifs de l'enfant en des pensées plus positives

Public cible : enfants de deux ans et plus, ou selon l'âge développemental

Matériel nécessaire : un micro jouet et différents jouets de l'enfant

Comme pour tous les enfants qui souffrent de TDAH ou de troubles d'opposition, la relation entre le parent et l'enfant adopté peut tranquillement s'effilocher. Moins le parent se sent compétent en présence de l'enfant, moins il cherchera à être seul avec lui. Et plus le parent évite d'être seul avec son enfant,

17 Nancy Newton Verrier. *Renouer avec soi*, Bruxelles, De Bœck, 2008.

plus l'enfant risque de devenir agité, opposant et de chercher à provoquer une réaction de la part de son parent — un véritable cercle vicieux ! Il est important de planifier des moments d'intimité avec l'enfant, sinon ils ne se présenteront jamais.

Souvent, la simple suggestion faite au parent de passer plus de temps avec son enfant ne suffit pas. Il faut l'outiller pour intervenir, lui donner des trucs précis avec des objectifs précis.

Pour y arriver, il y a certaines conditions à remplir

Il faut être réaliste. Planifier 3 ou 10 périodes de jeu n'a pas autant d'importance que de maintenir cet engagement. Le jeu du micro a pour objectif d'augmenter l'estime de soi, de transformer le discours intérieur de l'enfant (le faire passer de « je suis poche » à « je suis bon en vélo », par exemple), de « rebrancher » le lien émotif entre le parent et l'enfant, d'augmenter le sentiment de compétence parentale, de trouver ou de retrouver le plaisir d'être là, dans le moment présent, avec l'enfant, sans se préoccuper d'autre chose, de prouver à l'enfant qu'il est assez important pour que l'adulte significatif dans sa vie lui consacre du temps.

Il ne faut pas se punir ni punir la famille, par contre. Choisissez au moins trois moments par semaine où vous êtes certain de pouvoir aller jusqu'au bout de l'activité. Ces moments doivent être sacrés, non négociables avec soi-même ou avec le reste de la famille.

Vous devez être seul avec l'enfant, tranquille. Pas de téléphone : les boîtes vocales ont été créées pour cela !

Utilisez une minuterie pour commencer et terminer l'activité sans possibilité de négociation. Ayez en main un micro jouet (ou bricolé avec un rouleau de papier de toilette). Informez l'enfant que le jeu doit se passer à tel moment.

Comme le recommanderaient Russell Barkley[18] et Greg Keck[19], il ne faut pas que cette période de jeu dépende des bons ou mauvais comportements de l'enfant. Il s'agit d'une nourriture affective, pas d'un privilège ou d'une récompense. Comme on ne doit pas négocier la nourriture physique (les aliments essentiels à la survie physique), on ne doit pas plus négocier cette nourriture affective (les aliments essentiels à la survie psychique). Il est parfois tentant de le faire, en désespoir de cause, lorsque l'enfant n'obéit pas. Mais le jeu du micro doit justement être le contraire. Si un parent ne se sent pas capable de le faire même quand l'enfant a été « un petit monstre », il vaut mieux qu'il ne le fasse pas du tout.

18 Russell A. Barkley. *Defiant Children: A Clinician's Manual for Assessment and Parent Training, Second Edition*, New York, Guilford Press, 1997.

19 Gregory C. Keck, Regina M. Kupecky. *Parenting the Hurt Child: Helping Adoptive Families Heal and Grow*, Colorado Springs, Piñon press, 2002.

Voici les règles du jeu

Le parent incarne un commentateur sportif et l'enfant fait semblant d'être la vedette dont on commente les exploits.

L'enfant doit choisir un jeu auquel il peut jouer seul : Lego, poupées, camions, petits animaux, jeu de construction. Le parent se place en face de l'enfant avec son micro.

Ce n'est pas un jeu interactif. Si l'enfant veut jouer avec vous, dites-lui que vous jouerez plus tard, mais que vous voulez vraiment jouer à ce nouveau jeu avant. Comme un commentateur décrit le jeu d'un joueur de hockey ou de football, décrivez ce que fait l'enfant, mais toujours en termes positifs. Ignorez les mauvais gestes ou les mauvais comportements, à moins de trouver une explication qui rendra le geste positif.

Parlez à la troisième personne. Par exemple : « Jérôme réfléchit, puis il a une bonne idée. Il prend le bloc rouge pour construire son château. Ah, il change d'idée et utilise plutôt le bloc jaune. Oui, c'est vraiment mieux. »

Au début, le parent et l'enfant seront mal à l'aise, mais rapidement, l'enfant prendra plaisir à entendre son parent lui donner des rétroactions positives, et toujours avec la distance émotive du discours à la troisième personne. Le plus difficile, pour le parent, c'est d'éviter de faire des suggestions directes. Il doit résister à l'envie de diriger l'enfant ou de lui montrer comment s'y prendre. Il se contente d'être là, ici et maintenant, concentré sur l'enfant, sur ses bons coups et sur sa créativité. Il varie ses commentaires en employant des synonymes.

Si l'enfant tente de saboter le jeu en faisant des bêtises (frapper les camions, arracher la tête des Barbie), le parent invente rapidement une explication positive : « Ah oui, j'oubliais, Jérôme veut être ambulancier. Il faut donc qu'il y ait des accidents pour que Jérôme puisse sauver les gens, les emmener à l'hôpital et devenir leur héros » ou bien : « Ah oui, j'oubliais, Julie veut devenir une grande chirurgienne pour pouvoir soigner de graves blessures. Voyons ce qu'elle fera avec les blessés. »

C'est tout un art de rester positif tout en évitant les suggestions directes ! Grâce à ce jeu, beaucoup de parents reprennent néanmoins le goût d'être en présence de leur enfant. Ils découvrent chez lui des ressources nouvelles. Pour l'enfant, la présence de son parent, qui prend le temps de jouer simplement avec lui sans rien lui demander en retour, constitue une preuve d'amour inconditionnel. « Mon parent me dit des choses positives, je dois donc avoir des qualités. »

Ce jeu a pour effet de changer le discours intérieur de l'enfant. Il a tellement l'habitude de se faire reprendre qu'il peut d'abord se montrer mal à l'aise d'entendre ainsi une série de compliments. Mais si le parent persiste, le discours intérieur de l'enfant changera doucement. Il commencera à se parler positivement dans sa tête et même tout haut.

Un des effets de ce jeu est aussi d'apprendre à l'enfant à jouer par lui-même. Beaucoup d'enfants négligés ne veulent pas jouer seuls. Toutefois, selon les témoignages de parents ayant essayé le jeu du micro, après quelques semaines, les enfants avaient commencé à jouer seuls, en se parlant à voix haute... positivement!

Le fait que le jeu ait un début et une fin apprend également à l'enfant à vivre de petites frustrations, et à laisser partir son parent sans faire une crise quand le temps est écoulé. « Mon parent est heureux de passer du temps avec moi, mais il n'est pas à mon service, il a autre chose à faire après. » Nous vous recommandons donc de prévenir l'enfant que le jeu se terminera au son de la sonnerie et que vous irez alors laver la vaisselle ou faire un appel important. Précisez à l'enfant que votre départ n'est ni une punition ni une preuve de manque d'amour, mais que, simplement, c'est cela, la vraie vie! Les bonnes choses ont un début et une fin.

Ce jeu devra être fait pendant plusieurs semaines au début du processus de thérapie. Par la suite, il pourra être repris chaque fois que la relation deviendra tendue ou difficile. C'est un outil à conserver et à reprendre de temps en temps.

Inspiration: Travaux de Russell Barkley. Adaptation libre de l'atelier *Porter attention au jeu de votre enfant*, tiré du programme de formation pour parents d'enfants défiant l'autorité parentale (PEDAP) de Gilles Cloutier (Québec).

FICHE PÉDAGOGIQUE ADOPTEPARENTALITÉ N° 37

L'art du renforcement positif

Objectif : utiliser des renforcements positifs efficaces pour diminuer le sentiment de honte et augmenter l'estime de soi de l'enfant

Public cible : enfants de tous âges

Matériel nécessaire : un vocabulaire varié et un visage expressif

Il est fort heureusement dépassé le temps où l'on pensait que les félicitations fréquentes rendaient un enfant narcissique et trop gâté. Les spécialistes de l'amélioration du comportement et de l'estime de soi chez l'enfant sont unanimes : un enfant a un besoin fondamental de recevoir des rétroactions positives de son parent pour se construire sainement.

C'est encore plus vrai et primordial lorsqu'un enfant arrive dans la vie du parent avec une perception de lui-même plutôt négative, floue, voire honteuse. C'est une malheureuse conséquence de la malnutrition affective vécue par la plupart des enfants en préadoption. Il faudra redoubler de stratégies et d'efforts pour renverser cette malnutrition.

En adoption, il faut donc réviser les critères de normalité, puisque ces enfants ont été mal programmés sur le plan du comportement et de l'estime d'eux-mêmes. Pour eux, ne rien faire de mal pendant quelques minutes demande parfois un effort presque surhumain. Ne rien faire de mal constitue ce qui se rapproche le plus d'un bon comportement, exceptionnel même, qui mérite d'être souligné. Pourtant, cette énergie investie par l'enfant pour ne pas faire quelque chose de mal ne paraît pas à l'extérieur. Les parents ne décodent pas cela d'emblée comme un effort. Cet effort-là est invisible, imperceptible, donc il risque de ne pas attirer l'attention. Tant d'enfants ont dit à leurs parents : « Tu ne remarques jamais quand je suis calme ! »

Souvent, en effet, c'est seulement quand l'enfant a un comportement anormal, dérangeant ou inacceptable qu'on le souligne, bien sûr de manière négative. Au final, l'enfant ne reçoit que des messages négatifs qui minent son estime de lui ainsi que le processus d'attachement. L'enfant est bouleversé, mais également conforté dans sa conviction qu'il est un mauvais bébé.

Mais l'art de bien féliciter un enfant n'est pas si simple que cela. Voici quelques pistes à suivre pour mieux réussir ce travail de reconstruction de l'estime de soi chez les enfants adoptés.

Combattre notre instinct naturel de remarquer et de souligner surtout les problèmes

Notre cerveau est programmé pour détecter les problèmes. Cette tendance a permis aux humains, depuis des millénaires, de détecter les dangers et de surmonter les difficultés. C'est une question de survie de l'espèce.

Malgré le contexte contemporain moins dangereux, cette tendance naturelle se maintient. Ce n'est donc qu'en y consacrant des efforts conscients que nous pourrons dépasser cet automatisme pour nous montrer également attentif aux bons comportements, aux bonnes attitudes de l'enfant.

Commencer par se féliciter soi-même

Pendant une semaine, tous les soirs au moment du coucher, repassez votre journée en esprit. Combattez les « j'aurais dû », les « je n'ai pas eu le temps », « je suis déçu de moi », etc. Votre objectif est de vous féliciter pour cinq bons choix, bonnes attitudes ou bons mots. Nous ne parlons pas ici de gestes exceptionnels comme de sauver de la noyade l'enfant du voisin ! Il s'agit plutôt des bons comportements ordinaires ou des qualités dont vous avez fait preuve durant les dernières 24 heures. Ce ne sera pas facile au début, mais soyez assuré que même pour un adulte, le fait de voir ses bons coups soulignés flatte l'ego et améliore l'estime de soi.

La semaine suivante, toujours le soir, faites le même exercice, mais cette fois en pensant à votre enfant. Repassez la journée pour trouver cinq moments où vous auriez pu le féliciter. Si vous n'êtes pas encore parent, faites-le avec une personne significative de votre entourage.

Cet exercice vous préparera au travail à venir.

Souligner les moments où l'enfant fait quelque chose de bien ou même simplement les moments où il ne fait rien de mal

Pour de nombreuses personnes, un enfant devrait naturellement bien se comporter. Pourtant, cette vision revient à appliquer une norme adulte à un état d'enfant. Il est vrai qu'il est hors normes qu'un adulte de 30 ans en bonne santé renverse toujours son lait à table. Par ailleurs, renverser son lait sur sa bavette à 14 mois est considéré normal pour un bébé qui apprend à se servir d'un gobelet. Certes, personne ne penserait à féliciter un homme de 30 ans qui n'a pas laissé couler de lait sur sa cravate. Toutefois, un bon parent félicitera spontanément son enfant qui n'a pas fait trop de dégâts en mangeant : il a compris qu'à cet âge, la norme est de ne pas posséder encore les capacités motrices pour contrôler parfaitement ses gestes. Il souligne alors un geste exceptionnel, un franc succès pour l'enfant.

Dans notre société de performance, on impose trop souvent des normes d'adultes aux comportements des enfants. Or, tant qu'un enfant n'a pas été guidé et entraîné par un adulte significatif, il ne peut pas de lui-même deviner ce qui constitue un bon ou un mauvais comportement. Les codes sociaux sont acquis, ils sont appris par observation, par essais et erreurs, par imitation, par compliments et par punitions, et surtout par répétition. Cela fait partie de la bonne nutrition sociale qu'un enfant, même très jeune, absorbe en observant son environnement et les interactions entre les personnes qui l'entourent. Mais voilà le problème en adoption : cet apprentissage des codes n'a pas eu lieu. Sauf rares exceptions, les enfants qui ont vécu en orphelinat ou dans une famille dysfonctionnelle dont ils ont été retirés par les services de protection de l'enfance n'ont pas reçu le même conditionnement comportemental que les autres enfants de leur âge. Le travail du parent adoptant en devient d'autant plus urgent et important.

Le renforcement positif consiste généralement à souligner à l'enfant, avec enthousiasme, ce qu'il a fait de bien et de hors normes. Il s'agit d'un outil pédagogique très efficace, qui forge lentement mais sûrement l'estime de soi chez l'enfant. Cela aide aussi à tisser un lien d'attachement, de tendresse et de confiance entre l'enfant et son parent.

Mais comment réagir lorsque la norme de l'enfant qui vient d'atterrir chez ses nouveaux parents est de ne faire que des gaffes, des crises, des gestes agressifs ou étranges? Comme le disait si bien Russell Barkley[20] : « Il existe

20 Traduction libre de Russell A. Barkley. *Your Defiant Child: Eight Steps to Better Behavior*, New York, Guilford Press, 1998.

des enfants au comportement tellement difficile que l'adulte n'arrive même pas à trouver un petit détail positif à souligner! »

Prenons l'exemple — fréquent — de l'enfant qui se relève tout le temps après le coucher. Une phase préalable d'observation aura démontré qu'il le fait en moyenne 10 minutes après le dernier baiser du soir. La stratégie du parent consistera donc à remonter dans la chambre de l'enfant trois ou quatre minutes après ce dernier baiser. En entrant dans la chambre, il s'adressera à l'enfant avec fierté et joie : « Maman vient de remarquer que ce soir, tu as choisi [le verbe *choisir* est primordial ici] de ne pas te relever, de ne pas parler à maman. Je sais que tu as fait un grand effort. Bravo et bonne nuit!»

Dans le même ordre d'idées, on pourra simplement souligner qu'il est présentement calme à table, qu'il vient de prêter son jouet à un ami, qu'il a refermé la porte du frigo ou qu'il a activé la chasse d'eau. On peut aussi lui dire qu'il a un beau sourire ce matin.

Faire des compliments concrets, car les généralités sont peu efficaces

Dans l'optique de faire du renforcement positif, il ne faut pas tomber dans le piège des généralités ou des exagérations. Dire à l'enfant, pour renforcer son estime de soi, qu'il est « le meilleur au monde » est carrément un mensonge. Cela laisse aussi entendre que seule la performance exceptionnelle est valable. En adoption, cela peut malheureusement renforcer la crainte de l'enfant d'être rejeté s'il n'est pas parfait. On pourra dire à la place, d'une façon à la fois plus vraie et plus tendre : « Dans mon cœur de maman, tu seras toujours le plus beau garçon du monde! »

Surutiliser des compliments vagues et généraux n'est pas non plus l'idéal. Un enfant adopté a une conception floue de lui-même. Il ne connaît pas vraiment ses qualités et ses petits défauts. Si l'adulte reste trop vague, il ne pourra pas s'attribuer certaines caractéristiques personnelles. Faites plutôt ressortir des caractéristiques particulières de l'enfant, comme sa générosité dans le partage de ses jouets ou sa façon de prendre soin de ses peluches sur son lit tous les matins. Il est bon de lui faire remarquer des caractéristiques uniques : sa jolie fossette, son rire contagieux ou la couleur unique de ses cheveux. Il faut surtout souligner des petits gestes concrets : « J'ai remarqué que tu avais bien rangé ton sac en arrivant de l'école » ou « Je trouve que c'est une bonne idée de mettre ce chandail avec cette jupe » ou encore « J'aime bien quand tu chantes en caressant le chat » ou « C'est très apprécié que tu me laisses ouvrir la porte sans me dépasser ».

Ne pas ajouter de « mais » à la fin du compliment

Travailler l'estime de soi entraînera bien entendu une amélioration graduelle des comportements. Par contre, il ne faut pas vouloir tout faire en même temps. Tous nos efforts et ceux de l'enfant risquent de se trouver annulés par un simple « mais » inséré à la suite du compliment. C'est ce que Alan Kazdin[21], le spécialiste américain du comportement, appelle « le mauvais caboose à la fin du bon train ». La plupart des parents le font sans trop s'en rendre compte, puis ne saisissent pas pourquoi l'enfant leur lance : « Tu n'es jamais content de moi ! » L'enfant retient toujours les derniers mots prononcés.

Par exemple, il ne faut pas dire : « Bravo ! Tu as fait un beau ménage de ta chambre, mais tu vois, tu as oublié de ranger cette paire de souliers » ni « J'ai remarqué que tu as rangé ton sac d'école, merci ! Mais pourquoi diable ne le fais-tu pas tous les jours ? ». Ce « mais » annule les félicitations, car l'enfant aura à justifier qu'il ne fait pas cet effort tous les jours plutôt que d'absorber simplement le sentiment agréable que provoque en lui le compliment. Il vivra alors des émotions de protection de la vie au lieu d'une émotion d'amélioration de la vie[22].

On peut par contre profiter de ce bon comportement pour faire de la projection positive très subtile. Ainsi, au retour du travail de l'autre parent, on peut lui raconter le bon coup de l'enfant : « Tu sais, aujourd'hui, Thomas a bien rangé son sac d'école. Je suis certain que s'il le décidait, il pourrait le faire plus souvent. »

Respecter le ratio 5 pour 1 : cinq remarques positives pour une critique ou réprimande

N'oubliez pas, dans le contexte de l'adoption, il faut combattre des mois, voire des années de mauvaise programmation. Il faut donc aller un peu dans l'excès contraire pour espérer que les nouveaux bons souvenirs l'emportent dans la balance sur les mauvais[23].

Il faut faire à l'enfant des compliments de bonne qualité, et en bonne quantité. Idéalement, le parent devrait tenter de respecter le ratio suivant : pour chaque remarque négative — « Non ! dans notre famille, il est interdit de cracher au visage ! » —, il faudrait que le parent prenne soin de souligner cinq comportements positifs.

Ce ratio permet au parent de jouer correctement son rôle de bon capitaine éducateur, avec une autorité normale, juste et nécessaire. Il y aura des jours où le parent aura à jouer plus souvent son rôle d'autorité. Il ne devra surtout pas s'empêcher de le faire. Il sera par contre plus stratégique de faire un effort supplémentaire, ces jours-là, pour souligner positivement plusieurs gestes corrects de la part de l'enfant.

21 Alan E. Kazdin. *The Kazdin Method for Parenting the Defiant Child*, Boston, Houghton Mifflin Harcourt, 2008.

22 Voir le chapitre 6, *Des émotions en montagnes russes.*

23 Voir le chapitre 5, *Peur du rejet, de l'abandon et peur de décevoir.*

Utiliser aussi le non verbal et les gestes de tendresse

L'estime de soi se bâtit grâce à des mots, certes, mais aussi grâce à des gestes, des attitudes, des contacts physiques chaleureux. On ne saurait trop insister sur l'effet multiplicateur d'un simple toucher, d'une petite caresse dans les cheveux ou dans le dos, d'un clin d'œil, d'un sourire, d'une intonation joyeuse. Tous les enfants du monde sont attentifs aux signaux corporels de leurs parents, mais les enfants adoptés sont des observateurs encore plus chevronnés. Ils ont dû beaucoup surveiller les attitudes des adultes avant d'oser ou non demander quelque chose. Ils ont dû ajuster leur comportement d'attachement en fonction des réactions verbales ET non verbales de leurs donneurs de soins. Ils le feront encore dans les premiers jours et même les premiers mois après l'adoption. Très longtemps, ensuite, ils conserveront une hypervigilance qui peut jouer contre les objectifs pédagogiques du parent s'il ne fait pas attention à ce qu'il dégage. Il est toutefois possible d'en tirer avantage lorsqu'on est sensibilisé à cette caractéristique de la normalité adoptive.

Le pouvoir des « mots magiques » : « merci » et « s'il te plaît »

Dans toutes les cultures, on traite avec politesse les gens pour qui on éprouve du respect, de l'affection ou de l'admiration, ou simplement par convention pour une vision égalitaire et juste. L'enfant remarquera que son parent dit « s'il vous plaît » au boucher lorsqu'il commande un kilo de viande, et « merci » au serveur qui remplit son verre d'eau. Pourtant, dans certaines familles, on oublie ces simples marques de politesse et de respect. C'est une marque de respect d'ajouter un tout petit « s'il te plaît » lorsqu'on formule une demande à l'enfant, puis de conclure par un simple « merci » lorsqu'il s'exécute. Cela lui prouve subtilement qu'il est au moins aussi important qu'un pur étranger dans un commerce ou dans le transport en commun.

Passer du temps seul en interaction avec l'enfant

Dire des choses positives à l'enfant est très efficace ; accompagner ces paroles de gestes concrets l'est encore plus. Souvenez-vous des adultes qui vous ont donné de l'importance et avec qui vous vous sentiez précieux, spécial. Il y a fort à parier que vous ne vous souvenez pas de tous les mots exacts qu'ils vous ont dits, mais il est presque certain que vous vous rappelez les petits moments privilégiés passés tout seul avec eux. Une grand-maman qui a 14 petits-enfants, mais qui vous choisit, vous, pour aller manger une crème glacée avec elle ; une marraine qui vous emmène à un spectacle de marionnettes un samedi de pluie ; un cousin plus âgé qui vous invite à faire du ski ; un papa qui ne va jamais à la quincaillerie sans vous ; une maman qui emmène toujours sa fille avec elle pour aller se faire coiffer, mais jamais le petit frère, car aller chez la coiffeuse est une « activité de filles »... Autant de moments où l'adulte envoie un message puissant à l'enfant : « J'aime ta compagnie, tu es précieux, important à mes yeux. »

Son opinion compte

Autant il faut être et demeurer un capitaine solide qui ose assumer sons rôle d'autorité saine pour rassurer l'enfant et le convaincre qu'il est en sécurité, autant il est utile de solliciter son avis sur des choses moins importantes du quotidien. Par exemple :

- Emmener un enfant au supermarché en lui donnant la tâche de choisir un des desserts de la semaine ;
- Lui demander son avis sur le bijou qui irait bien avec votre robe, ou la meilleure cravate pour agrémenter le complet de papa ;
- Le laisser choisir une fleur à planter dans le jardin ;
- Le consulter pour le choix de la couleur de la nappe pour le repas d'anniversaire de grand-maman ;
- Lui demander quel joueur a le mieux joué lors de la partie de hockey que vous avez regardée ensemble.

On lui prouve ainsi qu'il a droit à ses opinions, même si elles sont différentes de celles du parent. Avoir une bonne estime de soi, c'est aussi développer sa propre pensée, ses goûts particuliers, et ne pas se sentir ridiculisé lorsqu'on les exprime.

Parler à une troisième personne

Quoi de plus plaisant, même lorsqu'on est adulte, que de surprendre une conversation privée entre deux de nos collègues de travail qui commentent avec admiration la qualité d'une de nos interventions lors d'une réunion importante ou la créativité exceptionnelle du document de travail que l'on a remis à l'équipe. C'est comme une preuve irréfutable de ce que les gens pensent vraiment, hors des conventions ou des obligations.

Les enfants ont souvent l'air de ne pas écouter, mais ils sont presque toujours attentifs à ce qui se dit autour d'eux. Il faut donc bien entendu faire attention aux confidences faites à l'autre parent ou à un ami sur les comportements désagréables de l'enfant. Cela pourrait le diminuer inutilement aux yeux de cette personne, et à ses propres yeux. On peut par contre tourner cela à l'avantage de l'enfant. Pourquoi ne pas prendre le téléphone, lorsque l'enfant regarde la télévision, pour raconter à une amie ou à un oncle combien vous avez été impressionné par la gentillesse dont l'enfant a fait preuve lorsqu'une fillette est tombée en vélo devant la maison, ou à quel point il s'endort plus calmement depuis quelques jours. Mieux encore, mentionnez une difficulté réelle, en ajoutant que vous êtes tellement convaincu que lorsqu'il sera plus en confiance avec vous, lorsqu'il aura vraiment compris à quel point vous l'aimez, il sera capable d'améliorer grandement ce mauvais comportement. Ses petits moments volés peuvent avoir un pouvoir extraordinaire.

Anticiper ses sabotages et persévérer

Un enfant qui arrive dans une nouvelle famille avec une mauvaise estime de lui-même cherche souvent ouvertement à saboter les compliments. Mieux vaut être informé au préalable. Il est tellement convaincu qu'il devait être mauvais, dans le fond, pour avoir été ainsi abandonné, qu'il ne voudra pas risquer de devenir autrement.

Plusieurs enfants, en thérapie, révèlent leurs pensées intimes et intrusives :

- Et si cette nouvelle vie ne durait pas ?
- Et si, malgré mes efforts, j'étais vraiment un être endommagé et nuisible ?
- Mon parent pense que je suis normal, mais attention, lorsqu'il me connaîtra vraiment, il sera aussi déçu que mes premiers parents !
- Je ne suis pas certain de pouvoir être toujours correct, c'est tellement plus facile de mal se comporter que de bien se comporter...
- J'échoue facilement à me sentir valable, mais je réussis si bien à être mauvais. J'aime donc mieux me sentir compétent, même si c'est pour le sabotage.
- Mes parents sont obligés de me dire des compliments, mais ils ne les pensent pas vraiment.
- Leur gentillesse, c'est une ruse pour m'amadouer, pour que je montre ma vulnérabilité. Si je suis gentil, je vais me faire avoir, comme avec les autres adultes avant mon adoption.

Il faut donc que le parent persévère avec calme, solidité et bienveillance malgré les sabotages. Il doit cependant profiter de ces sabotages pour parler clairement à l'enfant des raisons profondes de son comportement, pour mettre des mots sur des gestes qu'il ne comprend pas toujours. Des gestes qui le mettent encore plus dans la honte si le parent lui lance, dans un moment de colère : « Bon, c'est ça ! Après tout ce que j'ai fait pour toi et avec toi aujourd'hui ! C'est comme cela que tu me remercies ? En faisant exactement le contraire de ce pourquoi je t'ai félicité ? Ça m'apprendra à te complimenter ! »

Aucun parent n'est à l'abri d'une telle réaction. N'oubliez pas : les enfants adoptés n'ont pas besoin de parents parfaits, mais de parents SOLIDES. Ce n'est cependant pas en réagissant ainsi que vous encouragerez l'enfant à changer son opinion de lui-même. Être solide, c'est aussi s'excuser d'avoir haussé le ton et admettre ses erreurs.

Il faudra tout de même appliquer la sanction habituelle si l'enfant transgresse les règles, mais faites-le sans montrer trop d'états d'âme. Rappelez-vous : il ne faut pas se laisser ébranler[24]. Montrer à l'enfant que vous êtes émotivement démoli par ses sabotages est contre-productif. L'enfant vous fait passer des examens de solidité. Il n'est pas nécessaire d'avoir une note parfaite, mais une bonne note est plus efficace qu'une mauvaise, assurément.

Être un parent solide, c'est aussi oser aider l'enfant à se comprendre lui-même. C'est aborder des sujets délicats pour soigner les blessures invisibles qui le poussent à saboter ainsi tout ce qui semble bien dans la relation avec ses nouveaux parents. Une fois la crise passée, idéalement dans la même journée, il faudra revenir calmement sur les faits, avec l'enfant : « Je sais que c'est présentement difficile pour toi de croire que tu es un bon garçon qui mérite tous ces compliments de ma part. Tu doutes de toi-même et tu doutes peut-être même de la sincérité de mes intentions envers toi[25]. » « C'est comme si tu cherchais à me prouver que j'ai tort de t'aimer et de vouloir te protéger. Bien sûr que je suis déçu de ton comportement, mais je ne serai JAMAIS déçu de toi. Je vois dans tes yeux parfois de la colère, de la peur, de la tristesse et aussi de la honte. Je vois tout cela, mais je ne vois pas une mauvaise personne. Je vois des trésors cachés. Mon travail de parent, un travail que j'ai choisi, est de te prouver que ces trésors existent bien et qu'ils valent la peine qu'on les exploite ! Alors, même si tu essaies de saboter tous les compliments et toutes les félicitations en pensant les effacer de ma mémoire, eh bien tu n'as pas ce pouvoir ! Les bons moments que nous avons vécus ensemble sont imprimés pour toujours dans mon cœur, comme des trésors. »

Inspiration : Travaux de Russell Barkley, d'Alan Kazdin et de Germain Duclos.

FICHE PÉDAGOGIQUE ADOPTEPARENTALITÉ **N° 38**

Ne jamais remettre l'enfant dans la honte

Objectif : aider l'enfant à admettre sa part de responsabilité dans les évènements, favoriser le développement chez lui d'une culpabilité saine

Public cible : enfants de quatre ou cinq ans et plus, qui mentent même quand ils sont pris sur le fait

Matériel nécessaire : aucun

Les enfants adoptés, on l'a vu, ont souvent une très mauvaise estime d'eux-mêmes. Pour certains, cela s'explique par le fait qu'ils n'ont pas franchi correctement la phase de développement entre la honte et la culpabilité. Ces enfants peuvent présenter des comportements assez déroutants. Par exemple, certains profèrent des mensonges illogiques, niant totalement un fait encore

24 Voir le chapitre 5, *Peur du rejet, de l'abandon et peur de décevoir.*

25 *Id.*

observable, ou un fait qui ne lui apporterait pourtant pas de conséquences négatives :

- L'enfant nie avoir mangé un biscuit avant le souper, alors qu'il a du chocolat autour de la bouche et des miettes répandues sur le chandail;
- L'enfant nie avoir volé les bagues de sa sœur tout en les portant aux doigts;
- L'enfant nie avoir mangé le reste du fromage, alors que ce n'est pas grave, qu'il pouvait le faire, mais que vous vouliez seulement savoir qui avait mangé ce dernier morceau.

Le parent qui insiste pour que l'enfant pris sur le fait admette son erreur, son mauvais choix ou simplement reconnaisse un fait qui n'est pas en soi si grave a alors l'impression de faire rire de lui. Comment un enfant intelligent de sept ans peut-il nier encore et encore avoir entamé le gâteau d'anniversaire de sa petite sœur, alors qu'il manque un morceau et qu'il a du glaçage rose autour de la bouche? Au-delà de la peur naturelle d'être puni, ce déni n'a aucun sens... sauf si on suit la piste de la honte.

Un enfant qui a dépassé le stade de la honte et acquis une culpabilité saine finira, non sans remords et sans rage, par admettre que c'est bien lui qui a entamé le gâteau. Il aura à vivre la punition et également le sentiment d'avoir fait un mauvais choix, d'avoir pris une mauvaise décision, qui a causé de la peine à sa petite sœur. Il ne sentira pas nécessairement que les enfants et les adultes de la fête le perçoivent comme un monstre. Bref, il se sentira coupable, ira s'excuser, pourra même faire un geste de réparation en promettant à sa sœur de jouer avec elle le lendemain. Lorsqu'on fait quelque chose de mal, on peut généralement le réparer.

Un enfant qui est encore au stade de la honte, malgré son âge réel avancé, ne voudra pas avouer son méfait. S'il avouait, il ressentirait non pas une petite culpabilité, mais une immense honte dans son ventre, comme une douleur. Il aurait le sentiment que non seulement ce geste qu'il a commis prouve qu'il est mauvais, mais aussi que toutes les autres personnes présentes le regardent, le jugent, le cataloguent comme intrinsèquement mauvais, défectueux, étrange, pas correct, pas comme les autres. Vaut mieux avoir l'air bizarre, mentir, se dissocier émotivement de ce qui se passe réellement autour de lui, plutôt que de ressentir cela.

Voici une intervention à essayer au lieu d'argumenter sans fin avec l'enfant qui ment malgré les évidences.

Dès que l'enfant commence à nier l'évidence, prenez-le à part pour être seul avec lui, sans témoin. Regardez-le dans les yeux calmement et dites-lui : « Julien, je vais bientôt te poser une question. Mais avant de poser ma question, je veux que tu m'écoutes très attentivement. Ce que je vais te dire est la pure vérité et elle vient du fond de mon cœur. Peu importe ce que tu feras, jamais, au grand jamais, je ne vais te trouver poche, niaiseux, méchant ou menteur. Jamais, au grand jamais, je ne vais arrêter de t'aimer. Tu es précieux et important pour toujours et je ne te rejetterai jamais. Est-ce que tu me crois ? Tu sais, je te le répète très souvent lorsque tu as une réprimande ou une punition, c'est ton comportement, tes gestes, tes mots qui ne sont pas corrects, pas toi comme personne.

« Alors j'aimerais que tu choisisses de dire ce que tu as fait, pour vrai, je veux que tu me répondes sans avoir peur que je pense que tu es un mauvais garçon. Je ne te demanderai pas pourquoi tu as mangé du glaçage, je veux juste que tu me dises si tu l'as fait. »

Si l'enfant confirme que c'est bien lui qui a mangé le gâteau, félicitez-le pour son courage d'avoir avoué la vérité. Vous pouvez ensuite poursuivre par une demande de réparation : excuses, compensation, etc. Mais n'insistez pas.

Si l'enfant continue de nier, dites-lui : « Tu as une dernière chance de me prouver que tu fais la différence entre ton mauvais comportement et ce que tu es. S'il te plaît, dis-moi simplement : est-ce que c'est toi qui as mangé le glaçage ? »

Si l'enfant continue de nier, il reçoit tout de même une conséquence, mais le parent doit ajouter : « On va continuer à travailler très fort là-dessus. Il faut absolument que tu arrives un jour à me faire confiance, à me croire quand je te dis que même quand tu fais une bêtise, je ne trouve pas que tu es un mauvais garçon, que je t'aime autant, mais que je suis simplement déçu de ton comportement. »

Cela peut prendre plusieurs interventions semblables avant de voir un petit changement. La constance sera importante, pour que l'enfant trouve que vous êtes sincère et solide. C'est seulement quand il se sentira en confiance et en sécurité qu'il osera peut-être dire la vérité sans ressentir de honte, mais uniquement une culpabilité normale et utile.

Inspiration : L'approche *Parenting with love and logic* de Foster Cline.

SAVOIR *en bref*

En bref

1. La honte est une émotion très présente et envahissante chez les adoptés. Elle vient d'un profond sentiment d'avoir mérité l'abandon. Ce sentiment a ensuite été renforcé par l'incompétence que le bébé a ressentie en échouant à faire prendre soin de lui correctement.

2. Quelle est la différence fondamentale entre la culpabilité et la honte ? La honte, c'est le sentiment d'être une mauvaise chose, une mauvaise personne, un être humain défectueux et moins valable que les autres êtres humains. La culpabilité, c'est le sentiment d'avoir fait un geste mauvais ou dit une chose mauvaise. Avoir honte, c'est se percevoir comme intrinsèquement ignoble, tandis que se sentir coupable, c'est percevoir qu'on a fait quelque chose de mal, mais sans douter que l'on est encore une bonne personne.

3. Il existe trois facteurs de risques à l'origine d'une mauvaise estime de soi chez un enfant adopté. Premièrement, ne pas réussir sa première « audition », c'est-à-dire ne pas être choisi et gardé par son parent biologique. Deuxièmement, ne pas avoir de réponses adéquates lorsqu'on utilise ses deux compétences d'attachement : lancer des signaux de détresse, puis être mignon. Si le donneur de soins ne répond pas correctement, le bébé conclut qu'il est mauvais, incompétent, sans importance. Cela mine très tôt son estime de lui-même et fixe cette croyance dans sa mémoire procédurale. Troisièmement, si l'enfant a l'impression de décevoir également son parent adoptant, c'est justement cette mauvaise mémoire procédurale qui fragilisera encore plus son estime de lui-même.

4. Les enfants adoptés sont à risque de se forger un faux moi, c'est-à-dire une image d'eux-mêmes pour répondre aux attentes d'autrui. Ils présentent cette image au monde, mais ils ont toujours peur d'être démasqués comme des imposteurs. Pendant qu'ils consacrent toute cette énergie à s'ajuster, ils trouvent peu d'indices de ce qu'ils sont vraiment.

Facteurs de risques **à éviter**	Facteurs de protection **à favoriser**
• Faire des compliments exagérés ou généraux.	• Faire plusieurs petites remarques positives et très ciblées, très concrètes.
• Ne jamais complimenter votre enfant.	• Faire au moins cinq petites remarques positives sur l'enfant par jour.
• Se sentir totalement responsable de la mauvaise estime de soi de l'enfant.	• Accepter qu'une partie de l'estime de soi de l'enfant ne vous appartient pas. Il devra la consolider à sa façon pour le reste de sa vie.
• Réagir avec rejet et colère aux possibles tentatives de sabotage de l'enfant ou à son autodévaluation.	• Réagir avec compassion et fermeté devant le discours négatif de l'enfant.
• Ne pas faire suffisamment la différence entre l'enfant lui-même et son comportement, ses gestes.	• Toujours réprimander le comportement observable de l'enfant, jamais sa valeur intrinsèque.
• Évaluer sa propre performance de parent d'après les performances de l'enfant.	• Avoir soi-même une bonne estime de soi et être capable de se féliciter de ses bons coups.
• Faire plus de réprimandes que de compliments.	• Faire plus de compliments que de réprimandes.

En savoir plus

Pour aller plus loin, consulter le troisième livre de la collection « Adopteparentalité » à paraître : *L'Adoption : les conditions gagnantes d'un attachement sain de 6 à 18 ans.*

En savoir encore plus

André, Christophe. *Imparfaits, libres et heureux*, Paris, Odile Jacob, 2009.

Duclos, Germain. *L'Estime de soi, un passeport pour la vie,* Montréal, Éditions du CHU Sainte-Justine, 2010.

Hughes, Daniel. A. *Building the Bonds of Attachment: Awakening Love in Deeply Troubled Children*, Lanham, Jason Aronson, 1998.

Kazdin, Alan E. *The Kazdin Method for Parenting the Defiant Child,* Boston, Houghton Mifflin Harcourt, 2008.

Keck, Gregory C. et Regina M. Kupecky. *Parenting the Hurt Child: Helping Adoptive Families Heal and Grow*, Colorado Springs, Piñon press, 2002.

Marinopoulos, Sophie, Catherine Sellenet et Françoise Vallée. *Moïse, Œdipe, Superman : de l'abandon à l'adoption*, Paris, Fayard, 2003.

Maslow, Abraham. « A Theory of Human Motivation », *Psychological Review*, n° 50, 1943, p. 370-396.

Panksepp, Jaak. *The Archaeology of Mind: Neural Origins of Human Emotion*, New York, W. W. Norton & Company, 2010.

Schore, Allan. *Affect Regulation and the Origin of the Self: the Neurobiology of Emotional Development*, Hillsdale (New Jersey), Lawrence Erlbaum Associates, 1994.

CHAPITRE 13

Un OMNI : l'objet manquant non identifié

Paroles d'enfants

C'est drôle, le désir. Je veux toujours un nouvel objet, une bébelle que je n'ai pas encore. Quand je la veux, je ne pense qu'à ça. Je suis certaine qu'elle va me rendre heureuse, joyeuse. Puis quand je l'ai, je suis un peu heureuse, puis je deviens encore triste, comme vide. Alors je pense à une autre chose à avoir, comme si je m'étais trompée d'objet, comme si c'était vraiment le prochain qui allait m'enlever ma tristesse. C'est comme un espace vide qui prend beaucoup de place.

Katia, 12 ans, d'origine biélorusse

Je suis toujours très « tannante » : je parle tout le temps, je fais du bruit, je bouge pour que papa et maman n'oublient jamais que j'existe. Quand j'arrête de bouger, il y a un trou dans mon cœur. L'autre fille que j'ai vue dans la salle d'attente, l'autre jour, elle aussi, elle a peur du trou dans son cœur.

Marie-Soleil, 8 ans, d'origine guatémaltèque

> Je veux vraiment comprendre pourquoi j'ai toujours été une éternelle insatisfaite. Petite, je voulais toujours autre chose et encore plus. Pourtant, dès que je recevais l'objet tant convoité ou la permission tant espérée, je n'en profitais presque pas. J'étais même très souvent déçue, car la chose ne fonctionnait pas comme je le souhaitais. Je me suis déjà entendue me plaindre que mon nouveau chandail ne pouvait pas me servir de robe ou que ma radio n'était pas une télévision !
>
> Mélanie, 27 ans, adoptée au Québec

> Contrairement à ce que j'espérais, je n'ai pas comblé complètement mon OMNI en rencontrant ma mère biologique. Bien entendu, j'ai eu de nombreuses réponses utiles et un certain apaisement. C'est en accompagnant ma mère adoptive en soins palliatifs que cela s'est enfin passé. J'ai alors vraiment compris qu'elle ne pouvait pas réparer ce qui s'était passé avant mon adoption, même avec tout l'amour du monde. Ce n'était pas sa faute ni sa responsabilité. Ce n'était pas non plus la faute de ma mère biologique, enceinte à 17 ans dans le Québec de la grande noirceur. Ce n'était pas non plus ma faute à moi. J'ai compris et vraiment ressenti que nous étions en fait trois femmes réunies par un drôle de destin commun. Un destin où nous avions toutes les trois fait le mieux que nous pouvions, avec ce que nous avions. Certaines choses n'avaient pas pu se passer au moment où elles auraient dû se construire, voilà tout.
>
> Ginette, 63 ans, adoptée au Québec

Que ce soit dans la littérature des siècles passés ou dans les témoignages d'enfants abandonnés, négligés, déplacés ou orphelins, la notion du grand vide intérieur revient continuellement, un vide existentiel impalpable qui a pourtant comme origine un vide sensoriel et affectif bien réel. C'est un peu comme si une partie de l'enfant doutait encore de la permanence des objets, de la sincérité des sentiments de ses parents ou des autres personnes significatives de sa vie. En adopteparentalité, on appelle ce vide un OMNI : un objet manquant non identifié. Il faut dire que le corps et l'âme d'une maman biologique qui disparaissent, ce n'est pas rien pour un bébé ou un très jeune enfant. C'est un formidable objet de sécurité, de nourriture, de chaleur qui, après neuf mois de symbiose, s'évanouit à tout jamais dans l'univers. C'est à haut risque de laisser des traces ; c'est une absence très *présente*.

La quête pour enfin combler ce vide est le travail d'une vie. Toutefois, ce travail peut être facilité par l'accompagnement d'un parent adoptant bienveillant, qui ne cherche pas désespérément, avec son amour et ses soins, à combler totalement tout ce vide, mais qui aidera l'enfant à mieux le reconnaître. Ce vide ne sera comblé ni par des objets, ni par une quantité toujours plus grande d'amour, d'attention, de présence constante d'un autre être humain. Il ne faudra ni exagérer ce vide, ni en nier la légitimité.

Sans aide, l'adopté risque de vivre une quête folle qui ira dans toutes les directions. Il cherchera un coupable, une explication de ce vide dans le temps présent : « C'est parce que je n'ai pas de chien. » « C'est parce que je ne suis pas la fille la plus populaire de l'école. » « C'est parce que l'entraîneur de hockey ne me fait pas assez jouer. » « C'est parce que mon parent [ou mon ami, ou mon amoureux] ne m'aime pas assez. » « C'est parce que personne ne me comprend. » « Ça ira mieux quand je serai au secondaire [ou quand j'aurai un emploi que j'aime, ou quand je reviendrai de voyage, etc.] »

Allégorie
Assoiffé dans le Grand Canyon

Un jeune garçon québécois de sept ans se retrouve hospitalisé au Nevada pour déshydratation grave, fièvre, vomissements, perte de conscience. Ses deux parents, à son chevet, se morfondent en essayant de comprendre comment cela a pu se produire en plein milieu d'une expédition de camping très bien planifiée dans les sentiers du Grand Canyon. Ils attendent avec impatience les tests de toxicologie effectués sur les échantillons d'eau. Amateurs de plein air expérimentés, ils avaient pourtant pris toutes les précautions d'usage, y compris remplir d'eau fraîche la gourde de leur fils, plusieurs fois par jour et chaque fois qu'il le réclamait.

Le médecin américain arrive enfin en disant avoir trouvé le problème. « Rien de trop grave docteur ? » demandent les parents angoissés. Le médecin de répondre : « La gourde de votre fils était percée... »

SAVOIR

SAVOIR 1
Une passoire dans le cœur

Une des premières expressions autour des enjeux d'attachement a été *l'enfant passoire*. Cette expression utilisée par les premiers parents membres d'une association flamande[1], mettait en lumière les problèmes d'attachement et leurs conséquences, qui étaient jusqu'alors bien peu connus. Ce terme-choc illustrait à la fois l'incapacité des parents à combler certains vides affectifs, et la souffrance de l'enfant qui ressent constamment ce vide.

Symboliquement et physiologiquement, à la naissance, certaines parties du cerveau humain sont pleines, fonctionnelles, déjà programmées, tandis que d'autres sont toujours en attente de programmation.

Imaginons le cerveau d'un nouveau-né comme une passoire en inox dont les parties pleines sont solides, en métal. Ces parties pleines servent à dormir, manger, appeler à l'aide en cas de détresse et séduire le donneur de soins. Jusque-là, rien d'anormal : une des caractéristiques des mammifères est que leur cerveau continue de se construire à l'extérieur de l'utérus maternel.

Dans ce fond en partie fait de métal, il existe des petits trous. Des milliers de petits trous qui seront comblés au fur et à mesure que l'enfant recevra toutes les nourritures physiques, sensorielles, affectives, cognitives et de protection dont il a besoin. Ces trous représentent le langage, la motricité fine, les habiletés relationnelles, la joie de vivre, l'estime de soi, l'empathie, l'autoprotection, les valeurs, le goût d'apprendre, etc. Ces trous seront plus ou moins bien colmatés selon la quantité et la qualité des nourritures offertes à l'enfant. Il faut insister sur le mot « offertes », car l'immense majorité de ces nourritures, l'enfant ne peut pas aller les chercher lui-même, ni même savoir qu'il en a besoin. C'est seulement grâce à un parent, à un donneur de soins stable, attentif et proactif que l'enfant sera nourri adéquatement.

Selon la programmation génétique humaine, le plus gros du travail pour colmater et remplir correctement ces nombreux petits trous doit se faire, idéalement, entre 0 et 3 ans.

1 C'est à partir de cette première impulsion que fut créée l'association PÉTALES-Belgique : Parents avec enfant en troubles d'attachement, puis PÉTALES-France et finalement PÉTALES-Québec. www.petalesquebec.org

Le travail normal de « fabrication » du cerveau humain

Entre 0 et 3 ans, le parent d'un enfant modèle de base est un « colmateur de trous de passoire ».

Son travail, très exigeant, est de s'assurer que la petite passoire bébé ne soit jamais à sec, en lui donnant très souvent de petites doses de nourriture physique, affective, sensorielle, cognitive, etc.

Il le fait, malgré l'épuisement, avec confiance. Le but est proche : un jour, la passoire deviendra un joli bol qui aura de moins en moins besoin de lui pour se remplir.

En effet, un adulte doit devenir capable d'aller lui-même chercher l'eau et le reste de la nourriture dont il a besoin.

Si tout va bien, vers trois ou quatre ans, l'enfant a colmaté les trous les plus importants. Il est de moins en moins accaparant. Il teste de moins en moins la disponibilité du « robinet ». Il sait que le robinet est là, disponible, et qu'il y aura toujours de l'eau s'il en a besoin mais il peut attendre en puisant dans ses réserves.

[?] SAVOIR 2
Faire autrement avec l'enfant passoire

Le cerveau du bébé est une formidable machine à gober le monde. Il est assoiffé comme une éponge, qui ne cesse de chercher à faire remplir tous ses trous. Comme nous l'avons vu, il a besoin pour y parvenir de nourriture physiologique, sensorielle, affective, cognitive et sociale abondante et de bonne qualité.

Que l'enfant soit adopté ou modèle de base, après trois ou quatre ans, le simple fait de donner plus d'eau ne fonctionnera plus : il faudra colmater autrement les trous qui restent. Apportons ici une nuance : peu importe l'âge de l'enfant à son arrivée, il est important, durant les premiers mois, de donner une réponse rapide, chaleureuse, cohérente et prévisible à ses signaux de détresse ou aux besoins qu'il exprime[2]. Mais nous parlons ici d'enfants arrivés depuis des années et qui sont encore très accaparants, qui sentent encore profondément le vide en eux, les trous de la passoire.

La plupart des parents adoptifs pensent bien faire en répondant à chaque demande d'attention, positive ou négative. Ils n'osent pas ignorer les appels plus ou moins clairs de l'enfant, de peur que celui-ci se sente rejeté. Sans un lien d'attachement solide et permanent, se montrer toujours disponible pour alimenter la merveilleuse petite passoire avec câlins, mots doux, félicitations et soins est une tâche insurmontable. Un enfant très accaparant avant l'âge de trois ans n'a rien d'inquiétant ou d'anormal, bien au contraire. Mais les parents finissent par se vider de leur propre énergie vitale à force de verser continuellement de l'eau dans la passoire.

Pourquoi donc cet instinct de répondre à la moindre demande? Parce que l'instinct de tous les parents est basé sur le modèle biologique. Dès qu'un adulte devient parent, il a accès à ce que la nature a mis des millions d'années à perfectionner : l'instinct de prendre soin d'un bébé naissant. Toutefois, les parents humains ne sont pas programmés par la nature pour prendre soin d'un enfant qui arrive dans leur vie à six mois ou à six ans[3].

Lorsque la vie donne un nouveau-né à une mère, cette dernière *sait* que pendant plusieurs mois et plusieurs années, il sera comme une passoire. L'instinct de donner des soins à plus faible et plus vulnérable que soi dicte à l'adulte de répondre de façon rapide, chaleureuse, prévisible et cohérente aux demandes de nourriture de ce bébé, au sens large du terme. Cette programmation innée a cependant une « date de péremption ». Le cerveau, en quelque sorte, prévoit que si la mère ou le donneur de soins agit ainsi pendant quelques années, il arrivera à combler les trous, rendant ainsi l'enfant plus autonome, capable d'attendre, capable de supporter une petite frustration, pendant quelques minutes d'abord, puis quelques heures, sans se désorganiser. Or, cette « date de péremption » ne fonctionne pas exactement de la même façon en adoption, ce qui déroute totalement de nombreux parents.

2 Voir *Mieux vivre les premières années après l'adoption,* à paraître dans la même collection.

3 Voir le chapitre 7, *Un attachement difficile* et le chapitre 8, *Une insécurité affective.*

Il faut absolument informer les parents qu'il manque au départ une donnée à leur cerveau de parent, une donnée inconnue du programme habituel. Il faut les rassurer, leur garantir qu'ils ne font rien de mal et que, dans un autre contexte — c'est-à-dire avec un enfant modèle de base —, leur méthode aurait bien fonctionné.

Le programme humain n'a pas prévu la possibilité qu'un enfant arrive sans avoir reçu toute la nourriture nécessaire au bon moment et de la bonne manière. Notre programmation de base ne sait pas que cet enfant risque d'avoir encore un petit cerveau passoire. Notre programmation humaine ne sait pas que des trous qui demeurent ouverts depuis 12 ou 34 mois ne se colmatent pas tout à fait de la même manière que les trous d'un nouveau-né.

Cette nuance semble évidente, mais pourtant, l'ajustement au quotidien est loin d'être aussi simple. Il faut consciemment ajouter des critères différents, mieux adaptés à la réalité adoptive. Il faudra apprendre à notre cerveau de parent une nouvelle programmation : la programmation de la normalité adoptive. Or, une meilleure connaissance de la normalité adoptive est déjà une manière efficace de colmater les trous des enfants passoires.

Si l'enfant n'a aucune maladie, si le donneur de soins ne se heurte à aucun empêchement intrinsèque, si l'environnement n'impose pas d'obstacle ou de catastrophe et si les ressources alimentaires sont présentes et disponibles, eh bien, la petite passoire va doucement se transformer en joli bol bien étanche. Ce bol deviendra graduellement capable de garder en lui les mots, les gestes, les souvenirs conscients et inconscients. Il n'aura plus à se précipiter sur un autre être humain (parent, amis, amoureux, professionnel, etc.) chaque fois qu'il a soif, pour se faire remplir, vite, vite, vite, d'attention, de mots rassurants, de gestes tendres. L'enfant pourra alors accumuler des informations, de l'expérience qui lui serviront de base de données, sorte de mémoire affective et sensorielle où aller puiser par lui-même des souvenirs apaisants en cas de besoin. Entre 3 et 18 ou 20 ans, l'enfant dont le cerveau est un bol assez étanche aura encore besoin que le donneur de soins y ajoute des informations de temps à autre. Pendant toutes ces années de construction de soi et de consolidation de la relation, l'enfant aura encore besoin d'attention, de regards doux, de commentaires valorisants, d'une présence disponible et engagée. Le travail du parent n'est pas encore fini. L'enfant, l'adolescent puis le jeune adulte reviendra régulièrement se faire donner de petites doses d'eau pure, qu'il pourra ensuite emmagasiner dans son bol intérieur. Il continuera à y puiser pour se calmer lui-même lorsqu'il éprouvera de l'anxiété, de la tristesse ou du doute.

Ainsi, si maman lui dit qu'elle l'aime beaucoup en le quittant le matin à l'école, le petit de cinq ans qui n'a pas trop de trous dans sa passoire pourra, s'il s'ennuie, fermer les yeux et *s'abreuver* avec le souvenir des mots sincères de sa maman. Ces mots, en effet, ont pu rester dans le fond du bol, puisque celui-ci est presque étanche. Il pourra se rassurer un peu lui-même. Il aura bien entendu besoin d'une petite dose au retour de l'école : câlins, mots gentils, questions sur le déroulement de sa journée. Puis il voudra une autre dose pour passer la nuit : une histoire, une chanson connue et son toutou préféré. Certes, même un enfant dont le bol affectif et cognitif est colmaté aura encore longtemps besoin de ravitaillement. Par contre, ces ravitaillements ne seront pas aussi souvent nécessaires que pour un enfant resté malgré lui une petite passoire.

[?] SAVOIR 3

Tout pour ne pas ressentir son OMNI : des enfants accaparants

Qu'il ait six mois ou six ans, l'enfant adopté arrive avec une passoire dans le cœur, une passoire plus difficile à colmater que celle des enfants biologiques. Même si sa maman lui a répété mille fois qu'elle l'aime pour toujours, il en doute[4]. Les mots ne restent pas assez longtemps dans son cœur, ils coulent par les petits trous. Ainsi, quand il essaie d'aller boire dans le bol, il est vide ; l'enfant ressent un vide qu'il ne parvient jamais à combler ou cherche en vain un objet manquant non identifié (OMNI). Il panique, il a peur. Il n'arrive plus à se rassurer lui-même, car son bol est à sec. Il ne trouve plus, dans sa base de données, l'information dont il a besoin. Il devient préoccupé et éprouve de la difficulté à se concentrer sur les tâches à accomplir à l'école, à la garderie ou simplement dans la salle de jeu de la maison. S'il est un petit solo, frustré, inquiet, il boudera sa mère tout en espérant qu'elle comprenne son besoin d'eau. S'il est un petit velcro ou un petit sumo[5], il cherchera tous les prétextes possibles pour être constamment branché au robinet d'amour et d'attention, que ce soit en étant gentil, accaparant, en faisant des gaffes, du bruit, en se blessant. Bref, il fera en sorte que la source d'eau soit toujours à proximité ! La séparation, même pour quelques minutes, lui semblera très difficile. L'enfant, seul, se sentira perdu.

Pour ces enfants, il existe en effet une non-permanence de l'objet « parent » ou « donneur de soins », comme le disait le psychologue suisse Jean Piaget[6]. Ils ont besoin de voir ou toucher l'objet parent, d'interagir avec lui pour être certain que cet adulte sait qu'ils existent. En thérapie, il n'est pas rare d'entendre les jeunes enfants exprimer la conviction que leur maman biologique les a oubliés quelque part, et qu'elle a ensuite complètement oublié qu'ils existaient puisqu'elle ne les voyait plus, ne les touchait plus, ne les entendait plus. C'est une façon de s'expliquer pourquoi le parent biologique n'est pas revenu les chercher. Il arrive que les enfants adoptés, mêmes adolescents, se sauvent ou se cachent volontairement pour vérifier si leurs parents vont *remarquer* leur absence. Ils font un test pour voir s'ils sont assez importants pour qu'on les cherche et qu'on les trouve. Pour s'assurer concrètement de la véracité du discours de leurs parents.

Tant qu'il restera des trous à combler, l'enfant demeurera très accaparant, en besoin constant de soins, de stimulations, de protection par un donneur de soins en qui il aura — idéalement — pleinement confiance.

---

4 Voir le chapitre 5, *Peur du rejet, de l'abandon et peur de décevoir.*

5 Voir le chapitre 7, *Un attachement difficile.*

6 Jean Piaget. *La Psychologie de l'enfant*, Paris, PUF, 2004.

Sachant cela, les parents adoptants devront utiliser des méthodes un peu différentes de celles que l'on applique généralement en parentalité biologique.

L'enfant adopté a souvent le sentiment de ne pas faire partie de... ou de ne pas être en lien avec... Comme si les autres formaient un tout dont il est exclu. Pour se sentir inclus, il faut que l'adopté (enfant ou adulte) ressente la permanence de certains liens et y croie profondément. Il doit compter sur un lien d'attachement permanent, solide et sécurisé.

Comme nous l'avons vu au chapitre 7 (*Un attachement difficile*), l'attachement est un câble invisible entre un parent et son enfant en développement, une sorte de réseau Wi-Fi à travers lequel passe la sécurité, la confiance, la permanence, le décodage des signaux de détresse et l'engagement, qui constituent les éléments d'un attachement sécurisé. Grâce à ce réseau de communication, l'enfant émetteur transmet des demandes ou exprime ses besoins, et le parent récepteur décode ces demandes avant d'émettre une réponse, verbale ou physique, pour combler les besoins de l'enfant.

Un enfant dont le câble est insécurisé ne sent pas sa présence à l'intérieur de lui. Il ne peut pas l'imaginer comme réel en fermant les yeux. Il ne peut pas croire à la permanence de ce concept, de cet objet affectif. Un enfant insécurisé a constamment peur que ce câble si essentiel à sa survie disparaisse, se brise, s'effiloche ou se fasse grignoter par des écureuils. Pour lui, un câble temporairement non utilisé, sur « pause », est un câble en danger de disparaître ou d'être sectionné. Cette crainte lui vient de ce que, dans son passé, d'autres câbles ont disparu ou ne se sont jamais consolidés. L'enfant a donc appris qu'il était plus prudent d'avoir toujours à l'œil ce nouveau câble, de le garder à proximité pour intervenir si quelque chose survient.

Puisque l'enfant ne ressent l'existence de ce câble que dans les moments où il est *utilisé*, il consacre une énergie folle à s'assurer qu'il soit toujours sous tension !

Les parents d'un enfant insécurisé (ou pas encore sécurisé) expriment souvent leur épuisement et leur frustration, pour ne pas dire leur colère d'être ainsi constamment sollicités, accaparés, interrompus, vampirisés par les demandes incessantes de leur enfant. Il s'agit parfois de demandes légitimes, certes, mais parfois également de demandes bizarres, répétitives, insensées. « Cette enfant attire toujours l'attention. Elle le fait en se montrant charmante ou désagréable, mais il faut toujours s'occuper d'elle, sinon c'est la crise, le désespoir et cela n'en finit plus ! Elle sait pourtant que l'on va finir pas se fâcher, qu'elle va perdre des privilèges ! Elle semble totalement indifférente aux conséquences. Voulez-vous bien me dire pourquoi ? »

Pourquoi ? Encore une fois, les enfants insécurisés ont une peur viscérale que leur donneur de soins, leur figure d'attachement parte, disparaisse, les abandonne. Cette peur est connue et la plupart du temps comprise par les parents. Ce que les parents savent moins, cependant, c'est que les enfants insécurisés ont encore plus peur que ce soit le lien entre eux qui *disparaisse*. Ils ont peur que le parent demeure physiquement là, mais émotivement absent, distant, sans échange affectif avec eux.

Plus un enfant est sécurisé dans sa relation avec son parent, plus il l'intégrera sensoriellement comme une notion abstraite mais bien réelle dans son âme et dans son cœur. Cet enfant sait aussi que le câble qui le relie à papa n'est pas tout à fait pareil à celui qui le relie à maman. Un peu comme si le câble virtuel de la relation d'attachement avec maman était de couleur rose, celui avec papa de couleur bleu!

Un enfant sécurisé sait que le câble existe même lorsqu'il n'est pas utilisé, un peu comme un internaute sait que le réseau Wi-Fi qui assure la transmission des courriels existe et reste fonctionnel même lorsqu'on ne l'utilise pas. Un enfant sécurisé sait que ce câble est présent entre lui et son parent même quand lui est à la garderie et que son parent est à la maison ou au travail, et il n'a pas besoin de vérifier constamment la solidité, la nature ni même la permanence de ce câble. Un enfant sécurisé aime utiliser ce câble pour entrer en relation agréable avec son parent : pour jouer, se faire des clins d'œil ou dessiner ensemble. Un enfant sécurisé sait aussi qu'en cas de détresse, il pourra activer le câble afin que le parent sache qu'il a un besoin urgent, et il est convaincu que le parent fera tout pour lui répondre rapidement.

[?] SAVOIR 4
Je suis en lien, donc j'existe vraiment

Sans l'assurance que le lien existe, les enfants adoptés ne sont même pas certains qu'ils existent eux-mêmes. Boris Cyrulnik[7] explique que c'est le travail du premier donneur de soins de conférer une existence propre à un bébé : « On peut facilement donner naissance physiquement à un bébé humain, mais c'est en le regardant dans les yeux avec amour, tendresse, accueil inconditionnel qu'un adulte va le mettre au monde. »

Faire partie du monde, c'est savoir que l'on existe en tant qu'individu, que l'on est entier, valable, unique, que l'on a une identité propre[8].

Sans la relation avec les autres, sans le regard des autres, les enfants ne sont pas certains d'exister par eux-mêmes. Tous les nourrissons humains ne savent pas qu'ils sont des êtres différenciés de la mère, puis de l'univers qui les entoure. Leurs frontières corporelles sont sensoriellement floues, au début; ils n'ont pas encore d'identité propre. Contrairement à la majorité de leurs pairs, les enfants adoptés n'ont pas été assez regardés, touchés, remarqués en préadoption. Ils se sont sentis souvent comme invisibles, comme en témoigne ces paroles d'une petite fille d'origine vietnamienne adoptée à l'âge de quatre ans : « Dans la grande maison [l'orphelinat], j'étais invisible, moi. J'étais debout dans mon lit et les gens passaient, parlaient sans me voir, sans me parler. Alors je dois toujours faire du bruit pour que papa et maman n'oublient pas que j'existe, que je suis dans la maison. Sinon, ils vont partir en auto avec mon frère sans m'emmener avec eux. » Bien sûr, la non-existence est insupportable, encore plus que les punitions ou les réprimandes.

---

7 Boris Cyrulnik, lors du Colloque *Au secours, on veut m'aider!: venir en aide aux adolescents en rupture, en révolte, en détresse* organisé par l'organisme belge Paroles d'enfants à l'Unesco (Paris) en décembre 2003.

8 Voir le chapitre 14, *Une identité courtepointe*.

Quoi de pire que d'être ignoré, de ne pas faire partie du monde, de ne pas être connecté aux autres êtres humains ? Les enfants « brasseurs de souris informatique » ne veulent plus jamais être ignorés, pour ne pas ressentir leur OMNI intérieur.

SAVOIR FAIRE
Savoir être

FICHE PÉDAGOGIQUE ADOPTEPARENTALITÉ **N° 39**
Je sais que tu existes

Objectif : apaiser la peur de disparaître de l'enfant

Public cible : enfants qui font constamment du bruit, des gestes, des gaffes ou des gentillesses pour attirer l'attention sur leur propre existence

Matériel : aucun

Si votre enfant fait inutilement du bruit, chante à tue-tête, frappe les objets dans sa chambre, vient vingt fois vous demander la même information, prenez le temps d'aller vers lui, plusieurs fois par jour, que ce soit dans des moments calmes ou des moments bruyants.

Puis, en le touchant et en le regardant gentiment dans les yeux, dites-lui : « Tu sais, ma cocotte, maman sait que tu existes même quand tu ne fais pas de bruit. Ton image, ton odeur, ton joli rire sont toujours imprimés dans mon cœur, même si je ne te vois pas proche de moi, même quand je ne t'entends pas. »

Cela va d'abord agacer l'enfant, qui ne saisira pas immédiatement le message et qui niera sûrement s'agiter ainsi pour attirer l'attention. Mais à force de répéter gentiment, le conditionnement finira par opérer. L'enfant prendra conscience des raisons de ses comportements, d'abord seulement lorsque vous irez vers lui, puis de lui-même.

Ensuite, vous pourrez lui demander : « Comment est-ce que je peux te convaincre que je pense TOUJOURS à toi, que je me soucie toujours de toi, que mes décisions quotidiennes sont toujours en fonction de mon travail de parent qui consiste à t'aimer, te protéger et à répondre à tes besoins jusqu'à ce que tu sois capable de le faire tout seul ? »

Les réponses sont souvent simples. Si l'enfant n'a pas d'idées, en voici quelques-unes :

Pour les plus jeunes

- Le parent et l'enfant portent toujours sur eux un bijou avec la photo d'eux deux enlacés ;
- L'enfant dort avec un t-shirt arborant une photo de toute la famille, et l'inscription *Ma famille pour toujours*. Le t-shirt sert alors d'objet de transition.

Pour les plus vieux

- L'enfant porte un bracelet avec une inscription secrète ; il le touche en cas de doute.

Inspiration : Travaux de Jean Piaget.

FICHE PÉDAGOGIQUE ADOPTEPARENTALITÉ **N° 40**

Je serai toujours là pour toi

Objectif : aider le parent à rassurer l'enfant sur la permanence du lien sans avoir à répondre aux moindres messages

Public cible : parents d'adolescents

Matériel nécessaire : votre téléphone intelligent

Voici deux situations :

- Une adulte adoptée de 34 ans, financièrement autonome, propriétaire d'une maison, téléphone souvent à sa mère pour lui exposer toutes sortes de petits soucis : « Mon bas de jupe est décousu et je n'ai pas ce qu'il faut pour le réparer » ou « Je reçois à souper et j'ai raté ma sauce ». Invariablement, la mère, qui ne demeure pas loin, accourt pour dépanner sa fille. Cette grande adoptée ne comprend pas pourquoi, depuis toutes ces années, elle se sent totalement rassurée lorsque sa mère arrive, mais quelques minutes après, celle-ci lui tombe sur les nerfs et elle souhaite toujours secrètement qu'elle parte immédiatement. Et que dire de la maman, qui n'y comprend rien non plus !

- Un adolescent de 17 ans, nouvellement déménagé en ville pour ses études collégiales, envoie plusieurs fois par jour des messages textes à sa mère : « Maudit, j'ai eu une mauvaise note en maths, je crois que je serais mieux de me tuer » ou « Je me sens tellement mal aujourd'hui, je crois que je vais m'évanouir ». Paniquée et inquiète, la maman quitte souvent une réunion importante pour envoyer une réponse immédiate à son fils, le rassurant et lui offrant de venir le soigner. Presque invariablement, la réponse du jeune homme est la suivante : « Bien voyons, tu paniques pour rien, c'était juste une farce ! » ou « Je vais bien maintenant, pourquoi tu viendrais me déranger en ville ? ».

Que devraient comprendre les mères, dans ces deux situations ? Qu'il s'agit d'une façon plus sophistiquée pour leur enfant de « brasser la souris informatique[9] ». Cette adulte et cet adolescent ont inconsciemment besoin de vérifier régulièrement si le lien existe toujours, si le parent sera encore là en cas de réelles détresses futures. Leur but n'est pas que le parent vienne immédiatement à proximité, ils sont maintenant capables de gérer les petits soucis ordinaires de la vie. Le simple fait que le parent a répondu à leur appel les calme, les satisfait. Quand le parent fait davantage, ils en sont contrariés et le lui font sentir.

Que doit faire le parent, dans un tel contexte ?

D'abord, écouter l'enfant sans conclure qu'il vous demande de faire quelque chose. Ne vous mettez pas immédiatement en mode « sauveur » ou en mode « solution ». Ces appels ou messages sont généralement de simples déclarations du problème. Votre enfant veut que vous *sachiez* qu'il vit une difficulté, mais il formule très rarement une demande précise. L'adolescent ne dit pas : « J'ai besoin de toi pour me soigner, peux-tu venir immédiatement ? » L'adulte ne dit pas non plus : « Je ne peux pas recoudre ma jupe, pourrais-tu venir le faire pour moi ? »

Il est donc souhaitable, dans un premier temps, d'écouter attentivement l'enfant, avec compassion et empathie. « Pauvre chouette, ta belle jupe neuve, tu dois être déçue de ne pas pouvoir la mettre pour ta soirée » ou « C'est vraiment fâchant pour ton examen, tu avais étudié si fort ! » Laissez-le ensuite ventiler ses pensées, ses émotions.

Ensuite, ajoutez quelque chose pour assurer à l'enfant que le lien existe toujours : « Tu sais, je suis là, dis-le-moi si je peux faire quelque chose » ou, par message texte : « Message bien reçu et bien lu, désolée pour toi, je suis là en cas de besoin, bonne journée quand même. »

Si l'enfant ne revient pas à la charge, c'est le signe que vous avez parfaitement répondu à son réel besoin : s'assurer que vous êtes là et que la relation n'est pas effilochée. Par contre, s'il vous fait une demande plus précise, prenez le tout très au sérieux. Exigez qu'il soit le plus clair possible sur la nature du

9 Voir « Brasseur de souris informatique » dans le glossaire.

service qu'il souhaite vous demander. N'acceptez pas de deviner; le jeu des devinettes est malsain dans la relation entre un parent et son enfant adulte. Il faut contrecarrer la croyance erronée qui veut que, si un parent nous aime vraiment, il devinera notre besoin.

Inspiration: Techniques de résolution de conflit, de médiation et d'écoute active.

FICHE PÉDAGOGIQUE ADOPTEPARENTALITÉ **N° 41**

Surmonter le syndrome de réparation

Objectif : aider le parent à se déculpabiliser de ne pas réussir à combler le vide intérieur de l'enfant

Public cible : parents qui se sentent inadéquats devant l'insatisfaction chronique de leur enfant

Matériel nécessaire : aucun

Il faut vous résigner : vous ne pourrez jamais combler totalement l'OMNI de votre enfant par adoption. Votre travail de parents adoptifs sera de lui donner suffisamment d'estime de lui-même, d'outils relationnels, de ressources affectives, cognitives et sociales pour que, lorsqu'il sera adulte lui-même, il termine sa quête le plus sereinement et réalistement possible.

Personne d'autre que lui-même ne pourra trouver un sens apaisant à son vécu préadoption, ce vécu qui lui a laissé dans le cœur un petit OMNI. Vous devez donc l'outiller, et lui dire que vous comprenez qu'il sent ce petit ou grand vide, mais que lorsqu'il sera grand et fort, il remplira lui-même ce vide.

Ce sera la partie adulte de lui-même qui devra un jour aller à la rencontre de la partie blessée, celle du petit bébé qu'il a été bien avant de vous rencontrer. Cette partie enfin adulte aura à rassurer cette partie enfant, à lui garantir qu'il n'y était pour rien dans cet abandon, qu'il était précieux et important, qu'il ne méritait aucunement la négligence qu'il a subie.

La partie adulte aura à prendre la partie enfant par la main et lui présenter sa vie actuelle : sa maison, sa famille adoptive, ses réussites, sa sécurité, son amoureux et même ses propres enfants. C'est le grand qui pourra rassurer le petit, lui promettre que tout va bien maintenant, que la souffrance est dans le passé et qu'il peut venir se joindre à son présent. Vous, les parents, vous ferez partie de toutes les magnifiques choses que l'enfant grand présentera au bébé blessé pour le soigner, pour le rassurer enfin. Mais vous devrez lâcher prise et cesser de vouloir absolument arriver à une réparation *parfaite*. Faites confiance au futur adulte qu'est votre enfant, il accomplira ce travail par lui-même. Si vous vous acharnez, si vous pensez être le seul à pouvoir combler ce vide, vous allez convaincre l'enfant, puis l'adulte, qu'il est trop faible pour le faire seul. Vous vous attirerez injustement ses foudres et sa colère. Convaincu que c'est uniquement à vous de le soigner de cette blessure, il finira par vous en vouloir de ne pas avoir réussi. Il vous rendra responsable de cet échec, puisque, malgré tout l'amour et les bons soins dont vous l'avez entouré, il a conservé le vide de cet objet manquant non identifié.

Votre enfant pensera alors que ce doit être « l'autre parent », le parent disparu, qui peut combler ce vide, puisque lui-même n'y arrive pas. Si des retrouvailles avec la première mère ont parfois aidé l'adulte à calmer l'enfant, ce n'est pas non plus les parents biologiques qui ont le mandat ou le pouvoir de combler ce vide… Ce qui est fait est fait, on ne peut pas réécrire le passé.

Soyez clair avec vous-même et avec l'enfant : vous lui donnerez tous les outils en votre possession, mais ce sera à lui de colmater cette brèche dont vous n'êtes pas responsable, dont il n'est pas responsable, et dont ses parents biologiques ne sont pas totalement coupables non plus. C'est le travail d'une vie. C'est son destin à lui, pas le vôtre. Mais vous pouvez très bien l'accompagner dans ce qui sera sa réponse à lui. Une réponse unique et spéciale, à son image !

Inspiration : Témoignages de nombreux parents, et de petits et grands adoptés, de même que des travaux sur le deuil d'Elisabeth Kübler-Ross et de Jean Monbourquette, l'approche *Lifespan Integration* de Peggy Pace.

FICHE PÉDAGOGIQUE ADOPTEPARENTALITÉ **N° 42**
Colmater les trous de la passoire

Objectif : diminuer les comportements qui signalent un besoin d'être rassuré et aider l'enfant à faire le travail de rétention des informations

Public cible : enfants de trois ans et plus

Matériel nécessaire : une passoire, un bol en forme de cœur et une tasse à mesurer

Quand l'enfant vous demande quarante fois par jour si vous l'aimez, lui répondre toujours « oui » ne suffit pas à colmater les trous de sa passoire intérieure. Quand il vous pose la question, regardez-le plutôt dans les yeux, soyez à proximité physique et touchez-le gentiment :

« Jérôme, je vais répondre à ta question dans une minute si tu t'arrêtes pour penser très très fort. Je veux que tu écoutes, que tu voies, que tu sentes, que tu goûtes, que tu touches mes paroles. Je veux que tu décides à l'avance que tu vas me croire. Puis tu vas décider à l'avance de prendre mes mots avec tes deux mains et de les placer précieusement dans ton cœur. Je veux que tu ouvres ton cœur, que tu y mettes mes mots, puis que tu refermes ton cœur pour être *certain* que mes mots vont rester dedans. D'accord ? Est-ce qu'on essaie ?»

Allez alors chercher une petite passoire, un bol (idéalement en forme de cœur) et une tasse remplie d'eau.

« Jérôme, mon petit loup, écoute bien et regarde papa. Je t'aime gros comme l'univers et comme une grosse maison en plus ! Maintenant et pour toute la vie. Tu vois cette eau dans la tasse ? Eh bien, ce sont comme mes mots. Est-ce que tu me crois ? Est-ce que tu as mis mes mots dans ton cœur ? Est-ce qu'ils vont y rester longtemps ? Ou bien as-tu choisi de mettre mes mots dans cette passoire ? Si tu choisis de mettre mes mots dans la passoire, dans cinq minutes mes mots auront coulé, ils auront disparu. Même si tu veux les retrouver, ils seront partis. Regarde bien : je vais mettre de l'eau dans la passoire. Qu'est-ce qui se passe ? L'eau tombe et disparaît. Il ne reste rien.

« Mais si tu choisis de mettre mes mots dans le cœur, dans ton cœur, comme ça, en versant de l'eau dans le bol, mes mots vont rester là longtemps. Tu pourras aller les rechercher quand tu en auras besoin. Alors, dis-moi, où veux-tu que je verse l'eau ?»

À cette question, la plupart des enfants indiqueront de mettre l'eau dans le bol. Il faudra les féliciter de ce choix, tout en sachant que cela prendra de nombreuses répétitions avant d'obtenir un effet à long terme.

Si, une ou deux heures plus tard, l'enfant revient demander si vous l'aimez, regardez-le encore une fois dans les yeux, touchez-le et dites-lui : « Mon Jérôme, ferme tes yeux très fort. Je veux que tu ailles ouvrir ton cœur et voir si la réponse que tu cherches est encore précieusement conservée dans ton cœur. »

Si l'enfant confirme que les mots sont encore là, félicitez-le en lui disant que c'est formidable : puisqu'il a déjà sa bonne réponse, vous n'êtes pas obligé de la répéter.

Si l'enfant dit ne pas trouver vos mots, demandez-lui de chercher partout, partout dans son cœur et dans ses souvenirs et de revenir dans un quart d'heure. Dites-lui que vous êtes certain qu'il a bien conservé votre réponse, il doit juste prendre le temps de la trouver.

Vous pouvez aussi aller regarder le tableau où vous aurez affiché plusieurs photos de câlins, de bisous, de beaux moments passés ensemble.

À force de répéter cet exercice, l'enfant devrait développer une meilleure capacité de rétention, de même qu'une certaine conviction de la permanence de votre amour et du lien qui vous unit.

Inspiration : Témoignages de nombreux parents, et de petits et grands adoptés, de même que des travaux sur le deuil d'Elisabeth Kübler-Ross et de Jean Monbourquette.

FICHE PÉDAGOGIQUE ADOPTEPARENTALITÉ **N° 43**
Comment calmer l'OMNI ?

Objectif : diminuer les comportements d'interruption et les comportements accaparants de l'enfant qui craint la non-permanence du lien

Public cible : parents d'enfants de deux ou trois ans et plus, selon l'âge développemental

Matériel nécessaire : des rubans de plusieurs couleurs différentes, un grand carton, de la colle et des crayons de couleur

Que faire pour diminuer les manifestations de l'OMNI ?

Comme nous l'avons expliqué dans le chapitre 7 sur l'attachement, les enfants en problème ou en processus d'attachement ont de la difficulté à ressentir le lien qui les unit à leur parent quand celui-ci n'est pas utilisé. C'est un peu comme s'il fallait constamment des échanges aller-retour de courriels entre l'ordinateur papa et le petit ordinateur enfant pour que ce dernier soit certain que le câble est fonctionnel, réel et solide. Dès que le parent ne porte plus attention à l'enfant (comme un écran d'ordinateur en veille), celui-ci vit de l'anxiété, car il doute que le lien soit encore là, réel et permanent. C'est pourquoi l'enfant prend toutes sortes de prétextes pour envoyer *mille courriels* à ses parents et les obliger à répondre, répondre, répondre et répondre encore. Seuls les moments d'échanges, qu'ils soient agréables ou non, lui donnent l'information sensorielle dont il a besoin : le lien existe toujours.

Comment rassurer l'enfant et le convaincre de la permanence du lien pour limiter le nombre de ses sollicitations ?

Tout d'abord, trouvez des rubans de différentes couleurs. Faites ensuite un dessin : l'enfant est au centre, entouré des gens importants dans sa vie : papa, maman, grand-maman, petit frère Jérôme, etc.

Chaque lien est unique !

Expliquez à l'enfant qu'entre deux personnes qui s'aiment beaucoup et pour toujours, il y a un ruban solide, unique. Chacun des rubans a une couleur spéciale, mais invisible dans la réalité. Dites que vous allez faire semblant que ce ruban existe vraiment et qu'on peut le voir.

Expliquez qu'entre vous, la maman, et elle, Julie, le ruban est jaune, alors qu'entre Julie et papa, le ruban est rouge. Faites la même chose avec les autres membres de la famille aussi. Idéalement, il faut coller les rubans sur le dessin.

Ajoutez qu'entre maman et papa, il existe aussi un ruban : il est bleu pâle. Donc, quand papa et maman s'embrassent, ils utilisent leur ruban bleu pâle, PAS LE RUBAN JAUNE NI LE RUBAN ROUGE qui les relie chacun à Julie ! Quand maman et papa s'embrassent, le ruban jaune et le ruban rouge sont seulement en pause, au repos, non utilisés. Ils n'ont pas DISPARU ! Ils n'ont pas été détruits, coupés ni mangés par des écureuils !

Dans les jours suivant ce bricolage — que vous mettrez à un mur facilement visible —, laissez à portée de main des rubans de chaque couleur.

Lorsque, par exemple, vous allez faire un appel téléphonique, allez vers l'enfant avec un bout de ruban de la couleur de votre lien à vous deux, et un autre de la couleur qui représente votre lien avec la personne que vous allez contacter (votre conjoint ou conjointe, disons). Expliquez alors à l'enfant : « Je vais téléphoner à papa au bureau. Je vais donc utiliser le ruban bleu pâle entre papa et moi : pas ton ruban jaune à toi. Non, le ruban bleu pâle. Pendant que maman et papa utiliseront leur ruban bleu pâle, le ruban spécial entre toi et moi, le jaune, va continuer d'exister, mais il va se mettre au repos, sur pause. Le fait que je ne pourrai ni te parler, ni jouer, ni te prendre dans mes bras pendant ce temps-là ne veut absolument pas dire que le ruban est disparu. Alors, ferme tes yeux et essaie de voir le ruban jaune entre maman et toi. Est-ce que tu le vois ? Es-tu capable de garder cette image pendant tout le temps où maman et papa vont parler au téléphone ? »

Vous devrez répéter très souvent cet exercice, à différents moments de la journée et probablement pendant des semaines avant que l'enfant soit capable d'intégrer ce concept.

Inspiration : Thérapie d'impact diffusée par Danie Beaulieu.

SAVOIR
en bref

En bref

1. À la naissance, certaines parties du cerveau de tous les bébés sont déjà bâties de façon innée, alors que d'autres sont en quelque sorte vides, car elles restent à bâtir : ce sont comme des trous dans une passoire. Ces espaces vides dans le cerveau devront être remplis de nouvelles informations grâce à la nourriture physiologique, sensorielle, affective, cognitive et sociale offerte par le donneur de soins principal de l'enfant. Le travail plus intense de cette *maçonnerie* neurologique devra idéalement être fait entre 0 et 36 mois dans une parentalité biologique. Sinon, l'enfant risque de conserver des besoins non comblés, comme autant de trous qui s'avéreront beaucoup plus difficiles à colmater par la suite. La majorité des enfants adoptés arrivent avec une certaine quantité de petits trous, qu'ils finissent par percevoir comme un grand vide impossible à combler, et ce, qu'ils aient six mois ou six ans au moment de leur arrivée. Ce grand vide est un objet manquant non identifié, ou OMNI.
2. Le parent adoptant essaie d'utiliser son instinct inné en répondant constamment aux demandes de l'enfant, qui ne semble pas facilement garder les informations ainsi données. Les mots doux, les câlins semblent disparaître comme de l'eau dans une passoire. On gagnera donc à modifier légèrement la façon d'aborder le problème. Au lieu d'uniquement compter sur l'ajout d'amour et d'attention, en espérant ainsi colmater les trous et rassurer l'enfant, vaut mieux agir pour d'abord colmater les fissures, avant d'y ajouter trop d'informations affectives.
3. L'enfant a peur d'être de nouveau abandonné, mais dans son quotidien, il a surtout peur que la relation d'attachement, le câble lui-même disparaisse. Pour s'assurer que le câble existe toujours, l'enfant a tendance à le solliciter, à le surutiliser constamment, sous toutes sortes de prétextes valables ou futiles. Que ses demandes reçoivent une réponse agréable ou désagréable n'a pas d'importance ; la réponse en soi prouve que le câble existe et aide temporairement l'enfant à fuir son OMNI.

4. Une partie de la sensation de vide qui habite beaucoup d'adoptés vient du fait qu'ils sont nés physiquement, mais qu'au moment de leur naissance, on ne les a pas «mis au monde» psychiquement. Cette mise au monde s'est produite plus tard, au moment où un donneur de soins ou le parent adoptant a regardé, reconnu, accueilli et validé la légitimité de cette petite personne. Cependant, les jours, semaines ou mois où cet enfant était en attente de cette permission d'exister ont laissé des traces, comme une profonde mélancolie de ce qui aurait dû être mais n'a pas été.

Facteurs de risques **à éviter**	Facteurs de protection **à favoriser**
• Croire qu'à force d'amour, l'enfant ne souffrira plus jamais et que vous réussirez à effacer son OMNI.	• Être conscient que votre amour sera primordial pour que l'enfant puisse un jour lui-même combler son OMNI.
• Vous culpabiliser si l'enfant demeure insatisfait malgré la qualité de votre présence.	• Affichez le tableau avec les rubans qui relient entre toutes les personnes de la famille et s'y référer souvent.
• Chercher à surprotéger l'enfant en répondant à tous ses caprices matériels pour ne pas le voir souffrir.	• Privilégier les récompenses relationnelles plutôt que matérielles : par exemple, s'il a une bonne note en français, aller seul avec lui en vélo ou en kayak, ou lui permettre de se coucher un peu plus tard et de regarder un film juste avec vous.
• Minimiser ou exagérer le vide intérieur de l'enfant.	• Dire à l'enfant que vous comprenez ce petit OMNI au fond de lui, qu'il existe vraiment, mais que l'on peut être parfaitement heureux même s'il reste là longtemps. Promettez-lui d'être là, avec lui, malgré ce vide.
• Ne pas aider l'enfant à faire la différence entre un désir et un besoin.	• Réfléchissez beaucoup avant de répondre trop vite à une demande de l'enfant.

Facteurs de risques **à éviter**	Facteurs de protection **à favoriser**
• Menacer l'enfant de lui couper les vivres ou de ne plus être en relation avec lui s'il ne se comporte pas bien.	• Répéter souvent à l'enfant combien il était bienvenu dans l'univers, dans votre vie, qu'il a une place légitime et qu'il est aussi important que tous les autres.
• Voir dans votre propre relation aux objets un gage de bonheur.	• Expliquer à l'enfant que les objets sont utiles et agréables, mais qu'ils ne peuvent pas enlever toutes nos peurs et nos tristesses.
• Vous donner la mission de combler ce vide à tout prix, et reprocher à l'enfant de ne pas apprécier vos efforts.	• Rassurer l'enfant non seulement sur la permanence de votre amour, mais également sur la permanence du lien qui vous unit.

En savoir plus

Pour en savoir plus sur l'attachement, consulter le troisième ouvrage de la collection «Adopteparentalité» à paraître: *L'Adoption : les conditions gagnantes d'un attachement sain de 6 à 18 ans.*

Pour en savoir plus sur les problèmes graves de l'attachement, consulter le quatrième livre de la collection «Adopteparentalité» à paraître: *Quand l'adoption fait mal.*

En savoir encore plus

Cyrulnik, Boris. *Mourir de dire : la honte*, Paris, Odile Jacob, 2010.

Cyrulnik, Boris. *De chair et d'âme, Paris*, Odile Jacob, 2006.

Dumortier, Christian. *Adopté dans le vide*, Enfants du fleuve, Bruxelles, 2000.

Newton Verrier, Nancy. *Renouer avec soi : l'enfant adopté devenu adulte*, Bruxelles, De Bœck, 2008.

Piaget, Jean. *La Psychologie de l'enfant*, Paris, PUF, 2004.

Sellenet, Catherine. *Souffrance dans l'adoption : pistes pour accompagner les adoptés et les adoptants*, Bruxelles, De Bœck, 2009.

CHAPITRE 14

Une identité courtepointe

Paroles d'enfants

Je suis vraiment bizarre : je déteste être ignorée dans une pièce où il y a des gens, ça me rend triste et nerveuse. Mais, d'un autre côté, je n'aime pas non plus qu'on me dévisage quand je suis la seule Black dans la gang, ça me met en colère.

Mélodie, 18 ans, d'origine haïtienne

Même si les gens ont l'air contents de me voir, c'est comme si je n'étais jamais bienvenue, comme toujours à part, comme si je n'avais pas le droit d'être là parce que je suis différent. Comme si ma vraie place était ailleurs, mais je ne sais pas où.

Félix, 11 ans, d'origine russe

Je déteste entrer dans une salle et me faire dévisager. Je suis toujours le seul jaune dans la place, alors on me traite de Chinois. J'ai beau dire que je suis né au Vietnam, on dirait que les gens ne veulent pas voir la différence. Et puis, je n'arrête pas de penser à ce que tous les autres pensent de moi.

Joseph, 15 ans, d'origine vietnamienne

Quand j'ai vu le tsunami à la télévision, j'ai eu peur. Peur que ma mère biologique soit morte. Je ne suis absolument pas certaine de vouloir la rencontrer un jour. Mais j'aime mieux qu'elle reste en vie si je change d'idée et que je pars en Thaïlande pour la retrouver.

Lili-Rose, 11 ans, d'origine thaïlandaise

Quand maman m'a expliqué comment ça marche, en Chine, pour décider dans quel pays le bébé s'en va, j'ai pleuré. J'ai eu peur d'avoir pu être adoptée en Australie et de n'avoir jamais connu papa et maman.

Maé-Lee, 7 ans, d'origine chinoise

(Devant l'arbre généalogique que son grand-papa maternel l'a aidée à faire, Juliette, 9 ans, devient songeuse.) C'est quand même étrange : du côté de l'arbre on sait presque trop de choses, du côté des racines on ne sait rien !

Juliette, 9 ans, d'origine chinoise

Maintenant, j'aime bien confondre les gens. Je rigole de voir leur expression de confusion et de surprise lorsqu'ils s'aperçoivent que le Jean-François Morin décrit dans le CV est un grand Black de 6 pieds 2 pouces !

Jean-François, 30 ans, d'origine haïtienne

Se trouver une identité propre, unique et solide est une tâche ardue pour tout le monde, mais assurément plus complexe si on est adopté. La normalité adoptive confère à l'enfant, puis à l'adolescent, et enfin à l'adulte des besoins semblables à ceux de tous, mais, en plus, des besoins supplémentaires. L'enfant adopté éprouve des difficultés supplémentaires dont on doit tenir compte à toutes les phases importantes de sa construction identitaire. Ces difficultés, hors normes pour les enfants non adoptés, sont loin d'être anormales en adoption !

De tous les éléments de la normalité adoptive, la question de la construction de l'identité a été le plus souvent discutée, étudiée et diffusée. C'est la préoccupation la plus prévisible, car elle est souvent, justement, *visible*. Depuis des millénaires, la quête d'identité des adoptés est le matériel par excellence des sagas et des mythes, comme l'a si bien illustré, dans plusieurs ouvrages, la psychanalyste française Sophie Marinopoulos[1].

Même les personnes les plus néophytes en adoption auront une opinion et des croyances sur la question. Tout le monde a vu les films *Harry Potter*[2] ou lu le célèbre roman canadien-anglais, *Anne… la maison aux pignons verts*[3]. Les débats sur l'accès aux origines qui opposent les mentalités anciennes et nouvelles sont légion des deux côtés de l'Atlantique. Depuis les images de retrouvailles sereines ou au contraire mélodramatiques transmises en direct d'un plateau de télévision jusqu'aux confidences entendues dans l'intimité d'un bureau de psychothérapie, il faut se rendre à l'évidence : il s'agit d'un sujet important. Tous les parents adoptants et les professionnels concernés doivent comprendre, au-delà des mythes, des légendes urbaines et des apparences, cet aspect du vécu réel des adoptés.

Allégorie
L'instinct du petit saumon

En Colombie-Britannique, c'est à l'automne que le saumon mature quitte l'océan Pacifique et remonte un cours d'eau pour aller se reproduire. Pas n'importe quel cours d'eau : LA rivière où il est né, celle où il a vécu une ou deux années avant de descendre faire sa vie d'adulte en eau salée pendant quatre ou cinq ans. En effet, le saumon est capable de parcourir des centaines de kilomètres en remontant plusieurs rivières pour arriver à SA rivière. Il semblerait que l'odeur de cet endroit, imprégnée en lui dès l'éclosion de son œuf, lui sert de GPS olfactif dans ce long voyage.

---

1 Sophie Marinopoulos, Catherine Sellenet et Françoise Vallet. *Moïse, Œdipe, Superman : de l'abandon à l'adoption*, Paris, Fayard, 2003.

2 Les films ont été inspirés par les livres de l'auteure britannique J. K. Rowling.

3 En anglais : *Anne of Green Gables* de Lucy Maud Montgomery.

Il faut voir avec quel entêtement et avec quelle énergie la bête nage, saute et s'écorche le ventre et les nageoires pour remonter le courant. Sans parler des autres dangers qui le guettent, car les grizzlys, lynx et autres prédateurs, parfois même les humains, ne ratent pas l'occasion de cette migration pour se régaler. S'ajoute à tous ces dangers la mortalité par épuisement, qui confirme que la sélection naturelle est terrible. Seuls les individus les plus résistants pourront atteindre le lieu de leur naissance, frayer puis... mourir. Tous les mâles et toutes les femelles meurent de façon inexpliquée avant même la naissance de leur progéniture.

Quel puissant symbole, que cette migration du saumon, pour illustrer le prix que certains adoptés sont prêts à payer et les efforts qu'ils sont prêts à faire pour retrouver leurs racines et baigner dans leur source originelle.

SAVOIR

SAVOIR 1
Les *sens* du désir d'accès aux origines

Le questionnement au sujet des origines varie selon l'âge émotif et mental de l'enfant, puis de l'adulte. Les informations sur les antécédents biopsychosociaux ne sont pas les seules responsables d'une bonne ou d'une moins bonne construction de l'identité, mais elles constituent tout de même une pièce majeure du puzzle qu'un enfant adopté doit rassembler.

Le besoin de retrouver ses origines revêt beaucoup de « sens », à la fois dans le sens concret d'une appréhension sensorielle et dans le sens de « raison », d'« explication d'un évènement ». Ce besoin d'accès aux origines est donc autant ancré dans la partie sensorielle et affective, que dans la partie cognitive de l'adopté.

DU CÔTÉ SENSORIEL

Tout comme le petit saumon a été imprégné par l'odeur de la rivière qui l'a vu naître, il ne faut pas sous-estimer le lien sensoriel qui unit un fœtus à sa mère biologique. Le sujet est parfois difficile à aborder entre l'enfant adopté et sa mère adoptive. L'enfant a dû quitter trop tôt cette « soupe sensorielle » et cela lui a causé un choc, une absence que la maman adoptive ne réussira jamais à combler parfaitement. Une nouvelle maman peut offrir une « soupe sensorielle » formidable, utile et apaisante, mais elle n'aura jamais exactement les mêmes saveurs ni les mêmes odeurs que la première maman.

DU CÔTÉ AFFECTIF

Au fil du développement affectif de l'enfant adopté viendront des questions dont les réponses l'apaiseront ou, au contraire, provoqueront chez lui des émotions désagréables. En fait, les raisons — réelles ou inventées — de l'abandon sont rarement connues en profondeur. Ces zones grises ne sont pas vécues par tout le monde de la même façon. Les raisons officielles et officieuses de vouloir rencontrer la mère biologique sont aussi très diverses. En voici quelques-unes, dont plusieurs peuvent coexister, consciemment ou non, dans l'esprit d'un adopté :

- Le syndrome du survivant, qui croit avoir le devoir de rassurer sa mère biologique, de lui dire qu'il va bien, pour régler une sorte de culpabilité inversée d'avoir laissé sa mère seule, triste et sans nouvelles;
- Le désir sincère de remercier la première maman de l'avoir mis au monde;
- Le désir, non pas de tisser une relation avec elle, mais de trouver une fratrie ou une autre famille;
- Un certain désir de douce revanche, rarement avoué, de montrer à la mère biologique (ou au père biologique) qu'il est devenu *quelqu'un*, une personne valable qui a réussi. Ce désir peut cacher l'espoir que la mère biologique admette avoir eu tort de l'abandonner, de l'avoir considéré comme une chose pas importante ni précieuse[4];
- Le besoin vague de mettre un visage sur une idée abstraite;
- Le besoin de trouver enfin une ressemblance physique ou la curiosité de retrouver des traits de caractère communs;
- Plus rarement, le fantasme de vivre un lien profond avec cette mère biologique, lorsque ce lien n'a pas été possible avec la mère adoptive.

DU CÔTÉ COGNITIF

Vient finalement le sens plus logique, rationnel, factuel de la quête : le besoin de comprendre, de trouver les morceaux manquants du puzzle. Cette quête cognitive peut trouver son origine dans plusieurs éléments déclencheurs :

- De la curiosité saine sur les détails de son histoire, de sa généalogie, de ses origines religieuses, ethniques ou géographiques;
- Le besoin d'obtenir des renseignements médicaux pour lui-même ou ses enfants;
- Un questionnement plus poussé sur l'inné et l'acquis.

Donc, cette recherche des origines n'a pas la même importance ni la même signification pour tous. À preuve, la plupart des adoptés québécois ne font pas de demande de retrouvailles, et ce, même si la loi le leur permet depuis 1984.

Cependant, pour certains, ce besoin de savoir devient une quête revêtant une signification énorme. Comme le saumon, ils sont prêts à se briser les nageoires sur les

---

4 Il s'agit ici de la perception de l'enfant, et non pas de l'intention réelle de la mère biologique.

roches et à se rendre au bout de leur énergie vitale pour obtenir une réponse, pour accomplir ce que leur dicte cet instinct de retour aux sources. Ce besoin est souvent interprété par le parent comme un désaveu de la relation adoptive, comme un échec de l'amour mutuel. Les parents pensent à tort qu'ils n'ont pas assez aimé l'enfant par adoption, qu'ils n'ont pas assez réparé le passé, qu'ils vont perdre quelque chose de spécial avec l'enfant s'ils le laissent retourner dans son pays d'origine. Certains parents veulent aussi éviter à l'enfant de souffrir, d'être déçu s'il ne trouve pas les réponses qu'il recherche ou l'objet de ses désirs.

Comme le conseille Janice Peyré, « La recherche des origines ne doit pas empêcher de vivre ; si elle devient obsessionnelle, peut-être convient-il, comme dans toute situation de comportement trop douloureux, de chercher un soutien auprès de tierces personnes ou de professionnels qui porteront un regard neutre sur la situation[5]. »

Il faut donc vous préparer mentalement à cette étape et vous montrer accueillant si elle survient. La meilleure façon est de régler vos contentieux et votre logique privée avec les parents biologiques de votre enfant, et ce, même si, en Chine par exemple, les chances que votre enfant puisse un jour retrouver ses parents biologiques sont bien minces. Contrairement à ce que certains parents espérèrent secrètement, cependant, l'empêchement légal ou matériel ne suffira pas à apaiser ou décourager ce besoin de retour aux sources.

Si vous considérez les parents biologiques comme faisant partie de votre vie, comme ayant été et étant encore des personnes significatives pour votre enfant, vous vivrez la quête de votre petit saumon de façon beaucoup plus constructive. En effet, un déni de la légitimité de cette quête risque vraiment de mettre en péril la qualité de la relation parent-enfant, alors qu'une ouverture sincère ne peut que l'enrichir. Après tout, votre enfant est le produit de l'influence de quatre adultes ; n'est-ce pas plus riche de possibilités que d'en avoir uniquement deux ?

[?] SAVOIR 2

Et si mon enfant n'aborde jamais le sujet de son adoption ?

Les parents peuvent ainsi faire face à des questions ouvertement posées par l'enfant qui réclame des réponses. Il est clair que ces enfants qui posent des questions sur leurs origines doivent être pris au sérieux. Pourtant, ce ne sont pas nécessairement ceux qui ont le plus besoin de réponses.

Une situation plus délicate et qui crée de la confusion chez les parents se trouve à l'autre bout du spectre. Que faire avec un enfant qui n'aborde jamais le sujet de son adoption ? Les parents se retrouvent alors avec des réponses très importantes à donner à l'enfant, alors que celui-ci ne pose aucune question. Réglons donc une fois pour toutes le sujet. La célèbre phrase « Il paraît qu'en adoption, il faut attendre les questions avant d'aborder le sujet » est fausse. C'est le parent qui doit amorcer la discussion.

5 Janice Peyré. *Le Guide marabout de l'adoption*, Paris, Marabout, 2008, p. 319.

On doit bien entendu tenir compte de l'âge de l'enfant, mais c'est le devoir des parents d'aborder le sujet les premiers. L'enfant comprendra dès lors que ces questions ne sont pas taboues, qu'elles sont naturelles, ordinaires et saines, bref, qu'elles font partie de la vie et du décor particulier de la famille. Il saura qu'il peut aborder le sujet sans risquer de vous blesser. Glisser dans le quotidien une réflexion, une explication, un exemple vu à la télévision ou entendu dans une conversation est beaucoup plus efficace que de prévoir un moment plus solennel pour parler d'adoption. Il existe à présent une multitude de livres d'histoires, de contes qui abordent pour la plupart de façon sensible le sujet de l'adoption.

Il s'agit simplement d'offrir à l'enfant un menu possible, sans pour autant l'obliger à tout manger.

[?] SAVOIR 3

Le sens du refus de parler des origines

Nous rencontrons parfois des parents très ouverts mais dont les enfants refusent toutes les tentatives d'aborder la question de l'adoption. On ne parle pas ici d'une simple indifférence ni d'un manque de curiosité, ce qui peut changer avec l'âge. On parle plutôt d'enfants qui deviennent extrêmement perturbés à la moindre allusion, non seulement à leur histoire, mais également à leur pays d'origine. Ils pleurent, se fâchent, se bouchent les oreilles en chantant pour ne pas entendre les paroles du parent.

Cette réaction ne doit pas inquiéter si elle est occasionnelle. Elle doit cependant faire l'objet d'une attention particulière si elle persiste dans le temps pendant des mois ou des années. Les conseils d'un professionnel sont souvent très souhaitables dans une telle situation, pour s'assurer que l'enfant ne vit pas une réaction post-traumatique qu'il n'arrive pas à contrôler — ni à expliquer puisque, la plupart du temps, il s'agit de mémoires préverbales. Ces perturbations très sensorielles s'accompagnent souvent, chez l'enfant adopté, de pensées intrusives très illogiques, par exemple :

- La peur que ses parents d'origine viennent le chercher (ou que les parents adoptifs veuillent le rendre) ;
- Une colère énorme face à la mère biologique ;
- Une tristesse immense causée par l'absence de cette mère si loin ;
- Le refus de s'identifier aux personnes de son pays d'origine (Chinois, Haïtiens, Colombiens, etc.) ;
- Un vague malaise, avec des pensées confuses et désagréables ;
- Une honte de son état d'adopté ;
- La peur que si on en parle, l'abandon se reproduira, ici et maintenant ;
- La peur que les parents adoptifs l'aiment moins à la pensée qu'il n'est pas de leur sang.

Il va sans dire que si l'enfant n'est pas aidé à surmonter ces réactions, elles risquent d'entraver passablement son cheminement. Les parents ne pourront jamais lui transmettre les informations dont il a besoin pour intégrer tous les morceaux nécessaires à la fabrication d'une identité saine. Nous verrons plus loin comment aborder ces sujets délicats.

[?] SAVOIR 4
Origines et conflit de loyauté

L'épreuve de la double loyauté, une sorte d'ambivalence entre la loyauté envers ses parents adoptifs et celle qu'il devrait peut-être avoir envers ses parents biologiques constitue un autre morceau du casse-tête identitaire que l'adopté aura à trouver et placer. D'un côté, il y a une loyauté existentielle et biologique envers les parents qui lui ont donné la vie, envers la mère qui l'a mis au monde ; d'un autre côté, une loyauté d'existence envers les parents adoptifs qui l'aiment et l'éduquent. Cette double loyauté n'est pas aisée à intégrer, de l'avis des cliniciens et des adoptés eux-mêmes. Pour un jeune adulte adopté souhaitant en savoir plus sur ses origines, elle ne facilite pas toujours sa quête. Un mélange de culpabilité envers les parents actuels et de peur vague des conséquences d'en parler ouvertement fait partie du jardin secret de plusieurs adoptés, comme l'a si bien documenté Cécile Delannoy[6]. Dans les faits, il n'est pas rare que des adultes adoptés attendent la mort de leurs deux parents adoptifs pour entreprendre des recherches. D'autres décident de se taire pour toujours après avoir vu leurs parents pleurer après qu'ils ont posé une banale question. Et que dire des catastrophes naturelles, qui éveillent encore plus ce conflit de loyauté chez certains adoptés ? Par exemple, lors du tremblement de terre en Haïti, en 2010, des parents fous d'inquiétude ont retrouvé leur fille de 11 ans marchant en direction de l'aéroport dans le but d'aller rejoindre et aider sa famille haïtienne. La petite, adoptée à 8 ans, avait des souvenirs explicites de cette famille qu'elle imaginait en détresse, alors qu'elle était en sécurité et dans le luxe.

Malgré l'ouverture habituelle de la majorité des parents adoptants contemporains, la peur de les blesser n'est jamais loin dans l'esprit des enfants adoptés, tout comme la crainte des parents de blesser l'enfant en lui donnant trop ou pas assez d'informations sur ses origines.

Pour empêcher leur enfant de trop souffrir, les parents d'adoption lui ont peut-être raconté une version édulcorée de son abandon. Mais en grandissant, l'enfant aura la possibilité de se renseigner lui-même, notamment par des articles de journaux relatant les risques d'enlèvements d'enfants au Guatemala et au Vietnam ; par un reportage sur la vie en Chine, où l'enfant verra que toutes les petites filles chinoises ne sont pas abandonnées par leurs parents ; en se rendant compte que, bien qu'enfant unique dans sa nouvelle famille, il a peut-être des frères et des sœurs biologiques quelque part. Sans oublier le nouveau phénomène des réseaux sociaux comme

6 Cécile Delannoy. *Au risque de l'adoption, une vie à construire ensemble*, Paris, La Découverte, 2004 et Cécile Delannoy et Catherine Vallée. *Vivre et grandir dans l'adoption*, Paris, La Découverte, 2012.

Facebook. Les professionnels en adoption se trouvent déjà devant des cas de *retrouvailles virtuelles*, volontaires ou accidentelles, au mieux délicates, au pire tout à fait dramatiques. Ce n'est pas rien pour une enfant de 15 ans, déjà en petite rébellion ordinaire avec ses parents adoptifs, d'être contactée directement par sa mère biologique colombienne qui la supplie de lui envoyer de l'argent en secret pour nourrir sa petite sœur. La porte est alors grande ouverte aux questionnements sur ses origines, sur les zones d'ombre et sur la signification de son cheminement de vie !

L'enfant, dans son malaise souvent très confus, devra se créer sa propre histoire, celle qui va lui convenir pour régler (ou non) son conflit de loyauté entre son passé et son présent. Il ne faut donc pas que le parent adoptant voie dans cette démarche un rejet de son travail, de son amour et du lien d'appartenance qu'il lui a offerts. S'individualiser, se différencier de ses parents est en soi une démarche saine et nécessaire à une santé mentale adulte équilibrée. Ce travail n'est pas facile à accomplir quand on n'a pas seulement deux parents, mais quatre ; pas une seule origine sociale et ethnique, mais deux. Quand les détails de notre passé pénible restent plutôt vagues. Quand, selon la normalité adoptive, on est toujours préoccupé de la permanence de ce fameux *lien d'attachement* qui a été si complexe à tisser. L'enfant adopté n'a certes pas choisi son passé, mais cela ne doit pas le condamner à ne pas avoir de prise sur son présent et son avenir. Pourtant, cette quête n'est facile ni pour l'enfant, ni pour le parent qui souhaite l'accompagner.

[?] SAVOIR 5

La révélation : évènement ou non-évènement ?

À l'exception de quelques cas, les adultes ayant été adoptés il y a 20, 30 ou 50 ans témoignent[7] de leur profond attachement, de leur loyauté, de leur amour et de leur infinie tendresse pour leurs parents adoptifs et pour leur pays d'adoption. Ils racontent aussi trop souvent la souffrance causée par la grande maladresse de leurs parents à révéler leur adoption et leurs origines. Pour beaucoup, ces moments ont été vécus comme des coups de tonnerre dans un ciel bleu : révélation de l'adoption la veille de l'entrée à l'école, ou encore par l'annonce méprisante d'un cousin ou d'un camarade de classe. Il y a de bien pénibles manières d'apprendre qu'on a été adopté. Certains ont surpris des conversations taboues et interdites sur les vrais parents ; à d'autres, on a raconté une histoire inventée sur la mort des parents biologiques dans un accident de voiture ; d'autres encore ont appris leur filiation biologique lors de la lecture du testament après la mort du dernier parent adoptant.

Les temps et les mentalités ont changé, pour nombre d'entre nous du moins, mais la question de la révélation des origines demeure encore aujourd'hui un grand défi pour *tous* les parents adoptifs. Ainsi, le meilleur des scénarios reste que l'enfant ait toujours su qu'il a été adopté, que sa réalité ait été vécue, nommée et célébrée

7 Johanne Lemieux a accompagné une centaine de retrouvailles, autant initiées par le parent biologique que par l'adulte adopté.

comme une normalité pour toute la famille. Toutefois, *savoir* ne veut pas toujours dire *comprendre*. Comment répondre aux questions? Jusqu'où aller dans les détails? Doit-on évoquer l'adoption même si l'enfant n'en parle pas[8]?

Pour de nombreux parents adoptifs, la peur de faire des gaffes, de traumatiser, de faire souffrir l'enfant est encore une préoccupation très présente et tout à fait normale. Ils craignent aussi d'entendre un jour la classique phrase assassine : «Vous n'êtes pas mes vrais parents!» Les autres adolescents du monde doivent faire preuve de beaucoup de finesse pour découvrir le point faible de leurs parents, mais les enfants adoptés reçoivent en cadeau, sur un plateau d'argent, cette phrase empoisonnée. Comment réagir? Parfois, on évitera de glisser vers un conflit ouvert en faisant simplement une croix sur le calendrier, en disant calmement : «Bon, c'est donc aujourd'hui la date où tu nous dis cela, à ta mère et à moi. Cela me rassure, tu es un enfant adopté tout à fait normal!»

Les parents ne doivent surtout pas en tirer de fausses conclusions, par exemple croire que leur enfant n'est pas attaché à eux. Ils doivent plutôt reconnaître l'existence du réel conflit entraîné par cette double loyauté. Cette déclaration ne veut évidemment pas dire que leur enfant ne les aime pas, ou qu'ils sont de mauvais parents, ni qu'il aurait été préférable de le laisser à l'orphelinat, ni qu'ils vont perdre leur enfant. Les adolescents se posent beaucoup de questions afin de se construire. Cette petite phrase choc veut souvent dire que l'enfant est confus, en quête d'identité, qu'il ne sait pas trop quoi penser de son adoption, qu'il veut savoir s'il a le droit d'aimer ou de haïr son parent biologique sans que cela remette en question sa relation avec le parent adoptant. Cette phrase, prononcée sous le coup de la colère ou de la frustration, peut aussi être un examen que l'enfant fait passer à son parent. «Vas-tu m'aimer encore si je te blesse, si je te laisse croire que j'aimerais mieux être ailleurs?»

[?] SAVOIR 6

Que faire de sa différence?

À l'adolescence, il y a décidément beaucoup de travail à faire pour que l'enfant trouve des réponses satisfaisantes à ses questions existentielles et se fabrique une identité; beaucoup plus de travail que dans sa première décennie. Il y a nécessité pour l'adolescent non seulement de distinguer ses fantasmes de la réalité, mais aussi de réécrire à sa façon son histoire, pour régler son conflit de loyauté entre son passé et son présent. Pour toutes ces raisons, un jour ou l'autre il pourrait souhaiter des retrouvailles, si ce n'est avec ses parents biologiques, du moins avec son pays et sa culture.

Oui, les choses se corsent à l'adolescence. Un adolescent modèle de base traverse déjà une crise d'identité. Il s'agit d'une étape normale et nécessaire pour devenir adulte. Mais quand s'ajoute à cela une histoire d'abandon, une conscience plus

8 Voir la fiche pédagogique Adopteparentalité N° 45 : *Prendre l'habitude de parler des parents biologiques de l'enfant* à la fin du chapitre.

aiguë des différences physiques par rapport au reste de la famille et des questionnements sur les origines de ses goûts, de ses défauts, de ses qualités, de ses problèmes de santé, quand s'ajoute enfin le regard des autres qui sont surpris, par exemple, qu'il ne danse pas comme Ricky Martin bien qu'il soit latino, alors la quête d'identité devient une préoccupation incessante.

Comme l'écrit Anne Lanchon : « Entre 11 et 14 ans, tous les jeunes sont obsédés par leur corps. Normaux, ils entrent dans l'âge de la séduction. La plupart des adolescents éprouvent les mêmes complexes, mais pas les ados adoptés, il leur faut assumer en plus d'autres différences, plus personnelles : une peau sombre, des cheveux crépus, des yeux bridés... Autant de particularités qui à leurs yeux les éloignent des canons de la beauté[9]. »

Selon une étude conduite en 1995 par la chercheuse Ginette Morrier[10], même si la recherche d'identité est un processus complexe et dynamique, la majorité des adolescents finissent par trouver une stratégie identitaire satisfaisante parmi les suivantes.

« JE SUIS QUÉBÉCOIS »

La majorité des adolescents s'identifierait à la culture majoritaire de leur pays d'adoption. Ils considèrent leurs parents d'adoption comme leurs véritables parents, estiment que leur adoption n'a aucune incidence sur leur caractère et leurs relations avec autrui. De fait, entre 11 et 14 ans, plusieurs ados ont mille et une choses à découvrir et à faire : la puberté, qui transforme le corps à toute vitesse, la musique, le sport, les sorties... Alors les origines, ce n'est pas une priorité. D'ailleurs, les gens se sont maintenant habitués à voir des enfants à la peau mate ou aux yeux bridés au sein de familles blanches, et ne s'en formalisent plus. L'adoption s'est banalisée aussi dans la mesure où les modèles familiaux se sont diversifiés.

« JE SUIS QUÉBÉCOIS D'ORIGINE HAÏTIENNE »

D'autres s'identifient aussi à la majorité, mais revendiquent en même temps leur couleur de peau et certains aspects de leur culture d'origine. Il peut s'avérer *cool* de glisser que l'on est d'origine thaïe si on fait du *kick boxing*, d'origine chinoise si on fait de la gymnastique ou d'origine russe si on joue au hockey !

« JE SUIS CITOYEN DU MONDE »

Un plus petit nombre d'adolescents adoptés ne s'identifient vraiment ni à la majorité de leur pays d'adoption, ni à leur culture d'origine, mais plutôt à l'humanité en général. Un désir de normalisation est également parfois exacerbé chez certains enfants adoptés à l'étranger, qui n'hésitent pas à renier leurs origines. Ce désir

---

9 Anne Lanchon. *L'Adoption, les ados en parlent*, Paris, Éditions de La Martinière, 2004, p. 23.

10 Ginette Morrier. *Les Stratégies identitaires des adolescents de l'adoption internationale appartenant à deux groupes racisés*, Mémoire de maîtrise en sociologie, Université du Québec à Montréal, 1995.

correspond à un fort besoin d'intégration. Ils évitent alors les questions : « À quel âge as-tu été adopté ? », « Est-ce que tu connais tes parents de naissance ? » Ils revendiquent plutôt haut et fort une citoyenneté mondiale.

« JE NE SUIS PAS VRAIMENT QUÉBÉCOIS »

Finalement, une infime minorité se réclame uniquement de l'ethnie d'origine. Dans le meilleur des cas, ceux-là chercheront à joindre un groupe de rap haïtien, dans le pire des cas, la petite mafia asiatique basée dans le quartier chinois.

Doit-on s'inquiéter, s'attrister ou se réjouir de cette répartition ? Difficile à dire à long terme. Ce qui ressort de la plupart des études, c'est qu'une fois stabilisée, si on peut dire, cette identité fonctionne positivement pour les adoptés.

[?] SAVOIR 7
Retour ou non-retour dans le pays d'origine, voilà la question !

LE RETOUR AU PAYS D'ORIGINE ?

Si quelques enfants adoptés se préoccupent peu de leurs parents de naissance, en revanche, ils peuvent se montrer intéressés par leur pays d'origine. Le connaître, l'apprécier, le visiter est une première étape vers la découverte de leurs racines, plus discrète peut-être, moins traumatisante qu'une rencontre avec les parents de naissance. Mais quand faut-il retourner dans le pays d'origine ? Il n'y a pas de réponse standardisée à cette question. Un certain nombre de réflexions et de constatations constituent toutefois des pistes de réflexion.

Que cache cette demande de retour formulée par un adolescent adopté ? Une saine curiosité pour son pays, ses traditions et sa culture ? L'espoir fou de retrouver ses parents de naissance qui, eux, comprendront le jeune, c'est-à-dire, dans son esprit, le laisseront faire tout ce qu'il veut ?

Et qu'en pensent les parents ? Ont-ils la certitude que le jeune va enfin comprendre de quel enfer on l'a tiré et manifester quelque reconnaissance ? Ont-ils peur de la rencontre avec les parents de naissance, craignent-ils que l'enfant veuille rester là-bas, avec eux ? Entretiennent-ils le fantasme que ce voyage va tout arranger et que le jeune en reviendra transformé ? Éprouvent-ils un sentiment de trahison, de non-reconnaissance ?

Si ce voyage répond à un désir profond, si les parents ont les moyens de l'entreprendre avec le préadolescent ou l'adolescent, il faut aller de l'avant. Règle générale, les parents n'ont pas de raison de se montrer réticents. Toutefois, le jeune doit être prêt psychologiquement à faire un retour vers ses origines. Il est essentiel qu'il ait réfléchi à ses attentes, avec ses parents ou avec une tierce personne, et il est indispensable de l'aider à ce qu'elles deviennent les plus réalistes possible.

Non, sa mère de naissance ne l'attend pas au coin de la première rue pour lui sauter au cou. Il faut bien mettre au clair que le plan *n'est pas de chercher* la mère ou le père d'origine, mais bien d'aller à la rencontre de sa culture d'origine. Idéalement, la rencontre avec le parent d'origine, quand elle est possible, ne devrait être réalisée que lorsque l'adopté est devenu un jeune adulte.

Un voyage de retrouvailles culturelles et sociales peut se faire dans le pays d'origine ou, dans un premier temps, dans un pays proche. Le simple fait de se retrouver parmi des Noirs, pour un enfant haïtien en visite en Jamaïque, par exemple, peut aussi avoir *un effet bénéfique et mieux préparer l'enfant aux réalités de son pays d'origine*. Le jeune doit également être avisé des habitudes du pays, pour ne pas vivre un trop gros choc culturel. Cela devrait d'ailleurs se faire dès son plus jeune âge, à partir du moment où on lui parle pour la première fois de ses origines.

Il est tout aussi indispensable que les parents adoptifs soient eux-mêmes prêts psychologiquement à accepter le retour de leur enfant dans son pays, et qu'ils ne se sentent pas menacés dans leur place de parents si leur jeune crée des liens dans son pays d'origine.

Soulignons pourtant que ce voyage peut être nuisible chez certains adolescents. Celui qui ne trouve pas sa place ici risque d'être très déçu de comprendre qu'il n'est pas plus chez lui là-bas. Voilà pourquoi il est essentiel d'attendre la toute fin de l'adolescence pour entreprendre cette démarche. D'autres jeunes, qui ont trop peur d'être déçus par leurs parents de naissance, vivent dans le déni. Il faut noter, d'ailleurs, que la plupart des adoptés qui ont retrouvé leur mère de naissance ne l'ont jamais revue une deuxième fois. Ils se sont rendu compte que, après tout, ils n'avaient pas grand-chose à se dire. Mais peut-être auront-ils trouvé tout de même l'apaisement en allant au bout de leur quête : ils savent désormais qui les a mis au monde. Selon Anne Lanchon, il « est une dernière raison pour laquelle vous hésitez à entreprendre ces démarches, et elle est essentielle. Vous avez trouvé, au sein de votre famille, un équilibre précieux [...][11] ».

LE RETOUR VERS LES PARENTS D'ORIGINE?

La grande question, celle qui est au cœur de toute recherche, c'est : *pourquoi m'ont-ils abandonné?* Il est fascinant de constater que même si les parents adoptants ont choisi de ne jamais prononcer le mot « abandonné », disant plutôt « confié à l'adoption » ou « séparé de la première maman », l'enfant lui-même utilise presque toujours ce mot. En ne parlant pas d'abandon, les parents avaient le souci de ne pas prétendre connaître les réelles intentions du parent biologique. Ils voulaient que l'enfant ne se sente pas rejeté, donc moins valable. Les bonnes ou moins bonnes intentions du parent biologique sont importantes à expliquer si on les connaît, mais cela ne change pas automatiquement l'interprétation que fait l'enfant de cet évènement. Que les intentions aient été louables ou non, l'enfant adopté a tout de même le sentiment d'avoir été abandonné.

Derrière ces interrogations se cache *la* question fondamentale : « Est-ce qu'ils m'ont aimé et confié pour mon bien, ou est-ce qu'ils m'ont rejeté parce que je n'étais pas digne d'être gardé, comme on jette un détritus à la poubelle?» Sous entendu :

---

11 Anne Lanchon. *Id.* p. 89.

« Suis-je responsable de mon abandon ? » Ces cognitions négatives, seules explications dans la logique immature d'un nourrisson, sont des phrases inconscientes qui empoisonnent l'estime de soi. Plusieurs adoptés espèrent obtenir enfin non seulement une réponse claire, mais un apaisement de ce sentiment désagréable d'avoir été un mauvais bébé. Si certaines réponses provenant du parent biologique apaisent cognitivement, en effet, elles n'effacent pourtant pas automatiquement les conséquences de tout le temps où ce sentiment d'avoir été abandonné s'est imprimé dans la mémoire de l'enfant[12].

Si l'âge de 8 à 18 ans semble être propice pour emmener l'enfant dans son pays, c'est cependant à l'âge adulte qu'il sera prêt à rencontrer sa première famille. La plupart des auteurs s'entendent pour dire que la période de l'adolescence n'est pas le bon moment pour entrer en contact avec les parents biologiques. Bien entendu, certains cas ne posent pas de problème, mais, pour la majorité, mieux vaut attendre que la tourmente de l'adolescence soit terminée. L'adolescence est un moment où, normalement, le jeune doit apprendre à se détacher de ses parents. En vivant des retrouvailles à ce moment, c'est le contraire qui risque de se produire. L'adolescent aura à décider comment cette nouvelle relation s'intégrera dans sa vie. Les rencontres apportent leur lot de réponses, certes, mais elles provoquent aussi beaucoup de questionnements et risquent de nuire à la recherche d'identité de l'adolescent.

Il ne faut pas oublier non plus dans quel état psychologique se trouve le parent biologique, tout comme le parent adoptant, au moment de la rencontre. Rares, très rares sont les parents biologiques qui ont été respectés, accompagnés et aidés à vivre leur deuil après le geste d'abandon. La psychanalyste Sophie Marinopoulos est une des rares spécialistes qui a osé parler ouvertement des premières mères[13]. Ses tentatives pour les réhabiliter et expliquer leur geste ne sont pas encore, à ce jour, toujours bien accueillies. Aux États-Unis, Joyce Pavao[14] est aussi une des rares à militer pour la fin de la chape de honte qui entoure le geste d'abandon. Elle prétend justement que, dans le triangle de l'adoption — composé des parents biologiques, des parents adoptants et de l'enfant — , tous se retrouvent perdants au final si on persiste à essayer de mettre chaque acteur dans la case « bon » ou « mauvais ».

Des années de silence, d'angoisse et de honte n'ont généralement pas un effet très positif sur la santé émotionnelle d'une personne. On parle vraiment trop peu du deuil des parents biologiques qui sont laissés à eux-mêmes. Eux aussi peuvent développer ce qu'on appelle un deuil pathologique, idéalisant l'enfant disparu. Certains sont atteints de chocs post-traumatiques jamais nommés, jamais soignés. Certains imaginent que l'enfant leur en veut terriblement. D'autres attendent de l'enfant une gratification, une attention ou un pardon qu'il ne peut pas toujours leur donner. L'adolescent peut ainsi se retrouver avec le « devoir » de prendre soin d'un

---

12 Voir le chapitre 13, *Un OMNI : l'objet manquant non identifié.*

13 Sophie Marinopoulos. *Dans l'intime des mères*, Paris, Fayard, 2005.

14 Joyce Pavao. *The Family of Adoption: Completely Revised and Updated*, Boston, Beacon Press, 2005.

parent biologique meurtri qui attend son pardon. Imaginez la souffrance entraînée par un tel scénario si l'enfant adopté n'a pas été bien préparé à cette rencontre avec l'aide d'un tiers bienveillant, idéalement un professionnel d'expérience.

Que fait-on avec l'adolescent qui idéalise ses parents biologiques, qui espère profondément retrouver une part de son roman familial et qui se retrouve déçu ? Il peut gonfler un espoir irréalisable et se retrouver, ensuite, complètement désemparé. Qu'arrive-t-il de l'adolescent qui voit son rêve détruit ? Savoir intellectuellement que l'on a deux couples de parents est quelque chose, vivre émotivement avec cette idée en est une autre. C'est une situation très complexe à vivre. Qui appelle-t-on « maman » ? Quel genre de relations entretenir avec cette autre famille ?

[?] SAVOIR 8
La quête des origines, et si le besoin était tout autre ?

Voici comment, il y a quelques années, le docteur Jean-François Chicoine[15] répondait à un collègue qui lui avait demandé conseil. Ce médecin devait intervenir auprès d'une patiente qui avait reçu une lettre de sa fille adoptive de 16 ans. Cette lettre, manifestement dictée par une colère extrême à l'endroit de sa mère adoptive, accusait cette dernière de l'avoir enlevée à sa mère naturelle. Le médecin en question demandait s'il n'existait pas un syndrome de l'enfant adopté qui expliquerait cette réaction. Bien entendu, le docteur Chicoine a répondu qu'il n'y avait pas de « syndrome de l'enfant adopté », mais plutôt une normalité adoptive qu'il serait souhaitable pour cette maman de connaître.

Avec l'adolescent, il faut parfois discerner le message en dessous du message. Il faut explorer la question en dessous de la question.

Un adolescent qui dit souhaiter retrouver sa mère biologique veut parfois dire autre chose. Parfois, il s'agit simplement de voir comment ses parents vont réagir. Vont-ils le soutenir dans sa démarche ? Parler de retrouvailles est une façon de tester l'amour et l'attachement de ses parents. C'est une mise à l'épreuve pour faire la preuve. Et il faut que les parents adoptants aient les moyens de ne pas perdre leurs moyens devant tant de bouleversements.

Et si, par malheur, l'adolescent et le parent adoptif n'ont pas pu, n'ont pas su créer un lien d'attachement solide et sain[16] ? Il ne faut pas sous-estimer la possibilité que les enjeux d'attachement se jouent *officiellement* autour des questions d'identité ou d'accès aux origines, alors que les besoins *officieux* sont cachés ailleurs. Il n'est pas rare, dans les fonctionnements adaptatifs, que le prétexte d'une sainte colère soit tout autre que celui qu'on exprime tout haut. Cela peut donner lieu, par exemple, à une lettre ou courriel, un message texte, où une adolescente démonise sa mère adoptive et fait de sa mère biologique une victime non coupable de l'abandon. Une adolescente qui accuse injustement sa mère adoptive peut le faire pour essayer de trouver un responsable à sa souffrance. Certains adoptés reprochent irréalistement

15 Jean-François Chicoine. Archives personnelles.

16 Voir les fiches pédagogiques Adopteparentalité N° 20, 21 et 22 sur l'attachement du chapitre 7.

à leurs parents adoptifs de ne pas avoir totalement apaisé leur douleur, leur confusion, leur OMNI[17]. Ce serait fort imprudent d'analyser tout cela à un niveau superficiel de quête d'identité. Les réponses, comme les solutions, sont beaucoup plus profondes.

L'adolescent exprime peut-être, en réclamant les retrouvailles, des inquiétudes reliées à sa vie actuelle, à son manque de connaissances sur ses origines. Plus concrètement, il peut avoir envie d'en savoir plus sur ses origines pour des raisons médicales, ou s'inquiéter de fréquenter quelqu'un avec qui il pourrait avoir un lien biologique. Il peut s'agir de savoir à qui il ressemble, de qui lui viennent ses talents. Ce qui importe n'est pas toujours de retrouver la mère, mais de *savoir*. L'adolescent est peut-être conscient de n'être pas prêt pour des retrouvailles, mais il souhaite en savoir plus sur ses origines. Il est essentiel de décoder sa demande pour pouvoir y répondre sans aller plus loin que ce qu'il souhaite.

Il faut cependant rappeler aux adolescents et à leur famille que des milliers d'enfants adoptés, la grande majorité en fait, n'ont jamais rencontré leurs parents de naissance, soit parce qu'ils ne l'ont pas désiré, soit parce qu'ils n'ont pas réussi à les retrouver. Pourtant, cela ne les a pas empêchés de se construire, d'être heureux et de fonder à leur tour une famille.

[?] SAVOIR 9
Une appartenance avant une identité ? Des racines avant des ailes !

Pour se différencier, se « séparer de », il faut d'abord avoir été « avec » ou « pareil à ». À une certaine époque, trouver sa propre identité, affirmer sa différence passait par le refus d'aller à la messe tous les dimanches ou par le choix d'être séparatiste si les parents étaient fédéralistes ! C'était une façon de passer du « nous » au « je[18] », de choisir, dans le bagage de valeurs léguées par les parents, ce qui nous convient et ce qui ne nous convient pas. On garde des racines, puis on acquiert des ailes. Tous les adultes sont passés par là, qu'ils s'en souviennent ou pas.

Cela est vrai pour tous les enfants, mais c'est un enjeu encore plus grand pour un enfant par adoption. Donner des racines et laisser pousser des ailes à un enfant adopté à l'étranger comporte des défis immenses également pour ses parents adoptants, ainsi que pour toute la communauté qui l'accueille.

Il ne faut pas minimiser le fait que la crise identitaire peut réellement s'avérer plus complexe et même très souffrante chez une partie des adoptés. Une aide professionnelle est souvent plus que souhaitable, pour éviter de traîner une inutile confusion, qui risque de surcroît de nuire au reste du développement adulte.

Cependant, il apparaît clair que pour les enfants adoptés, un facteur de protection doit idéalement fonctionner en amont de cette crise : il s'agit d'un fort sentiment d'appartenance, d'attachement, de filiation à leur famille, au nom de famille, à leur communauté, à leur culture actuelle. Avant de déployer leurs ailes, il leur faut avant tout des racines bien plantées, solides. C'est pourquoi les enfants arrivés plus

17 Voir le chapitre 13, *Un OMNI : l'objet manquant non identifié.*

18 Cécile Delannoy et Catherine Vallée. *Vivre et grandir dans l'adoption*, Paris, La Découverte, 2012.

âgés vivent parfois plus difficilement cette crise d'identité que les enfants arrivés alors qu'ils étaient encore bébés. En effet, les facteurs de risques inhérents à leur long vécu préadoption et le plus petit nombre d'années passées dans leur nouvelle famille ne leur permettent pas toujours de fixer ces fameuses racines. Les parents et la famille élargie devront déployer des efforts supplémentaires pour respecter leur différence, mais aussi leur donner l'impression d'être bienvenus et de faire partie intégrante du clan. Ils constitueront ainsi une sorte de tribu symbolique qui les protégera autant que tous les autres membres en cas de danger.

Ce qui est rassurant, c'est que dans la normalité adoptive, la majorité des adoptés adultes trouvent une double identité satisfaisante, même si de nombreuses questions demeurent sans réponse et que certains deuils restent à faire. Cependant, leur réalité identitaire continue trop souvent à se définir d'après le regard des autres. Pour les Blancs, ils se trouvent «trop noirs» ou «trop jaunes» pour être de «vrais» Blancs. À l'opposé, lorsqu'ils côtoient des gens de leur pays d'origine, ils ne sont pas non plus acceptés comme faisant partie de ce groupe. Les Américains appellent cela le «syndrome du biscuit *Oreo*» : tu es Noir en dehors, mais Blanc en dedans. Ou encore le «complexe de la banane» : tu es Jaune en dehors, mais Blanc en dedans — autrement dit, d'apparence africaine (ou asiatique, ou latino), mais avec des comportements, des valeurs et des idées «blanches». Un peu imposteur dans les deux camps. Un peu aussi ambassadeur entre les deux camps!

[?] SAVOIR 10

Identité, appartenance et perception sociale de l'adoption

Accompagner un enfant dans sa quête d'une identité solide demande compassion et réalisme de la part des parents, mais également de la part de toute la communauté d'accueil : famille, garderie, école, etc. Attribuer cette responsabilité uniquement à l'enfant ou à ses parents est injuste et injustifié. Cela demande aussi une coordination et le souci d'avoir voix au chapitre à toutes les instances responsables. Car une adoption est une *grossesse collective*[19], avec la particularité que l'enfant est déjà né et qu'il a déjà des besoins spéciaux. Cette forme de parentalité doit être vécue comme une valeur positive par les membres de la culture d'accueil.

Or, pour que l'adoption soit une valeur positive, tout doit être fait pour répondre le mieux possible et le plus rapidement possible à ces besoins spéciaux de l'enfant. Alors comment une communauté peut-elle assurer à l'enfant la possibilité de se constituer à la fois des racines et des ailes?

Lorsqu'on aborde un sujet comme l'adoption, avec des enjeux humains, émotifs, légaux et éthiques aussi complexes, il faut d'abord considérer nos propres croyances profondes et se demander sur quelles valeurs se fonderont toutes les décisions à venir. Si, pour certains, il n'y a aucun doute que l'adoption est une valeur positive, pour d'autres, la question reste entière.

19 Contrairement à un enfant biologique habituellement conçu dans l'intimité, l'adoption d'un enfant s'avère une grossesse où des dizaines de personnes auront à participer. www.hcch.net

Il est difficile de prendre une position radicale sur l'adoption, car nous possédons des conceptions personnelles et culturelles fort différentes. L'enfant, en grandissant, devra naviguer dans tous ces courants de pensée qui influenceront inévitablement sa perception de lui-même.

Que l'on soit enfant, parent adoptant, parent biologique, autorités des pays d'origine, membre d'une œuvre ou personnel d'une agence d'adoption, législateur, instances gouvernementales, psychologue, psychiatre ou travailleur social, nos croyances, nos responsabilités et nos préoccupations seront nécessairement différentes. Il est d'ailleurs normal et souhaitable, dans un souci de complémentarité, qu'il en soit ainsi. Mais il faut que tous ces acteurs jouent leur rôle en croyant profondément que dans certains cas, il est dans l'intérêt supérieur de l'enfant d'être adopté.

Le sujet suscite souvent des débordements d'émotions et met en présence des philosophies souvent très opposées :

- Est-il mieux pour un enfant de préserver son identité culturelle, même en hypothéquant à tout jamais sa santé, son équilibre émotif et social et toute chance de devenir un être heureux?
- Au nom de la primauté traditionnelle de la filiation de sang, jusqu'à quand doit-on donner la chance à des parents biologiques ou à un pays d'origine de trouver des moyens pour s'occuper adéquatement d'un enfant?
- À l'opposé, avons-nous le droit, nous, citoyens des pays riches, d'arracher un enfant à sa culture ou à son parent biologique simplement pour des raisons économiques? La question se pose aussi en adoption nationale, où des parents défavorisés ont forcément moins de moyens de répondre adéquatement aux besoins d'un enfant que des parents adoptants plus favorisés à tous les points de vue.

Compte tenu de ces différentes façons de penser, l'existence de malentendus est loin de surprendre; d'où la nécessité de réfléchir sur les valeurs, et d'adopter des valeurs les plus positives possible, en espérant qu'elles seront correctement transmises à l'enfant partant à la recherche de lui-même.

Pour que l'adoption soit perçue positivement par la communauté et par l'enfant, il faut idéalement qu'elle soit débarrassée des nombreux mythes et fausses croyances qui l'entourent depuis toujours. Voici ce que l'adoption doit être :

- Même si on a la conviction que la première place d'un enfant est auprès de ses parents biologiques, il faut élaborer un projet de vie le plus vite possible pour un enfant en situation d'abandon et, si c'est dans son intérêt, favoriser l'adoption[20].
- Il est fondamentalement utile de donner à l'enfant la permission d'investir affectivement dans un milieu de vie autre que sa famille biologique ou son pays de naissance, et ce, dans le respect de ses origines.

20 Ceci est en accord avec le principe de subsidiarité tel qu'énoncé dans la Convention de La Haye sur la protection des enfants et la coopération en matière d'adoption internationale. www.hcch.net

- L'adoption est une solution valable pour répondre aux besoins des enfants abandonnés ou en besoin de protection.
- L'adoption constitue aussi une stratégie valable pour fonder une famille et non plus seulement un *second choix* en cas d'infertilité.
- L'adoption n'a rien d'une solution collective à la détresse des enfants, mais elle peut et doit parfois être une solution individuelle pour répondre aux besoins d'un enfant en particulier.
- Il faut une législation nationale et internationale rigoureuse, mais aussi respectueuse des us et coutumes des pays d'origine.
- Les professionnels doivent évaluer, mais aussi accompagner et outiller les futurs parents pour qu'ils aient des attentes réalistes.
- Dans la mesure des moyens disponibles, on cherchera des garanties de l'adoptabilité réelle des enfants avant de les confier à des parents adoptants.
- Il faut établir des balises éthiques pour que le désir d'enfant ne devienne pas, pour certains parents, la quête insensée de l'enfant à tout prix, quitte à arracher un enfant à son parent ou à son pays.
- Les différents acteurs doivent se parler et se respecter dans leurs différents points de vue, pour que ces points de vue soient complémentaires et non conflictuels.
- Les parents adoptants sont des partenaires actifs des autres intervenants, ils doivent être consultés et être considérés comme coresponsables du dossier, avec les organismes d'adoption et les professionnels impliqués.
- Il faut un regard collectif de compassion et de réalisme autant envers les enfants qu'envers les parents adoptants, les parents biologiques et leur pays.
- Enfin, il est essentiel de diffuser au plus grand nombre l'état des connaissances sur la normalité adoptive.

Pour atteindre tous ces objectifs, le travail de certains organismes, comme Enfance et famille d'adoption[21] en France ou la Fédération des parents adoptants du Québec[22], est un outil indispensable. Le Mouvement Retrouvailles[23], au Québec ou Racines coréennes[24], en Europe, pour ne nommer que ceux-là, sont aussi des acteurs importants pour faire avancer les mentalités, diffuser les témoignages, revendiquer une égalité de droits. Plusieurs organismes d'adoption offrent des conférences, des activités pour les familles et des services d'entraide entre parents. Les bénévoles de ces associations offrent leur temps et leur passion pour rendre la réalité des adoptés et des familles adoptives plus juste et mieux connue. Ils sèment dans le tissu social des éléments qui serviront aussi à soutenir le processus de quête identitaire de l'adopté.

---

21 EFA : association Enfance et famille d'adoption. www.adoptionefa.org

22 FPAQ. Fondée et dirigée depuis presque 30 ans par Claire-Marie Gagnon. www.quebecadoption.net

23 Mouvement Retrouvailles. www.mouvement-retrouvailles.qc.ca

24 Racines coréennes. www.racinescoreennes.org

[?] SAVOIR 11
Changement de nom et identité

Les enjeux symboliques et affectifs du nom d'une personne ne sont pas négligeables. Sans prénom, un être humain n'existe pas comme individu unique au monde. On ne peut pas parler de lui, il n'existe ni légalement, ni symboliquement. Une des méthodes les plus machiavéliques pour détruire la personnalité et l'unicité d'un être humain, en prison ou dans des régimes répressifs, n'est-elle pas de remplacer son nom par un numéro? Rappelons-nous la souffrance du «Petit chose» si bien évoquée par Alphonse Daudet[25].

D'emblée, les professionnels en adopteparentalité prennent position en faveur d'un changement de nom. Non par caprice, ni par un fantasme irréaliste d'effacer ainsi les blessures du passé, ni par étroitesse d'esprit ou par racisme, mais avant tout dans un souci d'utiliser tous les moyens possibles pour favoriser l'accueil, l'attachement parent-enfant et l'enracinement de l'enfant dans sa nouvelle vie. À ce principe général, il faut toutefois apporter des nuances et des exceptions, particulièrement selon l'âge de l'enfant, son histoire personnelle et son type d'adoption (par exemple la banque mixte au Québec, ou l'adoption simple en France).

Voici quelques outils de réflexion afin de prendre une décision consciente et éclairée.

CHANGER OU NON LE PRÉNOM DE L'ENFANT?

Les parents adoptifs ont à résoudre un dilemme inconnu des parents biologiques : changer ou ne pas changer le prénom? Puis-je le faire sans «risque» pour l'enfant? Est-ce égoïste de ma part? Quelles seront les conséquences affectives positives ou négatives de ce changement? Ai-je le droit de lui arracher cette identité? Va-t-il un jour me le reprocher?

Être la seule Yang-Su parmi les cousins et cousines qui ont tous des noms typiquement francophones comme Jérôme, Marianne ou Simon, peut-il parfois être un petit facteur de risque? Ou cela peut-il au contraire aider l'enfant à acquérir une personnalité spéciale, unique?

Si on ne veut pas regretter une telle décision, il faut pouvoir la prendre en fonction de nos goûts, de nos valeurs et croyances, mais surtout en tenant compte des besoins présents et futurs de l'enfant.

L'ATTACHEMENT ET L'APPARTENANCE D'ABORD, L'IDENTITÉ PLUS TARD

Créer un attachement mutuel fort et sain est le plus grand défi en adoption. Comme nous l'avons vu au chapitre 7 sur l'attachement difficile, la capacité d'un petit être humain à s'attacher sainement, profondément et entièrement à ses parents est un des facteurs les plus déterminants de sa survie, de son développement normal et de sa santé physique et mentale.

---

25 Alphonse Daudet. *Le Petit chose*, Paris, Hetzel, 1866.

Dans la préparation des futurs parents adoptants, on parle beaucoup de la santé physique de l'enfant, des phases d'adaptation habituelles, des carences affectives possibles, des enjeux culturels, des crises d'identité probables, mais très rarement des conditions gagnantes à mettre en place pour favoriser un attachement sain entre le parent et son enfant par adoption. On constate avec tristesse les graves conséquences de cette ignorance chez les intervenants et les parents.

LE GESTE D'ACCUEILLIR L'ENFANT EN LUI DONNANT UN NOUVEAU NOM EST UN OUTIL PUISSANT POUR FAVORISER CET ATTACHEMENT

Du côté des parents, l'attribution d'un prénom permet d'accomplir un premier geste d'accueil, d'amour et de contrôle sur le destin de l'enfant. Il s'agit de la toute première décision d'une série de milliers d'autres qu'ils auront à prendre pour jouer leur rôle parental. Du côté de l'enfant, il sent, puis comprendra plus tard que ses parents aimaient assez ce nom pour le lui donner, à lui seul. Enfants et parents pourront plus tard faire le récit de ce choix comme la première page de l'histoire de la nouvelle famille qu'ils ont créée ensemble. La quête de son identité culturelle et ethnique viendra plus tard, ou ne viendra jamais.

Il faut donc, dans un premier temps, accueillir ce petit être effrayé, le rassurer, lui démontrer qu'il fait partie de la tribu, du clan, de la famille, et que les membres d'une famille française, québécoise ou belge portent des noms français, québécois ou belges, lui y compris !

Toutefois, si le fait de renommer l'enfant peut l'aider à se sentir aimé et servir d'outil d'intégration sociale, il faut aussi penser à l'avenir. Pour certains, le besoin d'utiliser le prénom d'origine devient un moyen, permanent ou temporaire, d'explorer qui ils sont. Ainsi, la précaution de conserver dans les documents d'état civil les noms et prénoms d'origine, tout en ajoutant les nouveaux prénoms et nom de famille, permettra à ceux qui auront ce fort désir de s'identifier culturellement à leur pays d'origine de le faire sans tracas administratifs ou légaux. Toutefois, les cas de réappropriation du nom d'origine sont extrêmement rares.

UN NOUVEAU PRÉNOM POUR FAIRE LE DEUIL DU PASSÉ

Faire le deuil de quelque chose ne signifie pas l'oublier, l'effacer ou le renier. Faire le deuil, c'est choisir le présent et l'avenir plutôt que de ruminer avec nostalgie le passé. Renommer un enfant ne doit pas être une tentative naïve de l'empêcher d'être fier de ses origines ou de lui faire oublier les blessures de son passé. C'est plutôt lui permettre de vivre totalement dans le présent, dans un nouveau lieu, une nouvelle réalité culturelle et affective. Cela donne symboliquement à l'enfant la permission et surtout les moyens de faire le deuil de son passé.

Tout comme exhiber les photos d'un mari décédé dans toutes les pièces de la maison ne permettra pas d'y faire entrer sereinement un nouvel amoureux, l'enfant qui porterait son nom d'origine se rappellerait de façon quotidienne son passé, bon ou mauvais, ce qui pourrait le freiner dans la création de sa nouvelle réalité, sa nouvelle filiation.

ATTENTION À L'ENFANT PORTE-ÉTENDARD

Comme parents adoptants, vous êtes particulièrement sensibles aux enjeux sociaux du racisme et de l'intolérance. Vous vous devez d'être vigilants et de « contaminer » positivement votre entourage, de le sensibiliser aux conséquences de la bêtise et de l'ignorance. Vous le faites par conviction personnelle, en harmonie avec vos valeurs profondes.

Si cet objectif est louable et nécessaire, il faut éviter de faire porter ce combat par les enfants. Plus ou moins consciemment, certains parents soulignent constamment, avec fierté, la différence ethnique et culturelle de leur enfant, en se servant de son nom thaï, roumain ou bolivien comme exemple d'intégration merveilleusement réussie. Tous les enfants cherchent à plaire à leurs parents, mais c'est particulièrement vrai pour les enfants adoptés, qui ont connu trop de ruptures et de rejets dans leur passé. Cette peur du rejet peut empêcher l'enfant d'exprimer son malaise constant d'avoir à revendiquer fièrement sa différence pour « changer le monde »!

Nous citerons l'exemple de cette petite de neuf ans qui disait à sa mère : « Lorsqu'on me traite de Chinoise, tu me dis de répondre : "Je suis Québécoise d'origine chinoise." Quand je dis cela, personne ne me croit, car ma peau est chinoise et mon nom est chinois... Je veux m'appeler Sophie comme tout le monde. » Cette enfant exprime qu'elle a déjà à vivre sa différence physique, et qu'elle aimerait être comme tout le monde, avoir un nom qui lui permettrait de se revendiquer de la culture dominante dans laquelle elle vit. L'attribution d'un nouveau nom à l'enfant lui donne la possibilité de jongler à sa guise entre deux cultures, entre deux identités qu'il devra apprivoiser et réconcilier tout au long de sa vie.

VOLONTÉ DE PASSER INAPERÇU

Que cela paraisse physiquement ou pas, tout enfant adopté sait qu'il est particulier et différent.

Certains adultes adoptés à l'international témoignent des avantages de vivre avec un nom très commun, comme ce beau grand jeune homme ingénieur, d'origine coréenne, qui aime bien s'appeler Pierre Tremblay[26] lorsqu'il envoie une candidature d'emploi. Il sait qu'on le convoquera en entrevue pour la qualité de son *curriculum vitæ*, et que le fait d'être d'origine asiatique ne jouera ni en sa faveur, ni en sa défaveur. Son arrivée provoque toujours quelque surprise et il doit bien sûr répondre à la curiosité des gens, mais sans plus.

Un autre se rappelle avoir été le seul clairement identifié par une voisine qui accusait une petite bande de six ou sept garçons d'avoir brisé la branche de son pommier en venant voler des fruits dans son jardin. Il avait été le seul puni de ce méfait, à cause de son apparence plus « visible ».

---

26 En France, ce pourrait être Jean Dupont !

LES ENFANTS PLUS ÂGÉS : CRÉER L'ATTACHEMENT SANS EXACERBER LE CONFLIT DE LOYAUTÉ

Pour un enfant qui arrive dans sa nouvelle famille alors qu'il n'est plus un bébé, la question du changement de nom est beaucoup plus délicate. Si un jeune enfant de moins de deux ou trois ans peut n'avoir que des souvenirs sensoriels et affectifs, mais peu de mémoire consciente et cognitive de son nom, un enfant plus âgé a des mots, des images et conserve des liens affectifs avec son passé. Que ce passé ait été agréable ou éprouvant, l'enfant vivra une période plus ou moins longue de conflit de loyauté, une bataille intérieure entre son désir d'être aimé et sa peur de s'attacher et d'être peut-être rejeté encore une fois, entre les liens affectifs du passé et ceux qui s'offrent désormais à lui. Accepter un nouveau nom lui fera-t-il vivre de la culpabilité ou, au contraire, en sera-t-il libéré? Difficile à prévoir!

Il apparaît évident, comme le démontre la très complète recherche de l'INRS-Culture et Société dirigée par Françoise-Romaine Ouellette[27], intitulée *L'adoption tardive internationale*, que la majorité des parents recherchent instinctivement une solution de transition plutôt que d'imposer carrément et immédiatement un nouveau nom à l'enfant. Il s'agit d'un très sage compromis entre le besoin de l'enfant de ne pas opérer une rupture nette avec son passé et le désir des parents de lui offrir un nouvel ancrage auprès d'eux. Le choix se porte soit sur la francisation du nom étranger (par exemple, Juan-Felipo deviendra Jean-Philippe), soit sur la création d'un nom composé qui intègre le nom d'origine, mais en y ajoutant un nom français (par exemple, Chong Chuck deviendra Chong-Charles). Le choix d'un nom composé est cliniquement très intéressant pour l'enfant plus âgé, parce qu'il lui offre la possibilité de choisir.

Ainsi, une fois le deuil du passé fait, le lien d'attachement solide et l'intégration sociale réussie, de nombreux enfants demanderont eux-mêmes à n'être identifiés que par la partie française de leur prénom. Il s'agit d'un choix très sain et puissant, sachant que beaucoup d'enfants ont vécu leur adoption comme une perte de pouvoir sur leur vie, comme un enlèvement même, ainsi que le souligne Maurice Berger[28] dans plusieurs de ses ouvrages.

Choisir son nouveau nom, cela peut donc être une façon de reprendre ce pouvoir symboliquement perdu, tout comme choisir de *conserver* son ancien nom peut aussi être une façon de reprendre du pouvoir sur sa vie.

TENIR COMPTE DU CONTEXTE SOCIAL ET LÉGAL

De plus en plus d'adoptions d'enfants nés au Québec, comme probablement en Europe, se font dans un processus de projet de vie. L'enfant qui est évalué par les intervenants des services sociaux comme étant à « haut risque » d'adoptabilité, est placé dans une famille adoptive potentielle, mais qui est d'abord considérée comme une famille d'accueil en attendant qu'une décision finale soit prise par les tribunaux. Ce processus peut prendre quelques mois ou quelques années. Les mêmes principes que pour les enfants âgés adoptés à l'international devraient alors s'appliquer, et

27 Françoise-Romaine Ouellette et Caroline Méthot. *L'Adoption tardive*, Montréal, INRS-Culture et Société, Université du Québec, 2000.

28 Maurice Berger. *L'Enfant et la souffrance de la séparation*, Paris, Dunod, 2003.

ce, même si l'enfant est tout petit bébé à son arrivée, car un retour éventuel dans sa famille biologique n'est jamais totalement écarté avant la fin des procédures légales. Malgré tout, afin de créer un lien d'intimité temporaire ou permanent, il serait bon que les parents d'accueil donnent un petit surnom à l'enfant.

Au Québec, un changement de loi[29] est prévu pour permettre une sorte de compromis entre, d'une part, l'adoption plénière avec une rupture totale de filiation légale et, d'autre part, la déclaration d'une adoption sans rupture de lien. Ce compromis permettrait d'assurer l'entièreté de l'autorité parentale dans des situations rares — mais très importantes pour assurer la stabilité affective de l'enfant — d'adoption nationale où l'enfant est adopté à un âge déjà avancé, conférant ainsi aux parents adoptants tous les droits et devoirs, ainsi qu'une assurance que l'enfant sera toujours le leur. Les enfants pourront connaître l'identité de leur famille d'origine, mais sans obligation de contact ni aucune obligation légale envers elle.

SAVOIR FAIRE
Savoir être

FICHE PÉDAGOGIQUE ADOPTEPARENTALITÉ **N° 44**
La boîte à racines

Objectif : offrir aux parents et à l'enfant un lieu de discussion et d'exploration où tous les renseignements concrets sont rassemblés et disponibles en tout temps

Public cible : tous les enfants adoptés

Matériel nécessaire : une jolie boîte ou un coffre de bonne dimension

La maison de presque tous les enfants du monde est aussi le lieu de leurs racines. On y voit des témoignages du passé de l'enfant autant que du monde qui existait avant son arrivée : les photos de maman enceinte à Noël, l'album avec la photo de l'échographie, la vidéo de l'accouchement avec papa qui pleure de joie, la boîte contenant le bracelet de l'hôpital, tout cela fait partie de l'univers de l'enfant et lui donne un sens de la continuité et de l'appartenance.

29 L'avant-projet de loi intitulé *Loi modifiant le Code civil et d'autres dispositions législatives en matière d'adoption et d'autorité parentale*. Pour en savoir plus, consulter le site de l'Assemblée nationale du Québec : www.assnat.qc.ca

Beaucoup de parents adoptifs veulent donc reproduire ce modèle de lieu de souvenirs et d'objets significatifs rapportés du pays d'origine. On leur conseille de créer un lieu ou un objet dont l'existence aura comme unique fonction d'explorer le vécu préadoption, afin d'apprivoiser et de mieux comprendre le passé de l'enfant. Ce doit être un lieu ouvert, accessible et très précieux, un endroit où l'enfant pourra aller seul, ou avec ses parents, ou avec d'autres personnes significatives pour lui. On y mettra des objets et des mots écrits qui favoriseront les échanges et la création de liens entre sa vie avant l'adoption et sa vie après l'adoption. Ce sera un lieu de racines.

Comme pour tout autre outil de développement ou de sécurité, plus la boîte à racines fera partie du quotidien des parents, plus elle préviendra d'éventuels accidents émotifs de parcours. Les parents adoptifs, à l'instar des autres parents, doivent répondre aux milliers de questions de leur enfant. Mais l'adoption leur impose certaines tâches supplémentaires pour lesquelles ils ne possèdent pas d'outils, à moins de les créer. Donner des racines à un enfant déraciné est effectivement un défi que tous les autres parents n'ont pas à relever. La tâche est donc plus complexe, particulièrement en regard du vécu avant l'adoption.

Les parents adoptifs auront donc à répondre à de très nombreuses questions supplémentaires sur les origines, l'abandon, les parents biologiques ; à vivre avec leur impuissance à répondre à certaines autres questions ; à trouver des moyens pour révéler certains faits, au bon moment et de la bonne façon ; à accueillir la souffrance causée par les morceaux manquants du puzzle, et ce, sans se sentir coupables de ne pas pouvoir tout réparer. La peur de faire des gaffes, de traumatiser, de faire souffrir l'enfant sont au nombre des préoccupations tout à fait normales qui s'empareront d'eux. Quoi dire ? Comment le dire ? Le concept de la boîte à racines est donc né du besoin d'offrir aux enfants adoptés des ancrages, des objets, des symboles et surtout un lieu précis où aller chercher des renseignements sur leur vie avant l'adoption, un lieu dans lequel leurs parents par adoption seraient aussi à l'aise qu'eux.

Plusieurs auteurs parlent de l'importance de constituer une boîte de souvenirs significatifs, mais la boîte à souvenirs de l'enfant adopté est beaucoup plus que ce qu'elle semble être au premier abord. Il s'agit d'un moyen d'intervention pour l'enfant et pour ses parents. Cette boîte doit appartenir à l'enfant et contenir tout ce qui lui sera utile pour combler les vides de son puzzle de vie. Les enfants aiment voir, prendre et manipuler des objets. Les enfants parlent plus facilement en faisant quelque chose plutôt que lorsqu'on leur impose de bavarder *sérieusement*. La boîte servira d'accessoire, d'élément déclencheur pour alimenter la conversation, susciter des questions, favoriser l'échange et la recherche de renseignements plus précis. Elle ne devrait contenir que des objets faisant référence à la vie de l'enfant avant son adoption, à sa différence ethnique, à son pays d'origine, à sa famille biologique, au processus d'adoption et, enfin, au voyage d'adoption. Il serait bon de ranger à un autre endroit les souvenirs postadoption, peut-être dans une autre boîte, celle de l'avenir.

Dans l'étude québécoise effectuée par une équipe du CHU Sainte-Justine, plus du tiers des parents n'accompagnaient toujours pas leurs enfants avec une boîte à racines, malgré la large diffusion du concept ces dernières années. C'est un des premiers outils suggérés en adopteparentalité dès la fin des années 1990. Les associations parentales européennes ont repris l'idée, notamment Enfance et familles d'adoption (EFA) et les enfants adoptés devenus grands. À cet effet, au Colloque international de Montpellier en 2003, on a décrété que la boîte à racines québécoise constituait l'outil pratique le plus utile qu'on puisse proposer aux enfants adoptés occupés à construire leur identité.

Malgré sa large diffusion, certains parents n'en voient toujours pas l'utilité. Pourtant, cette boîte s'avère très utile, en particulier pour amorcer une discussion sur les origines quand l'enfant ne pose jamais de questions. On lui offre alors un petit quelque chose pour garnir sa boîte, un livre sur la Corée, par exemple. La boîte protège aussi la maison de l'envahissement culturel, du « tout est chinois » ou « tout est sud-américain ». Chaque chose à sa place.

DESCRIPTION DE LA BOÎTE

La boîte doit être de la dimension d'une petite valise pour permettre le rangement de plusieurs objets. Elle doit pouvoir être facilement placée dans la chambre ou le garde-robe de l'enfant. Elle doit être attrayante et joyeuse, pour que l'enfant la perçoive comme un cadeau qu'on lui offre, une fois le contenu rassemblé. Tous les objets et documents qui s'y trouvent doivent être solides, car la boîte doit pouvoir résister au passage du temps et convenir aussi bien à un enfant de 18 mois qu'à un autre de 12 ans.

CONTENU DE LA BOÎTE

Mes archives à moi

Il est utile et nécessaire de conserver précieusement les documents concernant l'adoption d'un enfant. Par contre, les garder cachés et secrets ne fait qu'amplifier artificiellement leur valeur symbolique. Plus ils sont tabous et interdits, plus l'enfant aura l'impression qu'on lui cache quelque chose de grave, de honteux, de dramatique et même de dangereux. S'il n'a pas accès aux faits, son imagination sera beaucoup plus fertile et insidieuse. Ces secrets pourraient être faussement interprétés comme un manque de confiance de la part du parent envers l'enfant.

Or qu'y a-t-il de si terrible dans ces documents? Qu'y a-t-il donc que l'enfant ne peut ou ne doit vraiment pas savoir? Au nom de quoi un parent ne devrait pas lui montrer les archives de sa vie, les lui remettre? Hormis quelques exceptions, par exemple des renseignements révélant que l'enfant aurait été conçu lors d'un viol ou qu'il serait le fruit de l'inceste, ou encore le décès par meurtre ou par suicide de son parent, les documents devraient plutôt servir de pont entre le passé et le présent. Pour ce faire, il vous faudra rassembler tous les papiers suivants, et d'autres encore :

- l'évaluation psychosociale ;
- les documents reçus du pays d'origine : proposition d'adoption, certificat médical ;
- les documents du tribunal : ordonnance de placement et jugement d'adoption ;
- les rapports de progrès ;
- le passeport du pays d'origine ;
- les photos et les lettres des parents biologiques, s'il y en a.

Les parents sont invités à conserver tous les originaux en lieu sûr, et à faire des photocopies de tous ces documents. Idéalement, on plastifie le tout et on fait une page couverture avec l'inscription suivante : « *Les archives personnelles de* ________________ », puis on fait relier le tout avec une spirale ou avec trois rubans colorés et solides.

La longue liste de noms

Pour se bâtir une bonne estime d'eux-mêmes, tous les enfants du monde ont besoin de sentir qu'ils ont été profondément désirés par leurs parents. Ainsi, un enfant adopté a besoin que l'on saisisse toutes les occasions de lui démontrer que, malgré les abandons qu'il a vécus, il avait beaucoup de valeur aux yeux de nombreuses personnes. Le plan est donc de démontrer à l'enfant que des dizaines et des dizaines de personnes se sont donné la main pour réussir son adoption. Cette chaîne humaine peut être comparée à une grossesse collective au cours de laquelle de nombreux adultes ont joué un rôle, parfois petit, parfois plus important, mais toujours essentiel pour la réussite du projet.

On peut épingler tous les noms ou les fonctions de ces personnes sur un long fil qui va du pays d'origine jusqu'au pays d'adoption — par exemple : la personne-ressource de l'organisme d'adoption, la directrice de l'orphelinat, la maman de la famille d'accueil, le chef de police si l'enfant a été trouvé devant un poste de police, le médecin de l'ambassade, le notaire, la travailleuse sociale du pays d'origine qui a fait le pairage, la secrétaire qui a traduit les documents, le médecin de famille qui a rédigé une lettre de recommandation, la directrice de l'organisme d'adoption, le nom de l'escorte, le cas échéant, l'agent de bord qui a chauffé les biberons pendant le voyage, la juge qui a prononcé le jugement d'adoption, les amis qui ont apporté leur appui, l'agent de voyage qui a trouvé des billets de dernière minute, le préposé de l'hôtel qui a couru chercher des couches en pleine nuit, la grand-maman qui a gardé la grande sœur pendant le voyage d'adoption, etc.

Les artefacts de l'anthropologue

Afin que l'enfant apprivoise tranquillement sa double identité ethnique et culturelle, on lui offre des exemples et des modèles stimulants : des coupures de revues, des livres sur son pays d'origine, une cassette vidéo touristique datant idéalement de l'année de sa naissance. Les parents peuvent également rassembler dans un album des reportages écrits ou des vidéos sur des gens célèbres, des sportifs et des artistes qui sont de la même origine, et glisser cet album dans la boîte.

La poubelle et le coffre au trésor

La différence ethnique de l'enfant adopté sera pour lui parfois un avantage et parfois un handicap. Il sera admiré ou rejeté pour son côté « exotique ». Il devra apprendre à se protéger des paroles blessantes, mais aussi à chérir les avantages de ses particularités. Comment faire pour qu'il garde dans son cœur tous les avantages ? Comment faire en sorte qu'il se débarrasse efficacement des inconvénients ? Voici une approche symbolique facile à appliquer avec les enfants.

- Achetez une petite poubelle de table sur laquelle vous inscrirez : LES MOTS MICROBES À JETER
- Achetez aussi un joli petit coffre à bijoux sur lequel vous inscrirez : LES MOTS DOUCEURS À CONSERVER
- Expliquez à votre enfant qu'à partir de maintenant, tout ce qu'il vivra ou entendra de gentil, de pittoresque sur sa différence, il pourra venir vous le dire. Ensemble, vous inscrirez ce mot ou cette phrase sur un bout de papier, que vous conserverez précieusement dans le coffre au trésor, lui-même placé dans la boîte à racines. Vous pourrez retourner lire ensemble ces mots doux lorsque l'enfant vivra des moments difficiles. Expliquez-lui ensuite que tous les mots méchants sont comme des microbes qui rendent notre cœur malade si on ne les verbalise pas, si on ne les détruit pas. Vous les inscrirez sur un bout de papier que vous déchirerez ensemble, puis jetterez à la poubelle ! Vous viderez ensuite cette poubelle dans le bac à ordures.

Cette méthode n'empêchera pas l'enfant de souffrir, mais ses parents pourront ainsi mieux le consoler et l'aider à décider ce qu'il devrait jeter ou conserver précieusement.

Les objets de mon passé

Mettez aussi dans la boîte tous les objets rapportés du pays d'origine : la robe traditionnelle coréenne faite à la main par la famille d'accueil, le petit bracelet à clochettes offert par la nounou cambodgienne, les vêtements d'hiver épais des orphelinats chinois, le t-shirt déchiré et les vieilles chaussures usées. Tout devient extrêmement précieux dans le monde éphémère d'un passé incertain. On peut y ajouter quelques objets achetés sur place qui évoquent son pays et sa culture.

Les photos et les vidéos du voyage

Les parents conservent les originaux en lieu sûr, dans leurs propres souvenirs de voyage, mais font des copies des photos ou des vidéos les plus significatives pour les mettre dans un petit album à l'usage exclusif de l'enfant. Ce dernier doit avoir accès à ces photos sans leur présence et sans leur permission. Toutefois, il pourra aussi vouloir partager ce moment avec ses parents, selon son désir. Cet album lui appartient.

Le carnet de la longue attente

Plusieurs parents adoptants ont pris des notes pour meubler la longue attente qui a précédé l'arrivée de bébé ; parfois dans un cahier tout simple ou encore dans un de ces albums de bébé, version adoption, maintenant offerts sur le marché. Là encore, ils gardent l'original et en font une jolie copie, s'ils craignent les dégâts perpétrés par les petites mains sales.

Inspiration : *Formation et intervention professionnelle en adoption internationale*, formation créée par une équipe du CHU Sainte-Justine pour les professionnels en adoption internationale, MSSS/SAI, 2008. Article publié auparavant dans le recueil de textes intitulé *L'Adoption internationale : démystifier le rêve pour mieux vivre la réalité*, Québec, Le Monde est ailleurs, 2002.

FICHE PÉDAGOGIQUE ADOPTEPARENTALITÉ **N° 45**

Prendre l'habitude de parler des parents biologiques de l'enfant

Objectif : devenir à l'aise pour aborder le sujet des parents d'origine

Public cible : parents adoptants

Matériel nécessaire : crayon et papier

Une des questions les plus souvent posées aux experts en adoption est : « Quand doit-on parler de la maman biologique ? »

Idéalement, le premier jour de son adoption, le jour de sa naissance symbolique dans votre vie. Sinon dès que l'on a lu ce livre.

Comment le faire ?

Pour un enfant tout jeune, en le berçant le soir, en lui racontant son histoire tout simplement et doucement : « Je sais que tu ne saisis pas tout ce qui t'arrive, tu étais dans le ventre d'une autre maman qui n'a pas pu te garder... je ne sais pas exactement pourquoi... mais ce que je sais, c'est que cela a dû être très difficile pour toi. Puis aujourd'hui, tu quittes d'autres personnes qui s'occupaient de toi, d'autres enfants. Tu es sûrement très confus et tu ne sais pas exactement ce qui t'arrive. Ne crains rien, je suis ta nouvelle maman (ou ton nouveau papa) et moi je serai là pour toujours, je ne t'abandonnerai jamais, tu seras toujours en sécurité avec moi, je t'aimerai pour toute la vie. Tu as été très fort et courageux, maintenant pose ta petite tête, tu peux te reposer, je suis là. »

Pour un enfant de deux ou trois, voire plus âgé encore, référez-vous à la fiche pédagogique Adopteparentalité N° 11 : *Le conte dont je suis le héros* au chapitre 5 (*Peur du rejet, de l'abandon et peur de décevoir*).

Une autre question très fréquemment posée : « Que faire si je suis bloqué sur le plan émotif, incapable de prononcer le mot "maman biologique" sans avoir une boule dans la gorge ? »

Il faut alors trouver un moyen concret pour affronter vos peurs, vos croyances, vos fantômes liés aux parents biologiques de votre enfant. Il faut faire le ménage en vous **avant que votre enfant aborde lui-même la question**. Sinon, l'émotion et vos réactions non verbales trahiront votre malaise et votre enfant risque de ne pas oser vous reparler ouvertement et simplement de ce qu'il vit.

En adoption nationale, parce qu'il est plus aisé de le faire qu'en adoption internationale, certains parents s'engagent moralement à donner des nouvelles de l'enfant une fois par année aux parents biologiques. Certains écrivent une lettre qui transite habituellement de façon confidentielle par les services sociaux.

L'écriture de ces lettres peut s'avérer une véritable thérapie. C'est une façon simple mais efficace de comprendre vraiment qui est cette femme dans votre vie, et quelle place vous lui laissez dans la vie de votre fille ou de votre fils. Avez-vous peur ou pitié d'elle ? Est-ce que vous trouvez légitime de lui parler de cet enfant que vous aimez plus que tout au monde ? Êtes-vous à l'aise avec cette parentalité symboliquement partagée ? L'exercice est difficile, touchant. Les papas aussi peuvent faire l'exercice d'écrire symboliquement au papa biologique à chaque anniversaire de leur enfant…

Vos lettres ne pourront probablement jamais être réellement postées. Mais écrivez quand même et faites des copies que vous placerez dans la boîte à racines de votre enfant. La lecture de ces lettres symboliques sera un merveilleux antidote aux reproches de votre enfant s'il vous « accuse » de l'empêcher d'aimer, de haïr ou éventuellement de retrouver ses parents biologiques. Vous pourrez ainsi lui prouver que vous aviez assez de respect pour ces personnes pour leur transmettre votre gratitude et votre joie de l'avoir dans votre vie.

Évidemment, en adoption internationale, c'est plus complexe.

Inspiration : Expérience vécue de l'auteure.

FICHE PÉDAGOGIQUE ADOPTEPARENTALITÉ **N° 46**

L'arbre généalogique à racines et ramures

Objectif : favoriser une intégration en images des deux filiations en adoption et de la place de l'enfant entre les deux familles

Public cible : enfants de six ou sept ans et plus

Matériel nécessaire : crayons, papier et photos de famille

Vers six à huit ans, selon le développement de l'enfant, c'est une bonne idée de dessiner l'arbre généalogique de la famille. D'une part, l'enfant passe alors de la pensée concrète à une pensée logique, et prend conscience du temps et de l'espace. C'est aussi à cet âge qu'il veut vraiment savoir d'où il vient, qu'il le montre ou pas. Grâce à ces acquis cognitifs, il est maintenant en mesure de mieux comprendre — ou de souffrir davantage si on ne répond pas à ses attentes. Par ailleurs, au Québec, le programme pédagogique des premières années du primaire prévoit une activité d'apprentissage où chaque enfant doit réaliser son arbre généalogique.

Permettre à un enfant de découvrir son arbre et ses racines, c'est lui donner l'occasion de poser des questions sur sa naissance.

Voici comment devrait se dessiner cet arbre :

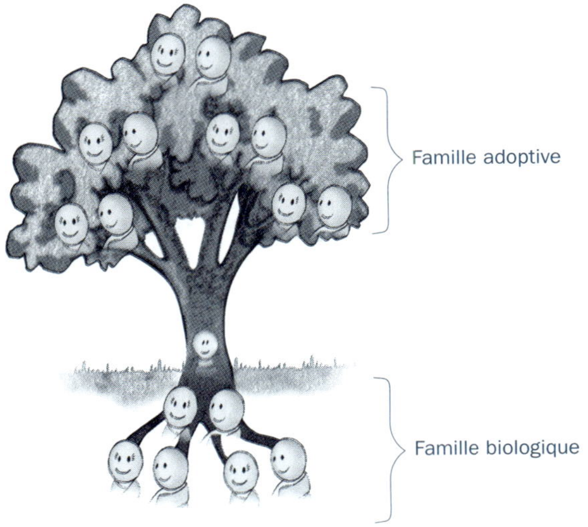

On dessine la racine (famille biologique) et la ramure (famille d'adoption) en situant l'enfant au ras de terre entre les deux. Le dessin des branches adoptives et des racines biologiques permet de redonner la place qui leur revient aux parents géniteurs et leur place légitime aux parents adoptifs qui élèvent l'enfant. On peut en profiter pour rappeler que seuls les adoptants assurent la fonction de père et de mère dans le quotidien.

Les parents géniteurs doivent être dessinés idéalement par l'enfant, à moins que la famille soit en possession d'une photographie. La famille d'adoption — parents, sœurs, frères, grands-parents et autres — peut se retrouver en photos. « Plus il y a du monde », faut-il dire à l'enfant, « plus c'est efficace, plus ton arbre est merveilleux ». On peut aussi inclure la nourrice quelque part entre les racines et la ligne de terre. Autour des racines, on peut ajouter des images du pays d'origine et même des autres mamans du pays d'origine.

Il faut simplement faire attention de ne pas imposer une photo de jolie Chinoise ou de jolie Colombienne pour représenter la maman. Un dessin est plus favorable, parce que l'enfant doit pouvoir se faire lui-même une image de sa mère biologique. La fabrication de l'arbre généalogique est souvent un moment puissant où le parent doit écouter ce que l'enfant dit en mots ou en gestes.

Tout comme l'allégorie des rubans, ce moment peut grandement aider l'enfant à mettre plusieurs morceaux de son casse-tête en ordre, son ordre à lui.

Inspiration : Travaux de Nazir Hamad et de Denise Rebondy.

FICHE PÉDAGOGIQUE ADOPTEPARENTALITÉ **N° 47**
Taekwondo des mots

Objectif : préparer l'enfant aux questions idiotes ou aux remarques racistes auxquelles il aura à faire face

Public cible : enfant à partir de quatre ou cinq ans

Matériel nécessaire : des fiches ou cartons format jeu de cartes

Tout comme pour prévenir une agression éventuelle on peut apprendre le taekwondo, qui est un art martial coréen, pourquoi ne pas apprendre à vos enfants adoptés quelques « prises » d'auto-défense avec les mots ? Afin qu'ils ne soient pas pris au dépourvu, nous vous suggérons de vous inspirer du petit jeu de questions-réponses qui suit, et même d'inventer d'autres fiches. Vous pourrez jouer avec vos enfants et pourquoi pas avec leurs amis, adoptés ou non. Le concept est simple : une mise en situation suivie de quatre réponses possibles (choix de réponses) :

- une réponse paradoxale ou absurde ;
- une réponse émouvante ;
- une réponse rigolote ;
- une réponse inventée par l'enfant.

On décrit la situation et les enfants choisissent parmi cette série de réponses possibles. Un pointage est attribué à chaque réponse, selon son efficacité et sa créativité. Qu'il y ait ou non un gagnant n'est pas le plus important. Il s'agit de mettre les enfants en action, de les forcer à réfléchir à la question dans un contexte rassurant et amusant. Peut-être n'auront-ils pas le réflexe de s'en servir dans la vraie vie, mais au moins vous aurez abordé le sujet.

Autre stratégie possible : commencez le jeu avec les questions que nous vous soumettons, puis demandez aux enfants de vous suggérer des situations possibles ou théoriques, ainsi que des choix de réponses. Vous serez surpris de ce qu'ils vous révéleront.

Question 1

Dans l'autobus scolaire, un garçon plus grand que toi te dit très fort : « Va te laver, ta peau est sale ! »

A. Tu te mets à pleurer et tu vas vite t'asseoir dans un banc très loin. (0 point)

B. Tu lui réponds : « Va te faire soigner, tu as l'air malade tout blanc comme ça ! » (1 point)

C. Tu lui dis que c'est très méchant et que s'il recommence, tu le diras au chauffeur ou au professeur en arrivant à l'école. (2 points)

Ta réponse : ____________________

Question 2

Une petite fille de ta classe te demande : « Elle est où, ta vraie mère ? »

A. Tu lui réponds qu'elle est à la maison, sur la rue des Cormiers. (1 point)

B. Tu lui dis que tu es chanceuse, car tu as deux vraies mères, contrairement à elle qui n'en a qu'une. (1 point)

C. Tu réponds que ta vraie maman est à la maison, et que ta première maman qui t'a portée dans son ventre est à l'autre bout du monde. (2 points)

Ta réponse : ______________

Question 3

Trois garçons plus grands que toi te disent : « Tu n'es qu'un sale importé ! Apporte-nous dix dollars demain, sinon on va te battre. »

A. Tu as peur, tu pleures et tu casses ton petit cochon pour apporter l'argent le lendemain. (0 point)

B. Tu dis : « Oui, oui » et tu pars prévenir immédiatement un adulte de l'école. (2 points)

C. Tu dis : « Je n'ai pas à vous obéir ! Le taxage est un crime et vous le savez aussi bien que moi ! » (2 points)

Ta réponse : ________________________

Question 4

Deux petites amies de la classe te demandent : « Pourquoi ta "vraie" mère t'a abandonnée ? »

A. Tu dis : « Elle ne m'a pas abandonnée, elle est juste venue me conduire au service de garde ce matin ! » (1 point)

B. Tu ne sais pas quoi répondre et tu deviens très triste. (0 point)

C. Tu dis : « Ma vraie maman m'aime pour toujours et elle prend soin de moi tous les jours et pour toute la vie, mais la première maman qui m'a portée dans son ventre me trouvait assez précieuse et importante pour me trouver des bons parents. » (2 points)

Ta réponse : __________________

Question 5

Deux filles de la classe te disent : « Ma mère a dit qu'adopter des petites Chinoises, c'est à la mode et ça coûte cher. »

A. Tu dis : « Oui, je suis très à la mode et vous deux, vous êtes plutôt démodées. » (1 point)

B. Tu réponds : « Oui, mes parents sont allés à l'autre bout du monde pour me chercher, les tiens en auraient-ils fait autant pour toi ? » (2 points)

C. Tu dis : « Oui, c'est une belle mode l'amour des enfants et cela n'a pas de prix ! » (3 points)

Ta réponse : ____________________

Question 6

Un enfant te demande, dans la cour de récréation : « Est-ce que tu parles encore chinois (ou russe ou espagnol) ? »

A. Tu dis : « J'ai été adopté à six mois ! Toi, est-ce que tu parles encore en bébé de six mois ? » (1 point)

B. Tu ne sais pas quoi répondre et tu deviens triste. (2 points)

C. Tu rétorques : « Pour ton information, une langue on l'apprend, on ne naît pas avec ! » (3 points)

Ta réponse : ________________________

Les résultats ont peu d'importance, il s'agit d'ouvrir le dialogue sur le sujet et de faire de la prévention.

Inspiration : Arts martiaux.

SAVOIR *en bref*

En bref

1. L'accès aux origines fait appel autant aux besoins sensoriels, affectifs que cognitifs de l'adopté. Cela va au-delà d'une pure logique.
2. Les besoins d'accès aux origines dans la construction de l'identité de l'adopté sont légitimes et nécessaires, même si cela ne se manifeste pas avec la même ardeur pour chacun.
3. Les parents devront s'ajuster aux enfants qui posent beaucoup de questions, mais surtout être proactifs auprès de ceux qui ont besoin de réponses, mais qui ne posent aucune question. C'est la responsabilité des parents adoptants d'amorcer le dialogue sur tous les aspects du vécu préadoption et postadoption.
4. Certains enfants se montrent indifférents lorsque leurs parents abordent le sujet de l'abandon, de l'adoption ou du pays d'origine. Par contre, d'autres réagissent fortement, refusent d'écouter et deviennent très perturbés. Si cette réaction est temporaire, il ne faut pas insister. Il vaut cependant mieux consulter si cette attitude persiste, car elle peut être le signe d'enjeux post-traumatiques importants.
5. L'idéal est que l'adopté sache depuis toujours qu'il a été adopté. Une révélation réussie est un non-évènement, puisqu'elle n'aura jamais à se produire. Plus un parent hésite et attend avant de parler clairement d'adoption, plus il risque de briser le lien de confiance si chèrement gagné.
6. La plupart des enfants adoptés finissent par se trouver une identité mixte très satisfaisante.
7. Le retour dans le pays d'origine peut être très souhaitable et utile, mais à condition que l'enfant en ait envie, qu'il soit préparé, qu'il entretienne des attentes réalistes et que le voyage se fasse dans une période de stabilité affective. Le parent doit aussi avoir des motivations transparentes et bienveillantes, qui excluent le désir que l'enfant l'apprécie davantage et comprenne sa *chance* d'avoir été adopté.
8. Certains enjeux identitaires peuvent cacher des problèmes d'attachement entre l'enfant et son parent. L'enfant voulant tester l'amour inconditionnel de ses parents dit vouloir revoir ses parents biologiques ou accusent ses parents adoptants de ne pas être ses *vrais* parents. La recherche d'identité

nécessite que l'enfant, adopté ou non, se distancie et se détache sainement de ses parents. C'est un peu plus complexe pour l'enfant adopté, cependant, qui connaît souvent des difficultés d'attachement. Le parent adoptant ne doit pas y voir un rejet de son amour pour lui.

9. L'adopté devrait idéalement avoir un fort sentiment d'appartenance à sa famille et à sa culture d'accueil, comme un arbre a des racines avant de pouvoir déployer ses propres ailes identitaires.
10. La société d'accueil doit également favoriser une vision positive et réaliste de l'adoption, pour faire en sorte que l'enfant, puis l'adulte adopté perçoive son statut comme légitime et normal.
11. L'attribution d'un nouveau prénom à l'enfant, tout en gardant les noms primaires dans les documents d'état civil, est un instrument d'enracinement et d'attachement important. C'est aussi un peu le mettre au monde comme être unique et précieux.

Facteurs de risques **à éviter**	Facteurs de protection **à favoriser**
• Attendre des questions précises avant d'expliquer à l'enfant son arrivée par adoption.	• Être proactif pour aborder les aspects plus joyeux et plus triste de son histoire.
• Être bouleversé et répondre vaguement si l'enfant vous parle de ses parents biologiques.	• Profiter de toutes les petites et grandes occasions dans le quotidien pour parler d'adoption.
• Ignorer volontairement l'importance de garder les objets et de colliger les informations qui constituent les racines de l'enfant.	• Fabriquer très tôt la boîte à racines ou la faire dès la lecture de ce livre.
• Restreindre l'accès à la boîte à racines.	• Laisser la boîte à racines à la disposition de l'enfant.
• Interpréter le besoin de retrouvailles comme un signe de l'échec de la relation d'attachement.	• Parler de façon respectueuse, sans chercher à idéaliser la maman biologique.
• Attendre le « bon moment », par exemple, quand l'enfant sera plus grand, pour lui révéler son adoption.	• Parler naturellement et ouvertement de l'histoire d'adoption.

Facteurs de risques **à éviter**	Facteurs de protection **à favoriser**
• Imposer un retour dans le pays d'origine dans l'espoir de régler des problèmes de comportement chez l'enfant.	• Offrir à l'enfant un voyage de retour dans son pays d'origine pour des retrouvailles culturelles s'il le désire, mais ne pas le lui imposer.
• Décrire négativement le pays d'origine ou mépriser les habitudes de vie des personnes de ce pays.	• Parler très positivement de la beauté, de l'intelligence et de la créativité des personnes de la même origine que l'enfant.
• Imposer à l'enfant d'apprendre sa langue d'origine.	• Offrir, mais ne pas imposer à l'enfant d'apprendre sa langue d'origine.
• Se sentir un mauvais parent si l'enfant évoque le désir de revoir un jour sa première famille.	• Parler positivement des parents biologiques, mais sans les idéaliser.
• Décorer votre maison selon le pays d'origine de votre enfant.	• Trouver des occasions pour côtoyer des personnes, des mets, des cérémonies du pays d'origine, mais sans exagérer.

En savoir plus

Pour en savoir plus sur l'attachement, consulter le troisième ouvrage de la collection « Adopteparentalité » à paraître : *L'Adoption : les conditions gagnantes d'un attachement sain de 6 à 18 ans.*

En savoir encore plus

Berger, Maurice. *L'Enfant et la souffrance de la séparation*, Paris, Dunod, 2003.

Delannoy, Cécile. *Au risque de l'adoption, une vie à construire ensemble*, Paris, La Découverte, 2004.

Delannoy, Cécile et Catherine Vallée. *Vivre et grandir dans l'adoption*, Paris, La Découverte, 2012.

Lanchon, Anne. *L'Adoption, des ados en parlent*, Paris, Éditions de La Martinière, 2004.

Marinopoulos, Sophie, Catherine Sellenet et Françoise Vallée. *Moïse, Œdipe, Superman : de l'abandon à l'adoption*, Paris, Fayard, 2003.

Pavao, Joyce. *The Family of Adoption: Completely Revised and Updated*, Boston, Beacon Press, 2005.

Peyré, Janice. *Le Guide marabout de l'adoption*, Paris, Marabout, 2006.

TROISIÈME PARTIE :
Hors de la normalité adoptive

CHAPITRE 15

Comment savoir si mon enfant est dans la normalité adoptive ?

Comment savoir si notre enfant se situe dans les critères de la normalité adoptive ou en dehors de cette normalité ? C'est une excellente question, maintes fois posée par les parents en consultation privée ou lors de conférences, ou encore par des journalistes en quête de réponses faciles à un problème complexe. Une question qui est au cœur des préoccupations de ceux qui œuvrent en adopteparentalité depuis plus de 20 ans.

Sans donner toutes les réponses, ce livre constitue du moins un début de réponse, une façon d'aider les parents à mieux situer leur enfant.

Paroles de parents

Je suis si content que ma fille soit finalement dans une classe avec des élèves qui ont un trouble de langage comme elle. Elle m'a confié qu'elle ne se faisait plus regarder comme une « poche » quand elle a à répondre à une question.

Sonia, maman de Coralie, 10 ans, d'origine vietnamienne, souffrant de dysphasie

Je dois dire que ce fut un choc quand on a fini par diagnostiquer une déficience légère à notre fille. Jusque-là, nous étions certains que ses gros retards de développement étaient uniquement dus à toutes les épreuves qu'elle avait subies à cause de sa fente palatine. Après trois années avec nous, et deux ans après sa chirurgie, il a bien fallu nous rendre à l'évidence qu'elle n'était pas uniquement dans la normalité adoptive. Vous savez, je ne la changerais jamais pour tout l'or du monde! Mais c'est bon de savoir.

Julie, maman de Léa, 6 ans, d'origine chinoise

C'est loin d'être simple tous les jours de vivre avec un fils qui a un trouble de l'attachement. Par chance, nous avons pu détecter le problème à peine six mois après son arrivée. Je crois sincèrement qu'avec la thérapie que nous suivons, nous faisons des pas de géant. Les choses se sont beaucoup améliorées. Je reste toutefois réaliste, de nos trois enfants par adoption, ce sera celui qui va nous demander le plus d'énergie, et pendant longtemps.

Jean-Simon, papa de Mathieu, 5 ans, d'origine russe

Je n'ai pas encore fait le deuil de cette enfant. Je savais que ce serait tout un défi d'accueillir une fratrie de trois filles entre 2 et 8 ans. Je ne m'imaginais jamais que la plus rebelle et difficile serait la plus grande, qu'on décrivait comme si mature et raisonnable dans le dossier. Je sais qu'elle est plus paisible dans le foyer de groupe où elle est placée depuis deux ans. Là, on ne lui demande pas de s'attacher, mais juste de s'adapter et de fonctionner. Malgré le soutien extraordinaire des professionnels, qui me répètent constamment que je ne suis coupable de rien, que je suis une excellente maman pour elle et pour mes deux autres filles, mon cœur me fait mal tous les jours.

Patricia, maman de Julianna, 15 ans, d'origine colombienne.

SAVOIR

SAVOIR 1

Une question de pourcentage

Rappelons que cet ouvrage a comme objectif de faire connaître les particularités que partagent la majorité des enfants adoptés. En établissant ce nouveau paradigme, on souhaite arrêter de considérer les enfants adoptés comme *normaux* s'ils ne gardent aucune séquelle «visible» de leur vécu préadoption ou de les classer comme *anormaux* s'ils gardent quelques particularités.

Cela dit, nous avons vu que le vécu préadoption difficile est un facteur qui met la population adoptive plus à risque de conserver ou de développer des problèmes permanents et graves. Voici des faits :

- La majorité des enfants adoptés (70 %) récupèrent de façon exceptionnelle après avoir reçu des *soins parentaux et professionnels plus intensifs* que les enfants biologiques durant la première année dans leur nouvelle famille. Cette majorité fonctionne ensuite dans le spectre de la normalité adoptive décrit dans cet ouvrage.
- Une minorité d'enfants adoptés (30 %) récupèrent également assez bien, après une année de soins intensifs, mais, malgré les bons soins et le dévouement de leurs parents, ils gardent de façon plus durable des besoins spéciaux. C'est trois fois plus que les enfants non adoptés *modèles de base* considérés comme ayant des besoins très spéciaux et hors normes.

SAVOIR 2

Une question de temps et d'étapes (le CAAASÉ)[1]

La récupération des retards, l'apprivoisement, l'adaptation et l'attachement font partie du processus prévisible en postadoption. Ce processus — complexe, multifactoriel et mystérieux — prend du temps. Bien sûr, chaque parent et chaque enfant est différent, mais les spécialistes ont observé une certaine constance à la fois dans les étapes et dans le temps nécessaire pour les franchir, selon l'âge de l'enfant à son arrivée.

1 CAAASÉ : principe important en adopteparentalité qui désigne les 5 étapes successives et attendues entre le moment de la prise en charge de l'enfant au moment du premier contact jusqu'à son intégration la plus normale possible à sa nouvelle vie avec sa famille adoptive. Ces étapes sont le choc, l'apprivoisement, l'adaptation, l'attachement, le sevrage et l'équilibre. Le principe du CAAASÉ sera détaillé dans *Mieux vivre les premières années après l'adoption,* à paraître dans la même collection.

ENFANTS ARRIVÉS ENTRE 0 ET 36 MOIS

Il y a d'abord l'euphorie du premier contact, qui dure quelques jours ou quelques semaines. Cette phase est ou bien exaltante, ou bien très difficile. On peut être inquiet de l'état de santé de l'enfant, ou tomber sous le charme d'un moment magique ou, au contraire, se sentir déçu que l'attachement mutuel ne se produise pas immédiatement.

Il y a ensuite une phase d'apprivoisement et d'adaptation intensive qui dure environ six mois, où vont vraiment se tisser des liens au quotidien, où l'enfant récupérera en grande partie de plusieurs malnutritions physiologiques, sensorielles, affectives, cognitives et sociales. Ce sera un peu le chaos des émotions constitué de moments merveilleux et de grandes périodes de doute. La plupart des échecs d'adoption commencent malheureusement durant cette période. Ce sont tous des échecs d'attachement, car l'intensité des émotions des parents et des enfants durant cette période est grandement sous-estimée. Par ignorance, les attentes des parents sont souvent très irréalistes quant à la période normale de l'adaptation, de la récupération des retards, de la santé, etc. Il faut être patient et indulgent envers soi-même *et* envers l'enfant. Il ne faut pas hésiter à consulter un professionnel qui s'y connaît en postadoption ou à se confier à un parent adoptant d'expérience.

Normalement, durant la seconde moitié de la première année, les choses se consolident vraiment. L'enfant prend du mieux physiquement et émotivement. Les émotions d'attachement sont de moins en moins en montagnes russes. Le retour des parents au travail et l'intégration à un milieu de garde pour l'enfant marquent le commencement de la vie normale pour une famille moderne. Les périodes de «test» se font plus rares, moins intenses. Les sentiments d'amour mutuel sont plus calmes et constants. La greffe devient de plus en plus solide.

Il faut donc passer cette première année (compter un peu plus de temps si l'enfant a près de trois ans au moment de son arrivée) avant de bien évaluer si votre enfant se situera dans la normalité adoptive ou hors de cette normalité. Avec une présence adéquate des parents, des soins spécialisés et l'application des facteurs de protection pour favoriser l'attachement, on réussira généralement, au cours de cette première année, à filtrer les difficultés les plus graves, qu'elles soient d'ordre physique ou psychologique. C'est en quelque sorte un cycle à compléter avant de songer à des problèmes graves et permanents (30 % des cas), un cycle où le parent se sent de plus en plus compétent dans son nouveau rôle.

Il y a donc un investissement d'un an (six mois d'apprivoisement et d'adaptation et six mois de consolidation d'attachement) à faire avec l'enfant afin de lui donner vraiment le temps de prendre racine définitivement. C'est au nom de ce principe qu'il est fortement déconseillé de planifier l'arrivée d'un deuxième enfant (biologique ou adoptif) avant d'avoir complété ce cycle d'une année entière. C'est lorsque l'on sait que le premier enfant est bien adapté avec un attachement sain que l'on peut faire une demande pour une autre adoption. Plus de deux ans entre les deux adoption est idéal.

ENFANTS ÂGÉS DE PLUS DE 36 MOIS, FRATRIES ET ENFANTS À BESOINS SPÉCIAUX

Les enjeux de l'attachement, de la récupération des différentes malnutritions sont encore plus grands lorsqu'il s'agit d'accueillir un enfant âgé de plus de trois ans. Les conditions gagnantes à mettre en place sont les mêmes, les phases successives du CAAASÉ : du choc, de l'apprivoisement, de l'adaptation, de l'attachement, du sevrage et de l'équilibre sont les mêmes, mais parfois, le filtre de la première année n'est pas suffisant pour créer un attachement sain et solide.

Ces conclusions empiriques sont fondées sur les observations de nombreux spécialistes, qui soulignent *le principe du temps équivalent* : il faudrait autant de temps à un enfant plus âgé pour prendre racine dans sa nouvelle famille que le temps qu'il a passé ailleurs avant son adoption. Par conséquent, s'il arrive à deux ans et demi, c'est à quatre ou cinq ans environ qu'il sera enfin convaincu qu'il est là pour toujours. S'il arrive à quatre ans et demi, c'est à sept ans ou huit ans environ qu'il se sentira totalement chez lui. Il sera heureux, fonctionnel et s'épanouira généralement bien avant cela, mais pour ce qui est de l'attachement sécurisé et profond, cela peut prendre beaucoup plus de temps. C'est un peu comme des objets mis sur une balance : elle penchera du côté du nouvel environnement lorsque le poids du temps de ce côté sera équivalent au temps passé en orphelinat ou en famille d'accueil avant l'adoption. Ainsi, pour un enfant âgé de plus de trois ans à son arrivée, il faut attendre un peu plus de temps que pour un nourrisson avant qu'il fonctionne selon la normalité adoptive.

Certes, le facteur âge est important, mais la nature du vécu et des soins préadoption revêtent également une grande importance. Ainsi, un enfant de quatre ans pris en charge par un orphelinat où le ratio nounou-enfants était très bon et les soins excellents, serait moins à risque de séquelles permanentes qu'un bébé de neuf mois gravement négligé, totalement ignoré au fond d'un lit d'hôpital depuis sa naissance.

? SAVOIR 3
Une question d'investissement parental

Un enfant qui, après une ou deux années, a récupéré ses retards et se retrouve dans la normalité adoptive donnera déjà un peu plus de travail à ses parents qu'un enfant modèle de base. Toutefois, un enfant qui, après cette période, a récupéré plusieurs aspects, mais conserve tout de même des besoins qui se situent au-delà de la normalité adoptive, sera pour sa part à entretien encore plus sophistiqué.

Les parents d'un enfant dans la normalité adoptive auront très souvent besoin d'aide, de conseils et de soutien des professionnels en adoption. Cette aide sera le plus souvent préventive, plus soutenue dans les premières années et ponctuelle par la suite.

Pour les parents d'un enfant hors de la normalité adoptive, le portrait sera différent. La nature plus grave et plus durable des enjeux va nécessiter des suivis bien entendu préventifs, mais surtout curatifs. Cela ne veut pas dire que ces familles seront profondément malheureuses et accablées. Cependant, ces parents auront à s'adapter à une réalité à long terme faite de rendez-vous médicaux, de suivis en réadaptation, de psychothérapie, d'application de méthodes éducatives très différentes, de petits et grands deuils, d'immenses joies et de déceptions profondes. Cela impliquera aussi un investissement financier dont on parle trop peu en adoption. En effet, si plusieurs des services de santé, de réadaptation et de psychothérapie font partie des services gouvernementaux gratuits pour tous, les listes d'attentes peuvent parfois atteindre deux ans ; parfois même, ces soins ne sont pas offerts dans le secteur public hors des grands centres urbains. La plupart des parents se tourneront alors, de façon permanente ou temporaire, vers les professionnels en pratique privée. Ces frais sont parfois remboursés par les assurances familiales, et parfois non. Encore là, la plupart des spécialistes en pratique privée se retrouvent presque uniquement dans les grandes agglomérations urbaines. Or, faire six heures de voiture entre Rimouski et Montréal toutes les semaines, ce n'est pas rien, surtout avec nos six mois d'hiver québécois; sans compter que les parents devront très souvent s'absenter de leur travail pour accompagner l'enfant à ses multiples rendez-vous.

[?] SAVOIR 4

Une question de niveaux de besoins de l'enfant

Pour savoir si votre enfant a des besoins normaux et attendus en adoption ou s'il se retrouve dans les 30 % d'enfants adoptés présentant des besoins spéciaux, il faudra vous poser certaines questions :

- Mon enfant suit-il les phases normales de développement de tous les bébés humains ?
- Mon enfant présente-t-il des caractéristiques génétiques (caractéristiques physiques ou problèmes de santé, tempérament, talents) qu'il aurait de toute façon eues, adopté ou non ?
- Mon enfant se situe-t-il dans la normalité adoptive, autrement dit éprouve-t-il des difficultés importantes dans un premier temps, mais qui semblent s'apaiser avec les soins nécessaires ?
- Mon enfant se situe-t-il dans une zone de besoins *très* spéciaux au-delà de la normalité adoptive ? Ces besoins peuvent être des caractéristiques innées amplifiées par un vécu préadoption particulièrement traumatisant.

Idéalement, en cas d'inquiétude dans une situation précise, le parent aura besoin de consulter un professionnel. Non seulement ce dernier pourra lui transmettre des connaissances et lui faire part de son expérience dans les soins des enfants modèles de base, mais il aura également une vision biopsychosociale de ce qui se situe dans la normalité adoptive et de ce qui la dépasse. Il fera bénéficier le parent et l'enfant de son réseau de contacts ou de son équipe multidisciplinaire afin de leur offrir une évaluation complète et nuancée ainsi qu'un traitement approprié. L'équipe de professionnels évaluera à quel niveau de besoins se situe l'enfant. Un enfant dans la normalité adoptive présentera trois niveaux de besoins, un de plus que les enfants modèles de base.

Les trois niveaux de besoins d'un enfant dans la normalité adoptive (70 % des enfants adoptés)

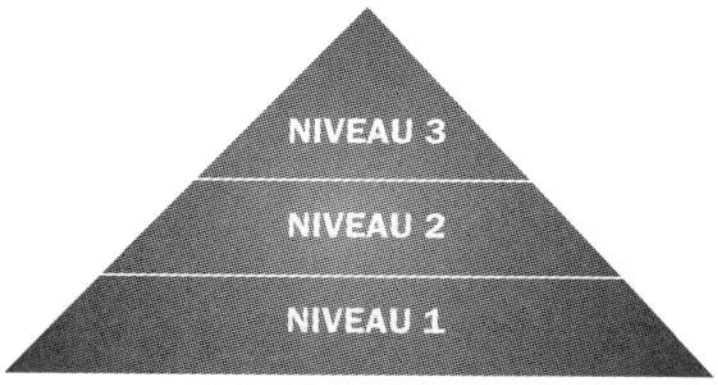

NIVEAU 3

Normalité adoptive (ou toute autre situation de négligence, douleurs chroniques ou maltraitance en bas âge)

- Peur du rejet, de l'abandon et peur de décevoir;
- Des émotions en montagnes russes;
- Un attachement difficile;
- Une insécurité affective;
- Un développement différent de celui des enfants modèles de base;
- Une scolarité complexe;
- Une estime de soi fragile;
- Une mauvaise gestion du stress;
- Le sentiment d'avoir un grand vide, un objet manquant non identifié (OMNI);
- Une identité courtepointe.

NIVEAU 2

Besoins particuliers de chaque enfant

- Selon son tempérament, ses talents, ses difficultés, son potentiel physique, affectif et cognitif;
- Selon les aléas de la vie : accident, maladie, etc.

NIVEAU 1

Modèle de base, besoins de base communs à tous les bébés et à tous les enfants

- Manger, boire, dormir, éliminer, respirer, recevoir des soins de santé;
- Faire partie d'une famille;
- Amour inconditionnel, sécurité, confiance;
- Éducation disponible pour aller au bout de ses talents et de son potentiel.

Un enfant adopté avec des besoins spéciaux présentera quatre niveaux de besoins (deux de plus qu'un enfant modèle de base et un de plus que l'enfant dans la normalité adoptive). Un enfant souffrant, par exemple, d'une dysphasie importante, gardera aussi ses caractéristiques de la normalité adoptive. Sa dysphasie ne remplace pas les difficultés inhérentes à cette normalité, elle s'y ajoute.

Quatrième niveau de besoins d'un enfant ayant des besoins se situant au-delà de la normalité adoptive (30 % des enfants adoptés)

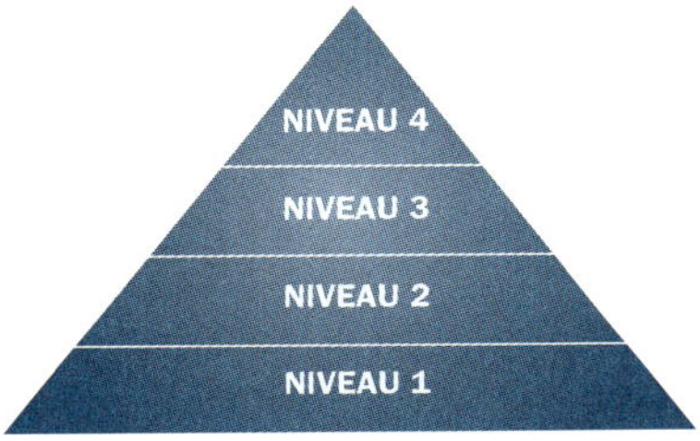

NIVEAU 4

Besoins spéciaux remarqués en préadoption ou découverts en postadoption[2]

- Enfant âgé adopté à plus de trois ans (sauf exception);
- Fratries;
- Pathologies diverses (hépatite B, cardiopathie grave, etc.);
- Handicap physique (cécité, surdité, fente palatine), intellectuel (trisomie, syndrome d'alcoolisation fœtale [SAF]) ou traumatique (mutilation volontaire ou accidentelle) ;
- Problème de santé mentale grave (phobies, troubles obsessionnels compulsifs, etc.);
- Troubles de l'attachement;
- Troubles envahissants du développement (autisme, syndrome d'Asperger, TED);
- Troubles du langage (dysphasie ou autre);
- Autres conditions rares.

Une fois ce niveau de besoins bien évalué, il faudra également que le diagnostic différentiel, que ce soit pour un trouble de l'attachement, un TDAH, une dysphasie ou un trouble envahissant du développement, soit réalisé par une équipe multidisciplinaire, qui tiendra compte de *tous* les aspects de l'enfant, y compris son état d'enfant abandonné puis adopté. Ce n'est pas toujours simple, ni pour le parent, ni même pour les professionnels, mais cette étape est primordiale pour s'assurer que les soins et recommandations soient justifiés, adaptés et donc efficaces.

---

2 Pour en savoir plus sur les besoins spéciaux, lire les chapitres consacrés à certaines pathologies dans Jean-François Chicoine, Patricia Gerain et Johanne Lemieux. *L'Enfant adopté dans le monde en quinze chapitres et demi*, Montréal, Éditions du CHU Sainte-Justine, 2003.

SAVOIR *en bref*

En bref

1. Après avoir récupéré la majorité de leurs malnutritions physiologiques, sensorielles, affectives, cognitives et sociales, 70 % des enfants adoptés répondent aux critères de la normalité adoptive. Toutefois, 30 % garderont des besoins spéciaux, soit trois fois plus que les enfants non adoptés.
2. Pour les enfants arrivés avant l'âge de 2 ou 3 ans, il faut compter au moins de 12 à 18 mois avant qu'ils aient récupéré dans le spectre de la normalité adoptive. Pour les enfants qui arrivent lorsqu'ils sont déjà plus âgés, les fratries ou les enfants officiellement déjà à besoins spéciaux (qu'ils soient connus avant l'adoption ou découverts en postadoption), il faut compter souvent plusieurs années, correspondant au temps équivalent vécu en préadoption.
3. Les enfants (30 %) présentant des besoins spéciaux en plus des besoins de la normalité adoptive exigent une grande quantité d'énergie, de temps et d'argent de la part de leurs parents, afin de recevoir les services spécialisés nécessaires à leur état.
4. Il ne faut pas voir les besoins des enfants adoptés comme très étranges, mais plutôt comme particulièrement exigeants à cause de leur accumulation. La lourdeur ou non de la tâche dépend du niveau de ces besoins.

Facteurs de risques **à éviter**	Facteurs de protection **à favoriser**
• Espérer que, par miracle, votre enfant ne présente aucun besoin spécial, ni même qu'il soit dans la normalité adoptive, bref, ne pas vouloir envisager autre chose qu'un enfant identique aux enfants biologiques.	• Investir énormément de soins et de temps dans la première année avant de chercher à savoir si l'enfant se situe dans les critères de la normalité adoptive.

Facteurs de risques **à éviter**	Facteurs de protection **à favoriser**
• Paniquer si l'enfant présente des retards importants dans les premiers jours ou dans les premières semaines après l'adoption.	• En cas de doute, consulter un professionnel, qui pourra déterminer les niveaux de besoins de l'enfant.
• Ne pas consacrer une grande quantité et une grande qualité de temps aux besoins de l'enfant dans la première année après l'adoption et espérer malgré tout qu'il se situe dans la normalité adoptive.	• Accepter le fait que 70 % des enfants adoptés sont dans la normalité adoptive, et que 30 % gardent des besoins très spéciaux.

En savoir plus

Pour en savoir plus sur les besoins spéciaux, consulter le deuxième livre de la collection « Adopteparentalité » à paraître : *Mieux vivre les premières années après l'adoption.*

En savoir encore plus

Chicoine, Jean-François, Patricia Germain et Johanne Lemieux. *L'Enfant adopté dans le monde en quinze chapitres et demi*, Montréal, Éditions du CHU Sainte-Justine, 2003.

CONCLUSION

En guise de conclusion, voici une lettre de l'enfant adopté à ses parents.

LA 13e CLÉ

Papa et maman, au moment où vous terminez la lecture de ce livre, j'ai peut-être 3 mois, 3 ans, 13 ans ou je ne suis peut-être pas encore né. Peu importe, j'existe dans vos pensées et j'ai déjà ma place dans votre vie. Cela m'aide à me sentir enfin précieux, important. Cela m'aide à sentir que j'ai un rôle à jouer sur la terre et que je suis le bienvenu dans l'univers. Je sens déjà que vous tenez à être ou devenir les meilleurs parents possible pour moi. Cela me rassure déjà. Je sais que ce livre a pu vous intéresser, vous perturber autant que vous outiller. C'est déjà beaucoup, beaucoup plus que d'autres adultes ont pu faire pour moi.

Je tiens à vous remercier de prendre la peine de vous renseigner sur moi. Merci d'aller au-delà des apparences, des ouï-dire et des *Y paraît que*. Vous savez maintenant que je suis à la fois exactement comme tous les bébés humains, mais que mon histoire de vie m'a ajouté des options supplémentaires. Des options que je n'ai pas voulues, choisies ou méritées. Ces options feront de moi un être unique, avec des besoins un peu plus spéciaux que les autres. Vous comprenez également que ces options constituent ce qui est attendu et normal chez un enfant adopté comme moi. Ces options feront de vous des parents uniques qui devront aussi acquérir des habiletés parentales un peu plus spéciales que les autres. Vous savez maintenant que vous serez des parents dans la norme des parents adoptants. Dans ce sens, nous nous ressemblons déjà.

Nous partageons un destin hors normes qui fascine énormément les gens qui ne sont pas touchés directement par l'adoption. Ce n'est pas parce que je fascine les gens que ceux-ci sont vraiment prêts à connaître, comprendre et célébrer qui je suis vraiment. Ils s'attendrissent, me touchent et vous félicitent en me voyant. Ils pensent me connaître, mais c'est rarement le cas.

Les gens voient mon histoire en première page de magazine comme un karma difficile qui finit comme un conte de fées. Un conte dont la dernière phrase serait : *après un long et difficile périple, ils arrivèrent enfin à l'aéroport et vécurent heureux ensemble jusqu'à la fin des temps*. Après, personne n'achète le tome deux ! Ils veulent rester sur leur nuage idéalisé. Sauf vous, mes parents ! Ce livre est en quelque sorte le tome deux qui aurait pu s'appeler également *L'Adoption : démystifier le rêve pour mieux vivre et célébrer la réalité*.

Je suis rassuré que vous en sachiez plus sur ce qui fait de moi un enfant adopté « normal ». Je sais que vous ne chercherez pas à me transformer en un enfant identique à celui que vous auriez fabriqué vous-même à la maison. J'ai aussi confiance que vous n'attribuerez pas nécessairement à des pathologies graves, mes caractéristiques adoptives. Je ne suis pas et je ne souhaite pas être mis dans le moule de ces deux extrêmes. J'aurai peur que l'on m'arrache mes ailes adoptives en me poussant de force dans une forme habituelle. Ces ailes, je les ai fabriquées pour rester en vie. De grâce, laissez-les-moi ! Par contre, sans votre aide, je n'arriverai pas à savoir comment utiliser ces fameuses ailes dans mon présent avec vous. Moi aussi, j'ai besoin que vous m'appreniez les 12 clés de ce qui fait de moi un enfant dans la normalité adoptive : ni pire, ni meilleur que les autres enfants qui n'ont pas été adoptés. Je ne veux pas cacher mes belles ailes ou en avoir honte.

Je dois pouvoir compter sur vous, jour après jour, nuit après nuit pour trouver le sens de mes petites et grandes insécurités, de mes questions étranges ou profondes, de mes émotions intenses, de mes oppositions récurrentes, de mes défis scolaires, de mon immaturité, de mon estime de moi si fragile, de mes attachements complexes, de ma peur maladive de décevoir et d'être à nouveau rejeté.

Je dois voir dans vos yeux cette compassion et cette admiration pour mon instinct de survie. Je dois constater que vous travaillez fort, mais avec joie et humour, pour me fournir l'entretien sophistiqué dont j'ai besoin pour fonctionner. Si je constate que tous ces enjeux ne vous surprennent pas, ne vous déstabilisent pas et surtout que vous savez comment y réagir, je serai d'autant plus apaisé, encouragé à les surmonter, sans les faire disparaître.

Vous avez traversé plusieurs difficultés pour fonder une famille, j'ai survécu à des épreuves encore plus graves, car j'étais si petit, si vulnérable, trop souvent si seul.

Vous avez eu terriblement besoin de moi pour devenir enfin parent, j'ai terriblement besoin de vous pour redevenir un enfant. Car survivre n'est pas vraiment vivre. Ce n'est pas être un vrai enfant...

Avant votre arrivée dans ma vie, je n'ai fait que survivre. C'est déjà formidable, mais ce n'est pas assez. Ce n'est pas souhaitable de s'occuper de soi-même lorsqu'on est tout petit. Maintenant, je dois arrêter de survivre et apprendre à vivre, à recommencer à grandir, je dois accepter de redevenir un enfant et d'avoir besoin de parents. Même si parfois je donne l'impression de ne pas vouloir de vous, n'en croyez rien. J'avoue que je vous fais passer des examens de parents. Je dois être accompagné pour aller au bout de mon potentiel pour être le plus utile et *le plus heureux possible...*

Je dis bien *le plus heureux possible.* Le mot « heureux » me fait souvent peur, très peur. J'ai peur de ne pas savoir ce que c'est réellement. Soit que je l'ai peu vécu avant ou je l'ai perdu et cela a fait trop mal. J'ai peur de ne pas y arriver.

Je sais que vous n'exigez pas de moi que je sois le meilleur, le plus beau, le plus fort, le plus intelligent, le plus performant, le plus compatissant. Vous n'êtes pas parfaits et je ne serai jamais parfait. Heureusement, la perfection est assez ennuyante quand on y réfléchit vraiment. Mais attention de ne pas évaluer votre performance comme parent sur mon niveau de bonheur.

Madame Johanne m'a bien expliqué que les 12 clés de ce livre n'existent pas pour que vous les utilisiez pour m'imposer de devenir parfaitement heureux. Si vous exigez cela de vous-mêmes, je vais sentir cette pression de ne jamais vous décevoir. Je vais m'imposer d'essayer de vous envoyer une image de parents compétents à effacer toutes les blessures invisibles de mon passé. Un passé dont vous n'êtes pas responsables. J'ai tellement peur d'échouer. J'ai peur qu'encore une fois je ne réponde pas aux attentes des adultes. Je risque même de tout ficher en l'air à la seule idée de vous décevoir.

Et puis, si vous me promettez le bonheur pour le reste de ma vie après l'adoption, je risque de croire que le bonheur viendra uniquement de vous. De vos gestes, paroles, attitudes. Je risque de m'attendre à recevoir le bonheur de vous, pas d'ailleurs ou d'une autre façon. Je risque de ne pas me considérer comme un acteur coresponsable de ce bonheur. Je risque d'attendre passivement que vous livriez la marchandise.

Imaginez ma colère, mon ressentiment envers vous si je me lève un matin de mauvaise humeur, si le vêtement tant espéré ne me rend pas fou de joie, si j'ai de mauvaises notes à l'école, une santé encore fragile qui m'empêche de faire des choses que j'aime, si je suis demeuré une petite personne anxieuse, mélancolique ou désagréable.

Si malgré d'immenses améliorations, ni moi, ni vous n'avons parfaitement réussi à effacer toutes les séquelles et les facteurs de risques que j'ai vécus en préadoption.

Je risque alors de perdre confiance en vous, car vous aurez *menti* sur vos *pouvoirs* de guérison. J'aurai en plus échoué à vous faire devenir des parents. Vous aurez supposément échoué à me rendre heureux. Ce serait terrible, inutile, irréaliste. Loin de me rendre plus heureux, cela deviendra un poids bien lourd sur mes petites épaules. Une autre trahison d'adulte. Et vogue la galère ! Un vrai gâchis !

Désolé de vous le souligner, madame Johanne, mais à mon humble avis d'enfant, je crois qu'il manque définitivement une 13e clé à cet ouvrage : *la clé du bonheur ardemment souhaité, quotidiennement favorisé, mais nullement obligé.* Les autres clés ne peuvent pas prendre tout leur sens sans cette dernière. On ne peut pas bien utiliser les 12 autres clés pour trouver le bonheur sans celle-là.

Papa et maman, j'aime vraiment mieux ne pas être seul à comprendre ce bonheur, j'ai été bien trop longtemps seul à l'espérer. J'ai tellement besoin de vous pour savoir ce que c'est et d'y croire enfin, mais de façon réaliste. Vous aurez à ME convaincre de me laisser accompagner, sans me promettre la lune. Je vous ferai alors encore plus confiance. Vous serez humains, imparfaits, mais solides, authentiques, fiables.

Alors, cherchons ensemble ce bonheur, restez toujours auprès de moi dans cette quête. Restez là, même si je ne suis pas toujours très facile à vivre durant l'expédition. Surtout, ne nous imposons pas de le trouver et de le vivre à tout prix. Et puis, la sagesse populaire ne proclame-t-elle pas que le chemin pour arriver à destination est plus enrichissant, surprenant, merveilleux que de la destination elle-même ?

Oui, je crois que l'on pourra être heureux ensemble dans un bonheur imparfait.

Frédérique
Votre enfant pour toujours

GLOSSAIRE

La première occurrence des expressions suivantes est signalée par un astérisque (*) dans le texte.

A

Abandon : acte de laisser définitivement une personne ou un enfant seul, de se séparer physiquement de lui pour toujours, de briser le lien physique, affectif et souvent légal avec une personne vulnérable et sans protection ou un bébé ou jeune enfant.

Accordage : moment de contact affectif et sensoriel intense, de communication non verbale réciproque et positif. L'accordage est un moment de partage qui se produit entre le bébé ou le très jeune enfant et son parent lorsque l'enfant a eu une réponse à ses besoins. Le bébé est calme et très attentif en plongeant son regard dans celui de son parent et vice versa. C'est un moment d'échange affectif et sensoriel très satisfaisant pour les deux personnes en contact. Un moment qui peut durer quelques secondes ou minutes. Un moment qui permet à l'adulte donneur de soins de mieux décoder qui est l'enfant, ses besoins, sa personnalité, de mieux décoder et lui refléter ses émotions et même qui permet à l'adulte d'aider l'enfant à moduler ses émotions aux siennes, à apprendre à l'enfant à calmer et apaiser ses émotions ou sensations désagréables. L'accordage a un effet harmonisant entre le parent et l'enfant, il tisse le sentiment d'attachement et outille les deux parties à mieux se saisir, se connaître, se faire confiance et se sentir compris mutuellement.

Adaptation : cela désigne la capacité d'un être vivant à s'ajuster, à trouver de nouvelles solutions, à retrouver un équilibre physique et psychologique dans le cadre d'une nouvelle situation, d'un nouvel environnement, d'une nouvelle réalité. Pour s'adapter, il ne faut pas être rigide dans ses pensées, dans ses habitudes, il faut avoir plusieurs ressources cognitives, affectives et sociales. Il faut varier la façon dont on traite une information, faire plusieurs hypothèses et choisir celle qui conviendra le mieux en tenant compte d'éléments nouveaux.

Adopteparentalité : approche psychosociale qui comprend des conseils éducatifs, des outils pédagogiques et une approche psychothérapeutique individuelle et familiale spécifique au vécu particulier des familles adoptives. Cette approche a été créée en 1996 par Johanne Lemieux et Michelle Bernier, TS, et est utilisée, enseignée au Québec et en Europe francophone.

Adrénaline : hormone qui est subitement sécrétée lorsque le cerveau perçoit un danger. C'est un des éléments chimiques qui placent l'être humain en état de stress (voir aussi ***Stress*** et ***Hypervigilance***) nécessaire à sa survie en accélérant le rythme cardiaque, en augmentant temporairement la force physique et l'hypervigilance.

Affects : désigne un ensemble de réactions émotives, physiques et sensorielles qui est ressenti par le corps sous forme d'une décharge intense de sensations agréables ou désagréables qui influencent nos pensées, nos comportements. Les affects sont des messagers du corps qui ne sont pas rationnels ou intellectuels.

Âge chronologique : âge officiel et légal de l'enfant.

Âge développemental : niveau de développement réel de l'enfant. Niveau qui précise l'âge affectif, physique et intellectuel réel de l'enfant et non pas ce qui devrait être acquis selon son âge chronologique, mais qui ne l'est pas encore, qui est en retard. C'est l'ensemble des connaissances, des acquisitions, des habiletés affectives, cognitives, physiques et des compétences attendues selon la moyenne des enfants de son groupe d'âge chronologique.

Amour inconditionnel : sentiment intense d'affection, d'amour, de protection, d'engagement, de permanence, d'investissement émotif, physique et social d'un parent envers son enfant. Un sentiment qui n'est ni variable, ni conditionnel au bon ou mauvais comportement d'un enfant, aux attentes déçues ou comblées du parent envers l'enfant.

Anxiété de performance : désigne un état de stress physique et psychologique désagréable fait de l'anticipation d'un danger, d'une incapacité à performer une tâche, à réussir un examen, à satisfaire les attentes d'un parent, d'un professeur ou d'un entraîneur, par exemple. La personne a des pensées négatives intrusives et des scénarios négatifs qui entraînent souvent une baisse de l'estime de soi, de confiance en ses moyens.

Anxiété de séparation : désigne un état de stress (voir aussi ***Stress***) intense, de peur de l'abandon ressenti et exprimé par un enfant au moment ou il est séparé de son principal donneur de soins. C'est une réaction normale chez le jeune enfant selon ses phases de développement ou chez l'enfant qui n'a pas encore acquis la permanence de l'objet et qui a peur que le parent ne revienne jamais, disparaisse dans l'Univers. Cette réaction anxieuse devient plus inquiétante, quoique explicable, quand l'enfant est plus mature. (Voir aussi ***Permanence de l'objet*** et ***Sens moral***.)

Attachement, défi d' : voir ***Défi d'attachement.***

Attachement, désordre de : voir ***Trouble ou désordre de l'attachement.***

Attachement, fondement du lien d' : les fondations du lien d'attachement se préparent pendant la grossesse, où la relation des parents avec l'enfant à naître commence graduellement à se développer, ou dans le désir et dans l'attente en adoption. Mais c'est pendant les deux premières années de vie de l'enfant que l'attachement entre cet enfant et ses parents se crée vraiment. Cet attachement ne va pas progresser au même rythme chez l'enfant que chez le(s) parent(s). Le premier est un être dont la personnalité est en construction, alors que le second est une personne déjà structurée. L'ajustement sera ainsi asymétrique et demandera des efforts d'accordage pour développer un langage commun. C'est une construction progressive, selon un cycle en perpétuelle évolution tant chez l'enfant que chez le parent, chacun s'adaptant à l'autre. Cette construction pourra se faire si le contexte le favorise. Il n'est pas seulement le résultat d'une fusion « la dyade mère-enfant », mais aussi de l'apport de l'entourage social et familial. Par la suite, l'attachement doit encore être nourri, il faut travailler à le maintenir. L'attachement est un processus en constante évolution. (Voir aussi ***Lien d'attachement.***)

Attachement, lien d' : voir ***Lien d'attachement.***

Attachement, trouble de : voir ***Trouble ou désordre de l'attachement.***

Attachement de l'enfant envers son parent : contrairement à ce que peuvent vivre plusieurs adultes qui deviennent subitement parents et s'attachent rapidement à leur enfant (voir aussi ***Bonding***), l'attachement d'un bébé ou d'un jeune enfant n'est jamais subi. Le tissage du lien de l'enfant envers son donneur de soins est progressif et doit s'inscrire dans le temps, la qualité et la quantité des soins que l'enfant recevra.

Attachement du nourrisson : c'est le lien affectif profond qu'établit le nourrisson avec le principal fournisseur de soins, habituellement sa mère en parentalité biologique. Ce lien, dira Ainsworth, « les unit dans l'espace et s'accentue avec le temps ». À court, à moyen et à long termes, ce lien est le principal déterminant de sa personne. Il influe considérablement sur les résultats affectifs, cognitifs et sociaux ultérieurs de l'enfant : sa confiance en soi, son autorégulation, ses comportements, son rapport avec les autres, ultimement son sens moral. Dès que le bébé naît, dès que le cordon ombilical est sectionné, le bébé se met en mode d'appel de détresse afin que sa mère biologique le repère, le prenne et choisisse de le garder, de le protéger. (Voir aussi ***Sens moral.***)

Attachement du parent envers l'enfant : en anglais on utilisera le terme « *bonding* » pour désigner le fort sentiment qui envahit le parent lorsqu'il commence à s'attacher à son bébé, à vouloir l'aimer, le protéger au péril même de sa propre vie. Il n'y a malheureusement pas d'équivalent en français, mais on pourrait le traduire par

« naître parent dans sa tête et dans son corps de CET enfant ». C'est au nom de ce processus de « *bonding* » que les procédures périnatales ont été profondément transformées au cours des 20 dernières années partout dans les services de maternité. En effet, ce processus est si précoce et important qu'il devrait idéalement se produire chez la maman dans les 24 à 72 heures après la naissance. C'est lorsqu'on a compris que la proximité physique et sensorielle était si déterminante qu'on a insisté pour la cohabitation mère/nourrisson, tout comme l'élargissement de l'encouragement à l'allaitement maternel. (Voir aussi ***Attachement du nourrisson***, ***Bonding*** et ***Naître parent dans sa tête***.)

Attachement non sécurisé ou insécurisé : l'attachement non sécurisé se développe lorsqu'un principal fournisseur de soins ne répond pas constamment de façon chaleureuse, affectueuse, aimante, fiable et sensible aux besoins du nourrisson ; présente différents types : selon la nature et l'ampleur de la négligence du principal fournisseur de soins à répondre aux besoins de l'enfant, il peut être de type évitant, résistant ambivalent, résistant anxieux ou désorganisé ; peut être un indicateur de risque, d'où les problèmes d'ordre affectif, social et comportemental au cours de l'enfance et de la vie ; peut être modifié grâce à des interventions appropriées. L'attachement insécurisé se divise également en sous-catégories. Il peut être résistant ambivalent, résistant anxieux, évitant et, dans les cas les plus pathologiques, désorganisé. Si l'on modifie l'entourage — dans le cas d'inexistence de liens ou de liens pathologiques —, on favorise l'évolution de l'enfant. Par exemple en le plaçant dans une famille adoptive qui s'est préparée à l'accueillir. L'enfant n'est pas « une cassette vierge » façonnable à volonté et il lui est difficile de « switcher » d'une histoire à l'autre. Il garde néanmoins pendant sa petite enfance la capacité de s'imprégner d'un nouvel environnement. Du côté de l'enfant, il y a des trous à combler, des craintes à surmonter : celle de s'attacher par peur d'être à nouveau rejeté, celle de ne pouvoir être digne d'être aimé. L'enfant a besoin d'être rassuré.

Attachement sécurisé : c'est l'état relationnel et affectif, le modèle opérationnel interne, la programmation neurologique précoce qui permet de tisser des liens sains et solides où la personne a confiance en l'autre, se sent en sécurité, en réciprocité et dans un lien de nature permanente. L'attachement sécurisé s'établit lorsque les fournisseurs de soins sont sensibles au comportement du nourrisson, disponibles physiquement et émotionnellement, se montrent affectueux de même que rassurants et aiment interagir avec le bébé ; il est plus susceptible de s'établir si le fournisseur de soins a lui-même joui d'un attachement sécurisant étant enfant. L'attachement sécurisé est important, car il donne au bébé un sentiment de sécurité ; il permet au bébé d'explorer son univers et de savoir qu'en cas de peur ou de détresse, il trouvera sécurité, apaisement ou réconfort en revenant à la « base de sécurité » que représente le fournisseur de soins ; car les toutes premières relations influent sur le développement précoce du cerveau et aident à façonner les émotions, la réflexion, l'apprentissage et les comportements tout au long de la vie ; car il contribue à prévenir l'apparition de divers problèmes affectifs et comportementaux tout au long de l'enfance et de l'adolescence. On dira donc d'un enfant avec un attachement sécurisé qu'il possède un modèle opérationnel interne sécurisé. (Voir aussi ***Modèle opérationnel interne.***)

Attention sélective : fonction du cerveau qui consiste à être capable d'exécuter avec une bonne concentration une tâche intellectuelle ou d'apprentissage de façon efficace, sans être trop facilement distrait par des stimulations extérieures (odeurs, sons, images, goûts, mouvements physiques externes ou internes ou ses propres pensées).

Attention soutenue : fonction du cerveau qui consiste à être capable d'exécuter sur un *long moment continu* avec une bonne concentration une tâche intellectuelle ou d'apprentissage de façon efficace, sans être trop facilement distrait par des stimulations extérieures (odeurs, sons, images, goûts, sensations physiques externes ou internes — par exemple ses propres mouvements — ou ses propres pensées), et ce, même si la tâche est répétitive ou ennuyante. (Voir aussi ***Attention sélective.***)

B

Besoins spéciaux : ensemble des caractéristiques de santé physique, mentale, développementale et affective qui confèrent à l'enfant des besoins hors normes en comparaison avec la moyenne des enfants de son âge. Ces besoins hors normes entraînent également des tâches supplémentaires pour les parents si on les compare aux tâches habituellement accomplies par les parents d'enfant du même âge. (Voir aussi ***Enfant à besoins spéciaux.***)

Blessures invisibles : l'ensemble des blessures psychologiques, souvent post-traumatiques que le corps a engrammées, enregistrées et qui laissent des traces, des fragilités, des hypersensibilités affectives, et ce, sans aucun signe physique apparent, rationnel ou objectivable. (Voir aussi ***Mines antipersonnel*** et ***Traumatisme.***)

Bonding : expression anglaise qui désigne le sentiment souvent vécu subitement de la part du parent lorsqu'il tombe en amour inconditionnel avec son enfant à la naissance ou à un autre moment. C'est le moment où un adulte devient subitement parent pour toujours, c'est la naissance symbolique de la partie parent de l'adulte et de son engagement envers cet enfant en particulier. (Voir aussi ***Attachement du parent envers l'enfant*** et ***Naître parent dans sa tête.***)

Brasseur de souris informatique : comportement de demande d'attention, de présences, de soins, d'interventions constantes que l'enfant provoque en utilisant parfois des moyens agréables, mais le plus souvent désagréables pour s'assurer de la présence physique du parent. Tout comme l'écran d'ordinateur en veille et la souris d'ordinateur, l'enfant ne supporte pas que le parent ne soit pas en relation immédiate avec lui (comme un écran sur pause s'il n'est pas utilisé). L'enfant va donc devenir un brasseur de souris afin de rallumer l'écran parent, et ce, en envoyant des « courriels » symboliques dont le contenu n'a pas vraiment d'importance. L'objectif de l'enfant étant d'activer le lien, le câble invisible entre son parent et lui afin de s'assurer que le câble existe encore, n'a pas disparu et qu'il sera là si jamais il y avait un *réel* besoin.

C

Cauchemar : ce sont des rêves désagréables, angoissants, réplétifs ou non ou même terrifiants qui se produisent normalement pendant la phase du sommeil paradoxal. Le sommeil paradoxal est aussi appelé REM (*Rapid Eye Movement*), phase du mouvement rapide d'yeux, car durant cette phase notre corps est automatiquement paralysé afin d'éviter de trop bouger pendant le rêve et de se blesser. Un enfant peut être réveillé par la peur qu'il vit durant un cauchemar ou ne plus vouloir dormir de peur de refaire le même cauchemar. Il pourra souvent, mais pas toujours, raconter tout le cauchemar ou une partie. C'est une des différences avec les terreurs nocturnes dont les enfants ne se souviennent pas le lendemain. (Voir aussi ***Paralysie du sommeil*** et ***Terreurs nocturnes***.)

Cercle de confiance : processus dynamique et circulaire durant lequel un donneur de soins doit entendre, décoder et répondre aux signaux de détresse (comportement d'attachement) d'un bébé ou d'un jeune enfant et y répondre de façon rapide, chaleureuse, cohérente et prévisible afin que l'enfant finisse par enregistrer qu'il peut faire parfaitement confiance au donneur de soins et se sentir en sécurité, valable, aimable, important. L'enfant ne perd ni temps ni énergie à inventer des stratégies de survie, car il peut être un bébé qui grandit en confiance, sans se soucier de sa propre survie. (Voir aussi ***Cercle de méfiance***.)

Cercle de méfiance : processus dynamique et circulaire durant lequel un donneur de soins n'arrive pas ou est empêché d'entendre, de décoder et de répondre aux signaux de détresse (comportement d'attachement) d'un bébé ou d'un jeune enfant. Le donneur de soins ne pouvant pas ou ne sachant pas comment répondre de la bonne façon, il ne peut pas calmer ou soigner l'enfant. Celui-ci finit par enregistrer que non seulement l'adulte n'est pas fiable, bon et compétent, mais que lui le bébé est aussi incompétent à se faire soigner et qu'il doit être négligeable, peu important et pas aimable. L'enfant apprend à se méfier des adultes et doit alors se trouver d'autres stratégies pour réussir à survivre.

Cerveau des cognitions : c'est la partie néocortex, celui qui est situé juste en dessous de notre boîte crânienne. C'est le lieu du traitement des informations intellectuelles, des pensées, des abstractions. (Voir aussi ***Traitement adaptatif de l'information***.)

Cerveau des émotions : il s'agit du cerveau limbique ou médian, aussi désigné comme cerveau mammalien. C'est le lien du traitement de l'information émotive.

Cerveau des sensations : il s'agit du tronc cérébral ou cerveau reptilien, celui qui contrôle les fonctions vitales inconscientes. C'est le lien du traitement des informations sensorielles.

Cerveau limbique : voir ***Cerveau des émotions***.

Cerveau néocortex : voir ***Cerveau des cognitions***.

Choc : état de déséquilibre physiologique et/ou psychologique temporaire qu'un enfant ou un adulte ressent à la suite d'une agression physique ou psychologique imprévue, extérieure et potentiellement dangereuse. Un état de choc place l'être humain dans un état hormonal de stress aigu (voir aussi ***Stress aigu***) qui est à haut risque de se transformer en choc post-traumatique si certains facteurs de protection n'existent pas au bon moment.

CINÉ : il s'agit d'un acronyme inventé par la chercheuse québécoise spécialiste du stress (voir aussi ***Stress***) Sonia Lupien, et qui a pour objectif de mieux se souvenir des quatres facteurs qui déclenchent une réponse de stress : la perte de *contrôle*, les *imprévus*, les choses *nouvelles*, et les attaques à notre *ego*.

Comorbidité : en santé mentale et physique, cela désigne la présence de plus d'un problème, d'un trouble ou d'une maladie qui se produisent en même temps pour expliquer des symptômes ou une maladie. Certains troubles ou maladies présentent plusieurs troubles associés que l'on désigne comme étant des comorbidités.

Comportement d'attachement : un comportement d'attachement est tout comportement dont se sert le nourrisson pour rechercher et maintenir le contact ou pour obtenir une réaction d'un fournisseur de soins ; le comportement d'attachement peut consister à pleurer, saisir, se cramponner, chercher, se rapprocher, ramper, marcher ou courir en direction de quelqu'un, suivre, sourire, accueillir, tendre les bras ou émettre des sons ; il peut varier selon la culture, bien que la relation d'attachement soit universelle. Ces comportements attireront ou non le donneur de soins à entrer en relation avec l'enfant pour décoder son besoin et chercher à y répondre. Idéalement, cette mise en relation, cette réponse à la détresse ou aux besoins du bébé lui fera vivre des moments d'accordage où le parent et l'enfant se « téléchargeront mutuellement leurs affects ».

Cortisol : hormone que notre corps sécrète en grande quantité lorsqu'il est en situation de stress et qui, contrairement à l'adrénaline qui reste dans le corps hors du cerveau, se rend jusqu'au cerveau et en influence les réactions. (Voir aussi ***Stress***.)

D

Déficience intellectuelle : désigne la présence chronique d'une lenteur intellectuelle due à un ralentissement, ou un inachèvement du développement habituel des fonctions cognitives qui cause des limitations aux apprentissages, aux capacités de compréhension du monde, à l'autonomie affective et sociale, ainsi que la présence d'une immaturité.

Déficit de l'attention : voir ***Trouble de l'attention avec ou sans hyperactivité***.

Défi d'attachement : problème affectif de léger à modéré qui nuit à la capacité d'un enfant ou d'un adulte à tisser des relations d'attachement saines et satisfaisantes, à faire confiance et à se sentir en sécurité. Il ne s'agit pas d'une pathologie grave ou importante, mais d'une difficulté qui rend la vie relationnelle plus complexe, l'estime de soi plus fragile, le sentiment de sécurité plus fragile.

Dérogation à l'envers : on désigne comme dérogation à l'envers une permission (justifiée par des évaluations psychométriques et des recommandations de professionnels compétents) donnée par les autorités scolaires afin qu'un enfant qui a déjà atteint l'âge de fréquentation scolaire prévue par la loi, puisse retarder sa scolarisation malgré son âge, car une fréquentation trop précoce pourrait lui causer préjudice pour des raisons affectives, cognitives ou sociales ou même humanitaires. La dérogation à l'envers n'est pas encore clairement prévue par la loi (2013), mais est généralement accordée si les motifs sont sérieux et justifiés par plusieurs avis professionnels.

Dérogation scolaire : on désigne comme dérogation scolaire une permission (justifiée par des évaluations psychométriques et des recommandations de professionnels compétents, comme prévu par la *Loi sur l'instruction publique*) donnée par les autorités scolaires afin qu'un enfant qui n'a pas atteint l'âge de fréquentation scolaire prévue par la loi, puisse commencer sa scolarisation de façon plus précoce et avant d'avoir atteint l'âge chronologique habituel, et ce, sans que cela lui cause préjudice.

Désordre de l'attachement : voir ***Trouble ou désordre de l'attachement***.

Déterminisme génétique : voir ***Prédisposition***.

Deuil : désigne les sentiments normaux et le cheminement intérieur émotif très souffrant qui suit une perte importante et souvent définitive dans la vie d'un être humain : la mort d'un être cher, la perte de la santé, d'un emploi ou d'une relation amoureuse. (Voir aussi ***Deuil pathologique***.)

Deuil pathologique : désigne un état de souffrance qui s'est chronicisé à la suite d'un deuil normal, mais qui n'a pas pu cheminer à travers les diverses phases adaptatives et être apaisé, résolu. Le deuil pathologique ou non résolu est considéré comme une forme d'état de choc post-traumatique dans le sens où la personne n'a pas pu faire le traitement adaptatif d'un évènement tragique.

Dissociation : voir ***État dissociatif***.

Donneur de soins principal : voir ***Figure maternante***.

Dysphasie : désigne un trouble neurologique, involontaire qui nuit à l'exécution de la communication verbale. Un enfant peut être atteint dans les fonctions de réception : décodage des mots qu'il entend; ou dans les fonctions d'expression : il comprend bien ce qu'il entend, mais a de la difficulté à exprimer sa pensée en mots ou dans les deux fonctions à la fois.

Dyspraxie : désigne un trouble qui affecte les capacités motrices, l'exécution fluide de mouvements, mais sans être une paralysie. La personne a de la difficulté à exécuter des mouvements de façon automatique et normalement acquise dans une fonction procédurale.

E

EAF : voir ***Effet de l'alcoolisation fœtale***.

Effet de l'alcoolisation fœtale (EAF) : ensemble des conséquences neurologiques, physiologiques, mentales, développementales et affectives de l'exposition du fœtus à l'alcool durant la grossesse. L'enfant qui présente un EAF n'aura pas nécessairement les caractéristiques physiques typiques du SAF (voir ***Syndrome d'alcoolisation fœtale***). C'est pourquoi il est plus rarement et difficilement diagnostiqué. Cependant, il présentera des problèmes de développement, d'apprentissage et de comportement qui vont nécessiter une aide extérieure pour lui-même et ses parents.

Ego : désigne la perception et la conscience de soi-même. C'est ce qu'une personne pense de lui-même, comment il perçoit sa propre existence et les attributs qu'il se donne comme être humain.

Éléments déclencheurs : toute stimulation sensorielle qui évoque un souvenir explicite ou implicite désagréable et qui fait ressentir à la personne des réactions physiques et psychologiques involontaires et désagréables, ainsi que les pensées de cet évènement passé. (Voir aussi ***Implicite*** et ***Mines antipersonnel***.)

Empathie : capacité cognitive et affective qui permet de se mettre à la place d'une autre personne, de percevoir et ressentir ses émotions, son point de vue, sa vision du monde même si elle est très différente de la nôtre. L'empathie est nécessaire à l'acquisition du sens moral. (Voir aussi ***Sens moral*** et ***Tuteur de résilience***.)

Enfant à besoins spéciaux : dans le contexte de l'adoption internationale, il s'agit d'un terme jusqu'à nouvel ordre médicalement très flou. Un enfant à besoins spéciaux peut vouloir dire un besoin très léger comme une simple tache de naissance au visage, en passant par des besoins plus importants comme une fente palatine ou un pied bot, jusqu'à des cas très lourds comme des cardiopathies complexes avec comorbidité ou des handicaps physiques ou mentaux permanents. Les besoins spéciaux peuvent être identifiés en préadoption ou en postadoption, être d'une nature temporaire ou permanente. Ce terme laisse malheureusement entendre que les autres enfants adoptables n'auraient, eux, aucun besoin plus spécial que les pairs non adoptés, ce qui est faux. (Voir aussi ***Besoins spéciaux***.)

Enfant à entretien sophistiqué : en adopteparentalité, désigne les enfants qui vont nécessiter des soins plus complexes, plus exigeants en temps, en énergie, en méthode éducative adaptée de la part de leurs parents en comparaison avec les enfants modèle de base. (Voir aussi ***Options supplémentaires***.)

Enfant fleur d'automne : en adopteparentalité, désigne les enfants qui présentent un entretien assez complexe, comme une orchidée à l'automne.

Enfant fleur d'été : en adopteparentalité, désigne les enfants à entretien modéré comme les tournesols en été.

Enfant fleur d'hiver : en adopteparentalité, désigne les enfants qui auront besoin d'énormément de soins, des soins très sophistiqués avant de fleurir.

Enfant fleur de printemps : en adopteparentalité, désigne les enfants à entretien relativement facile, comme une tulipe au printemps.

Enfant modèle de base : en adopteparentalité, désigne les enfants non adoptés qui ne présentent ni besoins spéciaux ou hors normes, ceux qui ne présentent pas d'options supplémentaires et qui sont à entretien « ordinaire ».

Épigénétique : est une science qui étudie comment l'environnement peut influencer l'expression du mode d'emploi inscrit dans les gènes. L'épigénétique a prouvé que l'environnement qui influence le développement d'un enfant, ne modifie pas le code génétique de cet enfant, mais peut en favoriser l'expression normale et souhaitable ou carrément enrayer la machine génétique et empêcher que certaines fonctions se concrétisent normalement et au bon moment dans le développement prévu. (Voir aussi ***Génétique***.)

État de stress post-traumatique (ESPT) : voir ***Stress post-traumatique***.

État dissociatif : désigne une réaction psychologique et physique durant laquelle la personne, ne pouvant gérer un évènement traumatisant ou un flash-back, expérimente un état où son attention et ses émotions sont détachées de la réalité environnementale. Il ne ressent pas ce qu'il devrait normalement ressentir ou ressent des choses qui n'existent pas dans le présent. (Voir aussi ***Flash-back***.)

Évitement : stratégie physique ou affective qui consiste à se tenir volontairement loin d'une situation potentiellement désagréable, confrontante, menaçante en se créant une logique intime, un rationnel pour justifier nos choix.

Expérience parentale : désigne un état où non seulement le parent utilise correctement ses compétences parentales objectives (soins pour répondre aux besoins de base d'un enfant), mais est en profond attachement affectif avec son enfant qu'il considère comme *son* enfant, en lien sain, réciproque et unique au monde. Le parent ne fait pas que poser les bons gestes parentaux : il vit une expérience unique dans ce lien qui fait de lui un parent complet et comblé, malgré les difficultés normales de son rôle.

F

Facteurs de protection : ensemble d'éléments à mettre en place qui va favoriser l'épanouissement d'une vie, protéger des facteurs de risques possibles, contrebalancer la présence de certains défis ou problèmes et favoriser la réussite d'un projet, le maintien d'une santé physique ou affective.

Facteurs de risques : ensemble des éléments à éviter et qui peuvent influencer négativement ou nuire grandement au bon déroulement d'une vie, au développement normal d'un potentiel ou à la réussite d'un simple évènement.

Figure d'attachement : la figure d'attachement est le principal fournisseur de soins avec lequel l'enfant est en contact durant sa première année, puis pendant la petite enfance et avec qui il établit une relation d'attachement. Cette figure représente une base de sécurité à partir de laquelle l'enfant peut explorer. Même si le besoin d'attachement et le processus sont innés, c'est néanmoins dans l'apprentissage réciproque de la relation que l'attachement va pouvoir grandir. Il ne dépend donc pas seulement de la nature et des capacités du bébé, mais aussi de la rencontre. Même si toute séparation avec une figure d'attachement est un facteur de risque bien réel, un enfant peut avoir plusieurs figures d'attachement successives : mère biologique, nounou puis parent adoptant. (Voir aussi ***Figure maternante***.)

Figure maternante : soignant, substitut parental, mère nourricière, pourvoyeur de soins, *caretaker*, etc., bref celui qui a la responsabilité de l'enfant au quotidien. Cette personne, homme ou femme, devient par la force des choses le premier modèle de ce qu'est une relation humaine et de ce qu'il peut en attendre, bref le chaînon primordial pour le développement de son estime de soi, puis de l'adulte qu'il deviendra ainsi que pour les relations interpersonnelles qui suivront ensuite toute sa vie durant. Le premier lien prend origine dans l'imaginaire du parent et se développe dans les premières années de la vie. Toutes ces étapes participent en quelque sorte à ce qu'on appelle « les fondements du lien d'attachement », etc.

Flash-back : ensemble de réactions physiques et psychologiques subites, involontaires et incontrôlables qui sont des symptômes d'un état de stress post-traumatique (voir aussi ***Stress post-traumatique***). Des images, des sons, des mots, des pensées faites de souvenirs parfois terrifiants réapparaissent et envahissent la personne. Malgré sa volonté, une partie du cerveau de la personne ou de l'enfant n'est plus dans le « ici et maintenant », mais carrément en train de revivre l'évènement traumatisant du passé, comme si la personne y était encore. Les flash-back sont déclenchés par des stimulations extérieures parfois banales qui rappellent un des éléments vécus lors d'une situation de danger, de viol de guerre, d'accident de voiture ou autre, d'horreur, d'humiliation, de mutilation, de menaces, d'intimidation, de sévices ou abus sexuels graves.

Fondement du lien d'attachement : voir ***Attachement, fondement du lien d'***.

G

Génétique : science qui étudie les gènes, l'hérédité et son influence sur la santé mentale, physique et le développement des êtres humains.

Gros transporteur de sérotonine : enfant ou personne dont les neurotransmetteurs sont plus efficaces, ce qui les prédispose génétiquement à une meilleure gestion du stress. (Voir aussi ***Petit transporteur de sérotonine, Sérotonine*** et ***Stress***.)

H

Habileté parentale : ensemble des connaissances, des compétences et des attitudes qu'un parent doit avoir afin de jouer son rôle de protecteur, d'éducateur et de donner tous les soins nécessaires au développement du potentiel de chacun de ses enfants.

Habileté sociale : ensemble d'attitudes, de gestes, de paroles et de comportements qui favorisent les relations sociales, la communication saine, la résolution de problème et/ou l'évitement des conflits dans les relations avec les autres êtres humains.

Hormones : substances sécrétées par les glandes du corps humain que l'on désigne souvent comme les chefs d'orchestre du corps, car ce sont les hormones qui déclenchent, arrêtent ou modifient les réactions physiologiques.

Hormones de stress : substances sécrétées (principalement le cortisol et l'adrénaline) par les glandes du corps humain lorsque le cerveau anticipe un danger réel ou perçu. (Voir aussi ***Cortisol***.)

Hyperactivité : désigne une agitation motrice, de l'impulsivité, un manque d'organisation et de planification des gestes et des paroles qui ne correspondent pas à ce qui est attendu à un âge donné. L'hyperactivité d'origine neurologique est causée par une immaturité des fonctions exécutives situées dans le lobe frontal.

Hyperkinesthésie : voir ***Trouble de l'attention avec ou sans hyperactivité***.

Hypervigilance : désigne une fonction neurologique normale et adaptée lorsque le cerveau perçoit un danger réel. Cette fonction a pour but de chercher et trouver rapidement des solutions pour s'adapter et survivre à une situation dangereuse. L'hypervigilance est considérée comme inadaptée et nuisible pour la santé mentale lorsqu'elle se manifeste de façon régulière ou chronique face à des situations qui ne sont pas objectivement dangereuses. Elle cause une anxiété, une agitation physiologique qui nuisent au fonctionnement, aux apprentissages, à la concentration. L'hypervigilance est un des symptômes d'un état de stress aigu, stress chronique ou d'un état de stress post-traumatique. (Voir aussi ***Stress aigu***, ***Stress chronique*** et ***Stress post-traumatique [ESPT]***.)

I

Implicite : désigne un concept, une idée, qui est présente, mais pas énoncée ou disponible de façon claire et précise.

Insécurisé : voir ***Attachement insécurisé***.

Instinct du petit saumon : en adopteparentalité, désigne le besoin viscéral et parfois très impulsif pour une personne adoptée de rechercher, de retrouver ses origines, ses racines, de connaître son histoire, de rencontrer sa famille biologique et sa culture d'origine.

Intersubjectivité : désigne une approche dans les relations humaines ou en contexte de psychothérapie qui consiste à explorer avec empathie le monde intérieur et subjectif d'un autre être humain. Il vise non seulement à se mettre à la place de l'autre et à percevoir le monde comme lui le perçoit, mais éventuellement à restaurer chez cette personne une vision d'elle-même et du monde plus objective, juste. En adopteparentalité, un des objectifs est justement de permettre au parent adoptant de mieux saisir comment l'enfant blessé psychologiquement en préadoption perçoit le monde pour mieux saisir et comprendre ses réactions. Cette approche, faite avec compassion et patience, permettra au parent de communiquer à l'enfant qu'il le comprend et éventuellement de l'aider à restaurer une vision plus positive des relations humaines, à accepter de s'attacher de façon plus sécurisée.

L

Lien d'attachement : c'est le lien affectif et sensoriel qui se tisse entre un enfant et son parent. Ce lien ne constitue pas en soi l'amour, mais plutôt un lien de confiance, de sécurité, de permanence et d'unicité. Symboliquement, on peut le comparer à un réseau de communication informatique WIFI : invisible, mais bien réel, qui permet une compréhension mutuelle, un décodage des besoins, l'envoi et la réception de marques d'affection. (Voir aussi ***Attachement, fondement du lien d'***.)

M

Maltraitance active : on désigne comme maltraitance active tous les mots ou les gestes concrets abusifs, violents, méprisants, humiliants posés envers un enfant qui ne peut pas se défendre. C'est la violence que l'on a faite à l'enfant.

Maltraitance passive : on désigne comme maltraitance passive tous les mots ou les gestes concrets qui auraient dû être posés : amour, tendresse, paroles apaisantes, soins médicaux, bonne alimentation, protection, stimulation sensorielle, affective et cognitive, réponse rapide, chaleureuse cohérente aux différents besoins normaux exprimés par un bébé ou un jeune enfant. Ce sont les soins que l'adulte n'a pas prodigués à l'enfant, et qui lui causent préjudice. Ce sont les effets de la négligence grave sur l'enfant, son développement, son équilibre et sa santé.

Mémoires de travail : c'est la fonction exécutive du cerveau qui permet de retenir plusieurs nouvelles informations (comme un nouveau numéro de téléphone) pendant suffisamment de temps pour les comprendre, les organiser et surtout les archiver correctement dans la partie « gros classeur » de notre cerveau : la mémoire à long terme. La mémoire de travail peut se comparer à un tunnel où devrait passer sans problèmes plusieurs voitures en même temps pour ensuite aller se stationner dans différents endroits. Une bonne mémoire de travail fait que plusieurs informations (voitures) peuvent accéder au tunnel et aller au bon endroit où l'on pourra ensuite les retrouver sans problèmes. Une mauvaise mémoire de travail est un tunnel qui ne laisserait passer qu'une ou deux voitures à la fois, laissant les autres empilées et bloquées, jamais stationnées et impossibles à retrouver par la suite.

Mémoires explicites : ensemble des souvenirs clairement identifiables dans le temps et l'espace, avec un narratif, des images, des mots, des pensées, des sensations que l'on peut dater, raconter, commenter.

Mémoires implicites : il s'agit d'une empreinte sensorielle engrammée dans une partie plus primitive du cerveau, la partie qui était la plus utilisée au moment de l'évènement. C'est un souvenir inscrit dans le corps et qui surgit aussi à travers le corps sans image claire, ni chronologie, ni mots. (Voir aussi ***Mémoires explicites*** et ***Mémoires inconscientes***.)

Mémoires inconscientes : souvenirs avec des sensations, réactions souvent purement corporelles qui sont hors du champ de la pensée, de la conscience, du narratif d'un fait vécu en images et en mots. (Voir aussi ***Mémoires sans souvenirs*** et ***Mémoires implicites***.) Ces mémoires peuvent influencer grandement le traitement des informations qui nous sont apportées dans le présent, teinter nos réactions, nos opinions, nos pensées, nos comportements, et ce, sans que l'on en sache l'origine exacte.

Mémoire long terme : c'est l'ensemble des informations sensorielles, affectives et cognitives implicites et explicites, anciennes et nouvelles qui sont enregistrées, classées, archivées dans notre cerveau sur une longue durée de rétention.

Mémoire procédurale : elle est une forme de mémoire à long terme. Elle est dite implicite non déclarative, et inconsciente. Elle est faite d'expériences antérieures stockées dans le néocortex et porteuse d'agirs émotifs limbiques plus ou moins sécurisants. Elle est proche parente des conditionnements émotionnels. Avec les années, la mémoire procédurale permet d'acquérir certaines habiletés, de les améliorer, de les intégrer et de les automatiser (manger avec une fourchette, ouvrir et fermer une porte, tendre les bras à son parent, conduire une voiture, faire du vélo) au point de ne plus en avoir conscience. Par ailleurs, s'il n'y a pas de « procédure » ou si la procédure s'est avérée incohérente — comme chez l'enfant institutionnalisé privé d'occasions de développer des habiletés ou exposé à des expériences intrusives —, la mémoire procédurale n'atteint pas son plein degré d'épanouissement ou encore réagit peu à différentes stimulations environnementales. Dans cette situation de fait, un enfant n'arriverait pas à attendre son tour parce qu'il n'en pas l'expérience technique et affective du à « toi, à moi, à toi, à moi... » en mémoire ; un enfant longtemps isolé se méfierait de l'adulte qui s'approche de lui parce qu'il en a une expérience négative en mémoire. (Voir aussi ***Mémoire à long terme*** et ***Mémoire implicite***.)

Mémoires sans souvenirs : terme en adopteparentalité qui désigne les mémoires réelles engrammées par le corps, mais qui sont sans images, ni mots, ni narratif. C'est la même chose qu'une mémoire implicite ou qu'une mémoire inconsciente. Ces mémoires sont pourtant bien réelles, clairement ressenties émotivement et sensoriellement par la personne qui les vit. (Voir aussi ***Mémoires implicites*** et ***Mémoires inconscientes***.)

Mémoires traumatiques : souvenirs très négatifs, voire terrifiants, conscients ou inconscients, donc implicites ou explicites, qui ressurgissent sous forme d'impression sensorielle désagréable et envahissante, d'émotions intenses et incontrôlables, de pensées intrusives et souvent illogiques. Ce sont des réactions qui sont typiques des états de stress post-traumatiques si ceux-ci n'ont pas été dûment traités et soignés. (Voir aussi ***Stress post-traumatique***.)

Météo : en adopteparentalité, on désigne comme météo l'ensemble des évènements extérieurs à la volonté du parent ou de l'enfant lui-même qui se sont produits pendant la grossesse et pendant les premières années de l'enfance. Cette météo peut avoir été un facteur de risques pour le développement et l'attachement de l'enfant et du parent ou un facteur de protection.

Mines antipersonnel : expression en adopteparentaltié qui désigne l'ensemble des petites et grosses blessures invisibles, petites et grosses faiblesses dans le vécu, la personnalité et le fonctionnement d'une personne ou d'un enfant. Tous les adultes ont des mines antipersonnel, car la vie nous fait subir des épreuves qui laissent souvent des traces. Des traces qui ne nuisent pas à notre bon fonctionnement habituel, mais qui peuvent être déclenchées, réactivées par des mots, des gestes, des attitudes, des images, des expressions faciales qui nous poussent à interpréter le présent de façon distorsionnée et exagérée. La mine antipersonnel a cela de particulier que l'on ne peut pas la percevoir juste en regardant, en examinant de loin. Le seul moment où on la perçoit, on la ressent et qu'elle est sur le point d'exploser, c'est lorsqu'on met le pied dessus. L'arrivée d'un enfant adopté ayant lui aussi des petites mines causées par son vécu préadoption, est justement le moment où les nouveaux parents marchent sur leurs mines et les découvrent enfin. (Voir aussi ***Éléments déclencheurs***.)

Modèle opérationnel interne (ou **Modèle opérant interne** [**M. O. I.**]) : John Bowlby appelle « modèle opérant interne » la représentation pour l'enfant de ce que sont les relations sociales en général et de ce qu'il peut attendre d'un lien affectif particulier, et de la sécurité ou de l'insécurité qu'il génère. Le modèle opérant pourrait se définir comme la tendance de l'enfant à projeter ses expériences parentales précoces dans sa mémoire. Il est une sorte de passe-partout des relations émotives de toute sa vie. Ses relations amicales, au travail, de couple, avec ses futurs enfants seront positivement ou négativement affectées par la qualité de son modèle opérant. C'est d'ailleurs le caractère provocant de la théorie : ce qu'il vit étant bébé détermine ultérieurement l'estime de soi de l'adulte, ses rapports avec les autres, son sens moral. Un enfant avec un modèle opérant interne positif de sa figure maternelle, ou son équivalent développera le meilleur de lui-même et offrira aux autres le meilleur de lui-même. (Voir aussi ***Sens moral***.)

Modulation sensorielle : capacité que notre corps a de ressentir les informations reçues par nos sens puis de les augmenter ou de les abaisser (les moduler), comme le ferait un thermostat avec la température ambiante.

N

Naître parent dans sa tête : expression diffusée par la psychanalyste pour enfants Sophie Marinopoulos, qui fait référence au moment du réel *bonding* du parent envers son enfant et, ensuite, du profond sentiment d'être devenu parent de cet enfant. L'expérience parentale est d'être plus qu'un simple donneur de soins compétent, c'est-à-dire d'être investi de façon profonde et permanente dans cette relation unique, précieuse. (Voir aussi ***Bonding***.)

Négation : mécanisme mental qui a pour but de ne pas admettre une chose factuelle, évidente, vérifiable. Stratégie émotive qui consiste à refouler une réalité qui pourrait être émotivement souffrante, humiliante, perçue par l'ego comme potentiellement dangereuse.

Nounou : personne qui travaille comme substitut maternel et paternel à un enfant dans un milieu de garde autre que la famille biologique ou élargie.

Nourriture affective : ensemble des paroles, des attitudes et des gestes posés par le ou les donneurs de soins qui ont pour but de donner de l'affection, de la confiance, de la sécurité et une image positive de lui-même au bébé et à l'enfant.

Nourriture cognitive : ensemble des attitudes, moments de jeux, de communication verbale du donneur de soins pour favoriser l'apprentissage du langage, des connaissances, de la compréhension du monde.

Nourriture de protection contre le stress : à chaque étape de développement d'un jeune enfant, lors des différentes réponses aux différents besoins, un parent ou donneur de soin doit toujours servir de rempart physique et psychologique pour protéger l'enfant contre des situations de stress (douleurs, bruits excessifs, violence physique ou verbale, discours inquiétant, trop de changements, de brusqueries, etc.) qui pourraient être dommageables pour les circuits neurologiques encore immatures de son petit cerveau.

Nourriture physiologique : ensemble des gestes, des aliments, des médicaments, des traitements nécessaires à la santé physique et mentale de l'enfant.

Nourriture sensorielle : ensemble des gestes tendres, des caresses apaisantes, des bercements, des saveurs, des sons, des images, des odeurs qui sont offerts quotidiennement à un nourrisson, à un bébé et à un jeune enfant par le donneur de soins principal afin de stimuler et programmer correctement ses différents sens en éveil.

Nourriture sociale : ensemble des gestes, attitudes, exemples, *modeling*, expositions qui communiquent à l'enfant les règles sociales, des habitudes de vie, des codes culturels, la nature des relations familiales, de l'organisation de la société.

O

Océanfance : conte de l'adopteparentalité qui raconte les épreuves vécues par les enfants avant leur adoption sous une forme symbolique. C'est un outil de thérapie tout autant qu'un outil que le parent peut utiliser avec son enfant afin de parler des origines de sa méfiance et de son besoin de contrôle et de surveillance des parents.

Options supplémentaires : en adopteparentaltié, ceci désigne les particularités que partagent la majorité des enfants adoptés et qui forment le corpus de la normalité adoptive. Ces particularités s'ajoutent aux caractéristiques normales des enfants et des personnes non adoptés du même âge. Elles ne sont pas des moins, mais des plus.

P

Paralysie du sommeil : une autre forme de terreur nocturne est la paralysie du sommeil. L'enfant se réveille, mais est incapable de bouger son corps ou de produire un son avec sa bouche. Il ressent une impression d'oppression, car il ne peut pas bouger et c'est un moment qui dure à peine quelques secondes, mais qui est terrifiant, comme si quelqu'un pesait sur son corps pour qu'il ne puisse pas bouger. Dès que la paralysie disparaît, l'enfant va alors crier très fort, il est réveillé, ne pourra pas toujours vous dire de quoi il a rêvé ou ce qui s'est passé. Il aura alors besoin d'être rassuré et s'il est assez mature, que le parent lui explique que ce qui se passe n'est pas dangereux. (Voir aussi ***Cauchemar*** et ***Terreurs nocturnes***.)

Permanence de l'objet : capacité cognitive que l'enfant acquiert normalement vers l'âge de 14 à 18 mois et qui lui permet de savoir qu'un objet existe quelque part dans son univers même si l'enfant ne peut pas voir ou toucher l'objet ou la personne.

Petit transporteur de sérotonine : enfant ou personne dont les neurotransmetteurs sont moins efficaces, ce qui les prédispose biologiquement à une moins bonne gestion du stress (voir aussi ***Stress***). (Voir aussi ***Gros transporteur de sérotonine*** et ***Sérotonine***.)

Phase de développement de l'attachement : les jalons du développement de l'attachement opèrent ainsi mois par mois. Au cours de deux premiers mois de leur vie, même si les nourrissons ne montrent que peu de préférences observables envers un fournisseur de soins particulier, les réponses chaleureuses, sensibles et fiables de ces derniers à leurs besoins jettent les bases du développement de la relation d'attachement. Entre 2 et 3 mois, les nourrissons ont tendance à interagir différemment avec leurs principaux fournisseurs de soins et les étrangers, mais ne montrent en général pas encore de préférences marquées. Entre 4 et 6 mois, les nourrissons commencent à avoir des attentes quant à la façon dont leur figure d'attachement répondra à leurs besoins en cas de détresse. Entre 7 et 11 mois, les nourrissons montrent de nettes préférences envers un petit nombre de figures d'attachement. Ils commencent à se méfier des étrangers et à protester en cas de séparation. Entre 12 et 17 mois, alors qu'ils peuvent ramper et marcher, les bébés utilisent leur figure d'attachement comme « base de sécurité » à partir de laquelle s'aventurer et explorer le monde qui les entoure, de même qu'en tant que « refuge sûr » vers lequel revenir en cas de peur ou de détresse. Entre 18 mois et l'âge d'environ 4 ans, la relation d'attachement est caractérisée par la tolérance de la séparation, l'apprentissage de la coopération et la recherche de l'équilibre entre le besoin d'autonomie, de maîtrise de soi et d'exploration de même que le besoin toujours présent d'amour, d'affection et de protection.

Piano : terme de l'adopteparentalité qui désigne une personne avec un style d'attachement sécurisé. Il a été choisi car il veut dire « doux » en italien, et parce qu'un enfant sécurisé sait et peut utiliser toutes les notes du clavier des émotions de façon nuancée et équilibrée. (Voir aussi ***Attachement sécurisé*** et ***Style d'attachement***.)

Pratique parentale : ensemble des gestes, des soins qu'un parent adulte doit poser pour répondre correctement aux besoins de base d'un enfant.

Précoce : désigne les derniers mois de gestation, la naissance et la petite enfance. On parle souvent de précoce comme la période avant l'acquisition de la parole, d'une mémoire explicite (voir aussi ***Mémoires explicites*** et ***Mémoires implicites***) et d'une pensée plus abstraite chez l'enfant.

Prédisposition : est un ensemble de caractéristiques génétiques qui rend une personne plus ou moins fragile, ou plus ou moins résistant à l'apparition d'un problème de santé mentale ou physique. Une prédisposition peut être un facteur de risque : une fragilité ou un facteur de protection : une force. (Voir aussi ***Génétique***.)

Problème d'apprentissage : difficultés qui empêchent d'apprendre facilement, mais qui ne sont pas volontaires et qui sont d'une nature temporaire.

Psychique : qui désigne l'esprit, l'âme, le monde de la pensée, souvent en opposition avec le corps physique visible.

R

RAD (***Reactive Attachment Disorder***) : voir ***Trouble ou désordre de l'attachement***.

Régression : réaction de défense devant une situation stressante, nouvelle ou une demande d'adaptation intensive que l'enfant ne croit pas pouvoir surmonter. Il semble alors perdre des acquis, devenir plus immature, moins compétent, arrêter ou même renverser son développement normal. Il se retranche temporairement dans de vieilles habitudes ou d'anciennes stratégies de survie (voir aussi ***Stratégie de survie***).

Résilience : capacité à survivre, à résister à un choc, à une série de traumatismes ou d'épreuves alors que d'autres n'ont pas survécu ou résister. Une personne résiliente a des ressources hors normes, mais cela ne veut pas dire qu'elle soit sortie totalement indemne de l'épreuve. Elle a survécu, mais présente tout de même des blessures que l'on doit aider à soigner et apaiser.

Ressources personnelles : quantité et qualité de la « matière » intérieure, du matériel disponible dont un être humain dispose et qui permet à un être humain de répondre correctement à ses besoins, à ceux des autres, de se développer et d'aller au bout de son potentiel.

S

SAF : voir ***Syndrome d'alcoolisation fœtale***.

Sens moral : capacité à distinguer le bien du mal, ce qui est juste ou injuste, ce qui est socialement acceptable ou désapprouvé.

Sérotonine : neurotransmetteur, c'est-à-dire une substance chimique qui sert à la bonne communication entre les neurones, les cellules nerveuses et cérébrales.

Solo : terme de l'adopteparentalité qui désigne une personne avec un style d'attachement insécurisé évitant qui utilise surtout l'isolement, le retrait physique et affectif ainsi que de l'opposition passive comme mode relationnel, pour se sentir en contrôle et se mettre en sécurité. (Voir aussi ***Attachement non sécurisé ou insécurisé*** et ***Style d'attachement***.)

Stratégie de survie : ensemble des comportements que l'enfant a acquis souvent avant son adoption et qui lui ont permis de survivre sans la présence constante d'un même donneur de soins. Ces stratégies se sont inscrites, imprégnées dans le disque dur de l'enfant qui continue souvent de les utiliser même si la situation actuelle n'est plus objectivement dangereuse.

Stress : réactions psychologique et physiologique à un danger réel ou perçu qui préparent hormonalement la personne à fuir ou à combattre.

Stress aigu : réaction du système nerveux sympathique devant un choc, un évènement traumatisant, une peur ou une douleur extrême qui cause différents symptômes : anxiété envahissante, panique, confusion, tachycardie, sueur, tremblements, nausée, bouffées de chaleur et de la désorientation dès les minutes qui suivent l'évènement. Cet état peut durer jusqu'à 3-4 semaines après l'évènement, période durant laquelle la personne peut vivre de l'insomnie, des réactions de flash-back, des cauchemars récurrents ou des terreurs nocturnes, de l'extrême méfiance et un sentiment généralisé de danger qui cause de l'hypervigilance tout en rendant la concentration normale impossible. (Voir aussi ***Cauchemar***, ***Flash-back***, ***Hypervigilance*** et ***Terreurs nocturnes***.)

Stress chronique : état de stress qui devrait être temporaire, mais qui devient permanent. Le stress chronique affecte la santé mentale et physique, car le corps n'est pas fait pour recevoir des décharges constantes d'hormones de stress. Ces hormones vont alors dérégler plusieurs fonctions physiologiques et mettre en danger la santé mentale et physique de la personne. (Voir aussi ***Flash-back*** et ***Stress aigu***.)

Stress post-traumatique (ESPT) : ensemble des réactions physiologiques, psychologiques, affectives qui se sont engrammées dans une partie du cerveau lors d'une épreuve physique ou psychologique grave, un stress aigu qui dure plus de 4-5 semaines.

Style d'attachement : terme qui désigne la sorte d'attachement qu'une personne possède. Le style d'attachement peut être sécurisé ou insécurisé. De plus, dans les styles d'attachement insécurisé, il y a des sous-types que l'on appelle scientifiquement ambivalent, ambivalent anxieux, évitant ou désorganisé. Attention : le style d'attachement ne précise pas la gravité (léger, modéré ou sévère) du problème d'attachement, mais sa nature. Les styles d'attachement sont acquis et non pas innés. *Style d'attachement* est différent de *trouble de l'attachement* : depuis qu'Ainsworth a introduit sa classification des types d'attachement de l'enfant, soit sécurisé, évitant ou ambivalent/anxieux, on a beaucoup parlé d'attachement en ces termes. Or, comme on l'a mentionné, la grande difficulté liée à cette classification pour le participant en intervention, et pourtant si utile pour la recherche, est qu'elle ne permet pas de déterminer si l'enfant souffre d'un trouble de l'attachement, donc de déterminer si l'attachement s'avère un peu ou beaucoup pathologique. Quand on parle de *style d'attachement*, au risque de nous répéter, on ne parle pas obligatoirement de *trouble de l'attachement*. On peut vouloir parler d'insécurité affective, tout simplement, avec ses caractéristiques anxieuses (***Velcro***) ou évitantes (***Solo***).

Sumo : terme de l'adopteparentalité qui désigne une personne avec un style d'attachement insécurisé ambivalent qui utilise surtout la colère et l'opposition comme mode relationnel, pour se sentir en contrôle et se mettre en sécurité et s'assurer que les autres répondre à ses besoins. (Voir aussi ***Attachement non sécurisé ou insécurisé*** et ***Style d'attachement***.)

Syndrome d'alcoolisation fœtale : ensemble des graves et permanentes conséquences neurologiques, physiologiques, mentales, développementales et affectives de l'exposition du fœtus à l'alcool durant la grossesse. L'enfant qui souffre de SAF aura des caractéristiques physiques identifiables par un médecin et des problèmes comportementaux, troubles d'apprentissage et de développement assez sévères. Il s'agit d'un handicap permanent qui nécessite des méthodes éducatives très spécifiques et une scolarité adaptée ainsi qu'un suivi intensif en stimulation précoce. (Voir aussi ***EAF***.)

T

TDA/TDAH : voir ***Trouble de l'attention avec ou sans hyperactivité.***

Terreurs nocturnes : forme de trouble du sommeil qui s'apparente plus à du somnambulisme qu'à un vrai cauchemar. Elle se manifeste par de l'agitation et des cris de l'enfant qui alertent grandement les parents. L'enfant peut avoir l'air effrayé et éveillé, mais en réalité est encore endormi, mais pas encore assez bien « paralysé », car il n'est pas encore tout à fait dans la phase de REM (*Rapid Eye Movement*) ou sorti de la phase de REM. Malgré les apparences, l'enfant ne souffre pas, n'est pas en danger et n'a pas besoin d'être rassuré, cajolé et surtout pas réveillé, ce qui créera plus de gestes agressifs et de confusion. Il n'est pas plus en danger que si vous alliez le voir dormir paisiblement dans la phase de sommeil paradoxal où il est paralysé. Rien ne peut laisser croire qu'il rêve qu'il est attaqué par un ours ! Dans la terreur nocturne, l'enfant prétend être attaqué par un ours, mais il dort. Une des caractéristiques de la terreur nocturne est que l'enfant ne se souviendra de rien le lendemain et mettra même en doute les faits que vous lui rapportez.

Traitement adaptatif de l'information : processus neurologique normal qui consiste à digérer, comprendre, juger d'un évènement afin de le classer correctement dans nos mémoires pour que les conclusions soient disponibles, nuancées et réutilisables, en cas de besoin. Lors d'une grande épreuve qui cause un état de stress aigu et de grandes souffrances physiques ou psychologiques, notre cerveau devrait alors enclencher ce traitement adaptatif de l'information afin de nous aider à surmonter l'état de stress aigu et reprendre une vie normale. Ce traitement nécessite que soient présents certains facteurs ou certaines conditions de protection. Lorsque ces conditions ne sont pas présentes, cela peut nuire, voire empêcher que les émotions, les sensations et les souvenirs soient traités correctement. Il en résulte un classement incomplet, un traitement inadapté des informations sensorielles, affectives et cognitives qui laisse la personne dans un état de stress post-traumatique. Le but d'une thérapie pour soigner un ESPT (thérapie EMDR, cognitivo comportemental ou par exposition) est justement d'enclencher, de reprendre ou de terminer le travail neurologique de traitement adaptatif de l'information. (Voir aussi ***Cerveau des sensations***, ***Mémoires traumatiques***, ***Traitement adaptatif de l'information***, ***Stress aigu*** et ***Stress post-traumatique [ESPT]***.)

Traumatisme : blessure psychologique invisible et envahissante qui se produit à la suite d'une épreuve qui n'a pas pu être apaisée, digérée et classée. Attention : toutes les épreuves sévères ne se transforment pas automatiquement en traumatismes. (Voir aussi ***Blessures invisibles***.)

Trouble d'apprentissage : difficulté chronique à apprendre facilement qui est hors du contrôle de la volonté de la personne, alors qu'un problème d'apprentissage a une nature plus temporaire.

Trouble ou désordre de l'attachement (RAD) : au Québec, comme aux États-Unis, en Angleterre ou en Australie, quand les cliniciens de l'attachement parlent d'un enfant avec un trouble de l'attachement (TA), ils parlent d'un enfant qui n'a pas réussi à apprendre comment avoir des interactions réciproques pendant les 2 ou 3 premières années de leur vie, qui n'a pas confiance dans les adultes pour combler ses besoins, qui ressent énormément de colère quand il a besoin ou veut quelque chose qu'il ne sait pas avoir, et qui ne montre pas de comportements d'attachement ou les présente sous une forme désorganisée. Les signes précoces comprennent : l'incapacité d'avoir un contact visuel ; l'incapacité d'engager des échanges réciproques de sourires ou de « parole » (faire des sons en réponse aux questions ou aux sons de l'adulte) ; se retirer ou arquer le dos pour éviter le contact intime avec les autres ; des pleurs aigus et prolongés sans raison apparente (non causés par la douleur ou la maladie) et des expressions de colère démesurées. Vers 2 ans, les enfants avec un TA en devenir piquent des crises de colère qui durent 2 heures ou plus, refusent que les adultes les consolent quand ils sont perturbés, volent et amassent de la nourriture, sont très autoritaires et contrôlants, sont superficiellement charmeurs et exagérément amicaux avec les étrangers, repoussent l'intimité avec les adultes à moins qu'ils n'essaient de les manipuler pour obtenir quelque chose, refusent le contact oculaire quand l'adulte le demande, sont très opposants et refusent de faire pratiquement tout ce qu'on leur demande de faire. Le diagnostic de TA peut se poser entre l'âge de trois et cinq ans.

Trouble de l'attention avec ou sans hyperactivité (TDA/TDAH ou Hyperkinesthésie) : trouble qui désigne un ensemble de symptômes qui nuisent aux apprentissages et au comportement comme une mauvaise mémoire de travail, des difficultés d'attention soutenue et de concentration, des difficultés d'organisation et de planification, une mauvaise gestion de l'impulsivité. (Voir aussi ***Attention soutenue***.)

Trouble développemental traumatique : nouveau diagnostic mis de l'avant par un groupe de recherche en pédopsychiatrie dont fait partie le spécialiste des troubles de l'attachement et des états post-traumatiques précoces, le Dr Bessel van der Kolk et plusieurs de ses collègues. Ce diagnostic a pour objectif de mieux désigner l'ensemble des comorbidités que l'on retrouve chez la majorité des enfants ayant vécu de multiples traumatismes précoces (comme une grande partie des enfants adoptés) et de s'assurer que toutes les parties atteintes par les traumatismes soient soignées correctement. Ces enfants sont trop souvent mal diagnostiqués ou reçoivent divers diagnostics successifs comme le trouble de l'attachement, les retards de développement, le trouble d'opposition avec provocation, les troubles de l'humeur, le TDA ou TDAH alors que tous ces aspects peuvent être atteints en même temps, ce qui nuit à l'ensemble du développement de leur potentiel. (Voir aussi ***Trouble ou désordre de l'attachement***.)

Trouble envahissant du développement (TED) : désigne un enfant qui présente des retards significatifs dans le développement des interactions sociales, de la communication ainsi que des comportements stéréotypés, mais qui ne correspond pas aux critères habituels de l'autisme.

Tuteur de résilience : désigne une personne qui intervient dans la vie d'un enfant déjà résilient parce qu'il a vécu et survécu à plusieurs épreuves ou traumatismes. Cette personne va croire en ce que l'enfant a vécu avec empathie et compassion, mais sans la victimiser à nouveau. Cette personne va percevoir et laisser s'épanouir les ressources de survie de l'enfant, tout en étant empathique à ses réelles blessures. Il devient alors comme un tuteur que l'on attache à une plante blessée afin que celle-ci puisse guérir et recommencer à grandir à nouveau. (Voir aussi ***Empathie*** et ***Traumatisme***.)

Type d'attachement : voir ***Style d'attachement***.

V

Velcro : terme de l'adopteparentalité qui désigne une personne avec un style d'attachement insécurisé ambivalent anxieux qui utilise surtout la peur, les phobies, l'anxiété, l'accrochage et la vulnérabilité comme mode relationnel, pour se sentir en contrôle, se mettre en sécurité. (Voir aussi ***Attachement non sécurisé ou insécurisé***, ***Style d'attachement***.)

INDEX

A

B

C

H

I

J

K

L

M

N

O

P

R

S

T

V

W

MARQUIS

Québec, Canada